E. TAUSCHER · E.-G. KIRSCHBAUM

Grammatik
der russischen Sprache

13., unveränderte Auflage

BRÜCKEN-VERLAG · DÜSSELDORF · 1980

GRAMMATIK DER RUSSISCHEN SPRACHE

Die Abschnitte „Das Adjektiv", „Die Zahlwörter", „Die
Pronomen", „Das Verb", „Das Adverb", „Die Präposi-
tionen", „Die Konjunktionen", „Die Partikeln", „Die
Interjektionen" und den Teil „Aus der Syntax" verfaßte
Elisabeth Tauscher, die Abschnitte „Phonetik", „Zur For-
men- und Wortbildung", „Das Substantiv" und „Zur
Orthographie und Interpunktion" Ernst-Georg Kirsch-
baum, den Abschnitt „Zur Folge der Satzglieder" Nikolai
Nikolajew. Die Zusammenstellung des Registers besorgte
Marie-Elisabeth Rauschenbach.

Copyright by Volk und Wissen Volkseigener Verlag Berlin / DDR
Lizenzausgabe des Brücken-Verlages GmbH, Düsseldorf 1980
Printed in the German Democratic Republic

ISBN 3-87 106-002-X
3. fotomechanischer Nachdruck der 10. Auflage 1970

Vorwort

Die vorliegende Darstellung soll dem Lernenden eine systematische Übersicht über die wichtigsten Erscheinungen der russischen Grammatik vermitteln und gleichzeitig als Nachschlagewerk dienen. Im Hinblick auf diese Zielsetzung ist die Stoffauswahl vorgenommen worden; ein ausführliches Inhaltsverzeichnis (S. V bis XVI) und ein Register (S. 544 bis 557) sollen schnelles Nachschlagen ermöglichen. Gegenstand der Arbeit ist die russische Literatursprache der Gegenwart. Erscheinungen, die einer besonderen Stilschicht angehören, sind – sofern sie überhaupt Aufnahme gefunden haben – stets mit einem entsprechenden Vermerk versehen. Die Darstellungsweise ist grundsätzlich deskriptiv, sprachgeschichtliche Entwicklungen bleiben unberücksichtigt. Die russischen Beispiele folgen der jeweiligen Regel. Sämtliche Beispiele sind mit Betonungszeichen versehen; grundsätzlich wird die deutsche Übersetzung angegeben.

Der vorliegenden Darstellung liegen vor allem die in der Sowjetunion erschienenen Standardwerke zur russischen Sprache der Gegenwart zugrunde, darunter in erster Linie die in den Jahren 1953/54 erschienene Akademie-Grammatik sowie die einsprachigen normativen Wörterbücher (im einzelnen siehe zur verwendeten Literatur S. 558 bis 560).

Die Verfasser möchten an dieser Stelle allen, die an der Gestaltung des Buches mitgewirkt haben, ihren herzlichen Dank aussprechen. Er gebührt vor allem den Mitgliedern des Redaktionskollegiums zur 1. Auflage, Herrn Professor Dr. Otto Hermenau, Herrn Dr. Nikolai Nikolajew und Herrn Dr. Helger Vogt, sowie Fräulein Marie-Elisabeth Rauschenbach, die die Zusammenstellung des Registers besorgte.

Die erste Auflage des Buches erschien im Jahre 1958[1]. Inzwischen sind in Fachzeitschriften verschiedene Rezensionen veröffentlicht worden[2]. Eine Reihe von Stellungnahmen sind Autoren und Verlag aus Kreisen von Fachwissenschaftlern und Praktikern zugegangen. Zudem sind in der Zwischenzeit neue Standardwerke zur russischen Sprache der Gegenwart entstanden (so z.B. das vierbändige sowjetische Akademie-Wörterbuch).

---

[1] 2. Auflage 1959, 3. Auflage 1960, 4. Auflage 1961, 5. Auflage 1962, 6. Auflage 1963, 7./8. Auflage 1968, 9./10. Auflage 1970.

[2] Rezensionen erschienen u.a. in folgenden Zeitschriften:
Zeitschrift für Slawistik. Bd. 4, Heft 1/1959, S. 118–128 (Professor Dr. H. H. Bielfeldt).
Fremdsprachenunterricht. 2. Jg., Heft 12/1958, S. 617–625 (Dr. G. Dick und W. Hübner).
Wiener Slavistisches Jahrbuch. 10. Bd., S. 140–142 (Alfred Schmid).

Für die 5. und 7. Auflage haben die Autoren den gesamten Text einer sorgfältigen Überprüfung unterzogen[1] und waren dabei bemüht, den in den Rezensionen und Stellungnahmen gegebenen Anregungen weitgehend zu folgen[2].

Es sei darum auch allen denen gedankt, die durch Rezensionen, durch schriftliche und mündliche Hinweise an der Verbesserung der Grammatik mitwirkten.

Die Autoren sind für weitere Anregungen und kritische Hinweise stets dankbar.

Die Verfasser

Hinweise für die Benutzung :

1. Neben der durch die Überschriften gekennzeichneten Kapiteleinteilung soll eine durchgehende Numerierung am Seitenrand die Orientierung innerhalb der Grammatik erleichtern. Bei Verweisen beziehen sich die in Klammern stehenden Zahlen auf die Leitzahlen am Seitenrand; z.B. (22,3) = Leitzahl 22, Ziffer 3. Seitenverweise sind mit S. angegeben.

2. Die Haupttypen der Flexion sind durch Umrandung hervorgehoben. Die produktiven Typen der Wortbildung und Aspektbildung sind durch Sternchen (*) kenntlich gemacht (vgl. hierzu auch die Fußnoten auf den Seiten 117, 180, 254, 374).

3. Die Kennzeichnung des Verbalaspekts wurde wie folgt vorgenommen: Der vollendete Aspekt ist durch vo. kenntlich gemacht. Unvollendete Verben bleiben unbezeichnet. In den Abschnitten „Die Klassifizierung der Verben" und „Zur Rektion der Verben" sind Verben mit doppelter Aspektfunktion durch (vo.) gekennzeichnet.

---

[1] Schwierigkeiten bereitete in einigen Fällen die Betonungsangabe; Veränderungen gegenüber der ersten Auflage wurden hier nur vorgenommen, wenn die neue Betonungsangabe in dem vierbändigen Akademie-Wörterbuch mit der in dem einbändigen Wörterbuch von Oshegow (⁴1960) übereinstimmte.

[2] Wesentlichere Änderungen für die 5. Auflage sind auf folgenden Seiten vorgenommen worden: S. 3–5, 12–13, 28, 31, 77, 102, 109, 117–136, 138, 149, 172, 174, 179–197, 201–206, 211–214, 216, 240–241, 243, 256, 270, 276–281, 286, 296, 299, 306–307, 308, 312–314, 319–320, 321, 331–332, 334–335, 341, 349, 352, 374–375, 378, 381, 384–385, 387, 390–393, 398, 403, 415, 420, 459, 463–464, 473–474, 479, 492, 494, 496, 500, 501–503, 512, 517.
Wesentlichere Änderungen für die 7. Auflage sind auf folgenden Seiten vorgenommen worden: S. 41, 58, 74, 100–101, 113, 123, 136–137, 148–149, 158, 164, 204–205, 211–212, 229, 250–252, 271–275, 278, 306, 312–313, 315, 340, 387, 393–394, 441, 467, 474, 478, 485–486, 495, 504.

IV

Inhaltsverzeichnis

Phonetik

DIE VOKALE

DIE KONSONANTEN

Morphologie

VI

VII

DAS ADJEKTIV

DIE ZAHLWÖRTER

DIE PRONOMEN

XII

DIE PARTIKELN

DIE INTERJEKTIONEN

Aus der Syntax

ZUR REKTION DER VERBEN

DER GEBRAUCH VON БЫТЬ

XIV

XV

XVI

PHONETIK

Druckschrift	Schreibschrift	Buchstabenname	Bibliothekarische Transkription	Duden-Transkription[1]		Beispiele zur Duden-Transkription	
А а	$\mathcal{A}$ a	а	a	a		«Пра́вда»	„Prawda"
Б б	$\mathcal{B}$ б	бэ	b	b		Баку́	Baku
В в	$\mathcal{B}$ в	вэ	v	w		Воро́неж	Woronesh
Г г	$\mathcal{G}$ г	гэ	g	g		Ри́га	Riga
Д д	$\mathcal{D}$ д	дэ	d	d		Дон	Don
Е е	$\mathcal{E}$ е	е	e	1. e nach Konsonantbuchstaben		Днепр	Dnepr
				2. je in allen anderen Stellungen:			
					im Anlaut	Ерева́н	Jerewan
					nach Vokal	Фаде́ев	Fadejew
					nach ъ, ь	Ю́рьев	Jurjew
Ё ё	$\mathcal{E}$ ё	ё	(ё)	1. o nach ж, ч, ш, щ		Пугачёв	Pugatschow
				2. jo in allen anderen Stellungen		Орёл	Orjol
Ж ж	$\mathcal{M}$ ж	же	ž	sh		Жито́мир	Shitomir
З з	$\mathcal{Z}$ з	зэ	z	s		Каза́нь	Kasan
И и	$\mathcal{U}$ и	и	i	i[2]		Кали́нин	Kalinin
Й й	$\check{u}$ ($\check{u}$)	и кра́ткое	j	1. unbezeichnet nach ы und и		Го́рький	Gorki
				2. i in allen anderen Stellungen		Толсто́й	Tolstoi

---

[1] Die hier gegebene allgemein verständliche deutsche Umschrift des Russischen entspricht der im „Großen Duden (Rechtschreibung)" verwendeten Transkription russischer Wörter (sie wird daher auch als „Duden-Transkription" bezeichnet). Wissenschaftlichen Zwecken dient die sogenannte „bibliothekarische Transkription". — Beide Umschriften gründen sich auf das Schriftbild des Russischen; sie sind klar von der phonetischen Transkription zu unterscheiden, mit deren Hilfe das Lautbild der Sprache dargestellt wird (zur phonetischen Transkription siehe 4).

[2] Zur Vermeidung der einsilbigen Verbindung des и mit dem vorangehenden Vokal kann и durch i mit zwei Trennpunkten wiedergegeben werden, z.B.: Кутаи́си — Kutaissi.

Druckschrift	Schreibschrift	Buchstabenname	Bibliothekarische Transkription	Duden-Transkription	Beispiele zur Duden-Transkription	
К к	$\mathcal{K}$ κ	ка	k	k[1]	Кремль	Kreml
Л л	$\mathcal{L}$ $\mathcal{l}$	эль	l	l	Во́лга	Wolga
М м	$\mathcal{M}$ $\mathcal{m}$	эм	m	m	Му́рманск	Murmansk
Н н	$\mathcal{H}$ κ	эн	n	n	Минск	Minsk
О о	O o	о	o	o	Ока́	Oka
П п	$\mathcal{T}$ π	пэ	p	p	Пу́шкин	Puschkin
Р р	$\mathcal{P}$ ρ	эр	r	r	Аму́р	Amur
С с	C c	эс	s	1. ss im Wortinnern zwischen Vokalen	Тбили́си	Tbilissi
				2. s in allen anderen Stellungen[2]	Росто́в	Rostow
					Со́чи	Sotschi
Т т	$\mathcal{T}$ m	тэ	t	t	Ташке́нт	Taschkent
У у	$\mathcal{Y}$ y	у	u	u	Ура́л	Ural
Ф ф	$\mathcal{F}$ ϕ	эф	f	f	Фергана́	Fergana
Х х	$\mathcal{X}$ x	ха	ch	ch	Че́хов	Tschechow
Ц ц	$\mathcal{U}$ μ	це	c	z	Доне́ц	Donez
Ч ч	$\mathcal{U}$ ν	че	č	tsch	Чайко́вский	Tschaikowski
Ш ш	$\mathcal{U}$ $\mu\mu$	ша	š	sch	Шо́лохов	Scholochow
Щ щ	$\mathcal{U}$ μ	ща	šč	stsch	Щедри́н	Stschedrin
ъ	ъ	ер (oder: твёрдый знак)	-	unbezeichnet	съезд	sjesd
ы	$\iota\iota$	еры́ (oder: ы)	y	y	Крыло́в	Krylow

---

[1] Die Verbindung кс kann durch x wiedergegeben werden, z. B.: Алекса́ндра — Alexandra.

[2] Die Verbindung сх wird durch s'ch wiedergegeben, z. B.: Восхо́д — Wos'chod.

Druck-schrift	Schreib-schrift	Buchstaben-name	Biblio-thekarische Transkription	Duden-Transkription	Beispiele zur Duden-Transkription	
ь	*b*	ерь (oder: мягкий знак)	’	unbezeichnet	Гóголь	Gogol
Э э	*Э э*	э	ė	e	Днепрогэ́с	Dneproges
Ю ю	*Ю ю*	ю	ju	ju	Аю-Да́г	Aju-Dag
Я я	*Я я*	я	ja	ja	Я́лта	Jalta

Beachte bei der deutschen Umschrift russischer Wörter (nach der Duden-Transkription): **2**

1. Verschiedene russische Wörter, die als feststehende historische oder geographische Begriffe in die deutsche Sprache übergegangen sind, behalten ihre alte traditionelle Umschrift bei (auch wenn diese im Widerspruch zu den Regeln der Duden-Transkription steht),

    z.B.: Совéт – Sowjet, Кúев – Kiew, Крым – Krim.

2. Bei der deutschen Wiedergabe von Eigennamen, die nicht aus der russischen Sprache stammen, ist die ursprüngliche Schreibung wiederherzustellen,

    z.B.: Гёте – Goethe, Шекспúр – Shakespeare.

BUCHSTABEN UND LAUTE

Im Deutschen und im Russischen stimmen Schreibweise (Buchstaben) und Aussprache (Laute)[1] häufig nicht überein. **3**

Beispiele für das Auseinanderklaffen von Buchstaben und Lauten:

1. Zahlreiche stimmhafte Konsonantbuchstaben werden im Wortauslaut stimmlos ausgesprochen, z.B.

    deutsch: Tag, Rad   – Aussprache: Ta[k], Ra[t];

    russisch: луг (die Wiese) – Aussprache: лу[к],

    год (das Jahr)   – Aussprache: го[т].

---

[1] Sämtliche Ausspracheangaben zur russischen Literatursprache beziehen sich auf den „vollen" oder „gehobenen" Sprechstil, der durch eine deutliche, korrekte Artikulation und langsameres Sprechtempo gekennzeichnet ist.

2. Im Deutschen wird die Kürze eines Vokals in der Regel durch die Verdoppelung des folgenden Konsonantbuchstaben bezeichnet, z. B.: ka̲n̲n̲, de̲n̲n̲, Bitte.
Im Russischen wird in vergleichbarer Weise die Erweichung eines Konsonanten durch den folgenden Buchstaben (einen weichen Vokalbuchstaben oder ь) bezeichnet, z. B.: д̲я̲д̲я (der Onkel), лю̲д̲и (die Menschen), д̲е́лать̲ (tun).

4 Buchstaben und Laute sind im Russischen wie im Deutschen genau zu unterscheiden. Um die russischen Laute auch schriftlich möglichst genau wiedergeben zu können, bedient man sich für phonetische Zwecke eines besonderen Umschriftsystems, der sogenannten phonetischen Transkription.

Im folgenden werden, soweit erforderlich[1], folgende Transkriptionszeichen verwendet:

[ ]: In eckigen Klammern wird die phonetische Umschrift angegeben,
z. B.: во̲д̲а́ = в[а]д̲а́ (das Wasser), всё = [ф]сё (alles).

': Durch ein hinter dem Konsonantbuchstaben stehendes ' wird die Erweichung des Konsonanten bezeichnet,
z. B.: ря̲д = [p'a]д (die Reihe), мат̲ь = ма[т'] (die Mutter).

⁻: Durch ein über dem Konsonantbuchstaben stehendes ⁻ wird die Länge eines Konsonanten bezeichnet,
z. B.: ка́с̲с̲а = ка́[c̄]a (die Kasse), гру́пп̲а = гру́[п̄]а (die Gruppe).

‿: Durch ein zwischen zwei Buchstaben stehendes ‿ wird bezeichnet:

1. bei den Affrikaten die unlösbare Verbindung von Lauten,
z. B.: ц = [т‿с];

2. eine enge Wortbindung,
z. B.: под окно́м = по[д‿а]кно́м (unter dem Fenster).

---

[1] Grundsätzlich wird nur die zu behandelnde phonetische Erscheinung (nicht das ganze Wort) in Umschrift gegeben.

DIE VOKALE

I. Allgemeines

Die Vokale sind (zum Unterschied von den Konsonanten – siehe 23) Laute, bei deren 5
Bildung der Luftstrom auf keinerlei Hindernis im Mundraum stößt.

Sie haben im Russischen wie im Deutschen stets silbische Funktion.

Die Verschiedenheit der Vokale entsteht durch Veränderungen in der Gestalt des 6
Mundraumes. Die russischen Vokale können in bezug auf ihre Bildungsweise nach
folgenden drei Eigenschaften[1] bestimmt werden:

1. Nach der Teilnahme des vorderen oder hinteren Teils der Zungenmasse unter-
   scheidet man

   a) vordere Vokale (aktive Teilnahme des vorderen Teils der Zungenmasse): и, э;

   b) hintere Vokale (aktive Teilnahme des hinteren Teils der Zungenmasse): ы, у, о.

2. Nach dem Abstand des Zungenrückens vom Gaumen unterscheidet man

   a) enge Vokale (enger Abstand des Zungenrückens vom Gaumen = enger Öff-
      nungsgrad des Mundes): и, ы, у;

   b) mittelweite Vokale (mittelweiter Abstand des Zungenrückens vom Gaumen
      = mittelweiter Öffnungsgrad des Mundes): э, о;
      Bei dem mittelweiten Vokal э unterscheidet man:

      1. offenes э (mit weiterem Öffnungsgrad des Mundes), z. B.: э́тот (dieser);

      2. geschlossenes э (mit engerem Öffnungsgrad des Mundes), z. B.: э́ти
         (Plur., diese)[2].

   c) einen weiten Vokal (weiter Abstand des Zungenrückens vom Gaumen = weiter
      Öffnungsgrad des Mundes): а.

---

[1] Die deutschen Vokale unterscheiden sich noch durch eine weitere Eigenschaft: die Länge bzw. Kürze
(vgl. die Aussprache der Vokale in Wortpaaren wie Kahn — kann, bieten — bitten). Für die russischen
Vokale ist eine derartige Unterscheidung nicht erforderlich; hier richtet sich die längere bzw. kürzere
Dauer eines Vokals lediglich nach der Betonung: betonte russische Vokale sind länger als unbetonte
(vgl. 12 und 19).

[2] Vergleiche hierzu die Aussprache der deutschen Vokale in Wörtern wie stellen — stehlen, in — ihn,
Sonne — Sohn, Hund — Huhn! Im Deutschen sind in der Regel kurze Vokale offen, lange Vokale ge-
schlossen.

3. Nach der Teilnahme der Lippen unterscheidet man

    a) labiale[1] Vokale (Rundung und Vorstülpung der Lippen): **у, о;**

    b) nichtlabiale Vokale (keine Rundung und keine Vorstülpung der Lippen): **и, ы, э, а.**

7   Im Deutschen beginnen Vokale, die im Wort- oder Silbenanlaut stehen, mit dem sogenannten Knackgeräusch (hier durch *'*, bezeichnet),

z.B.: 'Anzug, 'immer, ge'achtet, Ver'ein.

Im Russischen gibt es dieses Knackgeräusch nicht[2].

8   In der russischen Literatursprache gibt es fünf Vokale[3]. Diese Vokale werden in der Schrift durch insgesamt zehn Buchstaben bezeichnet, wobei fünf harte Vokalbuchstaben in einem bestimmten Verhältnis zu fünf weichen Vokalbuchstaben stehen:

harte Vokalbuchstaben:	а	о	у	э	ы
	|	|	|	|	|
weiche Vokalbuchstaben:	я	ё	ю	е	и

9   Die harten Vokalbuchstaben dienen zur Bezeichnung der einzelnen Vokale; sie treten in der Regel auf:

    1. im Wortanlaut[4],   z.B.: **он** (er);

    2. nach hartem Konsonanten, z.B.: **ка́рта** (die Karte);

    3. nach Vokal[4],   z.B.: **нау́ка** (die Wissenschaft).

10   Die weichen Vokalbuchstaben dienen in der Regel:

    1. nach einem Konsonantbuchstaben

        zur Bezeichnung der Erweichung des Konsonanten + Vokal,

        z.B.: **ря́дом'** (nebeneinander) = [р'а́]дом,

               тёплый (warm)   = [т'о́]плый;

---

[1] Das Wort „labial" geht zurück auf lat. labium = die Lippe.

[2] Das Fehlen des Knackgeräusches erklärt auch die Wortbindung im Russischen; vgl. из о́перы gegenüber der deutschen Übersetzung „aus der 'Oper".

[3] Auf die Frage nach dem Verhältnis von ы zu и (die ja verschieden ausgesprochen werden) kann hier nicht näher eingegangen werden; vgl. zu diesem Problem W. Steinitz: Russische Lautlehre, S. 39 ff. – Nur in betonter Stellung werden fünf Vokale unterschieden; die Zahl der unbetonten Vokale ist geringer (vgl. z.B. o und a, die in betonter Stellung unterschieden werden, in unbetonter Stellung jedoch zusammenfallen).

[4] Eine Ausnahme bildet lediglich ы, das nie im Anlaut steht.

2. sonst (im Wortanlaut[1], nach Vokal, nach ъ und ь)
   zur Bezeichnung der Verbindung [j + Vokal],

   z.B.: ёлка   (die Tanne)   = [jó]лка,

         они́ пою́т (sie singen) = по[jý]т,

         семья́   (die Familie) = се[м'já].

Die betonten russischen Vokale unterscheiden sich deutlich von den unbetonten. **11**
Daher werden die betonten und die unbetonten Vokale gesondert behandelt.

II. Die betonten Vokale

Die betonten russischen Vokale werden deutlich artikuliert. Sie haben gegenüber den **12**
deutschen kurzen und langen Vokalen eine mittlere Länge.

Vgl.: Text   – те́кст   (der betonte russische Vokal hat etwas längere Dauer als
                                der deutsche kurze Vokal);

       Rahmen – ра́ма   (der betonte russische Vokal hat etwas kürzere Dauer als
                                der deutsche lange Vokal).

Die Vokalbuchstaben а – я   **13**

Buchstabe а bezeichnet den Vokal [а],

   z.B.: а́втор (der Verfasser), там (dort), шаг[2] (der Schritt), час[2] (die Stunde),
        вода́ (das Wasser).

Buchstabe я bezeichnet:

  1. [' + а] nach Konsonantbuchstaben,

        z.B.: ряд (die Reihe), дя́дя (der Onkel);

  2. [j + а] in allen anderen Stellungen (im Wortanlaut, nach Vokal, nach ъ, ь),

        z.B.: я (ich), они́ стоя́т (zu стоя́ть, sie stehen), друзья́ (Plur., die
             Freunde).

---

[1] Eine Ausnahme bildet lediglich и, das im Wortanlaut und nach Vokal nur den Vokal [и] bezeichnet (nicht
die Verbindung [j + и]); z.B.: и́мя (der Vorname) = [и́]мя, стро́ить (bauen) = стр[о́и]ть.

[2] Nach den stets harten Konsonanten ж, ш und nach den stets weichen Konsonanten ч, щ wird zur Be-
zeichnung des Vokals [а] immer der Buchstabe а geschrieben.

Zur Aussprache des Vokals [a]

1. In allen Stellungen außer 2. wird russisches [a] – abgesehen von der Dauer des Vokals (siehe 12) – wie deutsches „a" ausgesprochen,
   z.B.: ма́ло (wenig), мать (die Mutter), пя́тый (der fünfte).

2. In der Stellung zwischen weichen Konsonanten zeigt [a] eine gewisse Annäherung an deutsches „ä" in „Bären"[1],
   z.B.: пять (fünf), часть (der Teil).

14   Die Vokalbuchstaben o – ё (e)[2]

Buchstabe o bezeichnet den Vokal [o],

z.B.: он (er), гость (der Gast), кино́ (das Kino), шо́рох[3] (das Geräusch), врачо́м[3] (Instr. Sing. zu врач der Arzt).

Buchstabe ё (e)[2] bezeichnet:

1. [' + o] nach Konsonantbuchstaben außer Zischlauten,
   z.B.: он вёл (zu вести́, er führte), мы идём (zu идти́, wir gehen);

2. [o]   nach Zischlauten[3],
   z.B.: жёлтый (gelb), чёрный (schwarz);

3. [j + o] in allen anderen Stellungen (im Wortanlaut, nach Vokal, nach ъ, ь),
   z.B.: ёлка (die Tanne), он даёт (zu дава́ть, er gibt), он пьёт (zu пить, er trinkt).

Zur Aussprache des Vokals [o]

1. In allen Stellungen außer 2. wird russisches [o] – abgesehen von der Dauer des Vokals (12) – wie deutsches offenes „o" in „Sonne" ausgesprochen,
   z.B.: дом (das Haus), конь (das Pferd), сёла (Plur., die Dörfer).

---

[1] In dieser Stellung beeinflußt der mittlere Teil des Zungenrückens, der sich bei der Bildung der benachbarten weichen Konsonanten gegen den Vordergaumen hebt (vgl. 29), die Bildung des Vokals.

[2] Die beiden Punkte auf dem ё werden gewöhnlich weder in der Schreib- noch in der Druckschrift gesetzt; lediglich in Lehrbüchern, Wörterbüchern usw. (auch in der vorliegenden Grammatik) wird konsequent ё geschrieben.

[3] Nach den stets harten Konsonanten ж, ш und nach den stets weichen Konsonanten ч, щ wird zur Bezeichnung des Vokals [o] teils o, teils ё geschrieben (in betonten Substantiv- und Adjektivendungen jedoch stets o).

2. In der Stellung zwischen weichen Konsonanten zeigt [o] eine gewisse Annäherung an deutsches offenes „ö" in „Köchin"[1],

z.B.: т̱ётя (die Tante), вы и̱д̱ёте (zu и̱дти́, ihr geht).

Die Vokalbuchstaben у – ю   15

Buchstabe **у** bezeichnet den Vokal [у],

z.B.: у́лица (die Straße), нау́ка (die Wissenschaft), шу̱м[2] (das Geräusch), чу́вство[3] (das Gefühl).

Buchstabe **ю** bezeichnet:

1. [' + у] nach Konsonantbuchstaben,

   z.B.: лю̱ди (die Menschen), я говорю̱ (ich spreche);

2. [j + у] in allen anderen Stellungen (im Wortanlaut, nach Vokal, nach ъ, ь),

   z.B.: ю̱г (der Süden), я пою̱ (zu петь, ich singe), я пью̱ (zu пить, ich trinke).

Zur Aussprache des Vokals [у]

1. In allen Stellungen außer 2. wird russisches [у] – abgesehen von der Dauer des Vokals (12) – wie deutsches geschlossenes „u" in „Mut" ausgesprochen,

   z.B.: д̱у́мать (denken), пу̱ть (der Weg), я говорю̱ (ich spreche).

2. In der Stellung zwischen weichen Konsonanten zeigt [у] eine gewisse Annäherung an deutsches geschlossenes „ü" in „Mühle"[1],

   z.B.: лю̱ди (die Menschen), чу̱ть (kaum).

Die Vokalbuchstaben э – е[3]   16

Buchstabe **э** bezeichnet den Vokal [э][4],

z.B.: э̱тот (dieser), поэ̱т (der Dichter), сэр (engl. Anrede: Herr).

---

[1] Vergleiche hierzu Fußnote 1 auf S. 10.

[2] Nach den stets harten Konsonanten ж, ш und nach den stets weichen Konsonanten ч, щ wird zur Bezeichnung des Vokals [у] der Buchstabe у geschrieben; nur in wenigen Fremdwörtern steht nach ж bzw. ш der Buchstabe ю, z.B.: парашют = пара[шу́]т (der Fallschirm).

[3] Beachte, daß „е" auch für den Buchstaben ё stehen kann (vgl. Fußnote 2 auf S. 10).

[4] Der Buchstabe э kommt lediglich im Wortanlaut einzelner Wörter sowie bei einigen Fremdwörtern im Wortinnern (nach Vokal außer и und nach hartem Konsonanten) vor.

Buchstabe **e** bezeichnet:

1. **[' + э]** nach Konsonantbuchstaben[1] außer Zischlauten und **ц**,
   z.B.: **бе́лый** (weiß), **петь** (singen), **музе́й** (das Museum);

2. **[э]** nach Zischlauten und **ц**[2],
   z.B.: **шесть** (sechs), **че́стный** (ehrlich), **це́лый** (ganz);

3. **[j + э]** in allen anderen Stellungen (im Wortanlaut, nach Vokal[3], nach **ъ**, **ь**),
   z.B.: **я е́ду** (zu **е́хать**, ich fahre), **пое́хать** (vo., fahren), **пье́са** (das Theaterstück).

Zur Aussprache des Vokals **[э]**

1. Vor harten Konsonanten und im Auslaut wird russisches **[э]** – abgesehen von der Dauer des Vokals (12) – wie deutsches offenes „e" in „Held" ausgesprochen, z.B.: **э́тот** (dieser), **поэ́т** (der Dichter), **я е́ду** (ich fahre), **де́ло** (die Sache), **на столе́** (auf dem Tisch).

2. Vor weichen Konsonanten wird russisches **[э]** – abgesehen von der Dauer des Vokals (12) – wie deutsches geschlossenes „e" in „See" ausgesprochen, z.B.: **э́ти** (Plur., diese), **поэ́зия** (die Dichtung), **ты е́дешь** (zu **е́хать**, du fährst), **на де́ле** (wirklich).

17   Die Vokalbuchstaben **ы – и**

Buchstabe **ы** bezeichnet den Laut **[ы]**[4],
z.B.: **сын** (der Sohn), **быть** (sein), **на цы́почках** (auf Zehenspitzen), **вы** (ihr).

Buchstabe **и** bezeichnet:

1. **[' + и]** nach Konsonantbuchstaben außer Zischlauten und **ц**,
   z.B.: **ти́хо** (leise), **говори́ть** (sprechen), **дни** (Plur., die Tage);

2. **[и]** nach **ч**, **щ**[5], im Wortanlaut und nach Vokal,
   z.B.: **чи́стый** (rein), **щи** (Plur., die Kohlsuppe), **и́мя** (der Vorname), **он стои́т** (zu **стоя́ть**, er steht);

---

[1] In einigen Fremdwörtern bezeichnet der Buchstabe **e** nach Konsonantbuchstaben nur den Vokal [э] (nicht [' + э]),
z.B.: те́мп = [тэ]мп (das Tempo), оте́ль = о[тэ́]ль (das Hotel).

[2] Nach den stets harten Konsonanten ж, ш, ц und nach den stets weichen Konsonanten ч, щ wird zur Bezeichnung des Vokals [э] immer e geschrieben.

[3] In einigen Fremdwörtern bezeichnet der Buchstabe **e** nach Vokal nur den Vokal [э] (nicht [j + э]),
z.B.: прое́кт = про[э́]кт (das Projekt).

[4] Der Buchstabe ы kommt nur nach harten Konsonanten vor (nie im Anlaut).

[5] Nach den stets harten Konsonanten ж, ш und nach den stets weichen Konsonanten ч, щ wird immer и geschrieben (und zwar nach ж, ш zur Bezeichnung des Lautes [ы], nach ч, щ hingegen zur Bezeichnung des Lautes [и]).

3. **[ы]**   nach **ж, ш** und **ц**[1],

z.B.: **жить** (leben), **ширь** (die Weite), **цифра**[1] (die Ziffer);

4. **[j + и]** nach **ь**,

z.B.: **чьи** (Plur., wessen).

Zur Aussprache von **[и]**

Russisches **[и]** wird – abgesehen von der Dauer des Vokals (12) – wie deutsches geschlossenes „i" in „wieder" ausgesprochen,

z.B.: **им** (Instr. zu **он** er), **чистый** (rein), **тихий** (leise).

Zur Aussprache von **[ы]**

Im Deutschen gibt es keinen Vokal, der dem russischen **[ы]** entspricht.

Für die Bildung des **[ы]** ist charakteristisch (vgl. 6):

1. der enge Öffnungsgrad des Mundes (wie **[и]** und **[у]**);
2. keine Rundung und keine Vorstülpung der Lippen (wie **[и]**, zum Unterschied von **[у]**);
3. die aktive Teilnahme des nichtvorderen Teils der Zungenmasse[2] (wie **[у]**, zum Unterschied von **[и]**).

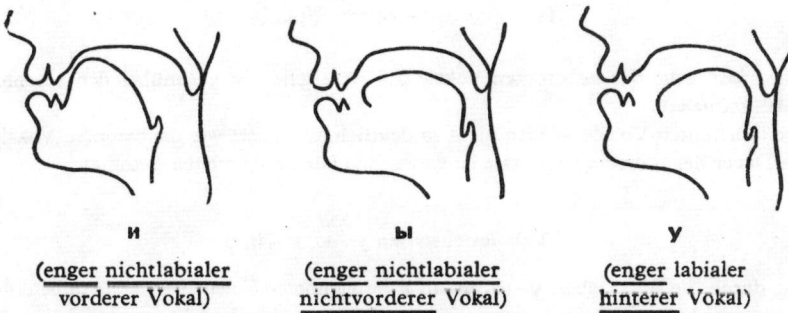

и	ы	у
(enger nichtlabialer vorderer Vokal)	(enger nichtlabialer nichtvorderer Vokal)	(enger labialer hinterer Vokal)

---

[1] Nach dem stets harten Konsonanten ц wird zur Bezeichnung des Vokals [ы] in Endungen und in einzelnen Wörtern ы, sonst и geschrieben.
[2] Zum Unterschied von der Darstellung in der Akademie-Grammatik, wo von der Hebung des hinteren Teils der Zungenmasse gesprochen wird, wird [ы] von Awanessow als mittlerer Vokal definiert (s. P. И. Аванесов: Фонетика современного русского литературного языка, S. 91).

Bei der Aussprache von [ы] sind die Lippen gespreizt wie bei [и], die Zunge ist zurückgezogen wie bei [у],

z. B.: м**ы́**ло (die Seife), м**ы**ть (waschen), т**ы** (du), ж**и**ть (leben), ц**и**рк (der Zirkus).

18   **Das Lautsystem der betonten Vokale**

Die betonten Vokale des Russischen können folgendermaßen dargestellt werden[1] (vgl. 5 und 6):

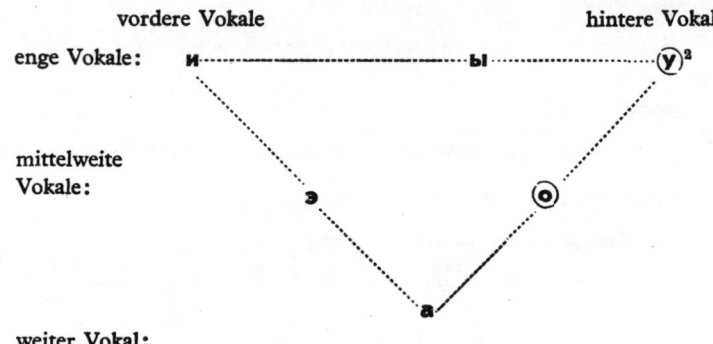

enge Vokale: и ···································· ы ·············· (у)[2]

vordere Vokale   hintere Vokale

mittelweite
Vokale: э   (о)

weiter Vokal: а

III. Die unbetonten Vokale

19   Die Aussprache der unbetonten Vokale des Russischen ist gegenüber den betonten Vokalen reduziert:

Die unbetonten Vokale werden nicht so deutlich artikuliert wie die betonten Vokale; die Dauer der unbetonten Vokale ist wesentlich kürzer als die der betonten.

20   **Die Vokalbuchstaben у—ю, ы—и, э**

Die durch die Buchstaben **у—ю, ы—и, э** bezeichneten Vokale werden in unbetonter Stellung sehr kurz gesprochen, unterscheiden sich sonst jedoch nicht wesentlich von den entsprechenden betonten Vokalen,

---

[1] Da dem russischen [ы] im Deutschen kein Vokal entspricht, ist außer [и] auch [ы] in die Tabelle aufgenommen worden.

[2] Durch den Kreis wird hier angedeutet, daß es sich bei [о] und [у] um labiale Vokale handelt.

z. B.: **учени́к** (der Schüler), **туда́** (dorthin), **что́-нибудь** (irgend etwas), **юри́ст** (der Jurist), **сюда́** (hierher), **они́ чита́ют** (sie lesen);
открыва́ть (öffnen), **я живу́** (zu **жить,** ich lebe), **инжене́ры** (Plur., die Ingenieure), **иска́ть** (suchen), **он сиди́т** (zu **сиде́ть,** er sitzt), **лю́ди** (Plur., die Menschen);
эта́ж (das Stockwerk), **электри́чество** (die Elektrizität), **поэти́ческий** (poetisch).

Die Vokalbuchstaben a und o   21

Die unbétonten Buchstaben **a** und **o** fallen in einem reduzierten Vokal zusammen, der je nach seiner Stellung im Wort verschieden ausgesprochen wird.

Für die Aussprache der unbétonten Vokalbuchstaben **a** und **o** im Wortanlaut und nach hartem Konsonanten gelten folgende Normen:

1. Im Wortanlaut werden unbetonte **a** und **o** wie kurzes [a] ausgesprochen,

    z. B.: **апре́ль** (der April), **англича́нин** (der Engländer), **академи́ческий** (akademisch);
    окно́ (das Fenster), **открыва́ть** (öffnen), **опери́ровать**[1] (operieren), **обыкнове́нный** (gewöhnlich).

2. In der ersten Silbe vor dem Ton werden **a** und **o** wie kurzes [a] ausgesprochen,

    z. B.: **трава́** (das Gras), **я даю́** (zu **дава́ть,** ich gebe), **шага́ть** (schreiten), **цари́зм** (der Zarismus);
    вода́ (das Wasser), **поля́** (Plur., die Felder), **профе́ссор**[1] (der Professor), **костю́м** (das Kostüm, der Anzug).

3. In allen anderen unbetonten Silben werden **a** und **o** wie ein sehr kurzer, zwischen [a] und [ы] stehender Vokal[2] ausgesprochen,

    z. B.: **машини́ст** (der Maschinist), **парово́з** (die Lokomotive), **он рабо́тал** (er arbeitete), **де́ла**[3] (Gen. Sing. zu **де́ло** die Sache);
    молодо́й (jung), **голова́** (der Kopf), **го́лову** (Akk. Sing. zu **голова́** der Kopf), **де́ло**[3] (die Sache).

---

[1] In einzelnen Fremdwörtern wird der unbetonte Vokalbuchstabe o wie kurzes [o] ausgesprochen, z. B.: оте́ль (das Hotel), ра́дио (das Radio).
[2] Für die Bildung dieses sehr kurzen, dem [ы] nahestehenden Vokals ist charakteristisch (vgl. 6):
1. der mittelweite Öffnungsgrad des Mundes (weiter als [ы], jedoch enger als [a]);
2. keine Rundung und keine Vorstülpung der Lippen (wie [ы]);
3. die aktive Teilnahme des nichtvorderen Teils der Zungenmasse (wie [ы]).
[3] Nach den oben angegebenen Aussprachenormen sind unbetonte a und o auch in Endungen in einem Vokal zusammengefallen; dementsprechend werden Fälle wie де́ло (Nom. Sing.) — де́ла (Gen. Sing.) zwar in der Schrift unterschieden, zeigen jedoch die gleiche Aussprache.

Anmerkung:

Zur Aussprache des unbetonten Vokalbuchstaben **a** nach den stets weichen Konsonanten **ч, щ** (z. B. in **часы́** Plur., die Uhr) siehe (22).

22   Die Vokalbuchstaben e und я (a[1])

Die unbetonten Buchstaben **e** und **я (a)** fallen in der Regel in einem reduzierten Vokal zusammen, der je nach seiner Stellung im Wort verschieden ausgesprochen wird.

Für die Aussprache der unbetonten Vokalbuchstaben **e** und **я (a)** gelten folgende Normen:

1. In der ersten Silbe vor dem Ton wird für die Buchstaben **e** und **я (a)** ein kurzer, zwischen [и] und [э] stehender Vokal ausgesprochen: Transkriptionszeichen [и°][2],

   z. B.: **еди́нство** = [jи°]**ди́нство** (die Einheit), **уезжа́ть** (wegfahren), **бежа́ть** = [б'и°]**жа́ть** (laufen), **техни́ческий** (technisch), **чеса́ть** (kämmen);

   язы́к = [jи°]**зы́к** (die Zunge; die Sprache), **уясня́ть** (erklären), **вяза́ть** = [в'и°]**за́ть** (binden), **обяза́тельно** (bestimmt), **часы́** (Plur., die Uhr), **площаде́й** (Gen. Plur. zu **пло́щадь** der Platz).

2. In allen anderen unbetonten Silben außer in den Endungen (22,3) wird für die Buchstaben **e** und **я (a)** ein sehr kurzer, zwischen [и] und [э] stehender Vokal[3] ausgesprochen,

   z. B.: **европе́йский** (europäisch), **переходи́ть** (hinübergehen), **челове́к** (der Mensch), **я вы́беру** (zu **вы́брать** vo., ich werde wählen), **ма́ленький** (klein);

   языка́ (Gen. Sing. zu **язы́к** die Zunge; die Sprache), **пятиле́тний** (fünfjährig), **часовщи́к** (der Uhrmacher), **вы́тянуть** (vo., ausdehnen), **па́мять** (das Gedächtnis), **они́ на́чали** (zu **нача́ть** vo., sie fingen an).

---

[1] Nach den stets weichen Konsonanten ч, щ wird nicht я, sondern a geschrieben, das aber denselben Aussprachenormen unterliegt wie я. — Zur Aussprache des unbetonten Vokalbuchstaben a im Wortanlaut und nach hartem Konsonanten siehe (21).

[2] Für die Bildung des kurzen Vokals [и°] ist charakteristisch (vgl. 6):
   1. der Öffnungsgrad des Mundes (weiter als [и], jedoch enger als [э]);
   2. keine Rundung und keine Vorstülpung der Lippen (wie [и]);
   3. die aktive Teilnahme des vorderen Teils der Zungenmasse (wie [и]).

[3] Dieser sehr kurze Vokal steht dem [и] äußerst nahe.

3. In den Endungen werden die unbetonten Buchstaben е und я (а) unterschieden:

Für den Buchstaben е wird ein sehr kurzer, zwischen [и] und [э] stehender Vokal[1] ausgesprochen,

z.B.: в до́ме (in dem Hause), краси́вее (Kompar. zu краси́вый, schöner), он бу́дет (zu быть, er wird sein).

Für den Buchstaben я (а) wird ein sehr kurzer, zwischen [а] und [ы] stehender Vokal ausgesprochen (vgl. 21, 3),

z.B.: мо́ря (Gen. Sing. zu мо́ре das Meer), вре́мя (die Zeit), това́рищам (Dat. Plur. zu това́рищ der Genosse), но́вая (weibl. Form zu но́вый neu).

Anmerkung:

Für die Aussprache des unbetonten Vokalbuchstaben е nach den stets harten Konsonanten ж, ш, ц gelten folgende besondere Regeln:

1. In der ersten Silbe vor dem Ton wird für е nach ж, ш, ц ein kurzer, zwischen [ы] und [э] stehender Vokal ausgesprochen,
   z.B.: жена́ (die Frau), цена́ (der Preis).
2. In den anderen unbetonten Silben wird für е nach ж, ш, ц in der Regel ein sehr kurzer, zwischen [а] und [ы] stehender Vokal ausgesprochen (vgl. 21, 3),
   z.B.: шерстяно́й (wollen, Woll-), я вы́шел (zu вы́йти vo., ich kam heraus), пти́цей (Instr. Sing. zu пти́ца der Vogel).

---

[1] Dieser sehr kurze Vokal steht dem [и] äußerst nahe.

DIE KONSONANTEN

I. Allgemeines

23 Die Konsonanten sind (zum Unterschied von den Vokalen – siehe 5) Laute, bei deren Bildung die ausströmende Luft einem Hindernis im Mundraum begegnet, das überwunden wird.

24 Die russischen Konsonanten werden nach folgenden fünf Eigenschaften[1] bestimmt:

1. Nach der Artikulationsart, d. h. nach der Art, wie das Hindernis im Mundraum überwunden wird, unterscheidet man

a) Verschlußlaute: das Hindernis ist ein vollständiger Verschluß des Mundes, der durch den Luftstrom gesprengt wird,

z. B.: п, б, т, д, к, г;

b) Reibelaute: das Hindernis ist eine Enge im Mundraum, durch die der Luftstrom mit Reibungsgeräusch entweicht,

z. B.: ф, в, с, з, ш, ж, х;

c) Affrikaten[2]: unlösbare Verbindungen eines Verschlußlautes mit einem an derselben Stelle gebildeten Reibelaut,

z. B.: ц, ч;

d) Nasale: das Hindernis ist ein vollständiger Verschluß des Mundes, die Luft kann jedoch frei und ohne Reibungsgeräusch durch die Nase ausströmen,

z. B.: м, н;

e) Liquiden[3]: 1. das Hindernis ist ein Verschluß des Mundes durch die Zungenspitze, die Luft kann jedoch an beiden Zungenseiten frei und ohne Reibungsgeräusch ausströmen,

z. B.: л;

2. die Zungenspitze wird durch die ausströmende Luft in Schwingungen versetzt, so daß abwechselnd ein Verschluß und eine Öffnung entstehen,

z. B.: р.

---

[1] Die deutschen Konsonanten werden nach den drei Eigenschaften: Artikulationsart, Artikulationsstelle, Stimmbeteiligung eindeutig bestimmt. Eine Erweichung von Konsonanten gibt es im Deutschen nicht (durch diese Eigenschaft der Erweichung unterscheidet sich das russische Konsonantensystem wesentlich vom deutschen). Auch eine Unterscheidung von kurzen und langen Konsonanten ist nicht erforderlich, da das Deutsche (abgesehen von einigen zusammengesetzten Wörtern) nur kurze Konsonanten hat; doppelt geschriebene Konsonantbuchstaben bezeichnen nicht die lange Aussprache des Konsonanten, sondern die kurze Aussprache des davorstehenden Vokals (vgl. 3, 2).

[2] Das Wort „die Affrikata" (Plur.: die Affrikaten) geht zurück auf lat. affricare = anreiben; dieser Name weist darauf hin, daß Affrikaten keine reinen Reibelaute sind.

[3] Das Wort „die Liquida" (Plur.: die Liquiden) geht zurück auf lat. liquidus = flüssig, fließend.

Verschlußlaute, Reibelaute und Affrikaten faßt man als Geräuschlaute, Nasale und Liquiden als Sonore[1] zusammen.

2. Nach der Artikulationsstelle, d. h. nach der Stelle, an der die Laute gebildet werden, unterscheidet man

    a) Lippenlaute: Laute, die mit aktiver Teilnahme der Lippen gebildet werden,

                              z.B.: п, б, ф, в, м;

    b) Zahnlaute: Laute, die mit dem vorderen Teil der Zunge an den Oberzähnen gebildet werden,

                              z.B.: т, д, с, з, ц, н, л, р;

    c) Vordergaumenlaute[2]: Laute, die mit dem vorderen bzw. mittleren Teil der Zunge am harten Vordergaumen gebildet werden,

                              z.B.: ш, ж, ч, [j];

    e) Hintergaumenlaute[2]: Laute, die mit dem hinteren Teil der Zunge am weichen Hintergaumen gebildet werden,

                              z.B.: к, г, х.

3. Nach der Stimmbeteiligung (25—27) unterscheidet man

    a) stimmlose Konsonanten,

                      z.B.: п, ф, т, с, ц, ш, к;

    b) stimmhafte Konsonanten,

                      z.B.: б, в, м, д, з, л, ж, г.

4. Nach der Erweichung (28—32) unterscheidet man

    a) harte Konsonanten,

                    z.B.[3]: [п], [б], [с], [з], [н], [к], [г];

    b) weiche Konsonanten,

                    z.B.[3]: [п'], [б'], [с'], [з'], [н'], [к'], [г'].

5. Nach der Dauer (33—37) unterscheidet man

    a) kurze Konsonanten, z.B.: в, н;

    b) lange Konsonanten, z.B.: вв, нн.

---

[1] Die Sonore (lat. sonor = der Ton, der Klang) zeichnen sich durch folgende Besonderheit aus: sie haben einerseits ein Hindernis für die ausströmende Luft, andererseits jedoch eine Öffnung, durch die die Luft frei und ohne wesentliches Reibungsgeräusch passieren kann.

[2] Der Gaumen besteht aus dem harten Vordergaumen und dem weichen Hintergaumen.

[3] Das Verständnis der Erweichung wird dadurch erschwert, daß es im russischen Alphabet keine besonderen Buchstaben für die weichen Konsonanten gibt (vgl. 3, 2 und 31). Aus diesem Grunde sind die Beispiele in phonetischer Umschrift angegeben.

II. Stimmlose und stimmhafte Konsonanten

25   Die Bildung der stimmlosen und der stimmhaften Konsonanten

Stimmlose Konsonanten werden ohne Stimmton, stimmhafte Konsonanten dagegen mit Stimmton gesprochen.

Nach ihrer Stimmbeteiligung lassen sich die russischen Konsonanten (Laute) folgendermaßen einteilen:

	I.	2.	3.
stimmlos	п п' ф ф' т т' с с' ш к к'	ц ч' щ' х х'	
stimmhaft	б б' в в' д д' з з' ж г г'		м м' н н' л л' р р' j

Zu 1. Zahlreiche stimmlose Geräuschlaute bilden mit stimmhaften Geräuschlauten Paare (z. B.: **п–б, ш–ж**); der stimmlose Konsonant eines solchen Lautpaares unterscheidet sich von dem entsprechenden stimmhaften Konsonanten lediglich durch das Fehlen des Stimmtons.

Zu 2. Einige Geräuschlaute sind stets stimmlos, haben also keine stimmhaften Entsprechungen.

Zu 3. Die Sonore sind stets stimmhaft, haben also keine stimmlosen Entsprechungen.

26   Stimmhafte Geräuschlaute im Wortauslaut

Stimmhafte Geräuschlaute werden im Wortauslaut stimmlos,

z. B.: **хлеб** = **хле[п]** (das Brot), **голубь** = **голу[п']** (die Taube), **столов** = **столо[ф]** (Gen. Plur. zu **стол** der Tisch), **кровь** = **кро[ф']** (das Blut), **народ** = **наро[т]** (das Volk), **мороз** = **моро[с]** (der Frost), **нож** = **но[ш]** (das Messer), **ложь** = **ло[ш]** (die Lüge), **снег** = **сне[к]** (der Schnee).

Anmerkung:

Da eine Präposition mit dem folgenden Wort zusammenhängend gesprochen wird, gilt die obige Regel nicht für Präpositionen:

Stimmhafte Geräuschkonsonanten im Auslaut von Präpositionen bleiben – außer vor stimmlosen Konsonanten (27,1 — Anmerkung) – stimmhaft,

z. B.: **под окном** = **по[д а]кном** (unter dem Fenster), **над ними** = **на[д н']ими** (über ihnen), **в город** = **[в г]ород** (in die Stadt); jedoch: **в комнату** = **[ф к]омнату** (in das Zimmer).

Die Angleichung der Stimme 27

Nebeneinanderstehende Geräuschlaute werden entweder stimmhaft oder stimmlos ausgesprochen – in Abhängigkeit von dem zuletztstehenden.

1. Innerhalb eines Wortes werden stimmhafte Geräuschlaute vor stimmlosen stimmlos[1],

z. B.: тру́бка = тру́[п]ка (die Röhre), за́втра = за́[ф]тра (morgen),

всё = [ф]сё (alles), по́дпись = по́[т]пись (die Unterschrift),

лезть = ле[с']ть (klettern), кни́жка = кни́[ш]ка (das Büchlein).

Anmerkung:
Stoßen in der zusammenhängend gesprochenen Wortgruppe „Präposition + folgendes Wort" ein stimmhafter Geräuschlaut (im Auslaut der Präposition) und ein stimmloser Geräuschlaut (im Anlaut des folgenden Wortes) zusammen, so gilt ebenfalls die obige Regel,

z. B.: в ко́мнату = [ф_к]о́мнату (in das Zimmer),

над село́м = на[т_с']ело́м (über dem Dorf).

2. Innerhalb eines Wortes werden stimmlose Geräuschlaute vor stimmhaften (außer vor в) stimmhaft[1],

z. B.: отбро́сить = о[д]бро́сить (vo., zurückschleudern), сбо́рник = [з]бо́рник (die Sammlung), про́сьба = про́[з']ба (die Bitte), вокза́л = во[г]за́л (der Bahnhof);

jedoch: твой = [т]вой (dein).

Anmerkung:
Stoßen in der zusammenhängend gesprochenen Wortgruppe „Präposition + folgendes Wort" ein stimmloser Geräuschlaut (im Auslaut der Präposition) und ein stimmhafter Geräuschlaut (im Anlaut des folgenden Wortes) zusammen, so gilt ebenfalls die obige Regel,

z. B.: с бра́том = [з_б]ра́том (mit dem Bruder),

к до́му = [г_д]о́му (zu dem Haus).

---

[1] In der Orthographie wird die Angleichung der Stimme im allgemeinen nicht bezeichnet. Lediglich in den auf -з endenden Präfixen (без-, воз-, вз-, из-, низ-, раз-, через-, чрез-) wird vor stimmlosen Konsonanten -с geschrieben,

z. b.: издава́ть (herausgeben) — испуска́ть (ausstoßen),
разбива́ть (zerbrechen) — раскрыва́ть (öffnen).

III. Harte und weiche Konsonanten

Die Bildung der harten und der weichen Konsonanten

Die harten Konsonanten des Russischen haben etwa die gleiche Artikulationsstelle wie die entsprechenden deutschen Konsonanten[1].

Die weichen Konsonanten werden gebildet, indem sich (zusätzlich zu ihrer sonstigen Bildungsweise) gleichzeitig der mittlere Teil des Zungenrückens gegen den Vordergaumen hebt[2], z.B.:

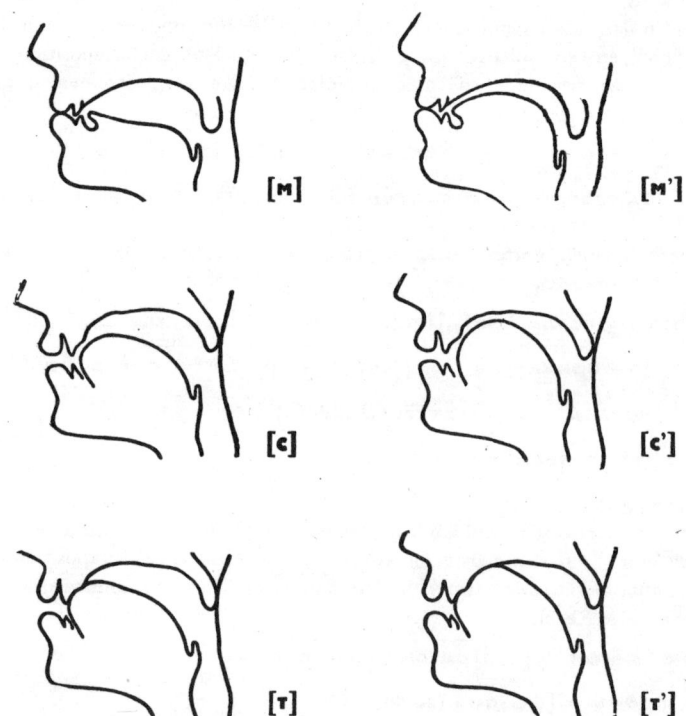

[м]   [м']

[с]   [с']

[т]   [т']

---

[1] Eine Ausnahme bildet nur л (50).
[2] In ähnlicher Weise wird auch der Vokal и gebildet (vgl. 17), weshalb die weichen Konsonanten auch ein i-artiges Element enthalten.

Nach der Erweichung lassen sich die russischen Konsonanten (Laute) folgendermaßen **30** einteilen:

	1.		2.	3.
hart	п б ф в м т д с з н л р к г х		ц ш ж	
weich	п' б' ф' в' м' т' д' с' з' н' л' р' к' г' х'			ч' щ' j

Zu 1. Die meisten harten Konsonanten bilden mit weichen Konsonanten Paare (z.B.: [n]–[n']); die beiden Konsonanten eines solchen Lautpaares unterscheiden sich lediglich durch das Fehlen bzw. Vorhandensein der Erweichung.

Zu 2. Einige Konsonanten sind stets hart, haben also keine weichen Entsprechungen.

Zu 3. Einige Konsonanten sind stets weich, haben also keine harten Entsprechungen.

Die Wiedergabe der weichen Konsonanten in der Schrift **31**

Für die weichen Konsonanten gibt es (abgesehen von den stets weichen Konsonanten ч, щ, й) im russischen Alphabet keine besonderen Buchstaben (vgl. 3, 2).

Die Erweichung eines Konsonanten wird durch den darauffolgenden Buchstaben bezeichnet[1]:

    1. durch einen der weichen Vokalbuchstaben я, ё, ю, е[2], и
       – wenn ein Vokal folgt (vgl. 10, 1),
       z.B.: ряд (die Reihe), мы идём (zu идти, wir gehen), люди (die Menschen), петь[2] (singen), тихо (leise);

    2. durch das Zeichen ь
       – am Wortende oder wenn ein Konsonant folgt[3],
       z.B.: мать (die Mutter), льда (Gen. Sing. zu лёд das Eis).

---

[1] Beachte jedoch, daß — unabhängig von dem auf sie folgenden Buchstaben — die Konsonanten ч, щ stets weich, die Konsonanten ш, ж, ц hingegen stets hart sind,
    z.B.: врач = вра[ч'] (der Arzt), врачом = вра[ч'ó]м (Instr. Sing. zu врач); рожь = ро[ш] (der Roggen), ржи = р[жы] (Gen. Sing. zu рожь).

[2] In einigen Fremdwörtern bezeichnet der Buchstabe е nicht die Erweichung des vorangehenden Konsonanten (s. Fußnote 1 auf S. 12).

[3] Siehe jedoch zur Angleichung der Erweichung (32).

32

Die Angleichung der Erweichung

Innerhalb eines Wortes werden die Zahnlaute **с, з, н** – mitunter auch **т, д** – vor weichen Zahnlauten[1] erweicht[2],

z.B.: стих = [с'т']их (der Vers), часть = ча[с'т'] (der Teil), снег = [с'н']ег (der Schnee);

entsprechend: здесь (hier), возле (neben); пятница (der Freitag); медленно (langsam); кандидат (der Kandidat).

Der Zahnlaut **н** wird auch vor den weichen Vordergaumenlauten **ч, щ** erweicht,

z.B.: женщина = же[н'щ']ина (die Frau).

IV. Kurze und lange Konsonanten

33 Die kurzen Konsonanten des Russischen haben die gleiche Dauer wie die deutschen Konsonanten[3].

34 Die langen Konsonanten des Russischen haben die Dauer von etwa zwei kurzen Konsonanten.

Anmerkung:

Lange Verschlußlaute und lange Affrikaten werden gebildet, indem der Verschluß des Mundes verlängert, die Sprengung des Verschlusses also verzögert wird,

z.B.: оттаскивать (fortziehen).

Kurze und lange Konsonanten sind genau zu unterscheiden,

z.B.: воз (die Fuhre)   – ввоз (die Einfuhr),
стена (die Wand)   – стенная газета (die Wandzeitung).

---

[1] Mitunter werden die Zahnlaute с, з, т, д auch vor weichen Lippenlauten erweicht, z.B.: смелый (kühn), твёрдый (fest).
Hierbei sind jedoch oft Schwankungen in der Aussprache zu beobachten; in solchen Fällen gilt gewöhnlich die harte Aussprache des ersten Konsonanten als Norm der Literatursprache.

[2] In der Orthographie wird die Angleichung der Erweichung nicht bezeichnet (vgl. hierzu auch Fußnote 1 auf S. 21).

[3] Im Deutschen gibt es (abgesehen von einigen zusammengesetzten Wörtern) nur kurze Konsonanten; vgl. Fußnote 1 auf S. 18.

Die Wiedergabe der kurzen und der langen Konsonanten in der Schrift

Einfach geschriebene Konsonanten werden kurz gesprochen; lediglich щ (45) ist ein langer Konsonant.   **35**

Doppelt geschriebene Konsonanten werden in der Regel lang gesprochen,   **36**

z.B.: **гру́ппа** = гру́[п̄]а (die Gruppe), **подде́лать** (vo., fälschen), **ввоз** (die Einfuhr), **ка́сса** (die Kasse), **беззабо́тный** (sorglos), **су́мма** (die Summe), **тума́нный** (neblig);
ebenso durch Angleichung der Stimme:
отда́ть = о[д̄]а́ть (vo., abgeben), **сза́ди** = [з̄]а́ди (von hinten).

Anmerkung:

Stoßen in der zusammenhängend gesprochenen Wortgruppe „Präposition + folgendes Wort" zwei gleichartige Konsonanten zusammen, so gilt ebenfalls die obige Regel,

z.B.: **под ду́бом** = по[д̄]у́бом (unter der Eiche), **к кому́** = [к̄]ому́ (zu wem), **в воде́** = [в̄]оде́ (im Wasser);
ebenso durch Angleichung der Stimme:
к го́роду = [г̄]о́роду (zur Stadt), **в фо́рме** = [ф̄]о́рме (in der Form).

Doppelt geschriebene Konsonanten werden jedoch kurz gesprochen: **37**

1. in der Stellung vor Konsonanten,
   z.B.: **иску́сство** (die Kunst), **ру́сский** (russisch);

2. in zahlreichen Fremdwörtern,
   z.B.: **грамма́тика** (die Grammatik), **мета́лл** (das Metall).

V. Die einzelnen Konsonanten

Die Konsonantbuchstaben п, б   **38**

bezeichnen:

1. die harten Verschlußlaute **[п]**, **[б]**,
   z.B.: **пар** (der Dampf), **бук** (die Buche).
   [п] wird etwa wie deutsches „p" (z.B.: Park) ausgesprochen; zum Unterschied von „p" ist russisches **[п]** jedoch stets unbehaucht[1].
   [б] wird wie deutsches „b" (z.B.: Ball) ausgesprochen.

---

[1] Im Deutschen werden die stimmlosen Verschlußlaute „p, t, k" vor betontem Vokal gewöhnlich behaucht (d.h. mit einem nachstehenden h-artigen Hauch) ausgesprochen, z.B.: Kissen, Puppe, Tante. Vor unbetonten Vokalen fehlt die Behauchung in der Regel (so z.B. beim zweiten „t" in „Tante"). Im Russischen sind die stimmlosen Verschlußlaute п, т, к stets unbehaucht.

2. die weichen Verschlußlaute [n'], [6'] (vgl. 30),

   z.B.: пять (fünf), бег (der Lauf).

   [n'], [6']: Zur Aussprache siehe (29).

39   Die Konsonantbuchstaben ф, в

bezeichnen:

1. die harten Reibelaute [ф], [в],

   z.B.: футбол (der Fußball), вот (hier, sieh' da!).

   [ф], [в] werden wie deutsche „f, w" (z.B.: Fach, Wald) ausgesprochen.

2. die weichen Reibelaute [ф'], [в'] (vgl. 30),

   z.B.: физик (der Physiker), весь (ganz).

   [ф'], [в']: Zur Aussprache siehe (29).

Anmerkung: zu вств siehe (67).

40   Die Konsonantbuchstaben т, д

bezeichnen:

1. die harten Verschlußlaute [т], [д],

   z.B.: там (dort), дым (der Rauch).

   [т] wird etwa wie deutsches „t" (z.B.: Tanne) ausgesprochen; zum Unterschied von „t" ist russisches [т] jedoch stets unbehaucht[1].

   [д] wird wie deutsches „d" (z.B.: Damm) ausgesprochen.

2. die weichen Verschlußlaute [т'], [д'] (vgl. 30),

   z.B.: тётя (die Tante), дядя (der Onkel).

   [т'], [д']: Zur Aussprache siehe (29).

Anmerkungen:

zu тч, дч siehe (59);   zu тц, дц siehe (60);   zu -тся, -ться siehe (61);
zu стн, здн siehe (65);   zu стл siehe (66);   zu рдц siehe (68).

41   Die Konsonantbuchstaben с, з

bezeichnen:

1. die harten Reibelaute [с], [з],

   z.B.: сын (der Sohn), зуб (der Zahn).

   [с], [з] werden wie deutsches stimmloses bzw. stimmhaftes „s" (z.B.: Kiste, Sand) ausgesprochen.

---

[1] Siehe hierzu Fußnote 1 auf S. 25.

2. die weichen Reibelaute [c'], [з'] (vgl. 30),

z.B.: сюда́ (hierher), зима́ (der Winter).

[c'], [з']: Zur Aussprache siehe (29).

Anmerkungen:

zu сш, зш siehe (56); zu зж, сж siehe (57);
zu сч, зч siehe (58); zu -тся, -ться siehe (61).

Der Konsonantbuchstabe ц **42**

bezeichnet:

die stimmlose harte Affrikate [ц],

z.B.: цари́зм (der Zarismus), цирк = [цы]рк (der Zirkus).

[ц] wird wie deutsches „z" (z.B.: Zapfen) ausgesprochen; es ist eine unlösbare Verbindung von [т] und [c]: [тc] und hat die Dauer eines einfachen Konsonanten.

Anmerkung: zu тц, дц siehe (60).

Die Konsonantbuchstaben ш, ж **43**

bezeichnen:

die harten Reibelaute [ш], [ж],

z.B.: шар (die Kugel), шить = [шы]ть (nähen); жара́ (die Hitze), жить = [жы]ть (leben).

[ш] wird etwa wie deutsches „sch" (z.B.: Schall) ausgesprochen.

[ж] wird etwa wie „g" in Wörtern wie „Etage", „Plantage" ausgesprochen[1].

Anmerkungen: zu сш, зш siehe (56); zu зж, сж siehe (57).

Der Konsonantbuchstabe ч **44**

bezeichnet:

die stimmlose weiche Affrikate [ч'],

z.B.: чай (der Tee), чу́вство (der Sinn; das Gefühl).

[ч'] ist eine unlösbare Verbindung von [т'] und [ш'][2]: [т'ш']; es hat die Dauer eines einfachen Konsonanten.

Im Deutschen gibt es keinen Laut, der dem russischen [ч'] entspricht; weiches [ч'] ist von deutschem hartem „tsch" (z.B.: rutschen) genau zu unterscheiden.

Anmerkungen:

zu сч, зч siehe (58); zu тч, дч siehe (59);
zu чн siehe (63); zu чт siehe (64).

---

[1] Der dem [ж] entsprechende deutsche Laut kommt nur in Fremdwörtern vor.

[2] [ш] ist im Russischen hart (43); nur als Bestandteil der Affrikate ч = [т'ш'] und als щ = [ш̄'] kommt weiches [ш'] vor.

45
Der Konsonantbuchstabe щ
bezeichnet:

den stimmlosen weichen Reibelaut [ш̅']¹,
z.B.: щи (Plur., die Kohlsuppe).
[щ'] hat die Dauer eines langen Konsonanten.
Im Deutschen gibt es keinen Laut, der dem russischen [щ'] entspricht.

46
Die Konsonantbuchstaben к, г
bezeichnen:

1. die harten Verschlußlaute [к], [г],
   z.B.: куст (der Strauch), год (das Jahr).
   [к] wird etwa wie deutsches „k" (z.B.: Karte) ausgesprochen; zum Unterschied
   von „k" ist russisches [к] jedoch stets unbehaucht².
   [г] wird wie deutsches „g" (z.B.: Garten) ausgesprochen.

2. die weichen Verschlußlaute [к'], [г'] (vgl. 30),
   z.B.: кем (Instr. zu кто wer), гибкий (biegsam).
   [к'], [г']: Zur Aussprache siehe (29).

Anmerkungen:

1. In der Endung -ого, -его der Adjektive, Zahlwörter und Pronomen wird г
   wie [в] ausgesprochen,
   z.B.: старого (Gen. Sing. zu старый alt), всего (Gen. Sing. zu весь ganz).
   In den Wörtern сегодня (heute), сегодняшний (heutig), итого (insgesamt)
   wird г ebenfalls wie [в] ausgesprochen.

2. Im Wort бог (Gott) wird г wie [х] ausgesprochen; in den Deklinationsformen
   (бога...) wird jedoch regelmäßig [г] gesprochen.

3. Zu гк, гч siehe (62).

47
Der Konsonantbuchstabe х
bezeichnet:

1. den stimmlosen harten Reibelaut [х],
   z.B.: холод (die Kälte).
   [х] wird wie der deutsche „ach-Laut" (z.B.: ach, Buche) ausgesprochen.

---

¹ Siehe Fußnote 2 auf S. 27. –
Der Laut [щ'] kann auch als unlösbare Verbindung von [ш'] und [ч']: [ш̅'ч'] gesprochen werden;
beide Ausspracheweisen sind in der russischen Literatursprache der Gegenwart zugelassen, jedoch wird
die Aussprache als langes weiches [ш̅'] bevorzugt (vgl. hierzu P. II. Аванесов: О нормах русского
литературного произношения. «Русский язык в школе». N⁰ 6/1961, S. 9).
² Siehe hierzu Fußnote 1 auf S. 25.

2. den stimmlosen weichen Reibelaut $[x']$ (vgl. 30),

   z.B.: **хи́трый** (schlau, listig).

   Bei der Bildung von $[x']$ hebt sich nicht nur der hintere Teil der Zunge (der an der Bildung von $[x]$ teilnimmt), sondern auch der mittlere Teil der Zunge gegen den Gaumen[1].

Der Konsonantbuchstabe м   48

bezeichnet:

1. den stimmhaften harten Nasal $[м]$,

   z.B.: **ма́ло** (wenig).

   $[м]$ wird wie deutsches „m" (z.B.: Mann) ausgesprochen.

2. den stimmhaften weichen Nasal $[м']$ (vgl. 30),

   z.B.: **ме́сто** (der Platz).

   $[м']$: Zur Aussprache siehe (29).

Der Konsonantbuchstabe н   49

bezeichnet:

1. den stimmhaften harten Nasal $[н]$,

   z.B.: **наш** (unser).

   $[н]$ wird wie deutsches „n" (z.B.: Nacht) ausgesprochen.

2. den stimmhaften weichen Nasal $[н']$,

   z.B.: **нефть** (das Erdöl).

   $[н']$: Zur Aussprache siehe (29).

Anmerkung:

Auch in den Buchstabenverbindungen нк, нг wird н wie deutsches „n" in „Nacht, ankommen = an-kommen" ausgesprochen (keine Angleichung wie bei deutschem „n" in „Bank"!),

z.B.: **банк** (die Bank, wirtsch.), **ло́зунг** (die Losung), **ло́зунги** (Plur.).

Der Konsonantbuchstabe л   50

bezeichnet:

1. die stimmhafte harte Liquida $[л]$,

   z.B.: **ла́мпа** (die Lampe), **ло́дка** (das Boot), **лы́жа** (der Schneeschuh);

2. die stimmhafte weiche Liquida $[л']$,

   z.B.: **ле́то** (der Sommer), **лёд, льда** (das Eis), **лист** (das Blatt).

---

[1] Die Aussprache von [x'] ähnelt der des deutschen „ich-Lautes" (z.B.: ich, Eiche); jedoch ist zu beachten, daß der deutsche „ich-Laut" ein Vordergaumenlaut, russisches [x'] dagegen ein Hintergaumenlaut ist.

Sowohl [л] als auch [л'] unterscheiden sich von deutschem „l"[1].

Bei der Bildung von deutschem „l" (z.B.: <u>L</u>and) hebt sich die Zungenspitze an die Rückseite der Oberzähne (oder gegen das obere Zahnfleisch).

Bei der Bildung von russischem hartem [л] hebt sich die Zungenspitze – wie bei deutschem „l" – an die Rückseite der Oberzähne, während sich der hintere Teil der Zunge – etwa wie bei deutschem geschlossenem „u" – gegen den Hintergaumen hebt. Die Zunge bildet also zwei Hebungen; dazwischen liegt eine Senke.

Bei der Bildung von russischem weichem [л'] hebt sich nicht nur die Zungenspitze, sondern die gesamte vordere Zungenhälfte gegen den Vordergaumen (vgl. 29); dadurch ist die Berührungsfläche der Vorderzunge mit dem Vordergaumen bei [л'] größer als bei deutschem „l".

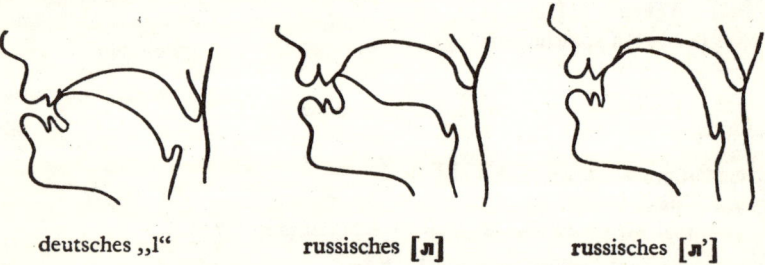

deutsches „l"   russisches [л]   russisches [л']

Anmerkung: zu лнц siehe (69).

51   **Der Konsonantbuchstabe р**
bezeichnet:

1. die stimmhafte harte Liquida [р],
    z.B.: раА (froh).
    [р] wird wie deutsches Zungenspitzen-r (z.B.: <u>R</u>and) ausgesprochen.

2. die stimmhafte weiche Liquida [р'] (vgl. 30),
    z.B.: ряА (die Reihe).
    [р']: Zur Aussprache siehe (29).

---

[1] Zur Artikulationsart der l-Laute siehe (24, 1e).

Der Laut [j]   **52**

Der russische Laut [j] ist ein Konsonant.

Der Laut [j] wird in der russischen Schrift – je nach der Stellung, in der er vorkommt – durch verschiedene Buchstaben wiedergegeben, und zwar:

1. durch **й** nach Vokalbuchstaben (im Silbenauslaut[1]),

    z.B.: **дай, дайте** = **дa**[j], **дá**[j]**те** (Imperativformen zu **дать** vo. geben);

2. durch **я, ё, ю, е** im Wortanlaut, nach Vokalbuchstaben (im Silbenanlaut), nach **ъ** und **ь**[2],

    z.B.: **я́ркий** = [já]**ркий** (grell), **ёлка** = [jó]**лка** (die Tanne); **стоя́ть** = **сто**[já]**ть** (stehen), **они́ пою́т** = **по**[jý]**т** (zu **петь**, sie singen); **отъе́хать** = **о**[т jó]**хать** (vo. abfahren), **семья́** = **се**[м' já] (die Familie);

3. durch **и** nach **ь**[2],

    z.B.: **воробьи́** = **воро**[6'jи́] (Nom. Plur. zu **воробе́й** der Sperling).

Der Laut [j] wird ausgesprochen:

1. vor betonten Vokalen etwa wie deutsches „j" (z. B.: Jacke), jedoch mit schwächerem Reibungsgeräusch[3],

    z. B.: **ёлка, стоя́ть, семья́;**

2. in allen anderen Stellungen wie unsilbisches i,

    z. B.: **я мо́ю** (zu **мыть**, ich wasche), **бра́тья** (Nom. Plur. zu **брат** der Bruder), **война́** (der Krieg), **дай, дайте.**

Der Buchstabe ь (weiches Zeichen)   **53**

Dem Buchstaben **ь**, der nur nach Konsonantbuchstaben auftritt, entspricht kein selbständiger Laut.

1. In der Stellung am Wortende und vor Konsonantbuchstaben bezeichnet **ь** die Erweichung des vor ihm stehenden Konsonanten,

    z.B.: **мать** (die Mutter), **встань** (Imperativ zu **встать** vo. aufstehen); **большо́й** (groß), **льда** (Gen. Sing. zu **лёд** das Eis).

---

[1] Nur in einigen Fremdwörtern wird **й** in der Verbindung **йо** (statt **ë**) im Wortanlaut und im Silbenanlaut geschrieben, z. B.: **йод** (das Jod), **райо́н** (der Bezirk).

[2] Hiervon genau zu unterscheiden ist die Funktion der Buchstaben **я, ë, ю, е, и** nach Konsonantbuchstaben (vgl. 10).

[3] Aus diesem Grund wird der russische Laut [j] auch zu den Sonoren gerechnet (vgl. Fußnote 1 auf S. 19).

Anmerkung:

In den Buchstabenverbindungen шь, жь, чь, щь hat ь keinerlei lautliche Funktion, da ja ш, ж stets hart, ч, щ dagegen stets weich sind,

z.B.: ты рабо́таешь = рабо́тае[ш] (du arbeitest), лечь = ле[ч'] (vo. sich hinlegen).

In diesen Fällen dient ь lediglich zur orthographischen Kennzeichnung gewisser grammatischer Formen[1].

2. In der Stellung vor weichem Vokalbuchstaben (я, ё, ю, е, и)[2] bezeichnet ь die Erweichung des vor ihm stehenden Konsonanten und wirkt gleichzeitig als „Trennungszeichen", d. h., ь trennt den vorangehenden weichen Konsonanten von der folgenden Lautgruppe [j + Vokal][3],

z.B.: семья́ = се[м'já] (die Familie), вью́га = [в'jý]га (das Schneegestöber), воробьи́ = воро[б'jи́] (Nom. Plur. zu воробе́й der Sperling).

Anmerkung:

In der Stellung nach Zischlaut vor weichem Vokalbuchstaben wirkt ь lediglich als „Trennungszeichen",

z.B.: я шью = [шjy], ты шьёшь = [шjoш] (zu шить nähen).

54   Der Buchstabe ъ (hartes Zeichen)

Dem Buchstaben ъ entspricht kein selbständiger Laut.

ъ tritt nur in der Stellung nach Konsonantbuchstaben vor weichem Vokalbuchstaben (я, ё, ю, е) auf (vornehmlich zwischen Präfix und Wurzel sowie in Fremdwörtern).

ъ gibt an, daß der vor ihm stehende Konsonant hart auszusprechen ist[4], und wirkt gleichzeitig als „Trennungszeichen", d. h., ъ trennt den vorangehenden Konsonanten von der folgenden Lautgruppe [j + Vokal],

z.B.: отъе́хать = о[т jэ́]хать (vo., abfahren), объе́кт = о[б jэ́]кт (das Objekt).

---

[1] So gibt z.B. bei Substantiven wie мышь (die Maus), рожь (der Roggen), ночь (die Nacht), мощь (die Macht) -ь den Hinweis, daß diese Wörter zur III. Deklination (weibl.) gehören; im Gegensatz hierzu gehören Substantive wie каранда́ш (der Bleistift), нож (das Messer), врач (der Arzt), това́рищ (der Genosse) zur I. Deklination (männl.).

[2] In einigen Fremdwörtern wird ь auch vor о geschrieben, z.B. павильо́н (der Pavillon).

[3] Wörter wie полёт = по[л'ó]т (der Flug) und польёт = по[л'jó]т (Fut. zu поли́ть vo. begießen) unterscheiden sich also deutlich in der Aussprache.

[4] Vor ъ stehendes с oder з wird jedoch weich gesprochen,
z.B.: съесть = [с'jэ]сть (vo., aufessen), разъясни́ть = ра[з'jиe]сни́ть (vo., erläutern).

Das Lautsystem der Konsonanten

Artikulationsstelle	Erweichung	Stimmbeteiligung (Artikulationsart)	Geräuschlaute			Sonore	
			Verschlußlaute	Reibelaute	Affrikaten	Nasale	Liquiden
Hintergaumenlaute	weich	stimmhaft	г'				
		stimmlos	к'	х'			
	hart	stimmhaft	г				
		stimmlos	к	х			
Vordergaumenlaute	weich	stimmhaft					й
		stimmlos		ш'	ч'		
	hart	stimmhaft		ж			
		stimmlos		ш			
Zahnlaute	weich	stimmhaft	д'	з'		н'	р', л'
		stimmlos	т'	с'			
	hart	stimmhaft	д	з		н	р, л
		stimmlos	т	с	ц		
Lippenlaute	weich	stimmhaft	б'	в'		м'	
		stimmlos	п'	ф'			
	hart	stimmhaft	б	в		м	
		stimmlos	п	ф			

LAUTVERBINDUNGEN

I. Die Angleichung der Stimme

Hierzu siehe (27).

II. Die Angleichung der Erweichung

Hierzu siehe (32).

III. Lange Konsonanten

Zu den doppelt geschriebenen Konsonanten siehe (36).

56   Die Buchstabenverbindungen сш, зш

werden wie langes [ш̄] ausgesprochen,
     z.B.: **бесшу́мный** (geräuschlos), **вёзший** (Part. Prät. Akt. zu **везти́** fahren, führen).

57   Die Buchstabenverbindungen зж, сж

werden wie langes [ж̄] ausgesprochen,
     z.B.: **по́зже** (später), **сжать** (vo., ernten).

58   Die Buchstabenverbindungen сч, зч

werden wie [щ'] ausgesprochen,
     z.B.: **бесчи́сленный** (zahllos), **гру́зчик** (der Lastträger).

59   Die Buchstabenverbindungen тч, дч

werden wie langes [ч̄'] ausgesprochen,
     z.B.: **лётчик** (der Flieger), **нахо́дчивый** (findig).

60   Die Buchstabenverbindungen тц, дц

werden wie langes [ц̄] ausgesprochen,
     z.B.: **отца́** (Gen. Sing. zu **оте́ц** der Vater), **два́дцать** (zwanzig).

Die Buchstabenverbindungen -тся, -ться,   **61**

die bei reflexiven Verben auftreten, werden wie [ца] ausgesprochen,
z.B.: он мо́ется = мо́е[ца] (er wäscht sich), они́ мо́ются = мо́ю[ца] (sie waschen sich), мы́ться = мы́[ца] (sich waschen).

IV. Andere Konsonantenveränderungen

Die Buchstabenverbindungen гк, гч   **62**

werden in den Wörtern лёгкий (leicht) und мя́гкий (weich) und ihren Formen bzw. Ableitungen (z.B.: ле́гче, мя́гче) wie [x]к, [x]ч ausgesprochen.

Die Buchstabenverbindung чн   **63**

wird wie [шн] ausgesprochen:
  1. in den weiblichen Vaternamen, die auf -ична auslauten,
     z.B.: Ильи́нична, Ники́тична;
  2. in den Wörtern коне́чно (gewiß), ску́чно (langweilig) und wenigen anderen.

Die Buchstabenverbindung чт   **64**

wird in den Wörtern что (was; daß) und что́бы (daß, damit) wie [шт] ausgesprochen[1].

V. Ausfall von Konsonanten

Das т bzw. д der Buchstabenverbindungen стн, здн   **65**

wird nicht ausgesprochen,
  z.B.: че́стный (ehrlich), ве́стник = ве́[с'н']ик (der Bote), по́здно (spät), пра́здник = пра́[з'н']ик (das Fest, der Feiertag).

---

[1] Dementsprechend wird auch in что́-то (etwas) usw. [шт] gesprochen.
In не́что (etwas) wird jedoch schreibungsgemäß [ч'т] gesprochen.

66

Das т der Buchstabenverbindung стл

wird im Wort **счастли́вый** (glücklich) und seinen Ableitungen nicht ausgesprochen.

67

Das erste в der Buchstabenverbindung вств

wird in den Wörtern **здра́вствуй(те)** (guten Tag) und **чу́вство** (der Sinn; das Gefühl) und seinen Ableitungen nicht ausgesprochen.

68

Das д der Buchstabenverbindung рдц

wird in dem Wort **се́рдце** (das Herz) nicht ausgesprochen.

69

Das л der Buchstabenverbindung лнц

wird in dem Wort **со́лнце** (die Sonne) nicht ausgesprochen.

70

VI. [ы] nach hartem Konsonanten

Nach hartem Konsonanten kann nicht der Laut [и], sondern nur der Laut [ы] gesprochen werden (vgl. 17).

Im Anlaut vorkommendes [и] wird nach hartem Konsonanten eines Präfixes durch [ы] ersetzt; die Ausspracheänderung wird in der Regel auch in der Schrift bezeichnet (durch den Wechsel der Buchstaben и — ы);

z.B.: **игра́ть** (spielen) — **сыгра́ть** (vo.),
иска́ть (suchen) — **отыска́ть** (vo., finden),
иде́йный (Ideen-) — **безыде́йный** (ideenlos).

Anmerkung:

Die obige Ausspracheregel gilt sinngemäß auch für die zusammenhängend gesprochene Wortgruppe „Präposition + folgendes Wort":
Im Wortanlaut vorkommendes [и] wird nach hartem Konsonanten einer Präposition durch [ы] ersetzt; die Ausspracheänderung wird jedoch nicht in der Schrift bezeichnet;

z.B.: **в игре́** = [в‿ы]гре́ (in dem Spiel),
с Ива́ном = [с‿ы]ва́ном (mit Iwan),
из институ́та = и[з‿ы]нститу́та (aus dem Institut).

MORPHOLOGIE

Zur Formen- und Wortbildung

FORMENBILDUNG UND WORTBILDUNG

In der Morphologie werden vornehmlich die Formenbildung und die Wortbildung **71** behandelt.

Unter **Formenbildung** versteht man die Bildung verschiedener Formen ein und desselben Wortes; die lexikalische Bedeutung des Wortes bleibt bei der Formenbildung unverändert.

Beispiele für die Formenbildung:

рука́	—	die Hand (Nom. Sing.)
руки́	—	der Hand (Gen. Sing.)
ру́ки	—	die Hände (Nom. Plur.)

. . .

чита́ть	—	lesen (Infinitiv)
(я) чита́ю	—	(ich) lese (Präsens)
(я) чита́л	—	(ich) las (Präteritum)

. . .

Unter **Wortbildung** versteht man die Bildung neuer Wörter mit neuer lexikalischer Bedeutung.

Beispiele für die Wortbildung:

дать vo.	—	geben
изда́ть vo.	—	herausgeben, verlegen
изда́ть vo.	—	herausgeben, verlegen
изда́тель	—	der Verleger, der Herausgeber
изда́тель	—	der Verleger, der Herausgeber
изда́тельство	—	der Verlag

39

DAS WORT UND SEINE BESTANDTEILE

72   Ein Wort kann in Bestandteile, in Strukturelemente zerlegt werden[1].

Vergleiche z. B.:   deutsch   russisch

	deutsch	russisch
	herbei|laufen	— при|бегáть
	herbei|bringen	— при|носи́ть
	die Munter|keit	— бóдр|ость
	die Selten|heit	— рéдк|ость
	des Bruder|s	— брáт|а
	des Freund|es	— друг|а
	der Schneefall	— снег|о|пáд
	der Wolkenkratzer	— неб|о|скрёб

Man unterscheidet im Russischen folgende Arten von Bestandteilen eines Wortes:

die Wurzel,	die Endung,
das Präfix[2],	den Bindevokal,
das Suffix[3],	die Partikel (hierzu 531).

Außerdem ist im Wort die Abtrennung des Stammes möglich.

I. Stamm und Endung

73   Die Endung steht in der Regel am Wortende[4]; sie ist der veränderliche formbildende Teil eines Wortes, der das Verhältnis des betreffenden Wortes zu anderen Wörtern im Satz ausdrückt.

Vergleiche z. B. die folgenden zwei Sätze:

Стáршая сестрá помогáет млáдшему брáту.

Die ältere Schwester hilft dem jüngeren Bruder.

Млáдший брат помогáет стáршей сестрé.

Der jüngere Bruder hilft der älteren Schwester.

---

[1] Die Zerlegung eines Wortes in seine Bestandteile entspricht häufig nicht den Regeln der Silbentrennung (hierzu 634).

[2] Das Wort „Präfix" geht zurück auf lat. praefixum = das vorn Angeheftete.

[3] Das Wort „Suffix" geht zurück auf lat. suffixum = das Angefügte.

[4] Lediglich die Partikel -ся (-сь) der reflexiven Verbformen steht hinter der Endung, z. B.: я учу́сь, ты у́чишься, они́ у́чатся (zu учи́ться lernen).

Durch Endungen werden die Kategorien (= grammatischen Bedeutungen) des Genus, Numerus und Kasus ausgedrückt; durch eine Endung werden dabei in der Regel zwei oder mehrere Kategorien komplex wiedergegeben. Zum Beispiel:

1. Genus, Numerus und Kasus sind in folgenden Endungen ausgedrückt:

    но́вая ла́мпа = die neue Lampe: weibl., Sing., Nom.
    но́вой ла́мпы = der neuen Lampe: weibl., Sing., Gen.

2. Genus und Numerus sind in folgenden Endungen ausgedrückt:

    (она́) чита́ла = (sie) las: weibl., Sing.
    (мы) чита́ли = (wir) lasen: alle 3 Geschl., Plur.

3. Person und Numerus sind in folgenden Endungen ausgedrückt:

    чита́ю = (ich) lese: 1. Pers., Sing.
    чита́ют = (sie) lesen: 3. Pers., Plur.

Anmerkung:

Manche Wortformen sind endungslos, z.B.:

стол (Nom. Sing.) gegenüber **стола́, столу́** usw.
учи́тельниц (Gen. Plur.) gegenüber **учи́тельница, учи́тельницы** usw.

Durch die Abtrennung der Endung (und – gegebenenfalls – des formbildenden Suf- **74** fixes, siehe 77,2) erhält man den Stamm oder einen der Stämme des Wortes. Der Stamm ist also – zum Unterschied von der Endung – der unveränderliche Teil eines Wortes oder einer bestimmten Formengruppe, der die lexikalische Bedeutung des betreffenden Wortes enthält.

Z.B.: 1. **учи́тельница** – die Lehrerin:

Nom. Sing.:	**учи́тельниц-а**[1]
Akk. Sing.:	**учи́тельниц-у**
Gen. Plur.:	**учи́тельниц**
Dat. Plur.:	**учи́тельниц-ам**

Stamm: **учи́тельниц-**

---

[1] Im folgenden (S. 41–43) wird der jeweils zu behandelnde Bestandteil eines Wortes – um seine Hervorhebung zu erreichen – von den übrigen Wortteilen durch Gedankenstriche getrennt. Es ist jedoch zu beachten, daß alle auf den genannten Seiten angeführten russischen Wörter nach den orthographischen Regeln zusammengeschrieben werden!

2. **нестѝ** – tragen:

Infinitiv:	**нес-тѝ**	⎫
Präteritum:	онѝ нес-лѝ	⎪
Part. Prät. Akt.:	нёс-ший	⎬ **Stamm: нес-**
Präsens:	я нес-ý	⎪
Imperativ:	нес-ѝ	⎪
Part. Präs. Akt.:	нес-ýщий	⎭

3. **брать** – nehmen:

Infinitiv:	**бра-ть**	⎫
Präteritum:	онѝ брá-ли	⎬ Infinitivstamm: **бра-**
Part. Prät. Akt.:	брá-вший	⎭
Präsens:	я бер-ý	⎫
Imperativ:	бер-ѝ	⎬ Präsensstamm: **бер-**
Part. Präs. Akt.:	бер-ýщий	⎭

II. Wurzel, Präfix, Suffix

75 Die Wurzel eines Wortes ist der Teil, der allen miteinander verwandten Wörtern gemeinsam ist. Z.B.:

да-ть	(vo., geben)	⎫
из-**дá-ть**	(vo., herausgeben)	⎬ Wurzel: **-да-**
из-**дá-тельство**	(der Verlag)	⎭
вод-á	(das Wasser)	⎫
вóд-ный	(Wasser-)	⎬ Wurzel: **-вод-**
под-**вóд-ный**	(unterseeisch)	⎭

76 Das Präfix eines Wortes ist der Teil, der vor der Wurzel steht.

Präfixe sind vorwiegend wortbildend[1], d.h. mit ihrer Hilfe werden neue Wörter mit neuer lexikalischer Bedeutung gebildet, z.B.:

бежáть	(laufen):	**при-бежáть**	(vo., herbeilaufen)	⎫ Präfix: **при-**
éхать	(fahren):	**при-éхать**	(vo., ankommen)	⎭
бежáть	(laufen):	**у-бежáть**	(vo., weglaufen)	⎫ Präfix: **у-**
éхать	(fahren):	**у-éхать**	(vo., wegfahren)	⎭

---

[1] Zur Aspektbildung mit bedeutungsleeren Präfixen siehe (321).

Das Suffix eines Wortes ist der Teil, der hinter der Wurzel bzw. zwischen Wurzel **77**
und Endung steht.

Man unterscheidet:

1. wortbildende Suffixe, d.h. Suffixe, mit deren Hilfe neue Wörter mit neuer
lexikalischer Bedeutung gebildet werden, z.B.:

го́рд-ый	(stolz):	го́рд-ость	(der Stolz)	Suffix:
сме́л-ый	(kühn):	сме́л-ость	(die Kühnheit)	-ость

вод-а́	(das Wasser):	вод-н-ый	(Wasser-)	Suffix: -н-
гор-а́	(der Berg):	го́р-н-ый	(Berg-)	

2. formbildende Suffixe, d.h. Suffixe, mit deren Hilfe grammatische Formen ein
und desselben Wortes gebildet werden, z.B.:

но́в-ый	(neu):	нов-е́йш-ий	(Superlativ)	Suffix: -ейш-
чи́ст-ый	(rein):	чист-е́йш-ий	(Superlativ)	

Anmerkung:

Oft stehen in einem Wort mehrere Suffixe hintereinander, z.B.:

из-да́-тель-ств-о (der Verlag).

III. Bindevokal   **78**

Ein Bindevokal (-о- oder -е-) steht gewöhnlich bei der Zusammensetzung von zwei
Wortstämmen zu einem neuen Wort:

-о- steht in der Regel, wenn der erste Stamm auf harten Konsonanten auslautet;

-е- steht in der Regel, wenn der erste Stamm auf weichen Konsonanten, auf Zisch-
laut oder ц auslautet. Z.B.:

вод-о-провод	(die Wasserleitung)	Bindevokal: -о-
снег-о-па́д	(der Schneefall)	

стал-е-ва́р	(der Stahlgießer)	Bindevokal: -е-
птиц-е-во́дство	(die Geflügelzucht)	

DIE HAUPTARTEN DER FORMENBILDUNG UND DER WORTBILDUNG

I. Die Hauptarten der Formenbildung

79 Im Russischen gibt es folgende Hauptarten der Formenbildung:

1. die Bildung mit Endungen, z. B.:

> но́вый стол (der neue Tisch); но́вого стола́ (Gen. Sing.);
> нести́ (tragen): я несу́, они́ несу́т (Präsens);

2. die Suffigierung, d. h. die Bildung mit formbildenden Suffixen[1] (vgl. 77,2), z. B.:

> но́вый (neu): нове́йший, нове́йшая, нове́йшее (Superl.);
> чита́ть (lesen): чита́вший, чита́вшая, чита́вшее (Part. Prät. Akt.);

3. den Lautwechsel[2] (vgl. 86–90), z. B.:

> друг (der Freund): друзья́ (Plural);
> писа́ть (schreiben): я пишу́ (Präsens);

4. die Zusammensetzung von Wortformen, z. B.:

> счастли́вый (glücklich): са́мый счастли́вый (Superl.);
> чита́ть (lesen): я бу́ду чита́ть (Fut.).

80 Die mit Endungen, mit Suffixen und durch Lautwechsel gebildeten Formen (Hauptarten 1–3) werden als einfache oder synthetische Formen bezeichnet.

Die durch Zusammensetzung gebildeten Formen (Hauptart 4) werden als zusammengesetzte oder analytische Formen bezeichnet.

---

[1] Ein formbildendes Suffix wird an den Stamm bzw. an einen der Stämme des betreffenden Wortes angefügt,

z. B.: но́в-ый : нов-е́йш-ий;
    чита́-ть : чита́-вш-ий.

[2] Der Lautwechsel tritt bei der Formenbildung gewöhnlich nur als Begleiterscheinung auf.

II. Die Hauptarten der Wortbildung

Im Russischen gibt es folgende Hauptarten der Wortbildung: **81**

1. die Suffigierung, d.h. die Bildung mit wortbildenden Suffixen[1] (vgl. 77,1), z.B.:

го́рдый	(stolz):	**го́рдость**	(der Stolz);
вода́	(das Wasser):	**во́дный**	(Wasser-);

2. die Präfigierung, d.h. die Bildung mit wortbildenden Präfixen (vgl. 76), z.B.:

бежа́ть	(laufen):	**прибежа́ть**	(vo., herbeilaufen);
е́хать	(fahren):	**уе́хать**	(vo., wegfahren);

3. die Präfigierung und Suffigierung, d.h. die Bildung mit wortbildenden Präfixen und Suffixen, z.B.:

свеча́	(die Kerze):	**подсве́чник**	(der Leuchter);
забо́та	(die Sorge):	**беззабо́тный**	(sorglos);

4. den Lautwechsel[2] (vgl. 86—90), z.B.:

нога́	(der Fuß):	**но́жка**	(das Füßchen);
страх	(die Angst):	**стра́шный**	(furchtbar);

5. die Zusammensetzung von Wortstämmen, z.B.:

водопрово́д (die Wasserleitung);
сталева́р (der Stahlgießer).

Die mit Suffixen, mit Präfixen, mit Präfixen und Suffixen sowie durch Lautwechsel **82** gebildeten Wörter (Hauptarten 1–4) werden als **abgeleitete Wörter** bezeichnet.

Die durch Zusammensetzung gebildeten Wörter (Hauptart 5) werden als **zusammengesetzte Wörter oder Komposita** bezeichnet.

Innerhalb der einzelnen Wortarten unterscheidet man verschiedene Typen der Wort- **83** bildung.

Z.B.: Bei den Substantiven werden zahlreiche Wortbildungstypen unterschieden, vgl.:

ка́мень	(der Stein):	**ка́менщик**	(der Maurer);
иссле́довать	(erforschen):	**иссле́дователь**	(der Forscher);
стол	(der Tisch):	**столя́р**	(der Tischler).

---

[1] Ein wortbildendes Suffix wird in der Regel an den Stamm des Ausgangswortes angefügt, z.B.:
го́рд-ый: го́рд-ость ;
вод-á: во́д-н-ый.

[2] Der Lautwechsel tritt bei der Wortbildung gewöhnlich nur als Begleiterscheinung auf.

Ein Typ der Wortbildung umfaßt diejenigen Wörter einer Wortart, die auf die gleiche Weise gebildet sind und bedeutungsmäßig eine Einheit bilden.

84 Ein Typ der Wortbildung wird als produktiv[1] bezeichnet, wenn er auch für die Bildung neuer Wörter als Muster dient.

> Z. B.: Produktiv ist der von Substantiven mit dem Suffix -щик zur Personenbezeichnung abgeleitete Typ: ка́мень — ка́менщик.

85 Ein Typ der Wortbildung wird als unproduktiv[1] bezeichnet, wenn er für die Bildung neuer Wörter nicht mehr als Muster dient.

> Z. B.: Unproduktiv ist der von Substantiven mit dem Suffix -яр zur Personenbezeichnung abgeleitete Typ: стол — столя́р.

DER LAUTWECHSEL

86 Sowohl bei der Formenbildung (79, 80) als auch bei der Wortbildung (81—85) tritt oft ein Lautwechsel in Wortstämmen auf.

Man unterscheidet:

1. den Konsonantenwechsel, z. B.:

писа́ть	(schreiben)	— я пишу́	(ich schreibe),
дру́г	(der Freund)	— дру́жба	(die Freundschaft);

2. den Vokalwechsel, z. B.:

обрабо́тать	(vo., bearbeiten)	— обраба́тывать	(unvo.),
везти́	(fahren, führen)	— воз	(die Fuhre).

Der Konsonantenwechsel ist im Russischen häufiger als der Vokalwechsel[2].

---

[1] Die Begriffe „produktiv" und „unproduktiv", die hier in bezug auf die Wortbildung gebraucht werden, sind nicht mit den in der Fremdsprachenmethodik verwendeten Begriffen „produktiv", „rezeptiv" und „komplementär" zu verwechseln (hierzu s. Otto Hermenau: Methodik des Russischunterrichts, Teil I, S. 94ff.).

[2] Im Deutschen spielt demgegenüber die Vokalveränderung (Umlaut und Ablaut) eine große Rolle, z. B.: Land — Länder, Stunde — stündlich (Umlaut); liegen — lag — gelegen, sprechen — Spruch (Ablaut).

I. Die Hauptarten des Konsonantenwechsels

	Wechsel der Konsonantbuchstaben[1]	Beispiele aus Formen- und Wortbildung
1	г-ж-з	дорого́й (teuer) — доро́же (Kompar. zu дорого́й). друг (der Freund) — дру́жба (die Freundschaft) — друзья́ (Plur., die Freunde).
2	д-ж-жд	ви́деть (sehen) — я ви́жу (ich sehe). освободи́ть (vo., befreien) — я освобожу́ (ich werde befreien) — освобождённый (Part. Prät. Pass. zu освободи́ть vo).
3	з-ж	бли́зкий (nah) — бли́же (Kompar. zu бли́зкий).
4	к-ч-ц	пла́кать (weinen) — я пла́чу (ich weine). кли́кать (zurufen) — клич (der Zuruf) — восклица́ть (laut ausrufen).
5	т-ч-щ	отве́тить (vo., antworten) — я отве́чу (ich werde antworten). свет (das Licht) — свеча́ (die Kerze, das Licht) — освеща́ть (beleuchten).
6	ц-ч	оте́ц (der Vater) — оте́ческий (väterlich).
7	с-ш	писа́ть (schreiben) — я пишу́ (ich schreibe).
8	х-ш	у́хо (das Ohr) — у́ши (Plur., die Ohren).
9	ск-ст-щ	иска́ть (suchen) — я ищу́ (ich suche). просто́й (einfach) — про́ще (Kompar. zu просто́й). пуска́ть (lassen, erlauben) — пусти́ть (vo. zu пуска́ть) — я пущу́ (ich werde erlauben).

[1] Mitunter tritt — sowohl bei der Formen- als auch bei der Wortbildung — auch der Wechsel eines harten Konsonanten mit dem entsprechenden weichen Konsonanten auf, z. B.:

я иду́ = я и[д]у́ (zu идти́, ich gehe) — ты идёшь = ты и[д'о́]шь (du gehst); сосе́д (der Nachbar) — сосе́ди (Plur., die Nachbarn); комсомо́л (der Komsomol) — комсомо́льский (Komsomol-).

DIE HAUPTARTEN DES KONSONANTENWECHSELS

	Wechsel der Konsonantbuchstaben	Beispiele aus Formen- und Wortbildung
10	б-бл	люби́ть (lieben) – я люблю́ (ich liebe).
11	в-вл	дешёвый (billig) – деше́вле (Komp. zu дешёвый).
12	м-мл	корми́ть (füttern) – я кормлю́ (ich füttere).
13	п-пл	купи́ть (vo., kaufen) – я куплю́ (ich werde kaufen).
14	ф-фл	разграфи́ть (vo., linieren) – разграфля́ть (unvo. zu разграфи́ть).

88 Zum Konsonantenwechsel wird auch der in einzelnen Fällen zu beobachtende Ausfall von Konsonanten gerechnet;

z.B.: дви́гать (bewegen) – дви́нуть vo.,
кида́ть (werfen) – ки́нуть vo..

II. Die Hauptarten des Vokalwechsels

89

DIE HAUPTARTEN DES VOKALWECHSELS

	Wechsel der Vokalbuchstaben[1]	Beispiele aus Formen- und Wortbildung
1	е-ё[2]	се́льский (Dorf-), село́ (das Dorf) – сёла (Plur., die Dörfer). я несу́ (zu нести́, ich trage) – он нёс (Prät. zu нести́).
2	е-и-о	я везу́ (zu везти́, ich fahre, führe) – воз (die Fuhre). я беру́ (zu брать, ich nehme) – собира́ть (versammeln) – сбор (das Sammeln).

[1] In der obigen Tabelle sind die Hauptarten des Vokalwechsels nach ihrem Schriftbild zusammengestellt.
[2] Für den Wechsel e—ё gilt folgende Grundregel:
Betontes e wird zu ё, wenn es im Wortauslaut oder im Wortinnern vor hartem Konsonanten steht; z. B.: село́ — сёла, я несу́ — он нёс.
Von dieser Grundregel gibt es jedoch zahlreiche Ausnahmen (vgl. hierzu Reinhold Trautmann: Kurzgefaßte russische Grammatik, S. 29—32). — Zur Schreibung von ё siehe Fußnote 2 auf S. 10.

		DIE HAUPTARTEN DES VOKALWECHSELS
	Wechsel der Vokalbuchstaben	**Beispiele aus Formen- und Wortbildung**
3	о-а	**стро́ить** (bauen) – **устра́ивать** (veranstalten). **смотре́ть** (sehen) – **посма́тривать** (von Zeit zu Zeit ansehen).
4	ы-о-у	**слы́шать** (hören) – **слух** (das Gehör). **мыть** (waschen) – **я мо́ю** (ich wasche). **дыха́ние** (der Atem) – **вздох** (der Seufzer) – **дух** (der Geist).
5	у-ов	**я кую́** (zu **кова́ть,** ich schmiede) – **кова́ть** (schmieden).
6	ю-ев	**я горю́ю** (zu **горева́ть,** ich gräme mich) — **горева́ть** (sich grämen).

Zum Vokalwechsel wird auch der Ausfall bzw. Einschub der Vokale **o** und **e**[1] gerechnet, z. B.: **90**

Vokalausfall

рот (der Mund) – **рта** (Gen. Sing.)

кусо́к (das Stück) – **куска́** (Gen. Sing.)

день (der Tag) – **дня** (Gen. Sing.)

лев (der Löwe) – **льва** (Gen. Sing.).

Vokaleinschub

окно́ (das Fenster) – **о́кон** (Gen. Plur.)

ру́чка (das Händchen) – **ру́чек** (Gen. Plur.)

---

[1] Beim Ausfall oder Einschub der Vokale o und e spricht man auch von „flüchtigem o" bzw. „flüchtigem e."

Die Wortarten

91   Man unterscheidet im Russischen zehn Wortarten[1]:

das Substantiv, das Adjektiv, das Zahlwort, das Pronomen, das Verb, das Adverb, die Präposition, die Konjunktion, die Partikel, die Interjektion.

92   Zum Unterschied vom Deutschen gibt es im Russischen weder einen bestimmten noch einen unbestimmten Artikel.

Vergleiche z. B.:

ма́льчик – der Junge   oder: ein Junge   oder: Junge;
де́вочка – das Mädchen oder: ein Mädchen oder: Mädchen.

Ob bei der Übersetzung ins Deutsche der bestimmte oder der unbestimmte Artikel oder gar kein Artikel zu setzen ist, ergibt sich aus dem Zusammenhang.

93   Flektierte und nichtflektierte Wortarten

Die Wortarten lassen sich in flektierte[2] und nichtflektierte ordnen:

.Flektierte Wortarten	Nichtflektierte Wortarten
Substantiv	Adverb[3]
Adjektiv	Präposition
Zahlwort	Konjunktion
Pronomen	Partikel
Verb	Interjektion

Mitunter können Wörter der einen Wortart in eine andere Wortart übergehen, vgl. (241), (391 ff.), (498 ff.), (521).

---

[1] In einigen grammatischen Darstellungen werden noch weitere Wortarten unterschieden, darunter vor allem die Wörter der Kategorie des Zustands (diese Wörter werden in der vorliegenden Grammatik als prädikative Adverbien bezeichnet).
[2] Zur Flexion gehören:
   die Deklination der Substantive, Adjektive, Zahlwörter und Pronomen,
   die Konjugation der Verben,
   die Komparation der Adjektive und Adverbien.
[3] Es ist jedoch zu beachten, daß verschiedene Adverbien die Möglichkeit der Komparation haben, also nicht völlig unveränderlich sind.

Das Substantiv

DIE EINTEILUNG DER SUBSTANTIVE
NACH IHRER BEDEUTUNG

Nach ihrer Bedeutung (d. h. nach Art oder Grad der von ihnen ausgedrückten Abstraktion, nach Bedeutungsumfang, nach Bedeutungsinhalt) teilt man die Substantive im Russischen ein in **94**

1. Konkreta[1] und Abstrakta[2] oder
2. Eigennamen und Gattungsnamen (einschließlich der Sammel- und der Stoffnamen) oder
3. Lebewesen und unbelebte Dinge (siehe 128–131).

I. Konkreta und Abstrakta

Zu den Konkreta gehören die mit den Sinnen wahrnehmbaren Dinge, z. B.: **95**

врач der Arzt, А́нна Anna, пти́ца der Vogel, ло́шадь das Pferd, де́рево der Baum, у́голь die Kohle, дом das Haus, тра́ктор der Traktor, ма́сло die Butter, песо́к der Sand, со́лнце die Sonne.

Zu den Abstrakta gehören die Substantive, die eine Eigenschaft, eine Handlung, **96** einen Zustand oder eine Beziehung bezeichnen, z. B.:

красота́ die Schönheit, ра́дость die Freude, электрифика́ция die Elektrifizierung, пла́вание das Schwimmen, хо́лод die Kälte, здоро́вье die Gesundheit, социали́зм der Sozialismus.

Abstrakta werden gewöhnlich nur im Singular gebraucht; siehe (116, 1), (117, 1).

II. Eigennamen und Gattungsnamen

Eigennamen sind Bezeichnungen für eine bestimmte Einzelperson oder ein bestimmtes Einzelding. **97**

---

[1] Das Konkretum, Plur.: die Konkreta.
[2] Das Abstraktum, Plur.: die Abstrakta.

Zu den Eigennamen gehören:

1. männliche und weibliche Personennamen (Vor-, Vater- und Familiennamen), Beinamen, Pseudonyme, z. B.:

   Алекса́ндр Серге́евич Пу́шкин Alexander Sergejewitsch Puschkin, **Макси́м Го́рький** Maxim Gorki (Pseudonym für **Алексе́й Макси́мович Пе́шков**);

2. Rufnamen für Tiere, z. B.:

   Кашта́нка Kaschtanka (Rufname für einen Hund), **Му́рка** Murka (Rufname für eine Katze);

3. geographische und astronomische Namen, z. B.:

   Москва́ Moskau, **Крым** die Krim, **А́льпы** die Alpen, **Во́лга** die Wolga, **Чёрное мо́ре** das Schwarze Meer, **Марс** der Mars;

4. Namen von Betrieben, Organisationen usw., z. B.:

   «Серп и мо́лот» „Hammer und Sichel" (Name eines Betriebes), **«Дина́мо»** „Dynamo" (Name einer Sportvereinigung);

5. Titel literarischer und wissenschaftlicher Erzeugnisse, z. B.:

   «Ти́хий Дон» „Der stille Don" (Buchtitel), **«Пра́вда»** die „Prawda" (Name einer Zeitung);

6. Bezeichnungen historischer Ereignisse, z. B.:

   Октя́брь die Große Sozialistische Oktoberrevolution.

Eigennamen werden gewöhnlich nur im Singular oder nur im Plural gebraucht; siehe (116, 4), (117, 4). Sie werden groß geschrieben; siehe (628 ff.).

98 Gattungsnamen sind verallgemeinerte Bezeichnungen für gleichartige Lebewesen, Gegenstände und abstrakte Begriffe[1], z. B.:

брат der Bruder, **о́зеро** der See, **побе́да** der Sieg.

Gattungsnamen werden gewöhnlich sowohl im Singular als auch im Plural gebraucht. Sie werden klein geschrieben.

Besondere Gruppen innerhalb der Gattungsnamen sind:

1. die Sammelnamen (Kollektiva[2]); sie bezeichnen eine Gesamtheit von Personen oder Gegenständen als unteilbares Ganzes, z. B.:

---

[1] Aus dem oben Gesagten geht hervor, daß der Begriff „Gattungsname" in der russischen Grammatik einen größeren Bedeutungsumfang hat als im Deutschen (vgl. hierzu W. Jung: Kleine Grammatik der deutschen Sprache, S. 109ff.).

[2] Das Kollektivum, Plur.: die Kollektiva.

студéнчество die Studentenschaft, **бельё** die Wäsche, **листвá** das Laub.

Sammelnamen werden nur im Singular gebraucht; siehe (116, 2).

2. die Stoffnamen; sie bezeichnen eine Stoffmasse. Jeder Teil hat den gleichen Namen wie das Ganze, z.B.:

желéзо das Eisen, **нефть** das Erdöl, **сáхар** der Zucker, **табáк** der Tabak.

Stoffnamen werden gewöhnlich nur im Singular oder nur im Plural gebraucht; siehe (116, 3), (117, 3).

99 Wechsel der Substantive von einer Bedeutungskategorie in die andere:

1. Eigennamen werden mitunter zu Gattungsnamen, z.B.:

Рéнтген Röntgen (deutscher Physiker) – **рентгéн** die Durchleuchtung, die Röntgenaufnahme.

2. Gattungsnamen werden mitunter zu Eigennamen:

октя́брь der Oktober – **Октя́брь** die Große Sozialistische Oktoberrevolution.

DIE GRAMMATISCHEN KATEGORIEN DER SUBSTANTIVE

100 Die Substantive werden in der Regel nach Genus, Numerus und Kasus bestimmt. Große Bedeutung für die Deklination der Substantive hat ferner die grammatische Kategorie der Belebtheit bzw. Unbelebtheit.

I. Die Kategorie des Genus[1]

101 Man unterscheidet im Russischen – wie im Deutschen – drei Geschlechter: das männliche, das weibliche und das sächliche Geschlecht. Alle Substantive – mit Ausnahme der nur im Plural gebräuchlichen Wörter, die kein grammatisches Geschlecht haben, und der zweigeschlechtigen Substantive (siehe 112) – gehören einem der drei Geschlechter an.

1. Einteilung der Substantive nach ihrem Geschlecht

102 Nur bei Personenbezeichnungen ist das Geschlecht in der Regel[2] natürlich bestimmt (natürliches Geschlecht); bei allen übrigen Substantiven ist es aus der Endung bzw. dem Stamm ersichtlich (grammatisches Geschlecht).

---

[1] Das Genus, Plur.: die Genera.
[2] Zum Gebrauch von Berufsbezeichnungen siehe (114).

A. DAS GESCHLECHT DER DEKLINIERTEN SUBSTANTIVE

103 Männlich sind:

1. die im Nominativ Singular endungslosen Substantive, deren Stamm auf einen Konsonantbuchstaben (einschließlich **й**) ausgeht (I. Deklination), z. B.:

   сын der Sohn, **стол** der Tisch, **дуб** die Eiche, **нож** das Messer, **товáрищ** der Genosse, der Kamerad, **герóй** der Held, **ручéй** der Bach.

2. zahlreiche im Nominativ Singular endungslose Substantive, deren Schriftbild im Nominativ Singular auf **-ь** ausgeht (I. Deklination — Gen. Sing.: **-я**), z. B.:

   учúтель, -я der Lehrer, **гóлубь, -я** die Taube, **автомобúль, -я** der Kraftwagen, **день, дня** der Tag, **рубль,-я́** der Rubel;

   ebenso das Wort **путь, -и́** der Weg (III. Deklination !).

   Siehe jedoch (104, 2)!

3. a) die Substantive, die männliche Personen bezeichnen und im Nominativ Singular auf **-a, -я** enden (II. Deklination), z. B.:

   слугá der Diener, **Мúша** Mischa (Verkleinerungsform des männlichen Vornamens **Михаúл**), **дéдушка** Großväterchen, **дя́дя** der Onkel.

   b) das Wort **подмастéрье** der Handwerksbursche, der Geselle (I. Deklination).

4. die Substantive, die mit Hilfe der Vergrößerungssuffixe **-ина** (II. Deklination), **-ище** (I. Deklination) und des Suffixes des Verachtens **-ишко** (I. Deklination) von männlichen Substantiven abgeleitet sind, z. B.:

   мостúна die große Brücke (zu **мост** die Brücke); **домúще** das große Gebäude (zu **дом** das Haus); **городúшко** das elende Städtchen (zu **гóрод** die Stadt).

104 Weiblich sind:

1. die meisten Substantive, die im Nominativ Singular auf **-a, -я** enden (II. Deklination), z. B.:

   сестрá die Schwester, **стенá** die Wand, **землá** die Erde, das Land, **лúния** die Linie, **статья́** der Aufsatz, der Artikel.

   Siehe jedoch (103, 3 a), (105, 2 und 3), (112).

2. mehrere im Nominativ Singular endungslose Substantive, deren Schriftbild im Nominativ Singular auf **-ь** ausgeht (III. Deklination – Gen. Sing.: **-и**)[1], z. B.:

ло́шадь, -и das Pferd, **мать, ма́тери** die Mutter, **тень, -и** der Schatten, **рожь, ржи** der Roggen, **ночь, -и** die Nacht.

Siehe jedoch (103, 2)!

---

[1] Die im Nominativ Singular endungslosen Substantive, deren Stamm auf **-ь** ausgeht, sind entweder männlich (I. Deklination) oder weiblich (III. Deklination).
Zu den weiblichen Substantiven gehören im einzelnen folgende Wörter:

1. einige Substantive, die Lebewesen bezeichnen, z. B.:
   мать, ма́тери die Mutter, ло́шадь, -и das Pferd;
2. alle Substantive, die mit dem Suffix -ость gebildet sind, z. B.:
   ра́дость, -и die Freude, мо́лодость, -и die Jugend;
3. alle Substantive, die auf -жь, -шь, -чь, -щь ausgehen (vgl. Fußnote 1 auf S. 32), z. B.:
   мышь, -и die Maus, рожь, ржи der Roggen, ночь, -и die Nacht, мощь, -и die Macht;
4. alle Substantive, die unbelebte Dinge bezeichnen und auf -знь, -сть, -сь, -вь, -бь, -пь ausgehen, z. B.:
   жизнь, -и das Leben, власть, -и die Macht, бровь, -и die Augenbraue, про́рубь, -и das Eisloch, степь, -и die Steppe;
5. folgende gebräuchliche Wörter:

арте́ль, -и das Artel	о́трасль, -и der Zweig; die Branche
боль, -и der Schmerz	о́ттепель, -и das Tauwetter
га́вань, -и der Hafen	о́чередь, -и die Reihe
ги́бель, -и der Untergang	па́мять, -и das Gedächtnis
грудь, -и die Brust	печа́ль, -и die Trauer
грязь, -и der Schmutz	печа́ть, -и das Siegel; die Presse
даль, -и die Ferne	пло́щадь, -и der Platz
дверь, -и die Tür	посте́ль, -и das Bett
ель, -и die Tanne, die Fichte	при́быль, -и der Gewinn
зе́лень, -и das Grün	при́стань, -и die Anlegestelle
колыбе́ль, -и die Wiege	пыль, -и der Staub
ко́поть, -и der Ruß	роль, -и die Rolle
крова́ть, -и das Bett	ртуть, -и das Quecksilber
ладо́нь, -и die Handfläche	связь, -и die Verbindung
лазу́рь, -и das Lasurblau	сеть, -и das Netz
лень, -и die Faulheit	ска́терть, -и die Tischdecke
мазь, -и die Schmiere; die Salbe	смерть, -и der Tod
меда́ль, -и die Medaille	соль, -и das Salz
медь, -и das Kupfer	сталь, -и der Stahl
мете́ль, -и der Schneesturm	тень, -и der Schatten
мора́ль, -и die Moral	тетра́дь, -и das Heft
мысль, -и der Gedanke	ткань, -и der Stoff; das Gewebe
нефть, -и das Erdöl	цель, -и das Ziel
нить, -и der Faden	шине́ль, -и der Mantel
о́зимь, -и die Wintersaat	ширь, -и die Weite
о́сень, -и der Herbst	щель, -и der Spalt, die Ritze u. a.

105   Sächlich sind:

1. die Substantive, die im Nominativ Singular auf **-o, -e, -ё** enden (I. Deklination), z. B.:

   село́ das (große) Dorf, **я́блоко** der Apfel, **по́ле** das Feld, **зда́ние** das Gebäude, **ружьё** das Gewehr.
   Siehe jedoch (103, 3 b und 4)!

2. die zehn Substantive, die im Nominativ Singular auf **-мя** enden (besondere Deklination), z. B.:

   и́мя der Vorname, **вре́мя** die Zeit.

3. das Wort **дитя́** das Kind (besondere Deklination).

106   Für substantivierte Adjektive und Partizipien gelten die gleichen Geschlechtsregeln wie für Adjektive (siehe 208 ff.), z. B.:

рулево́й (männlich) der Steuermann, **столо́вая** (weiblich) das Eßzimmer, der Speiseraum, **живо́тное** (sächlich) das Tier.

B. DAS GESCHLECHT DER UNDEKLINIERBAREN SUBSTANTIVE

107   Männlich sind:

1. die undeklinierbaren Substantive, die männliche Personen bezeichnen, z. B.:

   маэ́стро der Meister, **ку́ли** der Kuli.

2. die undeklinierbaren Substantive, die Tiere bezeichnen[1], z. B.:

   какаду́ der Kakadu, **кенгуру́** das Känguruh, **шимпанзе́** der Schimpanse.

3. das Wort **ко́фе** der Kaffee.

108   Weiblich sind die undeklinierbaren Substantive, die weibliche Personen bezeichnen, z. B.:

ле́ди die Lady, **Шмидт** Schmidt, **Мю́ллер** Müller (als weibliche Familiennamen), siehe auch (134, B).

---

[1] Soll hervorgehoben werden, daß es sich um ein weibliches Tier handelt, so erhält das undeklinierbare Substantiv weibliches Geschlecht, z. B.:
Наша шимпанзе́ кормила детёныша.   Unser Schimpansenweibchen nährte das Junge.

Sächlich sind die undeklinierbaren Substantive, die unbelebte Dinge bezeichnen, **109**
z. B.:

динáмо die Dynamomaschine, **купé** das Abteil, **жюри́** die Jury, **меню́** das
Menü, die Speisekarte.
Siehe jedoch (107,3)!

Undeklinierbare geographische Namen weisen das gleiche Geschlecht wie der zu- **110**
gehörige Gattungsbegriff auf, z. B.:

(гóрод) Баку́ (männlich)[1] Baku, **(рекá) Колорáдо** (weiblich) der
Colorado, **(óстров) Кáпри** (männlich) Capri.

М. Гóрький дóлгое врéмя прóжил на сóлнечном скали́стом Кáпри.	M. Gorki lebte lange Zeit auf der sonnigen, felsigen Insel Capri (auf dem sonnigen, felsigen Capri).
Колорáдо, впадáющая в Калифорни́йский зали́в, не судохóдна.	Der Colorado, der in den Golf von Kalifornien mündet, ist nicht schiffbar.

Undeklinierbare Abkürzungswörter haben das Geschlecht des Grundwortes der **111**
Wortverbindung, z. B.:

ЦК = **центрáльный комитéт** (männlich)   das ZK = das Zentralkomitee
МГУ = **Москóвский госудáрственный университéт** (männlich) die MGU
(Abkürzung für die Moskauer Universität)
МГУ организовáл вы́ставку.   Die MGU veranstaltete eine Ausstellung.

2. Zweigeschlechtige Substantive **112**

Einige Substantive, die Personen bezeichnen und im Nominativ Singular auf **-a, -я**
enden (II. Deklination), weisen entweder das männliche oder das weibliche Geschlecht
auf – je nachdem, ob sich das Substantiv auf eine männliche oder eine weibliche Person bezieht[2], z. B.:

брюзгá (männlich oder weiblich) der Nörgler, die Nörglerin, **калéка** (männlich
oder weiblich) der Krüppel, **пустомéля** (männlich oder weiblich) der Schwätzer,
die Schwätzerin, **сиротá** (männlich oder weiblich) die Waise, **сóня** (männlich oder
weiblich) die Schlafmütze, der Langschläfer, **уби́йца** (männlich oder weiblich)
der Mörder, die Mörderin.

Э́та дéвочка – кру́глая сиротá.   Dieses Mädchen ist eine Vollwaise.
Э́тот мáльчик – кру́глый сиротá.   Dieser Junge ist eine Vollwaise.

---

[1] Aber: Второе Баку́ = neues großes Erdölgebiet zwischen Wolga und Ural.
[2] Zweigeschlechtige Substantive werden vorwiegend in der Umgangs- und in der Volkssprache gebraucht.

113   3. Schwankungen im Geschlecht der Substantive

In der russischen Literatursprache der Gegenwart sind Schwankungen im Geschlecht der Substantive sehr selten[1].

1. Doppelformen hinsichtlich des Geschlechts können stilistisch differenziert[2] sein:

Literatursprachliche Form	Form mit bestimmter stilistischer Färbung	deutsche Bedeutung
ле́бедь, -я (männl.)	ле́бедь, -и (weibl.: in der Volksdichtung)	der Schwan
санато́рий, -я (männl.)	санато́рия, -и (weibl.: veraltet)	das Sanatorium

2. In einigen Fällen stehen beide Formen stilistisch gleichwertig nebeneinander:

жира́ф	und	жира́фа	die Giraffe
ста́вень, -вня	und	ста́вня	der Fensterladen

114   4. Zum Gebrauch von Berufsbezeichnungen

Nach ihrem Gebrauch lassen sich die Berufsbezeichnungen wie folgt einteilen:

1. Zur Berufsbezeichnung dient ein Wortpaar – ein Wort männlichen und ein entsprechendes Wort weiblichen Geschlechts, z.B.:

журнали́ст der Journalist	– журнали́стка die Journalistin
студе́нт der Student	– студе́нтка die Studentin
преподава́тель der Lehrer	– преподава́тельница die Lehrerin
учи́тель der Lehrer	– учи́тельница die Lehrerin
продаве́ц der Verkäufer	– продавщи́ца die Verkäuferin

Die männliche Form wird gebraucht, um männliche Personen zu bezeichnen; sie kann auch verwendet werden, wenn eine Beziehung auf beide Geschlechter vorhanden ist, z.B.:

---

[1] In der Literatursprache des 19. Jahrhunderts waren derartige Schwankungen im Geschlecht – vornehmlich bei Fremdwörtern – häufiger.

[2] In der technischen Fachsprache deutet sich dabei teilweise die Tendenz einer Bedeutungsdifferenzierung an: манжéта = Manschette (am Ärmel) – манжéт = Manschette (techn., Dichtungsring).

студе́нты университе́та	die Studenten der Universität
профсою́з рабо́тников тра́нспорта	die Gewerkschaft Transportwesen

Die weibliche Form wird nur zur Bezeichnung weiblicher Personen gebraucht.

2. a) Zur Berufsbezeichnung dient ein Wort männlichen Geschlechts; ein entsprechendes Wort weiblichen Geschlechts existiert nicht, z. B.:

агроно́м der Agronom, бригади́р der Brigadier, педаго́г der Pädagoge (die Pädagogin);

ferner Wörter wie това́рищ der Genosse, der Kamerad (die Genossin, die Kameradin), челове́к der Mensch.

Die männliche Form wird sowohl zur Bezeichnung männlicher als auch zur Bezeichnung weiblicher Berufsangehöriger gebraucht (das grammatische Geschlecht des Wortes ist dabei stets männlich[1]), z. B.:

Он хоро́ший педаго́г.	Er ist ein guter Pädagoge.
Она́ хоро́ший педаго́г.	Sie ist eine gute Pädagogin.

b) Zur Berufsbezeichnung dient in der Literatursprache ein Wort männlichen Geschlechts; ein entsprechendes Wort weiblichen Geschlechts (gebildet mit den Suffixen -ша oder -иха) existiert zwar, es wird jedoch nur in der Umgangssprache gebraucht[2], z. B.:

по́вар der Koch (die Köchin) –
повари́ха (umgangssprachlich) die Köchin

---

[1] Für die Umgangssprache gilt folgende Besonderheit:
Ist ein männliches Substantiv, das zur Berufsbezeichnung einer weiblichen Person benutzt wird, Subjekt eines Satzes, so kann das als Prädikat verwendete Verb, wenn es im Präteritum steht, die weibliche Endung annehmen, z. B.:

Секрета́рь вы́шла.	Die Schriftführerin kam heraus.
Врач ничего́ не сказа́ла.	Die Ärztin sagte nichts.

Vielfach umgeht man allerdings diese den Kongruenzregeln widersprechenden Verbindungen, indem man den Namen hinzufügt: Хиру́рг Ники́тина сде́лала опера́цию.

[2] Es ist auch zu beachten, daß einige mit den Suffixen -ша oder -иха gebildeten Wörter weiblichen Geschlechts nicht eine Berufsangehörige, sondern die Ehefrau eines Berufsangehörigen bezeichnen, z. B.: дире́кторша (umgangssprachlich) die Ehefrau des Direktors.

II. Die Kategorie des Numerus[1]

115   Man unterscheidet im Russischen – wie im Deutschen – zwei Numeri: den Singular und den Plural.

Von zahlreichen Substantiven werden sowohl Singular- als auch Pluralformen gebildet; verschiedene Substantive werden nur im Singular, andere nur im Plural gebraucht.

116   1. **Substantive, die nur im Singular gebraucht werden**

Zu den Substantiven, die gewöhnlich nur im Singular gebraucht werden, gehören:

1. die meisten Abstrakta (vgl. 96), z. B.:

близость die Nähe, **вмешательство** die Einmischung, **здоровье** die Gesundheit, **слава** der Ruhm, **тишина** die Stille.

Einige dieser abstrakten Substantive werden in konkreter Bedeutung auch im Plural gebraucht, z. B.:

работы художника	die Arbeiten (= Werke) des Künstlers
красоты природы	die Schönheiten der Natur

2. die Sammelnamen (vgl. 98,1), z. B.:

бельё die Wäsche, **ельник** der Tannenwald, **листва** das Laub, **молодёжь** die Jugend, **профессура** die Professorenschaft, **человечество** die Menschheit.

3. die meisten Stoffnamen (vgl. 98,2), z. B.:

железо das Eisen, **картофель** die Kartoffeln, **молоко** die Milch, **нефть** das Erdöl, **пшеница** der Weizen, **сахар** der Zucker.

Einige dieser Stoffnamen werden auch im Plural gebraucht; sie dienen dann zur Bezeichnung verschiedener Arten und Sorten, mitunter auch zur Bezeichnung einer Menge, z. B.:

высококачественные стали	die hochwertigen Stahlarten
дорогие вина	die erlesenen Weinsorten
воды	die Wassermassen
пески пустыни	die Sandmassen der Wüste

---

[1] Der Numerus, Plur.: die Numeri.

4. die meisten Eigennamen (vgl. 97), z. B.:

Михаи́л Ю́рьевич Ле́рмонтов Michail Jurjewitsch Lermontow, **Ленин-град** Leningrad, **Ура́л** der Ural.

Werden Personennamen im Plural gebraucht, so bezeichnen diese Pluralformen

a) Mitglieder einer bestimmten Familie, z. B.:

Ива́н и Константи́н Акса́ковы Iwan und Konstantin Aksakow;

b) Personen, die den gleichen Namen haben, z. B.:

У нас на заво́де не́сколько Соловьёвых. Wir haben in unserem Werk mehrere Solowjows (= mehrere Personen, die Solowjow heißen).

2. Substantive, die nur im Plural gebraucht werden **117**

Zu den Substantiven, die nur im Plural gebraucht werden, gehören:

1. einige Abstrakta, z. B.:

имени́ны der Namenstag, **кани́кулы** die Ferien, **перегово́ры** die Verhandlungen, **про́воды** die Begleitung, das Geleit, **су́мерки** die Dämmerung, **су́тки** Tag und Nacht, 24 Stunden.

2. einige Substantive, die aus mehreren Teilen bestehende Gegenstände bezeichnen, z. B.:

брю́ки die Hose(n), **воро́та** das Tor, **де́ньги** das Geld, **но́жницы** die Schere, **очки́** die Brille, **са́ни** der Schlitten.

3. einige Stoffnamen, z. B.:

дрова́ das Brennholz, **консе́рвы** die Konserven, **черни́ла** die Tinte, **щи** die Kohlsuppe.

4. einige geographische und astronomische Eigennamen, z. B.:

А́льпы die Alpen, **Соко́льники** Sokolniki (Ort), **Весы́** Sternbild der Waage.

Substantive, die nur im Plural gebraucht werden, haben kein grammatisches Geschlecht.

Zur Verbindung von Substantiven, die nur im Plural gebraucht werden, mit Zahlwörtern siehe (271).

III. Die Kategorie des Kasus[1]

118 Es gibt im Russischen sechs Kasus:

> den Nominativ,
> den Genitiv,
> den Dativ,
> den Akkusativ,
> den Instrumental,
> den Präpositiv.

Der Genitiv, der Dativ, der Akkusativ und der Instrumental werden im Russischen sowohl ohne als auch mit Präpositionen verwendet; der Präpositiv steht nur nach Präpositionen.

Im folgenden sind die wichtigsten Anwendungsmöglichkeiten der Kasus ohne Präpositionen zusammengestellt, die vom Deutschen abweichen.

1. Zum Gebrauch des Genitivs ohne Präposition[2]

119

A. DER GENITIV NACH VERBEN

1. Der Genitiv steht (statt des Akkusativs) als Objekt nach einem transitiven Verb, wenn die durch dieses Verb ausgedrückte Handlung sich nicht auf das ganze Objekt, sondern nur auf einen Teil desselben erstreckt (Genitiv des Teiles oder partitiver Genitiv), z.B.:

Вы́пей молока́[3]!	Trinke (etwas) Milch!
Мать купи́ла мя́са, овоще́й, со́ли, са́хару[4].	Die Mutter kaufte Fleisch, Gemüse, Salz und Zucker.
Он напи́лся ча́ю[4].	Er trank reichlich Tee.
Набрало́сь наро́ду[4].	Es hatten sich zahlreiche Menschen eingefunden.

---

[1] Der Kasus, Plur.: die Kasus.

[2] Zum Gebrauch des Genitivs nach Präpositionen siehe (470).

[3] Erstreckt sich die durch das transitive Verb ausgedrückte Handlung auf das ganze Objekt, so steht der Akkusativ, z.B.:
    Вы́пей всё молоко́!   Trinke die ganze Milch!

[4] Zur Bildung des Genitivs Singular auf -y, -ю siehe (142).

2. Der Genitiv steht häufig (statt des Akkusativs) als Objekt nach verneinten transitiven[1] Verben[2] (Genitiv der Verneinung), z. B.:

Я не получил газет. Ich habe die Zeitungen nicht erhalten.
Раньше киргизы не имели Früher hatten die Kirgisen kein Schrift-
письменности. tum.

3. Der Genitiv steht als Objekt abweichend vom Deutschen nach einigen Verben (des Wünschens, Forderns, Befürchtens usw.[3]), z. B.:

Я желаю вам успехов. Ich wünsche euch Erfolge.
Мы требуем мира. Wir fordern Frieden.
Ребёнок боится собаки. Das Kind fürchtet sich vor dem Hund.

B. DER GENITIV NACH SUBSTANTIVEN   **120**

1. Der Genitiv steht nach einem Substantiv und bezeichnet einen Stoff oder Gegenstand, dessen Maß bzw. Menge durch das syntaktisch übergeordnete Substantiv angegeben wird[4] (Genitiv des Maßes oder partitiver Genitiv), z. B.:

литр молока ein Liter Milch
кило хлеба ein Kilo Brot
бутылка вина eine Flasche Wein
стакан чаю ein Glas Tee
стадо коров eine Herde Kühe

2. Der mit einem Attribut verbundene Genitiv steht nach einem Substantiv und bezeichnet eine Beschaffenheit (attributiver Genitiv):

a) Der Genitiv mit Attribut bezeichnet eine Eigenschaft, z. B.:

человек большого ума[5] ein Mensch von großem·Verstand,
ein sehr kluger Mensch
места поразительной красоты Stellen von erstaunlicher Schönheit

---

[1] Der Genitiv steht mitunter auch (statt des Akkusativs) nach verneinten intransitiven Verben zur Angabe der räumlichen oder zeitlichen Ausdehnung, vgl.:
Я сидел целый час. Ich saß eine ganze Stunde.
Я не сидел и часу. Ich saß nicht einmal eine Stunde.
[2] Zu den verneinten Sätzen siehe (603).
[3] Zur Rektion der Verben siehe (536 ff.).
[4] Zum Gebrauch des Genitivs nach Grundzahlwörtern und unbestimmten Zahlwörtern (diese Wortverbindungen weisen enge inhaltliche Beziehungen zu den oben angeführten Verbindungen auf) siehe (265).
[5] Beachte jedoch die Konstruktion ohne zusätzliches Attribut:
человек с умом ein Mensch von Verstand, ein kluger Mensch.

b) Der Genitiv mit Attribut bezeichnet das Lebensalter, z. B.:

же́нщина сре́дних лет	eine Frau in mittleren Jahren
ма́льчик семи́ лет	ein siebenjähriger Junge

c) Der Genitiv mit Attribut bezeichnet das Material, z. B.:

ра́ма кра́сного де́рева	ein Rahmen aus Mahagoni (Rotholz)

3. Der Genitiv steht nach einigen Substantiven, die von Verben mit Genitivrektion herleitbar sind (siehe 119, 3), z. B.:

жела́ние кани́кул	der Wunsch nach Ferien
боя́знь темноты́	die Furcht vor der Dunkelheit

121   C. DER GENITIV NACH ADJEKTIVEN UND ADVERBIEN

Der Genitiv steht nach dem Komparativ und bezeichnet das Satzglied, mit dem etwas verglichen wird[1], z. B.:

Сестра́ приле́жнее бра́та.	Die Schwester ist fleißiger als der Bruder.
Сестра́ пи́шет краси́вее бра́та.	Die Schwester schreibt schöner als der Bruder.

Zum Genitiv bei Datumsangaben siehe (586, 588).

2. Zum Gebrauch des Dativs ohne Präposition[2]

122   A. DER DATIV NACH VERBEN

1. Der Dativ steht als Objekt abweichend vom Deutschen nach einigen Verben (die ein freundliches oder feindliches Verhalten ausdrücken usw.[3]), z. B.:

Мы ра́дуемся ва́шим успе́хам.	Wir freuen uns über eure Erfolge.
Мы удивля́емся споко́йствию, му́жеству и вы́держке лётчиков.	Wir staunen über die Gelassenheit, den Mut und die Ausdauer der Flieger.

---

[1] Zur Wiedergabe von „als" nach dem Komparativ siehe (226).
[2] Zum Gebrauch des Dativs nach Präpositionen siehe (470).
[3] Zur Rektion der Verben siehe (541 ff.).

2. Der Dativ steht in unpersönlichen Sätzen und bezeichnet das logische Subjekt[1] (Dativ des Subjekts):

a) Der Dativ steht bei einer unpersönlichen Verbform, z.B.:

Ка́те хо́чется пое́хать в го́ры. Katja möchte ins Gebirge fahren.
Ве́ре не спи́тся. Vera kann nicht schlafen.

b) Der Dativ steht bei einem prädikativen Adverb, z.B.:

Нам ве́село. Wir sind froh gelaunt, in guter Stimmung.
Ма́льчику сты́дно. Der Junge schämt sich.
Бра́ту необходи́мо вы́ехать сего́дня. Der Bruder muß heute fortfahren.

c) Der Dativ steht bei einem Infinitiv, z.B.:

Всем сотру́дникам собра́ться в пять часо́в. Alle Mitarbeiter sollen sich um fünf Uhr versammeln.
Быть дождю́. Es wird Regen geben.

B. DER DATIV NACH SUBSTANTIVEN **123**

1. Der Dativ steht nach einigen Substantiven, die von Verben mit Dativrektion herleitbar sind (siehe 122,1), z.B.:

письмо́ отцу́ der Brief an den Vater
сочу́вствие дру́гу das Mitgefühl mit dem Freund
изме́на убежде́ниям der Verrat an seinen Überzeugungen

2. Der Dativ steht mit der Bedeutungsnuance des Bestimmungszwecks nach einigen Substantiven, die nicht von Verben mit Dativrektion herleitbar sind, z.B.:

па́мятник Пу́шкину das Puschkindenkmal
по́льза челове́ку der Nutzen für den Menschen

---

[1] Zu den unpersönlichen Sätzen siehe (610).

124

3. Zum Gebrauch des Akkusativs ohne Präposition[1]

DER AKKUSATIV NACH VERBEN

Der Akkusativ steht als Objekt abweichend vom Deutschen nach einigen Verben[2], z.B.:

Я благодарю́ сестру́.	Ich danke der Schwester.
Он ча́сто вспомина́ет весёлую ю́ность.	Er erinnert sich oft an die frohe Jugendzeit.

4. Zum Gebrauch des Instrumentals ohne Präposition[3]

125

A. DER INSTRUMENTAL NACH VERBEN

1. Der Instrumental steht nach Verben und bezeichnet das Mittel oder Instrument, mit dessen Hilfe eine Handlung durchgeführt wird (Instrumental des Mittels), z.B.:

Я пишу́ карандашо́м.	Ich schreibe mit Bleistift.
Мать ре́жет ножо́м.	Die Mutter schneidet mit dem Messer.

2. Der Instrumental steht bei Verben als adverbiale Bestimmung:

a) Der Instrumental bezeichnet die Zeit (Instrumental der Zeit), z.B.:

Ра́нним у́тром он ухо́дит в по́ле.	Am frühen Morgen geht er auf das Feld.
Он возврати́лся по́здней но́чью.	Er kehrte spät nachts zurück.

b) Der Instrumental bezeichnet den Weg oder Raum[4] (Instrumental des Weges), z.B.:

Они́ шли ле́сом.	Sie gingen durch den Wald.
Он е́хал го́родом.	Er fuhr durch die Stadt.

c) Der Instrumental bezeichnet die Art und Weise (Instrumental der Art und Weise), z.B.:

---

[1] Zum Gebrauch des Akkusativs nach Präpositionen siehe (470).
[2] Zur Rektion der Verben siehe (546).
[3] Zum Gebrauch des Instrumentals nach Präpositionen siehe (470).
[4] Statt des Instrumentals des Weges kann die Präposition по mit dem Dativ gebrausht werden, z.B.:
   Они́ шли по́ лесу.   Sie gingen durch den Wald.
   Он е́хал по го́роду.   Er fuhr durch die Stadt.

Он говори́т гро́мким го́лосом.	Er spricht mit lauter Stimme.
Бы́стрыми шага́ми он шёл домо́й.	Schnellen Schrittes ging er nach Hause.

Hierher gehört auch der durch den Instrumental ausgedrückte Vergleich, z. B.:

Вре́мя лети́т иногда́ пти́цей, иногда́ ползёт червяко́м.	Die Zeit fliegt manchmal (so schnell) wie ein Vogel, manchmal kriecht sie (so langsam) wie ein Wurm.

3. Der Instrumental steht als Objekt[1] nach einigen Verben (Instrumental des Inhalts), z. B.:

На́шим кружко́м руково́дит преподава́тель.	Unseren Zirkel leitet ein Lehrer.
Он занима́ется спо́ртом.	Er treibt Sport.
Ученики́ о́чень интересу́ются ру́сской литерату́рой.	Die Schüler zeigen für die russische Literatur großes Interesse.

4. Der Instrumental bezeichnet den Urheber einer Handlung (das logische Subjekt):

a) in Passivkonstruktionen (Instrumental der handelnden Person), z. B.:

Поля́ обраба́тываются колхо́зниками.	Die Felder werden von Kolchosbauern bearbeitet.
Э́та карти́на нарисо́вана неизве́стным худо́жником.	Dieses Bild ist von einem unbekannten Künstler gemalt (worden).

b) in unpersönlichen Sätzen[2], z. B.:

Водо́й зали́ло луга́.	Das Wasser hat die Wiesen überflutet.
Ве́тром сорва́ло кры́шу.	Der Wind hat das Dach heruntergerissen.

5. Der Instrumental steht als Prädikatsnomen nach einigen Verben wie z. B. **быть** sein[3], **де́латься** (**сде́латься** vo.) werden, **называ́ться** (**назва́ться** vo.) heißen, genannt werden, **станови́ться** (**стать** vo.) werden, **явля́ться** sein (prädikativer Instrumental), z. B.:

Он был студе́нтом.	Er war Student.

---

[1] Zur Rektion der Verben siehe (547 f.).
[2] Zur Konstruktion dieser unpersönlichen Sätze siehe (612).
[3] Mitunter steht ein Prädikatsnomen nach den Formen von быть im Nominativ; hierzu siehe (570).

Мой брат стал инженéром.	Mein Bruder wurde Ingenieur.
Москóвский университéт явля́ется одни́м из важнéйших цéнтров мировóй нау́ки.	Die Moskauer Universität ist eines der bedeutendsten wissenschaftlichen Zentren in der Welt.

Dem prädikativen Instrumental steht der Instrumental zur Bezeichnung eines (Tätigkeits-)Merkmals nahe, z. B.:

Егó назнáчили бригади́ром.	Man ernannte ihn zum Brigadier.
Он рабóтает библиотéкарем.	Er arbeitet als Bibliothekar.
Кто из вас пришёл пéрвым?	Wer von euch kam als erster an?

126
B. DER INSTRUMENTAL NACH SUBSTANTIVEN

Der Instrumental steht nach einem Substantiv in der gleichen Funktion wie nach dem entsprechenden Verb (vgl. 125). Dementsprechend unterscheidet man:

1. den Instrumental des Mittels, z. B.:

удáр топорóм	der Schlag mit dem Beil
толчóк ногóй	der Fußtritt

2. den Instrumental in der Funktion einer adverbialen Bestimmung, z. B.:

поéздка трамвáем	die Fahrt mit der Straßenbahn, die Straßenbahnfahrt
пéние бáсом	der Baßgesang

3. den Instrumental des Inhalts, z. B.:

руковóдство кружкóм[1]	die Leitung des Zirkels
завéдующий клу́бом	der Klubleiter
заня́тия му́зыкой	das Musikstudium

4. den Instrumental der handelnden Person, z. B.:

провéрка тетрáдей учи́телем	die Heftkontrolle durch den Lehrer
поли́вка дерéвьев садóвником	das Gießen der Bäume durch den Gärtner

5. den Instrumental zur Bezeichnung eines Tätigkeitsmerkmales, z. B.:

назвáние Степáнова стáршим врачóм	Stepanows Ernennung zum Oberarzt

---

[1] Beachte jedoch: руководи́тель кружкá der Zirkelleiter.

C. DER INSTRUMENTAL BEI ADJEKTIVEN UND ADVERBIEN **127**

1. Der Instrumental steht bei Adjektiven und schränkt den Geltungsbereich der durch das Adjektiv bezeichneten Eigenschaft ein (begrenzender oder limitativer Instrumental), z. B.:

Он года́ми стар, а мо́лод се́рдцем.	Er ist alt an Jahren, aber sein Herz ist jung (geblieben).
Он недово́лен свои́ми успе́хами.	Er ist mit seinen Erfolgen unzufrieden.

2. Der Instrumental steht bei Komparativformen und bezeichnet den Unterschied zwischen zwei miteinander verglichenen Dingen, z. B.:

Ве́рнер двумя́ года́ми ста́рше свое́й сестры́.	Werner ist zwei Jahre älter als seine Schwester.
Я прие́хал пятью́ дня́ми ра́ньше моего́ това́рища.	Ich kam fünf Tage eher als mein Kamerad an.

IV. Die Kategorie der Belebtheit bzw. Unbelebtheit

Man unterscheidet im Russischen Substantive, die Lebewesen bezeichnen (kurz: **128** belebte Substantive), und Substantive, die unbelebte Dinge bezeichnen (kurz: unbelebte Substantive). Dabei stimmt der grammatische Begriff der Belebtheit nicht mit dem naturwissenschaftlichen überein; als Lebewesen in grammatischem Sinne gelten nur Menschen und Tiere[1].

1. Die Bedeutung der Kategorie der Belebtheit bzw. Unbelebtheit **129**
für die Deklination der Substantive

Die Unterscheidung von belebten und von unbelebten Substantiven ist für die Deklination, und zwar für die Bildung des Akkusativs, von Bedeutung. Es gelten folgende Regeln:

---

[1] Die grammatische Kategorie der Belebtheit spiegelt eine alte Denkweise wider; darum wird in grammatischen Darstellungen teilweise auch der Terminus Beseeltheit gebraucht.

1. Der Akkusativ Plural aller belebten Substantive ist gleich dem Genitiv Plural.
   Der Akkusativ Plural aller unbelebten Substantive ist gleich dem Nominativ Plural.

	Nom. Sing.	Nom. Plur.	Gen. Plur.	Akk. Plur.
belebte Substantive	учени́к der Schüler	ученики́	ученико́в	ученико́в
	крестья́нин der Bauer	крестья́не	крестья́н	крестья́н
	геро́й der Held	геро́и	геро́ев	геро́ев
	соба́ка der Hund	соба́ки	соба́к	соба́к
	ло́шадь das Pferd	ло́шади	лошаде́й	лошаде́й
	живо́тное das Tier	живо́тные	живо́тных	живо́тных
unbelebte Substantive	стол der Tisch	столы́	столо́в	столы́
	де́рево der Baum	дере́вья	дере́вьев	дере́вья
	расте́ние die Pflanze	расте́ния	расте́ний	расте́ния
	неде́ля die Woche	неде́ли	неде́ль	неде́ли
	пло́щадь der Platz	пло́щади	площаде́й	пло́щади
	и́мя der Vorname	имена́	имён	имена́

2. Der Akkusativ Singular der belebten männlichen Substantive der I. Deklination und der männlichen substantivierten Adjektive und Partizipien, die Lebewesen bezeichnen, ist gleich dem Genitiv Singular.

Der Akkusativ Singular der übrigen Substantive (mit Ausnahme der Substantive der II. Deklination und der weiblichen substantivierten Adjektive und Partizipien) ist gleich dem Nominativ Singular.

	Nom. Sing.	Gen. Sing.	Akk. Sing.
belebte männliche Substantive · der I. Deklination, männliche substantivierte Adjektive und Partizipien, die Lebewesen bezeichnen	ученик der Schüler герой der Held подмастерье (m.) der Geselle прохожий der Passant	ученика героя подмастерья прохожего	ученика героя подмастерья прохожего
übrige Substantive (mit Ausnahme der Substantive der II. Deklination und der weiblichen substantivierten Adjektive und Partizipien[1])	стол der Tisch растение die Pflanze лошадь das Pferd площадь der Platz имя der Vorname животное das Tier	стола растения лошади площади имени животного	стол растение лошадь площадь имя животное

---

[1] Die Substantive der II. Deklination und die weiblichen substantivierten Adjektive und Partizipien weisen im Akkusativ Singular eine besondere Endung auf, die weder mit der Nominativ- noch mit der Genitivendung übereinstimmt.

	Nom. Sing.	Gen. Sing.	Akk. Sing.
Substantive der II. Deklination, weibliche substantivierte Adjektive und Partizipien	учительница die Lehrerin собака der Hund неделя die Woche мостовая das Pflaster	учительницы собаки недели мостовой	учительницу собаку неделю мостовую

2. Die Einteilung in belebte und in unbelebte Substantive

130 Zu den belebten Substantiven gehören die Personen- und die Tierbezeichnungen; die anderen Substantive gelten als unbelebt.

131 Besonderheiten

1. Substantive mit der Grundbedeutung der Belebtheit werden in der Regel auch dann wie belebte Substantive dekliniert, wenn sie – in übertragener Bedeutung – unbelebte Dinge bezeichnen, z. B.:

Он читáет «Евгéния Онéгина». Er liest (den Roman) „Eugen Onegin".

Врач купи́л «Москвичá»[1]. Der Arzt kaufte einen „Moskwitsch".

2. a) Substantive mit kollektiver Bedeutung, die eine Gesamtheit von Lebewesen bezeichnen, werden wie unbelebte Substantive dekliniert, z. B.:

Мы лю́бим свой нарóд. Wir lieben unser Volk.

Мы ви́дели тóлпы гуля́ющих. Wir sahen viele Spaziergänger (Mengen von Spaziergängern).

Мáльчик уви́дел табу́н лошадéй. Der Junge erblickte eine Pferdeherde.

b) Der Akkusativ Plural der belebten Substantive, die einen Beruf oder eine (Dienst-)Stellung bezeichnen, ist nach Wendungen wie z. B. вступи́ть (vo.) в (mit Akk.), пойти́ (vo.) в (mit Akk.), произвести́ (vo.) в (mit Akk.) gleich dem Nominativ Plural, z. B.:

Инженéр вступи́л в члéны наýчно-техни́ческого óбщества. Der Ingenieur trat einer wissenschaftlich-technischen Gesellschaft als Mitglied bei.

Он пошёл в слесаря́. Er wurde Schlosser (er „ging unter die Schlosser").

Товáрища Ивáнова произвели́ в майóры. Man beförderte den Genossen Iwanow zum Major.

3. Schwankungen innerhalb der Kategorie der Belebtheit bzw. Unbelebtheit sind sehr selten.

---

[1] «Москви́ч» (москви́ч der Moskauer): Name eines in der Sowjetunion hergestellten Autotyps.

Der Akkusativ Plural des Wortes **лицо́** in der Bedeutung „die Person" kann sowohl gleich dem Nominativ Plural als auch gleich dem Genitiv Plural sein[1], z.B.:

Я зна́ю все ли́ца.
oder (heute üblicher):
Я зна́ю всех лиц.
} Ich kenne alle Personen.

изуча́ть бакте́рии, микро́бы
oder (heute veraltet):
изуча́ть бакте́рий, микро́бов
} Bakterien, Mikroben untersuchen

DIE DEKLINATION DER SUBSTANTIVE

I. Deklinierte und undeklinierbare Substantive

Die meisten russischen Substantive werden dekliniert. Einige Substantive – vornehmlich Wörter nichtrussischer Herkunft – sind jedoch undeklinierbar. **132**

Die undeklinierbaren Substantive haben keine besonderen Formen zum Ausdruck des Numerus und des Kasus; diese Kategorien werden syntaktisch ausgedrückt, z.B.:

Вчера́ мы с отцо́м бы́ли в кино́. Gestern waren Vater und ich im Kino.
Мать купи́ла но́вое пальто́. Die Mutter kaufte einen neuen Mantel.
Но́вые зда́ния МГУ располо́жены на Ле́нинских гора́х. Die neuen Gebäude der MGU befinden sich auf den Leninbergen.

Zu den undeklinierbaren Substantiven gehören u.a. folgende Gattungsnamen: **133**

1. Fremdwörter, die auf einen Vokalbuchstaben ausgehen und unbelebte Dinge bezeichnen[2], z.B.:

депо́ das Depot, **дина́мо** der Dynamo, die Dynamomaschine, **жюри́** die Jury, **интервью́** das Interview, **кака́о** der Kakao, **кило́** das Kilogramm, **кино́** das Kino, **коммюнике́** das Kommunique, **ко́фе** (männlich, siehe 107,3) der Kaffee, **купе́** das Abteil, **меню́** das Menü, die Speisekarte, **метро́** die Metro, die Untergrundbahn, **пальто́** der Mantel, **ра́дио** das Radio, **резюме́** das Resümee, die Zusammenfassung, **такси́** das Taxi, **шоссе́** die Chaussee.

---

[1] In der Literatursprache des 19. Jahrhunderts war der Akkusativ Plural des Wortes лицо́ in der Bedeutung „die Person" gleich dem Nominativ Plural.

[2] Das Wort э́хо „das Echo" wird nach der I. Deklination gebeugt: Gen. Sing. э́ха usw.

2. Fremdwörter, die auf einen Vokalbuchstaben (außer -а, -я) ausgehen und Lebewesen benennen, sowie Fremdwörter auf Konsonant, die weibliche Personen bezeichnen, z. B.:

атташе́ der Attaché, буржуа́ der Bourgeois, кенгуру́ das Känguruh, ку́ли der Kuli, шимпанзе́ der Schimpanse, ле́ди die Lady, мада́м die Madame.

134 Zu den undeklinierbaren Substantiven gehören vornehmlich folgende Eigennamen:

A. Geographische Eigennamen

1. nichtrussische geographische Eigennamen, die auf einen Vokalbuchstaben (außer -а, -я[1]) ausgehen, z. B.:

Баку́ Baku, Бордо́ Bordeaux, Кале́ Calais, О́сло Oslo, Пе́ру Peru, Тбили́си[2] Tbilissi, Ула́н-Удэ́ Ulan-Ude, Чи́ли[2] Chile.

2. russische geographische Eigennamen auf unbetontes -о, sofern sie nicht wie Possessivadjektive gebildet sind[3], z. B.:

Ро́вно Rowno.

B. Personennamen

1. nichtrussische Vor- und Familiennamen, die auf einen Vokalbuchstaben (außer unbetontem -а, -я[1]) ausgehen, z. B.:

Бру́но Bruno, Гёте Goethe, Гюго́ Hugo, Шо́у Shaw.

2. nichtrussische Vornamen, die auf einen harten Konsonanten ausgehen und weibliche Personen bezeichnen, z. B.:

Ка́рин Karin, Карме́н Carmen.

3. nichtrussische und russische Familiennamen, die auf einen Konsonanten ausgehen und weibliche Personen bezeichnen[4], z. B.:

---

[1] Um das Erkennen der Grundform nicht zu gefährden, werden weniger bekannte Eigennamen jedoch gewöhnlich nicht dekliniert, z. B.: в го́роде А́лба Ю́лия = in der Stadt Alba Julia (Rumänien).

[2] Nichtrussische geographische Eigennamen, die auf -ы, -и ausgehen und zu den nur im Plural gebräuchlichen Wörtern gehören (vgl. 117,4), werden dekliniert, z. B.:
А́льпы (Plur.) die Alpen, Gen. Альп.

[3] Die wie Possessivadjektive gebildeten russischen geographischen Eigennamen auf -ово, -ево und -ыно, -ино werden dekliniert (nach der I. Deklination der Substantive, vgl. 240), z. B.:
Ива́ново Iwanowo, Gen. Ива́нова; Бородино́ Borodino, Gen. Бородина́.

[4] Familiennamen, die auf einen Konsonanten ausgehen und männliche Personen bezeichnen, werden dagegen in der Regel dekliniert, z. B.:
Карл Шмидт Karl Schmidt, Gen. Ка́рла Шми́дта;
граждани́н Воро́нец Bürger Woronez, Gen. граждани́на Воро́нца.

Áнна Шми́дт Anna Schmidt, Gen. Áнны Шми́дт;
Тама́ра Воро́нец Tamara Woronez, Gen. Тама́ры Воро́нец.

4. ukrainische Familiennamen auf -енко[1], -ко́, z. B.:

   Короле́нко Korolenko, Франко́ Franko.

5. russische Familiennamen auf -ово, -аго, -ых, -их[2], z. B.:

   Хитрово́ Chitrowo, Черны́х Tschernych.

Zu den undeklinierbaren Substantiven gehören vornehmlich die **Abkürzungs- 135 wörter** des Initialtyps, die nach den Buchstabennamen (also jeder Buchstabe als eine Silbe) gesprochen werden[3], z. B.:

СССР [эс-эс-эс-эр] die UdSSR, МГУ [эм-гэ-у] die MGU.

II. Die Deklinationstypen der Substantive

Man unterscheidet in der russischen Sprache der Gegenwart folgende drei **Haupt- 136 typen der Deklination** von Substantiven[4]:

1. die **I. Deklination**[5]

   Nach der I. Deklination werden gebeugt:

   a) die männlichen Substantive mit endungslosem Nominativ Singular (im Schrift-

---

[1] Familiennamen auf -енко, die männliche Personen bezeichnen, können auch dekliniert werden (und zwar nach der II. Deklination), z. B.:
Шевче́нко Schewtschenko, Gen. Шевче́нки, Dat. Шевче́нке, Akk. Шевче́нку, Instr. Шевче́нкой, Präp. о Шевче́нке.

[2] Es handelt sich bei diesen Familiennamen um erstarrte Genitivformen des Singulars bzw. Plurals.

[3] Zu den Abkürzungswörtern siehe auch (203 ff.).

[4] Strenggenommen lassen sich die einzelnen Deklinationstypen der Substantive nur in den Kasusformen des Singulars unterscheiden; die Formen des Plurals werden – mit Ausnahme des Nominativs und des Genitivs – von den Substantiven aller Deklinationstypen in gleicher Weise gebildet.

[5] In einigen Grammatiken und Lehrbüchern der russischen Sprache (z. B. bei А. М. Зе́мский, С. Е. Крючко́в, М. В. Светлаев: Русский язык. Часть первая) wird der hier als I. Deklination angegebene Typ der Substantive als II. Deklination, der hier als II. Deklination angegebene Typ hingegen als I. Deklination bezeichnet.

bild gehen diese Wörter im Nominativ Singular auf einen Konsonantbuchstaben, **-ь** oder **-й** aus)[1] (siehe 140ff.), z. B.:

Nom. Sing.: **стол** der Tisch   **конь** das Pferd   **сарай** die Scheune
Gen. Sing.: **стола**   **коня**   **сарая**

b) die sächlichen (und einige männliche) Substantive mit den Endungen **-о, -ё, -е** im Nominativ Singular (siehe 154ff.)[2], z. B.:

Nom. Sing.: **село** (s.) das Dorf   **ружьё** (s.) das Ge-   **поле** (s.) das Feld
Gen. Sing.: **села**   **ружья**   wehr   **поля**

Nom. Sing.: **домишко** (m.) das (schäbige) Häuschen
Gen. Sing.: **домишка**

2. die II. Deklination

Nach der II. Deklination werden die weiblichen Substantive (ebenso einige männliche Substantive und die zweigeschlechtigen Substantive) mit der Endung **-а, -я** im Nominativ Singular gebeugt (siehe 162ff.), z. B.:

Nom. Sing.: **гора** (w.) der Berg   **тётя** (w.) die Tante   **шея** (w.) der Hals
Gen. Sing.: **горы**   **тёти**   **шеи**

Nom. Sing.: **староста** (m.) der Vorsitzende   **судья** (m.) der Richter
Gen. Sing.: **старосты**   **судьи**

Nom. Sing.: **сирота** (m. oder w.) die Waise
Gen. Sing.: **сироты**

3. die III. Deklination (auch **и**-Deklination genannt)

Nach der III. Deklination werden die weiblichen Substantive (sowie das männliche Substantiv **путь** der Weg) mit endungslosem Nominativ Singular gebeugt (im Schriftbild gehen diese Wörter im Nominativ Singular auf **-ь** aus) (siehe 167ff.), z. B.:

Nom. Sing.: **жизнь** das Leben   **ночь** die Nacht
Gen. Sing.: **жизни**   **ночи**

---

[1] Im folgenden wird diese Deklination als „männliche Deklination" bezeichnet.
[2] Im folgenden wird diese Deklination als „sächliche Deklination" bezeichnet; es ist jedoch dabei zu beachten, daß nach der sächlichen Deklination auch einige männliche Substantive gebeugt werden (z. B.: домишко [m.]).

Außer den drei Haupttypen der Deklination von Substantiven unterscheidet man noch folgende besondere **Deklinationsarten**:

1. die Deklination der zehn sächlichen Substantive, die im Nominativ Singular auf **-мя** ausgehen (siehe 172), z. B.:

   Nom. Sing.: **вре́мя** die Zeit
   Gen. Sing.: **вре́мени**

2. die Deklination des sächlichen Substantivs **дитя́** das Kind (siehe 173);

3. die Deklination der mit **пол-** oder **полу-** gebildeten Substantive (277), z. B.:

   Nom. Sing.: **полуо́стров** die Halbinsel   **полме́тра** ein halbes Meter
   Gen. Sing.: **полуо́строва**   **полуме́тра**

4. die Deklination der substantivierten Adjektive und Partizipien; diese Substantive werden wie Adjektive dekliniert (241, 393), z. B.:

   substantivierte Adjektive   substantivierte Partizipien

   Nom. Sing.: **больно́й** (m.) der Kranke **учёный** (m.) der Gelehrte
   Gen. Sing.: **больно́го**   **учёного**

137

DIE GRUNDLEGENDEN ENDUNGEN DER DREI HAUPTTYPEN DER SUBSTANTIVDEKLINATION[1]				
		I. Deklination männl. sächl.	II. Deklination	III. Deklination
Singular	N.	— |-ь, -й -о | -е (··)	-а | -я	-ь
	G.	-а | -я	-ы | -и	-и
	D.	-у | -ю	-е	-и
	A.	wie N. oder G. -о | -е (··)	-у | -ю	-ь
	I.	-ом| -ём (··)	-ой | -ей (··)	-ью
	P.	-е	-е	-и
Plural	N.	-ы | -и -а | -я	-ы | -и	-и
	G.	-ов | -ей, -ев (··) — | -й	— | -ь, -й	-ей
	D.	-ам | -ям		
	A.	wie N. oder G.		
	I.	-ами | -ями		
	P.	-ах | -ях		

[1] Der Zusammenstellung wurde das Schriftbild zugrunde gelegt.

III. Zur Deklination der Substantive mit hartem Stammauslaut und der Substantive mit weichem Stammauslaut

138 Innerhalb der einzelnen Haupttypen der Deklination von Substantiven (vgl. 136) unterscheidet man

1. Substantive, deren Stamm auf einen harten Konsonanten auslautet[1],

2. Substantive, deren Stamm auf einen weichen Konsonanten auslautet[1], z. B.:

	Substantive mit hartem Stammauslaut	Substantive mit weichem Stammauslaut
I. Deklination:	стол der Tisch ме́сто der Platz	рубль der Rubel по́ле das Feld
II. Deklination:	рабо́та die Arbeit	тётя die Tante

Innerhalb ein und desselben Deklinationstyps unterscheiden sich die Endungen der Substantive mit hartem Stammauslaut von den Endungen der Substantive mit weichem Stammauslaut im Schriftbild gewöhnlich[2] durch die einander entsprechenden harten bzw. weichen Vokalbuchstaben (vgl. 137), z. B.:

	Substantiv mit hartem Stammauslaut		Substantiv mit weichem Stammauslaut
Nom. Sing.:	стол	—	рубль
Gen. Sing.:	стола́	—	рубля́
Dat. Sing.:	столу́	—	рублю́
Instr. Sing.:	столо́м	—	рублём
Nom. Plur.:	столы́	—	рубли́
Dat. Plur.:	стола́м	—	рубля́м
Instr. Plur.:	стола́ми	—	рубля́ми

---

[1] Im folgenden werden diese Substantive auch kurz „Substantive mit hartem Stammauslaut" bzw. „Substantive mit weichem Stammauslaut" genannt.

[2] Innerhalb ein und desselben Deklinationstyps wird eine bestimmte Kasusform mitunter von den Substantiven mit hartem Stammauslaut mit einer ganz anderen Endung als von den Substantiven mit weichem Stammauslaut gebildet, z. B.:
Nom. Sing.: стол — рубль, Gen. Plur.: столо́в — рубле́й.

Bei der Darstellung der Deklination der Substantive wird aus Gründen der Über- **139** sichtlichkeit im folgenden grundsätzlich vom Schriftbild ausgegangen[1].

	ZUR SCHREIBUNG DER DEKLINATIONSENDUNGEN DER SUBSTANTIVE [2] Mögliche Folge von Vokalbuchstaben auf stammauslautende Konsonanten					
1	Stammauslaut auf harten Konsonanten (außer г, к, х; ж, ш, ц)	а	о		у	ы	е[3]
2	Stammauslaut auf weichen Konsonanten (außer ч, щ)	я	betont: ё unbetont: е	ю	и	е
3	Stammauslaut auf г, к, х	а	о		у	и[3]	е[3]
4	Stammauslaut auf ж, ш; ч, щ	а	betont: ó unbetont: е	у	и	е
5	Stammauslaut auf ц	а	betont: ó unbetont: е	у	ы	е

---

[1] So wird z.B. die Deklination der Substantive mit Stammauslaut auf Zischlaute — entsprechend den Gemeinsamkeiten im Schriftbild — auch zusammenhängend dargestellt, obwohl die Laute ж und ш stets hart, die Laute ч und щ stets weich sind. — Auch auf die Frage des stammauslautenden [j] wird — da der Laut [j] im Schriftbild ja auf verschiedene Weise wiedergegeben wird (vgl. 52) — nur in einigen erläuternden Fußnoten eingegangen.

[2] Für die Schreibung der Deklinationsendungen der Adjektive gelten grundsätzlich die gleichen Regeln wie für die Schreibung der Deklinationsendungen der Substantive.

[3] In dieser Stellung wird der im Stammauslaut stehende Konsonant erweicht, z.B.:
стол (der Tisch): о столé
ученѝк (der Schüler): об ученикé; Plur. ученикѝ.

IV. Die I. Deklination

A. Männliche Deklination

140

DIE I. DEKLINATION (MÄNNLICHE DEKLINATION)					
Stamm-auslaut auf:	harte Konsonanten (außer -ж, -ш)				Zischlaute
Endbuchst. d. Subst. im Nom. Sing.:	-б, -в, -д, -з, -л, -м, -н, -п, -р, -с, -т, -ф	-г, -к, -х	-ц		-ж, -ш; -ч, -щ
	stamm- und endungsbet.	stamm- und endungsbet.	endungs-betont	stamm-betont	endungs-betont	stammbetont

		harte Konsonanten				Zischlaute	
		stamm- und endungsbet.	stamm- und endungsbet.	endungs-betont	stamm-betont	endungs-betont	stammbetont
Singular	N.	стол	учени́к	оте́ц	па́лец	нож	това́рищ
	G.	стола́	ученика́	отца́	па́льца	ножа́	това́рища
	D.	столу́	ученику́	отцу́	па́льцу	ножу́	това́рищу
	A.	стол	ученика́	отца́	па́лец	нож	това́рища
	I.	столо́м	ученико́м	отцо́м[2]	па́льцем[2]	ножо́м[3]	това́рищем[3]
	P.	о столе́	ученике́	отце́	па́льце	ноже́	това́рище
Plural	N.	столы́	ученики́[1]	отцы́	па́льцы	ножи́[3]	това́рищи[3]
	G.	столо́в	ученико́в	отцо́в[2]	па́льцев[2]	ноже́й	това́рищей
	D.	стола́м	ученика́м	отца́м	па́льцам	ножа́м	това́рищам
	A.	столы́	ученико́в	отцо́в	па́льцы	ножи́	това́рищей
	I.	стола́ми	ученика́ми	отца́ми	па́льцами	ножа́ми	това́рищами
	P.	о стола́х	ученика́х	отца́х	па́льцах	ножа́х	това́рищах

Angaben zu den Musterwörtern	стол (männl., unbelebt) – Tisch	учени́к (männl., belebt) – Schüler	оте́ц (männl., belebt) – Vater	па́лец (männl., unbelebt) – Finger	нож (männl., unbelebt) – Messer	това́рищ (männl., belebt) – Genosse

[1] Hierzu siehe (139, 3). [2] Hierzu siehe (139, 5). [3] Hierzu siehe (139, 4).

DIE I. DEKLINATION (MÄNNLICHE DEKLINATION)				
Stamm-auslaut auf:	weiche Konsonanten (außer -ч, -щ)			
End-buchst. d.Subst. imNom. Sing.:	-ь		-й (außer -ий)	-ий
	endungsbetont	stammbetont	stammbetont	endungsbetont	stammbetont

		-ь endungsbetont	-ь stammbetont	-й stammbetont	-й endungsbetont	-ий stammbetont
Singular	N.	рубль	писа́тель	геро́й	солове́й	пролета́рий
	G.	рубля́	писа́теля	геро́я	соловья́	пролета́рия
	D.	рублю́	писа́телю	геро́ю	соловью́	пролета́рию
	A.	рубль	писа́теля	геро́я	соловья́	пролета́рия
	I.	рублём[1]	писа́телем[1]	геро́ем[1]	соловьём[1]	пролета́рием[1]
	P.	о рубле́	писа́теле	геро́е	соловье́	пролета́рии
Plural	N.	рубли́	писа́тели	геро́и	соловьи́	пролета́рии
	G.	рубле́й	писа́телей	геро́ев[1]	соловьёв[1]	пролета́риев[1]
	D.	рубля́м	писа́телям	геро́ям	соловья́м	пролета́риям
	A.	рубли́	писа́телей	геро́ев	соловьёв	пролета́риев
	I.	рубля́ми	писа́телями	геро́ями	соловья́ми	пролета́риями
	P.	о рубля́х	писа́телях	геро́ях	соловья́х	пролета́риях

Angaben zu den Muster-wörtern	рубль (männl., unbelebt) – Rubel	писа́тель (männl., belebt) – Schriftsteller	геро́й (männl., belebt) – Held	солове́й (männl., belebt) – Nachtigall	пролета́рий (männl., belebt) – Proletarier

[1] Hierzu siehe (139,2).

Erläuterungen zur männlichen Deklination

A. ZUR BILDUNG DES SINGULARS UND DES PLURALS

1. Die Kategorie der Belebtheit bzw. Unbelebtheit

Hierzu siehe (128 ff.).

141 *2. Flüchtiges* -o- *und flüchtiges* -e-[1]

Bei verschiedenen Substantiven, die nach der männlichen Deklination gebeugt werden, fällt der im Nominativ Singular vor dem letzten Konsonanten des Stammes stehende Vokal (-o- oder -e-) in den obliquen Kasus des Singulars und in allen Kasus des Plurals aus.

Zu den Substantiven mit flüchtigem -o- bzw. flüchtigem -e- gehören[2]:

a) einige einsilbige Wörter, z.B.:

день der Tag – дня   пень der Baumstumpf – пня
лев der Löwe – льва[3]   пёс der Hund, der Köter – пса
лёд das Eis – льда[3]   рот der Mund – рта
лён der Flachs – льна[3]   сон der Schlaf – сна
лоб die Stirn – лба

b) alle mit den Verkleinerungssuffixen -ок, -ёк, -ек, -ечек, ёнок, -онок, -шек, -шок abgeleiteten Wörter, z.B.:

лесóк das Wäldchen – лескá   человéчек das Menschlein, das Männ-
ручеёк das Bächlein – ручейкá[4]   lein – человéчка

c) zahlreiche Wörter, deren Stamm auf bestimmte Lautverbindungen ausgeht (es handelt sich dabei vornehmlich um Substantive, deren Stamm auf Sonore – siehe (24) – auslautet), z.B.:

---

[1] Vergleiche hierzu auch (90).
[2] In der Zusammenstellung werden — ohne nähere Erläuterung — der Nominativ und der Genitiv Singular der entsprechende Wörter angegeben. — Auch in den folgenden Abschnitten wird der jeweils zu behandelnde Kasus in der Regel ohne nähere Erläuterungen nach dem Nominativ Singular angegeben.
[3] In diesen Wörtern wechselt der Buchstabe -e- mit dem Buchstaben -ь- (der vorangehende Konsonant bleibt also weich).
[4] In diesen Wörtern wechselt der Buchstabe e mit dem Buchstaben й (zur Bezeichnung des Lautes [j]).

-ей :	ручéй der Bach – ручья́[1]	соловéй die Nachtigall – соловья́[1]
-ел, -ёл :	за́мысел das Vorhaben, die Absicht – за́мысла	орёл der Adler – орла́ у́зел der Knoten(punkt) – узла́
-ём :	наём die Miete – на́йма[2]	
-ень[3] :	ка́мень der Stein – ка́мня ко́рень die Wurzel – ко́рня	па́рень der Bursche – па́рня ремéнь der Riemen – ремня́
-ер, -ёр :	вéтер der Wind – вéтра	ковёр der Teppich – ковра́
-ец[4] :	боéц der Kämpfer – бойца́[2] бра́тец Brüderchen, mein Lieber – бра́тца дворéц der Palast – дворца́	комсомóлец der Komsomolze – комсомóльца[1] конéц das Ende – конца́ отéц der Vater – отца́ па́лец der Finger – па́льца[1] стаха́новец der Stachanowarbeiter – стаха́новца
-ок[5] :	замóк das Schloß, der Verschluß – замка́ кусóк das Stück – куска́ переу́лок die Gasse – переу́лка	песóк der Sand – песка́ платóк das Tuch – платка́ потолóк die Zimmerdecke – потолка́ стрелóк der Schütze – стрелка́
-ол :	посóл der Botschafter – посла́	у́гол die Ecke – угла́
-оль :	у́голь die Kohle – у́гля	
-онь :	огóнь das Feuer – огня́	

Anmerkung:

In dem Wort за́яц „der Hase" wechselt der Buchstabe **-я-** mit dem Buchstaben **-й-**: Gen. Sing. за́йца.

---

[1] In diesen Wörtern wechselt der Buchstabe -e- mit dem Buchstaben -ь- (der vorangehende Konsonant bleibt also weich).
[2] In diesen Wörtern wechselt der Buchstabe -e- mit dem Buchstaben -й- (zur Bezeichnung des Lautes [J]).
[3] In verschiedenen Wörtern auf -ень bleibt -e- erhalten, z.B.:
оле́нь der Hirsch — оле́ня, ячме́нь die Gerste — ячменя́.
[4] In verschiedenen Wörtern auf -ец bleibt -e- erhalten, z.B.:
жнец der Schnitter — жнеца́, кузне́ц der Schmied — кузнеца́.
[5] In verschiedenen Wörtern auf -ок bleibt -о- erhalten, z.B.:
востóк der Osten — востóка, знатóк der Kenner, der Fachmann — знатока́, игрóк der Spieler — игрока́, урóк die Unterrichtsstunde — урóка, ходóк der Fußgänger — ходока́.

B. ZUR BILDUNG DES SINGULARS

142 *1. Der Genitiv Singular auf* **-y (-ю)**

Verschiedene unbelebte männliche Substantive der I. Deklination haben im Genitiv Singular – neben der regelmäßigen Endung **-a (-я)** – die meist unbetonte Endung **-y (-ю).**

Für die Bildung und den Gebrauch dieser Genitivformen gelten folgende Regeln:

a) Zahlreiche Stoffnamen haben im Genitiv Singular gewöhnlich die Endung **-y(-ю)** zur Bezeichnung eines Teiles des Stoffganzen (partitiver Genitiv, siehe auch 119, 1), z.B.:

бензи́н das Benzin – **бензи́ну**	**мёд** der Honig – **мёду**
во́здух die Luft – **во́здуху**	**са́хар** der Zucker – **са́хару**
дым der Rauch – **ды́му**	**снег** der Schnee – **сне́гу**
карто́фель (Sing.) die Kartoffeln –	**суп** die Suppe – **су́пу**
карто́фелю	**таба́к** der Tabak – **табаку́**
корм die Nahrung – **ко́рму**	**това́р** die Ware – **това́ру**
лёд das Eis – **льду**	**чай** der Tee – **чаю**
материа́л der Stoff, das Material –	**шокола́д** die Schokolade – **шоко-**
материа́лу	**ла́ду**

Hierher gehört auch: **наро́д** das Volk – **наро́ду.**

Мать купи́ла са́хару, со́ли, карто́фелю, овоще́й.	Die Mutter kaufte Zucker, Salz, Kartoffeln und Gemüse.
Он вы́пил стака́н ча́ю.	Er hat ein Glas Tee getrunken.
За ночь навали́ло мно́го сне́гу.	Über Nacht ist viel Schnee gefallen.
Набрало́сь наро́ду.	Es hatten sich viele Leute eingefunden.

Anmerkungen:

1. Die oben behandelten Stoffnamen haben im Genitiv Singular die regelmäßige Endung **-a (-я)**, wenn der Genitiv nicht in partitiver Bedeutung gebraucht wird, z.B.:

цена́ бензи́на	der Benzinpreis
урожа́й карто́феля	die Kartoffelernte
вкус ча́я	der Geschmack des Tees

2. Die oben behandelten Stoffnamen haben im Genitiv Singular auch in partitiver
   Bedeutung gewöhnlich die Endung **-a (-я)**, wenn sie durch ein Attribut (in der
   Form eines Adjektivs, Partizips usw.) näher bestimmt werden, z. B.:

таре́лка жа́реного карто́феля ein Teller Bratkartoffeln
стака́н кре́пкого ча́я   ein Glas starken Tees

b) Verschiedene Substantive (vornehmlich Abstrakta) können nach den Präpositionen
   из, от, с (zur Angabe räumlicher Verhältnisse oder zur Angabe des Grundes) und
   nach der Präposition **без** im Genitiv Singular die Endung **-y (-ю)** haben[1], z. B.:

уйти́ (vo.) **и́з до́му**[1]   von zu Hause weggehen
возврати́ться (vo.) **и́з лесу**[1]   aus dem Wald zurückkehren
задохну́ться (vo.) **от ды́му**   vor (an) Rauch ersticken
подня́ть (vo.) **с по́лу**   vom Fußboden aufheben
кри́кнуть (vo.) **с испу́гу**   vor Schreck aufschreien
умере́ть (vo.) **с го́лоду**   Hungers sterben
рабо́тать без о́тдыху   ohne Unterlaß (rastlos) arbeiten

Anmerkung:

Die oben behandelten Substantive können nach den Präpositionen **из, от, с** und
без auch die regelmäßige Endung **-a (-я)** aufweisen, z. B.:

и́з до́му   oder **из до́ма**
и́з лесу   oder **из ле́са**
с испу́гу   oder **с испу́га**
без о́тдыху oder **без о́тдыха**

Mitunter ist zwischen den Genitivformen auf **-y (-ю)** und denen auf **-a (-я)** ein
gewisser Bedeutungsunterschied festzustellen: In diesen Fällen haben die Genitiv-
formen auf **-a (-я)** bestimmtere Bedeutung, z. B.:

Он возврати́лся и́з лесу.   Er kehrte aus dem Wald zurück.
Он возврати́лся из ле́са.   Er kehrte aus dem Wald (d. h. einem be-
                                     stimmten, bekannten) zurück.

c) Einige Substantive haben in feststehenden Redewendungen der Umgangssprache
   im Genitiv Singular die Endung **-y (-ю)**, z. B.:

приба́вить (vo.) **хо́ду**   }   seine Schritte beschleunigen; schneller
приба́вить (vo.) **ша́гу**   }   gehen

---

[1] In einigen Fällen wird die Betonung vom Substantiv auf die Präposition vorverlegt; siehe hierzu (472).

мнóго шýму, да мáло тóлку	etwa: viel Geschrei und wenig Wolle
с глáзу нá глаз	unter vier Augen
с чáсу нá час	von Stunde zu Stunde
бéз гóду недéля	unlängst, vor kurzem
о нём ни слýху, ни дýху	etwa: er läßt gar nichts von sich hören; er ist spurlos verschwunden
мне не до смéху	mir ist gar nicht zum Lachen zumute
концá крáю нет	etwa: das Ende ist nicht abzusehen; es nimmt kein Ende

143 *2. Der Instrumental Singular*

Die Substantive der männlichen Deklination weisen im Instrumental Singular folgende Endungen auf:

a) **-ом :** 1. bei Stammauslaut auf harte Konsonanten (zu ж, ш, ц siehe a2, c2), z.B.:

стол	— столóм	журнáл	— журнáлом
ученѝк	— ученикóм	друг	— дрýгом

2. bei Stammauslaut auf ж, ш, ч[1], щ und ц, wenn die Endung betont ist, z.B.:

нож	— ножóм	мяч	— мячóм
отéц	— отцóм		

b) **-ём :** bei Stammauslaut auf weiche Konsonanten (zu ч, щ siehe a2, c2), wenn die Endung betont ist, z.B.:

рубль	— рублём	соловéй — соловьём

c) **-ем :** 1. bei Stammauslaut auf weiche Konsonanten (zu ч, щ siehe a2, c2), wenn die Endung nicht betont ist, z.B.:

писáтель	— писáтелем	герóй — герóем

2. bei Stammauslaut auf ж, ш, ч, щ und ц, wenn die Endung nicht betont ist, z.B.:

пляж	— пля́жем	товáрищ — товáрищем
пáлец	— пáльцем	

---

[1] Abweichend hat der Vatername Ильѝч Iljitsch im Instrumental Singular die Form Ильичём.

3. Der Präpositiv Singular

Der regelmäßige Präpositiv Singular   **144**

Die Substantive der männlichen Deklination weisen im Präpositiv folgende Endungen auf:

a) **-e:**   bei Stammauslaut auf harte und auf weiche Konsonanten (zu den Substantiven, die im Nominativ Singular auf **-ий** ausgehen, siehe b), z.B.:

стол — о столе́	оте́ц — об отце́
рубль — о рубле́	геро́й — о геро́е

b) **-и:**   wenn der Nominativ Singular auf **-ий** ausgeht, z.B.:

пролета́рий — о пролета́рии

Der Präpositiv Singular auf **-ý (-ю́)**   **145**

Verschiedene unbelebte männliche Substantive der I. Deklination[1] haben im Präpositiv Singular nach den Präpositionen **в** und **на** (vornehmlich zur Angabe des Ortes) statt der Endung **-e** die stets betonte Endung **-ý (-ю́)**, z.B.:

бег der Lauf	—	на бегу́ im Laufen
бе́рег das Ufer, die Küste	—	на берегу́ am Ufer, an der Küste
бой der Kampf, die Schlacht	—	в бою́ im Kampf, in der Schlacht
век das Jahrhundert; das Zeitalter; die Lebenszeit	—	на веку́[2] bei Lebzeiten
глаз das Auge	—	в (на) глазу́ im (am) Auge
год das Jahr	—	в году́ im Jahr
дым der Rauch	—	в дыму́ im Rauch
край der Rand; das Land	—	в краю́ im Land
		на краю́ am Rand
круг der Kreis	—	в кругу́ друзе́й[3] im Freundeskreis
лес der Wald	—	в лесу́ im Wald

---

[1] Es handelt sich hierbei hauptsächlich um Wörter, deren Stamm einsilbig ist und die in den Kasusformen des Singulars Stammbetonung aufweisen, z.B.:
    бег — бе́га — бе́гу — бег — бе́гом — о бе́ге.
[2] In der Bedeutung „Jahrhundert; Zeitalter" hat das Wort век im Präpositiv Singular nach der Präposition в jedoch die Endung -e, z.B.:
    в XX ве́ке im 20. Jahrhundert.
[3] Das Wort круг hat nur in übertragener Bedeutung im Präpositiv Singular nach der Präposition в die Endung -ý, sonst stets -e:
    в кру́ге im Kreis (math.).

луг die Wiese	—	на лугу́ auf der Wiese
мост die Brücke	—	на мосту́ auf der Brücke
плен die Gefangenschaft	—	в плену́ in der Gefangenschaft
пол der Fußboden	—	в (на) полу́ in dem (auf dem) Fußboden
порт der Hafen	—	в порту́ im Hafen
пост der Posten	—	на посту́ auf Posten
пруд der Teich	—	в (на) пруду́ in dem (auf dem) Teich
рот der Mund	—	во рту im Mund
ряд die Reihe	—	во второ́м ряду́[1] in der zweiten Reihe
сад der Garten	—	в саду́ im Garten
снег der Schnee	—	в снегу́ im Schnee
тыл das Hinterland	—	в тылу́ im Hinterland
у́гол die Ecke, der Winkel	—	в (на) углу́[2] in der (an der) Ecke
шкаф der Schrank	—	в (на) шкафу́ in dem (auf dem) Schrank

Hierher gehören auch einige Eigennamen, z. B.:

Дон der Don	—	на Дону́ am Don
Крым die Krim	—	в Крыму́ auf der Krim

Anmerkungen:

1. Die oben behandelten Substantive haben im Präpositiv Singular die regelmäßige Endung -e, wenn sie mit einer anderen Präposition als в bzw. на verbunden sind, z. B.:

говори́ть о ле́се, о го́де, о Кры́ме.

2. Die oben behandelten Substantive können mitunter im Präpositiv Singular auch nach den Präpositionen в und на die Endung -e haben, wenn sie durch ein Attribut (in der Form eines Adjektivs, Partizips usw.) näher bestimmt werden, z. B.:

в густо́м ды́ме	im dichten Rauch
на ни́жнем кра́е	am unteren Rand

---

[1] Das Wort ряд hat in der Bedeutung „eine geringe Anzahl" im Präpositiv Singular nach der Präposition в die Endung -e:

в ря́де слу́чаев in einer Reihe von Fällen.

[2] Das Wort у́гол hat in der Bedeutung „der Winkel (math.)" im Präpositiv Singular nach der Präposition в die Endung -e:

в угле́ im Winkel (math.).

3. Einige männliche Substantive der I. Deklination haben im Präpositiv Singular nach den Präpositionen **в** und **на** Parallelformen auf **-e** und auf **-ý (-ю́)**; in diesen Fällen sind die Formen auf **-ý (-ю́)** vornehmlich in der Umgangssprache gebräuchlich, z.B.:

о́тпуск der Urlaub	—	**в о́тпуске** **в отпуску́** } im Urlaub
хлев der Stall	—	**в хле́ве** **в хлеву́** } im Stall
цех die Werkabteilung	—	**в це́хе** **в цеху́** } in der Werkabteilung

C. ZUR BILDUNG DES PLURALS

1. Der Nominativ Plural auf **-á (-я́)**   **146**

Zahlreiche männliche Substantive der I. Deklination, die im Singular Stammbetonung aufweisen, haben im Nominativ Plural statt der Endung **-ы (-и)** die betonte Endung **-á (-я́)**[1], z.B.:

а́дрес die Anschrift – **адреса́**
бег der Lauf – **бега́**
бе́рег das Ufer, die Küste – **берега́**
век das Jahrhundert, das Zeitalter – **века́**
ве́чер der Abend – **вечера́**
глаз das Auge – **глаза́**
го́лос die Stimme – **голоса́**
го́род die Stadt – **города́**
дире́ктор der Direktor – **директора́**
до́ктор der Doktor – **доктора́**
дом das Haus – **дома́**
край der Rand, das Land – **края́**
лес der Wald – **леса́**
луг die Wiese – **луга́**
ма́стер der Meister – **мастера́**

но́мер die Nummer – **номера́**
о́круг der Kreis – **округа́**
о́стров die Insel – **острова́**
па́спорт der Paß, der Ausweis – **паспорта́**
по́езд der Zug, die Eisenbahn – **поезда́**
профе́ссор der Professor – **профессора́**
снег der Schnee – **снега́** die Schneegefilde (vgl. 116, 3)
сорт die Sorte, die Art – **сорта́**
учи́тель der Lehrer – **учителя́**[2]
ху́тор die Farm, das Einzelgehöft – **хутора́**

---

[1] Es handelt sich hierbei vornehmlich um ein- und zweisilbige, seltener um dreisilbige Wörter.
[2] Der Nominativ Plural von учи́тель lautet jedoch учи́тели, wenn das Wort in der gehobenen Bedeutung „Haupt einer Lehre, Lehrmeister" gebraucht wird, z.B.:

Маркс, Энгельс, Ленин — велuкие учи́тели коммунизма.   Marx, Engels und Lenin sind die großen Lehrmeister des Kommunismus.

Anmerkungen:

1. Einige Substantive haben im Nominativ Plural zwei Formen mit unterschiedlicher Bedeutung: eine Form auf **-ы (-и)** und eine Form auf **-á (-я́)**, z. B.:

óбраз
1. die Gestalt, die Figur — Nom. Plur.: **óбразы**
2. das Heiligenbild — Nom. Plur.: **образá**

прóпуск
1. das Versäumnis, die Lücke — Nom. Plur.: **прóпуски**
2. der Passierschein — Nom. Plur.: **пропускá**

хлеб
1. das Brot — Nom. Plur.: **хлéбы**
2. das Getreide — Nom. Plur.: **хлебá**

2. Einige Substantive haben im Nominativ Plural Doppelformen ohne Bedeutungsunterschied; in diesen Fällen wird die Form auf **-á (-я́)** vornehmlich in der Umgangssprache gebraucht, z. B.:

год das Jahr — Nom. Plur.: **гóды** und **годá**
слéсарь der Schlosser — Nom. Plur.: **слéсари** und **слесаря́**
тóкарь der Dreher — Nom. Plur.: **тóкари** und **токаря́**
цех die Werkabteilung — Nom. Plur.: **цéхи** und **цехá**

2. Der Genitiv Plural

147 Der regelmäßige Genitiv Plural

Die Substantive der männlichen Deklination weisen im Genitiv Plural in der Regel folgende Endungen auf:

a) **-ов:** 1. bei Stammauslaut auf harte Konsonanten (zu **-ц** siehe a2, b1; zu **-ж, -ш** siehe d 2), z. B.:

стол — **столóв** **журнáл** — **журнáлов**
ученѝк — **ученикóв**

2. bei Stammauslaut auf **-ц**, wenn die Endung betont ist, z. B.:

отéц — **отцóв**

b) **-ев:** 1. bei Stammauslaut auf **-ц**, wenn die Endung nicht betont ist, z. B.:

пáлец — **пáльцев**

2. bei Stammauslaut auf den weichen Konsonanten -й, wenn die Endung nicht betont ist, z. B.:

герóй — герóев   **пролетáрий — пролетáриев**

c) **-ёв :** bei Stammauslaut auf den weichen Konsonanten -й, wenn die Endung betont ist, z. B.:

соловéй — соловьёв

d) **-ей :** 1. bei Stammauslaut auf weiche Konsonanten (zu -й siehe b 2, c; zu -ч, -щ siehe d 2), z. B.:

рубль — рублéй   **писáтель — писáтелей**

2. bei Stammauslaut auf -ж, -ш, -ч, -щ, z. B.:

нож — ножéй   **товáрищ — товáрищей**
мяч — мячéй

Der endungslose Genitiv Plural   **148**

a) Einige Substantive, deren Stamm nicht abgeleitet ist, sind im Genitiv Plural endungslos. Hierher gehören:

1. einige Personenbezeichnungen, z. B.:

	Nom. Plur.	Gen. Plur.
башкúр der Baschkire	— **башкúры**	— **башкúр**
партизáн der Partisan	— **партизáны**	— **партизáн**
солдáт der Soldat	— **солдáты**	— **солдáт**
цыгáн der Zigeuner	— **цыгáне (1)**	— **цыгáн**

2. einige Substantive, die gewöhnlich mit Zahlwörtern verbunden werden, z. B.:

ампéр das Ampere	— **ампéры**	— **ампéр**
грамм das Gramm[1]	— **грáммы**	— **грамм**
раз Mal	— **разы́**	— **раз**
человéк der Mensch[2]	— **(лю́ди)**	— **человéк**

3. einige Substantive, die Dinge bezeichnen, die gewöhnlich paarweise vorkommen bzw. gebraucht werden, z. B.:

вáленок der Filzstiefel	— **вáленки**	— **вáленок**
глаз das Auge	— **глазá**	— **глаз**

---

[1] Entsprechend auch: килогрáмм das Kilogramm — Gen. Plur.: килогрáмм; миллигрáмм das Milligramm — Gen. Plur.: миллигрáмм.
Der Genitiv Plural von грамм, килогрáмм kann auch regelmäßig, mit der Endung -ов, gebildet werden; die Formen грáммов, килогрáммов gehören – zum Unterschied von den endungslosen – mehr der Buchsprache an.

[2] Der Plural des Wortes человéк lautet in der Regel лю́ди, людéй. Lediglich nach Zahlwörtern lautet der Genitiv Plural человéк (hierzu siehe Fußnote 1 auf S. 204).

| сапо́г der Stiefel | — | сапоги́ | — | сапо́г |
| чуло́к der Strumpf | — | чулки́ | — | чуло́к |

b) Einige Substantive, deren Stamm abgeleitet ist, sind ebenfalls im Genitiv Plural endungslos. Hierher gehören:

1. die Substantive mit dem Suffix **-ин**, siehe (149);

2. die Substantive mit den Suffixen **-анин (-янин)**, **-чанин**, siehe (150);

3. die Substantive mit dem Suffix **-ёнок (-онок)**, siehe (151).

149 *3. Der Plural der Substantive mit dem Suffix* **-ин**

Einige männliche Substantive der I. Deklination, die mit dem Suffix **-ин** gebildet sind und Personen bezeichnen, sind im Genitiv Plural endungslos, z. B.:

	Nom. Plur.		Gen. Plur.
грузи́н der Grusinier	— грузи́ны	—	грузи́н
осети́н der Ossete	— осети́ны	—	осети́н

Anmerkung:

Die Pluralformen folgender Wörter werden ohne das Suffix **-ин** gebildet (mitunter sind auch noch andere Unregelmäßigkeiten bei diesen Wörtern festzustellen):

болга́рин der Bulgare	—	болга́ры	—	болга́р
господи́н der Herr	—	господа́	—	госпо́д
тата́рин der Tatar	—	тата́ры	—	тата́р
хозя́ин der Wirt; der Hausherr	—	хозя́ева	—	хозя́ев

150 *4. Der Plural der Substantive mit den Suffixen* **-анин (-янин)**, **-чанин**

Die männlichen Substantive der I. Deklination, die mit den Suffixen **-анин (-янин)** und **-чанин** gebildet sind und Personen bezeichnen, weisen im Plural folgende Besonderheiten auf:

Die Pluralformen werden ohne das Suffix **-ин** gebildet; der Nominativ Plural hat die Endung **-е**, der Genitiv Plural ist endungslos, z. B.:

граждани́н der Bürger, **крестья́нин** der Bauer, **славяни́н** der Slawe, **англи-
ча́нин** der Engländer.

Singu- lar	Nom. Gen.	граждани́н граждани́на	крестья́нин крестья́нина
Plural	Nom. Gen. Dat. Akk. Instr. Präp.	гра́ждане гра́ждан гра́жданам гра́ждан гра́жданами о гра́жданах	крестья́не крестья́н крестья́нам крестья́н крестья́нами крестья́нах

5. Der Plural der Substantive mit dem Suffix **-ёнок (-онок)**   151

Die männlichen Substantive der I. Deklination, die mit dem Suffix **-ёнок (-онок)**
gebildet sind und vornehmlich junge Tiere bezeichnen, weisen im Plural folgende Be-
sonderheiten auf:

In den Pluralformen wird das Suffix **-ёнок (-онок)** durch das Suffix **-ят- (-ат-)**
ersetzt; der Nominativ Plural hat die Endung **-a**, der Genitiv Plural ist endungslos, z. B.:

телёнок das Kalb, **цыплёнок** das Kücken, **мышо́нок** das Mäusejunge.

Singu- lar	Nom. Gen.	телёнок телёнка	мышо́нок мышо́нка
Plural	Nom. Gen. Dat. Akk. Instr. Präp.	теля́та теля́т теля́там теля́т теля́тами о теля́тах	мыша́та мыша́т мыша́там мыша́т мыша́тами мыша́тах

Anmerkung:

Wie die oben behandelten Substantive werden auch die nur im Plural gebräuchlichen
Wörter der Umgangssprache **ребя́та** „die Kinder, die jungen Leute" und **девча́та**
„die Mädchen" dekliniert. Zum Plural von **ребёнок** „das Kind" siehe (174).

Das Substantiv

152 *6. Die Substantive mit dem Nominativ Plural auf -ья*

Einige männliche Substantive der I. Deklination, die im Singular den Stammauslaut auf einen harten Konsonanten haben, weisen im Plural eine Stammveränderung[1] auf: Diese Wörter gehen im Nominativ Plural auf unbetontes **-ья**, im Genitiv Plural auf unbetontes **-ьев** aus (vgl. auch 160), z. B.:

	Nom. Plur.		Gen. Plur.
брат der Bruder	—	**бра́тья**	— **бра́тьев**
ко́лос die Ähre	—	**коло́сья**	— **коло́сьев**
стул der Stuhl	—	**сту́лья**	— **сту́льев**
сук der Ast[2]	—	**су́чья**[3]	— **су́чьев**

Singu-lar	Nom.	**брат**	**сук**
	Gen.	**бра́та**	**сука́**
Plural	Nom.	**бра́тья**	**су́чья**
	Gen.	**бра́тьев**	**су́чьев**
	Dat.	**бра́тьям**	**су́чьям**
	Akk.	**бра́тьев**	**су́чья**
	Instr.	**бра́тьями**	**су́чьями**
	Präp.	**о бра́тьях**	**су́чьях**

Anmerkungen:

1. Folgende Wörter der oben behandelten Gruppe sind im Plural endungsbetont und gehen im Genitiv Plural auf **-ей**[4] aus (mitunter sind auch noch andere Unregelmäßigkeiten dieser Wörter festzustellen):

---

[1] Vom Standpunkt der Phonetik betrachtet, handelt es sich hierbei um Substantive, deren Stamm im Plural durch das Suffix [j] erweitert wird, wobei der davorstehende Konsonant erweicht wird, vgl.
Nom. Sing.: брат Nom. Plur.: бра́тья = бра́[т'j-а]
Gen. Sing.: бра́та Gen. Plur.: бра́тьев = бра́[т'j-э]в.

[2] Steht im Stammauslaut des Singulars ein к, so wechselt vor den Pluralformen auf -ья usw. к mit ч.

[3] Das Substantiv сук weist im Plural Doppelformen auf:
Nom. Plur.: су́чья und суки́
Gen. Plur.: су́чьев und суко́в.

[4] Vom Standpunkt der Phonetik betrachtet, ist der Genitiv Plural dieser Wörter endungslos, vgl.: друзья́ = дру[з'j-á] – друзе́й = дру[з'ój]: Gen. Plur endungslos, mit Vokaleinschub.

94

	Nom. Plur.		Gen. Plur.		Dat. Plur.
Друг der Freund —	друзья́	—	друзе́й	—	друзья́м
муж der Ehemann —	мужья́	—	муже́й	—	мужья́м
сын der Sohn —	сыновья́	—	сынове́й	—	сыновья́м

2. Einige der oben behandelten Substantive haben im Plural Doppelformen mit unterschiedlicher Bedeutung: eine Form ohne Stammveränderung und eine Form mit Stammveränderung (auf -ья), z. B.:

		Nom. Plur.	Gen. Plur.
зуб ⟨	1. der Zahn (des Menschen, des Tieres)	— зу́бы	— зубо́в
	2. der Zahn (an Erzeugnissen der Technik)	— зу́бья	— зу́бьев
лист ⟨	1. das Blatt (Papier usw.)	— листы́	— листо́в
	2. das Blatt (einer Pflanze)	— ли́стья	— ли́стьев
сын ⟨	1. der Sohn (Verwandtschaftsbezeichnung)	— сыновья́	— сынове́й
	2. der Sohn (in gehobener Bedeutung, z. B.: der Sohn des Vaterlandes)	— сыны́	— сыно́в

7. Der Plural der Substantive сосе́д, чёрт   153

Die Substantive **сосе́д** „der Nachbar" und **чёрт** „der Teufel" weisen im Plural den Stammauslaut auf einen weichen Konsonanten auf; der Genitiv Plural hat die Endung **-ей.**

Singu-lar	Nom.	сосе́д	чёрт
	Gen.	сосе́да	чёрта
Plural	Nom.	сосе́ди	че́рти
	Gen.	сосе́дей	черте́й
	Dat.	сосе́дям	чертя́м
	Akk.	сосе́дей	черте́й
	Instr.	сосе́дями	чертя́ми
	Präp.	о сосе́дях	о чертя́х

B. Sächliche Deklination

154

DIE I. DEKLINATION (SÄCHLICHE DEKLINATION)				
Stammauslaut auf:	harte Konsonanten (auser ж, ш, ц)		Zischlaute und ц	
Endbuchstaben der Substantive im Nom. Sing.:	-о (außer -ко)	-ко	-чо, -цо	-же, -че, -ще; -це
	stamm- und endungsbetont	stamm- und endungsbetont	Sing. endungsbetont	Sing. stammbetont
Singular Nom.	ме́сто	я́блоко	кольцо́[1]	жили́ще[1]
Gen.	ме́ста	я́блока	кольца́	жили́ща
Dat.	ме́сту	я́блоку	кольцу́	жили́щу
Akk.	ме́сто	я́блоко	кольцо́	жили́ще
Instr.	ме́стом	я́блоком	кольцо́м[1]	жили́щем[1]
Präp.	о ме́сте	о я́блоке	о кольце́	о жили́ще
Plural Nom.	места́	я́блоки	ко́льца	жили́ща
Gen.	мест	я́блок	коле́ц	жили́щ
Dat.	места́м	я́блокам	ко́льцам	жили́щам
Akk.	места́	я́блоки	ко́льца	жили́ща
Instr.	места́ми	я́блоками	ко́льцами	жили́щами
Präp.	о места́х	о я́блоках	о ко́льцах	о жили́щах

Angaben zu den Musterwörtern	ме́сто (sächl.) – Platz, Ort	я́блоко (sächl.) – Apfel	кольцо́ (sächl.) – Ring	жили́ще (sächl.) Wohnung, Behausung

---

[1] Hierzu siehe (139, 4 und 5).

DIE I. DEKLINATION (SÄCHLICHE DEKLINATION)				
Stammauslaut auf:	weiche Konsonanten (außer ч, щ)			
Endbuchstaben der Substantive im Nom. Sing.:	-e (außer -ье, -ие)	-ьё	-ье	-ие
	Sing. stamm-, Plur. endungsbet.	endungsbetont	stammbetont	stamm- und endungsbetont

		Sing. stamm-, Plur. endungsbet.	endungsbetont	stammbetont	stamm- und endungsbetont
Singular	Nom.	по́ле	питьё[1]	ущéлье[1]	желáние
	Gen.	по́ля	питья́	ущéлья	желáния
	Dat.	по́лю	питью́	ущéлью	желáнию
	Akk.	по́ле	питьё	ущéлье	желáние
	Instr.	по́лем[1]	питьём[1]	ущéльем[1]	желáнием
	Präp.	о по́ле	о питьé об ущéлье		о желáнии
Plural	Nom.	поля́	питья́	ущéлья	желáния
	Gen.	полéй	питéй	ущéлий	желáний
	Dat.	поля́м	питья́м	ущéльям	желáниям
	Akk.	поля́	питья́	ущéлья	желáния
	Instr.	поля́ми	питья́ми	ущéльями	желáниями
	Präp.	о поля́х	о питья́х об ущéльях		о желáниях

Angaben zu den Musterwörtern	по́ле (sächl.) – Feld	питьё (sächl.) – Getränk	ущéлье (sächl.) – Schlucht	желáние (sächl.) – Wunsch

---

[1] Hierzu siehe (139,2).

Erläuterungen zur sächlichen Deklination

A. ZUR BILDUNG DES SINGULARS UND DES PLURALS

Die Kategorie der Belebtheit bzw. Unbelebtheit

Hierzu siehe (128 ff.).

B. ZUR BILDUNG DES SINGULARS

155 *1. Der Instrumental Singular*

Die Substantive der sächlichen Deklination weisen im Instrumental Singular folgende Endungen auf:

a) **-ом:** 1. bei Stammauslaut auf harte Konsonanten (zu **ж, ш, ц** siehe a 2, c 2), z. B.:

село́ — село́м　　　　**ме́сто — ме́стом**
я́блоко — я́блоком

2. bei Stammauslaut auf Zischlaute und **ц**, wenn die Endung betont ist, z. B.:

плечо́ — плечо́м　　　　**кольцо́ — кольцо́м**

b) **-ём:** bei Stammauslaut auf weiche Konsonanten, wenn die Endung betont ist (zu **ч, щ** siehe a 2, c 2)[1], z. B.:

питьё — питьём

c) **-ем:** 1. bei Stammauslaut auf weiche Konsonanten, wenn die Endung nicht betont ist[1], z. B.:

по́ле — по́лем　　　　**уще́лье — уще́льем**

---

[1] Die Substantive, die im Nominativ Singular auf -ие ausgehen, haben im Instrumental Singular sowohl betont als auch unbetont die Endung -ем, z. B.:
зда́ние das Gebäude — зда́нием
бытие́ das Dasein — бытие́м.

2. bei Stammauslaut auf Zischlaute und **ц,** wenn die Endung nicht betont ist, z. B.:

ло́же — ло́жем   **се́рдце** das Herz **— се́рдцем**

2. Der Präpositiv Singular   **156**

Die Substantive der sächlichen Deklination weisen im Präpositiv Singular folgende Endungen auf:

a) **-e:** bei Stammauslaut auf harte und auf weiche Konsonanten (zu den Substantiven, die im Nominativ Singular auf **-ие** ausgehen, siehe b), z. B.:

село́ — о селе́   **кольцо́ — о кольце́**
по́ле — о по́ле   **питьё   — о питье́**

b) **-и:** wenn der Nominativ Singular auf **-ие** ausgeht, z. B.:

зда́ние — о зда́нии

C. ZUR BILDUNG DES PLURALS

1. Der Nominativ Plural   **157**

Die Substantive der sächlichen Deklination weisen im Nominativ Plural folgende Endungen auf:

a) **-а:** 1. bei Stammauslaut auf harte Konsonanten (zu **к** siehe c, zu **ж, ш** siehe a 2), z. B.:

село́   — сёла   **ме́сто — места́**
кольцо́ — ко́льца   **се́рдце — сердца́**

2. bei Stammauslaut auf Zischlaute[1], z. B.:

ло́же — ло́жа   **жили́ще — жили́ща**
доми́ще (m.!) **— доми́ща**[2]

---

[1] Das Wort плечо́ hat im Nominativ Plural abweichend die Endung -и: пле́чи.

[2] Die mit dem Suffix -ищ- gebildeten männlichen Substantive können im Nominativ Plural neben der regelmäßigen Endung -а auch die (vornehmlich in der Umgangssprache gebräuchliche) Endung -и haben, z. B.:
доми́ще (m.!) — доми́ща und доми́щи (umgangssprachlich).

b) **-я :**   bei Stammauslaut auf weiche Konsonanten (zu **ч, щ** siehe a2), z. B.:

по́ле — поля́	зда́ние — зда́ния
питьё — питья́	ущéлье — ущéлья

c) **-и :**   bei Stammauslaut auf **к**[1], z. B.:

я́блоко — я́блоки	доми́шко (m.!) — доми́шки

158 **2.** *Der Genitiv Plural*

Die Substantive der sächlichen Deklination weisen im Genitiv Plural folgende Endungen auf:

a) **–**   (keine Endung)

bei Stammauslaut auf harte Konsonanten und Zischlaute, z. B.:

селó — сёл	кольцó — колéц
я́блоко — я́блок	плечó — плеч

Man beachte aber:

1. Die Substantive auf **-ико**, betontes **-кó** und **óблако** haben die Endung **-ов**:
   плéчико (die kleine Schulter) — плéчиков
   очкó (das Auge, der Punkt beim Spiel) — очкóв
   óблако (die Wolke) — облакóв

2. яйцó (das Ei) lautet im Genitiv Plural яи́ц.

b) **-ий**[2] **:**   bei Substantiven auf **-ие** und vielen auf **-ье** (**-ьё**), z. B.:

---

[1] Die Substantive mit Stammauslaut auf -к, die im Singular Stamm-, im Plural Endungsbetonung aufweisen, haben im Nominativ Plural die Endung -a, z. B.:
во́йско das Heer – во́йска́
о́блако die Wolke – облака́.

[2] Vom Standpunkt der Phonetik betrachtet, ist der Genitiv Plural der Wörter der Gruppe b, deren Stamm auf [j] auslautet, endungslos; vgl.:
зда́ние = зда́[н'иj-э] – зда́ний = зда́[н'иj]: Gen. Plur. endungslos,
ущéлье = ущé[л'j-э] – ущéлий = ущé[л'иj]: Gen. Plur. endungslos, mit Vokaleinschub.

жела́ние (der Wunsch)   – жела́ний
ку́шанье (die Speise, das Gericht) – ку́шаний
копьё   (die Lanze)   – ко́пий

Man beachte aber:

1. Einige Substantive auf **-ье** haben im Genitiv Plural die Endung **-ев**:

пла́тье   (das Kleid)   – пла́тьев
верхо́вье (der Oberlauf eines Flusses) – верхо́вьев

2. Abweichend wird der Genitiv Plural auch gebildet von:

питьё   (das Getränk)   – питéй[1]
ружьё (das Gewehr)   – ру́жей[1]

c) **-ей:** bei den Substantiven **по́ле** und **мо́ре :**

по́ле — полéй   мо́ре — морéй

3. Flüchtiges **-o-** *und flüchtiges* **-e-** *im Genitiv Plural*   **159**

Im endungslosen Genitiv Plural weisen Substantive der sächlichen Deklination, wenn der Stamm auf zwei Konsonanten ausgeht, häufig den Einschub eines **-o-** oder **-e-** zwischen den beiden Endkonsonanten des Stammes auf.

Im einzelnen gelten für den Einschub von **-o-** oder **-e-** im endungslosen Genitiv Plural folgende Regeln:

a) **-o-** wird eingeschoben, wenn der erste der beiden Endkonsonanten des Stammes ein **г** oder **к**, der letzte Konsonant ein Sonor (**л, м, н, р**) ist, z.B.:

окно́ das Fenster – о́кон   стекло́ das Glas; die Scheibe – сте́кол
сукно́ das Tuch (Stoffart) – су́кон

b) **-e-** wird eingeschoben, wenn der erste der beiden Endkonsonanten des Stammes kein **г** oder **к** und der letzte Konsonant ein Sonor (**л, м, н, р**) ist, z.B.:

бревно́ der Balken – брёвен   ведро́ der Eimer – вёдер[2]

---

[1] Phonetisch gesehen sind ру́жей und питéй ebenfalls endungslos (vgl. Fußnote 2 auf S. 100), wobei ein Vokaleinschub von [ə] vorliegt: ружьё = ружj-ó] – ру́жей = ру́ж[əj-].
[2] Kein Vokaleinschub erfolgt bei нéдра (Plur.) das Innere der Erde, die Bodenschätze: Gen. недр.

кре́сло der Sessel – кре́сел
ма́сло die Butter; das Öl; das Fett –
    ма́сел
письмо́ der Brief – пи́сем

полотно́ das Leinen – поло́тен
ремесло́ das Handwerk – ремёсел
число́ die Zahl – чи́сел

c) **-e-** wird eingeschoben, wenn der letzte der beiden Endkonsonanten des Stammes ein **к** oder **ц** ist, z. B.:

кольцо́ der Ring – коле́ц
крыльцо́ die Außentreppe – крыле́ц
око́шко das Fenster, der Schalter –
    око́шек

полоте́нце das Handtuch – поло-
   те́нец
се́рдце das Herz – серде́ц

---

160 *4. Die Substantive mit Stammveränderung: Nominativ Plural auf* **-ья**

Einige sächliche Substantive der I. Deklination, die im Singular den Stammauslaut auf einen harten Konsonanten haben, weisen im Plural eine Stammveränderung[1] auf: Diese Wörter gehen im Nominativ Plural auf unbetontes **-ья**, im Genitiv Plural auf unbetontes **-ьев** aus (vgl. auch 152), z. B.:

		Nom. Plur.		Gen. Plur.
де́рево der Baum	—	дере́вья	—	дере́вьев
дно der Grund, der Boden (z. B. eines Sees)	—	до́нья[2]	—	до́ньев
звено́ das Glied (einer Kette)	—	зве́нья	—	зве́ньев
крыло́ der Flügel	—	кры́лья	—	кры́льев
перо́ die Feder	—	пе́рья	—	пе́рьев

---

[1] Vom Standpunkt der Phonetik betrachtet, handelt es sich hierbei um Substantive, deren Stamm im Plural durch das Suffix [j] erweitert wird, wobei der davorstehende Konsonant erweicht wird, vgl.:
Nom. Sing.: перо́   Nom. Plur.: пе́рья   = пé[p'j-a]
Gen. Sing.: пера́   Gen. Plur.: пе́рьев   = пé[p'j-ə]в.

[2] In allen Pluralformen von дно wird zwischen д und н flüchtiges -o- eingeschoben, z.B.:
до́нья, до́ньев, до́ньям.

Singu- lar	Nom. Gen.	пер**ó** пер**á**
Plural	Nom. Gen. Dat. Akk. Instr. Präp.	п**é**рья п**é**рьев п**é**рьям п**é**рья п**é**рьями о п**é**рьях

5. Substantive mit besonderen Stammveränderungen im Plural **161**

Einzelne sächliche Substantive der I. Deklination weisen im Plural besondere Stamm-veränderungen auf:

a) Konsonantenwechsel

		Nom. Plur.	Gen. Plur.	Dat. Plur.
ýхо	das Ohr	— ýши	— ушéй	— ушáм
óко	das Auge (veralt., poet.)	— óчи	— очéй	— очáм

b) Stammerweiterung

нéбо	der Himmel	— небесá	— небéс	— небесáм
чýдо	das Wunder	— чудесá	— чудéс	— чудесáм

c) Ausfall des stammauslautenden Konsonanten

сýдно	das Schiff	— судá	— судóв	— судáм

d) Erweichung des stammauslautenden Konsonanten

колéно	das Knie	— колéни	—колéней	—колéням

V. Die II. Deklination

162

DIE II. DEKLINATION						
Stamm-auslaut auf:	harte Konsonanten (außer ж, ш)				Zischlaute	
End-buchst. d.Subst. imNom. Sing.:	-ба, -ва, -да, -за, -ла, -ма, -на, -па, -ра, -са, -та, -фа	-га, -ка, -ха	-ца		-жа, -ша; -ча, -ща	
	stamm- und endungsbetont	stamm- und endungsbetont	Sing. endungsbet.	stamm-betont	endungs-betont	stamm-betont

		harte Konsonanten				Zischlaute	
Singular	N.	ко́мната	подру́га	овца́	у́лица	свеча́	кры́ша
	G.	ко́мнаты	подру́ги[1]	овцы́	у́лицы	свечи́[3]	кры́ши[3]
	D.	ко́мнате	подру́ге	овце́	у́лице	свече́	кры́ше
	A.	ко́мнату	подру́гу	овцу́	у́лицу	свечу́	кры́шу
	I.	ко́мнатой (-ою)	подру́гой (-ою)	овцо́й[2] (-о́ю)	у́лицей[2] (-ею)	свечо́й[3] (-о́ю)	кры́шей[3] (-ею)
	P.	о ко́мнате	подру́ге	овце́	у́лице	свече́	кры́ше
Plural	N.	ко́мнаты	подру́ги[1]	о́вцы	у́лицы	све́чи[3]	кры́ши[3]
	G.	ко́мнат	подру́г	ове́ц	у́лиц	свече́й	крыш
	D.	ко́мнатам	подру́гам	о́вцам	у́лицам	свеча́м	кры́шам
	A.	ко́мнаты	подру́г	ове́ц	у́лицы	све́чи	кры́ши
	I.	ко́мнатами	подру́гами	о́вцами	у́лицами	свеча́ми	кры́шами
	P.	о ко́мнатах	подру́гах	о́вцах	у́лицах	свеча́х	кры́шах

Angaben zu den Muster-wörtern	ко́мната (weibl., unbelebt) – Zimmer	подру́га (weibl., belebt) – Freundin	овца́ (weibl., belebt) – Schaf	у́лица (weibl., unbelebt) – Straße	свеча́ (weibl., unbelebt) – Kerze	кры́ша (weibl., unbelebt) – Dach

[1] Hierzu siehe (139, 3). [2] Hierzu siehe (139, 5). [3] Hierzu siehe (139, 4).

DIE II. DEKLINATION					
Stamm-auslaut auf:	weiche Konsonanten (außer ч, щ)				
End-buchst. d. Subst. im Nom. Sing.:	-я (außer -ья, -ия)		-ия		-ья
	stammbetont	Sing. endungsbet.	stammbetont	endungsbetont	stammbetont

Singular	N.	неде́ля	змея́	ли́ния	статья́	го́стья
	G.	неде́ли	змеи́	ли́нии	статьи́	го́стьи
	D.	неде́ле	змее́	ли́нии	статье́	го́стье
	A.	неде́лю	змею́	ли́нию	статью́	го́стью
	I.	неде́лей[1] (-ею)	змеёй[1] (-ёю)	ли́нией[1] (-ею)	статьёй[1] (-ёю)	го́стьей[1] (-ею)
	P.	о неде́ле·	змее́	ли́нии	статье́	го́стье
Plural	N.	неде́ли	зме́и	ли́нии	статьи́	го́стьи
	G.	неде́ль	змей	ли́ний	стате́й	го́стий
	D.	неде́лям	змея́м	ли́ниям	статья́м	го́стьям
	A.	неде́ли	змей	ли́нии	статьи́	го́стий
	I.	неде́лями	змея́ми	ли́ниями	статья́ми	го́стьями
	P.	о неде́лях	змея́х	ли́ниях	статья́х	го́стьях

Angaben zu den Muster-wörtern	неде́ля (weibl., unbelebt) – Woche	змея́ (weibl., belebt) – Schlange	ли́ния (weibl., unbelebt) – Linie	статья́ (weibl., unbelebt) – Artikel	го́стья (weibl., belebt) – (weiblicher) Gast

[1] Hierzu siehe (139, 2).

Erläuterungen zur II. Deklination

A. ZUR BILDUNG DES SINGULARS UND DES PLURALS

Die Kategorie der Belebtheit bzw. Unbelebtheit

Hierzu siehe (128 ff.).

B. ZUR BILDUNG DES SINGULARS

163 *1. Der Dativ und der Präpositiv Singular*

Die Substantive der II. Deklination haben im Dativ Singular die gleiche Endung wie im Präpositiv Singular.

Die Substantive weisen im Dativ und im Präpositiv Singular folgende Endungen auf:

a) **-e:** bei Stammauslaut auf harte und auf weiche Konsonanten (zu den Substantiven, die im Nominativ Singular auf **-ия** ausgehen, siehe b), z. B.:

ко́мната – ко́мнате	свеча́ – свече́
о ко́мнате	о свече́
неде́ля – неде́ле	статья́ – статье́
о неде́ле	о статье́

b) **-и:** wenn der Nominativ Singular auf **-ия** ausgeht, z. B.:

ли́ния – ли́нии
о ли́нии

164 *2. Der Instrumental Singular*

Die Substantive der II. Deklination weisen im Instrumental Singular folgende Endungen auf:

a) **-ой (-ою):** 1. bei Stammauslaut auf harte Konsonanten (zu **ж, ш, ц** siehe a 2, c 2), z. B.:

ко́мната – ко́мнатой oder ко́мнатою
подру́га – подру́гой oder подру́гою

2. bei Stammauslaut auf **ж, ш, ч, щ** und **ц,** wenn die Endung betont ist, z. B.:

свеча́	—	свечо́й	oder **свечо́ю**
овца́	—	овцо́й	oder **овцо́ю**

b) **-ёй (-ёю)**: bei Stammauslaut auf weiche Konsonanten, wenn die Endung betont ist (zu **ч, щ** siehe a 2, c 2), z. B.:

зме́я	—	змеёй	oder **змеёю**
статья́	—	статьёй	oder **статьёю**

c) **-ей (-ею)**: 1. bei Stammauslaut auf weiche Konsonanten, wenn die Endung nicht betont ist, z. B.:

неде́ля	—	неде́лей	oder **неде́лею**
ли́ния	—	ли́нией	oder **ли́ниею**

2. bei Stammauslaut auf **ж, ш; ч, щ** und **ц,** wenn die Endung nicht betont ist, z. B.:

кры́ша	—	кры́шей	oder **кры́шею**
у́лица	—	у́лицей	oder **у́лицею**

Anmerkung:

Die Endungen **-ой, -ёй, -ей** werden sowohl in der Umgangs- als auch in der Schriftsprache verwendet, während die Instrumentalendungen **-ою, -ёю, -ею** nur in der Schriftsprache gebraucht werden.

C. ZUR BILDUNG DES PLURALS

1. Der Genitiv Plural   **165**

Die Substantive der II. Deklination weisen im Genitiv Plural folgende Endungen auf:

a) **⌢** (keine Endung):

1. bei Stammauslaut auf harte Konsonanten (zu **ж, ш** siehe a 2), z. B.:

ко́мната — ко́мнат		подру́га —	подру́г
у́лица — у́лиц		овца́ —	ове́ц

2. bei Stammauslaut auf **ж, ш, ч, щ¹**, z. B.:

кры́ша — крыш   ту́ча die Wolke — туч

b) **-ь²:**   wenn der Nominativ Singular auf Konsonantbuchstaben + **я** ausgeht³, z. B.:

неде́ля — неде́ль   ба́ня die Badestube — бань

c) **-й⁴:**   wenn der Nominativ Singular auf Vokalbuchstaben + **я** ausgeht, z. B.:

змея́   — змей   ли́ния — ли́ний

d) **-ий⁴:**   wenn der Nominativ Singular auf **-ья** ausgeht und die Endung nicht betont ist, z. B.:

го́стья   — го́стий

e) **-ей⁴:**   wenn der Nominativ Singular auf **-ья** ausgeht und die Endung betont ist, z. B.:

статья́ — стате́й

166 *2. Flüchtiges* **-o-** *und flüchtiges* **-e-** *im Genitiv Plural*

Im endungslosen Genitiv Plural weisen Substantive der II. Deklination, wenn ihr Stamm auf zwei Konsonanten ausgeht, häufig den Einschub eines **-o- (-ё-)** oder **-e-** zwischen den beiden Endkonsonanten des Stammes auf.

---

¹ Abweichend hiervon haben einige Substantive der II. Deklination mit Stammauslaut auf Zischlaut im Genitiv Plural die Endung -ей (diese Endung ist meist betont), z. B.:
  вожжа́ der Zügel, die Leine — вожже́й, левша́ (m. oder w.) der Linkshänder — левше́й, свеча́ die Kerze — свече́й (neben свеч), ю́ноша (m.) der Jüngling — ю́ношей.
² Vom Standpunkt der Phonetik betrachtet, ist der Genitiv Plural dieser Wörter endungslos; vgl.:
  неде́ля = неде́[л'-а] — неде́ль = неде́[л']
  ба́ня = ба́[н'-а] — бань = ба[н'].
³ Abweichend hiervon haben einige Substantive der II. Deklination, die im Nominativ Singular auf Konsonantbuchstaben + я ausgehen, im Genitiv Plural die Endung -ей, z. B.:
  до́ля der Teil, der Anteil — доле́й, дя́дя (m.) der Onkel — дя́дей, тётя die Tante — тётей.
⁴ Vom Standpunkt der Phonetik betrachtet, ist der Genitiv Plural dieser Wörter, deren Stamm auf [j] auslautet, endungslos, z. B.:
  змея́ = з[м'əj-á] — змей = з[м'əj]: Gen. Plur. endungslos
  го́стья = го́с[т'j-a] — го́стий = го́с[т'иj]: Gen. Plur. endungslos, mit Vokaleinschub
  статья́ = ста[т'j-á] — стате́й = ста[т'əj]: Gen. Plur. endungslos, mit Vokaleinschub

Im einzelnen gelten für den Einschub von **-o-** (**-ё-**) oder **-e-** im endungslosen Genitiv Plural folgende Regeln:

a) **-o-** wird eingeschoben, wenn der erste der beiden Endkonsonanten hart (außer **ж, ш, ц**) und der letzte Konsonant ein **к** ist, z.B.:

доскá die Tafel – **досóк**   скáзка das Märchen – **скáзок**
лáвка die Sitzbank; der Laden – **лáвок**

b) **-e-** (**-ё-**) wird eingeschoben, wenn der letzte der beiden Endkonsonanten des Stammes ein **л** oder **н** (in Einzelfällen auch **м** oder **р**) ist[1], z.B.:

бáсня die Fabel – **бáсен**[2]   соснá die Kiefer – **сóсен**
дерéвня das Dorf – **деревéнь**[2]   сóтня das Hundert – **сóтен**[2]
дóмна der Hochofen – **дóмен**   спáльня das Schlafzimmer – **спáлен**[3]
земля́ die Erde, das Land – **земéль**   тюрьмá das Gefängnis – **тюрем**
пéсня das Lied – **пéсен**[2]   читáльня der Lesesaal – **читáлен**[2]
сестрá die Schwester – **сестёр**

c) **-e-** (betont **-ё-**) wird eingeschoben, wenn der erste der beiden Endkonsonanten des Stammes weich oder ein Zischlaut ist und der letzte Konsonant ein **к** ist, z.B.:

дéвочка das kleine Mädchen – **дéвочек**   мальчи́шка (m.!) der Bube – **мальчи́шек**
кни́жка das Büchlein – **кни́жек**   старýшка die Greisin – **старýшек**
копéйка die Kopeke – **копéек**   чáшка die Tasse – **чáшек**
   ячéйка die Zelle – **ячéек**

d) **-e-** wird eingeschoben, wenn der letzte der beiden Konsonanten ein **ц** ist, z.B.:
овцá das Schaf – **овéц**

Der Plural des Substantivs **кýрица**

кýрица das Huhn, die Henne – **кýры, кур, кýрам**

---

[1] In manchen Fällen unterbleibt der Vokaleinschub, z.B.:
волнá die Welle — волн, иглá die Nadel — игл.
[2] Bei Substantiven auf -ня mit vorangehendem Konsonanten wird im Genitiv Plural nach eingeschobenem Vokal das н hart, z.B.:
бáсня — бáсен, пéсня — пéсен, читáльня — читáлен.
Ausnahmen: дерéвня — деревéнь, кýхня die Küche — кýхонь.

VI. Die III. Deklination

167

DIE III. DEKLINATION			
Stammauslaut auf:	weiche Konsonanten (außer ч, щ)		Zischlaute
Endbuchstaben im Nom. Sing.:	-ь		-жь, -шь ; -чь, -щь
Singular Nom.	степь	лóшадь	мышь
Gen.	стéпи	лóшади	мы́ши
Dat.	стéпи	лóшади	мы́ши
Akk.	степь	лóшадь	мышь
Instr.	стéпью	лóшадью	мы́шью
Präp.	о стéпи	о лóшади	о мы́ши
Plural Nom.	стéпи	лóшади	мы́ши
Gen.	степéй	лошадéй	мышéй
Dat.	степя́м	лошадя́м	мыша́м[1]
Akk.	стéпи	лошадéй	мышéй
Instr.	степя́ми	лошадя́ми	мыша́ми[1]
Präp.	о степя́х	о лошадя́х	о мыша́х[1]

Angaben zu den Musterwörtern	степь (w., unbelebt) – die Steppe	лóшадь (w., belebt) – das Pferd	мышь (w., belebt) – die Maus

Erläuterungen zur III. Deklination

A. ZUR BILDUNG DES SINGULARS UND DES PLURALS

1. Die Kategorie der Belebtheit bzw. Unbelebtheit

Hierzu siehe (128 ff.).

---

[1] Hierzu siehe (139, 4).

2. Die Deklination der Substantive **дочь, мать**

In den obliquen Kasus des Singulars und in allen Kasus des Plurals weisen die Substantive **дочь** „die Tochter" und **мать** „die Mutter" die Stammerweiterung **-ер-** auf, z.B.:

	Singular	Plural
Nom.	мать	ма́тери
Gen.	ма́тери	матере́й
Dat.	ма́тери	матеря́м
Akk.	мать	матере́й
Instr.	ма́терью	матеря́ми
Präp.	о ма́тери	о матеря́х

Ebenso: **дочь – до́чери** usw.

B. ZUR BILDUNG DES SINGULARS

1. Flüchtiges **-о-** und flüchtiges **-е-**

Bei den nur im Singular gebräuchlichen Wörtern **ложь** „die Lüge", **любо́вь** „die Liebe"[1], **рожь** „der Roggen" fällt der im Nominátiv Singular vor dem letzten Konsonanten des Stammes stehende Vokal **-о-** im Genitiv, Dativ und Präpositiv aus:

ложь – лжи – лжи – ложь – ло́жью – о лжи
любо́вь[1] – любви́ – любви́ – любо́вь – любо́вью – о любви́
ро́жь – ржи – ржи – рожь – ро́жью – о ржи

Anmerkung:

Bei dem Wort **це́рковь** „die Kirche" fällt **-о-** im Genitiv, Dativ und Präpositiv Singular und in allen Kasus des Plurals aus (außerdem sind die Endungen des Dativs, Instrumentals und Präpositivs Plural unregelmäßig):

Sing.: **це́рковь – це́ркви – це́ркви – це́рковь – це́рковью – о це́ркви**
Plur.: **це́ркви – церкве́й – церква́м – це́ркви – церква́ми – о церква́х.**

---

[1] Bei der Deklination des weiblichen Eigennamens Любо́вь „Ljubow" bleibt -о- in allen Kasus erhalten, z.B.: Любо́вь — Любо́ви usw.

170 *2. Die Deklination des Substantivs* путь

Das einzige Substantiv männlichen Geschlechts, das nach der III. Deklination gebeugt wird, ist das Wort путь „der Weg". Der Instrumental Singular lautet jedoch abweichend путём.

C. ZUR BILDUNG DES PLURALS

171 *Der Instrumental Plural auf* -ьми

Die Substantive дверь „die Tür", дочь „die Tochter" und лошадь „das Pferd" haben im Instrumental Plural – teils neben der regelmäßigen Endung -ями – die Endung -ьми [1]:

дверь   — дверями   oder дверьми
дочь   — дочерьми
лошадь — лошадями oder лошадьми

VII. Besondere Deklinationsarten

172 Die Deklination der Substantive auf -мя

Zehn sächliche Substantive, die im Nominativ Singular auf -мя ausgehen (z. B.: время die Zeit; знамя das Banner, die Fahne; имя der Vorname; пламя die Flamme; племя der Stamm, die Generation; семя der Samen), weisen in den obliquen Kasus des Singulars und in allen Kasus des Plurals die Stammerweiterung -ен- (betont: -ён-) auf.

DEKLINATION DER SUBSTANTIVE AUF -мя		
Kasus	Singular	Plural
Nom.	имя	именá
Gen.	имени	имён
Dat.	имени	именáм
Akk.	имя	именá
Instr.	именем	именáми
Präp.	об имени	об именáх

---

[1] Die gleiche Endung weisen im Instrumental Plural auch die Wörter дети „die Kinder" und люди „die Menschen, die Leute" auf: детьми, людьми (vgl. auch 173).

Anmerkungen:

1. Die Betonung der übrigen Substantive auf **-мя** entspricht der von **и́мя**; lediglich das Wort **зна́мя** ist in allen Pluralformen auf der zweiten Silbe betont:

Sing.: **зна́мя — зна́мени**   Plur.: **знамёна — знамён**

2. Der Genitiv Plural von **се́мя** lautet abweichend: **семя́н.**

Die Deklination des Substantivs **дитя́**   173

Kasus	Singular	Plural
Nom.	**дитя́** (s.)	**де́ти**
Gen.	**дитя́ти**	**дете́й**
Dat.	**дитя́ти**	**де́тям**
Akk.	**дитя́**	**дете́й**
Instr.	**дитя́тею**	**детьми́**
Präp.	**о дитя́ти**	**о де́тях**

Дитя́ tritt nur in übertragener Bedeutung und dabei vorwiegend im Nominativ auf: **дитя́ свое́й эпо́хи.** In direkter Bedeutung heißt „Kind" **ребёнок.**

Verschiedene Wörter zum Ausdruck des Singulars und des Plurals   174

Einige Wörter, die gewöhnlich nur im Singular verwendet werden, werden im Plural durch andere Wörter ersetzt, z. B.:

ребёнок (дитя́) das Kind   —   **де́ти** die Kinder
челове́к der Mensch   —   **лю́ди** die Menschen, die Leute

Лю́ди wird wie **де́ти** dekliniert, siehe (173). Zum Genitiv Plural **челове́к** nach Grundzahlwörtern siehe Fußnote 1 auf S. 204.

VIII. Zur Betonung der Substantive

Im Russischen ist die Betonung der Wörter nicht an eine feste Silbe gebunden; es   175
gibt zahlreiche Wörter, deren Betonung bei bestimmten Flexionsformen wechselt.
    Im folgenden sind die wichtigsten Betonungstypen der Substantive in tabellarischer Form zusammengestellt.

176   1. Zur Betonung der Substantive der I. Deklination

A. MÄNNLICHE DEKLINATION

Am häufigsten weisen die einsilbigen Substantive Betonungswechsel auf.

DIE WICHTIGSTEN BETONUNGSTYPEN DER MÄNNLICHEN DEKLINATION					
		Sg. und Pl. stammbetont	endungsbetont		
			ab G. Pl.[1]	im Pl.	in den obliquen Kasus des Sg. und Pl.[1]	ab G. Sg.[1]
Singular	N.	студе́нт	гость	сад	гвоздь	учени́к
	G.	студе́нта	го́стя	са́да	гвоздя́	ученика́
	D.	студе́нту	го́стю	са́ду	гвоздю́	ученику́
	A.	студе́нта	го́стя	сад	гвоздь	ученика́
	I.	студе́нтом	го́стем	са́дом	гвоздём	учеником́
	P.	о студе́нте	о го́сте	о са́де	о гвозде́	об ученике́
Plural	N.	студе́нты	го́сти	сады́	гво́зди	ученики́
	G.	студе́нтов	гостей́	садо́в	гвозде́й	ученико́в
	D.	студе́нтам	гостя́м	сада́м	гвоздя́м	ученика́м
	A.	студе́нтов	гостей́	сады́	гво́зди	ученико́в
	I.	студе́нтами	гостя́ми	сада́ми	гвоздя́ми	ученика́ми
	P.	о студе́нтах	о гостя́х	о сада́х	о гвоздя́х	об ученика́х

Anmerkungen:

1. Verschiedene unbelebte Substantive der männlichen Deklination haben im Genitiv Singular die Endung -y (-ю) (vgl. 142); diese Endung ist in der Regel unbetont, z. B. : **са́хар — са́хару.**

2. Verschiedene unbelebte Substantive der männlichen Deklination haben im Präpositiv Singular nach den Präpositionen **в** und **на** die Endung -ý (-ю́) (vgl. 145); diese Endung ist stets betont, z. B. : **лес — в лесу́.**

3. Verschiedene Substantive der männlichen Deklination haben im Nominativ Plural die Endung -á (-я́) (vgl. 146); diese Endung ist stets betont, z. B. : **профе́ссор — профессора́.**

B. SÄCHLICHE DEKLINATION

Häufig weisen die zwei- und die dreisilbigen Substantive Betonungswechsel auf.

---

[1] Ist der Akkusativ dem Nominativ formengleich, so ist auch die Betonung des Akkusativs gleich der des Nominativs.

DIE WICHTIGSTEN BETONUNGSTYPEN DER SÄCHLICHEN DEKLINATION			
zweisilbige Substantive		dreisilbige Substantive	
Sg. stammbet., Pl. endungsbet.	Sg. endungsbet., Pl. stammbet.	Sg. und Pl. gleiche Bet.	Sg. endungsbet., Pl. stammbet.

Singular

N.	ме́сто	окно́	боло́то	ремесло́
G.	ме́ста	окна́	боло́та	ремесла́
D.	ме́сту	окну́	боло́ту	ремеслу́
A.	ме́сто	окно́	боло́то	ремесло́
I.	ме́стом	окно́м	боло́том	ремесло́м
P.	о ме́сте	об окне́	о боло́те	о ремесле́

Plural

N.	места́	о́кна	боло́та	ремёсла
G.	мест	о́кон	боло́т	ремёсел
D.	места́м	о́кнам	боло́там	ремёслам
A.	места́	о́кна	боло́та	ремёсла
I.	места́ми	о́кнами	боло́тами	ремёслами
P.	о места́х	об о́кнах	о боло́тах	о ремёслах

2. Zur Betonung der Substantive der II. Deklination

177

Häufig weisen die zwei- und die dreisilbigen Substantive der II. Deklination Betonungswechsel auf.

DIE WICHTIGSTEN BETONUNGSTYPEN DER II. DEKLINATION					
zweisilbige Substantive			dreisilbige Substantive		
Sg. und Pl. gleiche Bet.	A. Sg. u. N. Pl. stammbet., sonst endungsbet.	Sg. endungsbet., Pl. stammbet.	Sg. und Pl. gleiche Bet.	A. Sg. u. N. Pl. stammbet., sonst endungsbet.	Sg. endungsbet., Pl. stammbet.

Singular

N.	статья́	рука́	страна́	ли́ния	голова́	широта́
G.	статьи́	руки́	страны́	ли́нии	головы́	широты́
D.	статье́	руке́	стране́	ли́нии	голове́	широте́
A.	статью́	ру́ку	страну́	ли́нию	го́лову	широту́
I.	статьёй	руко́й	страно́й	ли́нией	голово́й	широто́й
P.	о статье́	о руке́	о стране́	о ли́нии	о голове́	о широте́

		zweisilbige Substantive			dreisilbige Substantive		
		Sg. und Pl. gleiche Bet.	A. Sg. u. N. Pl. stammbet., sonst endungsbet.[1]	Sg. endungsbet., Pl. stammbet.	Sg. und Pl. gleiche Bet.	A. Sg. u. N. Pl. stammbet., sonst endungsbet.[1]	Sg. endungsbet., Pl. stammbet.
Plural	N.	статьи́	ру́ки	стра́ны	ли́нии	го́ловы	широ́ты
	G.	стате́й	рук	стран	ли́ний	голо́в	широ́т
	D.	статья́м	рука́м	стра́нам	ли́ниям	голова́м	широ́там
	A.	статьи́	ру́ки	стра́ны	ли́нии	го́ловы	широ́ты
	I.	статья́ми	рука́ми	стра́нами	ли́ниями	голова́ми	широ́тами
	P.	о статья́х	о рука́х	о стра́нах	о ли́ниях	о голова́х	о широ́тах

178

3. Zur Betonung der Substantive der III. Deklination

DIE WICHTIGSTEN BETONUNGSTYPEN DER III. DEKLINATION		Sg. und Pl. stammbet.	Sg. und N. Pl. stammbet, ab G. Pl. endungsbet.[1]
Singular	Nom.	тетра́дь	пло́щадь
	Gen.	тетра́ди	пло́щади
	Dat.	тетра́ди	пло́щади
	Akk.	тетра́дь	пло́щадь
	Instr.	тетра́дью	пло́щадью
	Präp.	о тетра́ди	о пло́щади
Plural	Nom.	тетра́ди	пло́щади
	Gen.	тетра́дей	площаде́й
	Dat.	тетра́дям	площадя́м
	Akk.	тетра́ди	пло́щади
	Instr.	тетра́дями	площадя́ми
	Präp.	о тетра́дях	о площадя́х

Anmerkung:
Einige einsilbige Substantive der III. Deklination weisen im Präpositiv Singular nach den Präpositionen **в** und **на** Endungsbetonung auf, z.B.: **степь — в степи́**.

4. Zur Vorziehung der Betonung vom Substantiv auf die Präposition

Hierzu siehe (472).

---

[1] Ist der Akkusativ dem Nominativ formengleich, so ist auch die Betonung des Akkusativs gleich der des Nominativs.

ZUR WORTBILDUNG DER SUBSTANTIVE

Neben den unabgeleiteten Substantiven wie z. B. **вода** „das Wasser", **дом** „das **179** Haus", **рука** „die Hand", **село** „das Dorf" verfügt die russische Sprache über eine große Zahl von Substantiven, die von anderen Wortarten oder von anderen Substantiven gebildet sind. Man unterscheidet folgende Hauptarten der Bildung von Substantiven[1]:

1. die Suffigierung, z. B.:

   учить lehren – **учитель** der Lehrer;

2. die Zusammensetzung, z. B.:

   железо das Eisen, **бетон** der Beton – **железобетон** der Stahlbeton.

I. Die Bildung von Substantiven durch Suffigierung[2]

Die häufigste Art der Bildung von Substantiven ist die Suffigierung. Mit Hilfe von **180** Suffixen werden Substantive vielfach von anderen Substantiven, von Verben, Adjektiven, seltener von Zahlwörtern, Pronomen und Adverbien abgeleitet.

Nach der Bedeutung der abgeleiteten Substantive unterscheidet man vornehmlich folgende Gruppen von Substantivsuffixen:

1. Suffixe zur Bildung von Substantiven, die Personen bezeichnen;

2. Suffixe zur Bildung unbelebter konkreter Substantive;

3. Suffixe zur Bildung abstrakter Substantive;

4. Suffixe der subjektiven Einschätzung.

---

[1] Mitunter werden neue Substantive durch Präfigierung bzw. Präfigierung und Suffigierung gebildet, z. B.:
город die Stadt — пригород die Vorstadt,
окно das Fenster — подоконник das Fensterbrett.
Mitunter werden neue Substantive auch mit Hilfe phonetischer Mittel (z. B. durch Erweichung oder Verhärtung oder Wechsel des Endkonsonanten des Stammes) gebildet, vgl.:
широкий breit, weit — ширь die Weite,
ходить gehen — ход der Gang,
носить tragen — ноша die Bürde, die Last.
Zur Wortbildung der Substantive gehört auch die Substantivierung von Wörtern anderer Wortarten; hierzu siehe (241), (393).

[2] In der folgenden Zusammenstellung sind produktive Wortbildungstypen durch * hinter dem jeweiligen Suffix gekennzeichnet; schwach produktive und unproduktive Typen der Wortbildung bleiben unbezeichnet (vgl. hierzu auch 83-85).

1. Suffixe zur Bildung von Substantiven, die Lebewesen bezeichnen

181 Bei der Bildung von Substantiven zur Bezeichnung von Personen durch Suffixe verfügt das Russische in der Regel über ein Suffix für die männliche Person und ein entsprechendes Suffix für die weibliche Person.

Die entsprechende weibliche Form fehlt gewöhnlich dort, wo der Träger einer Tätigkeit bezeichnet wird, die früher ausschließlich oder vorzugsweise von männlichen Personen ausgeübt wurde.

Mitunter ist das Substantiv, das die männliche Person bezeichnet, unabgeleitet, so daß nur ein Suffix für die weibliche Person existiert.

Im folgenden sind die wichtigsten Suffixe zur Bildung von Substantiven, die Personen bezeichnen, aufgeführt.

182 A. SUFFIXE ZUR BEZEICHNUNG VON PERSONEN,
DIE EINE BESTIMMTE TÄTIGKEIT ODER EINEN BESTIMMTEN BERUF AUSÜBEN

1. männlich: **-тель***, **- итель**
   weiblich: **-тельниц-а***, **- ительниц-а**[1]

воспита́тель	(воспита́ть vo.)	der Erzieher
воспита́тельница		die Erzieherin
жи́тель	(жить)	der Bewohner, der Einwohner
жи́тельница		die Bewohnerin, die Einwohnerin
писа́тель	(писа́ть)	der Schriftsteller
писа́тельница		die Schriftstellerin
строи́тель	(стро́ить)	der Erbauer; der Bauarbeiter
учи́тель	(учи́ть)	der Lehrer
учи́тельница		die Lehrerin
спаси́тель	(спасти́ vo.)	der Retter
спаси́тельница		die Retterin

2. männlich: **-щик** (bzw. -чик[2])*, **-льщик***
   weiblich: **-щиц-а** (bzw. -чиц-а[2])*, **-льщиц-а***

газе́тчик	(газе́та)	der Zeitungsverkäufer
газе́тчица		die Zeitungsverkäuferin
ка́менщик	(ка́мень)	der Maurer

---

[1] Bei der Suffixangabe wird im folgenden die Endung von dem Suffix gewöhnlich durch Bindestrich abgetrennt.

[2] Endet der Stamm auf -т, -д, -с, -з oder -к, so wird in der Regel nicht -щик (-щиц-а), sondern -чик (-чиц-а) angefügt.

лётчик	(летéть)	der Flieger
лётчица		die Fliegerin
перевóдчик	(переводи́ть)	der Übersetzer, der Dolmetscher
перевóдчица		die Übersetzerin, die Dolmetscherin
фрезерóвщик	(фрезеровáть)	der Fräser
фрезерóвщица		die Fräserin
болéльщик	(болéть)	der leidenschaftliche Anhänger (z.B. des Sports)
болéльщица		die leidenschaftliche Anhängerin (z.B. des Sports)
носи́льщик	(носи́ть)	der Gepäckträger

3. männlich: -ик*, -ник*
   weiblich: -иц-а*, -ниц-а*

вечéрник	(студéнт вечéр-него вýза)	der Abendstudent
вечéрница		die Abendstudentin
передови́к	(передовóй рабóчий, пере-довóй колхóзник)	der Bestarbeiter
сапóжник	(сапóжный)	der Schuhmacher
колхóзник	(колхóз)	der Kolchosbauer
колхóзница		die Kolchosbäuerin
мясни́к	(мя́со)	der Fleischer
помóщник	(пóмощь)	der Helfer
помóщница		die Helferin

4. männlich: - ист*
   weiblich: - истк-а*

велосипеди́ст	(велосипéд)	der Radfahrer
велосипеди́стка		die Radfahrerin
журнали́ст	(журнáл)	der Journalist
журнали́стка		die Journalistin
машини́ст	(маши́на)	der Maschinist
машини́стка		die Maschinenschreiberin, die Stenotypistin
парашюти́ст	(парашю́т)	der Fallschirmspringer
парашюти́стка		die Fallschirmspringerin
трактори́ст	(трáктор)	der Traktorist
трактори́стка		die Traktoristin

5. männlich: -ант*

демонстра́нт	(демонстри́ровать)	der Demonstrant
курса́нт	(ку́рсы)	der Kursusteilnehmer
музыка́нт	(му́зыка)	der Musiker

6. männlich: -арь

апте́карь	(апте́ка)	der Apotheker
библиоте́карь	⎱(библиоте́ка)	der Bibliothekar
библиоте́карша	⎰	die Bibliothekarin
пе́карь	(печь)	der Bäcker
то́карь	(точи́ть)	der Drechsler; der Dreher

7. männlich: -ач

сила́ч	(си́ла)	der Kraftmensch, der starke Mann
скрипа́ч	(скри́пка)	der Geiger
труба́ч	(труба́)	der Trompeter

8. männlich: -ец, -лец
weiblich: -иц-а, -лиц-а

боре́ц	(боро́ться)	der Kämpfer
жнец	⎱(жать, я жну)	der Schnitter
жни́ца	⎰	die Schnitterin
продаве́ц	⎱(продава́ть)	der Verkäufer
продавщи́ца	⎰	die Verkäuferin
владе́лец	⎱(владе́ть)	der Eigentümer
владе́лица	⎰	die Eigentümerin

9. männlich: -ун
weiblich: -унья

бегу́н	⎱(бе́гать)	der Läufer, der Schnelläufer
бегу́нья	⎰	die Läuferin
болту́н	⎱(болта́ть)	der Schwätzer
болту́нья	⎰	die Schwätzerin

Die meisten mit **-ун, -унья** gebildeten Wörter werden in der Umgangssprache verwendet.

B. SUFFIXE ZUR BEZEICHNUNG VON PERSONEN, DIE EINER BESTIMMTEN   **183**
GEISTIGEN (WISSENSCHAFTLICHEN, POLITISCHEN) RICHTUNG ODER
EINER BESTIMMTEN ORGANISATION ANGEHÖREN

1. männlich: **-ец***, **-овец***, **-ианец (-ьянец)***
   weiblich: **-к-а***, **-овк-а***

ле́нинец	(Ле́нин)	der Leninanhänger
комсомо́лец	(комсомо́л)	der Komsomolze
комсомо́лка		die Komsomolzin
ву́зовец	(вуз)	der Student, der Hörer einer Hochschule
ву́зовка		die Studentin, die Hörerin einer Hochschule
кантиа́нец	(Кант)	der Anhänger Kants, der Kantianer

2. männlich: **-ист***
   weiblich: **-истк-а***

гумани́ст	(vgl. гумани́зм)	der Humanist
коммуни́ст	(vgl. коммуни́зм)	der Kommunist
коммуни́стка		die Kommunistin
социали́ст	(vgl. социали́зм)	der Sozialist
социали́стка		die Sozialistin

3. männlich: **-ик***

акаде́мик	(акаде́мия)	das Akademiemitglied
исто́рик	(исто́рия)	der Historiker
хи́мик	(хи́мия)	der Chemiker

C. SUFFIXE ZUR BEZEICHNUNG VON PERSONEN NACH IHRER VOLKS-   **184**
ODER STAATSZUGEHÖRIGKEIT, NACH IHREM WOHNSITZ ODER IHRER HERKUNFT

1. männlich: **-ец***,   **-анец (-янец)***
   weiblich: meist **-к-а***, **-анк-а (-янк-а)***

кавка́зец	(Кавка́з)	der Kaukasier
кавка́зка		die Kaukasierin
ленингра́дец	(Ленингра́д)	der Leningrader
ленингра́дка		die Leningraderin
укра́инец	(Украи́на)	der Ukrainer
укра́инка		die Ukrainerin
америка́нец	(Аме́рика)	der Amerikaner
америка́нка		die Amerikanerin
итальянец	(Ита́лия)	der Italiener
итальянка		die Italienerin

2. männlich: -ин, -анин (-янин)*
   weiblich: -к-а, -анк-а (-янк-а)*

болга́рин ⟩	(Болга́рия)	der Bulgare
болга́рка ⟩		die Bulgarin
тата́рин ⟩	(Тата́рия)	der Tatare
тата́рка ⟩		die Tatarin
армяни́н ⟩	(Арме́ния)	der Armenier
армя́нка ⟩		die Armenierin
горожа́нин[1] ⟩	(го́род)	der Städter
горожа́нка[1] ⟩		die Städterin
киевля́нин[2] ⟩	(Ки́ев)	der Kiewer
киевля́нка[2] ⟩		die Kiewerin

3. männlich: -ак   (-як)
   weiblich: -ачк-а (-ячк-а)

земля́к ⟩	(земля́)	der Landsmann
земля́чка ⟩		die Landsmännin
поля́к	(По́льша)	der Pole
по́лька		die Polin
(veraltet: поля́чка)		
сибиря́к ⟩	(Сиби́рь)	der Sibirier
сибиря́чка ⟩		die Sibirierin

4. männlich: -ич
   weiblich: -ичк-а

москви́ч ⟩	(Москва́)	der Moskauer
москви́чка ⟩		die Moskauerin
пскови́ч	(Псков)	der Pskower

185

D. SUFFIXE ZUR BILDUNG DER VATERNAMEN

männlich: -ич*,   -ович (-евич)*
weiblich: -ичн-а (-иничн-а)*, -овн-а (-евн-а)*

Die russischen Personennamen bestehen aus drei Teilen: dem Vornamen, dem Vaternamen und dem Familiennamen, z.B.:

Personennamen des Vaters: **Ива́н Никола́евич Семёнов**

---

[1] Beachte den Konsonantenwechsel д — ж; vgl. hierzu auch (87,2).
[2] Beachte den Einschub von л; vgl. hierzu auch (87,11).

Personennamen des Sohnes: **Борѝс Ива́нович Семёнов**
Personennamen der Tochter: **Мари́я Ива́новна Семёнова**

Der Vatername wird vom Vornamen des Vaters mit Hilfe bestimmter Suffixe ab-
geleitet. Im einzelnen gelten für die Bildung der Vaternamen folgende Regeln:

1. Geht der Vorname des Vaters auf **-a (-я)** aus, so wird die männliche Form des
   Vaternamens mit dem Suffix **-ич**, die weibliche Form mit dem Suffix **-ичн-а**
   (-иничн-а) gebildet.

2. Geht der Vorname des Vaters auf einen harten Konsonanten aus, so wird die
   männliche Form des Vaternamens mit dem Suffix **-ович**[1], die weibliche Form
   mit dem Suffix **-овн-а** gebildet.

3. Geht der Vorname des Vaters auf einen weichen Konsonanten **(-й)** aus, so wird
   die männliche Form des Vaternamens mit dem Suffix **-евич**, die weibliche Form
   mit dem Suffix **-евн-а** gebildet.

Ники́тич **Ники́тична**[2]	**(Ники́та)**	Nikititsch (Sohn des Nikita) Nikititschna (Tochter des Nikita)
Ильи́ч **Ильи́нична**[2]	**(Илья́)**	Iljitsch (Sohn des Ilja) Iljinitschna (Tochter des Ilja)
Ива́нович **Ива́новна**	**(Ива́н)**	Iwanowitsch (Sohn des Iwan) Iwanowna (Tochter des Iwan)
Алексе́евич **Алексе́евна**	**(Алексе́й)**	Alexejewitsch (Sohn des Alexei) Alexejewna (Tochter des Alexei)
Васи́льевич **Васи́льевна**	**(Васи́лий)**	Wassiljewitsch (Sohn des Wassili) Wassiljewna (Tochter des Wassili)

E. BEZEICHNUNGEN VON TIERJUNGEN

Zur Bezeichnung von Tierjungen dient das Suffix **-ёнок (-онок)**, das im Plural
mit **-ят-а (-ат-а)** wechselt, vgl. (151):

тигр	der Tiger	— **тигрёнок**
слон	der Elefant	— **слонёнок**
медве́дь	der Bär	— **медвежо́нок**

---

[1] In der Umgangssprache werden die Suffixe -ович, -евич, wenn sie unbetont sind, häufig wie [-ыч']
bzw. [-ич'] ausgesprochen, z. B.:
Макси́мович = umgangssprachlich Макси́м[ыч'],
Андре́евич = umgangssprachlich Андре́[ич'].

[2] Zur Aussprache der Buchstabenverbindung -чн- in den weiblichen Vaternamen siehe (63,1).

2. Suffixe zur Bildung unbelebter konkreter Substantive

Im folgenden sind die wichtigsten Suffixe, die zur Bildung unbelebter konkreter Substantive gebraucht werden, zusammengestellt (häufig handelt es sich um Suffixe, die auch zur Bildung von Personenbezeichnungen verwendet werden).

186

A. SUFFIXE ZUR BILDUNG VON SUBSTANTIVEN, DIE WERKZEUGE UND ANDERE GEBRAUCHSGEGENSTÄNDE (IN WEITEM SINN) BEZEICHNEN

1. -тель*

дви́гатель	(дви́гать)	der Motor
измери́тель	(изме́рить vo.)	der Meßapparat

2. -щик (bzw. -чик[1])*

бомбарди́ро́вщик	(бомбардирова́ть)	das Bombenflugzeug
переда́тчик	(переда́ть vo.)	der Sender (Radio)
счётчик	(счёт)	der Zähler (technisches Gerät)

3. -ник, -льник*

бума́жник	(бума́га)	die Brieftasche
ча́йник	(чай)	die Teekanne, der Teekessel
буди́льник	(буди́ть)	der Wecker
умыва́льник	(умыва́ть)	der Waschtisch
холоди́льник	(холоди́ть)	der Kühlraum; der Kühlschrank

4. -лк-а*

ве́шалка	(ве́шать)	der Kleiderhaken
молоти́лка	(молоти́ть)	die Dreschmaschine
се́ялка	(се́ять)	die Sämaschine

5. -л-о*

покрыва́ло	(покрыва́ть)	die Decke
точи́ло	(точи́ть)	der Schleifstein

187

B. SUFFIXE ZUR BILDUNG VON SUBSTANTIVEN, DIE EINEN ORT, EINEN RAUM BEZEICHNEN

1. -ня, -льня*

пека́рня	(пе́карь)	die Bäckerei
купа́льня	(купа́ться)	die Badeanstalt
спа́льня	(спать)	das Schlafzimmer

---

[1] Endet der Stamm auf -д, -т, -з, -с, so wird nicht -щик, sondern -чик angefügt.

2. -лищ-е

учи́лище	(учи́ть)	die Lehranstalt
храни́лище	(храни́ть)	die Aufbewahrungsstelle

C. SUFFIX ZUR BILDUNG VON SUBSTANTIVEN, DIE EINEN EINZELNEN GEGENSTAND **188**
AUS EINER STOFFMENGE BEZEICHNEN

-ин-а*

виногра́дина	(виногра́д die Wein-	die Weintraube
	rebe, die Weintrauben)	
горо́шина	(горо́х die Erbsen)	die Erbse
карто́фелина	(карто́фель	die Kartoffel
	die Kartoffeln)	

3. Suffixe zur Bildung abstrakter Substantive

A. SUFFIXE ZUR BILDUNG ABSTRAKTER SUBSTANTIVE, DIE EINE EIGENSCHAFT **189**
ODER EIN MERKMAL BEZEICHNEN

1. -ость*

бо́дрость	(бо́дрый)	die Munterkeit, die Frische
го́рдость	(го́рдый)	der Stolz
зави́симость	(зави́симый)	die Abhängigkeit
рассе́янность	(рассе́янный)	die Zerstreutheit
сме́лость	(сме́лый)	die Kühnheit

2. -ств-о (bzw. -еств-о [1])*

а́вторство	(а́втор)	die Autorschaft
дилета́нтство	(дилета́нт)	das Dilettantentum
му́жество	(муж)	der Mut
това́рищество	(това́рищ)	die Kameradschaft, die Kollegialität

3. -ие (-ье)*

весе́лье	(весёлый)	die Heiterkeit, die Freude
здоро́вье	(здоро́вый)	die Gesundheit
изоби́лие	(изоби́льный)	der Überfluß
нали́чие	(нали́чный)	die Anwesenheit, das Vorhandensein

---

[1] Endet der Stamm auf einen Zischlaut, so wird nicht -ств-о, sondern -еств-о angefügt.

4. -ин-а

величина́	(вели́кий[1])	die Größe
глубина́	(глубо́кий)	die Tiefe
тишина́	(ти́хий[2])	die Stille

5. -от-а

быстрота́	(бы́стрый)	die Schnelligkeit
доброта́	(до́брый)	die (Herzens-)Güte
широта́	(широ́кий)	die Breite, die Weite

190 B. SUFFIXE ZUR BILDUNG ABSTRAKTER SUBSTANTIVE, DIE EINE HANDLUNG ODER EINEN ZUSTAND BEZEICHNEN

1. -ация*, -фикация*

активиза́ция	(активизи́ровать)	die Aktivierung
демонстра́ция	(демонстри́ровать)	die Demonstration
коллективиза́ция	(коллективизи́ровать)	die Kollektivierung
квалифика́ция	(квалифици́ровать)	die Qualifizierung
электрифика́ция	(электрифици́ровать)	die Elektrifizierung

2. -ни-е*, -ени-е*

восклица́ние	(восклица́ть)	der Ausruf
замеча́ние	(замеча́ть)	die Bemerkung
заседа́ние	(заседа́ть)	die Sitzung; die Versammlung
приготовле́ние[3]	(пригото́вить vo.)	die Vorbereitung
просвеще́ние[3]	(просвети́ть vo.)	die Aufklärung, die Bildung
строе́ние	(стро́ить)	der Bau, die Struktur

3. -к-а*

вы́думка	(вы́думать vo.)	die Erfindung, der Einfall; die Lüge
подгото́вка	(подгото́вить vo.)	die Vorbereitung
стро́йка	(стро́ить)	das Bauen; die Baustelle
чи́стка	(чи́стить)	das Reinigen; die Reinigung

---

[1] Beachte den Konsonantenwechsel к — ч; vgl. hierzu auch (87,4).
[2] Beachte den Konsonantenwechsel х — ш; vgl. hierzu auch (87,8).
[3] Beachte den Konsonantenwechsel, den die von Verben der i-Konjugation abgeleiteten Substantive auf -ение aufweisen; vgl. hierzu auch (87).

4. -ств-о, -тельств-о

производство	(производить)	die Produktion, die Herstellung
руководство	(руководить)	die Leitung
строительство	(строить, строитель)	der Bau, der Aufbau
вмешательство	(вмешаться vo.)	die Einmischung

5. -тие (-тьё)

взятие	(взять vo.)	die Eroberung
закрытие	(закрыть vo.)	die Schließung
мытьё	(мыть)	das Waschen; die Wäsche
развитие	(развить vo.)	die Entwicklung

6. -б-а

борьба́	(боро́ться)	der Kampf
дру́жба	(дружи́ть)	die Freundschaft
молотьба́	(молоти́ть)	das Dreschen
про́сьба	(проси́ть)	die Bitte, das Anliegen

C. SUFFIXE ZUR BILDUNG ABSTRAKTER SUBSTANTIVE, DIE GEISTIGE
(WISSENSCHAFTLICHE, POLITISCHE) RICHTUNGEN BEZEICHNEN 191

1. -изм*

маркси́зм	(vgl. маркси́ст)	der Marxismus
материали́зм	(vgl. материали́ст)	der Materialismus
оптими́зм	(vgl. оптими́ст)	der Optimismus

2. -ур-а*

архитекту́ра	(vgl. архите́ктор)	die Architektur
литерату́ра	(vgl. литера́тор)	die Literatur

3. -щин-а* (mit negativer, abfälliger Bedeutung)

обыва́тельщина	(vgl. обыва́тельский)	das Spießbürgertum
обло́мовщина	(Обло́мов[1])	das Oblomowtum

---

[1] Nach Oblomow, dem willensschwachen, tatenlosen und trägen Haupthelden des gleichnamigen Romans von I. A. Gontscharow.

192

D. SUFFIX ZUR BILDUNG VON SAMMELBEGRIFFEN

-ств-о (bzw. **-еств-о¹)** *

крестья́нство	(крестья́нин)	die Bauernschaft, die Bauern
студе́нчество²	(студе́нт)	die Studentenschaft, die Studenten
учи́тельство	(учи́тель)	die Lehrerschaft, die Lehrer

4. Suffixe der subjektiven Einschätzung

193 Mit den Suffixen der subjektiven Einschätzung werden von konkreten Substantiven neue Substantive abgeleitet, die eine in mehr oder minder starkem Maße auf der subjektiven Einschätzung durch den Sprechenden beruhende Bedeutungsmodifizierung ausdrücken.

Entsprechend ihrer Grundbedeutung unterscheidet man drei Gruppen von Suffixen der subjektiven Einschätzung:

a) die Verkleinerungssuffixe (zum Ausdruck der Verkleinerung, vor allem jedoch der Verniedlichung, der Zärtlichkeit, des Wohlwollens, der Höflichkeit, der Freude usw.);

b) die Suffixe des Verachtens (zum Ausdruck der Verachtung, der Ironie usw.);

c) die Vergrößerungssuffixe (zum Ausdruck der Vergrößerung, der Vergröberung).

Das Genus des abgeleiteten Wortes bleibt bei dieser Art der Wortbildung – ohne Rücksicht auf die Endung des neugebildeten Wortes – in der Regel erhalten, vgl.:

дом (männlich) das Haus – **доми́ще** (männlich) das große Haus.

Die Substantive mit den Suffixen der subjektiven Einschätzung gehören vor allem den Bereichen der Umgangssprache und der Volksdichtung an; sie sind mitunter schwer ins Deutsche zu übersetzen.

Im folgenden sind die wichtigsten Suffixe der subjektiven Einschätzung zusammengestellt.

---

¹ Endet der Stamm auf einen Zischlaut, so wird nicht -ств-о, sondern -еств-о angefügt.
² Beachte den Konsonantenwechsel т — ч; vgl. auch (87,5).

A. SUFFIXE ZUR BILDUNG DER VERKLEINERUNGSWÖRTER

a) Verkleinerungssuffixe zur Ableitung von Substantiven der männlichen (I.) Deklination **194**

1. -ик*

Das Suffix -ик [wie auch die Suffixe -чик, -ок (-ёк), -ец] bezeichnet eine Verkleinerung oder (und) die liebevoll-zärtliche Einstellung des Sprechenden.

гво́здик	(гвоздь)	der kleine Nagel
до́ждик	(дождь)	der leichte Regen
до́мик	(дом)	das Häuschen
клю́чик	(ключ)	der kleine Schlüssel, das Schlüsselchen
сто́лик	(стол)	das Tischchen

2. -чик[1]*

автомоби́льчик	(автомоби́ль)	das (kleine) Auto
дива́нчик	(дива́н)	das (kleine) Sofa
колоко́льчик	(ко́локол)	das Glöckchen
чемода́нчик	(чемода́н)	das Köfferchen

3. -ок (-ёк)

голосо́к	(го́лос)	das Stimmchen
дружо́к[2]	(друг)	der (liebe) Freund
жучо́к[2]	(жук)	das Käferchen, der kleine Käfer
ручеёк	(ручéй)	das Bächlein, der kleine Bach

4. -ец

Das Suffix -ец wird in der Sprache der Gegenwart von den Suffixen -ик, -чик verdrängt; das Suffix -ец ist jedoch stärker subjektiv gefärbt.

бра́тец	(брат)	der (liebe) Bruder, das Brüderlein
буке́тец	(буке́т)	der kleine Blumenstrauß, das
oder буке́тик		Blumensträußchen
хле́бец	(хлеб)	das (kleine) Brot

---

[1] Das Suffix -чик wird vornehmlich an Substantive angefügt, deren Stamm auf л, м, н, р oder в ausgeht.
[2] Geht der Stamm des Substantivs auf г, к, х aus, so wechseln diese Konsonanten vor dem Suffix -ок mit ж, ч, ш.

195 *b) Verkleinerungssuffixe zur Ableitung von Substantiven der II. bzw. III.Deklination*

1. -к-а*

Das Suffix **-к-а** (wie auch das Suffix **-очк-а**) bezeichnet eine Verkleinerung oder (und) die liebevoll-zärtliche Einstellung des Sprechenden.

голóвка	(головá)	das Köpfchen
дорóжка[1]	(дорóга)	der Pfad, der Fußweg
дóчка	(дочь)	die Tochter, das Töchterchen
кнúжка[1]	(кнúга)	das (kleine) Buch, das Büchlein
нóчка	(ночь)	die (liebe) Nacht
рéчка[1]	(рекá)	der kleine Fluß, das Flüßchen

2. -очк-а*

звёздочка	(звездá)	das Sternchen
кáрточка	(кáрта)	die Karte, der Zettel
мáмочка	(мáма)	Mamachen, (liebe) Mutti

3. -оньк-а (-еньк-а)*

Das Suffix **-оньк-а (-еньк-а)** bezeichnet [wie auch das Suffix **-ушк-а (-юшк-а)**] eine liebevoll-zärtliche Einstellung des Sprechenden.

берёзонька	(берёза)	die (kleine, hübsche) Birke
дóченька	(дочь)	das Töchterchen
дя́денька (m.)	(дя́дя, m.)	der (liebe) Onkel
мáменька	(мáма)	Mamachen, (liebe) Mutti
рéченька[2]	(рекá)	das Flüßchen, der kleine Fluß

4. -ушк-а (-юшк-а)*

голóвушка	(головá)	das Köpfchen
дéдушка (m.)	(дед, I. Deklination!)	der (liebe) Großvater
дя́дюшка (m.)	(дя́дя, m.)	der (liebe) Onkel
зúмушка	(зимá)	der (liebe, schöne) Winter

196 *c) Verkleinerungssuffixe zur Ableitung von Substantiven der sächlichen (I.) Deklination*

1. -ц-е (-ц-ó)*; -иц-е (-ец-ó)*

Diese Verkleinerungssuffixe bezeichnen (ebenso wie das Suffix **-ышк-о**) eine Verkleinerung oder (und) die liebevoll-zärtliche Einstellung des Sprechenden.

---

[1] Geht der Stamm des Substantivs auf г, к, х aus, so wechseln diese Konsonanten vor dem Suffix -к-а mit ж, ч, ш.

[2] Beachte den Konsonantenwechsel к — ч; vgl. hierzu auch (87,4).

болότце	(болότо)	der (kleine) Sumpf
деревцό	(дέрево)	das Bäumchen
плάтьице	(плάтье)	das (hübsche) Kleid
письмецό	(письмό)	das Briefchen

2. -ышк-о

вёдрышко	(ведрό)	der kleine Eimer, das Eimerchen
крыίлышко	(крылό)	das Flügelchen
сόлнышко	(сόлнце)	die (liebe) Sonne

d) Mehrfache Verkleinerungen **197**

Im Gegensatz zum Deutschen ist im Russischen eine mehrfache Verkleinerung möglich, z. B.:

| гόлос | — | голосόк | — | голосόчек |
| друг | — | дружόк | — | дружόчек |

B. SUFFIXE ZUR BILDUNG DER WÖRTER DES VERACHTENS **198**

1. -ишк-а* bzw. -ишк-о[1]*

квартúришка[2]	(квартúра)	das elende Quartier
городúшко	(гόрод)	das elende Städtchen
домúшко	(дом)	das schäbige Häuschen

2. -онк-а (-ёнк-а)*

бумажόнка[3]	(бумάга)	der Fetzen Papier
избёнка	(избά)	die (elende) Hütte
книжόнка[3]	(кнúга)	das (wertlose) Buch
лошадёнка	(лόшадь)	das elende Pferdchen

---

[1] Die von belebten Substantiven und von unbelebten weiblichen Substantiven mit Hilfe des Suffixes -ишк- abgeleiteten Wörter haben im Nominativ Singular die Endung -а (II. Deklination), die übrigen Wörter haben im Nominativ Singular die Endung -о (I. Deklination).

[2] In einigen mit dem Suffix -ишк-а abgeleiteten Substantiven weist das Suffix auf die liebevolle Einstellung des Sprechenden hin, z. B.:
братúшка (брат) der Bruder,
сынúшка (сын) der Sohn.

[3] Geht der Stamm des Substantivs auf г, к, х aus, so wechseln diese Konsonanten vor dem Suffix -онк-а mit ж, ч, ш.

199 C. SUFFIXE ZUR BILDUNG DER VERGRÖSSERUNGSWÖRTER

1. -ищ-а* bzw. -ищ-е[1]*

бородища	(борода́)	der große Bart
ручища[2]	(рука́)	die große (starke) Hand
волчище[2] (m.)	(волк)	der große Wolf
голосище (m.)	(го́лос)	die starke (derbe) Stimme
доми́ще (m.)	(дом)	das große Haus

2. -ин-а

доми́на (m.)	(дом)	das große Haus
дурачи́на[2] (m.)	(дура́к)	der große Narr

II. Die Bildung von Substantiven durch Zusammensetzung

200 Zahlreiche Substantive werden durch Zusammensetzung zweier Wortstämme gebildet. Die Verbindung der Wortstämme erfolgt häufig durch den Bindevokal **o/e** (siehe 78).

201 1. Zusammensetzungen aus zwei Substantivstämmen

Innerhalb der Zusammensetzungen aus zwei Substantivstämmen unterscheidet man folgende Haupttypen:

1. Die Zusammensetzung aus zwei Substantivstämmen erfolgt in der Regel durch den Bindevokal **o/e**. Nur der zweite Bestandteil wird bei der Deklination abgewandelt.
Die Komposita dieses Typs werden in der Regel zusammengeschrieben; Bezeichnungen von Himmelsrichtungen und geographische Namen werden jedoch durch Bindestrich verbunden.

железобето́н (Gen.Sing.: железобето́на)	der Stahlbeton
Индо-Кита́й (Gen.Sing.: Индо-Кита́я)	Indochina
лесоту́ндра	die Waldtundra
се́веро-восто́к	Nordosten
ю́го-за́пад	Südwesten

---

[1] Die von weiblichen Substantiven mit Hilfe des Suffixes -ищ- abgeleiteten Wörter haben im Nominativ Singular die Endung -a (II. Deklination), die von männlichen und sächlichen Substantiven abgeleiteten Wörter haben die Endung -e (I. Deklination).

[2] Beachte den Konsonantenwechsel к — ч; vgl. auch (87,4).

газобаллóн	die Gasflasche
радиоýзел[1]	die Funkzentrale
судомехáник	der Schiffsmechaniker
теплотéхника	die Wärmetechnik

Hierher gehören auch die Städtenamen, deren erster Bestandteil ein Eigenname und deren zweiter Bestandteil -грaд ist; die Verbindung erfolgt teils ohne, teils mit Bindevokal.

Кировогрáд	Kirowograd
Ленингрáд	Leningrad

2. Die Zusammensetzung aus zwei Substantiven erfolgt ohne Bindevokal; das zweite Substantiv bildet eine Apposition zu dem ersten (Einwortapposition). Beide Bestandteile werden bei der Deklination abgewandelt[2].
Die beiden Bestandteile werden durch Bindestrich verbunden.
Die Komposita dieses Typs können im Deutschen nicht immer wörtlich wiedergegeben werden.

жéнщина-врач	die Ärztin
(Gen. Sing.: жéнщины-врачá)	
учёный-языковéд	der Sprachforscher
(Gen. Sing.: учёного-языковéда)	
гóрод-герóй	die Heldenstadt
рабóчий-стахáновец	der Stachanowarbeiter
телефóн-автомáт	der Fernsprechautomat, der Münzfernsprecher
Москвá-рекá	der Moskwa-Fluß, die Moskwa

2. Zusammensetzungen aus zwei Stämmen verschiedener Wortarten 202

Zusammensetzungen aus zwei Stämmen verschiedener Wortarten werden einheitlich dekliniert: grundsätzlich wird nur der zweite Bestandteil abgewandelt. Man unterscheidet folgende Haupttypen:

1. Zusammensetzungen aus einem Substantivstamm und einem Verbalstamm bzw. einem Substantiv verbalen Ursprungs; die Verbindung erfolgt in der Regel durch den Bindevokal o/e.
Die Komposita dieses Typs werden zusammengeschrieben.

---

[1] Eine große Anzahl zusammengesetzter Substantive wird mit internationalen Wortelementen gebildet. Häufig auftretende internationale Wortbildungselemente sind:
авто-, агро-, аэро-, гидро-, зоо-, кино-, мото-, псевдо-, радио-, фото-.

[2] Bisweilen wird jedoch in diesen Zusammensetzungen unter Einfluß der Umgangssprache nur der 2. Bestandteil dekliniert: на Москвé-рекé und на Москвá-рекé.

землекóп	(Gen. Sing.: землекóпа)	der Erdarbeiter
ледокóл	(Gen. Sing.: ледокóла)	der Eisbrecher
парохóд		der Dampfer
сенокóс		die Heuernte, die Heumahd
снегопáд		der Schneefall
сталевáр		der Stahlgießer
водокáчка		das Pumpenhaus
земледéлие		dieLandwirtschaft, derAckerbau
литературовéдение		die Literaturwissenschaft
паровозостроéние		der Lokomotivbau
сеноубóрка		die Heuernte

2. Zusammensetzungen aus einem Adjektivstamm und einem Substantivstamm; die Verbindung erfolgt in der Regel durch den Bindevokal o/e.

Die Komposita dieses Typs werden zusammengeschrieben.

белогвардéец(Gen.Sing.:белогвардéйца)	der Weißgardist
великодýшие (Gen. Sing.: великодýшия)	die Großmut
чернозём	die Schwarzerde

Hierher gehören auch Städtenamen wie:

| Солнечногóрск | Solnetschnogorsk |
| Красновóдск · | Krasnowodsk · |

3. Zusammensetzungen aus einem Zahlwort und einem Substantivstamm. Dabei nimmt das Zahlwort in der Zusammensetzung die Genitivform an mit Ausnahme von **сто**, **девянóсто**, **мнóго**, die die Nominativform beibehalten. Die Verbindung erfolgt ohne Bindevokal.

Die Komposita dieses Typs werden zusammengeschrieben.

четырёхугóльник (Gen. Sing.: четырёху-гóльника)	das Viereck
семилéтка (Gen. Sing.: семилéтки)	der Siebenjahrplan
десятилéтие	das Jahrzehnt
столéтие	das Jahrhundert

Zu den Zusammensetzungen mit **пол-** siehe (277).

4. Zusammensetzungen aus einem Pronominalstamm und einem Verbalstamm bzw. einem Substantiv meist verbalen Ursprungs; die Verbindung erfolgt durch den Bindevokal o/e.

Die Komposita dieses Typs werden zusammengeschrieben.

самокри́тика (Gen. Sing.: самокри́тики)	die Selbstkritik
самолёт (Gen. Sing.: самолёта)	das Flugzeug
самоде́ятельность	die eigene Tätigkeit

5. Zusammensetzungen aus der Imperativform eines Verbs und einem Substantivstamm; die Verbindung erfolgt ohne Bindevokal.

Die Komposita dieses Typs werden zum Teil mit Bindestrich verbunden.

| перекати́-по́ле (Gen. Sing.: перекати́- по́ля) | die Männertreu (Pflanze) |
| сорвиголова́ (Gen. Sing.: сорвиголовы́) | der Mordskerl; der Wagehals |

3. Abkürzungswörter[1]

In den letzten Jahrzehnten, vor allem nach der Großen Sozialistischen Oktober- **203** revolution, haben Neubildungen von Wörtern durch Zusammensetzung von Bestandteilen von Wortverbindungen im Russischen eine starke Verbreitung erfahren (und zwar vornehmlich auf politischem, technischem und militärischem Gebiet).

Man unterscheidet zwei Haupttypen der Bildung der Abkürzungswörter: den Silbentyp und den Initialtyp.

A. DER SILBENTYP   **204**

a) Das Abkürzungswort besteht aus Anfangsteilen oder Anfangssilben von Wörtern; der Typ ist deklinierbar.

комсомо́л, -а	(Коммунисти́ческий Сою́з молодёжи)	der Komsomol
Кузба́сс,-а	(Кузне́цкий бассе́йн)	der Kusbaß
совхо́з, -а	(сове́тское хозя́йство)	der Sowchos

b) Das Abkürzungswort besteht aus dem Anfangsteil eines Wortes und einem vollständigen Wort; der Typ ist deklinierbar.

авиаба́за, -ы	(авиацио́нная ба́за)	der Luftstützpunkt
госаппара́т, -а	(госуда́рственный аппара́т)	der Staatsapparat
физкульту́ра, -ы	(физи́ческая культу́ра)	die Körperkultur, der Sport

---

[1] Die Abkürzungswörter sind nicht mit den Abkürzungen zu verwechseln, die nur für das Schriftbild Gültigkeit haben; vgl. hierzu (633).

c) Das Abkürzungswort besteht aus einem Wortteil und den Anfangslauten anderer Wörter; einige Substantive dieses Typs sind deklinierbar.

Днепрогэ́с, -а	**(Днепро́вская гидро-** **электри́ческая ста́нция)**	Dneproges

205

a) Das Abkürzungswort besteht aus den Anfangsbuchstaben verschiedener Wörter; es wird nach dem Lautwert dieser Anfangsbuchstaben gesprochen.

вуз [вус], -а	**(вы́сшее уче́бное** **заведе́ние)**	die Hochschule
ТАСС [тас]	**(Телегра́фное** **аге́нтство Сове́тского** **Сою́за)**	die TASS
ГУМ [гум]	**(Госуда́рственный** **универса́льный** **магази́н)**	das Gum (staatliches Warenhaus in Moskau)

Abkürzungen dieses Typs werden immer dekliniert, wenn sie bereits nicht mehr als Abkürzung empfunden werden. In der Schrift äußert sich die feste Verschmelzung zu einem neuen Wort durch Kleinschreibung.

Mit Großbuchstaben geschriebene Abkürzungswörter dieses Typs können bisweilen – vor allem in der Umgangssprache – dekliniert werden, z.B.: **молоды́е рабо́чие ЗИЛа (Заво́да и́мени И. А. Лихачёва)**.

b) Das Abkürzungswort besteht aus den Anfangsbuchstaben (meist Konsonanten) verschiedener Wörter; es wird nach den Buchstabennamen (also jeder Buchstabe eine Silbe) gesprochen. Der Typ ist undeklinierbar.

СССР [эс-эс-эс-эр]	**(Сою́з Сове́тских** **Социалисти́ческих** **Респу́блик)**	die UdSSR
МГУ [эм-гэ-у]	**(Моско́вский** **госуда́рственный** **университе́т)**	die MGU

Bei häufiger gebrauchten Abkürzungen dieses Typs kann ein Übergang zur Aussprache nach Anfangslauten eintreten, wenn eine solche möglich ist, z.B.:

США [сша]	**(Соединённые** **Шта́ты Аме́рики)**	die USA

Das Adjektiv

Nach ihrer Bedeutung gliedern sich die Adjektive im Russischen in zwei Hauptgruppen:

1. Qualitätsadjektive. Unter Qualitätsadjektiven versteht man

a) Adjektive, die eine Eigenschaft unmittelbar benennen, z. B.:

пустóй чемодáн	= ein leerer Koffer
крýглый стол	= ein runder Tisch
слепóй музыкáнт	= ein blinder Musiker

b) Adjektive, die eine Eigenschaft infolge einer Wertung bezeichnen, z. B.:

велúкий учёный	= ein großer Gelehrter
глубóкое óзеро	= ein tiefer See
холóдный вéтер	= ein kalter Wind

Die auf einer Wertung beruhenden Eigenschaften lassen einen Vergleich zu. Entsprechend sind diese Adjektive steigerungsfähig.

2. Beziehungsadjektive. Unter Beziehungsadjektiven versteht man Adjektive, die eine Eigenschaft durch Beziehung auf einen Gegenstand oder Begriff, von dessen Namen sie abgeleitet sind, ausdrücken. Solche bezüglichen Eigenschaften sind nicht steigerungsfähig.

деревя́нный дом	= ein hölzernes Haus, ein Holzhaus
золоты́е часы́	= eine goldene Uhr
кни́жный шкаф	= ein Bücherschrank
вчера́шний день	= der gestrige Tag
дома́шние зада́ния	= Hausaufgaben

Besondere Gruppen innerhalb der Beziehungsadjektive sind:

a) die Gattungsadjektive auf **-ий, -ья, -ье,** die die Zugehörigkeit zu einer Gruppe von Lebewesen bezeichnen:

пти́чий крик	= ein Vogelschrei
во́лчья ста́я	= ein Wolfsrudel
коро́вье молоко́	= Kuhmilch
челове́чьи голоса́	= Menschenstimmen

Gattungsadjektive können außerdem mit den Suffixen **-ин-(ый)** und **-ов-(ый)** gebildet werden:

гуси́ные пе́рья	= Gänsefedern
слоно́вая кость	= Elfenbein

b) die Possessivadjektive auf **-ов, -ова, -ово (-ев, -ева, -ево)**[1] und **-ин, -ина, -ино (-ын, -ына, -ыно)**[1], die ein Besitzverhältnis oder die Zugehörigkeit zu einer Person ausdrücken:

отцо́в дом	= das Haus des Vaters
отцо́ва кни́га	= das Buch des Vaters
На́дино письмо́	= Nadjas Brief

Possessivadjektive werden außerdem von Familiennamen mit den Suffixen **-ск-(ий)** bzw. **-овск-(ий)/-евск-(ий), -инск-(ий)** gebildet:
Че́хов – че́ховский, Пу́шкин – пу́шкинский, Го́голь – го́голевский.

207   DIE GRAMMATISCHEN KENNZEICHEN DER ADJEKTIVE

1. Das grammatische Hauptkennzeichen der Adjektive ist ihre **Deklination** – d.h. die Veränderlichkeit nach Genus, Numerus und Kasus, z.B.:

я́ркий, со́лнечный день	= ein heller, sonniger Tag
но́вая интере́сная кни́га	= ein neues interessantes Buch
на Кра́сной пло́щади	= auf dem Roten Platz

---

[1] Bildungen mit den Suffixen -ов-/-ев- und -ин-/-ын- erfolgten früher nicht nur von Personenbezeichnungen. Davon zeugen zahlreiche russische Familien- und Ortsnamen.
Familiennamen: Петухо́в, Фаде́ев; Ре́пин, Пу́шкин;
Ortsnamen: Львов; Бородино́, Лиси́цыно.

с больши́м внима́нием	= mit großer Aufmerksamkeit
в ле́тние дни	= an Sommertagen

Das Kennzeichen der Deklination teilen sämtliche Adjektive.

2. Weitere grammatische Kennzeichen sind an die Unterscheidung zwischen Qualitäts- und Beziehungsadjektiven geknüpft[1].

Die Qualitätsadjektive sind gegenüber den Beziehungsadjektiven allgemein durch folgende grammatische Merkmale gekennzeichnet:

a) Die Qualitätsadjektive können neben den vollen Adjektivformen (= Lang-
formen) besondere Formen für den prädikativen Gebrauch (= Kurzformen)
haben, z.B.:

Langformen:

**Мы слу́шали интере́сный
докла́д.**
(Wir hörten einen interessanten
Vortrag.)

**На углу́ вы́строено но́вое
высо́кое зда́ние.**
(An der Ecke ist ein neues hohes
Gebäude errichtet worden.)

Kurzformen:

Докла́д был интере́сен.
(Der Vortrag war interessant.)

Но́вое зда́ние высоко́.
(Das neue Gebäude ist hoch.)

---

[1] Die Zugehörigkeit der Adjektive zur Gruppe der Qualitäts- oder Beziehungsadjektive ist, wie bereits vermerkt, grundlegend durch die Bedeutung bedingt. Als gewisses äußeres Orientierungsmerkmal für die Zuordnung können dabei die Bildungssuffixe dienen, siehe hierzu (243-247). Es ist jedoch zu beachten, daß viele ursprüngliche Beziehungsadjektive – vorwiegend mit den Suffixen -н- und -ск- – zu Qualitätsadjektiven werden können, wenn sie übertragene Bedeutung annehmen, z.B.:

Beziehungsadjektive:	*Qualitätsadjektive:*
ка́менная стена́	ка́менное се́рдце
eine Steinwand	ein steinernes Herz
желе́зная цепь	желе́зная во́ля
eine Eisenkette	ein eiserner Wille
де́тский сад	де́тская наи́вность
Kindergarten	kindliche Naivität
вишнёвое варе́нье	вишнёвое пла́тье
Kirschkonfitüre	ein kirschrotes Kleid
золоты́е часы́	золота́я о́сень
eine goldene Uhr	der goldene Herbst
деревя́нный дом	деревя́нное лицо́
ein Holzhaus	ein hölzernes Antlitz
гуси́ные пе́рья	гуси́ная ко́жа
Gänsefedern	Gänsehaut

Nichtabgeleitete Adjektive wie но́вый (neu), ста́рый (alt), бе́лый (weiß), хоро́ший (gut) sind Qualitätsadjektive.

Мы прошли́ дли́нную и тру́дную доро́гу.	Доро́га была́ длинна́ и трудна́.
(Wir haben einen langen und beschwerlichen Weg zurückgelegt.)	(Der Weg war lang und beschwerlich.)

b) Die meisten Qualitätsadjektive können Steigerungsformen bilden, z. B.:

Желе́зо тяжеле́е де́рева.	Eisen ist schwerer als Holz.
Нет мета́лла кре́пче ста́ли.	Es gibt kein Metall, das härter als Stahl ist.
Лев — сильне́йший из всех хи́щных звере́й.	Der Löwe ist das stärkste aller Raubtiere

c) Die meisten Qualitätsadjektive können mit Gradadverbien verbunden werden, z. B.:

о́чень интере́сная кни́га	ein sehr interessantes Buch
необыкнове́нно симпати́чный челове́к	ein äußerst sympathischer Mensch

d) Von Qualitätsadjektiven können Adverbien auf -o bzw. -e abgeleitet werden, z. B.:

Adjektiv:	*Adverb:*
Ко́ля приле́жный учени́к.	Он у́чится приле́жно.
(Kolja ist ein fleißiger Schüler.)	(Er lernt fleißig.)
Его́ заявле́ния убеди́тельны.	Он говори́л убеди́тельно.
(Seine Erklärungen sind überzeugend.)	(Er sprach überzeugend.)

e) Von Qualitätsadjektiven können mit Hilfe bestimmter Suffixe Adjektive der subjektiven Einschätzung abgeleitet werden, die eine Verminderung oder Verstärkung[1] der Grundeigenschaft ausdrücken.

а́лый	— а́ленький	schön rot
но́вый	— но́венький	ganz neu
бе́лый	— белова́тенький	weißlich
большо́й	— большу́щий	riesengroß
то́лстый	— толсте́нный	sehr dick

---

[1] Zum Unterschied von den Steigerungsformen beruht die durch die Suffixe der subjektiven Einschätzung bezeichnete Verminderung oder Verstärkung nicht auf einem objektiven Vergleich, sondern in mehr oder minder starkem Maße auf der subjektiven Einschätzung durch den Sprechenden.

DIE LANG- UND KURZFORMEN DER ADJEKTIVE

I. Die Deklination der Langformen

Nach dem Stammauslaut der Adjektive unterscheidet man drei Deklinationstypen:

1. Die Deklination der Adjektive mit hartem Stammauslaut   **208**

Die Adjektive mit hartem Stammauslaut sind durch die Nominativendungen **-ый, -ая, -ое; -ые** — betont **-ой, -áя, -óе; -ы́е** — gekennzeichnet, z.B.:

нóвый, -ая, -ое; -ые	neu	цветнóй, -áя, -óе; -ы́е bunt
стáрый, -ая, -ое; -ые	alt	голубóй, -áя, -óе; -ы́е himmelblau,
крáсный, -ая, -ое; -ые	rot	(hell-)blau
тёплый, -ая, -ое; -ые	warm	золотóй, -áя, -óе; -ы́е golden
тяжёлый, -ая, -ое; -ые	schwer	мировóй, -áя, -óе; -ы́е Welt-
молодóй, -áя, -óе; -ы́е	jung	

Kasus	DIE DEKLINATION DER ADJEKTIVE MIT HARTEM STAMMAUSLAUT			
	Singular			Plural
	männl.	sächl.	weibl.	alle 3 Geschlechter
stammbetont:				
N.	нóвый	нóвое	нóвая	нóвые
G.		нóвого	нóвой	нóвых
D.		нóвому	нóвой	нóвым
A.	нóвый bzw. нóвого	нóвое	нóвую	нóвые bzw. нóвых
I.		нóвым	нóвой/-ою	нóвыми
P.		(о) нóвом	(о) нóвой	(о) нóвых
endungsbetont:				
N.	молодóй	молодóе	молодáя	молоды́е
G.		молодóго	молодóй	молоды́х
D.		молодóму	молодóй	молоды́м
A.	молодóй bzw. молодóго	молодóе	молодýю	молоды́е bzw. молоды́х
I.		молоды́м	молодóй/-óю	молоды́ми
P.		(о) молодóм	(о) молодóй	(о) молоды́х

209

2. Die Deklination der Adjektive mit weichem Stammauslaut

Die Adjektive mit weichem Stammauslaut sind durch die Nominativendungen -ий, -яя, -ее; -ие gekennzeichnet[1]. Sie sind durchweg stammbetont.

Die Zahl der Adjektive mit weichem Stammauslaut ist verhältnismäßig gering. Die gebräuchlichsten Adjektive mit weichem Stammauslaut sind:

бли́жний, -яя, -ее; -ие	nah
ве́рхний, -яя, -ее; -ие	oberer, Ober-
весе́нний, -яя, -ее; -ие	Frühlings-
вече́рний, -яя, -ее; -ие	Abend-
вне́шний, -яя, -ее; -ие	äußerer, äußerlich
вну́тренний, -яя, -ее; -ие	innerer, Innen-
вчера́шний, -яя, -ее; -ие	gestrig
да́вний, -яя, -ее; -ие	längst vergangener
да́льний, -яя, -ее; -ие	fern, weit
дома́шний, -яя, -ее; -ие	häuslich, Haus-
дре́вний, -яя, -ее; -ие	alt, altertümlich
за́втрашний, -яя, -ее; -ие	morgig
за́дний, -яя, -ее; -ие	hinterer, Hinter-
зде́шний, -яя, -ее; -ие	hiesig
зи́мний, -яя, -ее; -ие	winterlich, Winter-
и́скренний, -яя, -ее; -ие	aufrichtig
кра́йний, -яя, -ее; -ие	äußerster
ле́тний, -яя, -ее; -ие	sommerlich, Sommer-
ли́шний, -яя, -ее; -ие	überflüssig
ни́жний, -яя, -ее; -ие	unterer, Unter-
ны́нешний, -яя, -ее; -ие	jetzig, heutig
осе́нний, -яя, -ее; -ие	herbstlich, Herbst-
пере́дний, -яя, -ее; -ие	vorderer, vorderster, Vorder-
по́здний, -яя, -ее; -ие	spät
после́дний, -яя, -ее; -ие	letzter
посторо́нний, -яя, -ее; -ие	nicht zugehörig, fremd; Neben-
пре́жний, -яя, -ее; -ие	voriger, vergangener
прошлого́дний, -яя, -ее; -ие	vorjährig
ра́нний, -яя, -ее; -ие	früh
сего́дняшний, -яя, -ее; -ие	heutig
си́ний, -яя, -ее; -ие	(dunkel-)blau
сосе́дний, -яя, -ее; -ие	benachbart, Nachbar-

---

[1] Bei der Angabe der Endungen wird aus Gründen der Übersichtlichkeit vom Schriftbild ausgegangen.

сре́дний, -яя, -ее; -ие	mittlerer, Mittel-
тепе́решний, -яя, -ее; -ие	jetzig, gegenwärtig
тогда́шний, -яя, -ее; -ие	damalig
у́тренний, -яя, -ее; -ие	Morgen-, Früh-

DIE DEKLINATION DER ADJEKTIVE MIT WEICHEM STAMMAUSLAUT

Kasus	Singular			Plural
	männlich	sächlich	weiblich	alle 3 Geschlechter
N.	си́ний	си́нее	си́няя	си́ние
G.	си́него		си́ней	си́них
D.	си́нему		си́ней	си́ним
A.	си́ний bzw. си́него	си́нее	си́нюю	си́ние bzw. си́них
I.	си́ним		си́ней/-ею	си́ними
P.	(о) си́нем		(о) си́ней	(о) си́них

3. Die gemischte Deklination der Adjektive   **210**

Lautet der Stamm eines Adjektivs auf Zischlaut (ж, ш, ч, щ), auf ц oder auf г, к, х aus, so ergibt sich eine gemischte[1] Deklination. Vergleiche dazu (139).

Zu diesem Deklinationstyp gehören u. a.:

лёгкий, -ая, -ое; -ие	leicht	хоро́ший, -ая, -ее; -ие	gut, schön
высо́кий, -ая, -ое; -ие	hoch	све́жий, -ая, -ее; -ие	frisch
стро́гий, -ая, -ое; -ие	streng	горя́чий, -ая, -ее; -ие	heiß
дорого́й, -а́я, -о́е; -и́е	teuer, lieb	блестя́щий, -ая, -ее; -ие	glänzend
ти́хий, -ая, -ое; -ие	still	большо́й, -а́я, -о́е; -и́е	groß
плохо́й, -а́я, -о́е; -и́е	schlecht	ку́цый, -ая, -ее; -ые	stutzschwänzig, kurz
сухо́й, -а́я, -о́е; -и́е	trocken		

---

[1] Bei der Einteilung der Deklination der Adjektive in eine Deklination mit hartem Stammauslaut, in eine Deklination mit weichem Stammauslaut und in eine gemischte Deklination wird aus Gründen der Übersichtlichkeit vom Schriftbild ausgegangen. Vom Standpunkt der Phonetik aus sind die Stämme auf ж, ш, ц stets hart, die Stämme auf ч, щ stets weich. Die Stämme auf г, к, х sind nur im nicht endungsbetonten Nominativ Singular der männlichen Form, im Instrumental Singular der männlichen und sächlichen Form sowie in den Pluralformen weich. Im nicht endungsbetonten Nominativ Singular der männlichen Form können г, к, х auch hart ausgesprochen werden.

Kasus	Singular			Plural
	männlich	sächlich	weiblich	alle 3 Geschlechter

DIE GEMISCHTE DEKLINATION DER ADJEKTIVE

Stamm auf г, к, х — stammbetont

	männlich	sächlich	weiblich	alle 3 Geschlechter
N.	высóкий	высóкое	высóкая	высóкие
G.	высóкого		высóкой	высóких
D.	высóкому		высóкой	высóким
A.	высóкий bzw. высóкого	высóкое	высóкую	высóкие bzw. высóких
I.	высóким		высóкой/-ою	высóкими
P.	(о) высóком		(о) высóкой	(о) высóких

Stamm auf г, к, х — endungsbetont

	männlich	sächlich	weiblich	alle 3 Geschlechter
N.	сухóй	сухóе	сухáя	сухи́е
G.	сухóго		сухóй	сухи́х
D.	сухóму		сухóй	сухи́м
A.	сухóй bzw. сухóго	сухóе	сухýю	сухи́е bzw. сухи́х
I.	сухи́м		сухóй/-óю	сухи́ми
P.	(о) сухóм		(о) сухóй	(о) сухи́х

Stamm auf Zischlaut — stammbetont

	männlich	sächlich	weiblich	alle 3 Geschlechter
N.	хорóший	хорóшее	хорóшая	хорóшие
G.	хорóшего		хорóшей	хорóших
D.	хорóшему		хорóшей	хорóшим
A.	хорóший bzw. хорóшего	хорóшее	хорóшую	хорóшие bzw. хорóших
I.	хорóшим		хорóшей/-ею	хорóшими
P.	(о) хорóшем		(о) хорóшей	(о) хорóших

Stamm auf Zischlaut — endungsbetont

	männlich	sächlich	weiblich	alle 3 Geschlechter
N.	большóй	большóе	большáя	больши́е
G.	большóго		большóй	больши́х
D.	большóму		большóй	больши́м
A.	большóй bzw. большóго	большóе	большýю	больши́е bzw. больши́х
I.	больши́м		большóй/-óю	больши́ми
P.	(о) большóм		(о) большóй	(о) больши́х

4. Bemerkungen zu den einzelnen Kasusformen 211

a) Die Langformen der Adjektive werden nur im Singular nach dem Genus unterschieden, der Plural hat für alle drei Geschlechter nur eine Form.

Im Singular verfügt die weibliche Form über eine eigene Deklination. Die männliche und die sächliche Form stimmen außer im Nominativ und Akkusativ Singular in ihrer Deklination überein.

b) In der Genitivendung **-ого, -его** wird **г** wie [**в**] ausgesprochen, vgl. (46), Anmerkung 1.

c) Der männliche Akkusativ Singular und der Akkusativ Plural aller drei Geschlechter sind dem Genitiv gleich, wenn sich das Adjektiv auf ein Substantiv bezieht, das ein Lebewesen bezeichnet. Sie stimmen mit dem Nominativ überein, wenn sich das Adjektiv auf ein Substantiv bezieht, das Unbelebtes benennt, z. B.:

Мы посетили музей Немецкой истории.	Wir besuchten das Museum für Deutsche Geschichte.
Мы посетили больного дядю и встретили у него школьного товарища Бориса.	Wir besuchten unseren kranken Onkel und trafen bei ihm unseren Schulfreund Boris.
Там мы видели новые жилые дома.	Dort sahen wir neue Wohnhäuser.
Там мы видели чужих людей.	Dort sahen wir fremde Menschen.
В библиотеке мы встретили нашу новую учительницу.	In der Bibliothek trafen wir unsere neue Lehrerin.
В библиотеке мы встретили наших новых учительниц.	In der Bibliothek trafen wir unsere neuen Lehrerinnen.

d) Der weibliche Instrumental Singular hat allgemein die Endungen **-ой, -ей**. Die Endungen **-ою, -ею** sind selten und kommen zumeist nur in der Schriftsprache vor.

II. Bildung und Abwandlung der Kurzformen

212 Über Kurzformen verfügen grundsätzlich nur die Qualitätsadjektive. Die Kurzformen werden ausschließlich prädikativ gebraucht. Sie sind dementsprechend nur nach Genus und Numerus veränderlich, – im Gegensatz zu den Langformen also nicht deklinierbar[1].

Die Kurzformen werden vom Stamm des Adjektivs abgeleitet. Dabei ist die männliche Singularform bei hartem Stammauslaut endungslos, bei weichem Stammauslaut – außer **ч, щ** – geht sie auf **-ь**[2] aus; die weibliche Singularform erhält die Endung **-a** bzw. **-я**[2], die sächliche Singularform die Endung **-o** bzw. **-e**. Im Plural haben alle drei Geschlechter die Endung **-ы** bzw. **-и**. Die Endungen **-a** bzw. **-я, -o** bzw. **-e** und **-ы** bzw. **-и** entsprechen allgemein[3] dem ersten Vokalbuchstaben der Nominativendungen der Langformen.

Langformen	deutsche Bedeutung	Sing.	Kurzformen männlich	weiblich	sächlich	Plur.	alle drei Geschlechter
но́вый, -ая, -ое, -ые	neu		нов	нова́	но́во		но́вы
ста́рый, -ая, -ое, -ые	alt		стар	стара́	ста́ро́		ста́ры́
тяжёлый, -ая, -ое, -ые	schwer		тяжёл	тяжела́	тяжело́		тяжелы́
молодо́й, -а́я, -о́е, -ы́е	jung		мо́лод	молода́	мо́лодо		мо́лоды
си́ний, -яя, -ее, -ие	blau		синь	синя́	си́не		си́ни
высо́кий, -ая, -ое, -ие	hoch		высо́к	высока́	высо́ко́		высо́ки
дорого́й, -а́я, -о́е, -и́е	teuer, lieb		до́рог	дорога́	до́рого		до́роги
хоро́ший, -ая, -ее, -ие	schön		хоро́ш	хороша́	хорошо́		хороши́
могу́чий, -ая, -ее, -ие	kräftig, mächtig		могу́ч	могу́ча	могу́че		могу́чи

[1] Ursprünglich wurden die Kurzformen der Adjektive ebenfalls dekliniert und konnten wie die Langformen attributiv gebraucht werden. Davon zeugen noch adverbiale Bildungen wie снóва (= wieder, von neuem), смóлоду (= von Jugend auf, in jungen Jahren), вскóре (= bald) und feststehende Wendungen wie средь бéла дня (= am hellichten Tage), по бéлу свéту (= durch die weite Welt), на босу́ нóгу (= barfuß), от мáла до велика (= groß und klein, alt und jung). Dazu finden sich deklinierte Kurzformen noch des öfteren in der Volksdichtung, beispielsweise in Ausdrücken wie: по чи́сту пóлю (= über das freie Feld), за си́не мóре (= hinter bzw. über das blaue Meer).

[2] Die Angabe der Endungen der Kurzformen erfolgt aus Gründen der Übersichtlichkeit vom Schriftbild aus. Phonetisch gesehen ist auch die männliche Singularform bei weichem Stammauslaut endungslos (синь = си[н']), und die weibliche Endung lautet bei weichem wie hartem Stammauslaut -a (синя́ = си[н'а́]).

[3] Bei den Adjektiven der gemischten Deklination, deren Stamm auf Zischlaut (und ц) auslautet, tritt in der sächlichen Singularform in betonter Stellung o für е ein, z.B.: хоро́шее — хорошо́.

Besonderheiten bei der Bildung der männlichen Singularform   **213**

1. Lautet der Stamm eines Adjektivs auf **-к** oder **-н** mit vorausgehendem Konsonanten aus, so tritt in der männlichen Singularform vor **-к** oder **-н** ein flüchtiges **о** oder **е** ein:

a) Ein **о** tritt ein vor **к** nach vorausgehendem hartem Konsonanten außer **ж** und **ш**, z. B.:

бли́зкий	nah	— бли́зок,	близка́,	бли́зко,	бли́зки
гро́мкий	laut	— гро́мок,	громка́,	гро́мко,	гро́мки
кра́ткий	kurz	— кра́ток,	кратка́,	кра́тко,	кра́тки
кре́пкий	stark	— кре́пок,	крепка́,	кре́пко,	кре́пки
лёгкий	leicht	— лёгок,	легка́,	легко́,	лёгки (легки́)
мя́гкий	weich	— мя́гок,	мягка́,	мя́гко,	мя́гки
ни́зкий	niedrig, tief	— ни́зок,	низка́,	ни́зко,	ни́зки
ре́дкий	selten	— ре́док,	редка́,	ре́дко,	ре́дки
сла́дкий	süß	— сла́док,	сладка́,	сла́дко,	сла́дки
у́зкий	schmal, eng	— у́зок,	узка́,	у́зко,	у́зки
я́ркий	grell, hell	— я́рок,	ярка́,	я́рко,	я́рки

Merke auch:

до́лгий	lang	— до́лог,	долга́,	до́лго,	до́лги

b) Ein **е** bzw. **ё** tritt ein

α) vor **к** nach vorausgehendem weichem Konsonanten (– gekennzeichnet durch **-ь-**), nach Zischlaut sowie anstelle von vorausgehendem **й**, z. B.:

го́рький	bitter	— го́рек,	горька́,	го́рько,	го́рьки
тя́жкий	schwer	— тя́жек,	тяжка́,	тя́жко,	тя́жки
бо́йкий	behend	— бо́ек,	бойка́,	бо́йко,	бо́йки
сто́йкий	fest, stabil	— сто́ек,	стойка́,	сто́йко,	сто́йки

β) vor **н** nach beliebigem vorausgehendem Konsonanten sowie anstelle von vorausgehendem **й**:

бе́дный	arm	— бе́ден,	бедна́,	бе́дно,	бе́дны
больно́й	krank	— бо́лен,	больна́,	—	больны́
ве́рный	richtig, wahr	— ве́рен,	верна́,	ве́рно,	ве́рны
дли́нный	lang	— дли́нен,	длинна́,	дли́нно	

ну́жный	notwendig	— ну́жен,	нужна́,	ну́жно,	ну́жны́
споко́йный	ruhig, still	— споко́ен,	споко́й-на,	споко́й-но,	споко́й-ны
стро́йный	schlank	— стро́ен,	стройна́,	стро́йно,	стро́йны
тёмный	dunkel	— тёмен,	темна́,	темно́,	темны́
тру́дный	schwierig	— тру́ден,	трудна́,	тру́дно,	тру́дны
у́мный	klug	— умён,	умна́,	умно́,	у́мны́
че́стный	ehrlich	— че́стен,	честна́,	че́стно,	че́стны
я́сный	klar	— я́сен,	ясна́,	я́сно,	я́сны́

Ausnahmen:

по́лный	voll, gefüllt	— по́лон,	полна́,	по́лно́,	по́лны́
смешно́й	komisch, lächerlich	— смешо́н,	смешна́,	смешно́,	смешны́
досто́йный	wert, würdig	— досто́ин,	досто́йна,	досто́йно,	досто́йны

2. Vor stammauslautenden **р** und **л** findet in der männlichen Singularform meist kein Vokaleinschub statt, z. B.:

бы́стрый	schnell	— быстр,	быстра́,	бы́стро,	бы́стры
до́брый	gut	— добр,	добра́,	до́бро,	до́бры́
кру́глый	rund	— кругл,	кругла́,	кру́гло,	кру́глы
о́стрый	scharf	— остр (auch: остёр),	остра́,	о́стро́,	о́стры́
пёстрый	bunt	— пёстр,	пестра́,	пёстро (пестро́),	пёстры (пестры́)

Ausnahmen:

злой	böse	— зол,	зла,	зло,	злы
ки́слый	sauer	— ки́сел,	кисла́,	ки́сло,	ки́слы
све́тлый	hell	— све́тел,	светла́,	све́тло,	све́тлы
тёплый	warm	— тёпел,	тепла́,	тепло́,	теплы́ u. тёплы
хи́трый	schlau	— хитёр,	хитра́,	хи́тро,	хи́тры

3. Die mit dem Suffix **-енный** gebildeten Adjektive haben keinen Vokaleinschub; das zweite **н** in der männlichen Singularform fällt aus, z.B.:

боле́зненный kränklich (боле́знь)	— боле́знен, боле́зненна, боле́зненно
безжи́зненный leblos (жизнь)	— безжи́знен, безжи́зненна, безжи́зненно

иску́сственный künstlich	— иску́сствен, иску́сственна,
(иску́сств-о)	иску́сственно
есте́ственный natürlich	— есте́ствен, есте́ственна,
(естеств-о́) .	есте́ственно
бесчи́сленный zahllos	— бесчи́слен, бесчи́сленна,
(числ-о́)	бесчи́сленно

Mitunter treten im modernen Sprachgebrauch neben den Formen auf **-ен** auch Formen auf **-енен** auf: **бесчу́вствен** und **бесчу́вственен.**

Man beachte aber:

. Vokaleinschub findet – gemäß (213,b) – statt, wenn Adjektive mittels **-ный** von einem Wortstamm auf **-н** abgeleitet sind, z.B.:

несомне́нный zweifellos	— несомне́нен, несомне́нна,
(сомне́н-ие)	несомне́нно
одновреме́нный gleichzeitig	— одновре́менен, одновре́менна,
(вре́мя, вре́мен-и)	одновре́менно
необыкнове́нный ungewöhnlich	— необыкнове́нен, необыкно-
(обыкнове́н-ие)	ве́нна, необыкнове́нно

4. Bei einigen Adjektiven auf **-ний** tritt in der männlichen Singularform eine Verhärtung des Stammauslauts ein:

дре́вний (alt)	— дре́вен, дре́вня, дре́вне
изли́шний (überflüssig)	— изли́шен, изли́шня, изли́шне

Man beachte besonders:

и́скренний (aufrichtig)	— и́скренен, и́скренна, и́скренно
	u. и́скренне

Der Bildungsbereich der Kurzformen   **214**

Kurzformen können nicht von allen Qualitätsadjektiven gebildet werden.

1. Qualitätsadjektive, die eine doppelte oder mehrfache Bedeutung haben, bilden die Kurzformen zumeist nicht für alle Bedeutungen. So bedeutet z.B. **бе́дный** „arm" im Sinne von „mittellos" und im Sinne von „unglücklich". Die Kurzformen sind nur in der ersten Bedeutung anwendbar.
Гра́мотный hat Kurzformen nur in der Bedeutung „des Lesens und Schreibens kundig, schriftkundig", **фальши́вый** nur in der Bedeutung „falsch, unaufrichtig".

2. Keine Kurzformen haben Qualitätsadjektive auf **-ский (-ско́й)** und **-овый/ -евый (-ово́й/-ево́й)** sowie einige Qualitätsadjektive auf **-ный (-но́й),**

z. B.: **врáжеский** feindlich; **дрýжеский** freundschaftlich; **передовóй** fortschrittlich; **дéльный** tüchtig, vernünftig; **отдéльный** gesondert, einzeln; **роднóй** verwandt, lieb, teuer; **старúнный** alt, altertümlich.

3. Keine Kurzformen haben abgeleitete Farbadjektive, z. B.: **голубóй** himmelblau, (hell-)blau; **корúчневый** braun, zimtfarben; **рóзовый** rosa, rosig.

4. Keine Kurzformen haben häufig von Verben abgeleitete Adjektive auf **-лый**, z. B.: **устарéлый** veraltet, unmodern; **умéлый** geschickt, gewandt; **отстáлый** rückständig, zurückgeblieben; **осиротéлый** verwaist.

5. Keine Kurzformen haben Adjektive, die auf Steigerungsformen zurückgehen, z. B.: **большóй** groß; **стáрший** in der Bedeutung „erstgeboren"; **млáдший** in der Bedeutung „letztgeboren".

Prädikative Adjektive

In einigen Fällen haben die Kurzformen als sogenannte **prädikative Adjektive** gegenüber den Langformen eine selbständige Bedeutung entwickelt, z. B.:

вúдный sichtbar; angesehen	**вúден, виднá, вúдно** = sichtbar sein, zu sehen sein
влáстный mächtig, gebieterisch	**влáстен, влáстна, влáстно** = die Macht haben, ermächtigt sein
вóльный frei, unabhängig	**вóлен, вольнá, вóльно** = die Freiheit haben, jem. freistehen
намéренный absichtlich	**намéрен, -а, -о** = die Absicht haben, vorhaben
нýжный notwendig	**нýжен, нужнá, нýжно** = notwendig sein, brauchen
прáвый recht(-er)	**прав, правá, прáво** = recht haben, im Recht sein
соглáсный übereinstimmend, einmütig	**соглáсен, соглáсна, соглáсно** = einverstanden sein

Nur noch in den Kurzformen sind als prädikative Adjektive vertreten:

горáзд, -а, -о (umgangssprachl.)	= geeignet sein (zu)
дóлжен, должнá, -ó[1]	= schuldig sein, müssen
нáдобен, нáдобна, нáдобно (buchsprachl.)	= nötig haben, brauchen
рад, -а, -о	= froh sein, erfreut sein

---

[1] Die Langform дóлжный steht nur noch in feststehenden Wendungen: с дóлжным внимáнием = mit gebührender Aufmerksamkeit; дóлжным óбразом = gebührendermaßen u. a.

Von den recht komplizierten Betonungsverhältnissen bei den Kurzformen der Adjektive werden im folgenden nur die typischen Möglichkeiten behandelt.

1. zweisilbige Adjektive

Die Mehrzahl der zweisilbigen Adjektive hat in den Kurzformen bewegliche Betonung.

Feste Betonung zeigen nur einige wenige – vornehmlich der Buchsprache zugehörige – Adjektive, z.B.: **вздо́рный** unsinnig, zänkisch; **ве́чный** ewig; **вла́стный** mächtig, gebieterisch; **жёлчный** gallig; **зно́йный** glühend heiß; **ле́стный** schmeichelhaft; **ло́жный** falsch, unwahr; **пра́здный** müßig, untätig.

Die bewegliche Betonung der Kurzformen zweisilbiger Adjektive ist grundsätzlich durch die Verlegung der Betonung auf die Endung in der weiblichen Singularform gekennzeichnet:

бе́дный (arm):	бе́ден,	бедна́,	бе́дно,	бе́дны
ва́жный (wichtig):	ва́жен,	важна́,	ва́жно,	ва́жны
ве́рный (richtig, wahr):	ве́рен,	верна́,	ве́рно,	ве́рны
но́вый (neu):	нов,	нова́,	но́во,	но́вы
плохо́й (schlecht):	плох,	плоха́,	пло́хо,	пло́хи
просто́й (einfach):	прост,	проста́,	про́сто,	про́сты
све́тлый (hell):	све́тел,	светла́,	све́тло,	све́тлы
сухо́й (trocken):	сух,	суха́,	су́хо,	су́хи
сла́бый (schwach):	слаб,	слаба́,	сла́бо,	сла́бы
твёрдый (fest, hart):	твёрд,	тверда́,	твёрдо,	твёрды
чи́стый (rein, sauber):	чист,	чиста́,	чи́сто,	чи́сты

Einige Kurzformen zweisilbiger Adjektive sind außer in der weiblichen Singularform auch in der sächlichen Singularform und bisweilen in der Pluralform endungsbetont. Mitunter ist in der sächlichen Singularform und in der Pluralform oder in einer der beiden Formen doppelte Betonung möglich.

лёгкий (leicht):	лёгок,	легка́,	легко́,	легки́ u. лёгки
тёплый (warm):	тёпел,	тепла́,	тепло́,	теплы́ u. тёплы
больно́й (krank):	бо́лен,	больна́,	–	больны́

смешно́й (komisch):	смешо́н,	смешна́,	смешно́,	смешны́
чёрный (schwarz):	чёрен,	черна́,	черно́,	черны́
по́лный (voll):	по́лон,	полна́,	по́лно́,	по́лны́
пёстрый (bunt):	пёстр,	пестра́,	пёстро u.	пёстры u.
			пестро́,	пестры́
ста́рый (alt):	стар,	стара́,	ста́ро́,	ста́ры́

2. drei- und mehrsilbige Adjektive

Die meisten drei- und mehrsilbigen Adjektive haben in den Kurzformen feste Betonung.

Bewegliche Betonung tritt in zwei Typen auf:

a) Die Adjektive **молодо́й, дорого́й, голо́дный, холо́дный, весёлый, дешёвый, зелёный** sind in der männlichen und sächlichen Singularform und in der Pluralform auf der ersten Silbe betont. Die weibliche Singularform ist endungsbetont.

молодо́й (jung):	мо́лод,	молода́,	мо́лодо,	мо́лоды
дорого́й (lieb, teuer):	до́рог,	дорога́,	до́рого,	до́роги
голо́дный (hungrig):	го́лоден,	голодна́,	го́лодно,	го́лодны
холо́дный (kalt):	хо́лоден,	холодна́,	хо́лодно,	хо́лодны
весёлый (lustig):	ве́сел,	весела́,	ве́село,	ве́селы
дешёвый (billig):	дёшев,	дешева́,	дёшево,	дёшевы
зелёный (grün):	зе́лен,	зелена́,	зе́лено,	зе́лены

b) Die Adjektive auf **-окий/-ёкий** sind in der weiblichen Singularform endungsbetont. Die sächliche Singularform und die Pluralform können doppelte Betonung haben. Eine ähnliche Betonung zeigen **хоро́ший, тяжёлый, коро́ткий** und die Kurzformen von **вели́кий** in der Bedeutung „groß, zu groß":

высо́кий (hoch):	высо́к,	высока́,	высоко́,	высо́ки́
глубо́кий (tief):	глубо́к,	глубока́,	глубоко́,	глубо́ки́
далёкий (fern, weit):	далёк,	далека́,	далеко́ u.	далеки́ u.
			далёко,	далёки
широ́кий (breit, weit):	широ́к,	широка́,	широко́,	широ́ки́
хоро́ший (gut):	хоро́ш,	хороша́,	хорошо́,	хороши́
тяжёлый (schwer):	тяжёл,	тяжела́,	тяжело́,	тяжелы́
коро́ткий (kurz):	ко́роток,	коротка́,	ко́ротко́,	·ко́ротки́
вели́кий (groß):	вели́к,	велика́,	велико́,	велики́

III. Zum Gebrauch der Lang- und Kurzformen

Die Langformen werden sowohl in attributiver als auch in prädikativer Funktion gebraucht. Die Kurzformen stehen ausschließlich in prädikativer Funktion.

1. Langformen in attributiver Funktion

216

In attributiver Funktion stimmt die Langform des Adjektivs mit dem zugehörigen Substantiv in Genus[1], Numerus und Kasus überein.

На после́днем уро́ке ру́сского языка́ мы чита́ли но́вый текст.	In der letzten Russischstunde haben wir einen neuen Text gelesen.
Посети́тели музе́я любова́лись стари́нными па́мятниками ру́сского иску́сства.	Die Besucher des Museums erfreuten sich an den alten russischen Kunstdenkmälern.
Вчера́ по ра́дио передава́ли концéрт молодо́й сове́тской певи́цы.	Gestern wurde das Konzert einer jungen sowjetischen Sängerin durch Radio übertragen.
На я́сном си́нем не́бе появи́лись бе́лые облака́.	Am klaren, blauen Himmel zeigten sich weiße Wolken.
В вчера́шних газе́тах писа́ли о но́вых мировы́х реко́рдах сове́тских спортсме́нов.	In den gestrigen Zeitungen wurde über neue Weltrekorde sowjetischer Sportler geschrieben.

Substantive mit mehreren gleichgeordneten adjektivischen Attributen

Für den Numerus des Substantivs in Verbindung mit mehreren gleichgeordneten, durch **и** verbundenen adjektivischen Attributen gilt:

a) Das Substantiv steht im Singular, wenn die Attribute verschiedene Eigenschaften des genannten Gegenstandes oder Begriffes bezeichnen, z. B.:

большо́й и све́тлый класс	ein großes und helles Klassenzimmer
но́вая и интере́сная кни́га	ein neues und interessantes Buch

---

[1] Bei den Substantiven auf -a, -я, die männliche Personen benennen, richtet sich das zugehörige Adjektiv bzw. das zugehörige adjektivische Attribut nach dem natürlichen Geschlecht:
Ми́лый па́па, ..   Lieber Papa, ..
Я встре́тил бра́та Ири́ны у своего́ дя́ди.   Ich traf den Bruder Irinas bei meinem Onkel.

b) Das Substantiv steht in der Regel[1] im Plural, wenn die Attribute verschiedene Arten oder Erscheinungsformen des genannten Gegenstandes oder Begriffes bezeichnen, z. B.:

ру́сский и неме́цкий языки́	die russische und die deutsche Sprache
дли́нный и коро́ткий каран- да́ши́	ein langer und ein kurzer Bleistift
указа́тельный и сре́дний па́льцы	Zeige- und Mittelfinger

217

2. Langformen in prädikativer Funktion

a) In prädikativer Funktion werden die Langformen in jedem Falle gebraucht, wenn es sich um Beziehungsadjektive handelt oder um Adjektive, von denen keine Kurzformen gebildet werden können.

Дом и сара́й бы́ли ка́менные.	Haus und Scheune waren aus Stein gebaut.
Весна́ в э́том году́ была́ ра́нняя.	Der Frühling war in diesem Jahr zeitig.
Се́стрина блу́зка полотня́ная.	Die Bluse der Schwester ist aus Leinen.
Наш но́вый дом о́чень большо́й.	Unser neues Haus ist sehr groß.

---

[1] Bei der Bezeichnung verschiedener Arten oder Erscheinungsformen durch gleichgeordnete Attribute wird das Substantiv in bestimmten Fällen auch im Singular gebraucht, und zwar:
a) wenn das Substantiv keine Pluralformen hat, z. B.:

лёгкая и тяжёлая промы́шленность	Leicht- und Schwerindustrie
полити́ческое, экономи́ческое и куль- ту́рное сотру́дничество	politische, wirtschaftliche und kulturelle Zusammenarbeit

b) wenn sich der Plural des Substantivs bedeutungsmäßig vom Singular unterscheidet, z. B.:

нача́льное и сре́днее образова́ние	Elementar- und Mittelschulbildung
aber: го́рные образова́ния	Gesteinsbildungen

c) wenn besonders bei Abstrakta der innere Zusammenhang zwischen den durch die Attribute benannten Erscheinungsformen hervorgehoben werden soll, z. B.:

програ́мма для нача́льной и сре́дней шко́лы	der Lehrplan für die Grund- und Mittelschule

d) bisweilen wenn die Attribute Ordnungszahlwörter oder adjektivische Pronomen sind, z. B.:

ме́жду пя́тым и шесты́м этажо́м	zwischen dem 5. und 6. Stockwerk
в том и друго́м слу́чае	in diesem und jenem Fall
aber:	
ученики́ 8 и 9 кла́ссов	die Schüler der 8. und 9. Klasse
писа́тели 19 и 20 веко́в	die Schriftsteller des 19. und 20. Jahrhunderts

Man gebraucht aber das Substantiv in jedem Falle im Plural, wenn es den Attributen voransteht:

Вы́полнены пла́ны кварта́льный и годово́й.	Der Quartals- und der Jahresplan sind erfüllt.
Места́ пя́тое и шесто́е за́няты.	Die Plätze 5 und 6 sind besetzt.

b) Die Langformen werden vielfach neben den Kurzformen in prädikativer Funktion gebraucht, wenn es sich um Qualitätsadjektive handelt. Dabei gelten die Langformen als stilistisch neutral, während die Kurzformen vorwiegend schriftsprachlichen Charakter tragen.

Рекá широ́кая и глубо́кая.	Der Fluß ist breit und tief.
Роя́ль ста́рый, но о́чень хоро́ший.	Der Flügel ist alt, aber sehr gut.
Това́рищи у меня́ хоро́шие.	Ich habe gute Kameraden.
День был я́сный, со́лнечный, весёлый.	Es war ein klarer, sonniger und vergnügter Tag.
Ночь была́ холо́дная, тёмная, дул пронзи́тельный ве́тер.	Die Nacht war kalt und dunkel, und es wehte ein durchdringender Wind.
Вода́ была́ така́я прозра́чная, как стекло́.	Das Wasser war so durchsichtig wie Glas.
Ле́кция сего́дня бу́дет интере́сная.	Die Vorlesung wird heute interessant werden.
На́ша но́вая кварти́ра бу́дет све́тлая и просто́рная.	Unsere neue Wohnung wird hell und geräumig sein.

Nach den Formen von **быть** steht das prädikative Adjektiv vielfach im Instrumental. Näheres siehe (570).

Её улы́бка была́ проси́тельной, но в то же вре́мя насме́шливой.	Ihr Lächeln war bittend, aber gleichzeitig spöttisch.
Де́ло обеща́ет быть чрезвыча́йно интере́сным.	Die Sache verspricht äußerst interessant zu werden.
Ско́ро сад бу́дет зелёным.	Bald wird der Garten grün sein.

c) Langformen stehen auch als prädikative Ergänzung

α) nach den Verben

быва́ть	zu sein pflegen
станови́ться } стать vo.	werden
остава́ться } оста́ться vo.	bleiben
де́латься } сде́латься vo.	werden
каза́ться } показа́ться vo.	scheinen

155

считáться	gelten
окáзываться ⎫ оказáться vo. ⎭	sich erweisen
получáться ⎫ получи́ться vo. ⎭	sich ergeben, sich herausstellen
называ́ться ⎫ назва́ться vo. ⎭	sich nennen, heißen
явля́ться	1. sein, 2. sich erweisen
яви́ться vo.	werden, sich erweisen

Diese Verben werden vorzugsweise mit dem Instrumental, seltener mit dem Nominativ des Adjektivs verbunden[1]. Nur mit dem Instrumental des Adjektivs stehen **явля́ться, яви́ться** vo.

Он, наконéц, стал приле́жным.	Er wurde endlich fleißig.
Всё станови́лось изве́стным неугаси́мому челове́ческому любопы́тству.	Alles wurde der unauslöschlichen menschlichen Neugier bekannt.
Онá всегдá остаётся споко́йной в мину́ты опáсности.	Sie bleibt in Minuten der Gefahr immer ruhig.
Домá казáлись огро́мными.	Die Häuser erschienen riesengroß.
Побéда считáется несомнéнной.	Der Sieg gilt als gewiß.
Его́ труды́ окáзываются о́чень серьёзными.	Seine Arbeiten erweisen sich als sehr ernsthaft.
Для тебя́ я никогдá не сдéлаюсь чужи́м.	Für dich werde ich niemals ein Fremder werden.
Этот при́нцип явля́ется противоречи́вым.	Dieses Prinzip ist widerspruchsvoll.

β) nach Verben der Bewegung und des Zustands wie

приходи́ть ⎫ прийти́ vo. ⎭	(an-)kommen	стоя́ть	stehen
идти́ ⎫ ходи́ть ⎭	gehen	сидéть	sitzen
		лежáть	liegen
		жить	leben, wohnen

---

[1] Diese Verben können in seltenen Fällen auch mit einer Kurzform verbunden werden:
Дом оказáлся пуст. Wie sich herausstellte, war das Haus leer.

возвраща́ться возврати́ться vo.	} zurückkehren
встава́ть встать vo.	} aufstehen

Die Verben der Bewegung werden häufiger mit dem Instrumental des Adjektivs, die Verben des Zustands zumeist mit dem Nominativ des Adjektivs gebraucht.

Он возвраща́лся домо́й уста́лым.	Er kehrte müde nach Hause zurück.
Хорошо́ отдохну́в в пионе́рском ла́гере, де́ти возврати́лись в шко́лу бо́дрые и весё́лые.	Nachdem sich die Kinder gut im Pionierlager erholt hatten, kehrten sie frisch und fröhlich in die Schule zurück.
Она́ встава́ла из-за стола́ голо́дной.	Sie stand hungrig vom Tisch auf.
Пого́да стоя́ла хоро́шая.	Das Wetter war schön.
Лес стои́т тёмный и неподви́жный.	Der Wald steht finster und regungslos da.

3. Die Kurzformen

Die Kurzformen werden zu einem Teil ohne bedeutungsmäßigen oder syntaktischen Unterschied neben den Langformen in prädikativer Funktion gebraucht. Sie gelten dabei lediglich gegenüber den Langformen als vorwiegend schriftsprachlich.

In bestimmten Fällen jedoch ist der Gebrauch der Kurzformen bedeutungsmäßig oder syntaktisch bedingt.

a) Der Gebrauch der Kurzformen ist durch unterschiedliche Bedeutung in den Lang- und Kurzformen bedingt, z.B.:

Наш де́душка ещё жив. Unser Großvater lebt noch.	aber: **Ребёнок о́чень живо́й.** Das Kind ist sehr lebhaft.
Она́ удиви́тельно хороша́. Sie ist erstaunlich hübsch.	**Ба́бушка у нас хоро́шая.** Wir haben eine gute Großmutter.
Больна́я была́ совсе́м плоха́. Die Kranke war ganz schwach.	**Ко́мната была́ плоха́я.** Das Zimmer war schlecht.

b) Der Gebrauch prädikativer Adjektive (vgl. S. 150) ist an die Kurzformen gebunden. Z.B.:

Подождите, он должен вернуться к обеду.	Warten Sie, er muß zum Mittagessen zurückkommen.
Я рад вас видеть.	Ich freue mich, Sie zu sehen.

c) Die Kurzformen werden gebraucht, um das Zuviel einer Eigenschaft auszudrücken, z.B.:

Пальто тебе велико.	Der Mantel ist dir zu groß.
Ноша тяжела для ребёнка.	Die Last ist für das Kind zu schwer.
Обувь мала.	Die Schuhe sind zu klein.

d) Die Kurzformen können im Gegensatz zu den Langformen eine Eigenschaft wiedergeben, die zeitlich begrenzt auftritt, z.B.:

	aber:	
Руки у него чисты.		Руки у него чистые.
Er hat (jetzt) saubere Hände.		Er hat (immer) saubere Hände.
Мать была больна.		Мать больная.
Die Mutter war krank.		Die Mutter ist ein kranker Mensch.
Лицо его спокойно.		Движения его спокойные.
Sein Gesicht zeigt einen ruhigen Ausdruck.		Seine Bewegungen sind ruhig. (= Er zeichnet sich durch ruhige Bewegungen aus.)

e) Stets in der Kurzform steht das prädikative Adjektiv am Satzanfang:

Широка страна моя родная... Weit ist mein Heimatland ...

f) Die Kurzformen werden gewöhnlich gebraucht, wenn vom Prädikativum ein Objekt oder eine Adverbialbestimmung abhängig ist.

Мы готовы к отъезду.	Wir sind zur Abfahrt bereit.
Она была больна ангиной.	Sie war an Angina erkrankt.
Мой брат способен к музыке.	Mein Bruder ist für Musik begabt.
Мой дедушка слаб здоровьем.	Mein Großvater ist von schwacher Gesundheit.

g) In der Kurzform stehen Adjektive, die aus Partizipien entstanden sind:

Ему присущ оптимизм.	Kennzeichnend für ihn ist sein Optimismus.
Задача невыполнима.	Die Aufgabe ist undurchführbar.

h) Die Kurzform steht bei это als Subjekt:

Мне теперь это ясно.	Mir ist das jetzt klar.

DIE STEIGERUNG DER ADJEKTIVE

Die meisten Qualitätsadjektive haben außer der Grundform (= Positiv) zwei Steigerungsformen: den Komparativ und den Superlativ. Dabei sind Komparativ und Superlativ jeweils durch zwei Formen vertreten – durch eine einfache (= synthetische) Form und eine zusammengesetzte (= analytische) Form.

I. Der Komparativ

1. Die Bildung des einfachen Komparativs

Der einfache Komparativ ist nach Genus, Numerus und Kasus unveränderlich. Er **219** wird durch Anfügen der Suffixe **-ee (-ей), -e, -ше** an den Adjektivstamm gebildet; dabei ist das Komparativsuffix **-ee (-ей)** produktiv.

a) **-ee (-ей)**

-ee (-ей) wird an den Stamm des Adjektivs angefügt, wenn dieser auf Konsonant – außer **г, к, х, д, т, ст** – auslautet. Das Suffix **-ей** steht vorzugsweise in der Umgangssprache, bisweilen auch aus rhythmischen Gründen in der gebundenen Rede der Kunstdichtung.

ва́жный	wichtig	– важне́е (важне́й)
ве́рный	richtig, wahr	– верне́е (верне́й)
весёлый	fröhlich	– веселе́е (веселе́й)
дли́нный	lang	– длинне́е (длинне́й)
интере́сный	interessant	– интере́снее (интере́сней)
но́вый	neu	– нове́е (нове́й)
приле́жный	fleißig	– приле́жнее (приле́жней)
све́тлый	hell	– светле́е (светле́й)
счастли́вый	glücklich	– счастли́вее (счастли́вей)
у́мный	klug	– умне́е (умне́й)

Ausnahme:

дешёвый	billig	– деше́вле

b) **-e**

-e wird an den Stamm des Adjektivs angefügt, wenn dieser auf **г, к, х, д, т, ст** auslautet, wobei der Konsonantenwechsel **г/д-ж, к/т-ч, х-ш, ст-щ** eintritt.

дорого́й	teuer, lieb	– доро́же
стро́гий	streng	– стро́же

го́рький	bitter	— го́рче
гро́мкий	laut	— гро́мче
кра́ткий	kurz	— кра́тче
кре́пкий	stark, fest	— кре́пче
лёгкий	leicht	— ле́гче
ме́лкий	klein; flach, seicht	— ме́льче
мя́гкий	weich	— мя́гче
сухо́й	trocken	— су́ше
ти́хий	still, ruhig	— ти́ше
молодо́й	jung	— моло́же
твёрдый	fest, hart	— твёрже
худо́й	schlecht, schlimm	— ху́же
бога́тый	reich	— бога́че
круто́й	steil	— кру́че
густо́й	dicht, dick	— гу́ще
просто́й	einfach	— про́ще
то́лстый	dick	— то́лще
ча́стый	oft	— ча́ще
чи́стый	rein, sauber	— чи́ще

Ausnahmen:

жёлтый	gelb	— желте́е
лю́тый	grausam	— люте́е
свято́й	heilig, hehr	— свяце́е
сы́тый	satt	— сыте́е
худо́й	mager, hager	— худе́е

Besondere Bildungen sind:

бли́зкий	nah	— бли́же
га́дкий	garstig, abscheulich	— га́же
гла́дкий	glatt, eben	— гла́же
жи́дкий	flüssig, dünn	— жи́же
коро́ткий	kurz	— коро́че
ни́зкий	niedrig	— ни́же
пло́ский	flach, eben	— пло́ще
ре́дкий	selten, spärlich	— ре́же
сла́дкий	süß	— сла́ще
у́зкий	schmal, eng	— у́же
высо́кий	hoch	— вы́ше
глубо́кий	tief	— глу́бже
широ́кий	breit	— ши́ре

c) -ше

Auf -**ше** wird der einfache Komparativ nur von wenigen Adjektiven gebildet:

большо́й	groß	— **бо́льше**
далёкий	fern, weit	— **да́льше**
до́лгий	lang	— **до́льше**
ра́нний	früh	— **ра́ньше**
(ста́рый	alt)	— **ста́рше**[1]
то́нкий	dünn, fein	— **то́ньше**

Andere Wortwurzeln liegen dem Komparativ auf -**ше** zugrunde bei:

вели́кий (= **большо́й**) groß		— **бо́льше**
ма́лый		
ма́ленький	klein	— **ме́ньше**
хоро́ший	gut	— **лу́чше**

Um eine andere Wortwurzel handelt es sich auch bei:

плохо́й	schlecht	— **ху́же**[2]

In einigen Fällen sind neben dem Komparativ auf -**ше** Formen auf -**ее** vorhanden:

большо́й	— **бо́льше, бо́лее**	**до́лгий** — **до́льше, до́лее**
вели́кий		**ра́нний** — **ра́ньше, ра́нее**
ма́лый	— **ме́ньше, ме́нее**	auch:
ма́ленький		**по́здний** — **по́зже, поздне́е**
далёкий	— **да́льше, да́лее**	

Die Formen auf -**ее** werden heute seltener gebraucht. Sie treten in der Regel nur noch als Komparativ des zugehörigen Adverbs auf (vgl. auch 466).

Der Bildungsbereich des einfachen Komparativs 220

Der einfache Komparativ kann nicht von allen Qualitätsadjektiven, die eine steigerungsfähige Eigenschaft benennen, gebildet werden.

a) Keine einfachen Komparativformen haben Qualitätsadjektive auf -**ский** (-**ско́й**), -**овый/-евый** (-**ово́й/-ево́й**) sowie einige Qualitätsadjektive

---

[1] Ста́рше ist Komparativ zu ста́рый = „alt" im Sinne des Lebensalters, Berufsalters usw. Старе́е hat die entgegengesetzte Bedeutung des Wortes нове́е.

Оте́ц ста́рше ма́тери.　　　　　Der Vater ist älter als die Mutter.

Наш дом старе́е, чем дом сосе́да.　　Unser Haus ist älter als das Haus des Nachbarn.

[2] Neben ху́же, das gleichzeitig Komparativ zu худо́й in der Bedeutung „schlecht, schlimm" ist (vgl. unter b), ist nach Angabe des Wörterbuchs der russischen Sprache von Oshegow/Obnorski als Komparativ zu плохо́й auch die Form пло́ше gebräuchlich.

auf **-ный (-нóй)**. (Z. B.: **дрýжеский** freundschaftlich; **товáрищеский** kameradschaftlich; **трагúческий** tragisch; **передовóй** fortschrittlich; **боевóй** Kampf-, kriegerisch; **больнóй** krank.)

b) Keine einfachen Komparativformen haben die meisten von Verben abgeleiteten Adjektive auf **-лый** (z. B.: **загорéлый** sonnengebräunt; **рóслый** hochgewachsen; **устáлый** müde; **хрúплый** heiser).

c) Keine einfachen Komparativformen haben häufig Adjektive mit dem Suffix **-к-**. (Z. B.: **дéрзкий** dreist, verwegen; **мéрзкий** abscheulich; **плáвкий** leicht schmelzbar; **рóбкий** schüchtern, zaghaft; **скóльзкий** glatt; **тяжкий** schwer.)

d) Keine einfachen Komparativformen haben auch einige Qualitätsadjektive, die kein Suffix enthalten: **вéтхий** alt, baufällig; **гóрдый** stolz u. a.

221 *Zur Betonung der einfachen Komparativformen*

a) Die Komparativformen auf **-e** und **-ше** sind stets stammbetont, vgl.: **грóмче, лéгче, тúше, вы́ше, нúже, шúре, бóльше, мéньше.**

b) Die Betonung der Komparativformen auf **-ee (-ей)** stimmt allgemein mit der Betonung der weiblichen Kurzform im Positiv überein, vgl.:

вéрный	— **вернá**	— **вернéе**
нóвый	— **новá**	— **новéе**
счастлúвый	— **счастлúва**	— **счастлúвей**

Ausnahme: **здоровéе (**obwohl **здорóва)**

222 **2. Die Bildung des zusammengesetzten Komparativs**

Zusammengesetzte Komparativformen können von sämtlichen Qualitätsadjektiven gebildet werden.

Man bildet den zusammengesetzten Komparativ durch Vorsetzen von **бóлее**[1] vor den

---

[1] Zu den zusammengesetzten Komparativformen rechnet man bisweilen auch Zusammensetzungen mit **мéнее** = „weniger“:

мéнее вáжный вопрóс   = eine weniger wichtige Frage

мéнее интерéсная кнúга   = ein weniger interessantes Buch.

Positiv des Adjektivs[1]. **Бо́лее** ist unveränderlich, während der Positiv mit dem zugehörigen Substantiv in Genus, Numerus und Kasus übereinstimmt.

бо́лее ва́жный вопро́с	= eine wichtigere Frage
бо́лее интере́сная кни́га	= ein interessanteres Buch
бо́лее глубо́кое о́зеро	= ein tieferer See
бо́лее све́тлые ко́мнаты	= hellere Zimmer

3. Komparativformen auf -ший 223

Eine besondere Gruppe bilden einige wenige deklinierbare Steigerungsformen auf -ший, die auf alte Komparativformen zurückgehen und zu einem Teil auch Superlativbedeutung haben können. Hierher gehören vier antonyme Paare:

бо́льший	größerer
ме́ньший	kleinerer, geringerer
ста́рший	älterer, ältester; ranghöherer; (erstgeborener)[2]
мла́дший	jüngerer, jüngster; rangniederer; (letztgeborener)[2]
вы́сший	höherer, höchster; oberster; bester
ни́зший	niedrigerer, niederer, niedrigster; schlechtester
лу́чший	besserer, bester
ху́дший	schlechterer, schlimmerer, schlechtester

Die Steigerungsformen auf -ший werden nur sehr begrenzt gebraucht. Zumeist treten sie in feststehenden Wendungen oder Begriffen auf, z.B.:

бо́льшая часть	= der größere Teil
бо́льшей ча́стью	= größtenteils
с бо́льшим внима́нием	= mit größerer Aufmerksamkeit
ме́ньшая часть	= der kleinere Teil
по ме́ньшей ме́ре	= mindestens
с неме́ньшей тща́тельностью	= mit nicht weniger Sorgfalt
из дву́х зол вы́брать ме́ньшее	= das kleinere Übel wählen
вы́сшее уче́бное заведе́ние	= Hochschule
вы́сшее образова́ние	= Hochschulbildung

---

[1] Es kommen neuerdings auch Fälle vor, in denen бо́лее (oder ме́нее) mit einer Kurzform verbunden wird:

Не ме́нее ва́жно нали́чие кана́ла и для се́льского хозя́йства.	Nicht weniger wichtig ist das Vorhandensein des Kanals auch für die Landwirtschaft.

[2] Ста́рший und мла́дший haben in der Bedeutung „erstgeborener" und „letztgeborener" sogar eine selbständige Positivbedeutung.

вы́сшая матема́тика	= höhere Mathematik
мла́дшее поколе́ние	= die jüngere Generation
ста́рший лейтена́нт	= Oberleutnant
ста́рший врач	= Oberarzt

4. Zum Gebrauch der Komparativformen

A. DIE SYNTAKTISCHE FUNKTION DER KOMPARATIVFORMEN[1]

224 a) *Der zusammengesetzte Komparativ*

Die zusammengesetzten Komparativformen werden sowohl attributiv als auch prädikativ gebraucht:

attributiv:

Сего́дня был бо́лее тёплый день, чем вчера́.	Heute war ein wärmerer Tag als gestern.
Я не зна́ю бо́лее ва́жного вопро́са.	Ich kenne keine wichtigere Frage.
Он прие́хал с бо́лее ра́нним по́ездом.	Er kam mit einem früheren Zug an.
Она́ была́ в бо́лее све́тлом пла́тье, чем сестра́.	Sie hatte ein helleres Kleid an als ihre Schwester.
Я купи́л себе́ бо́лее интере́сную кни́гу, чем та, кото́рую я чита́л две неде́ли наза́д.	Ich habe mir ein interessanteres Buch als das gekauft, welches ich vor zwei Wochen las.

prädikativ:

Э́тот дом бо́лее краси́вый, чем сосе́дний.	Dieses Haus ist schöner als das Nachbarhaus.
Дере́вья там бо́лее высо́кие, чем у нас в па́рке.	Die Bäume sind dort höher als bei uns im Park.

---

[1] Der „unechte" Komparativ des Deutschen, der den geringeren Grad einer Eigenschaft ausdrückt, wird im Russischen durch lexikalische Mittel wiedergegeben, z.B.:

ein älterer Mensch	= немолодо́й челове́к
eine kleinere Erzählung	= небольшо́й расска́з
eine größere Summe	= дово́льно значи́тельная су́мма

b) *Der einfache Komparativ* **225**

Die einfachen Komparativformen werden vorwiegend prädikativ gebraucht:

Москва́ бо́льше Ленингра́да.	Moskau ist größer als Leningrad.
Во́лга длинне́е Днепра́.	Die Wolga ist länger als der Dnepr.
Зи́мние дни коро́че ле́тних.	Die Wintertage sind kürzer als die Sommertage.
За́пах фиа́лки слабе́е за́паха ла́ндыша.	Der Duft des Veilchens ist schwächer als der des Maiglöckchens.
Он моло́же меня́ на два го́да.	Er ist zwei Jahre jünger als ich.

Die einfachen Komparativformen können besonders in der Umgangssprache auch in attributiver Funktion gebraucht werden. Sie sind dabei dem Substantiv nachgestellt und häufig durch **по-** präfigiert (vgl. auch 227, b).

Он на́нял кварти́ру побо́льше ста́рой.	Er mietete eine etwas größere Wohnung als die alte.
Покажи́те мне, пожа́луйста, ко́мнату подеше́вле.	Zeigen Sie mir bitte ein etwas billigeres Zimmer.
Я не встреча́л челове́ка нахо́дчивее, чем ваш брат.	Ich bin (noch) keinem schlagfertigerem Menschen als Ihrem Bruder begegnet.
Да́йте мне кни́гу поинтере́снее.	Geben Sie mir ein interessanteres Buch.
Я не ви́дел мест краси́вее.	Ich habe kein schöneres Fleckchen Erde gesehen.

B. „ALS" BEIM KOMPARATIV **226**

„Als" nach dem Komparativ wird ausgedrückt:

a) durch **чем** mit dem Nominativ. Der durch **чем** ausgedrückte Vergleich wird durch Komma abgetrennt.
Vgl.:

> Сего́дня был бо́лее тёплый день, чем вчера́.
> Э́тот дом бо́лее краси́вый, чем сосе́дний.

b) durch den Genitiv des Vergleichs vorwiegend beim einfachen Komparativ.
Vgl.:

> Во́лга длинне́е Днепра́.
> Зи́мние дни коро́че ле́тних.
> Он на́нял кварти́ру побо́льше ста́рой.

227

C. GRADBESTIMMUNGEN BEIM KOMPARATIV

a) Ein verstärkter Komparativ wird durch die einfache Komparativform in Verbindung mit folgenden Adverbien bzw. Partikeln bezeichnet:

ещё	= noch
всё	= immer
гора́здо	
намно́го	
значи́тельно	} = bei weitem, viel, bedeutend
куда́	
как мо́жно	
как нельзя́	
возмо́жно	} = möglichst, so ... wie möglich[1]
по возмо́жности	
несравне́нно	= unvergleichlich

Э́то гора́здо ле́гче. Das ist weitaus leichter.
Разгово́р станови́лся всё Das Gespräch wurde immer interessanter
интере́сней и весе́лей. und fröhlicher.
Объясне́ние должно́ быть Die Erklärung muß möglichst genau sein.
как мо́жно точне́е.

b) Ein abgeschwächter oder einschränkender Komparativ wird bezeichnet:

α) durch die einfache Komparativform in Verbindung mit den Adverbien

немно́го	
не́сколько	} = ein wenig, etwas

Э́то немно́го ле́гче. Das ist etwas leichter.

β) durch Präfigierung der einfachen Komparativform mit **по-**:

Да́йте мне ко́мнату по- Geben Sie mir ein etwas größeres Zim-
бо́льше. mer.
Покажи́те мне, пожа́- Zeigen Sie mir bitte eine etwas billigere
луйста, това́р подеше́вле. Ware.

---

[1] Man beachte, daß das deutsche „möglichst, so ... wie möglich" in Verbindung mit dem Positiv im Russischen durch как мо́жно, как нельзя́, возмо́жно oder по возмо́жности mit dem Komparativ wiedergegeben wird.

II. Der Superlativ

1. Die Bildung des einfachen Superlativs

Der einfache Superlativ wird durch Anfügen von **-ейший** bzw. **-айший**[1] an den **228**
Adjektivstamm gebildet. **-айший** wird angefügt, wenn der Stamm auf **г, к, х** aus-
lautet, wobei der Konsonantenwechsel **г-ж, к-ч, х-ш** eintritt.

Die Superlativformen auf **-ейший/-айший** werden regelmäßig nach der gemisch-
ten Deklination der Adjektive gebeugt.

бога́тый	reich	—	**богате́йший, -ая, -ее; -ие**
ва́жный	wichtig	—	**важне́йший, -ая, -ее; -ие**
гла́вный	hauptsächlich	—	**главне́йший, -ая, -ее; -ие**
дли́нный	lang	—	**длинне́йший, -ая, -ее; -ие**
интере́сный	interessant	—	**интере́снейший, -ая, -ее; -ие**
но́вый	neu	—	**нове́йший, -ая, -ее; -ие**
приле́жный	fleißig	—	**приле́жнейший, -ая, -ее; -ие**
счастли́вый	glücklich	—	**счастли́вейший, -ая, -ее; -ие**
у́мный	klug	—	**умне́йший, -ая, -ее; -ие**
вели́кий	groß	—	**велича́йший, -ая, -ее; -ие**
высо́кий	hoch	—	**высоча́йший, -ая, -ее; -ие**
кра́ткий	kurz	—	**кратча́йший, -ая, -ее; -ие**
лёгкий	leicht	—	**легча́йший, -ая, -ее; -ие**
мя́гкий	weich	—	**мягча́йший, -ая, -ее; -ие**
ти́хий	still, ruhig	—	**тиша́йший, -ая, -ее; -ие**

Besondere Bildungen sind:

бли́зкий	nah	—	**ближа́йший, -ая, -ее; -ие**
ни́зкий	niedrig	—	**нижа́йший, -ая, -ее; -ие**
(дорого́й	teuer, lieb**)**	—	**дража́йший, -ая, -ее; -ие**
коро́ткий	kurz	—	**кратча́йший, -ая, -ее; -ие**
тя́жкий	schwer	—	**тягча́йший, -ая, -ее; -ие**

Zuweilen können die einfachen Superlativformen – besonders in der Buchsprache –
zum Ausdruck der Verstärkung durch **наи-** präfigiert sein. **Наи-** kann auch vor
Steigerungsformen auf **-ший** treten.

сло́жный	schwierig	—	**наисложне́йший, -ая, -ее; -ие**

---

[1] Die Formen auf **-ейший/-айший** hatten ursprünglich auch die Bedeutung des Komparativs. Darauf
weisen im heutigen Sprachgebrauch noch die Bedeutungen von **дальне́йший** = „weiterer" und **позд-
не́йший** = „späterer" hin.

стро́гий streng   —   **наистрожа́йший, -ая, -ее; -ие**
лу́чший bester   —   **наилу́чший, -ая, -ее; -ие**

229 *Der Bildungsbereich des einfachen Superlativs*

Der einfache Superlativ kann nicht von allen Qualitätsadjektiven, die eine steigerungsfähige Eigenschaft benennen, gebildet werden.

a) Keine einfachen Superlativformen haben Qualitätsadjektive auf **-ский (-ско́й)**, **-овый/-евый (-ово́й/-ево́й)** sowie einige Qualitätsadjektive auf **-ный (-но́й)**, z. B.: **дру́жеский** freundschaftlich; **коми́ческий** komisch; **делово́й** geschäftlich, sachlich; **боево́й** Kampf-, kriegerisch; **де́льный** tüchtig, vernünftig; **больно́й** krank.

b) Keine einfachen Superlativformen haben die meisten von Verben abgeleiteten Adjektive auf **-лый**, z. B.: **уста́лый** müde; **хри́плый** heiser.

c) Keine einfachen Superlativformen haben viele Adjektive mit dem Suffix **-к-**: **бо́йкий** behend, gewandt; **га́дкий** garstig, abscheulich; **гла́дкий** glatt, eben; **гро́мкий** laut; **жи́дкий** flüssig, dünn; **у́зкий** schmal, eng u. a.

d) Keine einfachen Superlativformen haben Adjektive mit den Suffixen **-ист-, -аст-**, z. B.: **корена́стый** stämmig; **бугри́стый** hügelig; **тени́стый** schattig.

e) Keine einfachen Superlativformen haben auch einige Qualitätsadjektive, die kein Suffix enthalten: **го́рдый** stolz; **молодо́й** jung; **отло́гий** leicht abfallend; **плохо́й** schlecht; **поло́гий** abschüssig; **сухо́й** trocken; **туго́й** fest, straff.

230 *Zur Betonung der einfachen Superlativformen*

a) Das Suffix **-айший** ist stets betont, vgl.: **велича́йший, легча́йший, нижа́йший, тиша́йший.**

b) Das Suffix **-ейший** ist betont:

α) wenn der entsprechende einfache Komparativ auf **-e** gebildet wird, vgl.: **богате́йший (бога́че), густе́йший (гу́ще), просте́йший (про́ще), тверде́йший (тверже́), толсте́йший (то́лще), чисте́йший (чи́ще);**

β) wenn der entsprechende einfache Komparativ auf betontes **-ee (-ей)** gebildet wird, vgl.: **важне́йший (важне́е), длинне́йший (длинне́е), нове́йший (нове́е), умне́йший (умне́е).**

In den übrigen Fällen stimmen die Formen auf **-ейший** in der Betonung mit dem Positiv überein, vgl.: **интере́снейший (интере́сный), счастли́вейший (счастли́вый), приле́жнейший (приле́жный).**

2. Die Bildung des zusammengesetzten Superlativs

a) Zusammengesetzte Superlativformen können von fast allen Qualitätsadjektiven **231** gebildet werden.

Man bildet den zusammengesetzten Superlativ durch Vorsetzen von **са́мый** vor den Positiv[1] des Adjektivs. Dabei stimmen **са́мый** und der zugehörige Positiv jeweils mit ihrem Beziehungswort in Genus, Numerus und Kasus überein.

Са́мый kann zum Ausdruck des Superlativs auch vor Steigerungsformen auf **-ший** stehen.

са́мый высо́кий дом	= das höchste Haus
са́мая высо́кая гора́	= der höchste Berg
са́мые лу́чшие ученики́	= die besten Schüler

Ein zusammengesetzter Superlativ kann besonders in der Buchsprache auch durch Vorsetzen von **наибо́лее** (und **наиме́нее**) vor den Positiv des Adjektivs[2] gebildet werden.

наибо́лее уда́чный спо́соб	= das günstigste Verfahren
наиме́нее сло́жный вопро́с	= die am wenigsten schwierige Frage

b) Speziell für den prädikativen Gebrauch wird ein zusammengesetzter Superlativ **232** durch Verbindung des einfachen Komparativs mit den Genitiven **всех** (= чем все) bzw. **всего́** (= чем всё) gebildet, z. B.:

Вот э́та карти́на доро́же всех.	Dieses Bild da ist am teuersten.
Он умне́е всех.	Er ist am klügsten, ist der Klügste.
Э́то важне́е всего́.	Das ist am wichtigsten.
А что ху́же всего́, э́то его́ неаккура́тность.	Und was am schlimmsten ist, das ist seine Nachlässigkeit.

---

[1] In der Literatursprache des 19. Jahrhunderts wurde са́мый zum Ausdruck des Superlativs mitunter auch mit Formen auf -ейший/-айший verbunden, z. B.: са́мый торже́ственнейший день = der festlichste Tag, са́мое убеди́тельнейшее доказа́тельство = der überzeugendste Beweis, са́мые просте́йшие маши́ны = einfachste Maschinen. Im modernen russischen Sprachgebrauch sind diese Formen selten.

[2] Наибо́лее kann neuerdings auch mit einer Kurzform verbunden werden:
Наибо́лее ва́жен вопро́с снабже́ния.   Am wichtigsten ist die Versorgungsfrage.

3. Zum Gebrauch der Superlativformen

A. DER SUPERLATIV[1]

Der Superlativ, d.h. der höchste Grad einer Eigenschaft, wird durch die zusammengesetzten Superlativformen sowie durch Formen auf **-ейший/-айший** und in einigen Fällen auch durch Formen auf **-ший** ausgedrückt.

233   a) *Zusammengesetzte Superlativformen*

Die zusammengesetzte Superlativform mit **са́мый** findet sowohl in der Schriftsprache als auch in der Umgangssprache weitgehend Verwendung. Sie wird vorwiegend in attributiver Funktion gebraucht, kann aber auch als Prädikat auftreten.

Во́лга — са́мая дли́нная река́ в Евро́пе.	Die Wolga ist der längste Fluß in Europa.
Байка́л — са́мое глубо́кое о́зеро в ми́ре.	Der Baikalsee ist der tiefste See der Welt.
Тури́сты хоте́ли подня́ться на са́мую высо́кую верши́ну.	Die Touristen wollten den höchsten Gipfel ersteigen.
Арте́к — са́мый большо́й пионе́рский ла́герь в Сове́тском Сою́зе.	Das Pionierlager Artek ist das größte Pionierlager in der Sowjetunion.
С. Я. Марша́к — оди́н из са́мых люби́мых де́тских писа́телей в Сове́тском Сою́зе.	S. J. Marschak ist einer der beliebtesten Kinderschriftsteller in der Sowjetunion.
Ва́ся Ефре́мов — са́мый приле́жный из ученико́в.	Wasja Jefremow ist der fleißigste unter den Schülern, ist der fleißigste Schüler.
Э́тот сорт ча́я са́мый лу́чший.	Diese Teesorte ist die beste.

Der durch den einfachen Komparativ in Verbindung mit den Genitiven **всех** bzw. **всего́** ausgedrückte Superlativ steht ausschließlich in prädikativer Funktion (vgl. 232).

234   b) *Superlativformen auf* **-ейший/-айший, -ший**

Die Formen auf **-ейший/-айший** sowie die Formen auf **-ший** werden vorzugsweise in der Schriftsprache und fast nur in attributiver Funktion gebraucht.

---

[1] Mit dem Terminus Superlativ wird sowohl bedeutungsmäßig-syntaktisch die Höchststufe einer Eigenschaft bezeichnet als auch die Wortform zum Ausdruck dieser Höchststufe.

Важне́йшие города́ РСФСР — Москва́ и Ленингра́д.	Die wichtigsten Städte der RSFSR sind Moskau und Leningrad.
Ла́дожское о́зеро — велича́й- шее о́зеро в Евро́пе.	Der Ladogasee ist der größte See in Europa.
На́ша важне́йшая зада́ча — вы́полнить план.	Unsere wichtigste Aufgabe ist es, den Plan zu erfüllen.
Лев — сильне́йший из хи́щ- ных звере́й.	Der Löwe ist das stärkste Raubtier.
Вы́сшим о́рганом госуда́рст- венной вла́сти СССР явля́ется Верхо́вный Сове́т СССР.	Das höchste Organ der Staatsmacht der UdSSR ist der Oberste Sowjet der UdSSR.
К лу́чшим сце́нам траге́дии принадлежи́т восьма́я.	Zu den besten Szenen der Tragödie gehört die achte.

B. DER ELATIV 235

Häufig stehen die Formen auf **-ейший/-айший**, selten die Formen mit **са́мый** in der Bedeutung des Elativs. Der Elativ bezeichnet den sehr hohen Grad einer Eigenschaft ohne tatsächlichen Vergleich. Er wird im Deutschen meistens durch „sehr", „ganz", „höchst", „außerordentlich", „äußerst" in Verbindung mit dem Positiv wiedergegeben.

крупне́йший учёный	ein sehr großer Gelehrter
велича́йший писа́тель	ein sehr großer, sehr bedeutender Schrift- steller
добре́йший челове́к	ein sehr guter, herzensguter Mensch
крепча́йший чай	ein sehr starker Tee
интере́снейшая кни́га	ein äußerst interessantes Buch
са́мое просто́е де́ло	eine ganz einfache Sache

Ein Elativ kann in der Umgangssprache auch durch Präfigierung mit **пре-**, seltener mit **раз- (рас-)**, in der Buchsprache auch durch Präfigierung mit **все-, сверх-, архи-, ультра-** ausgedrückt werden (vgl. 251).

предо́брый (предобре́йший) челове́к	= ein sehr guter, herzensguter Mensch
прехоло́дный ве́тер	= ein sehr kalter, eiskalter Wind
пренеприя́тное изве́стие	= eine äußerst unangenehme Nachricht
расчуде́сная пого́да	= ein ganz prachtvolles Wetter
сверхкурьёзное приключе́ние	= ein äußerst kurioses Abenteuer

DIE GATTUNGSADJEKTIVE AUF -ИЙ, -ЬЯ, -ЬЕ

236　　　　I. Bedeutung und Bildung

Eine besondere Gruppe unter den Beziehungsadjektiven stellen die auf -**ий, -ья, -ье; -ьи** gebildeten Gattungsadjektive dar, die die Zugehörigkeit zu einer Gruppe von Lebewesen – häufig zu einer Gattung von Tieren – bezeichnen, z. B.:

соба́чий лай	= Hundegebell
ли́сья нора́	= Fuchshöhle, Fuchsbau
воро́нье гнездо́	= Krähennest
во́лчьи следы́	= Wolfsspuren

Mitunter drücken Gattungsadjektive auf -**ий, -ья, -ье** von Tierbezeichnungen auch die materielle Beschaffenheit aus (z. B.: **медве́жья шу́ба** = Bärenpelz, Bärenfellmantel). Selten treten Gattungsadjektive auf -**ий, -ья, -ье** in qualitativer Bedeutung auf (z. B.: **оказа́ть кому́-нибудь медве́жью услу́гу** = jemand(-em) einen Bärendienst erweisen).

Die Bildung dieser Gattungsadjektive erfolgt durch Anfügen von -**ий, -ья, -ье; -ьи**[1] an den Stamm von Substantiven, die Lebewesen benennen. Stammauslautende **г, д, к, ц, т, х** unterliegen dabei dem Konsonantenwechsel **г/д-ж, к/ц/т-ч, х-ш.**

волк	Wolf	— во́лчий, -ья, -ье; -ьи
коза́	Ziege	— ко́зий, -ья, -ье; -ьи
коро́ва	Kuh	— коро́вий, -ья, -ье; -ьи
лиса́	Fuchs	— ли́сий, -ья, -ье; -ьи
медве́дь	Bär	— медве́жий, -ья, -ье; -ьи
ры́ба	Fisch	— ры́бий, -ья, -ье; -ьи

---

[1] Vom Standpunkt der Phonetik aus erfolgt die Bildung dieser Gattungsadjektive mit dem Suffix [j], an das man im Nominativ die substantivischen Endungen -a (weibl.), -e (sächl.), -и (Plur.) anfügt: ли́сья = ли[с'j-а], ли́сье = ли[с'j-е], ли́сьи = ли[с'j-и].. Der männliche Nominativ Singular ist endungslos; vor dem Suffix [j] ist ein flüchtiges и eingeschoben: ли́сий = ли[с'иj].
Außer in den Nominativformen liegt eine substantivische Endung auch im weiblichen Akkusativ Singular vor: ли́сью = ли[с'j-у]. Die übrigen Deklinationsendungen sind adjektivisch.

деви́ца	Mädchen	— **деви́чий, -ья, -ье; -ьи**
охо́тник	Jäger	— **охо́тничий, -ья, -ье; -ьи**
поме́щик	Großgrundbesitzer	— **поме́щичий, -ья, -ье; -ьи**
рыба́к	Fischer	— **рыба́чий, -ья, -ье; -ьи**
челове́к	Mensch	— **челове́чий, -ья, -ье; -ьи**

Bei der Ableitung von Bezeichnungen von Tierjungen wird der Pluralstamm zugrunde gelegt, z. B.:

поросёнок	Ferkel, Pl. **порося́та**	— **порося́чий, -ья, -ье; -ьи**
телёнок	Kalb, Pl. **теля́та**	— **теля́чий, -ья, -ье; -ьи**
утёнок	Entenkücken, Pl. **утя́та**	— **утя́чий, -ья, -ье; -ьи**

Ähnliche Bildungen sind:

ребя́чий, -ья, -ье; -ьи (ребя́та)	= Kinder-
коша́чий, -ья, -ье; -ьи (ко́шка)	= Katzen-
свиня́чий, -ья, -ье; -ьи (свинья́)	= Schweine-, Schweins-

II. Die Deklination   **237**

Die Gattungsadjektive auf **-ий, -ья, -ье** werden im wesentlichen wie Adjektive mit weichem Stammauslaut dekliniert. Besonderes Kennzeichen dieser Gattungsadjektive ist dabei das Weichheitszeichen vor sämtlichen Deklinationsendungen mit Ausnahme des männlichen Nominativs Singular.

Kasus	Singular			Plural
	männl.	sächl.	weiblich	alle 3 Geschlechter
Nom.	**ли́сий**	**ли́сье**	**ли́сья**	**ли́сьи**
Gen.	**ли́сьего**		**ли́сьей**	**ли́сьих**
Dat.	**ли́сьему**		**ли́сьей**	**ли́сьим**
Akk.	wie Nom.	**ли́сье**	**ли́сью**	wie Nom.
	od. Gen.			od. Gen.
Instr.	**ли́сьим**		**ли́сьей**	**ли́сьими**
Präp.	**(о) ли́сьем**		**(о) ли́сьей**	**(о) ли́сьих**

DIE POSSESSIVADJEKTIVE AUF -OB/-EB, -ИН/-ЫН

238   I. Bedeutung und Bildung

Eine weitere Sondergruppe der Beziehungsadjektive sind die Possessivadjektive auf
-ов, -ова, -ово (-ев, -ева, -ево) und **-ин, -ина, -ино (-ын, -ына, -ыно)**,
die ein Besitzverhältnis oder die Zugehörigkeit zu einer Person ausdrücken, z.B.:

отцо́в брат	= Vaters Bruder
отцо́ва сестра́	= Vaters Schwester
се́стрин велосипе́д	= das Fahrrad der Schwester
се́стрина кни́га	= das Buch der Schwester
отцо́во пальто́	= Vaters Mantel
На́дино письмо́	= Nadjas Brief
отцо́вы слова́	= die Worte des Vaters
се́стрины пла́тья	= die Kleider der Schwester

Possessivadjektive auf **-ов, -ова, -ово (-ев, -ева, -ево)** werden in der Haupt-
sache[1] von männlichen, konsonantisch auslautenden Substantiven abgeleitet, die Per-
sonen bezeichnen. Dabei steht **-ов, -ова, -ово** nach hartem Konsonanten, **-ев, -ева,
-ево** nach weichem Konsonanten und Zischlaut im Stammauslaut.

дед	Großvater	— **де́дов, -а, -о; -ы**
до́ктор	Arzt	— **до́кторов, -а, -о; -ы**
бригади́р	Brigadier	— **бригади́ров, -а, -о; -ы**
оте́ц	Vater	— **отцо́в, -а, -о; -ы**
стари́к	Greis	— **старико́в, -а, -о; -ы**
роди́тели	Eltern	— **роди́телев, -а, -о; -ы**
учи́тель	Lehrer	— **учи́телев, -а, -о ; -ы**
сле́сарь	Schlosser	— **сле́сарев, -а, -о; -ы**
ткач	Weber	— **ткачёв, -а, -о; -ы**

Possessivadjektive auf **-ин, -ина, -ино (-ын, -ына, -ыно)** werden hauptsächlich
von Substantiven auf **-а, -я** gebildet, die Personen bezeichnen. Dabei steht allgemein

---

[1] Selten sind Ableitungen von Tierbezeichnungen, die bisweilen in der Volksdichtung, besonders in
Märchen, auftreten; z.B.: козёл (Ziegenbock) – козло́в, -а, -о; гусь (Gans) – гу́сев, -а, -о;
ко́шка(Katze) – ко́шкин, -а, -о; ку́рица (Huhn, Henne) – ку́рицын, -а, -о. Entsprechende Bil-
dungen finden sich auch in feststehenden Wendungen wie крокоди́ловы слёзы = Krokodilstränen.

-ин, nach **ц -ын**[1]. Häufig sind Ableitungen von Verwandtschaftsbezeichnungen und von den Koseformen der Vornamen.

ба́бушка	Großmutter	—	ба́бушкин, -а, -о; -ы
дя́дя	Onkel	—	дя́дин, -а, -о; -ы
ма́ма	Mama, Mutti	—	ма́мин, -а, -о; -ы
па́па	Papa, Vati	—	па́пин, -а, -о; -ы
тётя	Tante	—	тётин, -а, -о; -ы
сестра́	Schwester	—	се́стрин, -а, -о; -ы
сестри́ца	Schwesterchen	—	сестри́цын, -а, -о; -ы

Ва́ся	— Ва́син, -а, -о; -ы
Воло́дя	— Воло́дин, -а, -о; -ы
Ко́ля	— Ко́лин, -а, -о; -ы
На́дя	— На́дин, -а, -о; -ы
Оля	— Олин, -а, -о; -ы
Ма́ша	— Ма́шин, -а, -о; -ы

Possessivadjektive auf **-ов (-ев), -ин (-ын)** werden verhältnismäßig selten gebraucht. Vielfach steht in entsprechender Funktion ein possessiver Genitiv; in einigen Fällen kann auch eine Ableitung vom Possessivadjektiv auf **-ский** gebraucht werden.

отцо́в дом	— дом отца́, отцо́вский дом
де́дов сад	— сад де́да, де́довский сад
се́стрина кни́га	— кни́га сестры́

II. Die Deklination 239

Die Possessivadjektive auf **-ов, -ова, -ово (-ев, -ева, -ево)** und **-ин, -ина, -ино (-ын, -ына, -ыно)** werden teils wie Adjektive, teils wie Substantive dekliniert.

---

[1] Besondere Bildungen sind ма́терин, -а, -о und до́черин, -а, -о sowie einige seltene Ableitungen auf -нин: муж – му́жнин, -а, -о; брат – бра́тнин, -а, -о; зять (Schwiegersohn, Schwager) – зя́тнин, -а, -о.

Substantivische Endungen haben der Nominativ, Genitiv[1], Dativ[1] und Akkusativ Singular männlichen und sächlichen Geschlechts, der Nominativ und Akkusativ Singular weiblichen Geschlechts sowie der Nominativ bzw. Akkusativ Plural aller drei Geschlechter. Die übrigen Deklinationsendungen entsprechen den Endungen der Adjektive mit hartem Stammauslaut.

Kasus	Singular			Plural
	männl.	sächl.	weibl.	alle 3 Geschlechter
отцо́в, -а, -о; -ы Vaters, des Vaters, dem Vater gehörig				
Nom.	отцо́в	отцо́во	отцо́ва	отцо́вы
Gen.	отцо́ва		отцо́вой	отцо́вых
Dat.	отцо́ву		отцо́вой	отцо́вым
Akk.	wie Nom. od. Gen.	отцо́во	отцо́ву	wie Nom. od. Gen.
Instr.	отцо́вым		отцо́вой	отцо́выми
Präp.	(об) отцо́вом		(об) отцо́вой	(об) отцо́вых
сёстрин, -а, -о; -ы Schwesters, der Schwester, der Schwester gehörig				
Nom.	сёстрин	сёстрино	сёстрина	сёстрины
Gen.	сёстрина		сёстриной	сёстриных
Dat.	сёстрину		сёстриной	сёстриным
Akk.	wie Nom. od. Gen.	сёстрино	сёстрину	wie Nom. od. Gen.
Instr.	сёстриным		сёстриной	сёстриными
Präp.	(о) сёстрином		(о) сёстриной	(о) сёстриных

---

[1] Bei den Possessivadjektiven auf -ин (-ын) werden allerdings im modernen Sprachgebrauch die substantivischen Endungen des Genitivs und Dativs Singular männlichen und sächlichen Geschlechts immer mehr durch die entsprechenden adjektivischen Endungen verdrängt, z.B.:

Это был го́род па́пиного де́тства.	Das war die Stadt, in der Papa seine Kindheit verlebt hat.
Алексе́й вы́нул из конве́рта листы́ О́линого письма́.	Alexei zog die Blätter von Olgas Brief aus dem Umschlag.
Он дал письмо́ Алёшкиному отцу́.	Er gab den Brief Aljoschkas Vater.

Familien- und Ortsnamen mit den Suffixen -ов (-ев), -ин (-ын)   **240**

Auf Possessivbildungen mit den Suffixen **-ов (-ев), -ин (-ын)** gehen zahlreiche russische Familien- und Ortsnamen zurück (vgl. die Fußnote auf S. 138), z.B.:

Familiennamen:

Ивано́в, Ивано́ва　　　　　　**Фаде́ев, Шо́лохов, Некра́сов,**
Никола́ев, Никола́ева　　　　**Огарёв, Тренёв, Тру́тнева,**
Петухо́в, Петухо́ва　　　　　**Пу́шкин, Ре́пин, Фе́дин**
Бело́в, Бело́ва
Щу́кин, Щу́кина

Ortsnamen:

Льво́в, Ха́рьков (erg. ursprüngl. **го́род**),
Ки́ев, Тамбо́в, Ку́йбышев,
Росто́в, Черни́гов, Кишинёв;
Бородино́, Ива́ново (erg. ursprüngl. **село́**),
Ке́мерово, Ма́рьино, Ка́шино

Die Familiennamen auf **-ов(а)/-ев(а)** und **-ин(а)/-ын(а)** werden wie die entsprechenden Possessivadjektive dekliniert. Nur der Präpositiv Singular der männlichen Namensform endet abweichend auf **-е**.

Kasus	Singular		Plural
	männliche Namensform	weibliche Namensform	
Nom.	**Петро́в**	**Петро́ва**	**Петро́вы**
Gen.	**Петро́ва**	**Петро́вой**	**Петро́вых**
Dat.	**Петро́ву**	**Петро́вой**	**Петро́вым**
Akk.	**Петро́ва**	**Петро́ву**	**Петро́вых**
Instr.	**Петро́вым**	**Петро́вой**	**Петро́выми**
Präп.	**(о) Петро́ве**	**(о) Петро́вой**	**(о) Петро́вых**

Die Ortsnamen auf **-ов(о)/-ев(о)** und **-ин(о)/-ын(о)** werden durchgehend wie Substantive (der I. Deklination) dekliniert.

12

241   SUBSTANTIVIERTE ADJEKTIVE

Adjektive können zuweilen in der Bedeutung von Substantiven gebraucht werden. Die Adjektive erhalten dabei wie ein Substantiv ein selbständiges Genus und die Fähigkeit, ein Attribut bei sich zu haben.

Adjektiv:	*Substantiv:*
Я посетил больно́го това́рища.	Врач посети́л тифо́зного больно́го.
Ich besuchte einen kranken Kameraden.	Der Arzt besuchte einen Typhuskranken.
Столо́вая посу́да вы́чищена.	На́ша столо́вая уже́ откры́та.
Das Eßgeschirr ist abgewaschen.	Unser Speisesaal ist schon geöffnet.
Я о́чень люблю́ свой родно́й го́род.	У него́ не́ было ни знако́мых, ни родны́х.
Ich liebe meine Heimatstadt sehr.	Er hatte weder Bekannte noch Verwandte.
Мы купи́ли но́вую кни́гу об исто́рии рабо́чего движе́ния.	На берега́х Чёрного мо́ря отдыха́ют рабо́чие и слу́жащие.
Wir kauften ein neues Buch über die Geschichte der Arbeiterbewegung.	An den Ufern des Schwarzen Meeres erholen sich Arbeiter und Angestellte.

Zuweilen ist der Übergang vom Adjektiv zum Substantiv mit einer gewissen Bedeutungsänderung verknüpft, z. B.:

лёгкий	leicht	— лёгкие, -их	(Pl.) Lunge
ма́лый	klein	— ма́лый, -ого	Bursche, Junge
жа́ркий	heiß, heftig	— жарко́е[1], -о́го	Braten, Gebratenes
сла́дкий	süß	— сла́дкое, -ого	Süßspeise, Nachtisch
дома́шний	häuslich, Haus-	— дома́шние, -их	(Pl.) Hausangehörige, Familienangehörige
сме́ртный	sterblich, Todes-	— сме́ртный, -ого	Sterblicher, Mensch

In einigen Fällen sind Adjektive völlig zu Substantiven geworden und nicht weiter als Adjektive gebräuchlich.

вселе́нная, -ой	Weltall
гости́ная, -ой	Gastzimmer
запята́я, -о́й	Komma

---

[1] Man beachte die unterschiedliche Betonung von Adjektiv und Substantiv.

кладова́я, -о́й Lager, Vorratskammer	на́бережная, -ой Kai, Strandpromenade
лесни́чий, -его Förster	пиро́жное, -ого Kuchen
ле́ший, -его Waldgeist	портно́й, -о́го Schneider
мостова́я, -о́й Pflaster, Fahrdamm	пра́чечная, -ой Wäscherei

ZUR WORTBILDUNG DER ADJEKTIVE

Neben den nichtabgeleiteten Adjektiven wie но́вый, ста́рый, хоро́ший, бе́лый **242** verfügt die russische Sprache über eine große Zahl von Adjektiven, die aus anderen Wortarten oder von anderen Adjektiven abgeleitet sind.

Abgeleitete Adjektive werden gebildet:

1. durch Suffigierung (интере́с — интере́с<u>н</u>ый);
2. durch Präfigierung (ва́жный — <u>не</u>ва́жный);
3. durch Präfigierung und Suffigierung (за рубежо́м — <u>за</u>рубе́ж<u>н</u>ый);
4. durch Zusammensetzung (нау́чный и популя́рный — нау́чно-популя́рный).

Zur Wortbildung der Adjektive gehört auch der Übergang von Wörtern anderer Wortarten in Adjektive, vgl. (391).

I. Die Bildung von Adjektiven durch Suffigierung

Die Bildung von Adjektiven durch Suffixe ist die häufigste Art der adjektivischen **243** Wortbildung. Mit Hilfe von Suffixen werden Adjektive vielfach von Substantiven, seltener von Verben, Adverbien, Zahlwörtern und anderen Adjektiven abgeleitet. Nach der Zugehörigkeit der abgeleiteten Adjektive zur Gruppe der Qualitäts- oder Beziehungsadjektive faßt man die Adjektivsuffixe in drei Gruppen zusammen:

1. Suffixe zur Bildung von Qualitätsadjektiven;
2. Suffixe zur Bildung von Beziehungsadjektiven;
3. Suffixe zur Bildung von Qualitäts- und Beziehungsadjektiven.

Eine besondere Gruppe innerhalb der Adjektivsuffixe bilden die Suffixe der subjektiven Einschätzung.

Die wichtigsten Suffixe[1] der verschiedenen Gruppen der adjektivischen Wortbildung sind im einzelnen folgende:

---

[1] Bei der Angabe der Suffixe wird allgemein vom Schriftbild ausgegangen. Nur bei den Suffixen -н'-, -шн'- der Beziehungsadjektive (S. 183/184) wurde die phonetische Wiedergabe gewählt, um klar hervorzuheben, daß diese Suffixe zur Bildung von Adjektiven mit weichem Stammauslaut dienen.

244   1. Suffixe zur Bildung von Qualitätsadjektiven

Die wichtigsten Suffixe, mit denen nur Qualitätsadjektive gebildet werden
können, sind:

-к-*[1]

гро́мкий	(гром)	laut
зво́нкий	(звон)	schallend, klingend
ни́зкий	(низ)	niedrig, tief
бли́зкий	(близ – Präpos.)	nahe
кре́пкий	(крепи́ть)	stark, fest
но́ский	(носи́ть)	dauerhaft, haltbar (im Tragen)
пла́вкий	(пла́вить)	leicht schmelzbar

In einigen Fällen ist die Ableitung nicht mehr genau zu erkennen, z.B.:
жу́ткий = unheimlich; коро́ткий = kurz; кра́ткий = kurz; тя́жкий
= schwer; у́зкий = schmal, eng.

-л-*

быва́лый	(быва́ть)	dagewesen, geschehen
загоре́лый	(загоре́ть vo.)	sonnengebräunt
зре́лый	(зреть)	reif, gereift
мёрзлый	(мёрзнуть)	gefroren, durchgefroren
осироте́лый	(осироте́ть vo.)	verwaist
отста́лый	(отста́ть vo.)	rückständig, zurückgeblieben
сме́лый	(сметь)	kühn, tapfer
уме́лый	(уме́ть)	geschickt, gewandt
уста́лый	(уста́ть vo.)	müde, matt
устаре́лый	(устаре́ть vo.)	veraltet, unmodern
хри́плый	(хри́пнуть)	heiser

---

[1] Mit einem Sternchen sind hier wie bei der Wortbildung des Substantivs (vgl. die Fußnote 2 auf
S. 117) die Suffixe der produktiven Typen der adjektivischen Wortbildung gekennzeichnet; schwach
produktive Suffixe bleiben – wie bei der Wortbildung des Substantivs – unbezeichnet.

Nicht mit dem Suffix -к- gebildet sind die Adjektive auf -цкий (неме́цкий, чехословя́цкий, ткя́ц-
кий). Bei diesen Adjektiven liegt eine Abwandlung des Suffixes -ск- vor, vgl. Fußnote 1 auf S. 185.

-ист-*

боло́тистый	(боло́то)	sumpfig
волни́стый	(волна́)	wellig, hügelig
камени́стый	(ка́мень)	steinig
плечи́стый	(плечо́)	breitschultrig
тени́стый	(тень)	schattig
холми́стый	(холм)	hügelig, wellig

-ив-, -лив-*, **-чив-***

игри́вый	(игра́)	scherzhaft, spielerisch
лени́вый	(лень)	faul, träge
лжи́вый	(ложь, лжи)	verlogen
ми́лостивый	(ми́лость)	gnädig
фальши́вый	(фальшь)	falsch, unaufrichtig
дождли́вый	(дождь)	regnerisch
приве́тливый	(приве́т)	herzlich, freundlich
счастли́вый	(сча́стье)	glücklich
тала́нтливый	(тала́нт)	talentvoll
торопли́вый	(торопи́ться)	eilig, hastig
пугли́вый	(пуга́ться)	scheu, furchtsam
заду́мчивый	(заду́мываться, заду́маться vo.)	nachdenklich, gedankenvoll
дове́рчивый	(доверя́ться, дове́риться vo.)	zutraulich, leichtgläubig
изме́нчивый	(изменя́ться, измени́ться vo.)	veränderlich
усту́пчивый	(уступа́ть, уступи́ть vo.)	nachgiebig, entgegenkommend

-ит-, -овит-/-евит-

знамени́тый	(зна́мя, зна́мени)	berühmt
имени́тый	(и́мя, и́мени)	angesehen, vornehm
серди́тый	(серди́ться)	böse, zornig
делови́тый	(де́ло)	sachlich
дарови́тый	(дар)	begabt
плодови́тый	(плод)	fruchtbar
ядови́тый	(яд)	giftig
глянцеви́тый	(гля́нец, -нца)	glänzend

-ав-/-яв-, -ляв-

крова́вый	(кровь)	blutig, blutrot
дыря́вый	(дыра́)	durchlöchert, löchrig
кудря́вый	(ку́дри, Pl.)	lockig, gelockt
костля́вый	(кость)	knochig, grätig

-ат-, -чат-[1]

борода́тый	(борода́)	bärtig
крыла́тый	(крыло́)	geflügelt
уса́тый	(усы́, Pl.)	schnurrbärtig
ды́мчатый	(дым)	rauchfarben
зубча́тый	(зуб)	gezahnt, gezackt

-аст-

Adjektivbildungen auf **-астый** stehen vielfach neben solchen auf **-атый**. Die Adjektive auf **-астый** drücken dabei gegenüber den Bildungen auf **-атый** eine verstärkte Eigenschaft aus.

глаза́стый	(глаз)	großäugig, scharfsichtig
зуба́стый	(зуб)	mit großen Zähnen, bissig
борода́стый	(борода́)	mit langem Bart
рога́стый	(рог)	mit großen Hörnern

-оват-/-еват-

белова́тый	(бе́лый)	weißlich
синева́тый	(си́ний)	bläulich
слабова́тый	(сла́бый)	schwächlich
темнова́тый	(тёмный)	etwas dunkel
ворова́тый	(вор)	spitzbübisch
сукова́тый	(сук)	ästig, knorrig
углова́тый	(у́гол)	eckig, ungeschickt

Das Suffix **-оват-/-еват-** drückt in Ableitungen von Adjektiven eine Verminderung oder Abschwächung aus: **кислова́тый** = etwas sauer, säuerlich.

---

[1] Das Suffix -чат- dient in einigen wenigen Fällen auch zur Bildung von Beziehungsadjektiven, z.B.: бреве́нчатый (бревно́) aus Balken.

2. Suffixe zur Bildung von Beziehungsadjektiven **245**

Die gebräuchlichsten Suffixe, mit Hilfe derer nur Beziehungsadjektive gebildet werden, sind:

-ов-/-ев-*

берегово́й	(бе́рег)	Ufer-, Küsten-
делово́й	(де́ло)	Geschäfts-, geschäftlich
кла́ссовый	(класс)	(Gesellschafts-) Klassen-
ма́ссовый	(ма́сса)	Massen-
мирово́й	(мир)	Welt-
садо́вый	(сад)	Garten-
боево́й	(бой)	Kampf-, kriegerisch
полево́й	(по́ле)	Feld-

-ан-/-ян-(-янн-)[1]

Adjektive mit dem Suffix -ан-/-ян- bezeichnen in der Regel die materielle Beschaffenheit.

деревя́нный	(де́рево)	aus Holz, hölzern
ко́жаный	(ко́жа)	aus Leder, ledern
нефтяно́й	(нефть)	Erdöl-
оловя́нный	(о́лово)	aus Zinn, zinnern
сере́бряный	(серебро́)	aus Silber, silbern
стекля́нный	(стекло́)	aus Glas, gläsern

-н'-

Adjektive mit dem Suffix -н'- sind hauptsächlich von Substantiven mit räumlicher und zeitlicher Bedeutung abgeleitet.

вече́рний	(ве́чер)	Abend-
весе́нний	(весна́)	Frühlings-
ле́тний	(ле́то)	sommerlich, Sommer-

---

[1] Doppeltes н steht gewöhnlich dann, wenn der Suffixvokal betont ist, aber beachte: полотня́ный = aus Leinen, leinen; овся́ный = Hafer-.

осе́нний	(о́сень)	herbstlich, Herbst-
зи́мний	(зима́)	winterlich, Winter-
ве́рхний	(верх)	oberer, Ober-
кра́йний	(край)	äußerster
сре́дний	(среда́)	mittlerer, Mittel-

In diese Reihe gehört auch **у́тренний (у́тро)** == Morgen-, Früh-.

-шн'-

Adjektive mit dem Suffix **-шн'-** sind von Orts- und Zeitadverbien abgeleitet.

вчера́шний	(вчера́)	gestrig
всегда́шний	(всегда́)	immerwährend, ständig
дома́шний	(до́ма)	häuslich, Haus-
за́втрашний	(за́втра)	morgig
ны́нешний	(ны́не)	jetzig, heutig
сего́дняшний	(сего́дня)	heutig
тепе́решний	(тепе́рь)	jetzig, gegenwärtig
тогда́шний	(тогда́)	damalig

Zur Bildung von Possessiv- und Gattungsadjektiven siehe (206,2 a und b), (236) und (238).

3. Suffixe zur Bildung von Qualitäts- und Beziehungsadjektiven

Die häufigsten Suffixe zur Bildung von Adjektiven sind die Suffixe **-ск-** und **-н-**, die sowohl in Qualitäts- als auch in Beziehungsadjektiven auftreten.

246

A. DAS SUFFIX **-ск-** UND SEINE ABLEITUNGEN

a) **-ск-/-еск-***

Adjektivbildungen mit dem Suffix **-ск-/-еск-** erfolgen fast ausschließlich von Substantiven, und zwar vorwiegend von Substantiven männlichen Geschlechts.

-еск- steht nach Zischlauten sowie vielfach nach stammauslautenden **г, к, х,** die vor dem Suffix dem Konsonantenwechsel **г-ж, к-ч, х-ш** unterliegen[1].
Bei Ableitung von Substantiven auf **-ия, -ие** tritt in einigen Fällen der Vokalwechsel **и-е** ein.

бра́тский	(брат)	Bruder-, brüderlich
инжене́рский	(инжене́р)	Ingenieur-
де́тский	(де́ти)	Kinder-, kindlich
вра́жеский	(враг)	feindlich
дру́жеский	(друг)	freundschaftlich
това́рищеский	(това́рищ)	kameradschaftlich
челове́ческий	(челове́к)	Menschen-, menschlich
янва́рский[2]	(янва́рь)	Januar-
ию́льский	(ию́ль)	Juli-
сентя́брьский	(сентя́брь)	September-
городско́й	(го́род)	Stadt-, städtisch
се́льский[2]	(село́)	Dorf-, Land-, ländlich
университе́тский	(университе́т)	Universitäts-
арме́йский	(а́рмия)	Armee-
гварде́йский	(гва́рдия)	Garde-
ленингра́дский	(Ленингра́д)	Leningrader
кита́йский	(Кита́й)	chinesisch
сиби́рский[2]	(Сиби́рь)	sibirisch

---

[1] Bisweilen steht nach Konsonantenwechsel in geographischen Bezeichnungen auch das Suffix -ск-:
во́лжский (Во́лга) Wolga-   оне́жский (Оне́га) Onega-
пра́жский (Пра́га) Prager   че́шский (чех) tschechisch.
Dagegen liegt in einigen neueren Ableitungen von geographischen Bezeichnungen vor -ск- kein Konsonantenwechsel vor:
каза́хский (каза́х) kasachisch   узбе́кский (узбе́к) usbekisch
таджи́кский (таджи́к) tadshikisch   нью-йо́ркский (Нью-Йо́рк) New Yorker.
In anderen Fällen wechseln stammauslautende к, ч vor dem Suffix -ск- mit ц; -ск- wird nach ц zu -к-vereinfacht, vgl. auch: неме́цкий (не́мец) — deutsch.
каза́цкий (каза́к) Kosaken-   чехослова́цкий (Чехослова́кия) tschechoslowakisch
тка́цкий (тка́ч) Weber-, Web-

[2] Für die Schreibung eines Weichheitszeichens vor -ский gilt folgende Regel:
Vor -ский steht ein Weichheitszeichen, wenn das Adjektiv von einem Substantiv abgeleitet ist, das im Stamm auf -л oder -ль auslautet (село́ — се́льский, ию́ль — ию́льский). In allen übrigen Fällen schreibt man vor -ский kein Weichheitszeichen, auch wenn das Ausgangssubstantiv auf -ь ausgeht (Сиби́рь — сиби́рский).
Ausnahmen: сентя́брьский, октя́брьский, ноя́брьский, дека́брьский, ию́ньский und день-ско́й in день-деньско́й = den lieben langen Tag.

b) Adjektivbildungen mit dem Suffix **-ск-** erfolgen auch von Substantiven und selten von Adjektiven, die ihrerseits mit Suffixen gebildet sind. Dabei vereinigen sich das Suffix **-ск-** und die entsprechenden Suffixe des Ableitungswortes zu zusammengesetzten Adjektivsuffixen.

Die wichtigsten Ableitungen des Suffixes **-ск-** sind:

-анск-/-янск-, -ианск-/-ьянск-

Den Adjektiven mit den Suffixen **-анск-/-янск-, -ианск-/-ьянск-** entsprechen Substantive mit den Suffixen **-анец (-янец), -ианец (-ьянец).**

америка́нский	(америка́нец)	amerikanisch
африка́нский	(африка́нец)	afrikanisch
венециа́нский	(венециа́нец)	venezianisch
италья́нский	(италья́нец)	italienisch

-ическ- (-истическ-)*

Den Adjektiven auf **-ический** stehen zumeist Substantive auf **-ик, -ика, -ия** gegenüber, den Adjektiven auf **-истический** Substantive auf **-ист.**

климати́ческий	(кли́мат)	klimatisch
сцени́ческий	(сце́на)	szenisch, Bühnen-
истори́ческий	(исто́рик)	historisch
хими́ческий	(хи́мик)	chemisch
педагоги́ческий	(педаго́гика)	pädagogisch
фонети́ческий	(фоне́тика)	phonetisch
биологи́ческий	(биоло́гия)	biologisch
демократи́ческий	(демокра́тия)	demokratisch
социалисти́ческий	(социали́ст)	sozialistisch
коммунисти́ческий	(коммуни́ст)	kommunistisch

-истск-

Den Adjektiven mit dem Suffix **-истск-** entsprechen Substantive auf **-изм** (bzw. auch auf **-ист**).

маркси́стский	(маркси́зм, маркси́ст)	marxistisch
большеви́стский	(большеви́зм)	bolschewistisch
меньшеви́стский	(меньшеви́зм)	menschewistisch

-(е)ческ-

Den Adjektiven mit dem Suffix **-(е)ческ-** entsprechen zumeist Substantive auf **-ец**. Adjektive auf **-ческий** werden auch von zusammengesetzten Substantiven gebildet, deren zweiter Bestandteil **-вед, -ведение, -вод, -водство** ist.

купе́ческий	(купе́ц)	kaufmännisch
земледе́льческий	(земледе́лец)	landwirtschaftlich
перево́дческий	(перево́дчик)	Übersetzer-
литературове́дческий	(литературове́дение)	literaturwissenschaftlich
языкове́дческий	(языкове́дение)	sprachwissenschaftlich
садово́дческий	(садово́дство)	Gartenbau-

-овск-/-евск-*

Den Adjektiven mit dem Suffix **-овск-/-евск-** stehen teilweise Possessivadjektive auf **-ов/-ев** gegenüber.

де́довский	(дед, де́дов)	Großvater-, großväter-
отцо́вский	(оте́ц, отцо́в)	Vater-, väterlich [lich
старико́вский	(стари́к, старико́в)	greisenhaft
ма́ртовский	(март)	März-
а́вгустовский	(а́вгуст)	August-
кремлёвский	(Кремль)	Kreml-

-енск-*, -инск-*

Adjektive mit den Suffixen **-енск-** und -**инск-** sind zumeist von (weiblichen) Eigennamen abgeleitet.

ке́рченский	(Керчь)	Kertscher
пе́нзенский	(Пе́нза)	Pensaer
елизаве́тинский	(Елизаве́та)	elisabethanisch
я́лтинский	(Ялта)	Jaltaer
алма́-ати́нский	(Алма́-Ата́)	von Alma-Ata
баки́нский	(Баку́)	Bakuer
со́чинский	(Со́чи)	von Sotschi

247

B. DAS SUFFIX -н- UND SEINE ABLEITUNGEN

a) **-н-***

Mit dem Suffix **-н-** werden allgemein Adjektive von Substantiven abgeleitet, die Unbelebtes benennen.

Vor dem Suffix **-н-** verwandeln sich stammauslautende **г, к, х** in **ж, ч, ш**. Bei Ableitung von Substantiven auf **-ьё** und **-ья** erfolgt vor dem Suffix **-н-** ein Wechsel zu **ей**.

во́дный	(вода́)	Wasser-
желе́зный	(желе́зо)	eisern
интере́сный	(интере́с)	interessant
кла́ссный[1]	(класс)	Klassen-
колхо́зный	(колхо́з)	Kolchos-
культу́рный	(культу́ра)	Kultur-, kulturell
лесно́й	(лес)	Wald-
ночно́й	(ночь)	Nacht-, nächtlich
речно́й	(река́)	Fluß-, Strom-
ружéйный	(ружьё)	Gewehr-, Flinten-
ручно́й	(рука́)	Hand-
семе́йный	(семья́)	Familien-
снéжный[1]	(снег)	Schnee-, verschneit
стате́йный	(статья́)	Artikel-
успе́шный	(успе́х)	erfolgreich
холо́дный	(хо́лод)	kalt

---

[1] Das Suffix -н- entspricht bei der Bildung von Beziehungsadjektiven weitgehend dem Suffix -ов-/-ев- (vgl. 245). So sind von einigen Substantiven doppelte Adjektivbildungen mit den Suffixen -н- und -ов-/-ев- ohne besondere Bedeutungsdifferenzierung vorhanden, vgl. апельси́нный, апельси́новый = Apfelsinen-; снéжный, снегово́й = Schnee-. In anderen Fällen liegt bei doppelter Adjektivbildung eine Bedeutungsabgrenzung vor, z.B.:

класс =	1. Schulklasse	– кла́ссный	= Klassen-
	2. Gesellschaftsklasse	– кла́ссовый	= (Gesellschafts-) Klassen-
мир =	1. Frieden	– ми́рный	= friedlich
	2. Welt	– мирово́й	= Welt-
труд =	1. Arbeit	– трудово́й	= Arbeits-, werktätig
	2. Mühe	– тру́дный	= schwer, schwierig

b) Das Suffix -н- geht vor allem mit internationalen Wortbildungselementen zahlreiche Zusammensetzungen ein. Die wichtigsten sind:

-альн-*, -ональн-, -уальн-

гениа́льный	genial
индустриа́льный	industriell
музыка́льный	musikalisch
театра́льный	Theater-, theatralisch
центра́льный	Zentral-, zentral
рациона́льный	rationell
профессиона́льный	Gewerkschafts-, berufsmäßig
интеллектуа́льный	intellektuell
актуа́льный	aktuell

-ивн- (-тивн-)*

объекти́вный	objektiv
прогресси́вный	progressiv, fortschrittlich
продукти́вный	produktiv
спорти́вный	Sport-, sportlich
эффекти́вный	effektiv, wirksam
администрати́вный	administrativ
демонстрати́вный	demonstrativ
федерати́вный	föderativ

-онн-*

дивизио́нный	Divisions-
комиссио́нный	Kommissions-
организацио́нный	Organisations-
революцио́нный	revolutionär
традицио́нный	traditionell

-озн-

грандио́зный	großartig, grandios
грацио́зный	anmutig, graziös
религио́зный	religiös

-арн-/-ярн-

легенда́рный	legendär, sagenhaft
элемента́рный	elementar, Anfangs-
регуля́рный	regulär, regelmäßig
молекуля́рный	molekular

c) Von den russischen Ableitungen des Suffixes -н- sind die häufigsten:

-льн-*, -тельн-

танцева́льный	(танцева́ть)	Tanz-
игра́льный	(игра́ть)	Spiel-
купа́льный	(купа́ться)	Bade-
проща́льный	(проща́ться)	Abschieds-
жела́тельный	(жела́ть)	erwünscht
избира́тельный	(избира́ть)	Wahl-
значи́тельный	(зна́чить)	bedeutend
отрица́тельный	(отрица́ть)	verneinend, negativ
стро́ительный	(стро́ить)	Bau-

-ичн-(*)[1]

автомати́чный	(автома́т)	automatisch
аналоги́чный	(анало́гия)	analog
аромати́чный	(арома́т)	aromatisch
геро́ичный	(геро́й)	heldenmütig
микроскопи́чный	(микроско́п)	mikroskopisch klein
типи́чный	(тип)	typisch
едини́чный	(еди́ный)	einzeln
перви́чный	(пе́рвый)	primär
втори́чный	(второ́й)	nochmalig
десяти́чный	(деся́тый)	dezimal
годи́чный	(год)	jährlich, Jahres-

-енн-

госуда́рст-венный	(госуда́р-ство)	Staats-, staatlich
обще́ствен-ный	(о́бщество)	Gesellschafts-, gesellschaftlich
прави́тель-ственный	(прави́тель-ство)	Regierungs-
боле́зненный	(боле́знь)	kränklich, krankhaft
жи́зненный	(жизнь)	Lebens-, lebenswichtig
пи́сьменный	(письмо́)	Schreib-, schriftlich
ремёсленный	(ремесло́)	Handwerker-, Gewerbe-

---

[1] Das Suffix -ичн- ist nur produktiv bei Ableitungen von Substantiven fremden, meist französischen, Ursprungs. Dabei stehen den Adjektiven auf -ичный vielfach Ableitungen auf -ический mit mehr oder weniger gleicher Bedeutung gegenüber: геро́ичный neben геройческий, типи́чный neben типи́ческий.

-ебн-

судéбный	(судьбá)	Gerichts-, gerichtlich
учéбный	(учёба,	Lehr-, Schul-, Unterrichts-
	учéбник)	
лечéбный	(лечéбник,	Heil-, medizinisch
	лечéбница)	
врачéбный	(врач)	ärztlich

4. Suffixe der subjektiven Einschätzung   248

Mit den Suffixen der subjektiven Einschätzung werden von Qualitätsadjektiven neue Adjektive gebildet, die eine in mehr oder minder starkem Maße auf der subjektiven Einschätzung durch den Sprechenden beruhende Bedeutungsmodifizierung der ursprünglichen Eigenschaft ausdrücken.

Adjektive mit den Suffixen der subjektiven Einschätzung gehören fast ausschließlich der gesprochenen Sprache an. Literarisch fixiert treten sie in der Volksdichtung – häufig in Verbindung mit Substantiven der subjektiven Einschätzung – auf. Wie die Substantive der subjektiven Einschätzung sind sie mitunter schwer und nur durch eine Umschreibung ins Deutsche zu übersetzen.

Zu den Suffixen der subjektiven Einschätzung zählen:

-еньк-, nach **г, к, х -оньк-**

Das Suffix **-еньк-/-оньк-** hat bei subjektiver, liebevoll-zärtlicher Einschätzung durch den Sprechenden verstärkende Bedeutung.

áленький	(áлый)	schön rot
бéленький	(бéлый)	hübsch weiß
нóвенький	(нóвый)	ganz neu
плóхонький	(плохóй)	ziemlich schlecht
хорóшенький	(хорóший)	hübsch, nett

-оватеньк-/-еватеньк-

Das Suffix **-оватеньк-/-еватеньк-** hat bei subjektiver, liebevoll-zärtlicher Einschätzung durch den Sprechenden abschwächende Bedeutung (vgl. 244).

белова́тый	(бéлый)	weißlich	— белова́тенький
красноватый	(кра́сный)	rötlich	— красноватенький
синева́тый	(си́ний)	bläulich	— синева́тенький
слабова́тый	(сла́бый)	schwächlich	— слабова́тенький
темнова́тый	(тёмный)	etwas dunkel	— темнова́тенький

-ёхоньк- (nach г, к, х -охоньк-**), -ёшеньк- (**nach г, к, х -ошеньк-**)**

Die Suffixe -ёхоньк-/-охоньк-, -ёшеньк-/-ошеньк- tragen bei verstär-
kender Bedeutung stärker subjektiven Charakter als das Suffix -еньк-/-оньк-.
Adjektive mit den Suffixen -ёхоньк-/-охоньк-, -ёшеньк-/-ошеньк- sind
sehr selten und treten in der Regel nur in der Kurzform auf.

све́тлый	— светлёхонек,	светлёхонька,	светлёхонько
лёгкий	— легóхонек,	легóхонька,	легóхонько
у́мный	— умнёшенек,	умнёшенька,	умнёшенько
здорóвый	— здоровёшенек,	здоровёшенька,	здоровёшенько

-ущ-/-ющ-, -ящ-, -енн-

Die Suffixe -ущ-/-ющ-, -ящ-, -енн- bezeichnen in der einfachen Rede die
Verstärkung und Vergröberung einer Eigenschaft.

большу́щий	(большóй)	riesengroß
злю́щий	(злой)	bitterbös
толстéнный	(тóлстый)	sehr dick, über alle Maßen dick
здоровéнный	(здорóвый)	mächtig, kraftstrotzend
работя́щий		arbeitsam, fleißig

249 Eine subjektive Einschätzung kann auch ausgedrückt werden:

1. durch die Formen auf **-ейший/-айший** in Elativbedeutung, vgl. (235);
2. durch die verstärkenden Präfixe **пре-, раз-/рас-, сверх-, архи-, ультра-,** vgl. (235) und (251); — sowie
3. durch doppelte Aneinanderreihung (ebenfalls in verstärkender Bedeutung), z.B. **чёрный-чёрный** etwa: pechschwarz, **тёплый-тёплый,** auch: **глубóкий-преглубóкий.**

II. Die Bildung von Adjektiven durch Präfigierung

Die Präfixe zur Bildung von Adjektiven gliedern sich bedeutungsmäßig in zwei
Gruppen:

250   ### 1. Präfixe zur Bildung von Adjektiven mit neuer Bedeutung

Die erste Gruppe umfaßt die Präfixe, mit Hilfe derer von **Adjektiven** Adjektive mit
neuer Bedeutung gebildet werden. Die gebräuchlichsten sind:

не-*

Das Präfix **не-** bezeichnet den geringen Grad oder das Gegenteil einer Eigenschaft.

небольшóй	**(большóй)**	nicht groß, gering
невелúкий	**(велúкий)**	nicht groß, recht klein (von Wuchs)
невесёлый	**(весёлый)**	mißmutig, unlustig
незнакóмый	**(знакóмый)**	unbekannt
необы́чный	**(обы́чный)**	ungewohnt, sonderbar
неслóжный	**(слóжный)**	einfach

без-/бес-*

Das Präfix **без-/бес-** drückt das Fehlen einer Eigenschaft aus.

безвкýсный	**(вкýсный)**	geschmacklos, fade
безгрáмотный	**(грáмотный)**	des Lesens und Schreibens unkundig
беззакóнный	**(закóнный)**	gesetzwidrig
безопáсный	**(опáсный)**	ungefährlich, sicher
безыдéйный[1]	**(идéйный)**	ideenlos
бессúльный	**(сúльный)**	kraftlos, schwach

In einigen Fällen erfolgt die Adjektivbildung auch ohne Suffix vom Substantiv aus:

безголóвый	**(без головы́)**	kopflos
безборóдый	**(без бороды́)**	bartlos
безрýкий	**(без рук)**	hand-, armlos

небез-/небес-*

Das zusammengesetzte Präfix **небез-/небес-** bezeichnet das Vorhandensein einer Eigenschaft in ziemlichem Maße.

небезызвéст-ный[1]	**(извéстный)**	allgemein bekannt, berüchtigt
небезопáсный	**(опáсный)**	nicht ungefährlich, ziemlich gefährlich
небесполéзный	**(полéзный)**	nicht unnütz

---

[1] И verwandelt sich nach konsonantisch auslautendem Präfix allgemein in ы.
И schreibt man nur:
a) nach den Präfixen меж- und сверх-, z. B.: межинститýтский, сверхизы́сканный —
b) nach Präfixen fremden Ursprungs wie пан-, суб-, транс-, контр-, z. B.: контригрá, Трансиордáния.

Präfixe fremden Ursprungs zur Neubildung von Adjektiven sind:

а-*:	алоги́чный	(логи́чный)	unlogisch
	анорма́льный	(норма́льный)	unnormal, anormal
	асимметри́чный	(симметри́чный)	unsymmetrisch, asymmetrisch
анти-*:	антинау́чный	(нау́чный)	unwissenschaftlich, wissenschaftsfeindlich
	антиимпериалисти́ческий	(империалисти́ческий)	antiimperialistisch
интер-:	интернациона́льный	(национа́льный)	international
про-:	просове́тский	(сове́тский)	sowjetfreundlich

251 2. Präfixe zum Ausdruck der Verstärkung

Die Verstärkung bzw. der sehr hohe Grad einer Eigenschaft im Sinne des Elativs wird durch folgende Suffixe bezeichnet (vgl. auch 235):

пре-:	предли́нный	ellenlang, sehr lang
	предобре́йший[1]	sehr gut, herzensgut
	пренеприя́тный	äußerst unangenehm
раз-/рас-[2]:	развесёлый	kreuzfidel, sehr lustig
	разлюбе́зный	sehr liebenswürdig
	расчуде́сный	ganz wunderbar, einfach wunderbar
все-:	всеси́льный	allmächtig
сверх-:	сверхкурьёзный	äußerst kurios
	сверхъесте́ственный	übernatürlich
архи-:	архиглу́пый	über die Maßen töricht
	архисме́лый	tollkühn
ультра-:	ультрареакцио́нный	erzreaktionär
	ультрарадика́льный	ultraradikal

Die Suffixe **пре-, раз-/рас-** gehören durchweg der Umgangs- und Volkssprache an; die Suffixe **все-, сверх-, архи-, ультра-** tragen buchsprachlichen Charakter.

---

[1] Das Präfix пре- kann zum Ausdruck der Verstärkung nicht nur mit dem Positiv des Adjektivs, sondern auch mit den Superlativformen auf -ейший/-айший verbunden werden.

[2] Das Präfix раз-/рас- kann zum Ausdruck der Verstärkung auch vor Substantive treten, z. B.:
И будь он хоть разгенера́л... = Und wenn er auch ein hoher General ist...

III. Die Bildung von Adjektiven durch Präfigierung und Suffigierung   **252**

Bei der Bildung von Adjektiven durch Präfixe und Suffixe handelt es sich um die Überführung syntaktischer Konstruktionen aus Präposition und Substantiv unter Zuhilfenahme von Suffixen – zumeist **-н-**, seltener **-ск-** und **-ов-/-ев-** – in Adjektive.

внеевропе́йский	(вне Евро́пы)	außereuropäisch
за́городный	(за го́родом)	außerhalb der Stadt gelegen
зарубе́жный	(за рубежо́м)	ausländisch
дореволюцио́нный	(до револю́ции)	vorrevolutionär
допу́шкинский	(до Пу́шкина)	in der Zeit vor Puschkin
междунаро́дный	(ме́жду наро́дами)	international
отглаго́льный	(от глаго́ла)	vom Verb abgeleitet, deverbativ
подзе́мный	(под землёй)	unterirdisch
подмоско́вный	(под Москво́й)	bei Moskau gelegen
предвы́борный	(перед вы́борами)	Wahlkampf-
предрассве́тный	(перед рассве́том)	in der Zeit vor dem Morgengrauen
привокза́льный	(при вокза́ле)	beim Bahnhof befindlich

Ein Teil der Adjektive dieser Gruppe kommt ohne Präfix nicht vor, vgl. **за́городный, подмоско́вный**.

IV. Die Bildung zusammengesetzter Adjektive   **253**

Zahlreiche Adjektive werden durch Zusammensetzung zweier oder mehrerer Wortstämme gebildet[1]. Die Verbindung der Wortstämme erfolgt dabei – bis auf wenige Ausnahmen – durch den Bindevokal **o/e**.
Zusammengesetzte Adjektive werden in der Hauptsache gebildet:

---

[1] Im weiteren Sinne gehören zu den zusammengesetzten Adjektiven auch die Ableitungen aus zusammengesetzten Substantiven:

водопрово́дный	(водопрово́д)	Wasserleitungs-
железобето́нный	(железобето́н)	Stahlbeton-
земледе́льческий	(земледе́лец)	landwirtschaftlich
се́веро-восто́чный	(се́веро-восто́к)	nordöstlich
Во́лго-Донско́й	(Во́лго-Дон)	Wolga-Don-

a) aus zwei oder mehreren Adjektiven:

нау́чно-популя́рный	populärwissenschaftlich
маркси́стско-ле́нинский	marxistisch-leninistisch
ру́сско-неме́цкий	russisch-deutsch
почто́во-телегра́фный	Post- und Telegraphen-
си́не-бе́ло-кра́сный	blau-weiß-rot

In diese Reihe gehören auch zusammengesetzte Farbadjektive, die Farbschattierungen ausdrücken:

чёрно-бу́рый	dunkelbraun
буты́лочно-зелёный	flaschengrün
золоти́сто-жёлтый	goldgelb
пе́пельно-се́рый	aschgrau

Die Adjektive dieses Bildungstyps werden mit Bindestrich geschrieben.

b) aus zwei oder mehreren Substantiven:

рабо́че-крестья́нский	Arbeiter-und-Bauern-
това́ро-пассажи́рский	Güter- und Personen-

Die Adjektive dieses Bildungstyps werden mit Bindestrich geschrieben.

c) aus Verbindungen von Adjektiv und Substantiv:

железнодоро́жный	(желе́зная доро́га)	Eisenbahn-
наро́дно-демократи́ческий	(наро́дная демокра́тия)	volksdemo-kratisch
сельскохозя́йственный	(се́льское хозя́йство)	landwirt-schaftlich
каменноуго́льный	(ка́менный у́голь)	Steinkohlen-

und beachte:

литерату́рно-худо́жественный (худо́жественная литерату́ра)
belletristisch

Die Adjektive dieses Bildungstyps werden vorwiegend in einem Wort geschrieben; es sind aber auch Schreibungen mit Bindestrich möglich, siehe die vorstehenden Beispiele.

d) aus Verbindungen von Adverb und Adjektiv bzw. Partizip:

вечнозелёный	immergrün
высокообразо́ванный	hochgebildet

здравомы́слящий	vernünftig, verständig
малоупотреби́тельный	wenig gebräuchlich
многочи́сленный	zahlreich

Die Adjektive dieses Bildungstyps werden in einem Wort geschrieben.

e) aus Verbindungen von Zahlwort und Substantiv. Dabei nimmt das Zahlwort in der Zusammensetzung die Form des Genitivs an mit Ausnahme von **сто, девяно́сто, мно́го**, die die Nominativform beibehalten. Zusammensetzungen mit **ты́сяча** werden mittels des Bindevokals **e** gebildet.

двадцатипроце́нтный	(два́дцать проце́нтов)	zwanzigprozentig
четырёхметро́вый	(четы́ре ме́тра)	vier Meter lang
пятиле́тний	(пять лет)	fünfjährig, Fünfjahr-
сторублёвый	(сто рубле́й)	100 Rubel-
многоэта́жный	(мно́го этаже́й)	vielstöckig
тысячеле́тний	(ты́сяча лет)	tausendjährig

Die Adjektive dieses Bildungstyps werden in einem Wort geschrieben.

f) aus Verbindungen mit Pronomen:

всевозмо́жный	allerlei, verschieden
всесторо́нний	allseitig
каждодне́вный, ежедне́вный	(all-)täglich
каждоме́сячный, ежеме́сячный	(all-)monatlich
своенра́вный	eigensinnig, launenhaft
своеобра́зный	eigenartig, originell
самодово́льный	selbstzufrieden

Die Adjektive dieses Bildungstyps werden in einem Wort geschrieben.

g) aus syntaktischen Verbindungen zweier Substantive:

паровозоремо́нтный	(ремо́нт парово́зов)	Lokomotivreparatur-
рельсопрока́тный	(прока́т ре́льсов)	Schienenwalz-
сталелите́йный	(литьё ста́ли)	Stahlgieß-

Die Adjektive dieses Bildungstyps werden in einem Wort geschrieben.

h) aus Verbalkonstruktionen:

судохо́дный	(суда́ хо́дят)	schiffbar
многозна́чный	(мно́го зна́чит)	mit mehreren Bedeutun-
сноповяза́льный	(вяза́ть снопы́)	Garbenbinde- [gen
душераздира́ющий	(раздира́ть ду́шу)	herzzerreißend

Die Adjektive dieses Bildungstyps werden in einem Wort geschrieben.

Die Zahlwörter

254   I. Die Bildung der Grundzahlwörter

0	ноль (oder нуль), -я́	10	де́сять
1	оди́н, одна́, одно́[1]	11	оди́ннадцать
2	два, две	12	двена́дцать
3	три	13	трина́дцать
4	четы́ре	14	четы́рнадцать
5	пять	15	пятна́дцать
6	шесть	16	шестна́дцать
7	семь	17	семна́дцать
8	во́семь	18	восемна́дцать
9	де́вять	19	девятна́дцать
20	два́дцать	200	две́сти
30	три́дцать	300	три́ста
40	со́рок	400	четы́реста
50	пятьдеся́т	500	пятьсо́т
60	шестьдеся́т	600	шестьсо́т
70	се́мьдесят	700	семьсо́т
80	во́семьдесят	800	восемьсо́т
90	девяно́сто	900	девятьсо́т
100	сто	1 000	ты́сяча
2 000	две ты́сячи	2 000 000	два миллио́на
3 000	три ты́сячи	3 000 000	три миллио́на
5 000	пять ты́сяч	5 000 000	пять миллио́нов
10 000	де́сять ты́сяч	10 000 000	де́сять миллио́нов
1 000 000	миллио́н	1 000 000 000	миллиа́рд

[1] Anstelle von оди́н gebraucht man beim Zählen häufig раз: раз, два, три... usw.

Zusammengesetzte Zahlen werden durch einfache Aneinanderreihung zweier **255**
oder mehrerer getrennt geschriebener Bestandteile gebildet. Die Reihenfolge der Bestandteile ist:

Tausender – Hunderter – Zehner – Einer.

21	двáдцать одúн (однá, однó)
43	сóрок три
56	пятьдесят шесть
107	сто семь
385	трúста вóсемьдесят пять
6 834	шесть тысяч восемьсóт трúдцать четыре
22 150	двáдцать две тысячи сто пятьдесят
997 613	девятьсóт девянóсто семь тысяч шестьсóт тринáдцать

II. Die Deklination der Grundzahlwörter

Die Grundzahlwörter werden teils wie Substantive, teils wie Pronomen dekliniert. Sie **256**
weisen in der Regel keine grammatische Unterscheidung nach Numerus und Genus auf.

Nach dem Genus unterschieden werden nur одúн (männl.), однá (weibl.), однó
(sächl.) und два (männl. und sächl.), две (weibl.).

Nach dem Numerus unterschieden werden тысяча, миллиóн, миллиáрд. Die
Pluralformen von одúн, однá, однó haben nur in Verbindung mit Mehrzahl-
wörtern Zahlwortbedeutung, z. B.: однú сáнки = ein Schlitten, однú часы = eine
Uhr, однú нóжницы = eine Schere.

1. одúн[1] 257

Одúн wird wie das Demonstrativpronomen этот (vgl. 290) dekliniert und ist in
sämtlichen Formen endungsbetont.

---

[1] Außer als Zahlwort kann одúн gebraucht werden:
1. in der Bedeutung „ein gewisser", z. B.:
   Мы обéдали у одногó Ивáнова.   Wir aßen bei einem gewissen Iwanow zu Mittag.
2. in der Bedeutung „ein und derselbe", z. B.:
   Мы живём с ним в однóм дóме.   Wir wohnen mit ihm im selben Haus.
3. in der Bedeutung „nur", z. B.:
   В корзúнке однú яблоки, груш нет.   Im Korb sind nur Äpfel, keine Birnen.
4. in der Bedeutung „allein", z. B.:
   Отéц поéхал одúн на охóту.   Vater fuhr allein auf die Jagd.
5. in der Verbindung однú — другúе, z. B.:
   Однú читáют — другúе пúшут.   Die einen lesen, die anderen schreiben.

Kasus	Singular			Plural
	männl.	sächl.	weibl.	alle 3 Geschlechter
Nom.	оди́н	одно́	одна́	одни́
Gen.	одного́		одно́й	одни́х
Dat.	одному́		одно́й	одни́м
Akk.	оди́н	одно́	одну́	одни́
	(одного́)			(одни́х)
Instr.	одни́м		одно́й	одни́ми
Präp.	(об) одно́м		(об) одно́й	(об) одни́х

258 **2. два (две), три, четы́ре**

Die Grundzahlwörter **два (две), три, четы́ре** werden ähnlich wie Pronomen im Plural dekliniert.

Nom.	два	две	три	четы́ре
Gen.	двух		трёх	четырёх
Dat.	двум		трём	четырём
Akk.	два	две	три	четы́ре
	(двух)		(трёх)	(четырёх)
Instr.	двумя́		тремя́	четырьмя́
Präp.	(о) двух		(о) трёх	(о) четырёх

259 **3. пять ... де́сять, оди́ннадцать ... девятна́дцать, два́дцать, три́дцать**

Die Grundzahlwörter **пять** bis **два́дцать** und **три́дцать** werden regelmäßig nach der 3. Deklination gebeugt. Dabei behalten die Grundzahlwörter **оди́ннадцать** bis **девятна́дцать** die Betonung des Nominativs bei. Die Zahlen **пять** bis **де́сять** sowie **два́дцать** und **три́дцать** sind in allen abgeleiteten Kasus endungsbetont.

Nom.	пять	во́семь	оди́ннадцать	два́дцать
Gen.	пяти́	восьми́	оди́ннадцати	двадцати́
Dat.	пяти́	восьми́	оди́ннадцати	двадцати́
Akk.	пять	во́семь	оди́ннадцать	два́дцать
Instr.	пятью́	восемью́[1]	оди́ннадцатью	двадцатью́
Präp.	(о) пяти́	(о) восьми́	(об) оди́ннадцати	(о) двадцати́

[1] Neben восемью́ ist auch восьмью́ möglich.

4. пятьдеся́т ... во́семьдесят 260

Die Grundzahlwörter **пятьдеся́т, шестьдеся́т, се́мьдесят, во́семьдесят**
werden in ihren beiden Bestandteilen nach der 3. Deklination abgewandelt. Die Betonung
liegt dabei auf der Endung des ersten Bestandteiles.

Nom.	пятьдеся́т	во́семьдесят
Gen.	пяти́десяти	восьми́десяти
Dat.	пяти́десяти	восьми́десяти
Akk.	пятьдеся́т	во́семьдесят
Instr.	пятью́десятью[1]	восемью́десятью[1]
Präp.	(о) пяти́десяти	(о) восьми́десяти

5. со́рок, девяно́сто, сто 261

Die Grundzahlwörter **со́рок, девяно́сто, сто** haben in allen abgeleiteten Kasus die
Endung -а. **Со́рок** ist in allen abgeleiteten Kasus endungsbetont. **Девяно́сто** be-
hält die Betonung des Nominativs bei.

Nom.	со́рок	девяно́сто	сто
Gen.	сорока́	девяно́ста	ста
Dat.	сорока́	девяно́ста	ста
Akk.	со́рок	девяно́сто	сто
Instr.	сорока́	девяно́ста	ста
Präp.	(о) сорока́	(о) девяно́ста	(о) ста

6. две́сти, три́ста, четы́реста, пятьсо́т ... девятьсо́т 262

Die Hunderter **две́сти** bis **девятьсо́т** werden in ihren beiden Bestandteilen dekli-
niert. Die Betonung liegt in allen abgeleiteten Kasus auf dem zweiten Bestandteil. Dabei
behalten **три́ста** und **четы́реста** im Genitiv, Dativ und Präpositiv ё des ersten
Bestandteiles als Nebenbetonung[2] bei.

---

[1] Umgangssprachlich sind auch die Formen пяти́десятью, шести́десятью, семи́десятью, восьми́-
десятью möglich.
[2] Nebenton haben auch двумя́ста́ми, тремя́ста́ми, четырьмя́ста́ми.

Nom.	Авести	триста	четьіреста	пятьсóт
Gen.	Авухсóт	трёхсóт	четырёхсóт	пятисóт
Dat.	Авумстáм	трёмстáм	четырёмстáм	пятистáм
Akk.	Авéсти	триста	четьіреста	пятьсóт
	(Авухсóт)	(трёхсóт)	(четырёхсóт)	
Instr.	Авумя-	тремя-	четырьмя-	пятью-
	стáми	стáми	стáми	стáми
Präp.	(о) Авухстáх	(о) трёхстáх	(о) четырёхстáх	(о) пятистáх

263 7. тьíсяча, миллиóн, миллиáрд[1]

Тьíсяча wird wie ein Substantiv der 2. Deklination, миллиóн und миллиáрд werden wie Substantive der 1. Deklination abgewandelt.

Kasus	Singular		Plural	
Nom.	тьíсяча	миллиóн	тьíсячи	миллиóны
Gen.	тьíсячи	миллиóна	тьíсяч	миллиóнов
Dat.	тьíсяче	миллиóну	тьíсячам	миллиóнам
Akk.	тьíсячу	миллиóн	тьíсячи	миллиóны
Instr.	тьíсячей u.	миллиóном	тьíсячами	миллиóнами
	тьíсячью			
Präp.	(о) тьíсяче	(о) миллиóне	(о) тьíсячах	(о) миллиóнах

264 8. Zusammengesetzte Zahlen

Zusammengesetzte Grundzahlen werden dekliniert, indem jeder einzelne Bestand-teil[2] abgewandelt wird:

---

[1] Тьíсяча, миллиóн, миллиáрд können sowohl Zahlwort als auch Zahlsubstantiv sein, z.B.:
Zahlwort: двáдцать тьíсяч триста сóрок жѝтелей = 20340 Einwohner;
Zahlsubstantiv: мнóгие тьíсячи жѝтелей = viele Tausende von Einwohnern.

[2] Die Regel von der Deklination jedes einzelnen Bestandteiles einer mehrfach zusammengesetzten Grund-zahl wird nur in der Schriftsprache streng durchgeführt. In der gesprochenen Sprache dekliniert man zumeist nur тьíсяча, миллиóн, миллиáрд und deren vorangehende Zahl sowie das letzte oder die letzten beiden Glieder der Zusammensetzung, z.B.:
с 985 рабóчими = с девятьсóт восемьюдесятью пятью рабóчими,
с 5574 рублями = с пятью тьíсячами пятьсóт сéмьдесят четырьмя рублями.

6350 мétров

Nom.	шесть	тысяч	триста	пятьдесят	мéтров
Gen.	шестú	тысяч	трёхсóт	пятúдесяти	мéтров
Dat.	шестú	тысячам	трёмстáм	пятúдесяти	мéтрам
Akk.	шесть	тысяч	триста	пятьдесят	мéтров
Instr.	шестью	тысячами	тремястáми	пятьюдесятью	мéтрами
Präp. (о)	шестú	тысячах	трёхстáх	пятúдесяти	мéтрах

III. Zum Gebrauch der Grundzahlwörter

1. Grundzahlwörter in Verbindung mit Substantiven
265

a) одúн (однá, однó)

Das Grundzahlwort **одúн, однá, однó** stimmt mit dem zugehörigen Substantiv in Genus, Numerus und Kasus überein. Das gleiche gilt für die zusammengesetzten Grundzahlwörter, die als letztes Glied eine 1 enthalten. Z.B.:

одúн дом	=	1 Haus
триста сóрок однó селó	=	341 Dörfer
подождáть двáдцать однý минýту	=	21 Minuten warten
со стá сорокá однóй кóмнатой	=	mit 141 Zimmern

b) два (две), три, четыре

Nach dem Nominativ bzw. Akkusativ der Grundzahlwörter 2, 3, 4 und aller zusammengesetzten Grundzahlwörter, die als letztes Glied eine 2, 3 oder 4 enthalten, steht das gezählte Substantiv im Genitiv Singular; bei **два, две** liegt dabei Übereinstimmung im Genus vor.

Im Genitiv, Dativ, Instrumental und Präpositiv stimmt das gezählte Substantiv mit dem Grundzahlwort im Kasus überein und steht im Plural. Z. B.:

три карандашá	=	3 Bleistifte
пятьдесят четыре тетрáди	=	54 Hefte
восемьсóт трúдцать две кнúги	=	832 Bücher
с четырьмя крестьянами	=	mit 4 Bauern
о трёх тысячах семúдесяти трёх рабóчих	=	von 3073 Arbeitern

c) Die übrigen Grundzahlwörter

Nach dem Nominativ bzw. Akkusativ aller übrigen Grundzahlwörter – einschließlich **ноль (нуль)** – steht das gezählte Substantiv im Genitiv Plural[1]. Im Genitiv, Dativ, Instrumental und Präpositiv stimmt das gezählte Substantiv mit diesen Grundzahlwörtern im Kasus[2] überein und steht im Plural. Z. B.:

пять фа́брик	= 5 Fabriken
четы́рнадцать школ	= 14 Schulen
сто се́мьдесят де́вять ученико́в	= 179 Schüler
о́коло двухсо́т пяти́десяти рубле́й	= ungefähr 250 Rubel

d) Zur Stellung von Grundzahlwort und Substantiv

Das Grundzahlwort steht grundsätzlich vor dem gezählten Substantiv. Ein nachgestelltes Grundzahlwort (– nur bei **оди́н, ты́сяча, миллио́н, миллиа́рд** ist eine Nachstellung nicht möglich –) kennzeichnet eine ungefähre Zahlenangabe:

Прошло́ пять мину́т.   aber: **Прошло́ мину́т пять.**
Es vergingen 5 Minuten.   Es vergingen ungefähr 5 Minuten.

266

2. Der Ausdruck der Belebtheit bei Grundzahlwörtern

Nur die Grundzahlwörter 1 bis 4 nehmen im Akkusativ die Genitivendung an, wenn sie sich auf Lebewesen beziehen.

На перро́не я ви́дел четырёх друзе́й.   Auf dem Bahnsteig sah ich 4 Freunde.

---

[1] Nach Grundzahlwörtern steht anstelle des Genitivs Plural von год – лет, anstelle des Genitivs von люди – челове́к:

пять лет	= 5 Jahre
два́дцать семь лет	= 27 Jahre
де́сять челове́к	= 10 Menschen, 10 Personen

[2] Nach den Deklinationsformen von ты́сяча, миллио́н, миллиа́рд steht ein unmittelbar folgendes Substantiv immer im Genitiv Plural, z. B.:

Нам привезли́ ты́сячу книг.   Man brachte uns 1000 Bücher.
Неда́вно изве́стный учёный-исто́рик   Neulich sprach ein bekannter Historiker vor 2000
вы́ступил перед двумя́ ты́сячами сту-·   Studenten der Moskauer Universität.
де́нтов Моско́вского университе́та.

Das Zahlwort ты́сяча kann jedoch, wenn es im Singular steht, mit einem unmittelbar folgenden Substantiv im Kasus übereinstimmen. Der Instrumental (Singular) hat in diesem Falle die Endung -ью, z. B.:

с ты́сячью рубля́ми, aber: с одно́й ты́сячей книг.

Bei Zusammensetzungen mit 2, 3, 4 ist der Akkusativ – wie in allen übrigen Fällen – zumeist gleich dem Nominativ. Das letzte Glied kann jedoch auch mit dem Genitiv übereinstimmen; bei Zusammensetzungen mit **один** ist das die Regel.

Заво́д при́нял на рабо́ту два́дцать два о́пытных ма́стера (два́дцать двух о́пытных мастеро́в).	Das Werk stellte 22 erfahrene Meister ein.
Профе́ссор проэкзаменова́л три́дцать одного́ студе́нта.	Der Professor prüfte 31 Studenten.

3. Adjektive nach Grundzahlwörtern **267**

Tritt ein Adjektiv vor ein Substantiv, das von einem Grundzahlwort abhängig ist, so gilt:

a) Das von **один (одна́, одно́)** abhängige Adjektiv stimmt mit diesem und dem gezählten Substantiv in Genus, Numerus und Kasus überein. Das gleiche gilt für die mit 1 als letztem Glied zusammengesetzten Zahlen, z. B.:

оди́н многоэта́жный дом	= ein vielstöckiges Haus
одно́ коро́ткое письмо́	= ein kurzer Brief
три́дцать одна́ но́вая кни́га	= 31 neue Bücher
В конфере́нции уча́ствовали преподава́тели двадцати́ одного́ вы́сшего уче́бного заведе́ния.	An der Konferenz nahmen die Dozenten von 21 Hochschulen teil.

b) Das von **два (две), три, четы́ре** abhängige Adjektiv steht nach dem Nominativ bzw. Akkusativ von **два (две), три, четы́ре** in der Regel im Genitiv Plural[1], wenn es sich auf ein männliches oder sächliches Substantiv bezieht; es steht gewöhnlich im Nominativ Plural, wenn es sich auf ein weibliches Substantiv bezieht. Im Genitiv, Dativ, Instrumental und Präpositiv stimmt das Adjektiv – wie das gezählte Substantiv – mit **два (две), три, четы́ре** im Kasus überein und steht im Plural.

Das gleiche gilt für die mit 2, 3, 4 als letztem Glied zusammengesetzten Zahlen, z. B.:

---

[1] Adjektivisch deklinierte Attribute, die vor dem Nominativ bzw. Akkusativ der Verbindung von Grundzahlwort und Substantiv stehen, werden in der Regel im Nominativ bzw. Akkusativ Plural gebraucht, z. B.:

ка́ждые де́сять мину́т	= alle 10 Minuten
пе́рвые три часа́	= die ersten 3 Stunden
за после́дние пять ме́сяцев	= während der letzten 5 Monate

три сове́тских лётчика	= 3 sowjetische Flieger
четы́ре но́вых стола́	= 4 neue Stühle
два́дцать два больши́х окна́	= 22 große Fenster
три́дцать три све́тлые ко́мнаты	= 33 helle Zimmer
Я получи́л интере́сное письмо́ от двух францу́зских студе́нтов.	Ich erhielt von zwei französischen Studenten einen interessanten Brief.

c) Das von den übrigen Grundzahlwörtern abhängige Adjektiv steht nach dem Nominativ bzw. Akkusativ derselben – wie das gezählte Substantiv – im Genitiv Plural[1]. Im Genitiv, Dativ, Instrumental und Präpositiv stimmt das Adjektiv – wie das gezählte Substantiv – mit diesen Grundzahlwörtern im Kasus überein und steht im Plural, z.B.:

пять цвету́щих садо́в	= 5 blühende Gärten
де́вять высо́ких домо́в	= 9 hohe Häuser
Мы встре́тились с пятью́ хоро́шими друзья́ми.	Wir trafen uns mit 5 guten Freunden.

Für den Gebrauch substantivierter Adjektive nach Grundzahlwörtern gelten die gleichen Regeln wie für Adjektive:

две запяты́е	= 2 Kommas
три портны́х	= 3 Schneider
пятьдеся́т четы́ре рабо́чих	= 54 Arbeiter

SAMMELZAHLWÖRTER

268

I. Form und Bedeutung der Sammelzahlwörter

Außer den gewöhnlichen Grundzahlwörtern verfügt die russische Sprache für die Zahlbegriffe 2 bis 10 über sogenannte Sammelzahlwörter, die eine gezählte Menge nicht in bezug auf ihre einzelnen Teile, sondern in bezug auf ihre Gesamtheit bezeichnen.

---

[1] Siehe aber die Fußnote auf S. 205.

2 дво́е	5 пя́теро	8 во́сьмеро
3 тро́е	6 ше́стеро	9 де́вятеро
4 че́тверо	7 се́меро	10 де́сятеро

Zur Gruppe der Sammelzahlwörter rechnet man gewöhnlich auch den russischen Gegenwert für das deutsche „beide" = **о́ба** (männl. und sächl.), **о́бе** (weibl.).

II. Die Deklination der Sammelzahlwörter 269

Die Sammelzahlwörter werden wie Adjektive im Plural dekliniert. **О́ба (о́бе)**, **дво́е**, **тро́е** werden wie Adjektive mit weichem Stammauslaut und **че́тверо**, **пя́теро, ше́стеро, се́меро, во́сьмеро, де́вятеро, де́сятеро** wie Adjektive mit hartem Stammauslaut abgewandelt.

О́ба (о́бе) bildet die abgeleiteten Kasus für das männliche und sächliche Geschlecht vom Stamm **обо-**, für das weibliche Geschlecht vom Stamm **обе-**.

Nom.	о́ба	о́бе	тро́е	че́тверо
Gen.	обо́их	обе́их	трои́х	четверы́х
Dat.	обо́им	обе́им	трои́м	четверы́м
Akk.	wie Nom. od. Gen.		wie Nom. od. Gen.	wie Nom. od Gen.
Instr.	обо́ими	обе́ими	трои́ми	четверы́ми
Präp.	(об) обо́их	(об) обе́их	(о) трои́х	(о) четверы́х

III. Zum Gebrauch der Sammelzahlwörter

1. Der Gebrauch von Substantiven nach Sammelzahlwörtern 270

Nach dem Nominativ bzw. Akkusativ des Sammelzahlwortes **о́ба, о́бе** steht ein folgendes Substantiv im Genitiv Singular, z. B.:

о́ба това́рища	= beide Kameraden
о́бе подру́ги	= beide Freundinnen

Nach dem Nominativ bzw. Akkusativ der Sammelzahlwörter **дво́е** bis **де́сятеро** steht ein folgendes Substantiv im Genitiv Plural, z. B.:

тро́е студе́нтов	= drei Studenten
се́меро ма́льчиков	= sieben Knaben

Im Genitiv, Dativ, Instrumental und Präpositiv stimmen **о́ба (о́бе)** und die Sammelzahlwörter **дво́е** bis **де́сятеро** mit dem folgenden Substantiv im Kasus überein und stehen im Plural, z. B.:

| обе́ими рука́ми | = mit beiden Händen |
| семеры́м ребя́там | = sieben Kindern |

271   2. Die Verwendung der Sammelzahlwörter

Die Sammelzahlwörter **дво́е** bis **де́сятеро** stehen zur Bezeichnung von **Personen**

a) bei männlichen Substantiven, z.B.:

У него́ че́тверо сынове́й.   Er hat 4 Söhne.

b) bei den Mehrzahlwörtern **де́ти** und **лю́ди** sowie bei **лицо́** = Person, z.B.:

У моего́ ста́ршего бра́та   Mein älterer Bruder hat 3 Kinder.
тро́е дете́й.

c) bei den Personalpronomen **мы, вы, они́,** z.B.:

Мы тро́е оста́лись до́ма.   Wir drei sind zu Hause geblieben.
Нас бы́ло че́тверо.   Wir waren unser vier.

Zur Bezeichnung von **Gegenständen** können die Sammelzahlwörter **дво́е** bis **де́сятеро** gebraucht werden

a) bei Mehrzahlwörtern[1], z.B.:

Они́ купи́ли тро́е часо́в.   Sie kauften drei Uhren.
На дворе́ стоя́ло че́тверо   Auf dem Hof standen vier Schlitten.
са́нок.

b) bei Substantiven, die paarige Gegenstände benennen. Das Sammelzahlwort drückt hierbei die vorhandene Paarzahl aus[2], z.B.:

| дво́е боти́нок | = zwei Paar Schuhe |
| тро́е чуло́к | = drei Paar Strümpfe |

Umgangssprachlich können Sammelzahlwörter auch in Verbindung mit Bezeichnungen von **Tierjungen** gebraucht werden:

| дво́е котя́т | = 2 junge Katzen |
| се́меро щеня́т | = 7 junge Hunde |

Meistens werden die Sammelzahlwörter nur im Nominativ bzw. Akkusativ gebraucht. In den abgeleiteten Kasus bevorzugt man die entsprechenden Formen der gewöhnlichen Grundzahlwörter.

---

[1] Die Zahlenwerte 2, 3, 4 können bei Mehrzahlwörtern nur durch дво́е, тро́е, че́тверо wiedergegeben werden. 1 in Verbindung mit Mehrzahlwörtern wird durch den Plural von оди́н ausgedrückt, vgl. (256).
[2] Gebräuchlicher ist es allerdings, die Paarigkeit durch das Zahlsubstantiv па́ра zu bezeichnen, z.B.:

| две па́ры боти́нок | = zwei Paar Schuhe |
| три па́ры чуло́к | = drei Paar Strümpfe |

ORDNUNGSZAHLWÖRTER
I. Die Bildung der Ordnungszahlwörter

1[1]	пе́рвый, -ая, -ое	11	оди́ннадцатый
2	второ́й, -а́я, -о́е	12	двена́дцатый
3	тре́тий, -ья, -ье	13	трина́дцатый
4	четвёртый, -ая, -ое	14	четы́рнадцатый
5	пя́тый	15	пятна́дцатый
6	шесто́й	16	шестна́дцатый
7	седьмо́й	17	семна́дцатый
8	восьмо́й	18	восемна́дцатый
9	девя́тый	19	девятна́дцатый
10	деся́тый	20	двадца́тый

21	два́дцать пе́рвый	31	три́дцать пе́рвый
22	два́дцать второ́й	32	три́дцать второ́й
23	два́дцать тре́тий	33	три́дцать тре́тий
24	два́дцать четвёртый	40	сороково́й
25	два́дцать пя́тый	50	пятидеся́тый
26	два́дцать шесто́й	60	шестидеся́тый
27	два́дцать седьмо́й	70	семидеся́тый
28	два́дцать восьмо́й	80	восьмидеся́тый
29	два́дцать девя́тый	90	девяно́стый
30	тридца́тый	100	со́тый

200	двухсо́тый	2 000	двухты́сячный
300	трёхсо́тый	3 000	трёхты́сячный
400	четырёхсо́тый	4 000	четырёхты́сячный
500	пятисо́тый	5 000	пятиты́сячный
600	шестисо́тый	6 000	шеститы́сячный
700	семисо́тый	10 000	десятиты́сячный
800	восьмисо́тый	100 000	стоты́сячный
900	девятисо́тый	1 000 000	миллио́нный
1 000	ты́сячный	1 000 000 000	миллиа́рдный

[1] In Ziffern wiedergegebene Ordnungszahlwörter werden im Russischen, abweichend vom Deutschen, ohne Punkt geschrieben.

А. С. Пу́шкин роди́лся 6 ию́ня 1799 го́да.   A. S. Puschkin wurde am 6. Juni 1799 geboren.

Häufig findet man folgende Schreibweise: An das in Ziffern geschriebene Ordnungszahlwort wird dessen Endung bzw. deren letzte Silbe oder deren letzter Buchstabe mittels Bindestrich angefügt:

Они́ побыва́ли в гостя́х у ба́бушки с 10-го   Sie waren vom 10. Juli bis zum 31. August bei
ию́ля до 31-го а́вгуста.   der Großmutter zu Besuch.

Die Ordnungszahlwörter werden aus den Grundzahlwörtern abgeleitet, indem man an den Stamm der Genitivform des Grundzahlwortes die Adjektivendungen **-ый (-ой), -ая, -ое ; -ые** anfügt. Abweichend gebildet werden:

1. die Ordnungszahlwörter **пе́рвый** und **второ́й**, denen andere Stämme zugrunde liegen —

2. die Ordnungszahlwörter **тре́тий, четвёртый, седьмо́й, сороково́й, со́тый** —

3. die Ordnungszahlwörter **ты́сячный, миллио́нный, миллиа́рдный** und deren Zusammensetzungen, die vor der Adjektivendung das Suffix **-н-** einschieben —

4. die Ordnungszahlwörter **девяностоты́сячный, стоты́сячный, девяностомиллио́нный, стомиллио́нный** usw., in denen **девяносто** und **сто** die Form des Nominativs beibehalten —

5. das Ordnungszahlwort **тысячемиллио́нный** u. ä., die mit dem Bindevokal **e** gebildet sind.

In zusammengesetzten Zahlen erhält nur der letzte Bestandteil die Form des Ordnungszahlwortes.

273 II. Deklination und Gebrauch der Ordnungszahlwörter

Die Ordnungszahlwörter werden wie Adjektive gebraucht und wie Adjektive mit hartem Stammauslaut dekliniert.

Eine Ausnahme bildet **тре́тий**, das nach dem Muster der Gattungsadjektive auf **-ий, -ья, -ье** (vgl. 237) abgewandelt wird.

	Kasus	männlich	weiblich	sächlich
Sg.	Nom.	пя́тый уро́к	два́дцать тре́тья неде́ля	со́тое письмо́
	Gen.	пя́того уро́ка	два́дцать тре́тьей неде́ли	со́того письма́
	Dat.	пя́тому уро́ку	два́дцать тре́тьей неде́ле	со́тому письму́
	Akk.	пя́тый уро́к	два́дцать тре́тью неде́лю	со́тое письмо́
	Instr.	пя́тым уро́ком	два́дцать тре́тьей неде́лей	со́тым письмо́м
	Präp.	(о) пя́том уро́ке	(о) два́дцать тре́тьей неде́ле	(о) со́том письме́

BRUCHZAHLEN   **274**

1. Bruchzahlsubstantive bzw. besondere Bruchzahlwörter sind:

полови́на, -ы	= Hälfte	полтора́[1] (männl, sächl.)	
треть, -и	= Drittel	полторы́ (weibl.)	= anderthalb
че́тверть, -и	= Viertel	полтора́ста[1] =	anderthalbhundert, hundertfünfzig

Allgemein wird in Brüchen der Zähler durch die Grundzahlen, der Nenner durch die Ordnungszahlen bezeichnet. Die Form ergibt sich aus der hinzuzudenkenden Ergänzung «до́ля oder часть едини́цы» (= Teil eines Einers):

$\frac{1}{5}$ = одна́ пя́тая (до́ля oder часть едини́цы)

$\frac{2}{7}$ = две седьмы́х (до́ли oder ча́сти едини́цы)

$\frac{7}{11}$ = семь оди́ннадцатых (доле́й oder часте́й едини́цы)

Brüche werden in beiden Bestandteilen dekliniert:

Nom.	две тре́ти (гекта́ра)	пять восьмы́х (гекта́ра)
Gen.	двух трете́й (гекта́ра)	пяти́ восьмы́х (гекта́ра)
Dat.	двум третя́м (гекта́ра)	пяти́ восьмы́м (гекта́ра)
	usw.	usw.

2. **Gemischte Zahlen** werden gebildet, indem man den Bruch zumeist mittels der Konjunktion и an die ganze Zahl anschließt. Außerdem kann die ganze Zahl mit dem Adjektiv це́лый verbunden werden. Werden $\frac{1}{2}$, $\frac{1}{3}$, $\frac{1}{4}$ durch полови́на, треть, че́тверть wiedergegeben, so können diese auch mit der Präposition с und nachfolgendem Instrumental angefügt werden.

$1\frac{1}{5}$ = одна́ (це́лая едини́ца) и одна́ пя́тая (до́ля едини́цы)

$2\frac{5}{6}$ = две (це́лых едини́цы) и пять шесты́х (доле́й едини́цы)

$5\frac{3}{7}$ = пять (це́лых едини́ц) и три седьмы́х (до́ли едини́цы)

$12\frac{7}{8}$ = двена́дцать (це́лых едини́ц) и семь восьмы́х (доле́й едини́цы)

$7\frac{1}{3}$ = семь це́лых и одна́ треть

$5\frac{3}{4}$ = пять це́лых, три че́тверти

$2\frac{1}{2}$ = две с полови́ной

$5\frac{1}{3}$ = пять с тре́тью

---

[1] Полтора́ (полторы́) und полтора́ста bilden für alle abgeleiteten Kasus nur eine Form:

Nom.	полтора́ (часа́), полторы́ (мину́ты)	полтора́ста (ме́тров)
Gen.	полу́тора (часо́в, мину́т)	полу́тораста (ме́тров)
Dat.	полу́тора (часа́м, мину́там)	полу́тораста (ме́трам)
	usw.	usw.

3. Dezimalbrüche und -zahlen entsprechen in ihrer Bildung den Bruchzahlen bzw. gemischten Zahlen[1]:

0,1	= ноль це́лых (едини́ц) и одна́ деся́тая (до́ля oder часть едини́цы) — oder: ноль це́лых, одна́ деся́тая
1,2	= одна́ це́лая (едини́ца) и две деся́тых (до́ли oder ча́сти едини́цы) — oder: одна́ це́лая, две деся́тых
5,12	= пять це́лых (едини́ц) и двена́дцать со́тых (доле́й oder часте́й едини́цы)
30,377	= три́дцать це́лых (едини́ц) и три́ста се́мьдесят семь ты́сячных (доле́й oder часте́й едини́цы)
48,6049	= со́рок во́семь це́лых (едини́ц) и шесть ты́сяч со́рок де́вять десятиты́сячных (доле́й oder часте́й едини́цы)

4. **Für benannte Bruchzahlen gilt:**

Ein von einem Bruch, einer gemischten Zahl oder einer Dezimalzahl abhängiges Substantiv steht in der Regel im Genitiv Singular. Werden in gemischten Zahlen die Zahlwerte $^1/_2$, $^1/_3$ und $^1/_4$ durch **с полови́ной, с тре́тью, с че́твертью** ausgedrückt, so richtet sich das folgende Substantiv nach der in der gemischten Zahl enthaltenen ganzen Zahl; es richtet sich ebenfalls nach der ganzen Zahl, wenn es zwischen ganzer Zahl und Bruch steht.

Z.B.: $2^3/_5$ Meter	= два и три пя́тых ме́тра
$12^8/_9$ Kilometer	= двена́дцать и во́семь девя́тых киломе́тра
$5^3/_8$ Hektar	= пять гекта́ров и три восьмы́х
44,6 Sekunden	= со́рок четы́ре (це́лых) и шесть деся́тых секу́нды
$1^1/_4$ Meter	= оди́н метр с че́твертью
$2^1/_2$ Prozent	= два с полови́ной проце́нта
$5^1/_2$ Prozent	= пять с полови́ной проце́нтов

275   UNBESTIMMTE ZAHLWÖRTER

Zur Gruppe der unbestimmten Zahlwörter rechnet man[2]:

мно́го	= viel, viele
немно́го	= wenig, (etwas), wenige, einige

---

[1] Bei vielstelligen Dezimalzahlen ist eine vereinfachte Lesart möglich, z.B.: 2,44970309 = две це́лых – со́рок четы́ре – девяно́сто семь – ноль три – ноль де́вять.

[2] Diese Wörter, die außerdem als Adverbien auftreten können (vgl. 447,7), werden bisweilen auch den Pronomen zugeordnet.

ско́лько	= wieviel, wie viele
сто́лько	= so viel, so viele
не́сколько	= (etwas,) einige
ма́ло	= wenig, wenige
нема́ло	= nicht wenig, nicht wenige, einige

Als unbestimmte Zahlwörter werden **ско́лько, сто́лько, не́сколько** nach der gemischten Deklination der Adjektive im Plural gebeugt. **Мно́го, немно́го**[1] und **ма́ло, нема́ло** können als unbestimmte Zahlwörter nur im Nominativ bzw. Akkusativ gebraucht werden.

Ein von den unbestimmten Zahlwörtern abhängiges Substantiv steht nach dem Nominativ bzw. Akkusativ derselben im Genitiv Plural[2]. In den übrigen Kasus stimmt das Substantiv mit dem unbestimmten Zahlwort im Kasus überein und steht im Plural. Bei der Bezeichnung von Lebewesen sind im Akkusativ zwei Konstruktionen möglich: der Akkusativ entspricht entweder dem Genitiv oder dem Nominativ.

DIE DEKLINATION DER UNBESTIMMTEN ZAHLWÖRTER		
Nom.	не́сколько слов	сто́лько друзе́й
Gen.	не́скольких слов	сто́льких друзе́й
Dat.	не́скольким слова́м	сто́льким друзья́м
Akk.	не́сколько слов	{ сто́лько друзе́й / сто́льких друзе́й
Instr.	не́сколькими слова́ми	сто́лькими друзья́ми
Präp.	(о) не́скольких слова́х	(о) сто́льких друзья́х

---

[1] Die Formen мно́гих, мно́гим..., немно́гих, немно́гим... gehören als Deklinationsformen zu den Adjektiven мно́гие = „viele (einzelne)", немно́гие = „(einzelne) wenige".

Neben мно́гие gibt es das substantivisch gebrauchte мно́гое = „vieles", das wie die sächliche Singularform eines Adjektivs mit gemischten Endungen dekliniert wird:

Мно́гое в его́ жи́зни измени́лось.	In seinem Leben hat sich vieles verändert.
У него́ я мно́гому научи́лся.	Ich habe bei ihm vieles gelernt.

[2] Abstrakta und Stoffnamen, die keinen Plural haben, werden nach einer unbestimmten Mengenbezeichnung im Genitiv Singular gebraucht:

Нам ну́жно мно́го у́гля, желе́за, электро- эне́ргии.	Wir brauchen viel Kohle, Eisen und Elektro- energie.

ABGELEITETE ZAHLAUSDRÜCKE

276   I. Zahlsubstantive

Von einigen Zahlwörtern werden Zahlsubstantive abgeleitet:

единѝца	= die Eins, Einer	деся́тка	= die Zehn, Zehner
дво́йка	= die Zwei		
тро́йка	= die Drei	деся́ток	= zehn Stück
четвёрка	= die Vier	деся́тки приме́ров	= Dutzende von Beispielen
пятёрка	= die Fünf		
шестёрка	= die Sechs	со́тня	= Hundert, Hunderter
семёрка	= die Sieben		
восьмёрка	= die Acht	со́тни люде́й	= Hunderte von Menschen
девя́тка	= die Neun		

277   II. Zusammensetzungen mit пол-

Substantive, die die Hälfte eines Gegenstandes, einer Sache oder eines abstrakten Begriffes bezeichnen, werden durch Vorsetzen von пол-[1] vor das betreffende Substantiv gebildet. **Пол-** wird dabei mit dem Genitiv des Substantivs verbunden.

полчаса́	= eine halbe Stunde	пол-ли́тра[2]	= ein halbes Liter
полго́да	= ein halbes Jahr	пол-я́блока[2]	= ein halber Apfel
полбуты́лки	= eine halbe Flasche	пол-Москвы́[2]	= halb Moskau
полме́тра	= ein halbes Meter		

Die mit **пол-** zusammengesetzten Substantive werden dekliniert[3], indem пол- in allen abgeleiteten Kasus die Form **полу-** annimmt[4] und das Substantiv entsprechend seiner Deklination abgewandelt wird. Der Akkusativ stimmt mit dem Nominativ überein. Z.B.:

---

[1] In ähnlicher Weise können Zusammensetzungen mit полу- (und dem Nominativ des Substantivs) die Hälfte bezeichnen (получа́с neben полчаса́, полудю́жина neben полдю́жины), wobei die Bildungen mit пол- als die neueren und allgemeingebräuchlichen zu gelten haben. Daneben gibt es Zusammensetzungen mit полу-, die einen neuen Begriff bilden, z.B.: полуо́стров = Halbinsel, полуме́сяц = Halbmond, полукру́г = Halbkreis. Die mit полу- gebildeten Substantive werden regelmäßig dekliniert, indem das Substantiv die entsprechende Kasusendung erhält, z.B.: Nom. полуо́стров, Gen. полуо́строва, Dat. полуо́строву usw.

[2] Substantive, die mit einem Vokalbuchstaben oder л beginnen, sowie Eigennamen werden mit Bindestrich an пол- angefügt.

[3] Nicht dekliniert werden mit пол- gebildete belebte Substantive (z. B. пол-ло́шади) sowie Zusammensetzungen mit пол- in übertragener Bedeutung (z. B. пол-Москвы́, полне́ба).

[4] In der Umgangssprache bilden die mit пол- zusammengesetzten Substantive ihre Deklinationsformen zuweilen mit unverändertem пол-.

Nom.: **полме́тра** Gen.: **полуме́тра** Dat.: **полуме́тру**
Akk.: **полме́тра** Instr.: **полуме́тром** Präp.: **(о) полуме́тре**

Besonders sind zu merken:

по́лдень (полу́дня oder **по́лдня)**[1] = Mittag
по́лночь (полу́ночи oder **по́лночи)**[1] = Mitternacht

III. Distributivzahlen

278

1. Distributivzahlen (= je einer, je zwei usw.) werden mit **по** und nachfolgendem Grundzahlwort wiedergegeben. **По** wird dabei teils mit dem Dativ, teils mit dem Akkusativ oder auch mit dem Genitiv des Grundzahlwortes verbunden:

im Akkusativ[2] stehen **два (две), три, четы́ре, сто, девяно́сто, две́сти, три́ста, четы́реста** und deren Zusammensetzungen –

im Genitiv   stehen **пятьсо́т, шестьсо́т, семьсо́т, восемьсо́т, девятьсо́т** und deren Zusammensetzungen –

im Dativ[3]   stehen alle übrigen Grundzahlwörter.

2. Ein von einer Distributivzahl abhängiges S u b s t a n t i v steht:

a) nach dem Dativ von **оди́н (одна́, одно́)** und der zusammengesetzten Grundzahlwörter, die als letztes Glied eine 1 enthalten, im Dativ Singular, z. B.:

по одному́ депута́ту   = je ein Deputierter
по два́дцати одному́ рублю́ = je 21 Rubel

b) nach dem Akkusativ von **два (две), три, четы́ре** und der zusammengesetzten Grundzahlwörter, die als letztes Glied eine 2, 3 oder 4 enthalten, im Genitiv Singular, z. B.:

---

[1] Mit по́лдень und по́лночь nicht verwechselt werden dürfen die weniger gebräuchlichen regelmäßigen Bildungen полдня́ = „ein halber Tag, halbtags, einen halben Tag" und полно́чи = „eine halbe Nacht":
Уже́ прошло́ полдня́.   Es ist bereits ein halber Tag vergangen.
Он прорабо́тал це́лые полно́чи. Er hat ganze halbe Nächte hindurch gearbeitet.

[2] Sammelzahlwörter, die zuweilen auch zum Ausdruck von Distributivzahlen gebraucht werden, stehen desgleichen im Akkusativ:
по дво́е часо́в = je 2 Uhren   по тро́е чуло́к = je 3 Paar Strümpfe.

[3] Auch unbestimmte Zahlwörter können mit distributivem по verbunden werden. Sie nehmen dabei in der Regel die sonst veraltete Dativform auf -у an: по не́скольку неде́ль = je einige Wochen.
Neuerdings setzt sich in der Umgangssprache anstelle des Dativs nach distributivem по der Gebrauch des Akkusativs durch.
Ка́ждый учени́к получи́л по пять   Jeder Schüler erhielt (je) 5 Lehrbücher und
уче́бников и по де́сять тетра́дей. (je) 10 Hefte.
Мы жи́ли в дере́вне ежего́дно по   Jedes Jahr lebten wir jeweils einige Monate auf
не́сколько ме́сяцев.   dem Lande.

по две ко́мнаты = je 2 Zimmer
по четы́ре килогра́мма = je 4 Kilogramm
по три́дцать три карандаша́ = je 33 Bleistifte

c) nach dem Akkusativ, Genitiv bzw. Dativ der übrigen Grundzahlwörter im Genitiv Plural, z. B.:

по две́сти челове́к = je 200 Personen
по пятисо́т рубле́й = je 500 Rubel
по двадцати́ пяти́ депута́тов = je 25 Deputierte
по три́ста со́рок пять рубле́й = je 345 Rubel

279 IV. Zahladverbien der Wiederholung, Vervielfältigung und Gemeinsamkeit

1. Die Wiederholung und Multiplikation (deutsch „-mal") wird bezeichnet durch:

два́жды	= zweimal	пя́тью[1]	= fünfmal
три́жды	= dreimal	ше́стью	= sechsmal
четы́режды	= viermal	usw., vgl. (456)	

2. Die Vervielfältigung (deutsch „-fach") wird bezeichnet durch:

вдво́е	= zweifach, doppelt	впя́теро	= fünffach
втро́е	= dreifach	вше́стеро	= sechsfach
вче́тверо	= vierfach	usw., vgl. (457)	

3. Die Gemeinsamkeit (deutsch „zu . . .") wird bezeichnet durch:

вдвоём	= zu zweit	впятеро́м	= zu fünft
втроём	= zu dritt	вшестеро́м	= zu sechst
вчетверо́м	= zu viert	usw., vgl. (458)	

280 V. Schaltwörter der Aufzählung

Die Reihenfolge innerhalb einer Aufzählung wird bezeichnet durch (vgl. 581,7):

во-пе́рвых	= erstens	в-четвёртых	= viertens
во-вторы́х	= zweitens	в-пя́тых	= fünftens
в-тре́тьих	= drittens	в-шесты́х	= sechstens usw.

---

[1] Man achte auf die unterschiedliche Betonung im Vergleich zum Instrumental des entsprechenden Zahlworts (vgl. 259).

Die Pronomen

A. Nach der Bedeutung faßt man die Pronomen im Russischen[1] zu folgenden Gruppen zusammen:

   1. Personalpronomen: **я, ты; мы, вы; он, она́, оно́, они́**

   2. Reflexivpronomen: **себя́**

   3. Possessivpronomen: **мой, твой; наш, ваш; свой; его́, её, их**

   4. Demonstrativpronomen: **э́тот, тот; тако́й, (таково́й), тако́в**

   5. Interrogativpronomen: **кто?, что?; кото́рый?, како́й?, како́в?; чей?**

   6. Relativpronomen: **кото́рый, кто, что, како́й, како́в, (чей)**

   7. Determinativpronomen: **весь; сам, са́мый; вся́кий, ка́ждый**

   8. Negierende Pronomen: **никто́, ничто́; никако́й, ниче́й; не́кого, не́чего**

   9. Indefinite Pronomen: **не́кто, не́что, не́который, (не́кий); ко́е-кто́, ко́е-что́, ко́е-како́й; кто́-то, что́-то, како́й-то; кто́-нибудь, что́-нибудь, како́й-нибудь; кто́-либо, что́-либо, како́й-либо.**

B. Nach Funktion und Gebrauch werden die Pronomen unterschieden in[2]:

   1. substantivische Pronomen. Zu ihnen gehören:

      a) die Personalpronomen, –

      b) das Reflexivpronomen, –

      c) die Interrogativpronomen **кто, что** sowie die mit **кто, что** gebildeten negierenden und indefiniten Pronomen.

Die substantivischen Pronomen vertreten im Satz die Stelle von Substantiven

---

[1] Vielfach werden die Interrogativ- und Relativpronomen zu einer Gruppe zusammengefaßt, da es die gleichen Wörter sind, die sowohl als Interrogativ- wie als Relativpronomen gebraucht werden. Zuweilen ordnet man auch die unbestimmten Zahlwörter unter die Pronomen ein, vgl. Fußnote 2 auf S. 212.

[2] Bezieht man die unbestimmten Zahlwörter in den Bereich der Pronomen ein, so wären den substantivischen und adjektivischen Pronomen als 3. Gruppe die Zahlwort-Pronomen **ско́лько, сто́лько, не́сколько** usw. zuzuordnen.

und sind dabei nach dem Kasus und teilweise auch nach Numerus und Genus veränderlich:

Nur nach dem Kasus verändert werden **себя, кто** und **что**.

Nach Kasus und Numerus verändert werden **я** und **ты (я** — Pl. **мы, ты** — Pl. **вы).**

Nach Kasus, Numerus und Genus verändert wird **он: он, она́, оно́; они́.**

2. adjektivische Pronomen. Zu ihnen gehören:

a) die Possessivpronomen, –
b) die Demonstrativpronomen, –
c) die Determinativpronomen, –
d) die übrigen Interrogativpronomen, negierenden und indefiniten Pronomen.

Die adjektivischen Pronomen werden wie Adjektive gebraucht und sind wie diese nach Kasus, Numerus und Genus veränderlich.

PERSONALPRONOMEN

я	= ich	**мы**[2]	= wir
ты[1]	= du	**вы**	= ihr, Sie[3]
он, она́, оно́	= er, sie, es	**они́**	= sie

282

I. Die Deklination der Personalpronomen

Die Deklinationsformen der Personalpronomen sind durch eine Veränderung der Wurzel gegenüber dem Nominativ gekennzeichnet.

Im Gegensatz zu den Substantiven entspricht beim Personalpronomen der 3. Person der Akkusativ stets dem Genitiv, ganz gleich ob Lebewesen oder unbelebte Gegenstände bezeichnet werden.

---

[1] Ты kann außer der konkreten Bedeutung „du" auch allgemeine Bedeutung haben und einen beliebigen Gesprächspartner bezeichnen:

Е́сли ве́село, так ты не замеча́ешь, как вре́мя прохо́дит. — Wenn es lustig zugeht, merkt man nicht, wie die Zeit vergeht.

[2] Мы kann in Verbindung mit der Präposition c und nachfolgendem Instrumental für die 1. Person Singular stehen. Entsprechendes gilt für вы. (Vgl. auch 595). Z. B.:

За́втра мы с бра́том пое́дем в Берли́н. — Morgen werden mein Bruder und ich nach Berlin fahren.

Ве́рнер мне сказа́л, что вы с това́рищем вчера́ смотре́ли но́вый сове́тский цветно́й фильм. — Werner sagte mir, daß du und dein Freund sich gestern einen neuen sowjetischen Farbfilm angesehen haben.

[3] Вы und dessen Deklinationsformen werden entsprechend dem deutschen „Sie" zur höflichen Anrede gebraucht. Dabei schreibt man die Höflichkeitsanrede вы und alle Pronominalformen, die sich auf die mit „Sie" angeredete Person beziehen (вас, вам, ваш usw.), nur in Briefen mit großem Anfangsbuchstaben. Die Formen von ты und твой werden immer klein geschrieben.

Kasus	1. Pers.	2. Pers.	3. Pers.			1. Pers.	2. Pers.	3. Pers.
	Singular					Plural		
	alle 3 Geschlechter		männl. sächl.		weibl.	alle 3 Geschlechter		
N.	я	ты	он	онó	онá	мы	вы	они́
G.	меня́	тебя́	(н)егó		(н)её[1]	нас	вас	(н)их
D.	мне	тебé	(н)емý		(н)ей	нам	вам	(н)им
A.	меня́	тебя́	(н)егó		(н)её	нас	вас	(н)их
I.	мнóй (-óю)	тобóй (-óю)	(н)им		(н)éю (н)ей	нáми	вáми	(н)и́ми
P.	(обо) мне	(о) тебé	(о) нём		(о) ней	(о) нас	(о) вас	(о) них

In der Genitiv-Akkusativ-Form **егó** wird **г** wie [в] ausgesprochen.

Neben den Instrumentalformen **мнóй, тобóй** sind die Formen **мнóю, тобóю** möglich, die zumeist nur in gebundener Rede auftreten.

Das weibliche Personalpronomen der 3. Person lautet im präpositionslosen Instrumental Singular **éю**; nach Präpositionen steht dagegen gewöhnlich **ней**.

II. Personalpronomen in Verbindung mit Präpositionen

1. Präpositionen vor **мне** und **мнóй**

Den konsonantisch auslautenden Präpositionen wird vor **мне** und **мнóй** ein **о** angehängt: **ко мне, надо мнóй, со мнóй, во мне**.

Vor **мне** nimmt die Präposition **о** die Form **обо** an: **обо мне**.

2. Das Personalpronomen der 3. Person nach Präpositionen

Den Formen des Personalpronomens der 3. Person wird nach ursprünglichen Präpositionen und den meisten Adverbialpräpositionen ein **н-** vorgesetzt[2], siehe hierzu (504):

283

---

[1] In der Umgangssprache kann nach der Präposition **у** anstelle von **неё** auch die Form **ней** gebraucht werden: **У ней так и лили́сь слёзы** = Bei ihr flossen die Tränen nur so.

[2] Werden die Genitivformen **егó, её, их** als Possessivpronomen gebraucht (vgl. 288), so wird ihnen nach Präpositionen kein **н-** vorgesetzt, z. B.: **Я говорю́ с егó мáтерью.**

Я пришёл к нему́.	Ich kam zu ihm.
Они́ говори́ли о ней.	Sie sprachen über sie.
Среди́ них мно́го же́нщин.	Unter ihnen befinden sich viele Frauen.

3. Personalpronomen nach по

Personalpronomen – wie auch **кто** und **что** – stehen nach der Präposition **по** im Präpositiv, wo ein entsprechendes Substantiv im Dativ gebraucht wird, vgl. auch (564):

Э́тот бе́рег крут, по нём тру́дно ходи́ть.	Dieses Ufer ist steil, es ist schwierig, an ihm entlangzugehen.

DAS REFLEXIVPRONOMEN[1]

> **себя́** = sich; mich, uns; dich, euch

284

I. Die Deklination des Reflexivpronomens

Себя́ ist Reflexivpronomen für alle 3 Personen des Singulars und Plurals. Es wird wie das Personalpronomen **ты** dekliniert, hat jedoch keine Form für den Nominativ, da es als reflexives Pronomen niemals Subjekt eines Satzes sein kann.

Kasus	Singular			Plural		
	1. Pers.	2. Pers.	3. Pers.	1. Pers.	2. Pers.	3. Pers.
Nom.	—					
Gen.	себя́					
Dat.	себе́					
Akk.	себя́					
Instr.	собо́й (-о́ю)					
Präp.	(о) себе́					

---

[1] Dem Reflexivpronomen себя́ ist das reziproke Pronomen „einander" = друг дру́га bedeutungsmäßig verwandt. Друг дру́га wird abgewandelt, indem man den zweiten Teil der Verbindung wie ein Substantiv dekliniert. Präpositionen werden zwischengeschoben. Z.B.:

Nom.:	—		Akk.:	друг дру́га	= einander
Gen.:	друг у дру́га	= beieinander	Instr.:	друг с дру́гом	= miteinander
Dat.:	друг дру́гу	= einander	Präp.:	друг о дру́ге	= voneinander

II. Zum Gebrauch des Reflexivpronomens

1. Das Reflexivpronomen **себя** wird für die deutschen abgeleiteten Kasus der Personalpronomen aller 3 Personen im Singular und Plural gebraucht, wenn das pronominale Objekt zugleich Subjekt des Satzes ist[1]:

Я покупáю себé кни́гу.	Ich kaufe mir ein Buch.
Ты покупáешь себé кни́гу.	Du kaufst dir ein Buch.
Он покупáет себé кни́гу.	Er kauft sich ein Buch.
Онá покупáет себé кни́гу.	Sie kauft sich ein Buch.
Мы покупáем себé кни́гу.	Wir kaufen uns ein Buch.
Вы покупáете себé кни́гу.	Ihr kauft euch ein Buch.
Они́ покупáют себé кни́гу.	Sie kaufen sich ein Buch.

2. **Себя** und dessen Deklinationsformen werden ferner in verschiedenen Verbindungen mit dem Determinativpronomen **сам** gebraucht:

самогó (самóй) себя́, самомý (самóй) себé usw. = sich (mich, dich) selbst

Он хорошó знáет самогó себя́.	Er kennt sich selbst recht gut.
Они́ не говори́ли о сами́х себé.	Sie haben von sich selbst nicht gesprochen.

сам (-á, -ó) по себé = von selbst, allein, an und für sich

Кáмень сам по себé оторвáлся от скалы́.	Der Stein hat sich von selbst vom Felsen gelöst.
Онá живёт самá по себé.	Sie wohnt für sich allein.
Сам по себé он не плохóй человéк.	An und für sich ist er kein schlechter Mensch.

сам (-á, -ó) собóю (собóй) = selbständig, ganz von selbst

Всё устрóилось самó собóю.	Alles hat sich von selbst geregelt.
Это самó собóй разумéется.	Das versteht sich von selbst.

---

[1] In Nebensätzen muß sich себя́ demgemäß auf das Subjekt des Nebensatzes beziehen.

Учи́тель показáл ученикáм словáрь, котóрый Бори́с купи́л себé в магази́не „Междунарóдная кни́га".	Der Lehrer zeigte den Schülern das Wörterbuch, das sich Boris in der Buchhandlung „Das Internationale Buch" gekauft hatte.

In Infinitivkonstruktionen bezieht sich себя́ bisweilen auf das logische Subjekt der Infinitivkonstruktion.

Мать запрети́ла дóчери покрáсить себé вóлосы.	Die Mutter hat ihrer Tochter verboten, sich die Haare zu färben (= … hat ihrer Tochter verboten, daß sie sich die Haare färbt).
Мне посчастли́вилось найти́ себé кóмнату	Ich hatte das Glück, für mich ein Zimmer zu finden (= …, daß ich für mich ein Zimmer fand).

3. **Себе́** kann in unmittelbarer Verbindung mit Verbformen zur Partikel werden und der Aussage eine Schattierung von Unbestimmtheit und Gleichgültigkeit verleihen:

Круго́м крик и гам, а он сиди́т себе́ и чита́ет.	Ringsumher ist Geschrei und Lärm, aber er sitzt seelenruhig da und liest.

POSSESSIVPRONOMEN

Den Personalpronomen entsprechen folgende Possessivpronomen:

я — мой, свой = mein	мы — наш, свой = unser
ты — твой, свой = dein	вы — ваш, свой = euer, Ihr
он — его́, свой = sein	они́ — их, свой = ihr
она́ — её, свой = ihr	
[оно́ — его́, свой = sein]	

286   I. Die Abwandlung der Possessivpronomen

Die Possessivpronomen **мой, твой, свой, наш, ваш** werden ähnlich wie Adjektive mit weichem Stammauslaut dekliniert. Die Deklinationsformen von **мой, твой, свой** sind dabei endungsbetont, die Deklinationsformen von **наш, ваш** stammbetont.

Die als Possessivpronomen gebrauchten Genitive **его́, её, их** sind unveränderlich.

Kasus	1. Person Singular				1. Person Plural			
	männl.	sächl.	weibl.	alle 3 Geschl.	männl.	sächl.	weibl.	alle 3 Geschl.
	Singular			Plural	Singular			Plural
N.	мой	моё	моя́	мои́	наш	на́ше	на́ша	на́ши
G.	моего́		мое́й	мои́х	на́шего		на́шей	на́ших
D.	моему́		мое́й	мои́м	на́шему		на́шей	на́шим
A.	мой моё (моего́)		мою́	мои́ (мои́х)	наш на́ше (на́шего)		на́шу	на́ши (на́ших)
I.	мои́м		мое́й	мои́ми	на́шим		на́шей	на́шими
P.	(о) моём		(о) мое́й	(о) мои́х	(о) на́шем		(о) на́шей	(о) на́ших

II. Zum Gebrauch der Possessivpronomen

1. мой, твой, наш, ваш   287

Die persönlichen Possessivpronomen **мой, твой, наш, ваш** werden genau wie ihre deutschen Entsprechungen „mein, dein, unser, euer (Ihr)" gebraucht:

В про́шлом году́ мои́ роди́тели пересели́лись в Берли́н.	Meine Eltern sind im vergangenen Jahr nach Berlin übergesiedelt.
Покажи́ мне, пожа́луйста, твой но́вый велосипе́д!	Zeige mir bitte dein neues Fahrrad!
Вчера́ мы бы́ли в о́пере вме́сте с на́шими по́льскими друзья́ми.	Gestern waren wir mit unseren polnischen Freunden in der Oper.
Я о́чень благодарю́ Вас за Ва́ше письмо́ от 10-го ию́ля сего́ го́да.	Ich danke Ihnen vielmals für Ihren Brief vom 10. Juli dieses Jahres.

2. его́, её, их   288

Ein persönliches Possessivpronomen der 3. Person entsprechend dem deutschen „sein, ihr" kennt das Russische nicht. Als Possessivpronomen der 3. Person verwendet man die Genitivformen **его́, её, их**, die jedoch nur gebraucht werden können, wenn der durch sie benannte Besitzer **nicht** gleichzeitig **Subjekt** des Satzes ist.

Его́ steht für einen Besitzer männlichen (oder sächlichen) Geschlechts, **её** für einen Besitzer weiblichen Geschlechts, **их** für mehrere Besitzer.

На перро́не я ви́дел его́ отца́.	Auf dem Bahnsteig sah ich seinen Vater.
Её мать живёт в Ки́еве.	Ihre Mutter lebt in Kiew.
Их дом стои́т на берегу́ живопи́сного о́зера.	Ihr Haus steht am Ufer eines malerischen Sees.
На собра́нии учи́тель говори́л с их роди́телями.	Auf der Versammlung sprach der Lehrer mit ihren Eltern.

3. свой   289

Свой wird in doppelter Funktion gebraucht, und zwar als reflexives Possessivpronomen und als Pronomen mit adjektivischer Bedeutung.

a) свой *als reflexives Possessivpronomen*

Свой wird als Possessivpronomen für alle 3 Personen des Singulars und Plurals gebraucht, wenn der durch das Possessivpronomen bezeichnete Besitzer **gleich-**

zeitig Subjekt des Satzes ist – mit anderen Worten: wenn sich das Possessivpronomen auf das Subjekt des Satzes zurückbezieht (= reflexiver Gebrauch)[1].

Für die 3.Person muß somit **свой** stehen, wenn der durch „sein" bzw. „ihr" benannte Besitzer mit dem Subjekt des Satzes identisch ist.

Für die 1. und 2.Person kann **свой** neben **мой/наш**, **твой/ваш** stehen, wenn der durch „mein"/„unser" bzw. „dein"/„euer (Ihr)" benannte Besitzer mit dem Subjekt des Satzes identisch ist. **Свой** ist dabei die gebräuchlichere Form.

Я вижу свою (oder: **мою**) **мать.**	Ich sehe meine Mutter.
Ты видишь свою (oder: **твою**) **мать.**	Du siehst deine Mutter.

---

[1] Als reflexives Possessivpronomen kann свой nicht im Nominativ gebraucht werden. Ein bei einem zweiten Subjekt stehendes Possessivpronomen der 3. Person wird darum stets durch его, её, их wiedergegeben:

Вера и её подруги получили интересное письмо из-за границы.	Vera und ihre Freundinnen erhielten einen interessanten Brief aus dem Ausland.

In Nebensätzen muß sich свой auf das Subjekt des Nebensatzes beziehen, unabhängig davon, ob dieses mit dem Subjekt des Hauptsatzes übereinstimmt oder nicht.

Пассажир, который искал свой билет, обратился к кондуктору.	Der Fahrgast, der seine Fahrkarte suchte, wandte sich an den Schaffner.
Мы не знали, что Вернер уже в прошлом году сдал свой экзамены.	Wir haben nicht gewußt, daß Werner bereits im vergangenen Jahr seine Examen abgelegt hat.

In Infinitivkonstruktionen und in Verbindung mit Verbalsubstantiven bezieht sich свой bisweilen auf das logische Subjekt der Handlung, die durch den Infinitiv bzw. das Verbalsubstantiv ausgedrückt wird. Свой kann sich aber auch auf das übergeordnete Subjekt des Satzes beziehen.

Из этого рассказа мы узнали о тяжёлой борьбе колониальных народов за свою свободу и независимость (= ... о тяжёлой борьбе, которую ведут колониальные народы за свою свободу и независимость).	Aus dieser Erzählung erfuhren wir vom schweren Kampf der Kolonialvölker für ihre Freiheit und Unabhängigkeit.
Больной Сергей попросил Бориса принести ему интересную книгу из своей библиотеки (= ... попросил Бориса, чтобы тот принёс ему интересную книгу из своей библиотеки).	Der kranke Sergei bat Boris, ihm ein interessantes Buch aus seiner Bibliothek mitzubringen.
Коля попросил учителя перевести ему письмо своего болгарского друга (= ... попросил учителя, чтобы тот перевёл ему письмо его болгарского друга).	Kolja bat den Lehrer, ihm den Brief seines bulgarischen Freundes zu übersetzen.

Он ви́дит свою́ мать.	Er sieht seine Mutter.
Она́ ви́дит свою́ мать.	Sie sieht ihre Mutter.
Мы ви́дим свою́ (oder: на́шу) мать.	Wir sehen unsere Mutter.
Вы ви́дите свою́ (oder: ва́шу) мать.	Ihr seht eure Mutter.
Они́ ви́дят свою́ мать.	Sie sehen ihre Mutter.

b) **свой** *als Pronomen mit adjektivischer Bedeutung*

Als Pronomen mit adjektivischer Bedeutung gibt **свой** seine Rückbezüglichkeit auf und wird als Attribut in sämtlichen Kasus (– im Gegensatz zum reflexiven Possessivpronomen auch im Nominativ –) gebraucht. Als Adjektiv kann **свой** folgende, zuweilen an feststehende Wendungen gebundene, Bedeutungen haben:

свой = eigen (= persönliches Eigentum darstellend)

У них есть свой дом.	Sie haben ein eigenes Haus.
У него́ свой велосипе́д.	Er hat selbst ein Fahrrad.
Своя́ руба́ха бли́же к те́лу. (Sprichwort.)	Jeder ist sich selbst der Nächste (wörtl.: Das eigene Hemd ist dem Körper näher).

свой = eigen, besonder(-er)

В э́той му́зыке есть своя́ пре́лесть.	Diese Musik hat ihren besonderen Reiz.
У вся́кого свой вкус.	Jeder hat seinen eigenen (besonderen) Geschmack.

свой = passend, geeignet

На ка́ждый вопро́с есть свой отве́т.	Auf jede Frage gibt es eine passende Antwort.
в своё вре́мя	zu passender Zeit

свой = nahestehend (durch freundschaftliche oder verwandtschaftliche Beziehungen, durch gemeinsame Arbeit verbunden)

Вы в на́шем до́ме свой челове́к.	Sie sind bei uns kein Fremder.

DEMONSTRATIVPRONOMEN

э́тот = dieser	тако́й	
тот = jener; derjenige, der	(таково́й)	} = solch einer, so einer
	тако́в	= so, so einer (ist)

290

I. Die Deklination der Demonstrativpronomen

Такóй wird nach der gemischten Deklination der Adjektive abgewandelt; **таковóй** dekliniert man wie ein Adjektiv mit hartem Stammauslaut.

Такóв ist nur nach Numerus und Genus veränderlich: **такóв, -á, -ó; -ы́.**

Die Demonstrativpronomen **э́тот** und **тот** weichen in ihrer Deklination in einigen Kasus von der adjektivischen Deklination ab. Die Deklinationsformen von **э́тот** und **тот** selbst unterscheiden sich im Instrumental Singular der männlichen und sächlichen Form sowie im Plural voneinander.

Ka-sus	Singular				Plural	
	männlich und sächlich		weiblich		alle drei Geschlechter	
N.	э́тот э́то	тот то	э́та	та	э́ти	те
G.	э́того	тогó	э́той	той	э́тих	тех
D.	э́тому	томý	э́той	той	э́тим	тем
A.	э́тот э́то	тот то	э́ту	ту	э́ти	те
	(э́того)	(тогó)			(э́тих)	(тех)
I.	э́тим	тем	э́той	той	э́тими	тéми
P.	(об) э́том	(о) том	(об) э́той	(о) той	(об) э́тих	(о) тех

II. Zum Gebrauch der Demonstrativpronomen

291 **1. э́тот, тот**

Das Demonstrativpronomen **э́тот, э́та, э́то; э́ти**[1] weist auf die räumliche oder zeitliche Nähe hin, das Demonstrativpronomen **тот, та, то; те** auf die räumliche oder zeitliche Ferne.

Ра́ньше в э́том зда́нии была́ шко́ла, а в том общежи́тие.	Früher war in diesem Gebäude eine Schule, in jenem ein Wohnheim.
В како́м до́ме вы живёте – в э́том и́ли в том?	In welchem Haus wohnen Sie – in diesem oder in jenem?

---

[1] Anstelle von э́тот wird das veraltete сей, сия́, сиé; сии́, das ähnlich wie ein Adjektiv mit weichem Stammauslaut dekliniert wurde, noch in einigen Redewendungen und Zusammensetzungen gebraucht:

до сих пор	bis jetzt (eigentl. „bis zu diesen Zeiten")
сегóдня	heute (eigentl. „dieses Tages")
сейча́с	sofort (eigentl. „diese Stunde")
сию́ минýту	diesen Augenblick, sogleich
по сей день	bis auf den heutigen Tag
сегó гóда	dieses (des laufenden) Jahres

Die sächliche Form des Pronomens **э́тот — э́то** — wird außerdem gebraucht:

a) als substantivisches Pronomen —

Я э́того не зна́ю.	Ich weiß das nicht.
Никто́ э́тому не пове́рит.	Niemand wird das glauben.
Об э́том мы уже́ говори́ли.	Darüber haben wir schon gesprochen.

b) als Subjekt in der Bedeutung „das (ist)", „das (sind)". **Э́то** bezieht sich dabei unveränderlich auf Substantive männlichen, weiblichen und sächlichen Geschlechts im Singular und Plural.

Э́то неожи́данный гость.	Das ist ein unerwarteter Gast.
Э́то но́вая хрестома́тия для сре́дней шко́лы.	Das ist eine neue Chrestomathie für die Mittelschule.
Э́то бы́ли ма́льчики и де́вочки из сосе́дней дере́вни.	Das waren Jungen und Mädchen aus dem Nachbardorf.

c) als Partikel, siehe hierzu (522) und (626).

Das Demonstrativpronomen **тот, та, то; те** entspricht auch dem deutschen Demonstrativpronomen „der, die, das; die (derjenige, diejenige, dasjenige; diejenigen)" vor Relativsätzen:

Музе́й нахо́дится в том до́ме, в кото́ром роди́лся В. И. Ле́нин.	Das Museum befindet sich in dem Haus, in dem W. I. Lenin geboren wurde.
Кто мно́го говори́т, тот ма́ло де́лает.	Wer viel spricht, der tut wenig.

In Verbindung mit der Partikel **же** und dem Determinativpronomen **са́мый** entspricht **тот, та, то; те** dem deutschen Demonstrativpronomen „derselbe; dieselbe, dasselbe; dieselben":

тот же **тот же са́мый** } **тот са́мый**	= derselbe, eben derselbe
Э́то тот же са́мый челове́к, кото́рого я ви́дел вчера́.	Das ist derselbe Mann, den ich gestern sah.
В ту же са́мую мину́ту он вошёл в ко́мнату.	In eben dieser Minute ist er ins Zimmer getreten.

2. тако́й, (таково́й), тако́в   292

Тако́й, -а́я, -о́е; -и́е weist in der Bedeutung „solch (so) einer" auf eine vorausgehend oder nachfolgend erläuterte Eigenschaft oder Beschaffenheit des Beziehungswortes hin:

Такóй рабóтник нам нýжен. Einen solchen Arbeiter brauchen wir.

Таковóй, -áя, -óе; -ые gilt als veraltet und findet sich nur in der Schriftsprache noch hin und wieder für **такóй.**

Такóв, -á, -ó; -ы́ wird wie die Kurzform der Adjektive nur in prädikativer Funktion gebraucht.

Таковá жизнь.   So ist das Leben.

Какóв óбраз жи́зни людéй   Wie die Lebensweise der Menschen, so

— такóв óбраз их мы́слей.   ist ihre Denkweise.

INTERROGATIVPRONOMEN

кто?	= wer?		**котóрый?**	= welcher?, der wievielte?
что?	= was?		**какóй?**	= was für einer?
чей?	= { wessen?, wem gehörig?		**какóв?**	= welch einer (ist)?, wie (ist)?

293   I. Die Deklination der Interrogativpronomen

Котóрый wird wie ein Adjektiv mit hartem Stammauslaut dekliniert; **какóй** folgt der gemischten Deklination der Adjektive.

Какóв ist wie **такóв** nur nach Numerus und Genus veränderlich: **какóв, -á, -ó; -ы́.**

Кто und **что** werden nur im Singular abgewandelt. **Кто** folgt dabei der Deklination von **тот; что** weist die dem weichen Stammauslaut entsprechenden Endungen auf.

Чей wird nach dem Muster der Gattungsadjektive auf **-ий, -ья, -ье** dekliniert (vgl. 237).

Kasus	кто	что	чей			
	Singular		Singular			Plural
			männl.	sächl.	weibl.	alle 3 Geschl.
N.	кто	что	чей	чьё	чья	чьи
G.	когó[1]	чегó[1]		чьегó	чьей	чьих
D.	комý	чемý		чьемý	чьей	чьим
A.	когó[1]	что	чей	чьё	чью	чьи
				(чьегó)		(чьих)
I.	кем	чем		чьим	чьей (чьéю)	чьи́ми
P.	(о) ком	(о) чём	(о) чьём		(о) чьей	(о) чьих

[1] In **когó, чегó** wird г wie [в] ausgesprochen.

II. Zum Gebrauch der Interrrogativpronomen

1. кто, что

294

Das Interrogativpronomen **кто**[1] fragt nach Personen, das Interrogativpronomen **что**[1] nach Sachen. Mit der Verbindung **кто – что? (кого – чего?, кому – чему?** usw.) = „wer oder was?" fragt man im Russischen nach dem Kasus von Substantiven.

Кто там рабо́тал?	Wer hat dort gearbeitet?
О ком вы спра́шиваете?	Nach wem fragt ihr?
За что вы меня́ благодари́те?	Wofür danken Sie mir?
Над чем вы смеётесь?	Worüber lachen Sie?

2. чей

295

Das Interrogativpronomen **чей, чья, чьё; чьи** fragt nach der Zugehörigkeit von Personen und Sachen. Im Gegensatz zu seinem deutschen Gegenwert „wessen" stimmt **чей** dabei mit dem Substantiv, dessen Besitz erfragt wird, in Genus, Numerus und Kasus überein.

Чья э́то кни́га?	Wessen Buch ist das?
В чьём саду́ вы бы́ли?	In wessen Garten wart ihr?

3. кото́рый, како́й, како́в

296

Das Interrogativpronomen **како́й, -а́я, -о́е; -и́е** fragt nach Eigenschaften, – das Interrogativpronomen **кото́рый, -ая, -ое; -ые** fragt nach einem Gegenstand oder Begriff unter mehreren oder nach dem Platz innerhalb einer gezählten Reihe. Merke aber: **Како́е сего́дня число́?** – Der wievielte ist heute?; **в како́м году́?** – in welchem Jahr?

Кака́я сего́дня пого́да?	Was ist heute für Wetter?
Кото́рый час?	Wie spät ist es?
Кото́рый раз вы бы́ли на э́той пье́се?	Das wievielte Mal seid ihr in diesem Theaterstück gewesen?

Како́в, -а́, -о́; -ы́ wird wie **тако́в** nur in prädikativer Funktion gebraucht:

Каково́ положе́ние?	Wie ist die Lage?

---

[1] Nach Tieren fragt man vielfach что.
Nach кто steht das Prädikat gewöhnlich in der männlichen Form des Singulars, auch wenn es sich auf ein weibliches Substantiv bezieht. Das von что abhängige Prädikat steht in der sächlichen Form des Singulars.

Кто из рабо́тниц сего́дня бо́лен?	Wer von den Arbeiterinnen ist heute krank?
Что случи́лось?	Was ist geschehen?

RELATIVPRONOMEN

Кто, что, кото́рый, како́й, како́в, чей werden außer als Interrogativpronomen auch als Relativpronomen gebraucht.

297 1. кото́рый

a) Das gebräuchlichste russische Relativpronomen ist **кото́рый, -ая, -ое; -ые** „welcher, -e, -es; -e bzw. der, die, das; die".

Кото́рый leitet als Relativpronomen einen Relativsatz ein und steht anstelle des Wortes, auf das sich der Relativsatz bezieht. In Genus und Numerus stimmt **кото́рый** dabei mit seinem Beziehungswort überein. Sein Kasus ist davon abhängig, welche Funktion es im Relativsatz versieht (Subjekt, Objekt usw.). Z. B.:

Де́вушка, кото́рая сиди́т в ко́мнате, пи́шет письмо́ (Subjekt).

Das Mädchen, das im Zimmer sitzt, schreibt einen Brief.

Ма́льчик, кото́рому я дал кни́гу, у́чится в пя́том кла́ссе (Dativobjekt).

Der Junge, dem ich das Buch gab, ist Schüler der 5. Klasse.

Тётя Ле́на, кото́рую мы вчера́ встре́тили в библиоте́ке, живёт за го́родом (Akkusativobjekt).

Tante Lena, die wir gestern in der Bibliothek trafen, wohnt außerhalb der Stadt.

На́ши зарубе́жные друзья́, с кото́рыми мы позавчера́ бы́ли в о́пере, за́втра уе́дут.

Unsere ausländischen Freunde, mit denen wir vorgestern in der Oper waren, werden morgen abreisen.

b) Dem deutschen attributiven „dessen, deren" entsprechen im Russischen die Genitive **кото́рого, кото́рой, кото́рых,** die stets hinter (!) dem Substantiv stehen, das sie ihrem Beziehungswort als Besitz zuordnen. **Кото́рого** wird gebraucht, wenn das Beziehungswort ein männliches oder sächliches Substantiv im Singular ist, — **кото́рой**, wenn das Beziehungswort ein weibliches Substantiv im Singular ist, – **кото́рых**, wenn das Beziehungswort im Plural steht oder wenn zwei oder mehrere Beziehungswörter vorhanden sind.

На Апшеро́нском полуо́строве, на берегу́ кото́рого стои́т Баку́, на́чали добыва́ть нефть в XIX ве́ке.

Auf der Halbinsel Apscheron, an deren Ufer Baku liegt, begann man im 19. Jahrhundert Erdöl zu fördern.

Мы посети́ли на́шу учи́тельницу, сын кото́рой у́чится в те́хникуме.

Wir besuchten unsere Lehrerin, deren Sohn an einem Technikum studiert.

В бу́дущем году́ я проведу́ кани́кулы у мои́х друзе́й Ве́рнера и Анто́на, роди́телей кото́рых я ещё не зна́ю.	Im nächsten Jahr werde ich meine Ferien bei meinen Freunden Werner und Anton verbringen, deren Eltern ich noch nicht kenne.

2. кто

298

Кто[1] kann als Relativpronomen in Verbindung mit **тот,** seltener mit **все** für **кото́рый** gebraucht werden, wenn ein Bezug auf Personen vorliegt:

Тот, кто вы́ступил на собра́нии, был Пётр Ива́нович Орло́в.	Derjenige, der auf der Versammlung sprach, war Peter Iwanowitsch Orlow.
Из тех, кто вы́ступил(и)[2] на собра́нии, я никого́ не знал.	Von denen, die auf der Versammlung sprachen, kannte ich niemanden.

3. что

299

Что wird als Relativpronomen nur im Nominativ und im Akkusativ ohne Präposition gebraucht, wenn ein Bezug auf Sachen vorliegt:

Де́душка живёт в до́мике, что стои́т на опу́шке ле́са.	Großvater wohnt in dem Häuschen, das am Waldrand steht.
Пожа́луйста, да́йте мне кни́гу, что лежи́т на столе́!	Geben Sie mir bitte das Buch, das auf dem Tisch liegt.

4. како́й, како́в

300

Како́й, -а́я, -о́е; -и́е weist auch als Relativpronomen (= „welcher, -e, -es; -e") auf Eigenschaften hin. Тако́й tritt dabei häufig als Stützwort auf.

Како́в, -а́, -о́; -ы́ wird nur prädikativ gebraucht.

Таки́х гвозде́й, каки́х вам ну́жно, у меня́ нет.	Solche Nägel, wie ihr sie braucht, habe ich nicht.
На́до бы́ло вы́яснить, каковы́ на́ши продово́льственные запа́сы.	Man mußte klären, wie es mit unseren Lebensmittelvorräten aussah.

5. чей

301

Чей, чья, чьё; чьи wird als Relativpronomen (= „dessen, deren") ausschließlich in der Schriftsprache und auch da nur selten gebraucht. Gewöhnlich gibt man attributives

---

[1] Umgangssprachlich braucht man in derartigen Verbindungen mit тот mitunter auch что:
Он не из тех, что встре́тишь везде́.   Er ist keiner von denen, die man überall trifft.
[2] Nach те, кто und все, кто kann das Prädikat sowohl im Singular als auch im Plural stehen.

„dessen, deren" durch nachgestelltes **котóрого, котóрой, котóрых** wieder (vgl. 297, b).

Велúкий совéтский учёный В. П. Филáтов, чьё úмя извéстно всемý мúру, был úзбран депутáтом в Верхóвный Совéт.	Der große sowjetische Gelehrte W. P. Filatow, dessen Name der ganzen Welt bekannt ist, wurde als Abgeordneter in den Obersten Sowjet gewählt.

DETERMINATIVPRONOMEN[1]

весь	= ganz, Pl. alle	**сам**	= selbst, selber	
кáждый	= jeder, Pl. alle	**сáмый**	= selbst, unmittelbar, äußerst, ganz	
всякий	= jeder, von jeglicher Art			

302   I. Die Deklination der Determinativpronomen

Кáждый und **сáмый** werden wie Adjektive mit hartem Stammauslaut dekliniert; **всякий** folgt der gemischten Deklination der Adjektive.

Весь und **сам** unterscheiden sich jeweils in einigen Kasus von der adjektivischen Deklination.

	DEKLINATION DES DETERMINATIVPRONOMENS ВЕСЬ			
Kasus	Singular			Plural
	männl.	sächl.	weibl.	alle 3 Geschlechter
Nom.	весь	всё	вся	все
Gen.	всегó		всей	всех
Dat.	всемý		всей	всем
Akk.	весь (всегó)	всё	всю	все (всех)
Instr.	всем		всей (всéю)	всéми
Präp.	(обо) всём[2]		(обо) всей	(обо) всех

---

[1] Zu den Determinativpronomen zählt man zuweilen auch:

инóй	= anderer, mancher	любóй	= jeder (beliebige)
другóй	= anderer; nächster, folgender	цéлый	= ganz

[2] Vor den Formen des Präpositivs von весь nimmt die Präposition о in der Regel die Form обо an.

DEKLINATION DER DETERMINATIVPRONOMEN сам¹ UND самый¹

Kasus	Singular						Plural	
	männl.		sächl.		weibl.		alle 3 Geschlechter	
N.	сам	самый	само	самое	сама	самая	сами	самые
G.	самого	самого	самого	самого	самой	самой	самих	самых
D.	самому	самому	самому	самому	самой	самой	самим	самым
A.	сам (самого)	самый (самого)	само	самое	самоё² u. саму	самой	сами (самих)	самые (самых)
I.	самим	самым	самим	самым	самой (самою)	самой (самою)	самими	самыми
P.	(о) самом	(о) самом	(о) самом	(о) самом	(о) самой	(о) самой	(о) самих	(о) самых

¹ Сам ist mit Ausnahme des Nominativs bzw. Akkusativs Plural in allen Kasus endungsbetont, — самый ist in allen Kasus stammbetont. Im Genitiv, Dativ und Präpositiv Singular der männlichen und sächlichen Form sowie im Genitiv, Dativ, Instrumental und Präpositiv Singular der weiblichen Form unterscheiden sich die Deklinationsformen von сам und самый nur durch die Betonung.

² Neben der Form самоё, die vorzugsweise in der Schriftsprache gebraucht wird, findet die Form саму Anwendung.

II. Zum Gebrauch der Determinativpronomen

303 1. весь

Das Determinativpronomen **весь, вся, всё; все** wird wie ein Adjektiv gebraucht und hat im Singular die Bedeutung „ganz(-er, -e, -es)", seltener „all(-er, -e, -es)": **весь класс** = „die ganze Klasse", **во всём мире** = „in aller Welt". Im Plural steht es in der Bedeutung „alle": **все письма** = „alle Briefe".

Substantivisch gebraucht werden können die Pluralformen sowie die sächliche Form des Singulars **всё**[1] in der Bedeutung „alles":

Все за одного, один за всех.	Alle für einen, einer für alle.
Всё в её жизни изменилось.	Alles in ihrem Leben veränderte sich.

304 2. каждый, всякий

Die Determinativpronomen **каждый** und **всякий** stehen in der Bedeutung „jeder" häufig ohne wesentlichen Unterschied:

Это знает каждый (всякий) ученик.	Das weiß jeder Schüler.
Каждый (всякий) встречный укажет вам дорогу на вокзал.	Jeder Vorübergehende wird Ihnen den Weg zum Bahnhof zeigen.

Während **каждый** jedoch nur auf jeden einzelnen in einer Menge hinweist, kann **всякий**[2] zusätzlich „von jeglicher Art, verschiedenartigst" bedeuten:

В жизни он встречался со всякими людьми.	Im Leben ist er den verschiedensten Menschen begegnet.
Он торгует всякими товарами.	Er handelt mit allen möglichen Waren.

3. сам, самый

305 a) сам

Das Determinativpronomen **сам, сама, само; сами** wird in der Regel in Verbindung mit Substantiven und Personalpronomen[3] gebraucht, die Personen bezeichnen. Es dient dabei:

---

[1] Всё kann auch als Verstärkungspartikel in der Bedeutung „immer" gebraucht werden. Es steht dabei häufig vor einem Komparativ. Z. B.:

Дети всё внимательнее слушали рассказ бабушки.	Die Kinder lauschten immer aufmerksamer der Erzählung der Großmutter.
Он всё ещё болен.	Er ist immer noch krank.

[2] In Verbindung mit без steht nur всякий:
без всякого сомнения = ohne jeden Zweifel.

[3] Сам kann sowohl vor als auch nach seinem Beziehungswort stehen. Bei Personalpronomen steht es gewöhnlich danach.
Ein Personalpronomen im Nominativ kann vor сам ausfallen:

Вы сами знаете = Сами знаете.	Sie wissen (es) selbst.

Zum Gebrauch von сам in Verbindung mit dem Reflexivpronomen себя siehe (285).

α) zur Hervorhebung der durch das Substantiv oder Personalpronomen benannten Person[1] in der Bedeutung „selber, selbst" und mitunter auch in der Bedeutung „kein anderer als, eben der, sogar (selbst) der":

Отéц сам э́то сказáл.	Vater selbst hat das gesagt.
Я говори́л с ним сами́м.	Ich habe mit ihm selbst gesprochen.
Я и сам не могу́ поня́ть, как э́то произошло́.	Sogar (selbst) ich kann nicht begreifen, wie das geschehen ist.
Он обéдал с сами́м профéссором Орло́вым.	Er hat mit keinem anderem als Professor Orlow zu Mittag gegessen.

β) zum Ausdruck dessen, daß die durch das Substantiv oder Personalpronomen benannte Person eine Handlung „selbständig, ohne fremde Hilfe, (von) allein" ausführt. In dieser Bedeutung kann sich **сам** bisweilen auch auf Gegenstände beziehen. Z. B.:

Я сам всё сдéлаю.	Ich werde selbst (allein) alles tun.
Дéти сáми хотéли организовáть свой новогóдний вéчер.	Die Kinder wollten ihre Neujahrsfeier selbst (ohne fremde Hilfe) organisieren.
Двéри сáми закры́лись.	Die Türen schlossen sich von selbst.

b) **сáмый**   **306**

Das Determinativpronomen **сáмый, -ая, -ое; -ые** hat verschiedene Funktion und Bedeutung, je nachdem, ob es bei einem Adjektiv, bei einem Pronomen oder unmittelbar vor einem Substantiv steht:

α) **сáмый** in Verbindung mit Adjektiven

In Verbindung mit Adjektiven wird **сáмый** zum Ausdruck des Superlativs gebraucht (vgl. 231):

Во́лга – сáмая большáя рекá в Еврóпе.	Die Wolga ist der größte Fluß Europas.

β) **сáмый** in Verbindung mit Demonstrativpronomen

In Verbindung mit dem Demonstrativpronomen **тот** (vgl. 291), seltener mit **э́тот**, bedeutet **сáмый** „derselbe":

---

[1] Eine derartige Hervorhebung kann auch bei abstrakten Begriffen in der Bedeutung „selbst, an sich, allein schon" erfolgen. Möglich sind jedoch hier in gleicher Weise die Formen von сáмый.

Самá постанóвка вопрóса невернá.	Die Fragestellung an sich ist falsch.
Показáтелен сáмый факт егó выступлéния.	Bezeichnend ist allein schon die Tatsache seines Auftretens.

тот (же) са́мый	= derselbe, eben jener
э́тот са́мый	= derselbe, eben dieser
В ту же са́мую.мину́ту он во-шёл в ко́мнату.	In eben dieser Minute ist er ins Zimmer getreten.

γ) **са́мый** unmittelbar vor Substantiven

Vor Substantiven mit räumlicher oder zeitlicher Bedeutung steht **са́мый** zur näheren Bestimmung und Hervorhebung in der Bedeutung „direkt, unmittelbar, ganz, gerade":

Пионе́рский ла́герь «Дру́жба» нахо́дится на са́мом берегу́ не-большо́го о́зера.	Das Pionierlager „Freundschaft" befindet sich direkt am Ufer eines kleinen Sees.
Он пришёл к са́мому обе́ду.	Er kam unmittelbar zum Mittagessen.
Он рабо́тал с са́мого утра́ до са́мой но́чи.	Er arbeitete vom frühen Morgen bis in die späte Nacht.

NEGIERENDE PRONOMEN

Negierende Pronomen werden aus den Interrogativpronomen durch Vorsetzen der Partikel **ни-** gebildet:

никто́	= niemand	**никако́й**	= keiner(lei)
ничто́	= nichts	**ниче́й**	= niemandem gehörig

Negierende Pronomen sind ferner **не́кого** und **не́чего**, die nur in Infinitivkonstruktionen gebraucht werden und keine Form des Nominativs besitzen.

307   ## I. Die Deklination der negierenden Pronomen

Die negierenden Pronomen werden wie die entsprechenden Interrogativpronomen dekliniert.

Verbindet man ein negierendes Pronomen mit einer Präposition, so wird die Präposition zwischen die Partikel und das eigentliche Pronomen gesetzt, und alle 3 Bestandteile werden getrennt geschrieben.

DIE DEKLINATION DER NEGIERENDEN PRONOMEN

Kasus	никто	ничто	некого	нечего	никакой männl.	никакой sächl.	никакой weibl.
	Singular	Singular			Singular		
Nom.	никто	ничто	—	—	никакой	никакое	никакая
Gen.	никого	ничего	некого	нечего	никакого		никакой
Dat.	никому	ничему	некому	нечему	никакому		никакой
Akk.	никого	ничто	некого	нечего	никакой (никакого)	никакое	никакую
Instr.	никем	ничем	некем	нечем	никаким		никакой
Präp.	ни о ком	ни о чём	не о ком	не о чем	ни о каком		ни о какой

II. Zum Gebrauch der negierenden Pronomen

308 **1. никто́, ничто́[1], никако́й, ниче́й**

Negierende Pronomen werden im Satz mit der sogenannten doppelten Verneinung gebraucht, das heißt: – In einem Satz, der ein negierendes Pronomen enthält, muß das Prädikat durch не verneint werden (vgl. auch 527, 602 u. 604).

В ко́мнате я никого́ не ви́дел.	Im Zimmer habe ich niemand(-en) gesehen.
До́лго мы ничего́ не говори́ли.	Lange haben wir nichts gesprochen.
Я ни у кого́ не́ был.	Ich war bei niemand(-em).
Мы ни о чём не говори́ли с ним.	Wir haben mit ihm über nichts gesprochen.
Я никаки́х книг не купи́л.	Ich habe keine Bücher gekauft.
Ничьи́х веще́й не тро́гай!	Berühre niemandes Sachen!

309 **2. не́кого, не́чего**

Не́кого und **не́чего** werden in Infinitivkonstruktionen gebraucht, um das Fehlen des Objekts einer Handlung anzuzeigen.

Не́кого спроси́ть.	Es ist keiner da, den man fragen kann (könnte).
Не́кому рассказа́ть.	Es ist keiner da, dem man etwas erzählen kann (könnte).
Не́ с кем бы́ло говори́ть.	Es war niemand da, mit dem man hätte sprechen können.
Не́чего де́лать.	Da ist nichts zu machen.
Не́чего чита́ть.	Es ist nichts zum Lesen (nichts Lesbares) da.

---

[1] Mit der Genitivform ничего́ nicht verwechselt werden darf das in der Umgangssprache gebräuchliche Adverb ничего́ mit der Bedeutung „macht nichts“, „es ist gleichgültig“, „nicht schlecht“:

Я вас побеспоко́ил! – Ничего́!   Ich habe Sie gestört! – Macht nichts!
Хлеб не све́жий, а вкус ничего́.   Das Brot ist nicht frisch, aber der Geschmack ist nicht schlecht.

Zu beachten ist ferner der substantivierte Gebrauch von ничто́ in der Bedeutung „(das) Nichts“. Eine hinzutretende Präposition wird in diesem Fall vorgesetzt und nicht zwischengeschoben:

преврати́ться в ничто́   = sich in (ein) Nichts verwandeln

INDEFINITE PRONOMEN

I. Die Bildung der indefiniten Pronomen

310

Indefinite Pronomen werden aus den Interrogativpronomen durch Hinzufügen von Partikeln gebildet, und zwar:

1. durch Vorsetzen der Partikel **не-** :

не́кто	= jemand, ein gewisser
не́что	= etwas
не́который	= ein gewisser, Pl. einige

In diese Reihe gehört auch das in seiner Bildung und Bedeutung verwandte **не́кий** = „ein gewisser".

2. durch Vorsetzen der Partikel **ко́е-**[1] :

ко́е-кто́	= einige, dieser und jener
ко́е-что́	= einiges, dieses und jenes
ко́е-како́й	= ein gewisser, Pl. auch : einige

3. durch Anhängen der Partikel **-то**[2] :

кто́-то	= jemand
что́-то	= etwas
како́й-то	= jemand, einer, irgendeiner

4. durch Anhängen der Partikel **-нибудь**[2] :

кто́-нибудь	= irgend jemand
что́-нибудь	= (irgend) etwas
како́й-нибудь	= irgendeiner

5. durch Anhängen der Partikel **-либо**[2] :

кто́-либо	= irgend jemand, irgendeiner, irgendwer
что́-либо	= (irgend) etwas
како́й-либо	= irgendeiner

---

[1] Anstelle von ко́е- wird in der Umgangssprache bisweilen auch ко́й- gebraucht, z. B.: ко́й-что́. Ко́е- ist auf der ersten Silbe betont und behält diese Betonung in sämtlichen Zusammensetzungen bei.

[2] Die Partikeln -то, -нибудь, -либо sind unbetont.

311   II. Die Deklination der indefiniten Pronomen

Die indefiniten Pronomen **нékто** und **нéчто** werden nicht abgewandelt: **нékто** kann folglich nur im Nominativ und **нéчто** nur im Nominativ und Akkusativ auftreten. Über eine besondere Deklination verfügt das in der Schriftsprache nur noch selten gebrauchte **нéкий**:

Kasus	Singular			Plural
	männl.	sächl.	weibl.	alle 3 Geschlechter
N.	нéкий	нéкое	нéкая	нéкие
G.	нéкоего		нéкоей/нéкой	нéкоих/нéких
D.	нéкоему		нéкоей/нéкой	нéкоим/нéким
A.	нéкий	нéкое	нéкую	нéкие
	(нéкоего)			(нéкоих/нéких)
I.	нéкоим/нéким		нéкоей/нéкой	нéкоими/нéкими
P.	(о) нéкоем		(о) нéкоей/нéкой	(о) нéкоих/нéких

Die übrigen indefiniten Pronomen werden wie die gleichlautenden Interrogativpronomen dekliniert, wobei die angefügten Partikeln **кóе-, -то, -нибудь, -либо** unverändert bleiben.

Bei der Verbindung eines mit **кóе-** gebildeten indefiniten Pronomens mit einer Präposition wird die Präposition zwischen **кóе** und das eigentliche Pronomen gesetzt, und alle drei Bestandteile werden getrennt geschrieben:

кóе у когó, кóе без чегó, кóе к комý usw.

312   III. Zum Gebrauch der indefiniten Pronomen

Der Grad der Unbestimmtheit, der in den indefiniten Pronomen durch die einzelnen Partikeln zum Ausdruck kommt, ist verschieden. Andererseits ist der Gebrauch der einzelnen Partikeln an bestimmte Stilarten gebunden.

1. Der geringste Grad der Unbestimmtheit wird durch die mit **кóе-** gebildeten indefiniten Pronomen wiedergegeben: sie bezeichnen eine Unbestimmtheit, die zwar

für den Gesprächspartner, nicht aber für den Sprecher besteht. Dabei schließt **кóe-** eine Unbestimmtheit in numerischer Hinsicht ein.

Я кóе-чтó принёс вам.	Ich habe euch einiges (dieses und jenes) mitgebracht.
Мне нýжно вам кóе-чтó сказáть.	Ich habe euch einiges zu sagen.
Он встрéтил кóе-когó из свойх товáрищей.	Er traf einige von seinen Kameraden.

2. Die indefiniten Pronomen mit der Partikel **-то** dienen zum Ausdruck von Personen und Dingen, die zwar für den Sprecher unbestimmt und unbekannt sind, deren Existenz aber keinem Zweifel unterliegt.

Ктó-то тйхо постучáл в дверь.	Jemand hat leise an die Tür geklopft.
Чтó-то с шýмом упáло нá пол.	Etwas fiel geräuschvoll zu Boden.

Ganz ähnlich ist der fast ausschließlich schriftsprachliche Gebrauch der indefiniten Pronomen mit der Partikel **не-**[1]. **Нéчто** wird dabei immer mit einem adjektivischen Attribut verbunden.

К отцý подошёл нéкто в чёрном пальтó.	Jemand im schwarzen Mantel trat an den Vater heran.
Случйлось нéчто удивйтельное.	Es ist etwas Merkwürdiges passiert.

3. Die indefiniten Pronomen mit den Partikeln **-нибýдь** und **-лйбо** bezeichnen unbestimmte und unbekannte Personen und Dinge, von deren Existenz keinerlei klare Vorstellung besteht. Daher kommen die Pronomen mit **-нибýдь** und **-лйбо** vor allem in Bedingungs-, Aufforderungs-, Wunsch- und Fragesätzen vor. Die mit **-лйбо** gebildeten Pronomen werden selten und fast ausschließlich in der Schriftsprache gebraucht.

Придёт ли зáвтра ктó-нибýдь?	Wird morgen irgend jemand kommen?
Расскажйте мне чтó-нибýдь о нём!	Erzählen Sie mir irgend etwas von ihm!
Он йщет какýю-нибýдь рабóту.	Er sucht irgendeine Arbeit.
Éсли вы чегó-лйбо хотйте, скажйте мне, пожáлуйста!	Wenn Sie irgend etwas haben möchten, sagen Sie mir bitte Bescheid!

---

[1] Нéкто, нéкий und auch какóй-то können bisweilen eine Geringschätzung etwa in der Bedeutung „irgend so einer", „so ein gewisser (berüchtigter)" ausdrücken:

Нéкий крйтик э́то сказáл.	Irgend so ein Kritiker hat das gesagt.

16

Das Verb

DER FORMENBESTAND DES RUSSISCHEN VERBS

A. Die grammatischen Kategorien des russischen Verbs sind:

Aspekt, verbales Genus, Modus, Tempus, Person und Numerus.

Der Aspekt

Die grundlegende Besonderheit des russischen Verbalsystems gegenüber dem deutschen besteht darin, daß die russischen Verben nach dem Aspekt unterschieden werden. Der Aspekt kennzeichnet die Betrachtungsweise, der eine Verbhandlung[1] in einem bestimmten Sinnzusammenhang unterliegt. Man unterscheidet beim russischen Verb zwei Aspekte:

1. den unvollendeten Aspekt, der eine Handlung in ihrer Fortdauer betrachtet,

2. den vollendeten Aspekt, der eine Handlung im Hinblick auf ihre zeitliche Begrenzung betrachtet.

Nahezu jedes russische Verb gehört einem der beiden Aspekte an und hat seinen Partner im entsprechenden anderen Aspekt, vgl.:

bauen	unvo.:	стро́ить	vo.:	постро́ить
schreiben	unvo.:	писа́ть	vo.:	написа́ть
fragen	unvo.:	спра́шивать	vo.:	спроси́ть
antworten	unvo.:	отвеча́ть	vo.:	отве́тить
erfüllen	unvo.:	выполня́ть	vo.:	вы́полнить
geben	unvo.:	дава́ть	vo.:	дать

---

[1] Unter „Handlung" ist hier und im folgenden alles zu verstehen, was durch ein Verb ausgedrückt werden kann (aktive Handlungen: дава́ть = geben, стро́ить = bauen; Vorgänge: та́ять = tauen, темне́ть = dunkel werden; Zustände: стоя́ть = stehen, лежа́ть = liegen). In den meisten Fällen ist die Unterscheidung zwischen aktiver Handlung, Vorgang und Zustand ohne Bedeutung.

springen	unvo.:	**пры́гать**	vo.:	**пры́гнуть**
nehmen	unvo.:	**брать**	vo.:	**взять**

Einem deutschen Verb stehen somit fast durchweg zwei russische Verben gleicher lexikalischer Bedeutung gegenüber. Man spricht auch von einer durchgängigen Paarigkeit bei den russischen Verben.

Das verbale Genus

Das russische Verbalsystem unterscheidet 3 Genera:

1. Aktiv
2. reflexives Genus [1]
3. Passiv

Das reflexive Genus – morphologisch gekennzeichnet durch die Partikel **-ся** (**-сь**) – bezeichnet eine intransitive, auf das Subjekt des Satzes zurückgerichtete Handlung, vgl.:

мы́ться sich waschen:

Он мо́ется.   = Er wäscht sich.

ра́доваться sich freuen:

Я ра́дуюсь твои́м успе́хам.   = Ich freue mich über deine Erfolge.

Das Passiv hat als besondere Formen nur die Partizipien des Präsens und des Präteritums. Unter bestimmten Voraussetzungen können aber auch Verbformen auf **-ся** (**-сь**) ein Passiv ausdrücken, vgl.:

Бельё мо́ется.   = Die Wäsche wird gewaschen.

Der Modus

Das russische Verbalsystem verfügt über drei Modi:

1. Indikativ
2. Imperativ
3. Konjunktiv

Das Tempus

Das russische Verbalsystem unterscheidet drei Zeitstufen:

1. Präsens
2. Präteritum
3. Futurum

Diese drei Zeitstufen sind als besondere Formen nur im Indikativ vertreten; der Konjunktiv besitzt für alle drei Zeitbedeutungen nur eine Form.

---

[1] Neben „reflexivem Genus" ist auch der Terminus „reflexiv-mediales Genus" gebräuchlich.

Person und Numerus

Die finiten Verbalformen werden nach drei Personen in jeweils zwei Numeri – Singular und Plural – abgewandelt.

Die Formen des Präteritums – und die Formen des Konjunktivs – weisen im Singular eine Kennzeichnung nach dem grammatischen Geschlecht (männlich, weiblich, sächlich) auf:

Мáльчик читáл = der Knabe las; **Дéвочка читáла** = das Mädchen las; **Дитя́ читáло** = das Kind las; **Дéти читáли** = die Kinder lasen.

B. Die russische Konjugation verfügt über folgenden grundlegenden Formenbestand[1]:

I. Finite (d. h. durch die Person bestimmte) Formen

1. Indikativ
   a) Präsens
   b) Präteritum
   c) Futurum

2. Imperativ

3. Konjunktiv

II. Infinite Formen

1. Infinitiv

2. vier Partizipien:
   a) das Partizip des Präsens Aktiv
   b) das Partizip des Präsens Passiv
   c) das Partizip des Präteritums Aktiv
   d) das Partizip des Präteritums Passiv

3. zwei Adverbialpartizipien:
   a) das Adverbialpartizip auf **-я, -а**
   b) das Adverbialpartizip auf **-в(ши), -ши**

Finite wie infinite Formen – mit Ausnahme der Partizipien des Passivs – können durch Anhängen der Partikel **-ся (-сь)**[2] das reflexive Genus annehmen.

---

[1] Die hier verzeichneten Verbalformen können nicht grundsätzlich von jedem russischen Verb gebildet werden; ihre Bildungsmöglichkeit wird in erster Linie durch Aspekt und Transitivität bzw. Intransitivität des betreffenden Verbs bestimmt.

[2] Außer der eigentlich reflexiven Bedeutung haben die Verbformen auf **-ся (-сь)** verschiedene andere Bedeutungen – unter anderem auch die Bedeutung des Passivs (vgl. 338 u. 339).

ÜBERSICHT ÜBER DEN FORMENBESTAND DES RUSSISCHEN VERBS				
Infinitiv: **читáть** (unvo.) lesen				
Indikativ				
Num.	Person	Präsens	Präteritum	Futurum
Sing.	1.Pers.	я читáю	я читáл, -а	я бýду ⎫
	2.Pers.	ты читáешь	ты читáл, -а	ты бýдешь ⎪
	3.Pers.	он ⎫	он читáл	он ⎫ ⎪
		онá ⎬ читáет	онá читáла	онá ⎬ бýдет ⎬ читáть
		онó ⎭	онó читáло	онó ⎭ ⎪
Plur.	1.Pers.	мы читáем	мы ⎫	мы бýдем ⎪
	2.Pers.	вы читáете	вы ⎬ читáли	вы бýдете ⎪
	3.Pers.	они читáют	они ⎭	они бýдут ⎭
Imperativ				
Sing.	2.Pers.	читáй!		
Plur.	2.Pers.	читáйте!		
Konjunktiv				
Sing.	1.Pers.	я читáл (-а) бы		
	2.Pers.	ты читáл (-а) бы		
	3.Pers.	он читáл бы		
		онá читáла бы		
		онó читáло бы		
Plur.	1.Pers.	мы ⎫		
	2.Pers.	вы ⎬ читáли бы		
	3.Pers.	они ⎭		
Partizipien				
		Aktiv		Passiv
Präsens		читáющий, -ая, -ее		читáемый, -ая, -ое
Präteritum		читáвший, -ая, -ее		читанный, -ая, -ое
Adverbialpartizipien				
auf -я, -а auf -в(ши), -ши		читáя читáв(ши)		

314   DER INFINITIV

A. Dem Infinitiv kommt innerhalb des Verbalsystems große Bedeutung als **Grund-form des Verbs**, als Wörterbuchform des Verbs zu.

B. Das **Kennzeichen des Infinitivs** der russischen Verben ist das Suffix **-ть, -ти**. Das Infinitivsuffix **-ть, -ти** wird an den Infinitivstamm angefügt. In bezug auf den Infinitivstamm gliedern sich die russischen Verben in zwei Hauptgruppen:

    1. Vokalisch auslautende Infinitivstämme oder Vokalstämme. Nach vokalisch aus-lautendem Infinitivstamm steht **-ть**[1]:

    читáть lesen, **гуля́ть** spazierengehen, **вúдеть** sehen, **пить** trinken, **мыть** waschen, **колóть** stechen, **крúкнуть** vo. aufschreien.

    2. Konsonantisch auslautende Infinitivstämme oder Konsonantstämme. Nach kon-sonantisch auslautendem Infinitivstamm steht gewöhnlich **-ти**[2], bei einigen Verben auch **-ть**:

    нестú tragen, **везтú** fahren; – **грызть** nagen, **лезть** klettern.

Die Konsonantstämme auf **-д, -т, -6** verändern diese Konsonanten vor dem Infinitivsuffix gewöhnlich in **-с**:

    вес-тú führen (vgl. **вед-ý**), **клас-ть** legen (vgl. **клад-ý**), **цвес-тú** blühen (vgl. **цвет-ý**), **грес-тú** rudern (vgl. **греб-ý**), aber: **ид-тú** (**ид-ý**) gehen.

Bei den Konsonantstämmen auf **-г, -к** verschmelzen **г, к** mit dem Infinitivsuffix zu **-чь**: **мочь** können (vgl. **мог-ý**), **течь** fließen (vgl. **тек-ý**).

C. Der **Infinitiv reflexiver Verben** wird durch Anhängen von **-ся (-сь)** gebildet:

    -ся tritt an die Infinitivformen auf **-ть, -чь**, z.B.:
    мы́ться[3] sich waschen, **берéчься** sich in acht nehmen; –
    -сь wird den Infinitivformen auf **-ти** angefügt, z.B.: **нестúсь** jagen, rennen.

---

[1] Anstelle von -ть erscheint in der Volksdichtung und in der gebundenen Rede der Kunstdichtung bis-weilen -ти, z.B.: ходúти gehen, ду́му ду́мати (einen Gedanken) denken.

[2] -ти ist in den meisten Fällen betont. Es ist unbetont, wenn es sich um vollendete Verben mit dem Präfix вы- handelt, z.B.: нестú — aber: вы́нести vo., вестú — aber: вы́вести vo.
Neben den Infinitivformen auf -ти wurden vor allem in der Literatursprache des 19. Jahrhunderts Nebenformen auf -ть gebraucht: вестú — весть, принестú vo. — принéсть vo.
Heute werden diese Formen nur noch in der Volkssprache und bisweilen aus rhythmischen Gründen in der gebundenen Rede der Kunstdichtung gebraucht.

[3] Zur Aussprache von -тьсся siehe (61).

DIE INFINITIVSUFFIXE			
vokalisch auslautender Infinitivstamm	konsonantisch auslautender Infinitivstamm		
-ть (-ся)	-ти (-сь)	-ть (-ся)	-чь (-ся)
де́ла-ть	вез-ти́	грыз-ть	бере́-чься
одева́-ться	нес-ти́сь	лез-ть	(берег-у́сь)
гуля́-ть	вес-ти́	клас-ть	мо-чь
ви́де-ть	(вед-у́)	(клад-у́)	(мог-у́)
пи-ть	цвес-ти́	сес-ть vo.	пе-чь
мы́-ться	(цвет-у́)	(ся́д-у)	(пек-у́)
коло́-ть	грес-ти́		те-чь
кри́кну-ть vo.	(греб-у́)		(тек-у́)

DIE ASPEKTE

I. Die Funktion der Aspekte

1. Allgemeines

315

Die Aspekte des Verbs bilden eine der typischsten Besonderheiten der russischen Sprache und der slawischen Sprachen überhaupt. Aspektunterschiede sind auch noch in anderen Sprachen, beispielsweise im Neuenglischen[1], vorhanden. Keine andere Sprachengruppe verfügt aber über ein derart ausgebildetes Aspektsystem wie die slawische. In den slawischen Sprachen bilden die Aspekte die Grundlage des gesamten Verbalsystems.

Im Russischen werden zwei Aspekte unterschieden:

1. der vollendete Aspekt,
2. der unvollendete Aspekt.

Was drücken die russischen Aspekte aus?

Der Aspekt (lat. aspectus = „Anblick, Betrachtung") kennzeichnet die Betrachtungsweise, der eine Handlung seitens des Sprechenden in einem bestimmten Sinnzusammenhang unterliegt.

Der vollendete Aspekt bezeichnet eine Handlung, die im Hinblick auf ihre zeitliche Begrenzung – häufig im Hinblick auf ihren Abschluß oder ihre Vollendung – betrachtet wird. (Daher die Bezeichnung „vollendeter Aspekt".)

---

[1] Vgl. Dr. A. Lamprecht: „Grammatik der englischen Sprache", Volk und Wissen, Berlin 1956, S. 211 ff.

Der **unvollendete Aspekt** bezeichnet eine Handlung, die in ihrem Ablauf – in ihrer Fortdauer oder Wiederholung – betrachtet wird, ohne daß man dabei das Moment ihrer zeitlichen Begrenzung als wesentlich ins Auge faßt.

In den Aspekten verfügt die russische Sprache demnach über ein Mittel, den Verlauf einer Handlung in der Zeit von zwei verschiedenen Blickrichtungen aus zu charakterisieren.

316   **2. Der vollendete Aspekt**

Der vollendete Aspekt kennzeichnet eine Handlung im Hinblick auf ihre zeitliche Begrenzung.

A. Die zeitliche Begrenzung einer Handlung liegt im allgemeinen in ihrem Anfang und in ihrem Ende. Deshalb hat der vollendete Aspekt meist die Handlung als Ganzes im Auge. Beginn, Durchführung und Abschluß oder Vollendung der Handlung liegen als zusammengefaßtes Geschehen im Blickfeld des Sprechenden.

Он пожа́л ему́ ру́ку.	Er drückte ihm die Hand.
Вдруг кто́-то пры́гнул в во́ду.	Plötzlich sprang jemand ins Wasser.
Мы постро́или дом.	Wir haben ein Haus gebaut.
Он про́жил де́сять лет за грани́цей.	Er hat zehn Jahre im Ausland gelebt.

Es ist dabei unwichtig, ob sich die Handlung in einem kurzen Akt vollzieht (**пожа́л, пры́гнул**) oder ob sie von längerer Dauer ist (**постро́или, про́жил**). Wesentlich ist, daß die Handlung als geschlossenes Ereignis erfaßt wird.

B. Die zeitliche Begrenzung einer Handlung, die durch den vollendeten Aspekt gekennzeichnet wird, muß nicht zwangsläufig Anfang und Ende der Handlung einschließen. Die Begrenzung kann sich auch auf ein bestimmtes Stadium des Handlungsverlaufs beziehen:

a) Eine Handlung kann in ihrem Anfangsstadium als zeitlich begrenzt betrachtet werden. Den Handlungsbeginn drücken dabei mit **за-** präfigierte Verben sowie die mit **по-** präfigierten bestimmten Verben der Fortbewegung aus (vgl. 332,3 u. 336):

В саду́ зацвели́ я́блони.	Im Garten sind die Apfelbäume erblüht.
Он заболе́л гри́ппом.	Er ist an Grippe erkrankt.
Ма́ленькая де́вочка запла́кала с испу́га.	Das kleine Mädchen begann vor Schreck zu weinen.
Самолёт полете́л на се́вер.	Das Flugzeug flog nach Norden ab.

b) Eine Handlung wird bei Eingrenzung ihres Ablaufs auf einen kleineren Zeitabschnitt als zeitlich begrenzt betrachtet. Es handelt sich hierbei um (vollendete) Verben, die mit dem Präfix **по-** „ein wenig, etwas, eine Zeitlang" präfigiert sind (vgl. 332,2):

Мы хоте́ли поговори́ть с ним.	Wir wollten uns ein wenig mit ihm unterhalten.
Ве́чером они́ попе́ли и поигра́ли.	Am Abend haben sie ein wenig gesungen und gespielt.
Порабо́тай ещё немно́го!	Arbeite noch ein wenig!
Пусть суп покипи́т ещё немно́го.	Mag die Suppe noch ein wenig kochen.

c) Eine Handlung kann in der Hervorhebung ihres Resultats als zeitlich begrenzt betrachtet werden. Der Vollzug der Handlung bildet dabei eine selbstverständliche Voraussetzung, steht aber nicht unmittelbar im Blickpunkt der Betrachtung. Hierher gehören neben anderen mit **у-, до-, от-, вы-** und **при-** präfigierte Verben (vgl. 332,4):

Оте́ц его́ у́мер.	Sein Vater ist gestorben (= ist tot).
Он дописа́л страни́цу и отложи́л ру́чку в сто́рону.	Er schrieb die Seite zu Ende und legte den Federhalter beiseite.
Вчера́ рабо́чие достро́или дом.	Gestern haben die Arbeiter das Haus fertiggebaut.
Врачу́ удало́сь вы́лечить больно́го.	Es gelang dem Arzt, den Kranken zu heilen (= auszukurieren).
Он ду́мал, ду́мал, – наконе́ц приду́мал вы́ход из положе́ния.	Er dachte lange nach, – schließlich ersann er einen Ausweg aus der Lage.

3. Der unvollendete Aspekt   317

Der unvollendete Aspekt stellt die Handlung als solche in den Blickpunkt der Betrachtung.

A. Das Augenmerk des Sprechenden ist beim unvollendeten Aspekt lediglich auf den Vorgang der Handlung gerichtet. Die Handlung wird in einem bestimmten Zeitpunkt oder Zeitabschnitt in ihrer Fortdauer erfaßt. Gegenüber den Merkmalen des vollendeten Aspekts verhält sich der unvollendete Aspekt dabei neutral. Die Frage nach der zeitlichen Begrenzung wird als unwesentlich beiseite gelassen.

Она́ чита́ет рома́н Го́рького.   Sie liest einen Roman Gorkis.

Мы смотре́ли но́вый сове́тский цветно́й фильм.	Wir sahen uns einen neuen sowjetischen Farbfilm an.
Сего́дня у́тром я реша́л дома́шнюю зада́чу, а Ва́ня игра́л в футбо́л.	Heute morgen löste ich meine Hausaufgabe (war ich mit der Lösung meiner Hausaufgabe beschäftigt), und (aber) Wanja spielte Fußball.
Мы рабо́тали два часа́.	Wir arbeiteten zwei Stunden.

Durch den unvollendeten Aspekt, der die Fortdauer einer Handlung kennzeichnet, können also auch Handlungen wiedergegeben werden, über deren zeitliche Begrenzung etwas ausgesagt wird (**Сего́дня у́тром я реша́л...**, **Мы рабо́тали два часа́**). Wesentlich ist nur, daß das Interesse des Sprechenden auf der Hervorhebung der Handlung als solcher liegt.

B. Ein wichtiges Merkmal des unvollendeten Aspekts besteht in seinem Gebrauch zur Wiedergabe wiederholter und gewohnheitsmäßiger Handlungen.

Во вре́мя кани́кул я встава́л в семь часо́в.	Während der Ferien bin ich um 7 Uhr aufgestanden.
Он иногда́ захо́дит к нам.	Er kommt manchmal zu uns.
Он мо́ется ка́ждое у́тро.	Er wäscht sich jeden Morgen.
Я ка́ждый день покупа́ю газе́ту.	Ich kaufe jeden Tag eine Zeitung.
Мы ча́сто хо́дим в теа́тр.	Wir gehen oft ins Theater.
По утра́м густо́й тума́н покрыва́л поля́.	Morgens bedeckte dichter Nebel die Felder.

318

4. Bemerkungen zum Aspektgebrauch

Der Aspektgebrauch wird weitgehend durch die subjektive Sicht des Sprechenden bestimmt. Dabei können eine Reihe von Faktoren die Aspektwahl beeinflussen bzw. unterstützen:

1. Der unvollendete Aspekt wird gebraucht, wenn durch Adverbien wie **постоя́нно** (= ständig), **всегда́** (= immer), **непреры́вно** (= ununterbrochen), **обыкнове́нно** (= gewöhnlich), **ча́сто** (= oft), **иногда́** (= manchmal) und Zeitbestimmungen mit **ка́ждый** (= jeder) auf die unbegrenzte Dauer, die Wiederholung oder den gewohnheitsmäßigen Ablauf einer Handlung hingewiesen wird.

Собра́ние всегда́ начало́сь в 8 часо́в.	Die Versammlung begann immer um 8 Uhr.
Он мо́ется ка́ждое у́тро.	Er wäscht sich jeden Morgen.

Andererseits werden Adverbien wie **вдруг** (= plötzlich), **тότчас** (= sogleich), **неожиданно** (= unerwartet) u. ä. fast nur mit dem vollendeten Aspekt verbunden.

2. In Verbindung mit einem Objekt stehen transitive Verben häufiger im vollendeten Aspekt; transitive Verben ohne Objekt werden jedoch stets im unvollendeten Aspekt gebraucht.

Вчера́ я написа́л письмо́.	Gestern schrieb ich einen Brief.
Вчера́ я писа́л и чита́л.	Gestern habe ich geschrieben und gelesen.

Der vollendete Aspekt wird auch bevorzugt, wenn Objekt der Handlung ein partitiver Genitiv ist.

Он съел хле́ба.	} Er aß Brot.
Он ел хлеб.	
Он вы́пил стака́н ча́ю.	Er trank ein Glas Tee.
Он пил чай.	Er trank Tee.

3. Ein verneintes Verb steht vorwiegend im unvollendeten Aspekt.

Ты взял э́ту кни́гу? — Нет, не брал.	Hast du dieses Buch genommen? – Nein, ich habe es nicht genommen.
Он прие́хал вчера́? — Нет, он не приезжа́л.	Ist er gestern gekommen? – Nein, er ist nicht gekommen.

4. Beim Imperativ ist die vollendete Imperativform die häufigere. Jedoch werden allgemeine Aufforderungen und Verbote im unvollendeten Aspekt wiedergegeben. Näheres siehe (360/361).

5. Für den Gebrauch des unvollendeten bzw. vollendeten Infinitivs gilt allgemein:

a) Der unvollendete Infinitiv steht nach Verben des Beginnens, Fortfahrens und Aufhörens sowie einigen anderen (**запрети́ть** vo. = verbieten; **надое́сть** vo. = überdrüssig sein, satt haben; **привы́кнуть** vo. = gewohnt sein; **уста́ть** vo. = müde werden, satt bekommen).

Они́ на́чали стро́ить но́вый а́ктовый зал.	Sie begannen, einen neuen Festsaal zu bauen.
Он привы́к ра́но встава́ть.	Er ist an zeitiges Aufstehen gewöhnt.

b) Der vollendete Infinitiv steht fast immer nach **забы́ть** vo. (vergessen), **уда́ться** vo. (gelingen), **успе́ть** vo. (zurechtkommen).

Мне удало́сь купи́ть биле́т в теа́тр.	Es gelang mir, eine Theaterkarte zu kaufen.
Я забы́л взять де́ньги.	Ich vergaß, Geld mitzunehmen.

c) Nach Ausdrücken des Wünschens (**жела́ть**), Wollens (**хоте́ть, хоте́ться**), des Müssens und der Notwendigkeit (**на́до, ну́жно, необходи́мо** u.ä.) steht vorwiegend der vollendete Infinitiv, bei Verneinung jedoch gewöhnlich der unvollendete Infinitiv.

На́до сдать э́ту кни́гу в библиоте́ку.	Man muß dieses Buch in die Bibliothek zurückgeben.
Не ну́жно откла́дывать э́того де́ла.	Man darf diese Sache nicht verschieben.

d) Ein finaler Infinitiv steht nach **чтобы** zumeist im vollendeten Aspekt; nach Verben der Bewegung sind beide Aspekte möglich.

Экспеди́ция вы́ехала на юг, чтобы изучи́ть строе́ние го́рных поро́д.	Die Expedition fuhr nach Süden, um die Struktur der Berggesteine zu erforschen.
Он пое́хал в дере́вню отдыха́ть.	Er fuhr aufs Land, um sich zu erholen.

319

II. Aspekte und Zeitformen

Die Bildung der Zeitformen des russischen Verbs steht in engstem Zusammenhang mit der Funktion der Aspekte.

Die Betrachtung einer Handlung einmal in ihrer Fortdauer oder Wiederholung, ein andermal im Hinblick auf ihre zeitliche Begrenzung ist nur in der Vergangenheit und in der Zukunft möglich. In der Gegenwart kann eine Handlung nur in ihrer Dauer oder Wiederholung betrachtet werden. Für die Bildung der Zeitformen des russischen Verbs ergibt sich daraus folgendes Verhältnis:

Das PRÄSENS kann nur von unvollendeten Verben gebildet werden[1].

---

[1] Ebenso können die beiden infiniten Verbformen mit Präsensbezug – das Partizip des Präsens Aktiv und das Partizip des Präsens Passiv – nur von unvollendeten Verben gebildet werden, vgl. (369) und (378).

Die Bildung des Präteritums und des Futurums ist sowohl von unvollendeten als auch von vollendeten Verben möglich. Man unterscheidet entsprechend:

PRÄTERITUM

a) unvollendetes Präteritum: Das unvollendete Präteritum weist auf den Verlauf oder die Wiederholung einer Handlung in der Vergangenheit hin und ist im allgemeinen mit dem deutschen Imperfekt wiederzugeben.

b) vollendetes Präteritum: Das vollendete Präteritum hebt eine vergangene Handlung im Hinblick auf ihre zeitliche Begrenzung hervor. Es schließt dabei die Funktion des deutschen Perfekts und Plusquamperfekts mit ein.

FUTURUM

a) unvollendetes Futurum: Das unvollendete Futurum – nach seiner zusammengesetzten Bildung mit den Futurformen von **быть** und dem unvollendeten Infinitiv auch zusammengesetztes Futurum genannt – bezeichnet eine Handlung, die in der Zukunft verlaufen oder sich wiederholen wird.

b) vollendetes Futurum: Das vollendete Futurum – formal durch ein vollendetes Verb mit Präsensendungen gekennzeichnet – drückt eine zukünftige Handlung unter Hervorhebung ihrer zeitlichen Begrenzung aus. Es schließt dabei die Funktion des deutschen Futurums II mit ein.

ASPEKTE UND ZEITFORMEN			
	Präteritum	Präsens	Futurum
unvollendeter Aspekt	Он стро́ил дом. Er baute ein Haus.	Он стро́ит дом. Er baut ein Haus.	Он бу́дет стро́ить дом. Er wird ein Haus bauen.
vollendeter Aspekt	Он постро́ил дом. Er baute ein Haus bzw. hat (hatte) ein Haus gebaut.		Он постро́ит дом. Er wird ein Haus bauen bzw. gebaut haben.

Die Bildung der Zeitformen des russischen Verbs ist also durch den Aspekt als übergeordneter Kategorie maßgeblich bestimmt: Von unvollendeten Verben können alle drei Zeitformen gebildet werden, während vollendete Verben nur die Formen des Präteritums und des Futurums haben können.

III. Der sprachliche Ausdruck der Aspekte

320 Fast jedes russische Verb ist mit allen seinen Formen als vollendeter oder unvollendeter Aspekt morphologisch gekennzeichnet. Erkennungsmerkmal für den Aspekt ist dabei der Verbalstamm. Grundsätzlich gibt es zwei Möglichkeiten, eine Aspektänderung am Verbalstamm kenntlich zu machen:

1. Präfigierung des Verbalstammes. Auf diese Weise werden vollendete Verben aus unvollendeten Verben gebildet, z. B.: строить – vo. построить; делать – vo. сделать; читать – vo. прочитать.

2. Suffigierung des Verbalstammes. Auf diese Weise werden in erster Linie unvollendete Verben aus vollendeten Verben gebildet, z. B.: рассказать vo. – рассказывать; спросить vo. – спрашивать; выполнить vo. – выполнять; решить vo. – решать; узнать vo. – узнавать.
Durch Suffigierung können aber auch vollendete Verben gebildet werden, z. B.: кричать – vo. крикнуть; прыгать – vo. прыгнуть.

1. Die Bildung des vollendeten Aspekts

321
A. DURCH PRÄFIXE *[1]

Einfache russische Verben – d. h. Verben, die keine aspektverändernden Präfixe oder Suffixe enthalten – sind zumeist unvollendet[2]. Sie werden durch Vorsetzen eines Präfixes in der Regel zu vollendeten Verben[3]. Dabei lassen sich aus einfachen unvollendeten Verben durch Präfigierung zwei Gruppen von vollendeten Verben bilden:

---

[1] Durch ein Sternchen (*) sind hier und im folgenden die produktiven Typen der Aspektbildung des russischen Verbs kenntlich gemacht.

[2] Vollendet sind u. a. folgende einfache Verben:
die sechs einsilbigen Verben дать geben; деть hintun, vertun; стать werden, anfangen; лечь sich hinlegen; сесть sich hinsetzen; пасть fallen; – sowie eine Reihe von Verben auf -ить der i-Konjugation: купить kaufen; кончить beenden, abschließen; решить beschließen, entscheiden; лишить entziehen; пустить lassen, freilassen; бросить werfen; хватить ausreichen; простить verzeihen, vergeben; ступить schreiten, gehen; явиться kommen, erscheinen, sich erweisen u. a.

[3] Nicht zur Bildung des vollendeten Aspekts dient das Präfix без- (бес-). Die Komposita mit без- (бес-) sind stets unvollendet: беспокоить beunruhigen, stören; бездействовать untätig sein.
Unvollendet sind auch einige präfigierte Verben, deren lexikalische Bedeutung mit den Merkmalen des vollendeten Aspekts unvereinbar ist, z. B.: присутствовать anwesend sein; состоять (из) bestehen (aus); принадлежать gehören; содержать enthalten. Vgl. auch (329).

a) Verben, deren Präfix nur den vollendeten Aspekt bezeichnet, z. B.:

unvollendet:		*vollendet:*	
стро́ить	= bauen	**постро́ить**	= bauen
де́лать	= machen	**сде́лать**	= machen
писа́ть	= schreiben	**написа́ть**	= schreiben

b) Verben, deren Präfix zusammen mit dem vollendeten Aspekt gleichzeitig eine Bedeutungsveränderung ausdrückt, z. B.:

unvollendet:		*vollendet:*	
рабо́тать	= arbeiten	**вы́работать**	= produzieren, ausarbeiten
знать	= wissen, kennen	**узна́ть**	= erkennen, erfahren
ве́рить	= glauben	**прове́рить**	= prüfen, kontrollieren

Präfixe vor einfachen unvollendeten Verben bezeichnen also durchweg den vollendeten Aspekt. Sie können dabei bedeutungsleer und lediglich aspektbildend sein. In vielen Fällen drücken sie aber mit der Aspektänderung gleichzeitig eine Bedeutungsveränderung aus.

Bedeutungsleer und rein aspektbildend können die verschiedensten Präfixe sein:

по-, о- (об-, обо-), с- (со-), за-, на-, seltener: **вы-, про-, при-, раз- (рас-), от- (ото-), из- (ис-), у-, вз- (вс-).**

Keines dieser Präfixe hat aber in jeder Verbindung nur aspektbildende Funktion. Zu den verschiedenen Bedeutungen und Funktionen der Verbalpräfixe siehe (425–445).

ASPEKTBILDUNG DURCH BEDEUTUNGSLEERE PRÄFIXE			
Präfix	unvollendet	vollendet	deutsche Bedeutung
по-	**стро́ить**	**постро́ить**	bauen
	звать	**позва́ть**	rufen
	звони́ть	**позвони́ть**	läuten, klingeln
	обе́дать	**пообе́дать**	Mittag essen
о- (об-, обо-)	**кре́пнуть**	**окре́пнуть**	stark werden, erstarken
	ра́доваться	**обра́доваться**	sich freuen
	зли́ться	**обозли́ться**	sich ärgern

Präfix	unvollendet	vollendet	deutsche Bedeutung
с- (со-)	де́лать	сде́лать	machen
	игра́ть	сыгра́ть	spielen
	лгать	солга́ть	lügen
	мочь	смочь	können
за-	плати́ть	заплати́ть	bezahlen
на-	писа́ть	написа́ть	schreiben
	рисова́ть	нарисова́ть	zeichnen
вы-	пить	вы́пить	trinken
	расти́	вы́расти	wachsen
про-	чита́ть	прочита́ть	lesen
при-	сни́ться	присни́ться	träumen
раз- (рас-)	дели́ть	раздели́ть	teilen
	та́ять	раста́ять	tauen
от- (ото-)	пра́здновать	отпра́здновать	feiern
	ремонти́ровать	отремонти́ровать	reparieren
	шлифова́ть	отшлифова́ть	schleifen
из- (ис-)	печь	испе́чь	backen
	расхо́довать	израсхо́довать	ausgeben, verbrauchen
	по́ртить	испо́ртить	beschädigen, verderben
	пуга́ть	испуга́ть	erschrecken
у-	ви́деть	уви́деть	sehen
	слы́шать	услы́шать	hören
	жа́лить	ужа́лить	stechen, beißen
	соверше́нствовать	усоверше́нствовать	vervollkommnen
вз- (вс-)	волнова́ть	взволнова́ть	aufregen, bewegen
	трево́жить	встрево́жить	beunruhigen, aufregen
	паха́ть	вспаха́ть	pflügen

B. DURCH DAS SUFFIX -ну-*   **322**

Einige einfache unvollendete Verben bilden den vollendeten Aspekt durch das Suffix
-ну-[1]:

unvollendet:		*vollendet:*
бры́згать	spritzen	бры́знуть
дви́гать	bewegen	дви́нуть
дёргать	ziehen, zupfen	дёрнуть
зева́ть	gähnen	зевну́ть
кача́ть	schaukeln	качну́ть
кида́ть	werfen, schleudern	ки́нуть
крича́ть	schreien, rufen	кри́кнуть
ма́зать	schmieren, streichen	мазну́ть
маха́ть	winken	махну́ть
мелька́ть	flimmern, vorbeihuschen	мелькну́ть
пры́гать	springen	пры́гнуть
сверка́ть	blitzen, funkeln	сверкну́ть
свисте́ть	pfeifen	сви́стнуть
стуча́ть	klopfen	сту́кнуть
хло́пать	klatschen, schlagen	хло́пнуть
чиха́ть	niesen	чихну́ть
шага́ть	schreiten	шагну́ть
шевели́ть	rühren, bewegen	шевельну́ть

Das Suffix -ну- verleiht einem Verb neben der Bezeichnung des vollendeten Aspekts
häufig zusätzlich die Bedeutung der Einmaligkeit und des momentanen Charakters der
genannten Handlung (vgl. 332, 1 u. 406), z.B.:

кри́кнуть vo.	= einmal (kurz) rufen
махну́ть vo.	= einmal (kurz) winken
сту́кнуть vo.	= einmal klopfen
чихну́ть vo.	= einmal niesen

Bei einigen der vorstehend genannten Verben ist die Bildung des vollendeten Aspekts
außer mit dem Suffix -ну- auch mit einem Präfix möglich. Die beiden vollendeten Verb-

---

[1] Mit den vollendeten Verben auf -нуть dürfen die sogenannten Inchoativa auf -нуть nicht verwechselt
werden (vgl. 332, 7 u. 413), z.B.: кре́пнуть erstarken, sich festigen; мёрзнуть frieren; ги́бнуть
zugrunde gehen; мо́кнуть naß werden; со́хнуть trocknen, trocken werden. Diese Verben sind un-
vollendet und werden durch Präfigierung zu vollendeten Verben, z.B.: кре́пнуть — vo. окре́пнуть;
ги́бнуть — vo. поги́бнуть.

formen unterscheiden sich dabei durch den Charakter des Momentanen und Nicht-momentanen.

unvollendet:	*vollendet:*		
кача́ть	покача́ть	und mom.	качну́ть
крича́ть	закрича́ть	und mom.	кри́кнуть
ма́зать	вы́мазать, на-, пома́зать	und mom.	мазну́ть
стуча́ть	постуча́ть	und mom.	сту́кнуть
шевели́ть	пошевели́ть	und mom.	шевельну́ть

2. Die Bildung des unvollendeten Aspekts

Vollendete Verben, die aus einfachen unvollendeten Verben durch Vorsetzen eines bedeutungsverändernden Präfixes entstanden sind, sowie einige einfache vollendete Verben bilden ihre unvollendete Entsprechung mit Hilfe von Suffixen. Man unterscheidet folgende Möglichkeiten der Bildung des unvollendeten Aspekts durch Suffixe:

323

A. DURCH DAS SUFFIX -ыва-/-ива-*

Die unvollendete Entsprechung zu vollendeten Verben kann durch das Suffix -ыва-/-ива- gebildet werden. Dabei steht -ыва- nach hartem wurzelauslautendem Konsonanten, -ива- nach weichem Konsonanten sowie Zischlaut, г, к, х oder Vokal im Wurzelauslaut.

Bei Ableitung von Verben der i-Konjugation verwandeln sich wurzelauslautende д, т, з, с, ст, б, п, в, ф, м vor dem Suffix -ива- gewöhnlich in ж, ч, ж, ш, щ, бл, пл, вл, фл, мл.

Enthält die Verbalwurzel des vollendeten Aspekts ein **o**, so verwandelt sich dieses **o** in der Silbe vor dem Suffix häufig in **a**[1].

---

[1] Der Vokalwechsel o—a erfolgt immer, wenn der Wurzelvokal o des vollendeten Verbs unbetont ist (спроси́ть vo. – спра́шивать fragen; осмотре́ть vo. – осма́тривать besichtigen). Ist der Wurzel-vokal des vollendeten Verbs hingegen betont, so findet der Vokalwechsel o–a häufig (око́нчить vo. – ока́нчивать beenden; освои́ть vo. – осва́ивать sich aneignen), aber nicht in allen Fällen statt. Das o der Verbalwurzel bleibt beispielsweise erhalten in: уполномо́чить vo. – уполномо́чивать be-vollmächtigen; упро́чить vo. – упро́чивать befestigen, sichern. Mitunter sind auch Doppelformen vorhanden: обусло́вить vo. – обусло́вливать u. обусла́вливать ausbedingen, sich vorbehalten. In der Literatursprache des 19. und des beginnenden 20. Jahrhunderts wurden in vielen Fällen, in denen sich heute der Vokalwechsel eindeutig durchgesetzt hat, Formen mit und ohne Vokalwechsel nebeneinander gebraucht.

vollendet:		unvollendet:
вы́играть	gewinnen	вы́игрывать
вы́работать	produzieren, ausarbeiten	выраба́тывать
завоева́ть	erobern	завоёвывать
записа́ть	aufschreiben, notieren	запи́сывать
обману́ть	betrügen	обма́нывать
подписа́ть	unterschreiben	подпи́сывать
рассказа́ть	erzählen	расска́зывать
око́нчить	beenden	ока́нчивать
осво́ить	sich aneignen	осва́ивать
осмотре́ть	besichtigen	осма́тривать
останови́ть	anhalten	остана́вливать
спроси́ть	fragen	спра́шивать
удво́ить	verdoppeln	удва́ивать
устро́ить	veranstalten, einrichten	устра́ивать

Verben mit dem Suffix **-ыва-/-ива-** sind stets auf der Silbe vor dem Suffix betont.

B. DURCH DAS SUFFIX -ва-   **324**

Die unvollendete Entsprechung zu vollendeten Verben kann mit Hilfe des Suffixes **-ва-** gebildet werden. Das Suffix **-ва-** wird bei zahlreichen, zumeist präfigierten vollendeten Verben an den vokalisch auslautenden Stamm angefügt.

vollendet:		unvollendet:
встать	aufstehen	встава́ть
дать	geben	дава́ть
деть	hintun, vertun	дева́ть
добы́ть	erwerben, gewinnen	добыва́ть[1]
заболе́ть	erkranken	заболева́ть
забы́ть	vergessen	забыва́ть[1]

---

[1] Während die Formen забы́ть vo. — забыва́ть; добы́ть vo. — добыва́ть; прибы́ть vo. — прибыва́ть durch den Aspekt unterschieden sind, gehören побы́ть und побыва́ть dem gleichen — und zwar dem vollendeten — Aspekt an. Der Unterschied zwischen побы́ть und побыва́ть liegt in der Bedeutung:
побы́ть vo. = „(eine bestimmte, zumeist nicht allzu lange Zeit an einem bestimmten Ort) sein": Он побы́л в Москве́ с неде́лю.
побыва́ть vo. = „(eine unbestimmte Zeit an einem oder auch an verschiedenen Orten) weilen": Он побыва́л и в Москве́ и в Ленингра́де.

vollendet:		unvollendet:
открь́ть	öffnen	открывáть
пережи́ть	überleben, erleben	пережива́ть
призна́ть	anerkennen, zugeben	признава́ть
прода́ть	verkaufen	продава́ть
разви́ть	entwickeln	развива́ть
созда́ть	schaffen, gründen	создава́ть
узна́ть	erkennen, erfahren	узнава́ть
успе́ть	rechtzeitig ausführen, rechtzeitig kommen	успева́ть

Unvollendete Verben mit dem Suffix -ва- sind stets auf dem Suffix betont.

C. DURCH DAS SUFFIX -я-/-a- (*)[1]

Das Suffix -я-/-a- ist als Kennzeichen des unvollendeten Aspekts stets betont.

325 a) Die meisten vollendeten Verben auf -ить der i-Konjugation bilden ihre unvollendete Entsprechung mit Hilfe des Suffixes -я-/-a-[2]. Dabei wird das Suffix -и- des Infinitivstammes durch -я-, nach Zischlauten durch -a- ersetzt.

Geht dem Suffix -и- des vollendeten Aspekts ein д, т, з, с, ст oder 6, п, в, ф, м voraus, so verwandeln sich diese Konsonanten vor dem Suffix -я-/-a- gewöhnlich in ж bzw. жд, ч bzw. щ, ж, ш, щ und бл, пл, вл, фл, мл[3].

vollendet:		unvollendet:
встре́тить	treffen, begegnen	встреча́ть
вы́полнить	ausführen, erfüllen	выполня́ть

---

[1] Bei der Angabe des Suffixes als -я-/-a- wird vom Schriftbild ausgegangen; vom Standpunkt der Phonetik aus lautet das Suffix in jedem Falle -a-.
Das Suffix -я-/-a- ist nur noch produktiv bei Auslaut des Verbalstammes auf palatalisierten Konsonanten oder auf Zischlaut, vgl.: прилуни́ться vo. - прилуня́ться auf dem Mond landen.

[2] Der unvollendete Aspekt zu vollendeten Verben auf -ить der i-Konjugation kann sowohl durch das Suffix -ыва-/-ива- als auch durch das Suffix -я-/-a- gebildet werden. Bei einigen wenigen Verben sind im modernen Sprachgebrauch beide Bildungen möglich, z.B.:
vo.: пригото́вить (vorbereiten) - unvo.: приготовля́ть und приготáвливать;
vo.: накопи́ть (anhäufen) - unvo.: накопля́ть und накáпливать;
vo.: перере́зать (durchschneiden) - unvo.: перерезáть und перере́зывать.
Die Formen mit dem Suffix -ыва-/-ива- sind in diesen Fällen die neueren und verbreiteteren.

[3] Der Konsonantenwechsel unterbleibt z.B. bei броси́ть vo. - броса́ть, ступи́ть vo. - ступа́ть und deren Komposita. Ein besonderer Wechsel liegt vor in пусти́ть vo. - пускáть und den entsprechenden Komposita.

vollendet:		*unvollendet:*
заключи́ть	abschließen	заключа́ть
изучи́ть	lernen, studieren	изуча́ть
ко́нчить	beenden	конча́ть
награди́ть	belohnen	награжда́ть
объясни́ть	erklären	объясня́ть
освободи́ть	befreien	освобожда́ть
отве́тить	antworten	отвеча́ть
победи́ть	(be-)siegen	побежда́ть
повтори́ть	wiederholen	повторя́ть
подгото́вить	vorbereiten	подготовля́ть
поздра́вить	beglückwünschen	поздравля́ть
получи́ть	erhalten	получа́ть
посети́ть	besuchen	посеща́ть
приземли́ть	landen, *trans.*	приземля́ть
прове́рить	prüfen, kontrollieren	проверя́ть
реши́ть	beschließen, entscheiden	реша́ть
соедини́ть	vereinigen, verbinden	соединя́ть
соста́вить	zusammenstellen	составля́ть
яви́ться	erscheinen, kommen, sich erweisen	явля́ться

b) Zu einer Reihe vollendeter konsonantstämmiger Verben der e-Konjugation wird der **326** unvollendete Aspekt mit dem Suffix **-a-** gebildet. Vor dem Suffix steht dabei der gleiche Konsonant wie vor der Endung der 1. Person Singular des vollendeten Futurums.

α) *vollendet:*   *unvollendet:*

вы́мести	— вы́мету	ausfegen	вымета́ть
вы́ползти	— вы́ползу	herauskriechen	выполза́ть
зацвести́	— зацвету́	aufblühen	зацвета́ть
напа́сть	— нападу́	angreifen, überfallen	напада́ть
спасти́	— спасу́	retten	спаса́ть
сплести́	— сплету́	zusammenflechten, winden	сплета́ть
втечь	— втеку́	hineinfließen	втека́ть
вы́печь	— вы́пеку	(gut durch-) backen	выпека́ть
помо́чь	— помогу́	helfen	помога́ть
сбере́чь	— сберегу́	sparen, aufbewahren	сберега́ть

β) Zuweilen ist die Suffigierung durch -a- von einer Veränderung innerhalb der Verbalwurzel begleitet, die gegenüber Infinitiv- und Präsensstamm verschieden sein kann, z. B.:

Wurzelveränderung	vollendet	unvollendet	deutsche Bedeutung
Erweiterung durch и/ы gegenüber dem Inf.-Stamm und Vokalwechsel е—и, о—ы gegenüber dem Präs.-Stamm	собра́ть—соберу́	собира́ть	(ver-)sammeln
	избра́ть—изберу́	избира́ть	wählen
	призва́ть—призову́	призыва́ть	herbeirufen
	созва́ть—созову́	созыва́ть	zusammenrufen
Erweiterung durch и/ы gegenüber Inf.- und Präs.-Stamm	вы́рвать—вы́рву	вырыва́ть	herausreißen
	вы́спаться—вы́сплюсь	высыпа́ться	sich ausschlafen
	посла́ть—пошлю́	посыла́ть	schicken
Vokalwechsel е—и gegenüber dem Inf.-Stamm und Erweiterung durch и gegenüber dem Präs.-Stamm	зажє́чь—зажгу́	зажига́ть	anzünden
	запере́ть—запру́	запира́ть	verschließen, einsperren
	стере́ть—сотру́	стира́ть	abwischen
	умере́ть—умру́	умира́ть	sterben
Wechsel а bzw. я —им, ин gegenüber dem Inf.-Stamm und Erweiterung durch и gegenüber dem Präs.-Stamm	нача́ть—начну́	начина́ть	anfangen
	размя́ть—разомну́	размина́ть	zerdrücken
	сжать—сожму́	сжима́ть	zusammenpressen
Nur Wechsel я—им gegenüber dem Inf.-Stamm	обня́ть—обниму́	обнима́ть	umarmen
	подня́ть—подниму́	поднима́ть	hochheben
	снять—сниму́	снима́ть	ab-, wegnehmen

γ) Bei einigen Verben unterscheidet sich der unvollendete Aspekt mit dem Suffix **-a-** in den Formen des Infinitivstammes nur durch den Akzent vom vollendeten Aspekt.

vollendet:		*unvollendet:*	
рассы́пать (я рассы́плю	ausstreuen – я рассы́пал)	**рассыпа́ть** (я рассыпа́ю	– я рассыпа́л)
засы́пать (я засы́плю	zuschütten – я засы́пал)	**засыпа́ть** (я засыпа́ю	– я засыпа́л)
отре́зать (я отре́жу	abschneiden – я отре́зал)	**отреза́ть** (я отреза́ю	– я отреза́л)
разре́зать (я разре́жу	zerschneiden – я разре́зал)	**разреза́ть** (я разреза́ю	– я разреза́л)

3. Verschiedene Wortwurzeln zum Ausdruck der Aspekte   327

Aspektpaare mit verschiedenen Wortwurzeln sind:

unvollendet:		*vollendet:*
брать	nehmen	**взять**
говори́ть	(sprechen,) sagen	**сказа́ть**
класть	legen	**положи́ть**
лови́ть	fangen	**пойма́ть**
ложи́ться[1]	sich hinlegen	**лечь**
сади́ться[1]	sich setzen	**сесть**
станови́ться[1]	sich stellen; werden	**стать**

4. Unpaarige Verben

Während den meisten russischen Verben ein Partner im jeweils anderen Aspekt zugehört, gibt es eine Reihe von Verben, die außerhalb der allgemeinen Aspektpaarigkeit stehen. Es sind dies:

a) Verben, die in ein und derselben Form in beiden Aspekten auftreten können,

b) Verben, die auf Grund ihrer lexikalischen Bedeutung keine Aspektpaare bilden können.

---

[1] Den Aspektpaaren ложи́ться – лечь vo., сади́ться – сесть vo., станови́ться – стать vo. liegen zwar gleiche Wortwurzeln zugrunde, die jedoch vom Standpunkt der Sprache der Gegenwart aus nicht mehr als solche zu erkennen sind. Zudem ist der unvollendete Aspekt reflexiv.

328   A. VERBEN MIT DOPPELTER ASPEKTFUNKTION[1]

Zur Gruppe der Verben mit doppelter Aspektfunktion zählen

a) die russischen Verben:

бежа́ть	i. d. Bedeutung „fliehen"
веле́ть	befehlen
венча́ть	i. d. Bedeutung „krönen, bekränzen"
возде́йствовать	einwirken
жени́ться	(eine Frau) heiraten
испо́льзовать	ausnutzen
иссле́довать	erforschen
казни́ть	i. d. Bedeutung „hinrichten"
минова́ть	vorübergehen, vorbeisein
насле́довать	(be-)erben
обеща́ть	versprechen
образова́ть	bilden
ра́нить	verwunden, verletzen
роди́ть[2]	gebären
роди́ться[2]	geboren werden
ру́шиться	einstürzen – u. a.

b) eine Reihe von Verben fremden Ursprungs auf **-овать**, z. B.:

организова́ть	organisieren
телеграфи́ровать	telegrafieren
телефони́ровать	telefonieren
яровизи́ровать	jarowisieren

---

[1] Bei den Verben dieser Gruppe sind in einigen Fällen aspektgekennzeichnete Doppelformen vorhanden
So verfügen beispielsweise
a) über Doppelformen für den vollendeten Aspekt:
unvo.: обеща́ть — vo.: обеща́ть und пообеща́ть
unvo.: ру́шиться — vo.: ру́шиться und обру́шиться
unvo.: ремонти́ровать — vo.: ремонти́ровать und отремонти́ровать
b) über Doppelformen für den unvollendeten Aspekt:
vo.: организова́ть — unvo.: организова́ть und организо́вывать
vo.: образова́ть — unvo.: образова́ть und образо́вывать

[2] Bei den Verben роди́ть, роди́ться wird der Aspekt in der weiblichen Singularform des Präteritums durch die Betonung unterschieden:
unvo.: она́ роди́ла   vo.: она́ родила́
она́ роди́лась   она́ родила́сь

конфисковáть	beschlagnahmen
экспроприи́ровать	enteignen

Die jeweilige Aspektzugehörigkeit der Verben dieser Gruppe kann nur durch den konkreten Satzzusammenhang ermittelt werden, z. B.:

unvollendeter Gebrauch:

Он всегдá выполня́ет всё, что обещáет.

vollendeter Gebrauch:

Сегóдня он обещáл мне прийти́ в пять часóв.

Bei den Verben **велéть, образовáть, организовáть** gehören die Präteritalformen jedoch stets dem vollendeten Aspekt an.

B. VERBEN, DIE NUR IM UNVOLLENDETEN ASPEKT AUFTRETEN 329

Nur im unvollendeten Aspekt stehen u. a. folgende Verben:

бездéйствовать	untätig sein
вы́глядеть	i. d. Bedeutung „aussehen"
зави́сеть	abhängig sein
знáчить	bedeuten
лежáть	liegen
нуждáться	bedürfen, benötigen
отстоя́ть	i. d. Bedeutung „entfernt sein"
отсу́тствовать	abwesend sein
подражáть	nachahmen
походи́ть	i. d. Bedeutung „ähnlich sein"
предви́деть	voraussehen
предчу́вствовать	ahnen, ein Vorgefühl haben
предшéствовать	vorangehen
преобладáть	vorherrschen, überwiegen
преслéдовать	verfolgen
принадлежáть	gehören
прису́тствовать	anwesend sein
разговáривать	sich unterhalten
сидéть	sitzen
содержáть	enthalten
сожалéть	bedauern
соотвéтствовать	entsprechen
состоя́ть	bestehen (aus)
состязáться	wetteifern

сочу́вствовать	mitfühlen
сто́ить	kosten, wert sein
стоя́ть	stehen
уча́ствовать	teilnehmen

330

C. VERBEN, DIE NUR IM VOLLENDETEN ASPEKT AUFTRETEN

Zu den Verben, die nur im vollendeten Aspekt stehen können, gehören u. a.

a) die Verben

стать vo.	i.d. Bedeutung „anfangen"
воспря́нуть vo.	sich aufraffen
встрепену́ться vo.	plötzlich auffahren
гря́нуть vo.	erschallen, einsetzen
мо́лвить vo.	*(veraltet)* sagen
очну́ться vo.	zu sich kommen
очути́ться vo.	sich unerwartet befinden
понадобиться vo.	nötig werden, nötig sein
ри́нуться vo.	(sich) stürzen
хлы́нуть vo.	hervorströmen, sich ergießen

b) Verben mit dem Präfix **по-**, wenn dieses den Beginn der Handlung ausdrückt, z. B.:

побежа́ть vo.	(los-)laufen
пое́хать vo.	(los-)fahren
пойти́ vo.	(los-)gehen, sich auf den Weg machen
полете́ть vo.	(los-)fliegen, abfliegen

Verben mit dem Präfix **за-**, das den Beginn der Handlung bezeichnet, stehen zu einem großen Teil, aber nicht in allen Fällen, nur im vollendeten Aspekt, vgl.

зазвене́ть vo.	erklingen, erschallen
запла́кать vo.	anfangen zu weinen
зареве́ть vo.	anfangen zu brüllen
aber: зацвести́ vo., зацвета́ть	aufblühen
закури́ть vo., заку́ривать	anfangen zu rauchen

c) Verben mit dem Präfix **по-**, wenn dieses die Begrenzung der Handlung auf einen kleineren Zeitabschnitt in der Bedeutung „etwas, eine Zeitlang" ausdrückt, z. B.:

почита́ть vo.	ein wenig lesen
порабо́тать vo.	eine Zeitlang arbeiten
поговори́ть vo.	ein wenig sprechen, sich unterhalten

DIE AKTIONSARTEN

I. Der Begriff Aktionsart[1] **331**

Von den Aspekten des Verbs sind die sogenannten „Aktionsarten" grundsätzlich zu unterscheiden. Die Aktionsart eines Verbs kennzeichnet die Art und Weise, in der eine Handlung vor sich geht.

Die Aktionsart charakterisiert beispielsweise eine Handlung als

„einmalig – momentan", z. B.:

кри́кнуть vo.	= aufschreien, einmal (kurz) rufen
сту́кнуть vo.	= einmal klopfen

„mehrmalig oder wiederholt", z. B.:

гова́ривать	= wiederholt zu sagen pflegen
заха́живать	= öfters hingehen, öfters besuchen

„beginnend", z. B.:

запе́ть vo., запева́ть	= anfangen zu singen, anstimmen
побежа́ть vo.	= (los-)laufen

„beendend oder zum Abschluß gelangend", z. B.:

дописа́ть vo., дописывать	= zu Ende schreiben
вы́лечить vo., выле́чивать	= ausheilen, auskurieren
вы́пить vo.	= austrinken
вы́расти vo., выраста́ть	= aufwachsen

Die Aktionsart drückt also eine zusätzliche lexikalische Bedeutung aus, durch die die Art und Weise der Handlungsausführung näher bestimmt wird. Sie ist damit ein Bestandteil der objektiven Verbbedeutung. Unter den verschiedenen Aktionsarten werden Verben verschiedener lexikalischer Bedeutungsgruppen zusammengefaßt.

---

[1] In einigen älteren deutschsprachigen Grammatiken der russischen Sprache wird der Terminus „Aktionsart" für den Begriff „Aspekt" gebraucht.

Im Gegensatz dazu charakterisieren die Aspekte Verbformen gleicher lexikalischer Bedeutung von zwei verschiedenen zeitlichen Blickrichtungen aus, die weitgehend durch die subjektive Sicht des Sprechenden bedingt sind. – Allgemein formuliert:

Die Aktionsarten drücken objektiv verschiedene, – die Aspekte dagegen objektiv gleiche, aber subjektiv verschieden aufgefaßte Handlungen aus.

332

II. Die wichtigsten Aktionsarten der russischen Verben

Nach der Art und Weise, wie eine Handlung vor sich geht, können die russischen Verben in eine Vielzahl von Aktionsarten unterteilt werden. Hier seien nur die wichtigsten angeführt:

1. die momentane Aktionsart

Der momentane einmalige Ablauf der Handlung wird gekennzeichnet. Hierher gehören im wesentlichen die vollendeten nichtpräfigierten Verben auf -нуть:

толкну́ть	vo. =	einen Stoß versetzen
кри́кнуть	vo. =	aufschreien
махну́ть	vo. =	einmal (kurz) winken
сту́кнуть	vo. =	einmal klopfen
чихну́ть	vo. =	einmal niesen

2. die determinative Aktionsart

Der auf eine gewisse, ungenau benannte Zeit eingegrenzte Ablauf der Handlung wird gekennzeichnet. Hierher gehören die mit по- (= „ein wenig, etwas, eine Zeitlang") präfigierten Verben:

посиде́ть	vo. =	eine Zeitlang sitzen
поспа́ть	vo. =	etwas schlafen
почита́ть	vo. =	ein wenig lesen

3. die ingressive Aktionsart

Der Beginn der Handlung wird gekennzeichnet. Hierher gehören in der Hauptsache mit за- präfigierte Verben, bestimmte Verben der Fortbewegung mit dem Präfix по- sowie mit вз-(вс-) präfigierte Verben:

запе́ть vo., запева́ть	= anfangen zu singen, anstimmen
заговори́ть vo., загова́ривать	= anfangen zu sprechen
зазвене́ть vo.	= erklingen, erschallen
запла́кать vo.	= anfangen zu weinen
пойти́ vo.	= losgehen, sich auf den Weg machen
полете́ть vo.	= losfliegen, abfliegen
вскри́кнуть vo., вскри́кивать	= aufschreien
взвы́ть vo.	= aufheulen, jäh anfangen zu heulen

4. die resultative Aktionsart

Die Handlung wird im Hinblick auf ihren Abschluß und das daraus hervorgehende Resultat gekennzeichnet. Hierher gehören neben anderen mit **вы-, до-, от-, у-** präfigierte Verben:

дописа́ть vo., **допи́сывать**	= zu Ende schreiben
вы́лечить vo., **вылéчивать**	= ausheilen, auskurieren
вы́строить vo.	= aufbauen, erbauen
приду́мать vo., **приду́мывать**	= ausdenken, ersinnen
отцвести́ vo., **отцветáть**	= verblühen
уби́ть vo., **убивáть**	= erschlagen

5. die durative Aktionsart

Die durative Aktionsart kennzeichnet eine sich gleichmäßig auf längere Zeit erstreckende kontinuierliche Handlung:

петь	= singen
танцевáть	= tanzen
лежáть	= liegen
стоя́ть	= stehen
спать	= schlafen

6. die iterative Aktionsart

Die Handlung wird als wiederholt oder gewohnheitsmäßig ablaufend gekennzeichnet. Hierher gehören Verben mit dem Suffix **-ыва-/-ива-**[1]:

говáривать	= wiederholt sagen, zu sagen pflegen
захáживать	= öfters hingehen, öfters besuchen
обéдывать	= zu Mittag zu essen pflegen
чи́тывать	= zu lesen pflegen

---

[1] Verben mit dem Suffix -ыва-/-ива- sind nur dann als Iterativa zu betrachten, wenn außer ihnen noch ein unvollendetes Verb ohne dieses Suffix vorhanden ist, z.B.:

unvo.: говори́ть — говáривать (iter.)   vo.: сказáть
unvo.: заходи́ть — захáживать (iter.)   vo.: зайти́
unvo.: обéдать — обéдывать (iter.)   vo.: пообéдать
unvo.: читáть — чи́тывать (iter.)   vo.: прочитáть

Außer mit dem Suffix -ыва-/-ива- bildete man in der Literatursprache des 18. und 19. Jahrhunderts iterative Formen von einfachen Verben auch mit den Suffixen -ва-, -я-/-а-, z.B.:
жить — живáть; петь — певáть; брать — бирáть.
Nichtpräfigierte iterative Formen werden und wurden gewöhnlich nur im Präteritum gebraucht.

Eine Sondergruppe der iterativen Aktionsart bildet die sogenannte d i m i n u t i v -
i t e r a t i v e Aktionsart. Sie bezeichnet eine Handlung, die sich mit Unterbrechungen
auf verschiedene Zeitpunkte verteilt und gemächlich, nicht mit voller Energie aus-
geführt wird. Die hierhergehörigen Verben sind durch das Präfix **по-** und das Suffix
-ыва-/-ива- gekennzeichnet:

погля́дывать = von Zeit zu Zeit hinsehen
пока́чивать = hin- und herschaukeln
пока́шливать = hüsteln

7. die inchoative Aktionsart

Verben der inchoativen Aktionsart bezeichnen den allmählichen Übergang von einem
Zustand in einen anderen. Hierher gehören unvollendete Verben auf **-нуть** und deren
Komposita sowie von Adjektiven abgeleitete Verben auf **-еть**:

кре́пнуть, окре́пнуть vo.   = stark werden, erstarken
мо́кнуть, вы́мокнуть vo.   = naß werden
беле́ть, побеле́ть vo.   = weiß werden
слабе́ть, ослабе́ть vo.   = schwach werden
темне́ть, по-, стемне́ть vo.   = dunkel werden

8. die determinierte und indeterminierte Aktionsart

Bei einer Reihe unvollendeter nichtpräfigierter Verben der Fortbewegung unter-
scheidet man hinsichtlich der Richtung bzw. Bestimmtheit der ausgedrückten Be-
wegung zwischen bestimmten (= determinierten) und unbestimmten (= indeter-
minierten) Verben (= Doppelzeitwörter, siehe 334ff.):

идти́ (best.)   – **ходи́ть** (unbest.)   = gehen
лете́ть (best.)   – **лета́ть** (unbest.)   = fliegen

333   ## III. Das Verhältnis der Aspekte zu den Aktionsarten

In den Aktionsarten kommt durch die Bestimmung der Art und Weise der Hand-
lungsausführung ein gewisses objektives zeitliches Moment zum Ausdruck. Daraus er-
gibt sich für einige Aktionsarten eine logisch bedingte Zugehörigkeit zu einem Aspekt,
während andere Aktionsarten in beiden Aspekten auftreten können.

In der Regel u n v o l l e n d e t sind Verben der iterativen Aktionsart.

Stets v o l l e n d e t sind die Verben der momentanen und der determinativen Aktions-
art. Verben der ingressiven Aktionsart sind durchweg vollendet, wenn sie mit dem
Präfix **по-** gebildet sind. Ingressive Verben mit dem Präfix **за-** sind zum größten
Teil nur vollendet.

DIE DOPPELZEITWÖRTER

I. Form und Bedeutung der Doppelzeitwörter 334

Unter den Doppelzeitwörtern versteht man eine Gruppe von vierzehn unvollendeten, nichtpräfigierten Verbpaaren, die eine Fortbewegung[1] ausdrücken. Durch die Partner eines solchen Verbpaares wird die Verbhandlung nach der Aktionsart als bestimmt oder determiniert und unbestimmt oder indeterminiert charakterisiert (vgl. 332,8). Man spricht demgemäß von bestimmten oder determinierten und unbestimmten oder indeterminierten Verben.

Aspekt	Aktionsart		deutsche Bedeutung
	bestimmt/determiniert	unbestimmt/indeterminiert	
unvoll-endet	бежа́ть	бе́гать	laufen
	брести́	броди́ть	schlendern
	везти́	вози́ть	fahren (trans.)
	вести́	води́ть	führen
	гнать	гоня́ть	treiben, jagen
	е́хать	е́здить	fahren (intrans.)
	идти́	ходи́ть	gehen
	кати́ть	ката́ть	rollen, wälzen
	лезть	ла́зить	klettern
	лете́ть	лета́ть	fliegen
	нести́	носи́ть	tragen, bringen
	плыть	пла́вать	schwimmen
	ползти́	по́лзать	kriechen
	тащи́ть	таска́ть	schleppen

[1] In gewisser Beziehung zu den Doppelzeitwörtern stehen die Verbpaare ви́деть — вида́ть (sehen) und слы́шать — слыха́ть (hören). Вида́ть und слыха́ть haben ähnlich wie die unbestimmten Partner der Doppelzeitwörter unbestimmten Charakter. Sie werden häufig verneint gebraucht.

Я не вида́л его́ со вчера́шнего дня.   Ich habe ihn seit gestern nicht gesehen.
С моего́ ме́ста мне не слыха́ть   Von meinem Platz aus kann ich nichts hören.

Zudem gehören вида́ть und слыха́ть ausschließlich der Umgangssprache an und können in der Regel nur im Präteritum und Infinitiv verwandt werden.

Die **bestimmten** Verben der Fortbewegung bezeichnen eine einmalige, nicht unterbrochene Handlung, die in bestimmter Richtung und Zeit und mit einem bestimmten Ziel ausgeführt wird.

Die **unbestimmten** Verben der Fortbewegung bezeichnen

1. eine in unbestimmter Richtung erfolgende, mehrmalige, nicht zielgerichtete Handlung –

2. eine gewohnheitsmäßige Handlung, die zielgerichtet und zeitlich festgelegt sein kann, –

3. die allgemeine Fähigkeit zum Verrichten einer Handlung –

4. eine einmalige Fortbewegung in zwei Richtungen (hin und zurück).

Bestimmtes Verb:

идти́

Ма́льчик идёт в го́род.
Der Knabe geht in die Stadt.
Ма́льчик идёт в шко́лу.
Der Knabe geht in die Schule, ist auf dem Weg zur Schule.

лете́ть

Самолёт лети́т на се́вер.
Das Flugzeug fliegt nach Norden.

нести́

Сего́дня он несёт кни́ги в библиоте́ку.
Heute bringt er die Bücher zur Bibliothek.

плыть

Э́тот парохо́д плывёт из Астрахани в Баку́.
Dieser Dampfer fährt von Astrachan nach Baku.

Unbestimmtes Verb:

ходи́ть

Ма́льчик хо́дит по́ двору́.
Der Knabe läuft auf dem Hof umher.
Ка́ждый день ма́льчик хо́дит в шко́лу в де́вять часо́в.
Jeden Tag geht der Knabe um 9 Uhr zur Schule.

лета́ть

Неда́вно я лета́л в Москву́.
Neulich war ich mit dem Flugzeug in Moskau.

носи́ть

Почтальо́н но́сит по́чту два ра́за в день.
Der Briefträger bringt zweimal täglich Post.

пла́вать

Ра́ки пла́вают.
Krebse können schwimmen.

Bei übertragenem Gebrauch steht in der Regel das bestimmte Verb[1], z.B.:

Всю о́сень ка́ждый день шли дожди́.	Den ganzen Herbst hindurch hat es täglich geregnet.
Неоднокра́тно мы вели́ перегово́ры по телефо́ну.	Wiederholt haben wir Verhandlungen per Telefon geführt.
Он несёт по́лную отве́тственность за э́то де́ло.	Er trägt die volle Verantwortung für diese Sache.
Вре́мя иногда́ лети́т пти́цей, иногда́ ползёт червяко́м.	Die Zeit fliegt zuweilen wie ein Vogel, zuweilen kriecht sie wie ein Wurm.

II. Die Komposita der Doppelzeitwörter

335 Wie die übrigen Verben der Bewegung bilden die Doppelzeitwörter zahlreiche Komposita. Dabei werden die bestimmten Partner der Doppelzeitwörter regelmäßig zu vollendeten Verben, z.B.:

иди́ти — vo.: вы́йти; лете́ть — vo.: улете́ть; нести́ — vo.: принести́; плыть — vo.: переплы́ть.

Hinsichtlich der Aspektbildung unterscheidet man bei den Komposita der Doppelzeitwörter zwei Gruppen:

1. Die erste Gruppe umfaßt die Verben

везти́ — вози́ть	**идти́ — ходи́ть**
вести́ — води́ть	**лете́ть — лета́ть**
гнать — гоня́ть	**нести́ — носи́ть**

Diese Verben geben bei der Bildung der Komposita den Unterschied zwischen bestimmter und unbestimmter Handlung vollkommen auf.
Man bildet vollendete Komposita durch Vorsetzen eines Präfixes vor das bestimmte

---

[1] Als Ausnahme sei „tragen" im Sinne von „Kleidung, Frisur, Namen usw. tragen" oder „etwas bei sich tragen" vermerkt, das stets mit носи́ть wiedergegeben wird, z.B.:
Ле́том Ве́ра всегда́ но́сит све́тлые пла́тья. Im Sommer trägt Vera immer helle Kleider.
Его́ оте́ц но́сит очки́. Sein Vater trägt eine Brille.
Он но́сит в карма́не перочи́нный нож. Er trägt ein Taschenmesser in der Tasche, trägt ein Taschenmesser bei sich.

18

Verb. Das entsprechende unvollendete Kompositum erhält man durch Vorsetzen des gleichen Präfixes vor das unbestimmte Verb[1]:

vollendet:		*unvollendet:*
увезти́	weg-, fortfahren (trans.)	**увози́ть**
увести́	weg-, fortführen	**уводи́ть**
угна́ть	weg-, fortjagen	**угоня́ть**
уйти́	weg-, fortgehen	**уходи́ть**
улете́ть	weg-, fortfliegen	**улета́ть**
унести́	weg-, forttragen	**уноси́ть**

2. Von den übrigen acht Doppelzeitwörtern bildet man vollendete Komposita in gleicher Weise durch Präfigierung des bestimmten Verbs. Das entsprechende unvollendete Kompositum wird aus dem vollendeten mit Hilfe von Suffixen abgeleitet[2].

a) Die vollendeten Komposita von **кати́ть, тащи́ть** bilden ihre unvollendete Entsprechung mit dem Suffix **-ыва-/-ива-**.

vollendet:		*unvollendet:*
вы́катить	herausrollen	**выка́тывать**
вы́тащить	herausziehen	**выта́скивать**

b) Die vollendeten Komposita von **бежа́ть, (брести́[3]), лезть, ползти́** bilden ihre unvollendete Entsprechung mit dem Suffix **-а-**.

---

[1] Von den unbestimmten Verben dieser Gruppe können durch Präfixe auch vollendete Komposita gebildet werden. Sie unterscheiden sich in der Bedeutung von den mit den gleichen Präfixen gebildeten unvollendeten Komposita. Die von den unbestimmten Verben gebildeten vollendeten Komposita erhalten ihren unvollendeten Aspekt durch Suffigierung.

vo.: вы́ходить (– unvo.: выха́живать) = gesundpflegen
unvo.: выходи́ть (– vo.: вы́йти) = hinausgehen
vo.: заноси́ть (– unvo.: зана́шивать) = abtragen, abnutzen
unvo.: заноси́ть (– vo.: занести́) = (hin-)bringen, eintragen
vo.: проводи́ть (– unvo.: провожа́ть) = begleiten
unvo.: проводи́ть (– vo.: провести́) = verbringen, durchführen

[2] Die von den bestimmten Partnern dieser acht Doppelzeitwörter abgeleiteten Komposita bezeichnen eine bestimmte Handlung. Von den entsprechenden unbestimmten Partnern können vollendete unbestimmte Komposita gebildet werden, die in vielen Fällen keine unvollendete Entsprechung haben.

прое́здить vo. = eine gewisse Zeit umherfahren: Он прое́здил всю неде́лю.
проплáвать vo. = eine gewisse Zeit schwimmen, zu Schiff fahren: Он проплáвал всю свою́ жизнь матро́сом на парохо́де.

[3] Komposita von брести́ sind äußerst selten und in der Literatursprache ungebräuchlich.

vollendet:		unvollendet:
сбежа́ть	hinablaufen	**сбега́ть**
слезть	hinuntersteigen; aussteigen	**слеза́ть**
сползти́	hinabkriechen	**сполза́ть**

c) Die vollendeten Komposita von **плыть** bilden ihre unvollendete Entsprechung mit dem Suffix **-ва-**.

vollendet:		unvollendet:
доплы́ть	hinschwimmen, schwimmen bis	**доплыва́ть**
переплы́ть	hinüberschwimmen	**переплыва́ть**

d) Die unvollendete Entsprechung zu den vollendeten Komposita von **éхать** wird mit **-езжа́ть** gebildet.

vollendet:		unvollendet:
прие́хать	ankommen, eintreffen	**приезжа́ть**
уе́хать	weg-, fortfahren	**уезжа́ть**

Komposita mit по- 336

Von den meisten bestimmten Verben der Fortbewegung werden vollendete Komposita mit dem Präfix **по-** gebildet. Das Präfix **по-** bezeichnet in diesen Komposita den Beginn der Handlung (vgl. 332,3), z.B.:

побежа́ть vo. (los-)laufen   **полете́ть** vo. (los-, ab-)fliegen
пое́хать vo. (los-)fahren   **поплы́ть** vo. (los-)schwimmen
пойти́ vo. (los-)gehen, sich auf den Weg machen

Da die Abwandlung der Bedeutung durch das Präfix **по-** jedoch geringfügig ist, gilt **по-** in diesen Komposita in vielen Fällen lediglich als aspektbildendes Präfix.

Оте́ц пошёл в го́род.	Der Vater ging in die Stadt.
На друго́й день чле́ны делега́ции полете́ли в Ки́ев.	Am nächsten Tag flogen die Mitglieder der Delegation nach Kiew.

REFLEXIVE VERBEN

I. Reflexive Verben, reflexives Genus und Passiv

337 *Form und Bildung reflexiver Verben*

Formales Kennzeichen der reflexiven Verben ist die Partikel **-ся**, die nach Vokalen zu **-сь** verkürzt wird. Eine Ausnahme bilden nur die aktiven Partizipien, bei denen nach allen Kasusendungen **-ся** steht (vgl. 374).

Syntaktisch sind die Verben auf **-ся** dadurch gekennzeichnet, daß sie sämtlich intransitiv[1] sind. Dabei gliedern sich die reflexiven Verben herkunftsmäßig in drei Gruppen:

1. reflexive Verben, die durch Anfügen von **-ся** an transitive[1] Verben entstanden sind:

мыть	waschen	— **мыться**	sich waschen
одевáть	anziehen	— **одевáться**	sich anziehen
рáдовать	erfreuen	— **рáдоваться**	sich freuen
встречáть	treffen	— **встречáться**	sich treffen

Diese Gruppe umfaßt die Mehrzahl der reflexiven Verben. Bisweilen können die mit **-ся** gebildeten reflexiven Verben gegenüber dem transitiven Ausgangsverb eine lexikalisch veränderte, in einigen Fällen sogar völlig neue Bedeutung haben, z.B.:

отправлять vo.	absenden, befördern	— **отправляться**	sich begeben, abfahren
раздáть vo.	aus-, verteilen	— **раздáться** vo.	ertönen
прощáть	verzeihen, vergeben	— **прощáться**	sich verabschieden

2. reflexive Verben, die durch Anfügen von **-ся** an intransitive Verben entstanden sind. Vielfach ist mit dieser Bildung eine gleichzeitige Präfigierung verbunden.

жить	leben	— **вжúться** vo.	sich einleben
спать	schlafen	— **вы́спаться** vo.	sich ausschlafen
плáкать	weinen	— **плáкаться**	*(selten)* sich beklagen, klagen

3. reflexive Verben, die nur in der reflexiven Form auftreten, z.B.:

борóться	kämpfen	**нрáвиться**	gefallen
боя́ться	(sich) fürchten	**смея́ться**	lachen
надéяться	hoffen	**улыбáться**	lächeln

---

[1] Transitiv sind Verben, die mit einem Objekt im Akkusativ (ohne Präposition) verbunden werden; intransitive Verben sind solche, die kein Akkusativobjekt bei sich haben können.

-ся/-сь *als Kennzeichen des verbalen Genus*   **338**

Bei den aus transitiven[1] Verben abgeleiteten reflexiven Verben dient die Partikel **-ся** gleichzeitig zur Kennzeichnung des verbalen Genus. Die Partikel **-ся** bezeichnet allgemein das reflexive Genus, in bestimmten Fällen auch das Passiv.

Unter dem Genus des Verbs versteht man das im Satz durch das Verb ausgedrückte Verhältnis zwischen Subjekt und direktem Objekt einer Handlung.

Im Aktiv ist das Satzsubjekt (= grammatische Subjekt) Träger bzw. Urheber (= logisches Subjekt), das Satzobjekt (= grammatische Objekt) Gegenstand (= logisches Objekt) der Handlung.

Де́вушка мо́ет бельё в горя́чей воде́.
Das Mädchen wäscht die Wäsche in heißem Wasser.

grammatisches Subjekt   grammatisches Objekt
logisches Subjekt   logisches Objekt

Im Passiv ist das Satzsubjekt (= grammatische Subjekt) Gegenstand (= logisches Objekt), das Satzobjekt (= grammatische Objekt) Träger bzw. Urheber (= logisches Subjekt) der Handlung.

Бельё мо́ется де́вушкой в горя́чей воде́.
Die Wäsche wird von dem Mädchen in heißem Wasser gewaschen.

grammatisches Subjekt   grammatisches Objekt
logisches Objekt   logisches Subjekt

Im reflexiven Genus ist das Satzsubjekt (= grammatische Subjekt) gleichzeitig Träger bzw. Urheber (= logisches Subjekt) und Gegenstand (= logisches Objekt) der Handlung.

Де́вушка мо́ется.
Das Mädchen wäscht sich.

grammatisches Subjekt
logisches Subjekt und Objekt

---

[1] Auch von einigen sogenannten indirekt-transitiven Verben können zuweilen Formen des verbalen Genus gebildet werden, z.B.:

Шофёр управля́ет маши́ной.   Маши́на управля́ется шофёром.
(Der Chauffeur lenkt das Auto.)   (Das Auto wird vom Chauffeur gelenkt.)

Als indirekt-transitiv bezeichnet man Verben, deren Bedeutung zwar eine Objektbezogenheit erfordert, deren Objekt jedoch nicht im Akkusativ steht.

Das **reflexive Genus** – das in seiner eigentlichen Bedeutung eine auf das Subjekt zurückgerichtete Handlung ausdrückt – tritt in den aus transitiven Verben gebildeten reflexiven Verben mehr oder weniger deutlich in Erscheinung. Während in Fällen wie **одеваться, умываться** die volle Vorstellung einer auf das Subjekt zurückgerichteten Handlung zum Ausdruck kommt, ist diese Vorstellung in Verben wie **садиться, ложиться** schon weniger deutlich ausgedrückt. In Verben wie **начинаться, учиться** fehlt diese Vorstellung fast völlig. Im weiteren Sinne bezeichnet das reflexive Genus also auch Handlungen, die nur irgendwie auf das Subjekt konzentriert sind oder sich allgemein im Bereich des Subjekts vollziehen.

Zum Ausdruck des **Passivs** ist der Gebrauch reflexiver Verben meist an drei Bedingungen geknüpft: unvollendeter Aspekt – unbelebtes (grammatisches) Subjekt – Prädikat in der 3. Person. Der Urheber der durch das Passiv bezeichneten Handlung steht dabei im Instrumental, vgl. (125,4a).

Z. B.:

Комната освещается лампой.	Das Zimmer wird von einer Lampe erleuchtet.
Библиотека каждый день открывается в 9 часов.	Die Bibliothek wird täglich um 9 Uhr geöffnet.
Задача решается учеником.	Die Aufgabe wird von dem Schüler gelöst.
Посылки отправляются почтой.	Die Päckchen werden mit der Post abgeschickt.
Земля обрабатывается колхозниками.	Das Land wird von den Kolchosbauern bestellt.
aber auch:	
Письмо задержалось на почте.	Der Brief wurde auf der Post zurückgehalten.
Дети воспитываются опытными педагогами.	Die Kinder wurden von erfahrenen Pädagogen erzogen.

339   II. Die wichtigsten Bedeutungsgruppen der reflexiven Verben

Sowohl die aus transitiven als auch die aus intransitiven Verben abgeleiteten reflexiven Verben lassen sich in bestimmte Bedeutungsgruppen zusammenfassen.

1. Die aus transitiven Verben gebildeten reflexiven Verben gehören – abgesehen von ihrer eng begrenzten Verwendungsmöglichkeit als Passiv, siehe oben – dem reflexiven Genus an. Innerhalb dieser allgemeinen Genusbedeutung heben sich folgende wichtige Bedeutungsgruppen ab:

a) eigentlich- oder direkt-reflexive Verben

Hierher gehören u. a. **одева́ться** sich anziehen; **умыва́ться, мы́ться** sich waschen; **причёсываться** sich kämmen; **бри́ться** sich rasieren; **купа́ться** (sich) baden; **защища́ться** sich verteidigen; **занима́ться** sich beschäftigen; **гото́виться** sich vorbereiten.

Bei den Verben dieser Gruppe kommt das reflexive Genus am eindeutigsten zum Ausdruck. Das Subjekt ist stets belebt.

Он умыва́ется, одева́ется, бре́ется и причёсывается.	Er wäscht sich, zieht sich an, rasiert sich und kämmt sich.
Они́ хорошо́ гото́вятся к экза́менам.	Sie bereiten sich gut auf die Prüfungen vor.

b) reziprok-reflexive Verben

Hierher gehören u. a. **встреча́ться** sich treffen; **проща́ться** sich verabschieden; **целова́ться** sich küssen; **обнима́ться** sich umarmen; **брани́ться** sich zanken; **мири́ться** sich versöhnen; **сове́товаться** sich beraten.

Die durch diese Verben ausgedrückte Handlung geht zwischen mehreren handelnden Personen vor sich, die gleichzeitig Subjekt und Objekt der Handlung sind.

Они́ до́лго не встреча́лись.	Sie haben sich lange nicht getroffen.
Они́ дру́жески обнима́лись.	Sie umarmten sich freundschaftlich.
Они́ о́ба всегда́ браня́тся.	Sie zanken sich beide ständig.

c) allgemein-reflexive Verben

Hierher gehören u. a.:

a) Verben der räumlichen Veränderung: **отправля́ться** sich begeben; **остана́вливаться** stehenbleiben; **переселя́ться** übersiedeln, umziehen; **поднима́ться** sich erheben, hinaufsteigen; **направля́ться** sich (hin-)begeben; **ката́ться** sich rollen, wälzen, fahren; **сади́ться** sich setzen usw.

b) Verben der Gemütsbewegung: **ра́доваться** sich freuen; **весели́ться** sich vergnügen; **беспоко́иться** besorgt sein; **серди́ться** sich ärgern; **удивля́ться** sich wundern; **восхища́ться** begeistert sein usw.

Bei diesen Verben wird der Rückbezug auf das Subjekt als Objekt nur noch schwach empfunden. Die Handlung spielt sich nur allgemein in der Sphäre des Subjekts ab.

Он отправля́ется на прогу́лку.	Er begibt sich auf einen Spaziergang.
Вчера́ мы це́лый час ката́лись на ло́дке.	Gestern sind wir eine ganze Stunde Boot gefahren.
Мы ра́дуемся твои́м успе́хам.	Wir freuen uns über deine Erfolge.

d) *neutral-reflexive Verben*

Bei den Verben dieser Gruppe kennzeichnet **-ся** lediglich das Fehlen eines direkten Objekts bzw. die Intransitivität gegenüber den entsprechenden transitiven Verben, z. B.:

transitiv:	*intransitiv:*
Он начина́ет рабо́ту.	**Рабо́та начина́ется.**
Er beginnt die Arbeit.	Die Arbeit beginnt.
Он у́чит дете́й францу́зскому языку́.	**Он у́чится францу́зскому языку́.**
Er lehrt die Kinder Französisch.	Er lernt (studiert) Französisch.

Die von einem bestimmten (direkten) Objekt losgelöste Handlung wird häufig gebraucht, um eine typische Eigenschaft bzw. ein ständiges Merkmal eines Subjekts zu bezeichnen.

Соба́ка куса́ется.	Der Hund beißt, ist bissig.
Про́волока гнётся.	Draht biegt sich, ist biegsam.
Крапи́ва жжётся.	Die Brennessel brennt.
Стекло́ легко́ бьётся.	Glas zerbricht leicht, ist leicht zerbrechlich.
Мальчи́шка дерётся.	Der Bengel rauft sich (ist ein Raufbold).

2. Die aus intransitiven Verben abgeleiteten reflexiven Verben bilden neben anderen zwei wichtige Bedeutungsgruppen:

a) *intensiv-reflexive Verben*

Hierher gehören vorwiegend reflexive Verben, die durch Anfügen von **-ся** unter gleichzeitiger Präfigierung gebildet sind. Diese Verben drücken aus, daß eine Handlung besonders intensiv – bis zu einem bestimmten Resultat, bis zur Genüge oder gar bis zum Überdruß – ausgeführt wird bzw. wurde. Die zur Genüge ausgeführte Handlung wird meist durch das Präfix **на-** gekennzeichnet.

Актёр хорошо́ вжи́лся в свою́ роль.	Der Schauspieler hat sich gut in seine Rolle eingelebt.
Он по́здно заси́живается и не высыпа́ется.	Er sitzt bis spät in die Nacht herum und schläft sich nicht aus.

Он нарабо́тался и пото́м лёг спать.	Er hat sich müde gearbeitet und dann schlafen gelegt.
Я не мог нагляде́ться на карти́ну.	Ich konnte mich an dem Bild nicht satt sehen.

b) unpersönlich-reflexive Verben

Die unpersönlich – d.h. nur in der 3.Person Singular (sächl. Form) – gebrauchten reflexiven Verben bezeichnen einen physischen oder psychischen Vorgang, der sich außerhalb des Willens des Subjekts vollzieht. Das logische Subjekt steht im Dativ.

Ему́ не спи́тся.	Er kann nicht schlafen.
Мне не ве́рится.	Das ist für mich kaum zu glauben.
Ему́ не сиде́лось до́ма.	Es ließ ihn nicht zu Hause sitzen.
Мне сего́дня не рабо́тается.	Ich kann heute nicht richtig arbeiten.
Нам хо́чется спать.	Wir möchten schlafen.
Ба́бушке нездоро́вится.	Großmutter fühlt sich nicht wohl.

DIE BILDUNG DER KONJUGATIONSFORMEN

A. Ausgangspunkt für die Bildung der Konjugationsformen sind die beiden Stämme **340** des Verbs – der Infinitivstamm[1] und der Präsensstamm.

Den **Infinitivstamm** erhält man, wenn man von der Infinitivform das Suffix **-ть, -ти** abstreicht. Bei den Konsonantstämmen auf **-д, -т, -6** und den Infinitiven auf **-чь** muß dabei zur Bestimmung des Infinitivstammes das Präsens herangezogen werden.

---

[1] In einigen Grammatiken wird dem Präsensstamm nicht der Infinitivstamm, sondern der Präteritalstamm gegenübergestellt. Infinitiv- und Präteritalstamm stimmen bei den produktiven Verbalklassen überein, unterscheiden sich aber bei einer Reihe unproduktiver Verbalgruppen, beispielsweise bei den Inchoativa auf **-нуть**:

погибнуть vo.: Infinitivstamm: поги́бну-
Präteritalstamm: поги́б-

Infinitiv:	*Infinitivstamm:*
де́лать, сде́лать vo.	де́ла-, сде́ла-
рисова́ть, нарисова́ть vo.	рисова́-, нарисова́-
ви́деть, уви́деть vo.	ви́де-, уви́де-
стро́ить, постро́ить vo.	стро́и-, постро́и-
пры́гать, пры́гнуть vo.	пры́га-, пры́гну-
нести́	нес-
вести́ (веду́)	вед-
мочь (могу́), помо́чь vo. (помогу́)	мог-, помог-
печь (пеку́), испе́чь vo. (испеку́)	пек-, испек-

Den Präsensstamm[1] erhält man, wenn man von der 3. Person Plural des Präsens bzw.
vollendeten Futurums die Personalendung -ют/-ут, -ят/-ат[2] abstreicht.

Infinitiv:	*3. Pers. Pl. Präs.* *bzw. vo. Fut.:*	*Präsensstamm:*
де́лать,	де́лают,	де́ла-,
сде́лать vo.	сде́лают	сде́ла-
рисова́ть,	рису́ют,	рису́-,
нарисова́ть vo.	нарису́ют	нарису́-
ви́деть,	ви́дят,	вид-,
уви́деть vo.	уви́дят	увид-
стро́ить,	стро́ят,	стро-,
постро́ить vo.	постро́ят	постро́-,
пры́гать,	пры́гают,	пры́га-,
пры́гнуть vo.	пры́гнут	прыгн-
нести́	несу́т	нес-
вести́	веду́т	вед-

---

[1] Strenggenommen müßte man vom Stamm des Präsens bzw. vollendeten Futurums sprechen. Da Präsens
und vollendetes Futurum jedoch morphologisch durch die gleichen Endungen gekennzeichnet sind, wird
allgemein nur vom Präsensstamm gesprochen.

[2] Vom Gesichtspunkt der Phonetik aus lautet die Endung der 3. Person Plural des Präsens bzw. vollendeten
Futurums in jedem Falle -ут oder -ат. Danach würde sich bei де́лать, рисова́ть, ви́деть, стро́ить
als Präsensstamm де́ла[j]-, рису́[j]-, ви[д']-, стро[j]- ergeben. Der Übersichtlichkeit halber wird
hier und im folgenden vom Schriftbild ausgegangen.

Infinitiv:	*3. Pers. Pl. Präs. bzw. vo. Fut.:*	*Präsensstamm:*
мочь,	мо́гут,	мог-,
помо́чь vo.	помо́гут	помог-
печь,	пеку́т,	пек-,
испе́чь vo.	испеку́т	испек-

Infinitiv- und Präsensstamm stimmen bei einer Reihe von Verben überein, vgl.:

Infinitiv:	*Infinitivstamm:*	*Präsensstamm:*
де́лать, сде́лать vo.	де́ла-, сде́ла-	де́ла-, сде́ла-
нести́	нес-	нес-
мочь, помо́чь vo.	мог-, помог-	мог-, помог-

B. Die Bildung der Konjugationsformen vom Infinitiv- bzw. Präsensstamm geschieht **341** wie folgt:

I. Vom **Infinitivstamm** werden gebildet:

   1. der Infinitiv (де́ла-ть, сде́ла-ть vo.; рисова́-ть, нарисова́-ть vo.)

   2. das Präteritum (он де́ла-л, он сде́ла-л; он рисова́-л, он нарисова́-л)

   3. der Konjunktiv (он де́ла-л бы, он сде́ла-л бы; он рисова́-л бы, он нарисова́-л бы)

   4. die Partizipien des Präteritums

      a) das Partizip des Präteritums Aktiv[1] (де́ла-вший, сде́ла-вший; рисова́-вший, нарисова́-вший)

      b) das Partizip des Präteritums Passiv (де́ла-нный, сде́ла-нный; рисо́ва-нный, нарисо́ва-нный)[2]

   5. das Adverbialpartizip auf -в(ши), -ши[1] (де́ла-вши, сде́ла-в; рисова́-вши, нарисова́-в).

II. Vom **Präsensstamm** werden gebildet:

   1. das Präsens unvollendeter Verben (он де́ла-ет, он рису́-ет) und das Futurum vollendeter Verben (он сде́ла-ет, он нарису́-ет)

---

[1] Bei der Bildung des Partizips des Präteritums Aktiv und des Adverbialpartizips auf -в(ши), -ши geht man allerdings gewöhnlich vom Präteritum aus, vgl. (371) und (397). Man erhält dadurch eine vereinfachte Regel für die Verben, deren Präteritum nicht regelmäßig vom Infinitivstamm gebildet wird.

[2] Eine Ausnahme stellt die Bildung des Partizips des Präteritums Passiv auf -енный dar, vgl. (385).

2. der Imperativ (**дéла-й!, сдéла-й!; рисý-й!, нарисý-й!**)
3. die Partizipien des Präsens
   a) das Partizip des Präsens Aktiv (**дéла-ющий, рисý-ющий**)
   b) das Partizip des Präsens Passiv (**дéла-емый, рисý-емый**)
4. das Adverbialpartizip auf **-я, -а** (**дéла-я, рисý-я**).

III. Von einigen Verben werden – abgesehen von den durch Aspekt und Transitivität bzw. Intransitivität bedingten Bildungsregeln – nicht alle Formen gebildet, z.B.:

   a) Die 1.Person Singular des Präsens bzw. vollendeten Futurums kann nicht gebildet werden von den Verben **победи́ть** vo. = (be-)siegen; **убеди́ть** vo. = überzeugen; **бдеть** = wachen.

   b) Die 1. und 2.Person Singular und Plural sind auf Grund der lexikalischen Bedeutung u. a. von folgenden Verben ungebräuchlich:
      1. von den Verben **боле́ть (боли́т)** = schmerzen, weh tun; **ныть** = weh tun, schmerzen; **состоя́ться** vo. = stattfinden;
      2. von den aus Farbadjektiven abgeleiteten Verben auf **-еть** in der Bedeutung „in einer Farbe schimmern": **але́ть** = rot schimmern; **беле́ть** = weiß schimmern; **желте́ть** = gelb schimmern; **черне́ть** = schwarz schimmern;
      3. von den Verben, die Naturvorgänge benennen: **света́ть, рассвета́ть** = Tag werden, dämmern; **та́ять** = tauen; **темне́ть** = dunkel werden.

   c) Das Adverbialpartizip auf **-я, -а** kann u.a. nicht gebildet werden von den Verben **бежа́ть** = laufen; **éхать** = fahren; **звать** = rufen; **петь** = singen; **хоте́ть** = wollen.

Nähere Angaben über die Bildungsmöglichkeit einzelner Verbalformen finden sich in den Kapiteln, in denen diese Formen ausführlich behandelt werden.

DIE FINITEN VERBALFORMEN

DER INDIKATIV

I. Präsens und vollendetes Futurum

342 Das Präsens der unvollendeten Verben und das Futurum der vollendeten Verben werden durch Anfügen der gleichen Personalendungen an den Präsensstamm gebildet. Hinsichtlich der Personalendungen unterscheidet man zwei Konjugationen:

1. die 1. oder e-Konjugation – so benannt nach dem Kennvokal **e** in den Endungen der 2. und 3.Person Singular und der 1. und 2.Person Plural;

2. die 2. oder i-Konjugation – so benannt nach dem Kennvokal **и** in den Endungen der 2. und 3.Person Singular und der 1. und 2.Person Plural.

1. Die Personalendungen der 1. oder e-Konjugation **343**

	Singular	Plural
1. Pers.	-ю bzw. -y	-ем
2. Pers.	-ешь	-ете
3. Pers.	-ет	-ют bzw. -yт

Sind die Endungen betont, so steht **ё** für **e**: 2. Pers. Sing. **-ёшь**, 3. Pers. Sing. **-ёт**; 1. Pers. Plur. **-ём**, 2. Pers. Plur. **-ёте**.

Für die Endungen **-ю**, **-y**[1] in der 1. Person Singular und **-ют**, **-yт**[1] in der 3. Person Plural gilt:

-y, -yт   stehen nach konsonantisch auslautendem Präsensstamm;

-ю, -ют   stehen bis auf wenige Ausnahmen[2] nach vokalisch auslautendem Präsensstamm.

---

[1] Vom Standpunkt der Phonetik aus lauten die Endungen der 1.Person Singular und der 3.Person Plural in jedem Fall -y und -yт, vgl. dazu die Fußnote 2 auf S. 282.

[2] -ю, -ют stehen auch nach -ь und -л im Ausgang des Präsensstammes, und zwar:
1. bei den einsilbigen Verben auf -ить und deren Komposita, z.B.:
бить schlagen: бью, бьёшь, ... бьют; –
2. bei den Verben auf -оть, z.B.:
колóть stechen: колю, кóлешь, ... кóлют; –
3. bei den im Präsensstamm auf м, б, п auslautenden Verben, die diese Konsonanten in мл, бл, пл verwandeln, z.B.:
дремáть schlummern: дремлю, дрéмлешь, ... дрéмлют; сыпать schütten: сыплю, сыплешь, ... сыплют;
4. bei den Verben слать „schicken": шлю, шлёшь, ... шлют – und стлать „ausbreiten": стелю, стéлешь, ... стéлют.

PRÄSENS

Unbetonte Endung		Betonte Endung	
vokalisch auslaut. Präsensstamm	konsonant. auslaut. Präsensstamm	vokalisch auslaut. Präsensstamm	konsonant. auslaut. Präsensstamm
читáть lesen	**плáкать** weinen	**давáть** geben	**нестú** tragen

я читáю
  ich lese
	я плáчу
	  ich weine
		я даю́
		  ich gebe
			я несу́
			  ich trage

ты читáешь	ты плáчешь	ты даёшь	ты несёшь
он онá } читáет онó	он онá } плáчет онó	он онá } даёт онó	он онá } несёт онó
мы читáем	мы плáчем	мы даём	мы несём
вы читáете	вы плáчете	вы даёте	вы несёте
они́ читáют	они́ плáчут	они́ даю́т	они́ несу́т

VOLLENDETES FUTURUM

Unbetonte Endung		Betonte Endung	
vokalisch auslaut. Präsensstamm	konsonant. auslaut. Präsensstamm	vokalisch auslaut. Präsensstamm	konsonant. auslaut. Präsensstamm
прочитáть vo. (durch-)lesen	**крúкнуть** vo. schreien	**основáть** vo. gründen	**начáть** vo. anfangen

я прочитáю
  ich werde
  (durch-)lesen
	я крúкну
	  ich werde
	  schreien
		я осную́
		  ich werde
		  gründen
			я начну́
			  ich werde
			  anfangen

ты прочитáешь	ты крúкнешь	ты осну́ёшь	ты начнёшь
он онá } прочи- онó тáет	он онá } крúкнет онó	он онá } осну́ёт онó	он онá } начнёт онó
мы прочитáем	мы крúкнем	мы осну́ём	мы начнём
вы прочитáете	вы крúкнете	вы осну́ёте	вы начнёте
они́ прочитáют	они́ крúкнут	они́ осную́т	они́ начну́т

2. Die Personalendungen der 2. oder i-Konjugation ·

	Singular	Plural
1. Pers.	-ю bzw. -у	-им
2. Pers.	-ишь	-ите
3. Pers.	-ит	-ят bzw. -ат

Für die Endungen -ю, -у[1] und -ят, -ат[1] gilt:

-у, -ат   stehen nach Zischlauten im Auslaut des Präsensstammes;

-ю,-ят   stehen nach den übrigen Konsonanten und nach Vokalen im Auslaut des Präsensstammes.

PRÄSENS		
Präsensstamm auf Konsonant — außer Zischlaut	Präsensstamm auf Vokal	Präsensstamm auf Zischlaut
говори́ть sprechen	стро́ить bauen	служи́ть dienen
я говорю́	я стро́ю	я служу́
ты говори́шь	ты стро́ишь	ты слу́жишь
он / она́ / оно́ } говори́т	он / она́ / оно́ } стро́ит	он / она́ / оно́ } слу́жит
мы говори́м	мы стро́им	мы слу́жим
вы говори́те	вы стро́ите	вы слу́жите
они́ говоря́т	они́ стро́ят	они́ слу́жат

VOLLENDETES FUTURUM		
Präsensstamm auf Konsonant — außer Zischlaut	Präsensstamm auf Vokal	Präsensstamm auf Zischlaut
уговори́ть vo. überreden	· постро́ить vo. bauen	послужи́ть vo. dienen
я уговорю́	я постро́ю	я послужу́
ты уговори́шь	ты постро́ишь	ты послу́жишь
он / она́ / оно́ } уговори́т	он / она́ / оно́ } постро́ит	он / она́ / оно́ } послу́жит
мы уговори́м	мы постро́им	мы послу́жим
вы уговори́те	вы постро́ите	вы послу́жите
они́ уговоря́т	они́ постро́ят	они́ послу́жат

[1] Auch bei der Unterscheidung -ю, -у und -ят, -ат wird vom Schriftbild ausgegangen (vgl. Fußnote 2 auf S. 282 und Fußnote 1 auf S. 285).

345

3. Das Präsens bzw. vollendete Futurum reflexiver Verben

Das Präsens bzw. vollendete Futurum reflexiver Verben wird durch Anfügen von **-ся** bzw. **-сь** an die Personalendungen gebildet:

-ся steht nach konsonantisch auslautenden Personalendungen, –
-сь steht nach vokalisch auslautenden Personalendungen.

занима́ться sich beschäftigen	**встре́титься** vo. sich treffen
я занима́юсь	я встре́чусь
ты занима́ешься	ты встре́тишься
он занима́ется[1]	он встре́тится[1]
мы занима́емся	мы встре́тимся
вы занима́етесь	вы встре́титесь
они́ занима́ются[1]	они́ встре́тятся[1]

346   4. Konsonantenwechsel bei der Bildung des Präsens bzw. vollendeten Futurums

Bei der Bildung des Präsens bzw. vollendeten Futurums findet im konsonantisch auslautenden Präsensstamm vielfach ein Konsonantenwechsel statt.

Der Konsonantenwechsel erfolgt nach den Regeln:

г, д, з werden zu **ж**
к wird zu **ч**
т wird zu **ч** oder **щ**
с, х werden zu **ш**
ск, ст werden zu **щ**
б, п, в, ф, м werden zu **бл, пл, вл, фл, мл**

Der Konsonantenwechsel tritt wie folgt auf:

a) Konsonantenwechsel erfolgt bei den Verben der i-Konjugation nur in der 1. Person Singular, z. B.:

ви́деть sehen	**вози́ть** fahren	**встре́тить** vo. begegnen	**посети́ть** vo. besuchen
ви́жу	вожу́	встре́чу	посещу́
ви́дишь	во́зишь	встре́тишь	посети́шь
ви́дят	во́зят	встре́тят	посетя́т

---

[1] Zur Aussprache von **-тся** siehe (61).

проси́ть bitten	чи́стить reinigen	люби́ть lieben	купи́ть vo. kaufen
прошу́	чи́щу	люблю́	куплю́
про́сишь	чи́стишь	лю́бишь	ку́пишь
про́сят	чи́стят	лю́бят	ку́пят

b) Konsonantenwechsel erfolgt bei den Verben auf **-ать** der e-Konjugation in allen
3 Personen des Singulars und Plurals, z. B.:

сказа́ть vo. sagen	пла́кать weinen	хохота́ть laut lachen	писа́ть schreiben
скажу́	пла́чу	хохочу́	пишу́
ска́жешь	пла́чешь	хохо́чешь	пи́шешь
ска́жут	пла́чут	хохо́чут	пи́шут

паха́ть pflügen	иска́ть suchen	сы́пать schütten	дрема́ть schlummern
пашу́	ищу́	сы́плю	дремлю́
па́шешь	и́щешь	сы́плешь	дре́млешь
па́шут	и́щут	сы́плют	дре́млют

c) Konsonantenwechsel erfolgt bei den Verben auf **-чь** (der e-Konjugation) in der 2.
und 3. Person Singular und in der 1. und 2. Person Plural, z. B.:

бере́чь bewahren		мочь können		печь backen	
берегу́	бережём	могу́	мо́жем	пеку́	печём
бережёшь	бережёте	мо́жешь	мо́жете	печёшь	печёте
бережёт	берегу́т	мо́жет	мо́гут	печёт	пеку́т

жечь brennen		лечь vo. sich hinlegen		auch: лгать lügen	
жгу	жжём	ля́гу	ля́жем	лгу	лжём
жжёшь	жжёте	ля́жешь	ля́жете	лжёшь	лжёте
жжёт	жгут	ля́жет	ля́гут	лжёт	лгут

5. Die Aufteilung der Verben nach e- und i-Konjugation   **347**

Eine genaue Zuordnung der wichtigsten Verben zur e- und i-Konjugation enthält
die Klassifizierung der Verben auf den Seiten 346–364.

An dieser Stelle seien zunächst nur Faustregeln für die Zugehörigkeit der Verben zur
e- bzw. i-Konjugation genannt.

a) Nach der ⎿e-Konjugation⏌ werden gebeugt:

1. die meisten Verben auf **-ать, -ять**

игра́ть spielen	**ждать** warten	**гуля́ть** spazierengehen
игра́ю	**жду**	**гуля́ю**
игра́ешь	**ждёшь**	**гуля́ешь**
игра́ют	**ждут**	**гуля́ют**

2. die Verben auf **-овать, -евать**

организова́ть (vo.) organisieren	**воева́ть** Krieg führen
организу́ю	**вою́ю**
организу́ешь	**вою́ешь**
организу́ют	**вою́ют**

3. die Verben auf **-нуть**

пры́гнуть vo. springen	**отдохну́ть** vo. sich erholen
пры́гну	**отдохну́**
пры́гнешь	**отдохнёшь**
пры́гнут	**отдохну́т**

4. ein Teil der Verben auf **-еть**

уме́ть können	**красне́ть** rot werden	**умере́ть** vo. sterben
уме́ю	**красне́ю**	**умру́**
уме́ешь	**красне́ешь**	**умрёшь**
уме́ют	**красне́ют**	**умру́т**

5. die einsilbigen Verben auf **-ить** und deren Komposita

пить trinken	**разли́ть** vo. vergießen
пью	**разолью́**
пьёшь	**разольёшь**
пьют	**разолью́т**

6. die Verben auf **-оть, -ыть**

коло́ть stechen	**мыть** waschen	**откры́ть** vo. öffnen
колю́	**мо́ю**	**откро́ю**
ко́лешь	**мо́ешь**	**откро́ешь**
ко́лют	**мо́ют**	**откро́ют**

7. die Verben auf **-ти**, Konsonant + **ть** und auf **-чь**

нести́ tragen	класть legen	мочь können
несу́	кладу́	могу́
несёшь	кладёшь	мо́жешь
несу́т	кладу́т	мо́гут

b) Nach der ⎡i-Konjugation⎤ werden gebeugt:

1. die mehrsilbigen Verben auf **-ить** (mit Ausnahme der Komposita der einsilbigen Verben auf **-ить**)

кури́ть rauchen	служи́ть dienen	сто́ить kosten, wert sein
курю́	служу́	сто́ю
ку́ришь	слу́жишь	сто́ишь
ку́рят	слу́жат	сто́ят

2. ein Teil der Verben auf **-еть**

веле́ть (vo.) befehlen	смотре́ть sehen, schauen
велю́	смотрю́
вели́шь	смо́тришь
веля́т	смо́трят

3. einige Verben auf Zischlaut und **-ать**

молча́ть schweigen	слы́шать hören
молчу́	слы́шу
молчи́шь	слы́шишь
молча́т	слы́шат

4. die Verben

гнать jagen	боя́ться (sich) fürchten	спать schlafen	стоя́ть stehen
гоню́	бою́сь	сплю	стою́
го́нишь	бои́шься	спишь	стои́шь
го́нят	боя́тся	спят	стоя́т

19*

348

6. Gemischt- und besonders konjugierte Verben

a) Die Verben **бежа́ть** „laufen", **хоте́ть** „wollen" und deren Komposita werden teils nach der e-Konjugation, teils nach der i-Konjugation gebeugt.

	Singular	Plural	Singular	Plural
1. Pers.	я бегу́	мы бежи́м	я хочу́	мы хоти́м
2. Pers.	ты бежи́шь	вы бежи́те	ты хо́чешь	вы хоти́те
3. Pers.	он бежи́т	они́ бегу́т	он хо́чет	они́ хотя́т

b) Eine besondere Konjugation haben die Verben **дать** vo. „geben", **есть** „essen" und deren Komposita[1].

	Singular	Plural	Singular	Plural
1. Pers.	я дам	мы дади́м	я ем	мы еди́м
2. Pers.	ты дашь	вы дади́те	ты ешь	вы еди́те
3. Pers.	он даст	они́ даду́т	он ест	они́ едя́т

c) Das Hilfsverb **быть** „sein" hat im Präsens nur die Formen der 3. Person. Die nach der e-Konjugation gebildeten Konjugationsformen haben Futurbedeutung[2].

Präs.	Singular	Plural
3. Pers.	есть	суть

Fut.	Singular	Plural
1. Pers.	я бу́ду	мы бу́дем
2. Pers.	ты бу́дешь	вы бу́дете
3. Pers.	он бу́дет	они́ бу́дут

349

7. Die Betonung im Präsens bzw. vollendeten Futurum

Genauere Angaben zur Betonung der wichtigsten Verben im Präsens bzw. vollendeten Futurum sind der Klassifizierung der Verben (S. 346 ff.) zu entnehmen.

---

[1] Zu den Komposita von дать vo. ist in weiterem Sinne auch созда́ть vo. „schaffen, gründen" zu zählen.
[2] Zum Gebrauch von быть siehe (568—572).

Allgemein gelten für die Betonung im Präsens bzw. vollendeten Futurum folgende Grundregeln:

a) Zwei- und mehrsilbige Verben, die im Infinitiv ni**ch**t endbetont sind, behalten die Betonung des Infinitivs bei, z.B.:

де́лать	ви́деть	слы́шать	пры́гнуть vo.
де́лаю	ви́жу	слы́шу	пры́гну
де́лаешь	ви́дишь	слы́шишь	пры́гнешь
де́лают	ви́дят	слы́шат	пры́гнут

b) Ist der Infinitiv zwei- oder mehrsilbiger Verben endbetont, so gibt es zwei Möglichkeiten:

1. Die Betonung ist f**e**st. Sie liegt bei den Verben der i-Konjugation und den Verben der e-Konjugation mit konsonantisch auslautendem Präsensstamm auf der Endung. Bei den Verben der e-Konjugation mit vokalisch auslautendem Präsensstamm liegt sie in der Regel[1] auf dem stammauslautenden Vokal, z.B.:

говори́ть	отдохну́ть vo.	везти́	чита́ть
говорю́	отдохну́	везу́	чита́ю
говори́шь	отдохнёшь	везёшь	чита́ешь
говоря́т	отдохну́т	везу́т	чита́ют

2. Die Betonung ist be**w**eglich. Sie wird von der 2.Person Singular an um eine Silbe zurückgezogen, z.B.:

писа́ть	купи́ть vo.	носи́ть
пишу́	куплю́	ношу́
пи́шешь	ку́пишь	но́сишь
пи́шут	ку́пят	но́сят

---

[1] Die Betonung liegt bei den Verben der e-Konjugation mit endbetontem Infinitiv und vokalisch auslautendem Präsensstamm in folgenden Fällen auf der Endung:

1. bei дава́ть und dessen Komposita, z.B.:
передава́ть übergeben: передаю́, передаёшь, ... передаю́т; —

2. bei den mit -знава́ть, -става́ть gebildeten Verben, z.B.:
остава́ться zurückbleiben: остаю́сь, остаёшься, ... остаю́тся; —

3. bei den Verben смея́ться „lachen" (смею́сь, смеёшься, ... смею́тся); петь „singen" (пою́, поёшь, ... пою́т); гнить „faulen" (гнию́, гниёшь, ... гнию́т); жева́ть „kauen" (жую́, жуёшь, ... жую́т); клева́ть „picken" (клюю́, клюёшь, ... клюю́т); кова́ть „schmieden" (кую́, куёшь, ... кую́т); основа́ть vo. „gründen" (осную́, оснуёшь, ... осную́т); плева́ть „spucken" (плюю́, плюёшь, ... плюю́т); снова́ть „eilig hin- und herlaufen" (сную́, снуёшь, ... сную́т); сова́ть „zustecken" (сую́, суёшь, ... сую́т) und deren Komposita.

Zurückziehung der Betonung erfolgt u.a. bei den meisten mehrsilbigen Verben auf **-ить** der i-Konjugation sowie bei vielen Verben auf **-ать** der e-Konjugation mit konsonantisch auslautendem Präsensstamm.

Einige Verben dieser Gruppe können doppelte Betonung haben, z. B.:

грузи́ть beladen	**соли́ть** salzen
гружу́	**солю́**
гру́зишь und **грузи́шь**	**со́лишь** und **соли́шь**
гру́зят und **грузя́т**	**со́лят** und **соля́т**

Ein vereinzelter Typ der beweglichen Betonung liegt in **колеба́ть** „erschüttern, rütteln" – **коле́блю, коле́блешь, . . . коле́блют** – vor.

Faustregel: Die Betonung der 1. Person Singular stimmt gewöhnlich mit der des Infinitivs überein. Ist die 1. Person Singular endungsbetont, so kann die Betonung von der 2. Person Singular an um eine Silbe zurückgezogen werden.

350 II. Unvollendetes oder zusammengesetztes Futurum

Das Futurum der unvollendeten Verben wird durch die Verbindung der Futurformen von **быть** mit dem unvollendeten Infinitiv gebildet.

UNVOLLENDETES ODER ZUSAMMENGESETZTES FUTURUM			
		чита́ть lesen	**стро́ить** bauen
Sing.	1. Pers.	я бу́ду чита́ть ich werde lesen	я бу́ду стро́ить ich werde bauen
	2. Pers.	ты бу́дешь чита́ть	ты бу́дешь стро́ить
	3. Pers.	он она́ } бу́дет чита́ть оно́	он она́ } бу́дет стро́ить оно́
Plur.	1. Pers.	мы бу́дем чита́ть	мы бу́дем стро́ить
	2. Pers.	вы бу́дете чита́ть	вы бу́дете стро́ить
	3. Pers.	они́ бу́дут чита́ть	они́ бу́дут стро́ить

Ein unvollendetes Futurum kann bisweilen auch durch das (vollendete) Futurum von **стать** vo. (**ста́ну, ста́нешь, . . . ста́нут**) oder **нача́ть** vo. (**начну́, начнёшь, . . . начну́т**) in Verbindung mit dem unvollendeten Infinitiv bezeichnet werden. Diese Formen schließen einen gleichzeitigen Hinweis auf den Beginn der zukünftigen Handlung ein.

Что ты ста́нешь де́лать?   Was wirst du tun? Was wirst du anfangen?

Перед обédом он не стáнет работать.

Vor dem Mittagessen wird er nicht arbeiten. Vor dem Mittagessen wird er nicht mit der Arbeit anfangen.

III. Unvollendetes und vollendetes Präteritum

Das Präteritum wird von unvollendeten und vollendeten Verben in gleicher Weise **351** gebildet, z. B.:

стрóить   bauen   – **я стрóил** ich baute
пострóить vo. bauen   – **я пострóил** ich baute bzw. habe (hatte) gebaut

1. Die Bildung des Präteritums   **352**

Das Kennzeichen des Präteritums ist das Suffix **-л**. Zum Unterschied vom Präsens und Futurum werden die Formen des Präteritums nicht nach Personen, sondern nach grammatischem Geschlecht und Numerus abgewandelt.

	Singular	Plural
männl.	-л	
weibl.	-ла	} -ли
sächl.	-ло	

Das Präteritum wird durch Anfügen von **-л, -ла, -ло, -ли** an den Infinitivstamm gebildet. Dabei unterscheidet man zwei Hauptgruppen:

A. VOKALISCH AUSLAUTENDER INFINITIVSTAMM

a) An die Stelle des Infinitivsuffixes **-ть** tritt allgemein **-л, -ла, -ло, -ли :**

читáть lesen	— читáл,	читáла,	читáло,	читáли
сдéлать vo. machen	— сдéлал,	сдéлала,	сдéлало,	сдéлали
вúдеть sehen	— вúдел,	вúдела,	вúдело,	вúдели
купúть vo. kaufen	— купúл,	купúла,	купúло,	купúли
мыть waschen	— мыл,	мыла,	мыло,	мыли
колóть stechen	— колóл,	колóла,	колóло,	колóли

b) Die Inchoativa auf **-нуть** (vgl. 332, 7 und 413) bilden die Formen des Präteritums in der Regel unter Ausfall des Suffixes **-ну-**[1]. Dabei fällt das **-л** in der männlichen Singularform aus, wenn vor dem Suffix **-ну-** ein **г, к, х, з, с, б, п** steht.

кре́пнуть erstarken —	**креп,**	**кре́пла,**	**кре́пло,**	**кре́пли**
мо́кнуть naß werden —	**мок,**	**мо́кла,**	**мо́кло,**	**мо́кли**
замёрзнуть vo. zufrieren —	**замёрз,**	**замёрзла,**	**замёрзло,**	**замёрзли**
вы́сохнуть vo. austrocknen —	**вы́сох,**	**вы́сохла,**	**вы́сохло,**	**вы́сохли**
поги́бнуть vo. zugrunde gehen —	**поги́б,**	**поги́бла,**	**поги́бло,**	**поги́бли**

c) Die Verben auf **-ереть** enden im Präteritum auf **-ер, -ерла, -ерло, -ерли:**

тере́ть reiben —	**тёр,**	**тёрла,**	**тёрло,**	**тёрли**
умере́ть vo. sterben —	**у́мер,**	**умерла́,**	**у́мерло,**	**у́мерли**

d) Die mit **-шибить** zusammengesetzten Verben bilden das Präteritum auf **-шиб, -шибла, -шибло, -шибли:**

ошиби́ться vo. sich irren —	**оши́бся,**	**оши́блась,**	**оши́блось,**	**оши́блись**

---

[1] Zum Unterschied von den Inchoativa auf -нуть bleibt bei den Momentanverben auf -нуть (vgl. 332,1 u. 406) das Suffix -ну- im Präteritum erhalten, z. B.:
кри́кнуть vo. aufschreien — кри́кнул, кри́кнула, кри́кнуло, кри́кнули
пры́гнуть vo. springen — пры́гнул, пры́гнула, пры́гнуло, пры́гнули
ebenso: верну́ть vo. zurückgeben; обману́ть vo. betrügen; отдохну́ть vo. sich erholen; гнуть biegen; льнуть sich anschmiegen; тону́ть ertrinken; тяну́ть ziehen.

Für die Inchoativa auf -нуть ist der Ausfall des Suffixes -ну- im Präteritum die Regel. Nur wenige — vorzugsweise nichtpräfigierte — Inchoativa können die männliche Präteritalform sowohl mit dem als auch ohne das Suffix -ну- bilden, z. B.:
га́снуть verlöschen — га́снул neben гас; мо́кнуть naß werden — мо́кнул neben мок; со́хнуть trocknen — со́хнул neben сох.
Dabei sind die mit -ну- gebildeten Formen im Veralten begriffen.
Unter Ausfall des Suffixes -ну- wird das Präteritum auch gebildet von:
исче́знуть vo. verschwinden - исче́з, исче́зла, исче́зло, исче́зли
возни́кнуть vo. entstehen - возни́к, возни́кла, возни́кло, возни́кли
воскре́снуть vo. auferstehen; wiedererstarken — воскре́с, воскре́сла, воскре́сло, воскре́сли
sowie die mit -бегнуть, -вергнуть, -выкнуть, -стигнуть, -тихнуть gebildeten Verben.
Дости́гнуть vo. „erreichen" (Prät. дости́гнул) und дости́чь vo. „erreichen" (Prät. дости́г) zeigen doppelte Formen des Infinitivs und des Präteritums zum gleichen vollendeten Futurum дости́гну, дости́гнешь, ... дости́гнут.

B. KONSONANTISCH AUSLAUTENDER INFINITIVSTAMM

a) Lautet der Infinitivstamm auf **-з, -с** und die im Infinitiv verdeckten Wurzel-konsonanten **-б, -г, -к** aus, so fällt in der männlichen Singularform nach diesen Konsonanten das **-л** aus; die übrigen Formen werden regelmäßig gebildet.

везти fahren	— вёз,	везла́,	везло́,	везли́
нести́ tragen	— нёс,	несла́,	несло́,	несли́
грести́ (гребу́) rudern	— грёб,	гребла́,	гребло́,	гребли́
мочь (могу́) können	— мог,	могла́,	могло́,	могли́
бере́чь (берегу́) bewahren	— берёг,	берегла́,	берегло́,	берегли́
течь (теку́) fließen	— тёк,	текла́,	текло́,	текли́

und beachte:

расти́ (расту́) wachsen	— рос,	росла́,	росло́,	росли́
жечь (жгу) brennen	— жёг,	жгла,	жгло,	жгли

b) Lautet der Infinitivstamm auf die im Infinitiv verdeckten Wurzelkonsonanten **-д, -т** aus, so fallen diese Konsonanten vor **-л, -ла, -ло, -ли** aus.

вести́ (веду́) führen	— вёл,	вела́,	вело́,	вели́
класть (кладу́) legen	— клал,	кла́ла,	кла́ло,	кла́ли
сесть vo. **(ся́ду)** sich setzen	— сел,	се́ла,	се́ло,	се́ли
цвести́ (цвету́) blühen	— цвёл,	цвела́,	цвело́,	цвели́

und beachte:

есть (еди́м) essen	— ел,	е́ла,	е́ло,	е́ли

c) Das Präteritum wird unregelmäßig gebildet

α) von **идти́** und dessen Komposita

идти́ gehen	— шёл,	шла,	шло,	шли
прийти́ vo. ankommen	— пришёл,	пришла́,	пришло́,	пришли́
уйти́ vo. weggehen	— ушёл,	ушла́,	ушло́,	ушли́

β) von **клясть** und dessen Komposita

клясть verwünschen	— клял,	кляла́,	кля́ло,	кля́ли
прокля́сть vo. ver-wünschen, verfluchen	— про́клял,	прокляла́,	про́кляло,	про́кляли

UNVOLLENDETES UND VOLLENDETES PRÄTERITUM				
vokalisch auslautender Infinitivstamm		konsonantisch auslautender Infinitivstamm		
дать vo. geben	**стро́ить** bauen	**нести́** tragen	**помо́чь** vo. helfen	**сесть** vo. sich setzen
я }дал, дала́ ты} он дал она́ дала́ оно́ да́ло́ мы } вы }да́ли они́}	я }стро́ил, ты}стро́ила он стро́ил она́ стро́ила оно́ стро́ило мы } вы }стро́или они́}	я }нёс, ты}несла́ он нёс она́ несла́ оно́ несло́ мы } вы }несли́ они́}	я }помо́г, ты}помогла́ он помо́г она́ помогла́ оно́ помогло́ мы } вы }помогли́ они́}	я }сел, ты}се́ла он сел она́ се́ла оно́ се́ло мы } вы }се́ли они́}

353

2. Das Präteritum reflexiver Verben

Das Präteritum reflexiver Verben wird durch Anfügen von **-(л)ся, -лась, -лось, -лись** an den Infinitivstamm gebildet:

занима́ться sich beschäftigen	**мы́ться** sich waschen	**бере́чься** sich in acht nehmen
он занима́лся	он мы́лся	он берёгся
она́ занима́лась	она́ мы́лась	она́ берегла́сь
оно́ занима́лось	оно́ мы́лось	оно́ берегло́сь
они́ занима́лись	они́ мы́лись	они́ берегли́сь

3. Die Betonung der Präteritalformen

Für die Betonung der Präteritalformen gelten folgende Grundregeln:

354

A. MEHRSILBIGE INFINITIVSTÄMME[1]

Die Präteritalformen von Verben mit zwei- oder mehrsilbigem Infinitivstamm und von deren Komposita haben die gleiche Betonung wie der Infinitiv[2]:

---

[1] Unter die mehrsilbigen Infinitivstämme sind hier zwei- und mehrsilbige nichtpräfigierte Verben und deren Komposita einzuordnen.

[2] Außerhalb dieser Regel stehen die Verben auf -ере́ть, -ере́чь, -оло́чь (siehe unter B.) und das vollendete Verb роди́ть (entsprechend auch das vollendete роди́ться).
роди́ть vo. gebären — роди́л, родила́, роди́ло, роди́ли
роди́ться vo. geboren werden — роди́лся, роди́ла́сь, роди́ло́сь, роди́ли́сь.

встреча́ть begegnen	— встреча́л,	встреча́ла, встреча́ло, встреча́ли
купи́ть vo. kaufen	— купи́л,	купи́ла, купи́ло, купи́ли
записа́ть vo. aufschreiben	— записа́л,	записа́ла, записа́ло, записа́ли
рисова́ть zeichnen	— рисова́л,	рисова́ла, рисова́ло, рисова́ли
отдохну́ть vo. sich erholen	— отдохну́л,	отдохну́ла, отдохну́ло, отдохну́ли
коло́ть stechen	— коло́л,	коло́ла, коло́ло, коло́ли

B. EINSILBIGE INFINITIVSTÄMME
(sowie die Verben auf **-ереть, -еречь, -олочь**)

355

Die Präteritalformen von Verben mit einsilbigem Infinitivstamm und von deren Komposita zeigen drei verschiedene Betonungstypen. Grundsätzlich auf der ersten Silbe betont werden dabei sämtliche Formen der mit **вы-** gebildeten vollendeten Komposita.

a) 1. Typ: Die Betonung liegt fest auf der Stammsilbe, z. B.:

бить schlagen	— бил,	би́ла,	би́ло,	би́ли
знать wissen	— знал,	зна́ла,	зна́ло,	зна́ли
класть legen	— клал,	кла́ла,	кла́ло,	кла́ли
лезть klettern	— лез,	ле́зла,	ле́зло,	ле́зли

Hierher gehören u. a. **брить** rasieren; **выть** heulen; **грызть** nagen; **дуть** wehen; **есть** essen; **жать (жму)** drücken; **жать (жну)** ernten; **крыть** bedecken; **мыть** waschen; **ныть** weh tun; **пасть** vo. fallen; **петь** singen; **рыть** graben; **сесть** vo. sich setzen; **слать** schicken; **стать** vo. werden, anfangen; **тереть** reiben; **шить** nähen. Die Komposita dieser Verben haben im allgemeinen die gleiche Betonung.

b) 2. Typ: Die Betonung liegt in allen Präteritalformen auf der letzten Silbe, z. B.:

везти́ fahren	— вёз,	везла́,	везло́,	везли́
нести́ tragen	— нёс,	несла́,	несло́,	несли́
лечь vo. sich hinlegen	— лёг,	легла́,	легло́,	легли́
мочь können	— мог,	могла́,	могло́,	могли́
толо́чь zerstoßen	— толо́к,	толкла́,	толкло́,	толкли́

Hierher gehört ein großer Teil der konsonantisch auslautenden Infinitivstämme. Die entsprechenden Komposita haben im allgemeinen die gleiche Betonung.

c) 3. Typ: Die Betonung wird in der weiblichen Singularform auf die Endung verlegt. Bei Hinzutreten von Präfix und Partikel **-ся (-сь)** ergeben sich weitere Besonderheiten.

α) Die weibliche Singularform ist u. a. endungsbetont bei den Verben **брать** nehmen; **быть** sein; **взять** vo. nehmen; **вить** winden; **врать** lügen; **дать** vo. geben; **ждать** warten; **жить** leben; **жрать** fressen; **звать** rufen; **лгать** lügen; **лить** gießen; **пить** trinken; **плыть** schwimmen; **рвать** reißen; **спать** schlafen.

брать	— брал,	брала́,	бра́ло,	бра́ли
дать vo.	— дал,	дала́,	да́ло,	да́ли
			(auch: дало́)	
жить	— жил,	жила́,	жи́ло,	жи́ли
спать	— спал,	спала́,	спа́ло,	спа́ли

Beim verneinten Präteritum von **быть, дать** vo. und **жить** wird die Betonung in der männlichen und sächlichen Singularform und in der Pluralform auf die Partikel **не** verlegt, z. B.:

быть – **не́ был, не́ было, не́ были,** aber: **не была́**
жить – **не́ жил, не́ жило, не́ жили,** aber: **не жила́**

In den Wendungen **кто бы то ни был** (wer auch immer), **что бы то ни было** (was auch immer) ist die Partikel **ни** betont.

β) Werden die Verben unter α) durch **до-, за-, из-, на-, об-, от-, пере-, по-, под-, при-, про-, раз- (роз-), со-, у-** präfigiert, so wird die Betonung in den Präteritalformen – außer in der endungsbetonten weiblichen Singularform – vielfach auf das Präfix zurückgezogen[1]:

прибы́ть vo. ankommen	— при́был,	прибыла́,	при́было,	при́были
отда́ть vo. weggeben	— о́тдал,	отдала́,	о́тдало,	о́тдали
прода́ть vo. verkaufen	— про́дал,	продала́,	про́дало,	про́дали

---

[1] Eine Reihe von Komposita zeigt die gleiche Betonung wie die nichtpräfigierten Formen, z. B.:
избра́ть vo. wählen — избра́л, избрала́, избра́ло, избра́ли
собра́ть vo. sammeln — собра́л, собрала́, собра́ло, собра́ли
позва́ть vo. rufen — позва́л, позвала́, позва́ло, позва́ли
проспа́ть vo. verschlafen — проспа́л, проспала́, проспа́ло, проспа́ли
Bisweilen ist außer in der weiblichen Singularform eine doppelte Betonung möglich, z. B.:
добы́ть vo. erwerben — до́был, добыла́, до́было, до́были
зали́ть vo. überschwemmen — за́лил, залила́, за́лило, за́лили
пережи́ть vo. erleben — пе́режил, пережила́, пе́режило, пе́режили
Забы́ть vo. „vergessen" ist in sämtlichen Präteritalformen stammbetont: забы́л, забы́ла, забы́ло, забы́ли.

| прожи́ть vo.
(ver-)leben | — про́жил, | прожила́, | про́жило, | про́жили |
| созда́ть vo.
schaffen | — со́здал, | создала́, | со́здало, | со́здали |

und beachte:

| разда́ть vo.
verteilen | — ро́здал
u. разда́л, | раздала́, | ро́здало
u. разда́ло, | ро́здали
u. разда́ли |

Das gleiche gilt für die mit **-мереть, -переть, -(н)ять** zusammengesetzten Verben und für **нача́ть** vo.

умере́ть vo. sterben	— у́мер,	умерла́,	у́мерло,	у́мерли
запере́ть vo. verschließen	— за́пер,	заперла́,	за́перло,	за́перли
обня́ть vo. umarmen	— о́бнял,	обняла́,	о́бняло,	о́бняли
поня́ть vo. verstehen	— по́нял,	поняла́,	по́няло,	по́няли
нача́ть vo. anfangen	— на́чал,	начала́,	на́чало,	на́чали

γ) Nehmen die Verben dieser Gruppe die Partikel **-ся** an, so ist das Präteritum teils in allen Formen, teils in der weiblichen und sächlichen Singularform und in der Pluralform endungsbetont. Eine doppelte Betonungsmöglichkeit kann dabei in der männlichen und sächlichen Singularform und in der Pluralform auftreten.

взя́ться vo. ergreifen, übernehmen	— взя́лся,	взяла́сь,	взяло́сь,	взяли́сь
нача́ться vo. anfangen	— начался́,	начала́сь,	начало́сь,	начали́сь
подня́ться vo. sich erheben	— подня́лся́,	подняла́сь,	подняло́сь,	подняли́сь
приня́ться vo. (за) anfangen	— принялся́,	приняла́сь,	приняло́сь,	приняли́сь
добра́ться vo. erreichen	— добра́лся,	добрала́сь,	добра́ло́сь,	добра́ли́сь
собра́ться vo. sich versammeln	— собра́лся,	собрала́сь,	собра́ло́сь,	собра́ли́сь
уда́ться vo. gelingen	— уда́лся,	удала́сь,	удало́сь,	удали́сь

DER IMPERATIV

Außer dem Imperativ der 2.Person (Singular und Plural) sind im Russischen zum Ausdruck der Aufforderung noch der Imperativ der gemeinsamen Handlung und der sogenannte Imperativ der 3.Person vertreten.

I. Der Imperativ der 2. Person

356   Der Imperativ der 2.Person Singular und der 2.Person Plural – im folgenden kurz als Imperativ bezeichnet – wird in gleicher Weise von unvollendeten wie von vollendeten Verben gebildet, z.B.:

смотре́ть — смотри́ !
посмотре́ть vo. — посмотри́ ! } = sieh!

смотри́те !
посмотри́те ! } = seht!, sehen Sie !

Die Singularform des Imperativs wird vom Präsensstamm gebildet, indem man an die Stelle der Endungen **-ют, -ут, -ят, -ат** der 3.Person Plural des Präsens bzw. vollendeten Futurums die Endungen[1] **-й, -ь** oder **-и** setzt.

Die Pluralform des Imperativs, die auch als Höflichkeitsform dient, wird ausnahmslos durch Anhängen von **-те** an die Singularform gebildet.

	2. Person		
Sing.	-й	-ь	-и
Plur.	-йте	-ьте	-ите

1. Die Endungen **-й, -йте** stehen, wenn der Präsensstamm auf einen **Vokal** auslautet[2]:

рабо́тать	arbeiten	(рабо́та-ют)	– рабо́тай !, рабо́тайте !
рисова́ть	zeichnen	(рису́-ют)	– рису́й !, рису́йте !
постро́ить vo.	bauen	(постро́-ят)	– постро́й !, постро́йте !
петь	singen	(по-ю́т)	– пой !, по́йте !
мыть	waschen	(мо́-ют)	– мой !, мо́йте !

---

[1] Bei der Angabe der Imperativendungen wird ebenfalls vom Schriftbild ausgegangen. Phonetisch gesehen dürfte man nur bei -и von einer Endung sprechen. -ь bezeichnet außer nach den stets harten ж und ш die Weichheit des stammauslautenden Konsonanten, -й das [j] im Auslaut des Präsensstammes, vgl. Fußnote 2 auf S. 282.

[2] Eine Ausnahme stellen die endbetonten Verben auf -ить dar. Sie bilden den Imperativ auf -и, -ите: дойть melken — дой !, дойте !; крой́ть zuschneiden — крой !, кройте !; пой́ть tränken — пой !, пойте !; тай́ть verheimlichen — тай !, тайте ! Allerdings gibt es die Varianten напо́й ! (напо́ить vo. tränken), подо́й ! (подо́ить vo. melken) in der Umgangssprache.

2. Die Endungen **-ь, -ьте** stehen, wenn der Präsensstamm auf **einen Konsonanten**
auslautet und die 1.Person Singular des Präsens bzw. vollendeten Futurums **nicht
endungsbetont** ist[1]:

бро́сить vo.	werfen	**(бро́с-ят)**	— бро́сь!, бро́сьте!
быть	sein	**(бу́д-ут)**	— бу́дь!, бу́дьте!
ве́рить	glauben	**(ве́р-ят)**	— ве́рь!, ве́рьте!
встать vo.	aufstehen	**(вста́н-ут)**	— вста́нь!, вста́ньте!
пла́кать	weinen	**(пла́ч-ут)**	— пла́чь!, пла́чьте!
оде́ть vo.	anziehen	**(оде́н-ут)**	— оде́нь!, оде́ньте!
сесть vo.	sich setzen	**(ся́д-ут)**	— ся́дь!, ся́дьте!

Merke besonders:

лечь vo.	sich hinlegen	**(ля́г-ут)**	— ля́г!, ля́гте!

3. Die Endungen **-и, -ите** stehen

a) wenn der Präsensstamm auf **einen Konsonanten** auslautet und die 1.Person
Singular des Präsens bzw. vollendeten Futurums **endungsbetont** ist[2]. Die Endungen **-и, -ите** bleiben auch bei den vollendeten Komposita mit **вы-** erhalten,
obwohl die Betonung auf das Präfix zurückgezogen wird[2].

нести́	tragen	**(нес-у́т)**	— неси́!, неси́те!
вы́нести vo.	hinaustragen	**(вы́нес-ут)**	— вы́неси!, вы́несите!
говори́ть	sprechen	**(говор-я́т)**	— говори́!, говори́те!
сказа́ть vo.	sagen	**(ска́ж-ут)**	— скажи́!, скажи́те!
писа́ть	schreiben	**(пи́ш-ут)**	— пиши́!, пиши́те!
бере́чь	hüten, bewahren	**(берег-у́т)**	— береги́!, береги́те!
сиде́ть	sitzen	**(сид-я́т)**	— сиди́!, сиди́те!
спать	schlafen	**(сп-ят)**	— спи́!, спи́те!

---

[1] Bei den Verben уве́домить vo. „benachrichtigen", ла́комиться „naschen", заку́порить vo. „verkorken", отку́порить vo. „entkorken" kann der Imperativ sowohl auf -ь als auch auf -и gebildet werden.
Desgleichen können die mit вы - gebildeten vollendeten Komposita der Verben dieser Gruppe neben dem
Imperativ auf -ь auch eine Imperativform auf -и bilden:
вы́бросить vo. hinauswerfen — вы́брось! und вы́броси!
вы́ставить vo. (hin-)ausstellen — вы́ставь! und вы́стави!
вы́сунуть vo. herausstrecken — вы́сунь! und вы́суни!
[2] In der Umgangssprache steht bisweilen -ь für -и, z.B.:
вы́йдь!, выдь! für вы́йди! (вы́йти vo. hinausgehen)
поло́жь! für положи́! (положи́ть vo. legen)
взгля́нь! für взгляни́! (взгляну́ть vo. blicken, schauen)

b) wenn der Präsensstamm auf **mehrere Konsonanten** auslautet[1]:

держа́ть	halten	(де́рж-ат)	— держи́ !, держи́те !
ко́нчить vo.	beenden	(ко́нч-ат)	— ко́нчи !, ко́нчите !
нача́ть vo.	anfangen	(начн-у́т)	— начни́ !, начни́те !
отдохну́ть vo.	sich erholen	(отдохн-у́т)	— отдохни́ !, отдохни́те !
по́мнить	sich erinnern	(по́мн-ят)	— по́мни !, по́мните !

DER IMPERATIV			
Präsensstamm auf Vokal **-й, -йте**	Präsensstamm auf Konsonant		
	auf einen Konsonanten, 1.Pers. Sing. nicht endungsbetont **-ь, -ьте**	auf einen Konsonanten, 1.Pers. Sing. endungsbetont **-и, -ите**	auf mehrere Konsonanten
чита́ть : чита́й !, чита́йте !	ве́рить : верь !, ве́рьте !	нести́ : неси́ !, неси́те !	ко́нчить vo. : ко́нчи !, ко́нчите !
стоя́ть : стой !, сто́йте !	гото́вить : гото́вь ! гото́вь- те !	вы́нести vo. : вы́неси !, вы́не- сите !	нача́ть vo. : начни́ !, начни́те !
рисова́ть : рису́й !, рису́йте !	встать vo. : встань !, вста́ньте !	говори́ть : говори́ !, гово- ри́те !	по́мнить : по́мни !, по́мните !
стро́ить : строй !, стро́йте !	сесть vo. : сядь !, ся́дьте !	писа́ть : пиши́ !, пиши́те !	

357　　　　　　　　　Abweichende Imperativbildungen

1. Die einsilbigen Infinitivstämme auf **-ить** und deren Komposita bilden den Imperativ auf **-ей, -ейте**[2]:

вить winden — вей !, ве́йте !　　　пить trinken — пей !, пе́йте !

лить gießen — лей !, ле́йте !　　　шить nähen — шей !, ше́йте !

---

[1] Lautet der Präsensstamm auf -ст oder auf -р + Konsonant aus, so ist neben der Imperativform auf -и auch die Bildung auf -ь möglich:

прочи́стить vo. reinigen　　　　— прочи́сти! und прочи́сть!

испо́ртить vo. verderben　　　　— испо́рти! und испо́рть!

[2] Bei den Imperativbildungen auf -ей(те) liegt phonetisch gesehen Einschub eines flüchtigen e vor; й bezeichnet – vgl. Fußnote 1 auf S. 302 – das [j] im Auslaut des Präsensstammes: бьют [б'j-ут] – бей [б'əj].

2. **Дава́ть** und dessen Komposita sowie die mit **-знава́ть, -става́ть** gebildeten Verben behalten das in den Präsensformen ausfallende Suffix **-ва-** im Imperativ bei:

дава́ть	geben	–	дава́й !, дава́йте !
продава́ть	verkaufen	–	продава́й !, продава́йте !
узнава́ть	erkennen	–	узнава́й !, узнава́йте !
встава́ть	aufstehen	–	встава́й !, встава́йте !

3. **Сы́пать** und dessen Komposita bilden den Imperativ ohne den Konsonantenwechsel **п – пл**:

сы́пать	streuen	–	сыпь !, сы́пьте !
рассы́пать vo.	zerstreuen	–	рассы́пь !, рассы́пьте !

4. **Дать** vo. und dessen Komposita bilden den Imperativ – **дай !, да́йте !**

5. **Есть** (essen) und dessen Komposita bilden den Imperativ – **ешь !, е́шьте !**

6. Der Imperativ zu **éхать**[1] lautet – **поезжа́й !, поезжа́йте !**

7. Der Imperativ ist u.a. von folgenden Verben ungebräuchlich:

ви́деть	sehen	мочь	können	боле́ть	in der Bedeutung „Schmerz
слы́шать	hören	хоте́ть	wollen	гнить	faulen [empfinden"

Die Imperative „sieh! (seht!, sehen Sie!)", „höre! (hört!, hören Sie!)" werden durch **смотри́(те) !, слу́шай(те) !** wiedergegeben.

Der Imperativ reflexiver Verben

358

Der Imperativ reflexiver Verben wird durch Anfügen von **-ся** bzw. **-сь** an die Imperativendungen gebildet:

> **-ся** steht nach **-й** und **-ь**,
> **-сь** steht nach **-и, -ите, -йте, -ьте.**

бере́чься	sich in acht nehmen	–	береги́сь !, береги́тесь !
мы́ться	sich waschen	–	мо́йся !, мо́йтесь !
оде́ться vo.	sich ankleiden	–	оде́нься !, оде́ньтесь !

Zu den Komposita von éхать werden keine Imperativformen gebildet. Man gebraucht dafür den Imperativ des zugehörigen unvollendeten Verbs.

359

Die Betonung der Imperativformen

Die Betonung der Imperativformen richtet sich nach der Betonung der 1. Person Singular des Präsens bzw. vollendeten Futurums:

читáть	(читáю)	—	читáй(те)!
писáть	(пишý)	—	пишú(те)!
нестú	(несý)	—	несú(те)!
вéрить	(вéрю)	—	вéрь(те)!

Zum Gebrauch der Imperativformen

360

A. BITTE UND GEMILDERTE AUFFORDERUNG

Eine Bitte wird allgemein durch den Imperativ in Verbindung mit **пожáлуйста** (= bitte) ausgedrückt.

Дáйте мне, пожáлуйста, стакáн чáю!   Geben Sie mir bitte ein Glas Tee!

Eine Art Bitte wird auch durch Hinzutreten des Personalpronomens der 2. Person zum Imperativ ausgedrückt; das Personalpronomen kann dabei vor und nach dem Imperativ stehen:

Вы придúте к нам в срéду!	Kommen Sie doch am Mittwoch zu uns!
Ты садúсь вот на э́тот стул!	Setz dich bitte auf diesen Stuhl da!
Напишú ты мне скорéй!	Schreib mir bitte so bald als möglich!

Eine gemilderte Aufforderung wird durch Anfügen von **-ка** (= mal) an die Imperativformen bezeichnet:

Идú-ка сюдá!	Komm doch mal her!
Скажú-ка, кудá он пошёл!	Sag mal, wohin er gegangen ist.

Im übrigen ist der unvollendete Imperativ, vor allem bei Handlungen mit Objektbezug, allgemein milder und höflicher als der vollendete. «**Пишúте мне письмó!**» ist höflicher als «**Напишúте мне письмó!**»

Doch kann ein unvollendeter objektloser Imperativ zuweilen auch nachdrücklicher sein als der entsprechende vollendete; so ist z. B. «**Говорú!**» nachdrücklicher als «**Скажú!**»

361

B. VERBOT, WARNUNG UND KOMMANDO

Ein Verbot wird durch den unvollendeten Imperativ wiedergegeben.

Не мешáйте мне рабóтать!	Stört mich nicht bei der Arbeit!
Не опáздывайте на занятия!	Kommt nicht zu spät zum Unterricht!
На урóках не болтáйте!	Schwatzt nicht während des Unterrichts!

Der verneinte vollendete Imperativ drückt in erster Linie eine Warnung aus, bisweilen durch **смотри, смотрите** verstärkt:

Смотри, не простудись!	Sieh dich vor, daß du dich nicht erkältest!
Смотрите, не опоздайте на поезд!	Paßt auf, daß ihr den Zug nicht versäumt!

In Kommandos wird vielfach der Imperativ der 2. Person Singular mit Bezug auf mehrere Personen gebraucht:

Становись!	Stehenbleiben! (Halt!)
Стройся! Равняйся!	Antreten! Richt't euch!
Граждане, расходись!	Bürger, geht auseinander!

C. DER IMPERATIV IN AUSSAGESÄTZEN

362

Der Imperativ der 2. Person Singular tritt außer in Befehlssätzen auch in Aussagesätzen auf. Er kann dabei mit allen Personen als Subjekt verbunden werden und verschiedene Tempusbedeutung haben.

In Aussagesätzen hat der Imperativ der 2. Person Singular u. a. folgende Bedeutungen:

a) Der Imperativ drückt in lebendiger Rede ein Müssen oder Sollen aus:

Все говорят, а мы молчи.	Alle sprechen, aber wir müssen schweigen.
Ты веселишься, а я сиди дома да пиши.	Du vergnügst dich, aber ich muß zu Hause sitzen und schreiben.

b) Der Imperativ drückt eine unerwartete, spontane Handlung im Präteritum aus. Das Plötzliche, Unvermittelte wird bisweilen durch Hinzusetzen von **возьми да (и, да и)** unterstrichen[1]:

Она упади и сломай себе ногу.	Sie fiel plötzlich hin und brach sich ein Bein.
Он просил меня зайти к нему, а я возьми да и потеряй его адрес.	Er hatte mich gebeten, ihn aufzusuchen, und da verliere ich auf einmal seine Anschrift.
Я пришёл к нему записаться на курс, а он вдруг возьми да пригласи меня к себе на вечер.	Ich kam zu ihm, um mich für den Kursus eintragen zu lassen, und da lud er mich völlig unerwartet für den Abend zu sich ein.

---

[1] Zum Ausdruck des Unerwarteten und Spontanen einer Handlung kann auch das vo. Futurum oder das vo. Präteritum in Verbindung mit den entsprechenden Formen von взять vo. gebraucht werden:

Он взял да ушёл.	Er ging plötzlich weg.
А что, как я, в самом деле, возьму да женюсь на ней?	Aber was ist, wenn ich sie tatsächlich einfach heiraten werde?

c) Der Imperativ steht in Konditionalsätzen:

Напиши́ мы ему́ вчера́ письмо́, он сего́дня получи́л бы его́.	Hätten wir ihm gestern einen Brief geschrieben, so würde er ihn heute bekommen.
Скажи́ он ра́ньше, всё мо́жно бы́ло бы устро́ить.	Hätte er es früher gesagt, hätte man alles in Ordnung bringen können.
Опозда́й мы на пять мину́т, он бы ушёл.	Hätten wir uns um 5 Minuten verspätet, wäre er weggegangen.

d) Der Imperativ steht in Konzessivsätzen:

Кто что ни говори́, а э́то пра́вда.	Was man auch sagen mag, aber das ist die Wahrheit.

363

II. Der Imperativ der gemeinsamen Handlung

Der Imperativ der gemeinsamen Handlung drückt eine Aufforderung aus, in die sich der Sprechende einschließt.

1. Der Imperativ der gemeinsamen Handlung wird wiedergegeben

a) durch die 1. Person Plural des vollendeten Futurums ohne Personalpronomen, z.B.:

Оста́немся ещё на оди́н день!	Bleiben wir noch einen Tag!
Пойдём сего́дня в теа́тр!	Gehen wir doch heute ins Theater!
Отстои́м пра́вое де́ло ми́ра!	Laßt uns die gerechte Sache des Friedens verteidigen!
Пое́дем, Ма́ша, домо́й!	Laß uns nach Hause fahren, Mascha!
Возьмём биле́ты на за́втра!	Nehmen wir Karten für morgen!

b) durch die 1.Person Plural des Präsens einiger bestimmter Verben der Fortbewegung ohne Personalpronomen: **идти́, е́хать, лезть, нести́** u.a.

Идём!	Nun los, gehen wir!
Е́дем!	Fahren wir los!

c) (seltener) durch die 1.Person Plural des Futurums unvollendeter Verben ohne Personalpronomen, z.B.:

Бу́дем вме́сте рабо́тать!	Laßt uns gemeinsam arbeiten!
Не бу́дем спо́рить!	Wollen wir nicht streiten!

Ist die Aufforderung des Sprechenden zur gemeinsamen Handlung nicht nur an eine Person, sondern an mehrere Personen gerichtet, so kann an die 1.Person Plural des Präsens oder Futurums die Partikel **-те** angefügt werden. Die Form auf **-те** dient außerdem als Höflichkeitsform.

Продо́лжимте наш разго- **во́р!**	Setzen wir unser Gespräch fort!
Бу́демте друзья́ми!	Laßt uns Freunde sein!

2. In der Umgangssprache wird die Aufforderung zur gemeinsamen Handlung bisweilen durch Vorsetzen von **дава́й, дава́йте**[1] verstärkt. In gleicher Funktion können **дава́й, дава́йте** auch mit dem unvollendeten Infinitiv verbunden werden.

Дава́й пойдём купа́ться!	Komm, laß uns baden gehen!
Дава́йте споём что́-нибудь!	Nun, wollen wir irgend etwas singen!
Дава́йте не бу́дем спо́рить!	Wollen wir doch nicht streiten!
Дава́й игра́ть в ша́хматы!	Laß uns Schach spielen!
Дава́йте чай пить!	Nun, trinken wir doch Tee!

3. Eine nachdrückliche Aufforderung zur gemeinsamen Handlung kann in der Umgangssprache bisweilen durch die Pluralform des vollendeten Präteritums ausgedrückt werden. In dieser Form werden aber nur sehr wenige Verben gebraucht: **пойти́** vo., **пое́хать** vo.:

Пошли́! — Пое́хали!	Also los, gehen wir! — Fahren wir (endlich) los!

III. Der Imperativ der 3. Person[2]　　364

Der Imperativ der 3.Person drückt eine mittelbare Aufforderung oder einen mittelbaren Befehl aus. Zuweilen werden dritte Personen angesprochen, die die Aufforderung bzw. den Befehl übermitteln sollen.

1. Der Imperativ der 3.Person wird durch **пусть** – umgangssprachlich auch **пуска́й** – in Verbindung mit der 3.Person Singular oder Plural des vollendeten Futurums (seltener des Präsens) wiedergegeben. Das Subjekt steht dabei zwischen **пусть** (**пуска́й**) und der Verbform.

Пусть Серге́й зайдёт ко **мне; переда́йте ему́ об** **э́том, пожа́луйста!**	Sergei möchte zu mir kommen, teilt ihm das bitte mit!

---

[1] Дава́й, дава́йте sowie дай, да́йте können in ähnlicher Weise auch mit der 1.Person Singular verbunden werden. Durch diese Formen werden die angeredeten Personen aufgefordert, ihre Zustimmung zur beabsichtigten Handlung des Sprechenden zu geben.

　Да́йте (я) отдохну́ снача́ла!　　　Laßt mich zuerst ein wenig ausruhen!
　Дава́йте я сыгра́ю пе́сню на ро́йле!　Laßt mich das Lied auf dem Flügel spielen!

[2] Der Imperativ der 3. Person wird nicht in allen Grammatiken einheitlich den Imperativbildungen zugerechnet mit dem Hinweis darauf, daß seine Formen eher Wunschformen als eigentliche Imperative sind.

Пусть споёт Борис!	Boris möchte singen!
Пусть он спит!	Laß(t) ihn schlafen! Mag er schlafen!
Пусть они живут у нас!	Sollen sie bei uns wohnen!
Пускай сам всё посмотрит!	Mag er sich selbst alles ansehen!
Пускай подождёт!	Er soll (möge) warten!

2. Im gehobenen, feierlichen Stil kommt zuweilen ein Imperativ der 3. Person mit der Partikel **да** vor. Weitgehend gebräuchlich ist diese Form allerdings nur in der feststehenden Wendung **Да здравствует (здравствуют)** ... !

Да здравствует мир между народами!	Es lebe der Friede unter den Völkern!
Да здравствует германо-советская дружба!	Es lebe die deutsch-sowjetische Freundschaft!

365 IV. Infinitiv und Konjunktiv als Ausdruck des Imperativs

1. Ein scharfer Befehl, eine strenge Anweisung oder eine allgemeine Aufforderung werden häufig durch den Infinitiv wiedergegeben. Dabei kann die angeredete Person im Dativ hinzugesetzt werden.

Сидеть смирно!	Still sitzen!
Не шуметь!	Nicht lärmen!
Не курить!	Rauchen verboten!
Тебе молчать!	Du hast zu schweigen!
Вам немедленно вызвать врача!	Sie müssen unverzüglich den Arzt rufen!
Убрать урожай без потерь!	Bringt die Ernte verlustlos ein!

2. Eine freundliche, höfliche Bitte oder Aufforderung wird zuweilen durch den Konjunktiv bezeichnet.

Ты бы пошёл!	Du solltest gehen!
Ты бы отдохнул немного!	Du solltest dich ein wenig ausruhen!
Ты бы не читал, а спал!	Du solltest nicht lesen, sondern schlafen!
Вы бы нам спели что-нибудь!	Könnten Sie uns nicht etwas vorsingen!

In ähnlicher Bedeutung kann auch der Infinitiv mit der Konjunktivpartikel **бы** gebraucht werden. Die angeredete Person wird dabei im Dativ angegeben.

Тебе бы пойти к зубному врачу!	Du solltest doch mal zum Zahnarzt gehen!
Вам бы читать эту интересную книгу!	Sie müßten dieses interessante Buch einmal lesen!

DER KONJUNKTIV

I. Die Bildung des Konjunktivs

Der Konjunktiv wird gebildet, indem man die Partikel **бы** – nach Vokalen bisweilen zu **б** verkürzt – mit dem Präteritum des Verbs verbindet. Der russische Konjunktiv verfügt nur über diese eine Form, die je nach dem Kontext verschiedene Zeitbedeutungen haben kann[1], z. B.:

Éсли бы он пришёл сегóдня!	Wenn er doch heute käme!
Éсли бы он пришёл вчерá!	Wenn er doch gestern gekommen wäre!
Éсли бы он пришёл зáвтра!	Wenn er doch morgen kommen würde!

DER KONJUNKTIV	
рабóтать arbeiten	**изучить** vo. lernen
я ты **}** рабóтал (-а) бы	я ты **}** изучил (-а) бы
он рабóтал бы	он изучил бы
онá рабóтала бы	онá изучила бы
онó рабóтало бы	онó изучило бы
мы вы **}** рабóтали бы они	мы вы **}** изучили бы они

Im allgemeinen steht **бы** hinter der Form des Präteritums. Es kann aber auch hinter ein beliebiges anderes Wort im Satz treten, wenn dieses besonders hervorgehoben werden soll, z. B.:

Я этого не сдéлал бы!	Ich hätte das nicht getan!
Я бы этого не сдéлал!	Ich hätte das nicht getan!
Этого бы я не сдéлал!	Das hätte ich nicht getan!

Auf die Konjunktionen **éсли, что** und **хотя́**, auf das ausrufende **как** und auf Interrogativpronomen und -adverbien folgt **бы** meistens unmittelbar. Die Konjunktion **что** und **бы** werden dann immer in einem Wort geschrieben: **чтóбы**.

---

[1] Bei der Übersetzung der Beispielsätze wird im folgenden jeweils nur eine Möglichkeit gewählt.

Éсли бы я э́то знал, я пришёл бы.	Wenn ich das gewußt hätte, wäre ich gekommen.
Он говори́л гро́мко, что́бы все его́ слы́шали.	Er sprach laut, damit ihn alle hören konnten.
Как бы я хоте́л то́же пое́хать туда́!	Wie gern möchte ich auch dahin fahren!
Кто бы э́то поду́мал!	Wer hätte das gedacht!

367　　　　　　II. Zum Gebrauch des Konjunktivs

Beim russischen Konjunktiv ist zwischen dem Gebrauch in selbständigen Sätzen und dem Gebrauch in Nebensätzen zu unterscheiden.

A. In selbständigen Sätzen bezeichnen die Formen des Konjunktivs:

1. eine hypothetische (= mögliche oder angenommene) Handlung, z. B.:

Я бы пришёл, но мне не́когда.	Ich würde kommen, aber ich habe keine Zeit.
Я с э́тим не спра́влюсь, а ты бы спра́вился.	Ich werde damit nicht fertig, aber du würdest damit fertig werden.
Вам бы он, коне́чно, сказа́л всю пра́вду.	Euch hätte er sicherlich die ganze Wahrheit gesagt.

2. einen Wunsch oder eine erwünschte Handlung, häufig in Form eines Ausrufs (eingeleitet mit **о, е́сли, лишь**), z. B.:

Мне хоте́лось бы побесе́довать с ва́ми.	Ich möchte mich gern ein wenig mit Ihnen unterhalten.
О е́сли бы ты знал!	O wenn du doch wüßtest!
Лишь бы он ничего́ не узна́л!	Wenn er bloß nichts erfahren würde!

3. eine mildere, verbindlichere Aussage, Frage oder Aufforderung, z. B.:

Мне хоте́лось бы погуля́ть.	Ich würde gern spazierengehen.
А что бы вы сказа́ли об э́том?	Und was würden Sie dazu sagen?
Вы бы лу́чше записа́ли, а то забу́дете.	Sie sollten es lieber aufschreiben, sonst vergessen Sie es.

In der Umgangssprache haben sich zum höflichen Ausdruck eines Wunsches oder Anliegens gewisse feststehende Wendungen entwickelt, die aber nur höfliche Floskeln darstellen, z. B.:

Мне хотéлось бы сказáть... = Мне хóчется сказáть...

Я попросúл бы вас... = Я прошý вас...

B. In Nebensätzen tritt der Konjunktiv in folgenden Funktionen auf:

1. Der Konjunktiv steht in Konditionalsätzen zum Ausdruck einer unerfüllbaren oder unerfüllten Bedingung[1]. Dabei steht im Hauptsatz, der vielfach durch то eingeleitet wird, ebenfalls der Konjunktiv.

Éсли бы я нé был бóлен, я пришёл бы к вам.	Wenn ich nicht krank wäre, würde ich zu euch kommen.
Он сдéлал бы э́то, éсли бы он мог.	Er würde das tun, wenn er könnte.
Éсли бы у меня́ бы́ло врéмя, то я пошёл бы в теáтр.	Wenn ich Zeit hätte, würde ich ins Theater gehen.
Был бы снег, он давнó бы растáял.	Wenn Schnee gelegen hätte, wäre er schon längst weggetaut.
Éсли бы вчерá былá хорóшая погóда, мы пошлú бы катáться на лóдках.	Wenn gestern schönes Wetter gewesen wäre, wären wir Boot fahren gegangen.

2. Der Konjunktiv kann in Konzessivsätzen stehen.

Я непремéнно хочý кóнчить рабóту сегóдня, хотя́ бы пришлóсь просидéть до полýночи.	Ich will die Arbeit unbedingt heute beenden, wenn ich auch bis Mitternacht an ihr sitzen sollte.
Мóжете, конéчно, так поступúть, хотя́ бы я и не совéтовал.	Sie können natürlich so handeln, obgleich ich nicht dazu raten würde.
Как бы то нú было, я бы э́того не сдéлал.	Wie dem auch sei, ich hätte das nicht getan.

---

[1] Eine erfüllbare oder erfüllte Bedingung wird im Indikativ wiedergegeben:
Éсли у меня́ бýдет врéмя, то я тебé помогý.   Wenn ich Zeit habe, werde ich dir helfen.

3. Der Konjunktiv steht in Verbindung mit der Konjunktion **чтóбы** (daß, damit) in Finalsätzen. Dabei ist zu beachten, daß **чтóбы** mit dem Infinitiv verbunden wird und die Bedeutung „um zu" erhält, wenn Haupt- und Finalsatz das gleiche Subjekt haben.

Он говорил грóмко, чтóбы все егó слышали.	Er sprach laut, damit ihn alle hören konnten.
Учитель пишет предложéние на доскé, чтóбы ученики егó лýчше усвóили.	Der Lehrer schreibt den Satz an die Tafel, damit die Schüler ihn besser behalten.
Я поéхал к дрýгу, чтóбы он мог со мной посовéтоваться.	Ich fuhr zu meinem Freund, damit er sich mit mir beraten konnte.
Я пошёл в библиотéку, чтóбы читáть журнáлы.	Ich ging in die Bibliothek, um Zeitschriften zu lesen.
Я пришёл, чтóбы поговорить с вáми.	Ich bin gekommen, um mit Ihnen zu sprechen.
Мы надéли тёплые пальтó, чтóбы не мёрзнуть.	Wir zogen warme Mäntel an, um nicht zu frieren.

4. Der Konjunktiv steht in Verbindung mit der Konjunktion **чтóбы** (daß) in Objektsätzen

   a) nach den Verben des Wollens, Wünschens, Bittens, Forderns und Befehlens sowie nach den Verben des Sagens, Denkens und Mitteilens, wenn der folgende Inhalt erwünscht, erbeten oder erforderlich ist.

Мы хотим, чтóбы лю́ди во всём мире жили в мире и дрýжбе.	Wir wollen, daß die Menschen in aller Welt in Frieden und Freundschaft leben.
Я желáю, чтóбы ты скóро вернýлся.	Ich wünsche, daß du bald zurückkommst.
Учитель трéбует, чтóбы ученики читáли грóмко и вырази́тельно.	Der Lehrer fordert, daß die Schüler laut und ausdrucksvoll lesen.
Я сказáл, чтóбы все вышли из кóмнаты.	Ich sagte, daß alle aus dem Zimmer gehen sollten.
Мы телеграфи́ровали брáту, чтóбы он встречáл нас на вокзáле.	Wir telegrafierten unserem Bruder, daß er uns am Bahnhof abholen sollte.

Das gleiche gilt für die von diesen Verben abgeleiteten Substantive sowie für prädikative Adverbien gleicher oder ähnlicher Bedeutung:

Желáтельно, чтóбы товáр прибыл ещё до начáла сезóна.	Es ist wünschenswert, daß die Ware noch vor Beginn der Saison eintrifft.
Нýжно, чтóбы всё бы́ло готóво вóвремя.	Es ist notwendig, daß alles rechtzeitig fertig ist.

b) nach Verben, die eine Befürchtung oder einen Zweifel ausdrücken, sowie nach entsprechenden Verbalsubstantiven und prädikativen Adverbien. Beim Ausdruck der Befürchtung ist dabei der Konjunktiv verneint.

Я боюсь, чтóбы он не пришёл.	Ich befürchte, daß er kommt[1].
Сомни́тельно, чтóбы он согласи́лся на э́то.	Es ist zweifelhaft, ob er dem zustimmt.

c) vielfach nach Hauptsätzen verneinenden oder einschränkenden Inhalts.

Никтó не подýмал бы, чтóбы жéнщина моглá установи́ть такóй рекóрд.	Niemand hätte gedacht, daß eine Frau einen solchen Rekord aufstellen könnte.
Из э́того ещё не слéдует, чтóбы я с ним соглашáлся.	Daraus folgt noch nicht, daß ich mich mit ihm einverstanden erkläre.
Мы не ожидáли, чтóбы он смог так скóро кóнчить рабóту.	Wir hatten nicht erwartet, daß er die Arbeit so schnell beenden konnte.

Kein Konjunktiv steht im Russischen in der indirekten Rede, wenn in der entsprechenden direkten Rede der Indikativ steht (vgl. auch 618), z.B.:

direkte Rede:	*indirekte Rede:*
Брат сказáл мне: «Я поéду зáвтра в гóры».	Брат сказáл мне, что он зáвтра поéдет в гóры.
Mein Bruder sagte mir: „Ich fahre morgen in die Berge."	Mein Bruder sagte mir, daß er morgen in die Berge fahren werde.
Я спроси́л егó: «Скóро (ли) ты бýдешь готóв?»	Я спроси́л егó, скóро ли он бýдет готóв.
Ich fragte ihn: „Wirst du bald fertig sein?"	Ich fragte ihn, ob er bald fertig sein werde.

---

[1] Hingegen bei erwünschtem Inhalt:
Я боюсь, что он не придёт.   Ich fürchte, daß er nicht kommt.

DIE INFINITEN VERBALFORMEN

Zu den infiniten Formen des russischen Verbs zählen der Infinitiv, vier Partizipien und zwei Adverbialpartizipien. Zum INFINITIV siehe (314; 365; 367, B. 3; 575,4; 616).

DIE PARTIZIPIEN

368

I. Zu Form und Formenbestand der Partizipien

Die Partizipien – auch Verbaladjektive genannt – sind Formen des Verbs, die wie Adjektive flektiert und gebraucht werden. Dementsprechend verfügen die Partizipien sowohl über Merkmale des Verbs als auch des Adjektivs.

Als Form des Verbs sind die Partizipien gekennzeichnet nach:

1. Aspekt (unvollendet oder vollendet),

2. Tempus (Präsens oder Präteritum; – Futurformen fehlen),

3. verbalem Genus (Aktiv, reflexives Genus oder Passiv).

Dazu weisen die Partizipien die gleiche Rektion wie die übrigen Verbalformen auf und haben wie diese die Fähigkeit, eine adverbiale Bestimmung bei sich zu haben.

Mit dem Adjektiv stimmen die Partizipien überein:

1. in Abwandlung –

   a) Die Partizipien werden wie Adjektive dekliniert. (Sie sind nach Genus, Numerus und Kasus veränderlich.)

   b) Die Partizipien können Lang- und Kurzformen haben. (Kurzformen sind nur von den Partizipien des Passivs vorhanden.)

2. in Funktion –

   a) Die Partizipien werden in der Langform attributiv gebraucht und stimmen mit dem zugehörigen Substantiv in Genus, Numerus und Kasus überein.

   b) Die Kurzformen der Partizipien des Passivs werden in Verbindung mit den Zeitformen von **быть** prädikativ gebraucht.

Das russische Verb verfügt über vier Partizipien – über je ein Partizip des Aktivs[1] und des Passivs in Präsens und Präteritum.

(verbales) Genus — Tempus	Aktiv	deutsche Bedeutung[2]	Passiv		deutsche Bedeutung[2]
			Langform	Kurzform	
Präsens	читáющий, -ая, -ее, -ие	lesend	читáемый, -ая, -ое, -ые	читáем, -а, -о, -ы	gelesen werdend
	откры- вáющий, -ая, -ее, -ие	öffnend	откры- вáемый, -ая, -ое, -ые	открывáем, -а, -о, -ы	geöffnet werdend
Präteritum	(про)читáв- ший, -ая, -ее, -ие	gelesen habend	(про)чú- танный, -ая, -ое, -ые	(про)чúтан, -а, -о, -ы	gelesen
	открь́- (вá)вший, -ая, -ее, -ие	geöffnet habend	открь́тый, -ая, -ое, -ые	открь́т, -а, -о, -ы	geöffnet

DER FORMENBESTAND DER PARTIZIPIEN

Da es keine Partizipien mit Futurbedeutung gibt, können von vollendeten Verben nur die Partizipien des Präteritums gebildet werden. Im einzelnen verteilen sich die Partizipien wie folgt auf die Aspekte:

Partizip des Präsens Aktiv:	– nur unvollendet
Partizip des Präsens Passiv:	– nur unvollendet
Partizip des Präteritums Aktiv:	– unvollendet und vollendet
Partizip des Präteritums Passiv:	– vorzugsweise vollendet

II. Die Partizipien des Aktivs

1. Die Bildung des Partizips des Präsens Aktiv

Das Partizip des Präsens Aktiv wird von der 3. Person Plural des Präsens unvollendeter **369**

---

[1] Das reflexive Genus besitzt keine besondere Partizipialform; es ist gegenüber dem Aktiv nur zusätzlich durch die Partikel -ся gekennzeichnet. Daher werden aktive und reflexive Partizipien rein formal bei der Einteilung der Partizipien nicht unterschieden.

[2] Die hier gegebenen deutschen Bedeutungen stellen nur einen annähernden Gegenwert der russischen Partizipien im Deutschen dar.

Verben[1] gebildet, indem man das **-т** der Endung durch **-щий, -щая, -щее, -щие**[2] ersetzt:

рабо́тать	arbeiten	**(рабо́таю-т)**	— **рабо́тающий, -ая, -ее, -ие**
писа́ть	schreiben	**(пи́шу-т)**	— **пи́шущий, -ая, -ее, -ие**
рисова́ть	zeichnen	**(рису́ю-т)**	— **рису́ющий, -ая, -ее, -ие**
петь	singen	**(пою́-т)**	— **пою́щий, -ая, -ее, -ие**
нести́	tragen	**(несу́-т)**	— **несу́щий, -ая, -ее, -ие**
ви́деть	sehen	**(ви́дя-т)**	— **ви́дящий, -ая, -ее, -ие**
ходи́ть	gehen	**(хо́дя-т)**	— **ходя́щий, -ая, -ее, -ие**

370 *Zur Betonung*

Die Betonung des Partizips des Präsens Aktiv entspricht bei den Verben der е-Konjugation der Betonung der 3.Person Plural des Präsens.

Ausnahme: **мочь (мо́гут) — могу́щий.**

Die Betonung des Partizips des Präsens Aktiv entspricht bei den Verben der i-Konjugation zumeist der Betonung des Infinitivs.

Wichtigste Ausnahmen sind: **дыша́ть** (atmen) – **ды́шащий; люби́ть** (lieben) – **лю́бящий; служи́ть** (dienen) – **слу́жащий.**

2. Die Bildung des Partizips des Präteritums Aktiv

371 Das Partizip des Präteritums Aktiv wird von der männlichen Singularform des Präteritums unvollendeter und vollendeter Verben gebildet. Dabei sind zwei Bildungen zu unterscheiden:

a) **-вший, -вшая, -вшее, -вшие**

Endet die männliche Singularform des Präteritums auf **-л**, so wird das **-л** der Präteritalform gewöhnlich durch **-вший, -вшая, -вшее, -вшие** ersetzt, z.B.:

чита́ть	lesen	**(чита́-л)**	— **чита́вший, -ая, -ее, -ие**
прие́хать vo.	ankommen	**(прие́ха-л)**	— **прие́хавший, -ая, -ее, -ие**

---

[1] In der Literatur des 19. Jahrhunderts kommen bisweilen Partizipien des Präsens Aktiv von vollendeten Verben vor. Diese Formen, die Futurbedeutung haben, entsprechen nicht den Normen der heutigen Literatursprache.

[2] Das Partizip des Präsens Aktiv wird eigentlich durch Anfügen der Suffixe -ющ(ий)/-ущ(ий), -ящ(ий)/ -ащ(ий) an den Präsensstamm gebildet. Da der Vokal des Suffixes jedoch jeweils mit dem Vokal der Personalendung übereinstimmt, bildet die angegebene Regel eine praktische Vereinfachung.
Vom Standpunkt der Phonetik aus lauten die Suffixe des Partizips des Präsens Aktiv -ущ-, -ащ-, vgl. Fußnote 2 auf S. 282 und Fußnote 1 auf S. 285.

ви́деть	sehen	(ви́де-л)	— ви́девший, -ая, -ее, -ие
вы́полнить vo.	erfüllen	(вы́полни-л)	— вы́полнивший, -ая, -ее, -ие
отдохну́ть vo.	sich erholen	(отдохну́-л)	— отдохну́вший, -ая, -ее, -ие

b) -ший, -шая, -шее, -шие

Endet die männliche Singularform des Präteritums nicht auf **-л,** so wird der männlichen Singularform des Präteritums **-ший, -шая, -шее, -шие** angehängt:

нести́	tragen	(нёс)	— нёсший, -ая, -ее, -ие
везти́	fahren	(вёз)	— вёзший, -ая, -ее, -ие
расти́	wachsen	(рос)	— ро́сший, -ая, -ее, -ие
лечь vo.	sich hinlegen	(лёг)	— лёгший, -ая, -ее, -ие
замёрзнуть vo.	erfrieren	(замёрз)	— замёрзший, -ая, -ее, -ие
умере́ть vo.	sterben	(у́мер)	— уме́рший, -ая, -ее, -ие

Ausnahmen:

исче́знуть vo. verschwinden — исче́знувший, -ая, -ее, -ие
вя́нуть   welken   — вя́нувший [1], -ая, -ее, -ие

c) Abweichende Bildungen

α) Die Verben auf **-сти, -сть,** die im Präsensstamm auf **-д, -т** auslauten, bilden das Partizip des Präteritums Aktiv zumeist durch Anfügen von **-ший, -шая, -шее, -шие** an den Präsensstamm[2], z. B.:

вести́	führen	(вед-у́т)	— ве́дший, -ая, -ее, -ие
привести́ vo.	herbeiführen	(привед-у́т)	— приве́дший, -ая, -ее, -ие
расцвести́ vo.	aufblühen	(расцвет-у́т)	— расцве́тший, -ая, -ее, -ие

aber:

сесть vo.	sich (hin-)setzen	— се́вший, -ая, -ее, -ие
укра́сть vo.	stehlen	— укра́вший, -ая, -ее, -ие

β) **Идти́** und dessen Komposita bilden das Partizip des Präteritums Aktiv vom Stamm **шед-:**

---

[1] Die Komposita von вя́нуть können das Partizip des Präteritums Aktiv mit und ohne das Suffix -ну- bilden: увя́нуть vo. — увя́нувший und увя́дший. Doppelte Formen treten auch bei einigen wenigen anderen Inchoativa auf -нуть auf: со́хнуть — со́хший und со́хнувший.

[2] In der Umgangssprache kann das Partizip des Präteritums Aktiv von einigen Verben auf -сти/-сть, die im Präsensstamm auf -д, -т auslauten, mitunter auch auf -вший gebildet werden. Пасть vo. „fallen" hat beide Formen mit unterschiedlicher Bedeutung: па́дший а́нгел = „gefallener Engel" — па́вшие солда́ты = „gefallene Soldaten". Die Komposita von пасть vo. bilden das Partizip des Präteritums Aktiv nur auf -вший.

| идти́ | gehen | — ше́дший, -ая, -ее, -ие |
| прийти́ vo. | ankommen | — прише́дший, -ая, -ее, -ие |

372 *Zur Betonung*

Die Betonung des Partizips des Präteritums Aktiv stimmt allgemein mit der Betonung des Infinitivs überein.

Bei den Verben auf **-ти**, bei den Verben auf **-ереть** und bei den Verben auf **-нуть**, die das Präteritum unter Ausfall des Suffixes **-ну-** bilden, liegt die Betonung im Partizip des Präteritums Aktiv in der Regel auf der Silbe vor **-ший, -ая, -ее** usw. (Eine Ausnahme bilden die stets auf der 1. Silbe betonten vollendeten Komposita mit dem Präfix **вы-**.)

373 3. **Die Deklination der Partizipien des Aktivs**

Die Partizipien des Aktivs werden regelmäßig nach der gemischten Deklination der Adjektive abgewandelt.

N.	рабо́тающий челове́к	прие́хавшая в Москву́ де́вочка
G.	рабо́тающего челове́ка	прие́хавшей в Москву́ де́вочки
D.	рабо́тающему челове́ку	прие́хавшей в Москву́ де́вочке
A.	рабо́тающего челове́ка	прие́хавшую в Москву́ де́вочку
I.	рабо́тающим челове́ком	прие́хавшей в Москву́ де́вочкой
P.	(о) рабо́тающем челове́ке	(о) прие́хавшей в Москву́ де́вочке

374 4. **Reflexive Partizipien**

Die Partizipien reflexiver Verben werden durch Anfügen von **-ся** an die Endungen der Partizipien des Aktivs gebildet. Dabei steht **-ся** in allen Fällen, unabhängig davon, ob die Partizipialendung auf Vokal oder Konsonant auslautet.

уча́щаяся молодёжь	= die lernende Jugend
труди́вшиеся день и ночь рабо́чие	= die Arbeiter, die Tag und Nacht gearbeitet hatten

Reflexive Partizipien können bisweilen ein Passiv ausdrücken:

дом, строя́щийся о́коло теа́тра	das Haus, das neben dem Theater gebaut wird
статьи́, публикова́вшиеся на страни́цах на́шего журна́ла	die Aufsätze, die auf den Seiten unserer Zeitschrift veröffentlicht wurden

5. Zum Gebrauch der Partizipien des Aktivs

A. ANWENDUNGSBEREICH

375

Die Partizipien des Aktivs sind vorzugsweise Formen der Schriftsprache. In der Umgangssprache werden sie äußerst selten gebraucht.

B. SYNTAKTISCHE FUNKTION

376

Die Partizipien des Aktivs werden ausschließlich in attributiver Funktion gebraucht und stimmen dabei mit ihrem Beziehungswort in Genus, Numerus und Kasus überein: **купа́ющийся ма́льчик, цвету́щие луга́.**

Die attributiv gebrauchten Partizipien werden zu Partizipialkonstruktionen, wenn sie durch ein Objekt oder eine Adverbialbestimmung ergänzt sind:

лежа́щая на столе́ кни́га	das auf dem Tisch liegende Buch
игра́ющие во дворе́ де́ти	die auf dem Hof spielenden Kinder
бо́рющиеся за свою́ свобо́ду колониа́льные наро́ды	die für ihre Freiheit kämpfenden Kolonialvölker
тяжело́ заболе́вший ма́льчик	der schwererkrankte Knabe

In bezug auf die Stellung im Satz gilt für Partizipien und Partizipialkonstruktionen:

a) Partizipien stehen als einfaches Attribut vor ihrem Beziehungswort, z. B.:

Над цвету́щими поля́ми лета́ли пти́цы.	Über den blühenden Feldern flogen Vögel umher.
Побледне́вшее не́бо ста́ло опя́ть сине́ть.	Der verblaßte Himmel begann, sich wieder blau zu färben.

b) Partizipialkonstruktionen können vor und nach ihrem Beziehungswort stehen. Nachgestellte Partizipialkonstruktionen bilden sogenannte isolierte Attribute und werden durch Kommas abgetrennt.

Да́йте мне, пожа́луйста, лежа́щую на столе́ кни́гу!	Geben Sie mir bitte das auf dem Tisch liegende Buch.
Тяжело́ заболе́вший ма́льчик всё ещё не пришёл в шко́лу.	Der schwererkrankte Knabe ist noch nicht wieder zur Schule gekommen.
На па́лубе парохо́да, приближа́вшегося к бе́регу, стоя́ло мно́го наро́да.	Auf dem Deck des Dampfers, der sich dem Ufer näherte, standen viele Menschen.
Оте́ц, дове́дший нас до вокза́ла, пожела́л нам счастли́вого пути́.	Vater, der uns zum Bahnhof gebracht hatte, wünschte uns gute Reise.

377   C. ZEITWERT

Obwohl die Partizipien in ihrer Benennung als Zeitformen des Präsens oder Präteritums gekennzeichnet werden, drücken sie in der Regel kein absolutes Präsens oder Präteritum aus. Sie bezeichnen vielmehr das zeitliche Verhältnis der Partizipialhandlung zu der durch das finite Verb ausgedrückten Haupthandlung des Satzes. Ihr Zeitwert ist ein relativer.

a) Das Partizip des Präsens Aktiv bezeichnet in der Regel die Gleichzeitigkeit mit der Haupthandlung des Satzes, unabhängig davon, ob diese im Präsens oder Präteritum steht. Nur in seltenen Fällen drückt das Partizip des Präsens Aktiv ein absolutes Präsens aus.

Мы ви́дим в па́рке мно́го гуля́ющих по алле́ям люде́й.	Im Park sehen wir viele Menschen, die auf den Parkalleen spazierengehen.

(Gleichzeitigkeit mit der Haupthandlung im Präsens)

Мы ви́дели в па́рке мно́го гуля́ющих по алле́ям люде́й.	Im Park sahen wir viele Menschen, die auf den Parkalleen spazierengingen.

(Gleichzeitigkeit mit der Haupthandlung im Präteritum)

Наш автомоби́ль приближа́лся к зда́нию гости́ницы, находя́щемуся в це́нтре го́рода.	Unser Auto näherte sich dem Gebäude des Hotels, das sich im Stadtzentrum befindet.

(Absolutes Präsens)

b) Das Partizip des Präteritums Aktiv bezeichnet in der Regel die Vorzeitigkeit in bezug auf eine Haupthandlung im Präsens oder Präteritum. Das Partizip des Präteritums Aktiv unvollendeter Verben kann die Gleichzeitigkeit mit der Haupthandlung ausdrücken, wenn diese im Präteritum steht[1].

Мно́го молоды́х сове́тских специали́стов, око́нчивших ву́зы, уе́хало на Алта́й.	Viele junge sowjetische Spezialisten, die Hochschulen absolviert hatten, fuhren ins Altaigebiet.

(Vorzeitigkeit in bezug auf eine Haupthandlung im Präteritum)

---

[1] Um Irrtümer zu vermeiden, ist das Partizip des Präteritums Aktiv zum Ausdruck der Gleichzeitigkeit mit der Haupthandlung im Präteritum mitunter dem Partizip des Präsens Aktiv vorzuziehen.

Рекомендую́ вам э́того врача́,   Ich empfehle Ihnen diesen Arzt, der mich
с успе́хом лечи́вшего меня́.   mit Erfolg behandelt hat.

(Vorzeitigkeit in bezug auf eine Haupthandlung im Präsens)

Мы смотре́ли на лебеде́й,   Wir betrachteten die Schwäne, die auf dem
пла́вавших в пруду́.   Teich umherschwammen.

(Gleichzeitigkeit mit der Haupthandlung im Präteritum)

III. Die Partizipien des Passivs

1. Die Bildung des Partizips des Präsens Passiv

Das Partizip des Präsens Passiv wird von der 1.Person Plural des Präsens unvollendeter **378** transitiver Verben gebildet, indem man das **-м** der Endung in der Langform durch **-мый, -мая, -мое, -мые**[1], — in der Kurzform durch **-м, -ма, -мо, -мы** ersetzt:

де́лать	machen	**(де́лае-м)**	— **де́лаемый, -ая, -ое, -ые**
			де́лаем, -а, -о, -ы
выполня́ть	erfüllen	**(выполня́е-м)**	— **выполня́емый, -ая, -ое, -ые**
			выполня́ем, -а, -о, -ы
изуча́ть	lernen	**(изуча́е-м)**	— **изуча́емый, -ая, -ое, -ые**
			изуча́ем, -а, -о, -ы
производи́ть	erzeugen	**(произво́ди-м)**	— **производи́мый, -ая, -ое, -ые**
			производи́м, -а, -о, -ы

Außerhalb der allgemeinen Regel stehen folgende Bildungen:

a) Auch von einigen unvollendeten intransitiven (sog. indirekt-transitiven, vgl. die Fußnote auf S. 277) Verben können Partizipien des Präsens Passiv gebildet werden. Hierher gehören u. a. **руководи́ть** führen, leiten; **кома́ндовать** kommandieren; **предше́ствовать** vorangehen; **угрожа́ть** (be-)drohen; **управля́ть** leiten, lenken.

---

[1] Das Partizip des Präsens Passiv wird eigentlich durch Anfügen der Suffixe -ем(ый), -им(ый) an den Präsensstamm gebildet. Da der Vokal des Suffixes jedoch mit dem Vokal der entsprechenden Personalendung übereinstimmt, bildet die gegebene Regel eine praktische Vereinfachung.

b) **Дава́ть** und dessen Komposita sowie die mit **-знава́ть, -става́ть** gebildeten Verben behalten das in den Präsensformen ausfallende Suffix **-ва-** im Partizip des Präsens Passiv bei.

издава́ть herausgeben — издава́емый, -ая, -ое, -ые
узнава́ть erkennen — узнава́емый, -ая, -ое, -ые

c) Von einigen konsonantstämmigen, meist endungsbetonten Verben der e-Konjugation wird das Partizip des Präsens Passiv durch Anfügen von **-омый, -омая, -омое, -омые** an den Präsensstamm gebildet:

вести́ führen (вед-у́т) — ведо́мый, -ая, -ое, -ые
везти́ fahren (вез-у́т) — везо́мый, -ая, -ое, -ые
нести́ tragen (нес-у́т) — несо́мый, -ая, -ое, -ые
звать rufen (зов-у́т) — зово́мый, -ая, -ое, -ые
auch:
иска́ть suchen — иско́мый, -ая, -ое, -ые

Diese Formen werden mit Ausnahme von **ведо́мый** in der modernen Literatursprache kaum mehr gebraucht.

d) Das Partizip des Präsens Passiv von **дви́гать** (bewegen) lautet **дви́жимый, -ая, -ое, -ые.**

In der modernen Literatursprache sind Partizipien des Präsens Passiv in der Regel nur von folgenden Verben gebräuchlich:

a) von (meist präfigierten) Verben auf **-ать** mit vokalisch auslautendem Präsensstamm,
b) von nichtpräfigierten Verben auf **-овать,**
c) von den Komposita der unbestimmten Verben **води́ть, вози́ть, носи́ть.**

379 *Zur Betonung*

Die Betonung des Partizips des Präsens Passiv entspricht bei den Verben der e-Konjugation der Betonung der 3.Person Plural des Präsens, bei den Verben der i-Konjugation der Betonung des Infinitivs.

2. Die Bildung des Partizips des Präteritums Passiv

380 Das Partizip des Präteritums Passiv wird in der Regel nur von vollendeten transitiven Verben gebildet. Partizipien des Präteritums Passiv von unvollendeten transitiven Verben sind selten und kommen gewöhnlich nur von nichtpräfigierten Verben vor (z.B.: чи́танный, де́ланный, пе́тый). Ganz vereinzelt treten Partizipien des Präteritums Passiv von intransitiven (sog. indirekt-transitiven, vgl. die Fußnote auf S. 277) Verben auf (z.B.: дости́гнутый).

Beim Partizip des Präteritums Passiv unterscheidet man drei Bildungsarten:

A. DAS PARTIZIP DES PRÄTERITUMS PASSIV AUF -нный

Das Infinitivsuffix -ть wird in der Langform durch -нный, -нная, -нное, -нные, **381**
– in der Kurzform durch -н, -на, -но, -ны ersetzt

a) bei den Verben auf -ать, -ять mit Ausnahme der Nasalstämme[1]:

прочита́ть vo.	(durch-)lesen	— прочи́танный, -ая, -ое, -ые
		прочи́тан, -а, -о, -ы
рассе́ять vo.	aussäen	— рассе́янный, -ая, -ое, -ые
		рассе́ян, -а, -о, -ы
организова́ть vo.	organisieren	— организо́ванный, -ая, -ое, -ые
		организо́ван, -а, -о, -ы
написа́ть vo.	schreiben	— напи́санный, -ая, -ое, -ые
		напи́сан, -а, -о, -ы
прода́ть vo.	verkaufen	— про́данный, -ая, -ое, -ые
		про́дан, -а́, -о, -ы
услы́шать vo.	hören	— услы́шанный, -ая, -ое, -ые
		услы́шан, -а, -о, -ы

b) bei einigen mehrsilbigen Verben auf -еть (– mit Ausnahme der Komposita einsilbiger Verben auf -еть und der Verben auf -ереть):

осмотре́ть vo.	besichtigen	— осмо́тренный, -ая, -ое, -ые
		осмо́трен, -а, -о, -ы
уви́деть vo.	erblicken	— уви́денный, -ая, -ое, -ые
		уви́ден, -а, -о, -ы
aber:		
оби́деть vo.	beleidigen	— оби́женный, -ая, -ое, -ые
вы́сидеть vo.	ausbrüten	— вы́сиженный, -ая, -ое, -ые

Zur Betonung der Partizipien auf -нный　　　　　　　　　　　　　　　　**382**

a) Im Infinitiv nicht endbetonte Verben behalten im Partizip des Präteritums Passiv die Betonung des Infinitivs bei.

b) Im Infinitiv endbetonte Verben ziehen im Partizip des Präteritums Passiv die Betonung gegenüber dem Infinitiv in der Regel um eine Silbe zurück.

---

[1] Unter Nasalstämmen versteht man Verben auf -ять/-ать, die unter Veränderung der Wurzel im Präsensstamm auf einen Nasal (н, м) auslauten, z.B.: нача́ть vo. anfangen, взять vo. nehmen, поня́ть vo. verstehen, приня́ть vo. annehmen, auch: прокля́сть vo. verwünschen.

Im Rahmen dieser Regel sind Komposita einsilbiger Verben zumeist auf dem Präfix betont:

прода́ть vo.	verkaufen	— про́данный, -ая, -ое, -ые
призва́ть vo.	herbeirufen, berufen	— при́званный, -ая, -ое, -ые
созда́ть vo.	(er-)schaffen	— со́зданный, -ая, -ое, -ые
избра́ть vo.	wählen	— и́збранный, -ая, -ое, -ые
оборва́ть vo.	abreißen	— обо́рванный, -ая, -ое, -ые

Die entsprechenden Kurzformen verlegen die Betonung in der weiblichen Singularform häufig auf die Endung:

про́данный	— про́дан,	продана́,	про́дано,	про́даны
при́званный	— при́зван,	при́звана́,	при́звано,	при́званы
со́зданный	— со́здан,	создана́,	со́здано,	со́зданы

aber:

и́збранный	— и́збран,	и́збрана,	и́збрано,	и́збраны
обо́рванный	— обо́рван,	обо́рвана,	обо́рвано,	обо́рваны

B. DAS PARTIZIP DES PRÄTERITUMS PASSIV AUF -тый

383 Das Infinitivsuffix -ть wird in der Langform durch -тый, -тая, -тое, -тые, – in der Kurzform durch -т, -та, -то, -ты ersetzt

a) bei den Nasalstämmen (vgl. die Fußnote auf S. 325):

нача́ть vo.	anfangen	— на́чатый, -ая, -ое, -ые на́чат, -а́, -о, -ы
приня́ть vo.	annehmen	— при́нятый, -ая, -ое, -ые при́нят, -а́, -о, -ы
взять vo.	nehmen	— взя́тый, -ая, -ое, -ые взят, -а́, -о, -ы
прокля́сть vo.	verwünschen	— про́клятый, -ая, -ое, -ые про́клят, -а́, -о, -ы

b) bei den Verben auf -уть, -ыть, -оть sowie bei den einsilbigen Verben auf -еть, -ить und deren Komposita:

обу́ть vo.	Schuhe anziehen	— обу́тый, -ая, -ое, -ые обу́т, -а, -о, -ы
дви́нуть vo.	bewegen	— дви́нутый, -ая, -ое, -ые дви́нут, -а, -о, -ы

откры́ть vo.	öffnen	— откры́тый, -ая, -ое, -ые
		откры́т, -а, -о, -ы
забы́ть vo.	vergessen	— забы́тый, -ая, -ое, -ые
		забы́т, -а, -о, -ы
вы́колоть vo.	ausstechen	— вы́колотый, -ая, -ое, -ые
		вы́колот, -а, -о, -ы
оде́ть vo.	anziehen	— оде́тый, -ая, -ое, -ые
		оде́т, -а, -о, -ы
спеть vo.	singen	— спе́тый, -ая, -ое, -ые
		спет, -а, -о, -ы
пережи́ть vo.	erleben	— пе́режи́тый, -ая, -ое, -ые
		пе́режи́т, пережита́, пе́режи́то, -ы
разви́ть vo.	entwickeln	— разви́тый, -ая, -ое, -ые
		(u. развито́й, -а́я, -о́е, -ы́е)
		ра́зви́т, развита́, ра́зви́то, -ы

c) bei den Verben auf **-ереть**, wobei das vor dem Infinitivsuffix stehende **е** vor
-тый, -тая, -тое usw. ausfällt:

запере́ть vo.	verschließen	— за́пертый, -ая, -ое, -ые
		за́перт, -а́, -о, -ы
протере́ть vo.	abreiben	— протёртый, -ая, -ое, -ые
		протёрт, -а, -о, -ы

Zur Betonung der Partizipien auf **-тый**   **384**

Die Betonung des Partizips des Präteritums Passiv auf **-тый** entspricht im allgemeinen
der männlichen Singularform des Präteritums. Bei den Verben auf **-нуть** und **-оть** kann
die Betonung gegenüber dem Präteritum um eine Silbe zurückgezogen sein (**сомкну́ть**
vo. schließen – **со́мкнутый; проколо́ть** vo. durchstechen – **проко́лотый**).

Entsprechend der Betonung in der männlichen Singularform des Präteritums ist
das Partizip des Präteritums Passiv der Komposita einsilbiger Verben und der
Verben auf **-ереть** bisweilen auf dem Präfix betont. Die weibliche Kurzform des
Singulars ist dann gewöhnlich endungsbetont.

на́чатый, -ая, -ое, -ые	— на́чат,	начата́,	на́чато,	на́чаты
при́нятый, -ая, -ое, -ые	— при́нят,	принята́,	при́нято,	при́няты
за́нятый, -ая, -ое, -ые	— за́нят,	занята́,	за́нято,	за́няты
про́клятый, -ая, -ое, -ые	— про́клят,	проклята́,	про́клято,	про́кляты
за́пертый, -ая, -ое, -ые	— за́перт,	заперта́,	за́перто,	за́перты

auch:

взя́тый, -ая, -ое, -ые	— взят,	взята́,	взя́то,	взя́ты

C. DAS PARTIZIP DES PRÄTERITUMS PASSIV AUF -енный/-ённый

385 Die Endung -ю/-у der 1.Person Singular des Präsens bzw. vollendeten Futurums[1] wird in der Langform durch -енный, -енная, -енное, -енные bzw. -ённый, -ённая, -ённое, -ённые – in der Kurzform durch -ен, -ена, -ено, -ены bzw. -ён, -ена́, -ено́, -ены́ ersetzt

a) bei den mehrsilbigen Verben auf -ить der i-Konjugation. Die Verben auf -дить haben dabei meist abweichend von der 1.Person Singular des Präsens bzw. vollendeten Futurums den Konsonantenwechsel д — жд.

вы́полнить (вы́полню)	erfüllen	— вы́полненный, -ая, -ое, -ые	
vo.		вы́полнен, -а, -о, -ы	
реши́ть vo. (решу́)	beschließen	— решённый, -ая, -ое, -ые	
		решён, -ена́, -о́, -ы́	
постро́итьvo. (постро́ю)	bauen	— постро́енный, -ая, -ое, -ые	
		постро́ен, -а, -о, -ы	
возврати́ть (возвращу́)	zurückgeben	— возвращённый, -ая, -ое, -ые	
vo.		возвращён, -ена́, -о́, -ы́	
освободи́ть (освобожу́)	befreien	— освобождённый, -ая, -ое, -ые	
vo.		освобождён, -ена́, -о́, -ы́	
награди́тьvo.(награжу́)	auszeichnen	— награждённый, -ая, -ое, -ые	
		награждён, -ена́, -о́, -ы́	
сооруди́ть (сооружу́)	errichten	— сооружённый, -ая, -ое, -ые	
vo.		сооружён, -ена́, -о́, -ы́	
соста́вить vo. (соста́влю)	zusammen-	— соста́вленный, -ая, -ое, -ые	
	stellen	соста́влен, -а, -о, -ы	

b) bei den konsonantstämmigen Verben auf -зти, -сти, -зть, -сть, -чь sowie bei den Komposita von идти́. Die Verben auf -чь haben dabei den gleichen Konsonantenwechsel wie in der 2.Person Singular des Präsens bzw. vollendeten Futurums.

вы́везти vo. (вы́везу)	ausführen	— вы́везенный, -ая, -ое, -ые	
		вы́везен, -а, -о, -ы	
принести́ vo. (принесу́)	bringen	— принесённый, -ая, -ое, -ые	
		принесён, -ена́, -о́, -ы́	
найти́ vo. (найду́)	finden	— на́йденный, -ая, -ое, -ые	
		на́йден, -а, -о, -ы	
укра́сть vo. (украду́)	stehlen	— укра́денный, -ая, -ое, -ые	
		укра́ден, -а, -о, -ы	

---

[1] Eigentlich wird das Partizip des Präteritums Passiv auf -енный/-ённый durch Anfügen von -енный/-ённый an den Präsensstamm gebildet. Da jedoch vor -енный/-ённый in der Regel der gleiche Konsonantenwechsel eintritt wie in der 1.Person Singular des Präsens bzw. vollendeten Futurums, bildet die angegebene Regel eine praktische Vereinfachung.

загры́зть vo.	**(загрызу́)** totbeißen	—	**загры́зенный, -ая, -ое, -ые** **загры́зен, -а, -о, -ы**
сбере́чь vo.	**(сберегу́, сбережёшь)** —		**сбережённый, -ая, -ое, -ые**
	aufbewahren		**сбережён, -ена́, -о́, -ы́**
заже́чь vo.	**(зажгу́, зажжёшь)**	—	**зажжённый, -ая, -ое, -ые**
	anzünden		**зажжён, -ена́, -о́, -ы́**

Hierher gehören auch:

съесть vo.	essen	—	**съе́денный, -ая, -ое, -ые** **съе́ден, -а, -о, -ы**
ушиби́ть vo.	(stoßend) ver-	—	**уши́бленный, -ая, -ое, -ые**
	letzen		**уши́блен, -а, -о, -ы**

Zur Betonung der Partizipien auf **-енный/-ённый**　　　　　　　　**386**

a) Bei den Verben auf **-ить** der i-Konjugation richtet sich die Betonung des Partizips des Präteritums Passiv im allgemeinen nach der 2. Person Singular des Präsens bzw. vollendeten Futurums:

Verben, die in der 2. Person Singular nicht endungsbetont sind, bilden das Partizip des Präteritums Passiv auf **-енный, -енная, -енное, -енные / -ен, -ена, -ено, -ены.**

> Wichtigste Ausnahmen sind: **осуди́ть** vo. verurteilen – **осуждённый; (пробуди́ть** vo. [auf-]wecken – **пробуждённый); принуди́ть** vo. zwingen – **принуждённый; оцени́ть** vo. (ab-)schätzen – **оценённый; раздели́ть** vo. teilen – **разделённый; замени́ть** vo. ersetzen – **заменённый.**

Verben, die in der 2. Person Singular, endungsbetont sind, bilden das Partizip des Präteritums Passiv auf **-ённый, -ённая, -ённое, -ённые / -ён, -ена́, -ено́, -ены́.**

b) Die Verben auf **-зти, -сти, -зть, -сть, -чь** bilden das Partizip des Präteritums Passiv in der Regel auf **-ённый, -ённая, -ённое, -ённые / -ён, -ена́, -ено́, -ены́.** Formen auf **-енный, -енная, -енное, -енные / -ен, -ена, -ено, -ены** haben die vollendeten Komposita mit dem Präfix **вы-** sowie die mit **-грызть, -красть, -стричь** gebildeten Verben.

Und beachte:

найти́ vo.	— **на́йденный, -ая, -ое, -ые/на́йден, -а, -о, -ы**
пройти́ vo.	— **про́йденный, -ая, -ое, -ые/про́йден, -а, -о, -ы** und **пройдённый, -ая, -ое, -ые/пройдён, -ена́, -о́, -ы́**

387

3. Die Abwandlung der Partizipien des Passivs

a) Die **Langformen** der Partizipien des Passivs werden regelmäßig wie Adjektive mit hartem Stammauslaut dekliniert.

Nom.	изуча́емый мно́ю язы́к	откры́тая дверь
Gen.	изуча́емого мно́ю языка́	откры́той две́ри
Dat.	изуча́емому мно́ю языку́	откры́той две́ри
Akk.	изуча́емый мно́ю язы́к	откры́тую дверь
Instr.	изуча́емым мно́ю языко́м	откры́той две́рью
Präp.	(об) изуча́емом мно́ю языке́	(об) откры́той две́ри

b) Die **Kurzformen** der Partizipien des Passivs sind wie die Kurzformen der Adjektive nur nach Genus und Numerus veränderlich.

4. Zum Gebrauch der Partizipien des Passivs

388

A. ANWENDUNGSBEREICH

Das **Partizip des Präsens Passiv** ist eine selten gebrauchte Form der Schriftsprache. Es kommt in der Regel nur in den Langformen vor.

Das **Partizip des Präteritums Passiv** findet sowohl in der Schriftsprache als auch in der Umgangssprache Verwendung. Dabei gehört der Gebrauch der Langformen vorwiegend der Schriftsprache an.

389

B. DER GEBRAUCH DER LANGFORMEN

Die Langformen der Partizipien des Passivs werden wie die Partizipien des Aktivs in attributiver Funktion gebraucht, vgl. (376). Wie die Partizipien des Aktivs haben die Partizipien des Passivs dabei zumeist einen relativen Zeitwert. Die Angabe des Urhebers der durch das Passiv bezeichneten Handlung erfolgt im Instrumental, vgl. (125,4 a) und (338).

a) Das **Partizip des Präsens Passiv** bezeichnet gewöhnlich eine Handlung im Passiv, die gleichzeitig mit der Haupthandlung des Satzes vor sich geht. Es kann aber auch eine Passivhandlung ausdrücken, die sich auf die unmittelbare Gegenwart bezieht.

Ленингра́д горди́тся маши́нами, выпуска́емыми его́ заво́дами.	Leningrad ist stolz auf die Maschinen, die in seinen Fabriken hergestellt werden.
Грани́тные берега́, омыва́емые реко́й Нево́й, придаю́т Ленингра́ду краси́вый вид.	Die Granitufer, die von der Newa umspült werden, verleihen Leningrad einen herrlichen Anblick.

Кружо́к самоде́ятельности, руководи́мый изве́стным арти́стом, поста́вил но́вую пье́су.	Der Laienspielzirkel, der von einem bekannten Künstler geleitet wurde, führte ein neues Stück auf.

b) Das **Partizip des Präteritums Passiv** bezeichnet allgemein eine Handlung im Passiv, die in ihrem zeitlichen Ablauf vor der Haupthandlung des Satzes liegt. Häufig dauert das durch den Vollzug der Passivhandlung erreichte Resultat gleichzeitig mit der Haupthandlung an.

На столе́ лежи́т кни́га, забы́тая ва́ми.	Auf dem Tisch liegt das Buch, das von euch vergessen wurde.
За прекра́сно вы́полненную рабо́ту моего́ това́рища Ко́лю награди́ли о́рденом.	Für hervorragend geleistete Arbeit zeichnete man meinen Kameraden Kolja mit einem Orden aus.
Карти́на, нарисо́ванная неизве́стным худо́жником, мне о́чень нра́вится.	Das Bild, das von einem unbekannten Künstler gemalt worden ist, gefällt mir sehr gut.
В Акаде́мии нау́к СССР, осно́ванной в 1724 году́, име́ется 64 нау́чно-иссле́довательских институ́та.	In der Akademie der Wissenschaften der UdSSR, die im Jahre 1724 gegründet wurde, gibt es 64 wissenschaftliche Forschungsinstitute.

C. DER GEBRAUCH DER KURZFORMEN

390

Die Kurzformen der Partizipien des Passivs werden in Verbindung mit den Zeitformen von **быть** zum Ausdruck zusammengesetzter Passivformen gebraucht. Der Urheber der durch das Passiv bezeichneten Handlung steht dabei im Instrumental, vgl. (125, 4a) und (338).

a) Die **Kurzformen des Partizips des Präsens Passiv** sind im modernen russischen Sprachgebrauch äußerst selten. Dabei treten Kurzformen des Partizips des Präsens Passiv in der Regel überhaupt nur in Verbindung mit dem Präteritum von **быть** auf:

До́клад его́ не раз был прерыва́ем аплодисме́нтами.	Sein Vortrag wurde des öfteren von Beifall unterbrochen.

b) 1. Das **Partizip des Präteritums Passiv** ist zum Ausdruck vollendeter Passivformen in der Schriftsprache wie in der Umgangssprache weit verbreitet. Vollendete Passivformen mit dem Partizip des Präteritums Passiv sind:

α) das **vollendete Präteritum** des Passivs, gebildet aus dem Präteritum von **быть** und den Kurzformen des Partizips des Präteritums Passiv:

Рабо́та была́ им вы́полнена.	Die Arbeit war von ihm ausgeführt worden (wurde von ihm ausgeführt).

Кни́га была́ напи́сана изве́ст- ным учёным.	Das Buch war von einem bekannten Gelehrten geschrieben worden.
Па́мятник был откры́т дире́к- тором музе́я.	Das Denkmal wurde vom Direktor des Museums enthüllt.

Die Wiedergabe kann dabei im Deutschen sowohl durch das Imperfekt als auch durch das Plusquamperfekt erfolgen.

β) das vollendete Futurum des Passivs, gebildet aus dem Futurum von **быть** und den Kurzformen des Partizips des Präteritums Passiv:

Рабо́та бу́дет зако́нчена во́- время.	Die Arbeit wird rechtzeitig beendet wer- den.
Карти́на бу́дет нарисо́вана знамени́тым худо́жником.	Das Bild wird von einem berühmten Künstler gemalt werden.
Поруче́ние бу́дет вы́полнено.	Der Auftrag wird ausgeführt werden.

2. Durch die Kurzformen des Partizips des Präteritums Passiv in Verbindung mit den Zeitformen von **быть** wird nicht nur eine Handlung im Passiv bezeichnet. Es kann auch ein Zustand ausgedrückt werden, der durch den Vollzug einer Passivhandlung erreicht wurde bzw. erreicht werden wird. Man spricht auch von einem Zustandspassiv.

Враг побеждён.	Der Feind ist besiegt.
Рабо́та вы́полнена.	Die Arbeit ist ausgeführt, ist fertig.
В воскресе́нье вы́ставка была́ откры́та це́лый день.	Am Sonntag war die Ausstellung den gan- zen Tag über geöffnet.
Ско́ро все препя́тствия бу́дут преодолены́.	Bald werden alle Hindernisse überwunden sein.

Bei der Wiedergabe eines Zustandes fehlt in der Regel die Angabe des Urhebers im Instrumental. Im Deutschen wird das Zustandspassiv mit den Formen von sein und dem Partizip der Vergangenheit ausgedrückt.

3. Die sächliche Kurzform des Partizips des Präteritums Passiv tritt auch als Prädikat in unpersönlichen Sätzen auf, vgl. auch (614).

Входи́те, не закры́то!	Treten Sie ein, es ist nicht geschlossen!
В ко́мнате наку́рено.	Das Zimmer ist vollgeraucht.
Так решено́.	So ist beschlossen worden.
Об э́том ска́зано ра́нее.	Darüber ist früher gesprochen worden.
Уже́ по́слано за врачо́м.	Man hat schon nach dem Arzt geschickt.

IV. Adjektivierte und substantivierte Partizipien

1. Adjektivierte Partizipien

Partizipien können ihre verbalen Merkmale (Aspekt, Tempus und Genus) aufgeben **391** und zu Adjektiven werden. Zu Adjektiven gewordene Partizipien nehmen dabei – allerdings nicht durchgängig – die gleichen grammatischen Kennzeichen wie die Qualitätsadjektive an (Bildung von Kurzformen, Bildung von Adverbien und Steigerungsformen). Zuweilen ist mit der Adjektivierung auch eine Bedeutungsveränderung verknüpft (z. B.: **воспи́танная де́вочка** = ein wohlerzogenes Mädchen, **рассе́янный челове́к** = ein zerstreuter Mensch, **назва́ный сын** = Adoptivsohn). Die einzelnen Partizipien unterliegen der Adjektivierung in verschieden starkem Maße.

a) Partizipien des Präsens Aktiv werden häufig zu Adjektiven[1], z. B.:

трудя́щийся крестья́нин	= ein werktätiger Bauer
бу́дущий учи́тель	= ein künftiger Lehrer
выдаю́щийся худо́жник	= ein hervorragender Künstler
блестя́щий приме́р	= ein glänzendes Beispiel
сле́дующий день	= der nächste Tag
угрожа́ющее положе́ние	= eine bedrohliche Situation
подходя́щий моме́нт	= der passende Augenblick

Adjektivierte Partizipien des Präsens Aktiv können Kurzformen, Adverbien und Steigerungsformen bilden, z. B.:

Подро́бности потряса́ющи.	Die Einzelheiten sind erschütternd.
Он блестя́ще сдал все экза́мены.	Er hat alle Prüfungen glänzend bestanden.
Он пришёл в са́мый подходя́щий моме́нт.	Er kam im passendsten Augenblick.

b) Adjektivierte Partizipien des Präsens Passiv sind häufig durch **не-** präfigiert:

неруши́мая дру́жба	= eine unverbrüchliche Freundschaft
незави́симая страна́	= ein unabhängiges Land
непроходи́мый лес	= ein undurchdringlicher Wald
необходи́мые сре́дства	= notwendige Geldmittel
люби́мая кни́га	= das Lieblingsbuch
так называ́емый друг	= ein sogenannter Freund

---

[1] Partizipien des Präsens Aktiv sind ihrem Ursprung nach auch die heute nur noch als Adjektive auftretenden Formen auf -учий (-ючий), -ячий (-ачий), z. B.: могу́чий флот = eine mächtige Flotte, горя́чая вода́ = heißes Wasser, вися́чая ла́мпа = Hängelampe, дрему́чий лес = Urwald, летучая мышь = Fledermaus, сидя́чая жизнь = sitzende Lebensweise.

c) Adjektivierte Partizipien des Präteritums Aktiv sind verhältnismäßig selten:

бы́вшие ученики́ = ehemalige Schüler
проше́дший год = das vergangene Jahr
исте́кший[1] ме́сяц = der verflossene Monat

d) Am häufigsten werden Partizipien des Präteritums Passiv zu Adjektiven:

пре́данный друг = ein ergebener Freund
избало́ванный ребёнок = ein verwöhntes Kind
образо́ванный челове́к = ein gebildeter Mensch
квалифици́рованный рабо́чий = ein qualifizierter Arbeiter
и́збранные произведе́ния = ausgewählte Werke
откры́тое мо́ре = das offene Meer

Adjektivierte Partizipien des Präteritums Passiv bilden häufig Steigerungsformen und Adverbien:

Диску́ссии ста́ли оживлённее. Die Diskussionen wurden lebhafter.
Он пришёл соверше́нно неожи́данно. Er kam völlig unerwartet.

392 *Zur Schreibung und Betonung der adjektivierten Partizipien des Präteritums Passiv*

In einigen Fällen äußert sich der Übergang vom Adjektiv zum Partizip in der Schreibung bzw. Betonung:

1. Schreibung

a) Zu Adjektiven gewordene Partizipien des Präteritums Passiv auf -нный, -енный/-ённый werden in der Langform und im Gegensatz zum Partizip auch in der Kurzform – mit Ausnahme der männlichen Kurzform des Singulars – mit zwei «н» geschrieben, wenn sie von präfigierten Verben oder von Verben auf -овать abgeleitet sind. Die männliche Kurzform des Singulars endet im Falle von -енный/-ённый beim Adjektiv im Gegensatz zum Partizip zuweilen auf -енен/-ёнен (vgl. auch 213, 3).

воспи́танный = 1. Partizip „erzogen": воспи́тан, воспи́тана, воспи́тано;
2. Adjektiv „wohlerzogen": воспи́тан, воспи́танна, воспи́танно.

определённый = 1. Partizip „bestimmt, festgelegt": определён, определена́, определено́;
2. Adjektiv „bestimmt, klar": определёнен, определённа, определённо.

---

[1] Das Partizip des Präteritums Aktiv von исте́чь vo. lautet истёкший.

Ausnahme: **назва́ный¹ — назва́ный сын**   = Adoptivsohn

b) Zu Adjektiven gewordene Partizipien des Präteritums Passiv auf **-нный, -енный/ -ённый** werden im Gegensatz zum Partizip nicht nur in den Kurzformen, sondern auch in den Langformen mit einem «н» geschrieben, wenn sie von nichtpräfigierten Verben abgeleitet sind:

Adjektiv:

ра́неный зверь
das verwundete Tier

печёный хлеб
gebackenes Brot

Partizip:

ра́ненный пу́лей зверь
das durch eine Kugel verwundete Tier

хорошо́ вы́печенный хлеб
gut ausgebackenes Brot

Ausnahmen: **да́нный** — **да́нный моме́нт** = der gegebene Augenblick
жела́нный — **жела́нный гость** = ein erwünschter Gast
свяще́нный — **свяще́нный долг** = eine heilige Pflicht

2. Betonung

Bei den Partizipien des Präteritums Passiv auf **-тый** wird der Übergang zum Adjektiv zuweilen durch die Betonung gekennzeichnet:

Partizip:

разви́тый = entwickelt
(u. **развито́й**)

про́клятый = verwünscht,
verflucht

Adjektiv:

развито́й = hochentwickelt, reif,
gebildet

прокля́тый = verwünscht, verflucht

2. Substantivierte Partizipien 393

Partizipien können unter den gleichen Voraussetzungen, unter denen sie zu Adjektiven werden, als Substantive gebraucht werden. Sie nehmen dabei ein selbständiges Genus an und erhalten zusätzlich die Fähigkeit, ein Attribut bei sich zu haben.

трудя́щиеся Герма́нской Демократи́ческой Респу́блики = die Werktätigen der Deutschen Demokratischen Republik
уча́щиеся на́шей шко́лы = die Schüler unserer Schule
выдаю́щийся учёный = ein hervorragender Gelehrter
рабо́чие и слу́жащие = Arbeiter und Angestellte
све́тлое бу́дущее = eine lichte Zukunft
цифровы́е да́нные = Zahlenangaben
поле́зное насеко́мое = ein nützliches Insekt
поле́зные ископа́емые = Bodenschätze

¹ Назва́ный zeigt gegenüber dem Partizip des Präteritums Passiv von назва́ть vo. — на́званный — gleichzeitig eine veränderte Betonung.

DIE ADVERBIALPARTIZIPIEN

394   I. Zu Form und Formenbestand der Adverbialpartizipien

Die Adverbialpartizipien – auch Verbaladverbien oder Gerundien genannt – sind Formen des Verbs, die wie Adverbien gebraucht werden. Dementsprechend verfügen die Adverbialpartizipien sowohl über Merkmale eines Verbs als auch eines Adverbs.

Als Form des Verbs sind die Adverbialpartizipien gekennzeichnet nach:

1. Aspekt (unvollendet oder vollendet),

2. verbalem Genus (Aktiv oder reflexives Genus; – ein Passiv kann durch die Adverbialpartizipien nicht ausgedrückt werden).

Die Adverbialpartizipien haben keine selbständige Tempusbedeutung. Ihr Zeitwert ist ausschließlich relativ und vom Aspekt abhängig. (Der unvollendete Aspekt steht vornehmlich mit dem Zeitwert der Gleichzeitigkeit, der vollendete Aspekt mit dem Zeitwert der Vorzeitigkeit.)

Syntaktisch weisen die Adverbialpartizipien die gleiche Rektion auf wie die übrigen Verbalformen und verfügen wie diese über die Fähigkeit, eine adverbiale Bestimmung bei sich zu haben.

Mit dem Adverb stimmen die Adverbialpartizipien überein:

1. in Form (Die Adverbialpartizipien sind wie die Adverbien in ihrer Form unveränderlich.),

2. in Funktion (Die Adverbialpartizipien dienen im Satz zum Ausdruck einer Handlung, die dem prädikativen Verb in der Art einer Adverbialbestimmung zugeordnet ist.).

Das russische Verb verfügt über zwei Adverbialpartizipien, die man am zweckmäßigsten nach ihren Bildungssuffixen unterteilt:

1. das Adverbialpartizip auf -я, -а[1]

2. das Adverbialpartizip auf -в(ши), -ши

---

[1] Phonetisch gesehen lautet das Adverbialpartizipialsuffix stets -a; die Angabe -я, -a geht vom Schriftbild aus.

ADVERBIALPARTIZIP			
auf **-я, -а**	etwaige deutsche Entsprechung[1]	auf **-в(ши), -ши**	etwaige deutsche Entsprechung[1]
читáя	lesend	**(про)читáв(ши)**	gelesen habend
изучáя	lernend	**изучи́в(ши)**	gelernt habend
возвращáясь	zurückkehrend	**возврати́вшись**	zurückgekehrt

Adverbialpartizipien auf **-я, -а** werden hauptsächlich von unvollendeten Verben, Adverbialpartizipien auf **-в(ши), -ши** fast nur von vollendeten Verben gebildet.

Die Adverbialpartizipien des **reflexiven Genus** sind zusätzlich durch **-сь** gekennzeichnet:

одевáть (anziehen) – akt.: **одевáя** – refl.: **одевáясь**
скрыть vo. (verbergen) – akt.: **скры́в(ши)** – refl.: **скры́вшись**

II. Die Bildung der Adverbialpartizipien

1. Das Adverbialpartizip auf -я, -а

a) Das Adverbialpartizip auf **-я, -а** wird vornehmlich von unvollendeten Verben abgeleitet. Man bildet das Adverbialpartizip auf **-я, -а**, indem man die Endung der 3.Person Plural des Präsens bzw. vollendeten Futurums **-ют/-ут, -ят/-ат** durch **-я**, nach Zischlaut durch **-а** ersetzt, z. B.: **395**

рабóтать	arbeiten	**(рабóта-ют)**	— **рабóтая**
кричáть	schreien, rufen	**(крич-áт)**	— **кричá**
образовáть	bilden	**(образу́-ют)**	— **образу́я**
борóться	kämpfen	**(бóр-ются)**	— **боря́сь**
ви́деть	sehen	**(ви́д-ят)**	— **ви́дя**
стрóить	bauen	**(стрó-ят)**	— **стрóя**
нести́	tragen	**(нес-у́т)**	— **неся́**
принести́ vo.	bringen	**(принес-у́т)**	— **принеся́**
пройти́ vo.	vorübergehen	**(прой́д-у́т)**	— **прой́дя́**

---

[1] Den russischen Adverbialpartizipien entsprechen im Deutschen keine eigenen Wortformen. In ihrer Funktion sind die Adverbialpartizipien etwa den als Adverbialbestimmung oder in adverbialen Partizipialgruppen gebrauchten Partizipien gleichzusetzen, z. B.: Fröhlich singend zogen wir durch die Straßen.— Nach Hause zurückgekehrt, machte er sich sogleich an die Arbeit.

b) Abweichende Bildungen:

α) **Давáть** und dessen Komposita sowie die mit **-знавáть, -ставáть** gebildeten Verben behalten das in den Präsensformen ausfallende Suffix **-ва-** bei der Bildung des Adverbialpartizips bei:

давáть	geben	— **давáя**
оставáться	(zurück-)bleiben	— **оставáясь**
узнавáть	erkennen, erfahren	— **узнавáя**

β) Das Verb **быть** hat anstelle des Adverbialpartizips auf **-я, -а** die Form **бýдучи**[1].

c) Der Bildungsbereich des Adverbialpartizips auf -я, -а:

Das Adverbialpartizip auf **-я, -а** kann nicht von allen unvollendeten Verben und nur von einer begrenzten Anzahl vollendeter Verben gebildet werden.

Das Adverbialpartizip auf **-я, -а** läßt sich von folgenden **unvollendeten** Verben nicht bilden:

α) von Verben, deren Präsensstamm keinen Vokal enthält, z. B.: **ждать** warten **(жд-ут)**, **пить** trinken **(пь-ют)**, **слать** schicken **(шл-ют)**, **спать** schlafen **(сп-ят)**, **терéть** reiben **(тр-ут)**. Eine Ausnahme bildet **мчáться** dahineilen — **мчась; –**

β) von Verben auf **-ать**, die im Präsens den Konsonantenwechsel **з-ж, с-ш** haben, z. B.: **писáть** schreiben **(пишý, пúшешь)**, **мáзать** schmieren **(мáжу, мáжешь)**, **плясáть** tanzen **(пляшý, пляшешь)**, **чесáть** kämmen **(чешý, чéшешь); –**

γ) von den Inchoativa auf **-нуть** und den Verben auf **-чь; –**

δ) von den Verben **бежáть** (laufen), **éхать** (fahren), **хотéть** (wollen), **драть** (reißen, raufen), **звать** (rufen), **гнить** (faulen), **петь** (singen), **лезть** (klettern).

---

[1] Adverbialpartizipialformen auf -учи/-ючи waren früher auch von anderen Verben gebräuchlich. Heute gelten diese Formen, die bisweilen noch in der Volkssprache und Volksdichtung auftreten, als veraltet, z. B.: Чéрез пóле úдучи, рýсу кóсу плетýчи... (Volkslied) Durch das Feld gehend, den blonden Zopf flechtend...
Einige der Formen auf -учи/-ючи werden heute umgangssprachlich als Adverbien gebraucht: играючи „spielendleicht": Игрáючи он решúл трýдную задáчу; — припевáючи „herrlich und in Freuden": Онú жúли припевáючи; — умéючи „sachverständig. mit Sachkenntnis": Он сдéлал это умéючи.

Das Adverbialpartizip auf **-я, -a** kann im allgemeinen von folgenden **vollendeten** Verben gebildet werden:

α) von konsonantstämmigen Verben auf **-сти, -сть, -зти, -зть** sowie **von den** Komposita von **идти**:

отвезти vo.	wegfahren	**(отвез-у́т)**	— **отвезя́**
увести vo.	fortführen	**(увед-у́т)**	— **уведя́**
прийти vo.	ankommen	**(прид-у́т)**	— **придя́**

β) von Verben der i-Konjugation auf **-ить**, besonders auf **-иться**:

заме́тить vo.	bemerken	**(заме́т-ят)**	— **заме́тя**
обрати́ться vo.	sich wenden (an)	**(обрат-я́тся)**	— **обратя́сь**
прости́ться vo.	sich verabschieden	**(прост-я́тся)**	— **простя́сь**
нахму́риться vo.	finster dreinschauen	**(нахму́р-ятся)**	— **нахму́рясь**

Allerdings werden diese Formen in der modernen Literatursprache immer mehr durch die gleichbedeutenden Formen auf **-в(ши)** zurückgedrängt. **Встре́тив, спроси́в, вспо́мнив** sind heute häufiger als **встре́тя, спрося́, вспо́мня**.

Zur Betonung **396**

Die Betonung des Adverbialpartizips auf **-я, -a** entspricht der Betonung der 1.Person Singular des Präsens bzw. vollendeten Futurums.

Ausnahmen: **сиде́ть — си́дя; лежа́ть — лёжа; гляде́ть — гля́дя.**

Und beachte: **Мо́лча** und **сто́я** sind Adverbien und werden durch die Betonung vom formgleichen Adverbialpartizip unterschieden: **Он чита́ет письмо́, сто́я у окна́.** (Adverbialpartizip!) – aber: **Он рису́ет сто́я.** (Adverb!)

2. Das Adverbialpartizip auf -в(ши), -ши

Das Adverbialpartizip auf **-в(ши), -ши** wird fast nur von Verben des vollendeten **397** Aspekts abgeleitet; von Verben des unvollendeten Aspekts ist es äußerst selten.

Das Adverbialpartizip auf **-в(ши), -ши** unterliegt den gleichen Bildungsregeln wie das Partizip des Präteritums Aktiv auf **-вший, -ший** (vgl. 371):

a) **-в** bzw. **-вши** steht unter den gleichen Voraussetzungen wie **-вший** beim Partizip des Präteritums Aktiv. Die Form auf **-в** ist dabei die häufigere, da die Form auf **-вши** eine gewisse umgangssprachliche Färbung aufweist. Nur die reflexive Form wird stets auf **-вшись** gebildet:

прочита́ть vo.	(durch-)lesen	(прочита́вший)	— прочита́в(ши)
встре́титься vo.	sich treffen	(встре́тившийся)	— встре́тившись
собра́ться vo.	sich versammeln	(собра́вшийся)	— собра́вшись
уви́деть vo.	erblicken	(уви́девший)	— уви́дев(ши)
приня́ть vo.	annehmen	(приня́вший)	— приня́в(ши)
сесть vo.	sich (hin-)setzen	(се́вший)	— се́в(ши)
упа́сть vo.	fallen	(упа́вший)	— упа́в(ши)

b) **-ши** steht unter den gleichen Voraussetzungen wie **-ший** beim Partizip des Präteritums Aktiv:

дости́чь vo.	erreichen	(дости́гший)	— дости́гши
обже́чь vo.	verbrennen	(обжёгший)	— обжёгши
испе́чь vo.	(aus-)backen	(испёкший)	— испёкши
принести́ vo.	bringen	(принёсший)	— принёсши
пройти́ vo.	vorbeigehen	(проше́дший)	— проше́дши
умере́ть vo.	sterben	(уме́рший)	— уме́рши

Bei den Verben auf **-сти, -сть, -зти, -зть** sowie den Komposita von **идти́** ist die Bildung des Adverbialpartizips auf **-я, -а** die gebräuchlichere (vgl. 395, c). Die Formen auf **-ши** gelten als künstlich und werden immer seltener gebraucht.

c) Doppelformen auf **-в(ши)** und **-ши** treten bei den Verben auf **-ереть** auf, z. B.:

запере́ть vo.	verschließen —	**за́перши** und **запере́в**
стере́ть vo.	abreiben —	**стёрши** und **стере́в**

Doppelformen können auch die Verben auf **-нуть** haben, bei denen **-ну-** im Präteritum ausfällt. Allerdings bilden diese Verben das Adverbialpartizip immer häufiger vom Infinitivstamm.

вы́сохнуть vo.	austrocknen —	**вы́сохши** und **вы́сохнув(ши)**

398 *Zur Betonung*

Die Betonung des Adverbialpartizips auf **-в(ши), -ши** entspricht im allgemeinen der Betonung des Infinitivs.

Bei den Verben auf **-ти**, auf **-ереть** und bei den Verben auf **-нуть**, die das Präteritum unter Ausfall des Suffixes **-ну-** bilden, liegt die Betonung in den Formen auf **-ши** in der Regel auf der Silbe vor dem Adverbialpartizipialsuffix. (Eine Ausnahme bilden die stets auf der 1. Silbe betonten vollendeten Komposita mit dem Präfix **вы-**).

Beachte besonders: **запере́ться** vo. (sich einschließen) — **запершѝсь**.

III. Zum Gebrauch der Adverbialpartizipien

1. Anwendungsbereich   **399**

Die Adverbialpartizipien sind vorwiegend Formen der Schriftsprache. In der Umgangssprache werden Adverbialpartizipialformen selten gebraucht.

2. Syntaktische Funktion   **400**

Das Adverbialpartizip bezeichnet eine zusätzliche Handlung, durch die ein finites Verb – gewöhnlich das Prädikat – näher erläutert wird. Das Adverbialpartizip bezieht sich dabei stets auf das gleiche Subjekt wie das übergeordnete finite Verb. – Anders formuliert: Das Adverbialpartizip bezeichnet gewöhnlich eine der Haupthandlung eines Satzes zugeordnete Nebenhandlung, die sich auf das gleiche Subjekt wie die Haupthandlung bezieht[1].

Indem das Adverbialpartizip so einer finiten Verbalform zur näheren Bestimmung oder Erläuterung zugeordnet ist, vertritt es syntaktisch die Funktion einer Adverbialbestimmung.

Он лю́бит чита́ть лёжа.	Er liest gern im Liegen.
Мы шли по у́лице разгова́ривая.	Wir gingen die Straße entlang und unterhielten uns.

Ein durch ein Objekt oder eine Adverbialbestimmung erweitertes Adverbialpartizip bildet eine Adverbialpartizipialkonstruktion, die – als isolierte Adverbialbestimmung – stets durch Kommas vom übrigen Satzganzen abgetrennt wird.

Си́дя за столо́м, я чита́л кни́гу.	Ich saß am Tisch und las ein Buch.
Ещё бу́дучи студе́нтом, он написа́л свой пе́рвый нау́чный труд.	Als er noch Student war, schrieb er seine erste wissenschaftliche Arbeit.
Возврати́вшись домо́й, он сейча́с же сел за рабо́ту.	Nach Hause zurückgekehrt, setzte er sich sogleich an die Arbeit.
Он вы́шел из магази́на, ничего́ не купи́в.	Er verließ den Laden, ohne etwas gekauft zu haben.
Зако́нчив рабо́ту, он уе́дет на куро́рт отдыха́ть.	Wenn er seine Arbeit beendet hat, wird er zur Erholung in einen Kurort fahren.

---

[1] Das Adverbialpartizip kann auch in unpersönlichen Sätzen gebraucht werden, wenn es sich auf das logische Subjekt der unpersönlich wiedergegebenen Haupthandlung bezieht:

Возвраща́ясь домо́й, мне на́до бы́ло переезжа́ть реку́.	Auf dem Nachhauseweg mußte ich (immer) einen Fluß überqueren.
Тру́дно суди́ть о челове́ке, не зна́я его́ в лицо́.	Man kann schwer über einen Menschen urteilen, wenn man ihn nicht von Angesicht kennt.

Он о́чень обра́довался, встре́тившись с това́рищем.	Er freute sich sehr, als er seinen Kameraden traf.

Wie die vorstehenden Sätze bereits erkennen lassen, kann die durch das Adverbialpartizip[1] ausgedrückte Nebenhandlung in/ verschiedener Bedeutungsbeziehung zur Haupthandlung des Satzes stehen.

A. Das Adverbialpartizip kann eine reine Nebenhandlung ausdrücken. Die durch das Adverbialpartizip bezeichnete Nebenhandlung unterscheidet sich von der Haupthandlung des Satzes nur dadurch, daß sie innerhalb des Satzzusammenhanges von geringerer Wichtigkeit ist.

Он стоя́л у окна́, чита́я письмо́.	Er stand am Fenster und las den Brief.
Мы шли по у́лице разгова́ривая.	Wir gingen die Straße entlang und unterhielten uns.
Де́ти бе́гали по́ двору, игра́я и смея́сь.	Die Kinder liefen auf dem Hof umher und spielten und lachten.

B. Häufig gibt die durch das Adverbialpartizip ausgedrückte Nebenhandlung gleichzeitig den näheren Umstand an, unter dem sich die Haupthandlung vollzieht. Das Adverbialpartizip kann dabei – mitunter mehr oder weniger eindeutig – die Bedeutung der verschiedenen Adverbialbestimmungen haben:

a) Modalbestimmung

Он провёл о́тпуск, гуля́я с утра́ до ве́чера.	Er verbrachte seinen Urlaub, indem er von morgens bis abends spazierenging.
Не огля́дываясь, он ме́дленно шёл по у́лице.	Ohne sich umzusehen, ging er langsam die Straße entlang.
Он ходи́л по ко́мнате, заложи́в ру́ки за́ спину.	Er lief im Zimmer umher, wobei er die Hände auf den Rücken gelegt hatte.

b) Temporalbestimmung

Ещё бу́дучи студе́нтом, он написа́л свой пе́рвый нау́чный труд.	Als er noch Student war, schrieb er seine erste wissenschaftliche Arbeit.
Прочита́в кни́гу, я отнёс её в библиоте́ку.	Nachdem ich das Buch gelesen hatte, trug ich es in die Bibliothek zurück.

---

[1] Der Einfachheit halber wird hier und im folgenden auch dann von Adverbialpartizipien gesprochen, wenn es sich strenggenommen um Adverbialpartizipialkonstruktionen handelt.

c) Kausalbestimmung

Жела́я учи́ться да́льше, я гото́влюсь к экза́менам в университе́т.	Da ich weiter lernen möchte, bereite ich mich auf die Aufnahmeprüfung für die Universität vor.
Он ушёл, почу́вствовав себя́ ли́шним.	Er ging weg, da er sich überflüssig fühlte.

d) Konditionalbestimmung

Понима́я э́то пра́вило, вы легко́ вы́полните все упражне́ния.	Wenn ihr diese Regel versteht, werdet ihr leicht alle Übungen ausführen können.
Не су́йся в во́ду, не зна́я бро́ду. (Sprichwort)	Begib dich nicht ins Wasser, wenn du nicht weißt, wo die Furt ist.

e) Konzessivbestimmung

Ра́за два прочита́в перево́д, он всё же не нашёл оши́бки.	Obwohl er die Übersetzung zweimal durchgelesen hat, hat er den Fehler doch nicht gefunden.
Зна́я о том, что Бори́су нужна́ по́мощь, това́рищи всё-таки не заходи́ли к нему́.	Obwohl die Kameraden wußten, daß Boris Hilfe braucht, gingen sie doch nicht zu ihm.

3. Zeitwert

Die Adverbialpartizipien bezeichnen einen relativen Zeitwert, für den in erster Linie der Aspekt maßgebend ist.

A. ADVERBIALPARTIZIPIEN DES UNVOLLENDETEN ASPEKTS

401

a) Die Adverbialpartizipien des unvollendeten Aspekts auf -я, -а drücken in der Regel eine Nebenhandlung aus, die gleichzeitig mit der Haupthandlung des Satzes verläuft[1]. Die Haupthandlung kann dabei im Präsens, Präteritum oder Futurum stehen.

---

[1] Das Adverbialpartizip des unvollendeten Aspekts auf -я, -а steht nicht ausschließlich mit dem Zeitwert der Gleichzeitigkeit. Es kann beispielsweise auch eine Nebenhandlung ausdrücken, die eine gewohnheitsmäßige Haupthandlung in ständiger Vorausfolge begleitet bzw. begleitete:

Просыпа́ясь, он сейча́с же соска́кивал с крова́ти и включа́л радиоприёмник.	Nach dem Aufwachen pflegte er sogleich aus dem Bett zu springen und das Radio einzuschalten.
Встава́я на рассве́те, она́ ходи́ла по са́ду, нарыва́я цвето́в.	Sie stand gewöhnlich beim Morgengrauen auf und schlenderte blumenpflückend durch den Garten.

Желáя скóро уéхать, он то-рóпится кóнчить рабóту.
(Gleichzeitigkeit mit der Haupthandlung im Präsens)

Da er bald abreisen möchte, beeilt er sich, mit der Arbeit fertig zu werden.

Возвращáясь из теáтра, мы встрéтили стáрого знакóмого.
(Gleichzeitigkeit mit der Haupthandlung im Präteritum)

Auf dem Heimweg vom Theater trafen wir einen alten Bekannten.

Зáвтра, возвращáясь с прогýлки, я зайдý к товáрищу.
(Gleichzeitigkeit mit der Haupthandlung im Futurum)

Auf dem Rückweg vom Spaziergang werde ich morgen einen Freund besuchen.

b) Adverbialpartizipien des unvollendeten Aspekts auf **-в(ши), -ши** werden äußerst selten und nur in Verbindung mit einer Haupthandlung im Präteritum gebraucht. Das unvollendete Adverbialpartizip auf **-в(ши), -ши** drückt dabei gewöhnlich eine gleichzeitig stattfindende Nebenhandlung aus und ist häufig mit der Verneinung verbunden.

Он ушёл, не видáв её.

Er ging weg, ohne sie zu sehen.

402

B. ADVERBIALPARTIZIPIEN DES VOLLENDETEN ASPEKTS

a) Die Adverbialpartizipien des vollendeten Aspekts auf **-в(ши), -ши** und **-я, -а** drücken in erster Linie eine Nebenhandlung aus, die der Haupthandlung des Satzes vorausgegangen ist. Sie beziehen sich dabei vorzugsweise auf eine Haupthandlung im vollendeten Aspekt und sind dieser vorangestellt.

Подписáвши бумáгу, он прочитáл её ещё раз.
(Vorzeitigkeit in bezug auf eine Haupthandlung im Präteritum)

Nachdem er das Papier unterschrieben hatte, las er es noch einmal durch.

Увидя отцá, дéти вы́бежали емý навстрéчу.
(Vorzeitigkeit in bezug auf eine Haupthandlung im Präteritum)

Als die Kinder den Vater erblickt hatten, liefen sie ihm entgegen.

Написáв письмó, я пойдý на пóчту.
(Vorzeitigkeit in bezug auf eine Haupthandlung im Futurum)

Wenn ich den Brief geschrieben habe (-n werde), werde ich auf die Post gehen.

Прочита́в кни́гу, он всегда́ отно́сит её в библиоте́ку. (Vorzeitigkeit in bezug auf eine Haupthandlung im Präsens)	Wenn er ein Buch gelesen hat, bringt er es immer gleich wieder in die Bibliothek.

b) Die Adverbialpartizipien des vollendeten Aspekts auf **-в(ши)**, **-ши** bezeichnen als Modalbestimmung häufig nicht eine vorausgegangene Nebenhandlung als solche, sondern das Resultat einer Nebenhandlung, das gleichzeitig mit der Haupthandlung andauert. Die Haupthandlung steht dabei zumeist im unvollendeten Aspekt und wird durch ein Verb der Bewegung oder des Zustandes (z. B.: **ходи́ть, лежа́ть, сиде́ть, стоя́ть**) ausgedrückt. Das Adverbialpartizip ist gewöhnlich durch seine Stellung nach dem Verb der Haupthandlung gekennzeichnet.

Он стоя́л у двере́й, скрести́в ру́ки.	Er stand an der Tür und hielt die Arme verschränkt. Er stand mit verschränkten Armen an der Tür.
Она́ ходи́ла по ко́мнате, опусти́в го́лову.	Sie ging mit gesenktem Kopf durchs Zimmer.
Она́ лежа́ла, закры́в лицо́ рука́ми.	Sie lag da und hatte das Gesicht mit den Händen bedeckt.
О́кна рази́нув, стоя́т магази́ны... **(Маяко́вский)**	Mit weit geöffneten (Schau-)Fenstern stehen die Kaufläden da...

c) Mitunter können die Adverbialpartizipien des vollendeten Aspekts auf **-в(ши)**, **-ши** eine der Haupthandlung unmittelbar folgende Nebenhandlung wiedergeben. Das Adverbialpartizip ist dabei dem Verb der Haupthandlung stets nachgestellt.

Мать уложи́ла его́ в посте́ль, накры́в его́ поду́шками.	Die Mutter legte ihn zu Bett und deckte ihn mit Kissen zu.
Муж у неё давно́ у́мер, оста́вив ей одну́ то́лько дочь.	Ihr Mann war vor längerer Zeit gestorben und hatte ihr nur eine Tochter hinterlassen.
Дверь распахну́лась, оглуши́тельно хло́пнув об сте́ну.	Die Tür sprang auf und schlug mit einem ohrenbetäubenden Lärm gegen die Wand.
Он бро́сил папиро́ску на́ зе́млю, растопта́в её двумя́ сли́шком си́льными уда́рами ноги́.	Er warf die Zigarette auf die Erde und zerstampfte sie mit zwei viel zu heftigen Tritten.

345

DIE KLASSIFIZIERUNG DER VERBEN

403   ## I. Die Grundlagen der Klassifizierung

Unter der Klassifizierung der Verben versteht man die Einteilung der Verben nach bestimmten Merkmalen ihrer Konjugation mit dem Ziel, die Übersicht über die verschiedenen Konjugationstypen anhand eines Orientierungssystems zu erleichtern.

Für die Einteilung in Konjugationstypen sind drei Gesichtspunkte maßgebend:

1. Oberstes Einteilungsprinzip ist die Unterscheidung in produktive und unproduktive Konjugationstypen.

   Ein Konjugationstyp ist produktiv, wenn nach seinem Muster ständig neue Verben gebildet werden. So werden Verben auf **-ать/-аю, -ять/-яю, -еть/-ею, -овать/-ую,** auf **-нуть** und auf **-ить** immer wieder neu gebildet. (Vgl. **земля́ — заземля́ть, заземли́ть** vo. „erden"; **луна́ — прилуня́ться, прилуни́ться** vo. „auf dem Mond landen"; **план — плани́ровать** „planen"; **яровиза́ция — яровизи́ровать** „jarowisieren".)

   Demgegenüber sind Verben wie **везти́, бере́чь, коло́ть, мыть** unproduktiv, da nach ihrem Muster heute keine Neubildungen mehr erfolgen.

2. Die Grundlage für die Unterscheidung der einzelnen produktiven und unproduktiven Konjugationstypen · bilden die verschiedenen Infinitivstämme und ihr Verhältnis zum Präsensstamm. Durch die Gegenüberstellung von Infinitiv- und Präsensstamm wird die Bildung der Konjugationsformen eines Verbs grundsätzlich bestimmt, da die einzelnen Verbalformen entweder vom Infinitivstamm oder vom Präsensstamm abgeleitet werden, vgl. (340—341).

3. Ein weiteres Merkmal für die Kennzeichnung eines Konjugationstyps bildet seine Zugehörigkeit zur e- oder i-Konjugation.

II. Das System der Klassifizierung

404   Nach dem Kriterium der Produktivität, der Wechselbeziehung zwischen Infinitiv- und Präsensstamm sowie der Zugehörigkeit zur e- oder i-Konjugation ergibt sich für die russischen Verben folgendes Klassifizierungssystem[1]:

---

[1] Die hier wiedergegebene Klassifizierung ist der „Russischen Konjugation" von W. Steinitz (Neu bearbeitete Ausgabe – Volk und Wissen, Berlin 1955) entnommen. Die von W. Steinitz vorgenommene Klassifizierung erfolgte unter besonderer Berücksichtigung der Belange des Russischunterrichts für Deutschsprachige. Dabei wurde ebenfalls vom Schriftbild ausgegangen. Vom Standpunkt der Phonetik aus ist das Verhältnis von Infinitiv- und Präsensstamm in den produktiven Klassen das folgende:

I. Klasse: Inf.-St. чита-/уме-   Präs.-St. чита[j]-/уме[j]-
II. Klasse: Inf.-St. прыгну-   Präs.-St. прыгн-
III. Klasse: Inf.-St. совета-   Präs.-St. совету[j]-
IV. Klasse: Inf.-St. говори-   Präs.-St. гово[р']-

Die produktiven Verben, die die Hauptmasse der russischen Verben darstellen, bilden als Konjugationstypen vier Klassen. Dabei sind die ersten drei Klassen durch ihre Zugehörigkeit zur e-Konjugation gekennzeichnet, die vierte Klasse gehört der i-Konjugation an.

Die unproduktiven Verben, die eine verhältnismäßig geringe Zahl ausmachen, werden als Konjugationstypen in 15 Gruppen zusammengefaßt. Dabei gehören 13 Gruppen der e-Konjugation, zwei Gruppen der i-Konjugation zu.

Einige wenige, nicht einmal in kleine Gruppen zusammenfaßbare unproduktive Verben stehen als Sonderfälle außerhalb der Klassifizierung.

Bei der Aufteilung der Verben in produktive Konjugationsklassen und unproduktive Konjugationsgruppen bleibt die Frage der Aspektzugehörigkeit grundsätzlich unberücksichtigt, obgleich einige Klassen bzw. Gruppen in ihren formbildenden Stämmen aspektgekennzeichnet sind.

A. Die produktiven Verbalklassen

Erste oder e-Konjugation

I. KLASSE   405

a) Infinitiv auf **-а-ть**	3. Pers. Pl. Präs. auf **-а-ют**
-я-ть	**-я-ют**
читá-ть lesen	Si. **читá-ю** Pl. **читá-ем**
	— **-ешь** — **-ете**
	— **-ет** — **-ют**
гуля́-ть spazierengehen	Si. **гуля́-ю** Pl. **гуля́-ем**
	— **-ешь** — **-ете**
	— **-ет** — **-ют**

Die Klasse I a) umfaßt die Verben auf **-ать, -ять**, die im Infinitiv- und Präsensstamm auf **-а, -я** auslauten, z. B.: **дéлать** machen, **дéлаю**; **дýмать** denken, **дýмаю**; **знать** wissen, **знáю**; **игрáть** spielen, **игрáю**; **рабóтать** arbeiten, **рабóтаю**; **ваять** meißeln, **ваяю**; **влиять** beeinflussen, **влияю**; **зиять** klaffen, **зияю**; **паять** löten, **паяю**; **сиять** glänzen, **сияю**; **стрелять** schießen, **стреляю** usw.

Neue Verben dieser Klasse entstehen bzw. entstanden insbesondere mit Hilfe der folgenden Suffixe:

1. mit Hilfe der Suffixe **-ыва-/-ива-, -я-/-а-, -ва-**, mit denen unvollendete Verben gebildet werden: **опи́сывать** beschreiben, **опи́сываю**; **расскáзывать** erzählen, **расскáзываю**; **выполня́ть** erfüllen, **выполня́ю**; **получáть** erhalten, **получáю**; **принимáть** annehmen, **принимáю**[1]; **одевáть** anziehen, **одевáю** usw.

---

[1] Einige Zusammensetzungen mit -нимать können neben den regelmäßigen Formen -нимáю, -нимáешь die Formen -(н)éмлю, -(н)éмлешь haben. Diese Formen gelten als veraltet und treten nur noch in poetischer Sprache auf.

2. mit Hilfe der Suffixe **-(н)ича-, -а-, -ка-,** mit denen Verben von Substantiven, Adjektiven, Pronomen bzw. Interjektionen abgeleitet werden: **столя́рничать** tischlern **(столя́р)**; **сапо́жничать** schustern **(сапо́г, сапо́жник)**; **у́мничать** den Klugen spielen, klug reden **(у́мный, у́мник)**; **не́рвничать** nervös sein, nervös werden **(не́рвный)**; **за́втракать** frühstücken **(за́втрак)**; **у́жинать** zu Abend essen **(у́жин)**; **а́хать** ächzen, seufzen **(ах!)**; **хихи́кать** kichern **(хи-хи-хи́!)**; **ты́кать** du sagen, duzen **(ты)** usw.

b) Infinitiv auf **-е-ть**	3. Pers. Pl. Präs. auf **-е-ют**	
уме́ть verstehen	Si. **умé-ю**	Pl. **умé-ем**
	— **-ешь**	— **-ете**
	— **-ет**	— **-ют**

Die Klasse I b) umfaßt die Verben auf **-еть**, die im Infinitiv- und Präsensstamm auf **-е** auslauten, z.B.: **боле́ть** krank sein[1], **боле́ю**; **владе́ть** beherrschen, **владе́ю**; **греть** wärmen, **гре́ю**; **жале́ть** bedauern, **жале́ю**; **име́ть** haben, **име́ю**; **сметь** wagen, **сме́ю**; **успе́ть** vo. zurechtkommen, **успе́ю** usw.

Verben auf **-еть** werden vielfach von Adjektiven, aber auch von Substantiven abgeleitet: **беле́ть** weiß werden, weiß schimmern **(бе́лый)**; **красне́ть** rot werden, rot schimmern **(кра́сный)**; **молоде́ть** jung werden **(молодо́й)**; **камене́ть** erstarren, versteinern **(ка́мень)**; **сироте́ть** verwaisen **(сирота́)** usw.

Die Betonung[2] ist bei den Verben der Klasse I fest, d.h. stammbetonte Verben bleiben durchweg stammbetont, endungsbetonte Verben durchweg endungsbetont.

406 II. KLASSE

Infinitiv auf **-ну-ть**	3. Pers. Pl. Präs.[3] auf **-н-ут**	
(Suffix **-ну-** bleibt im Präteritum erhalten)		
пры́гнуть vo. springen	Si. **пры́гн-у**	Pl. **пры́гн-ем**
	— **-ешь**	— **-ете**
	— **-ет**	— **-ут**

---

[1] Man beachte den Unterschied in Bedeutung und Konjugation zwischen боле́ть krank sein (боле́ю, боле́ешь) und боле́ть schmerzen, weh tun (боли́т).

[2] Die Betonungsangaben beziehen sich nur auf die Formen des Präsens bzw. vollendeten Futurums. Zu beachten ist, daß hier und im folgenden innerhalb der Betonungsregeln die Fälle der stets auf der 1. Silbe betonten vollendeten Komposita mit dem Präfix вы- nicht besonders erwähnt werden.

[3] Aus Gründen der Systematik wird bei der Gegenüberstellung von Infinitiv und Präsensformen nur die Bezeichnung Präs. gebraucht, obwohl es sich in einigen Fällen um das vollendete Futurum handelt.

Die Klasse II umfaßt die vollendeten Momentanverben auf **-нуть** (vgl. 332,1), die gegenüber den Inchoativa auf **-нуть** durch die Beibehaltung des Suffixes **-ну-** im Präteritum gekennzeichnet sind: **кри́кнуть** vo. einmal rufen, aufschreien, **кри́кну, кри́кнешь**; **махну́ть** vo. einmal winken, **махну́, махнёшь**; **сту́кнуть** vo. einmal klopfen, **сту́кну, сту́кнешь**; **чихну́ть** vo. einmal niesen, **чихну́, чихнёшь** usw.

In einigen Fällen liegt auch nur die Bedeutung des vollendeten Aspekts vor: **верну́ть** vo. zurückgeben, **верну́, вернёшь**; **дви́нуть** vo. in Bewegung setzen, **дви́ну, дви́нешь**; **обману́ть** vo. betrügen, **обману́, обма́нешь**; **отдохну́ть** vo. sich erholen, **отдохну́, отдохнёшь**; **тро́нуть** vo. anrühren, **тро́ну, тро́нешь**; **улыбну́ться** vo. lächeln, **улыбну́сь, улыбнёшься**.

Zu dieser Klasse gehören auch vier unvollendete Verben: **гнуть** biegen, **гну, гнёшь**; **льнуть** sich anschmiegen, **льну, льнёшь**; **тону́ть** ertrinken, sinken, **тону́, то́нешь**; **тяну́ть** ziehen, **тяну́, тя́нешь**.

Die Betonung ist bei den Verben der Klasse II im allgemeinen fest. Bewegliche Betonung, d.h. Zurückziehung der Betonung von der 2.Person Singular an, haben die Verben **взгляну́ть** vo. einen Blick werfen; **обману́ть** vo. betrügen; **помяну́ть** vo. gedenken; **тону́ть** ertrinken, sinken; **тяну́ть** ziehen.

III. KLASSE 407

Infinitiv auf **-ова-ть**	3. Pers. Pl. Präs. auf **-у-ют**
-ева-ть	**-ю-ют**
сове́товать raten	Si. **сове́ту-ю** Pl. **сове́ту-ем**
	— **-ешь** — **-ете**
	— **-ет** — **-ют**
малева́ть anstreichen, bemalen	Si. **малю́-ю** Pl. **малю́-ем**
	— **-ешь** — **-ете**
	— **-ет** — **-ют**

Verben auf Zischlaut oder **ц** und **-евать** haben die Endungen **-ую, -уешь** usw.: **ночева́ть** übernachten, **ночу́ю, ночу́ешь**; **танцева́ть** tanzen, **танцу́ю, танцу́ешь**.

Die Klasse III umfaßt hauptsächlich abgeleitete Verben auf **-овать, -евать,** darunter zahlreiche Ableitungen von Wörtern fremden Ursprungs: **бесе́довать** sich unterhalten, **бесе́дую (бесе́да)**; **воева́ть** Krieg führen, **вою́ю**; **горева́ть** sich grämen, **горю́ю (го́ре)**; **зимова́ть** überwintern, **зиму́ю (зима́)**; **рисова́ть** zeichnen, **рису́ю**; **сле́довать** folgen, **сле́дую (след)**; **диктова́ть** diktieren, **дикту́ю**; **организова́ть** (vo.) organisieren, **организу́ю**; **регистри́ровать** registrieren, **регистри́рую**; **телеграфи́ровать** (vo.) telegrafieren, **телеграфи́рую** usw.

Verbneubildungen auf **-овать** sind vor allem auf politischem, wissenschaftlichem und speziell technischem Gebiet häufig.

Zu dieser Klasse gehören auch sieben Verben, bei denen **-ова-** bzw. **-ева-** nicht als wortbildendes Suffix auftritt: **жевáть** kauen, **жую́, жуёшь ; клевáть** picken, **клюю́, клюёшь ; ковáть** schmieden, **кую́, куёшь ; основáть** vo. gründen, **осную́, оснуёшь ; плевáть** spucken, **плюю́, плюёшь ; сновáть** eilig hin- und herlaufen, **сную́, снуёшь ; совáть** (zu-)stecken, **сую́, суёшь.**

Die Betonung ist bei den Verben der Klasse III fest:

a) Bei nicht endbetontem Infinitiv liegt die Betonung auf der gleichen Silbe wie im Infinitiv (vgl. **бесéдовать, телеграфи́ровать** [vo.]).

b) Bei endbetontem Infinitiv liegt die Betonung gewöhnlich auf der Silbe vor der Personalendung (vgl. **рисовáть, организовáть** [vo.]). Endungsbetont sind **жевáть, клевáть, ковáть, основáть** vo., **плевáть, сновáть, совáть.**

Zweite oder i-Konjugation

408 IV. KLASSE

Infinitiv auf **-и-ть**	3. Pers. Pl. Präs. auf **-ят, -ат**	
говори́ть sprechen	Si. **говор-ю́**	Pl. **говор-и́м**
	— **-и́шь**	— **-и́те**
	— **-и́т**	— **-я́т**
служи́ть dienen	Si. **служ-у́**	Pl. **служ-им**
	служ-ишь	**служ-ите**
	служ-ит	**служ-ат**

Die Klasse IV umfaßt die Verben auf **-ить** (mit Ausnahme der einsilbigen Infinitivstämme **бить, вить, лить, пить, шить, жить, гнить, брить** und deren Komposita sowie der Zusammensetzungen mit **-шибить**). In der 1. Person Singular des Präsens bzw. vollendeten Futurums tritt der Konsonantenwechsel **з /д-ж, с-ш, т-ч, т/ст-щ, б-бл, п-пл, в-вл, ф-фл, м-мл** ein.

вéрить glauben, **вéрю, вéришь ; води́ть** führen, **вожу́, вóдишь ; возврати́ть** vo. zurückgeben, **возвращу́, возврати́шь ; вози́ть** fahren (trans.), **вожу́, вóзишь ; гаси́ть** auslöschen, **гашу́, гáсишь ; графи́ть** linieren, **графлю́, графи́шь ; дели́ть** teilen, **делю́, дéлишь ; éздить** fahren (intrans.), **éзжу, éздишь ; запрети́ть** vo. verbieten, **запрещу́, запрети́шь ; защити́ть** vo.

verteidigen, **защищу́, защити́шь**; **корми́ть** füttern, nähren, **кормлю́, ко́р-
мишь**; **купи́ть** vo. kaufen, **куплю́, ку́пишь**; **кури́ть** rauchen, **курю́, ку́ришь**;
лови́ть fangen, **ловлю́, ло́вишь**; **льстить** schmeicheln, **льщу, льсти́шь**;
люби́ть lieben, **люблю́, лю́бишь**; **мстить** rächen, **мщу, мсти́шь**; **носи́ть**
tragen, **ношу́, но́сишь**; **обрати́ть** vo. wenden, richten, **обращу́, обрати́шь**;
плати́ть bezahlen, **плачу́, пла́тишь**; **победи́ть** vo. besiegen, (1. Pers. Sing. un-
gebräuchlich,) **победи́шь**; **положи́ть** vo. legen, **положу́, поло́жишь**; **посе-
ти́ть** vo. besuchen, **посещу́, посети́шь**; **проси́ть** bitten, **прошу́, про́сишь**;
прости́ть vo. verzeihen, **прощу́, прости́шь**; **пусти́ть** vo. lassen, **пущу́,
пу́стишь**; **реши́ть** vo. beschließen, **решу́, реши́шь**; **сади́ть** setzen, **сажу́,
са́дишь**; **сто́ить** kosten, wert sein, **сто́ю, сто́ишь**; **стро́ить** bauen, **стро́ю,
стро́ишь**; **топи́ть** heizen, **топлю́, то́пишь**; **хвали́ть** loben, **хвалю́, хва́-
лишь**; **ходи́ть** gehen, **хожу́, хо́дишь**; **храни́ть** hüten, bewahren, **храню́,
храни́шь**; **шути́ть** scherzen, **шучу́, шу́тишь** usw.

Verben auf -ить werden vielfach von Substantiven und Adjektiven[1], aber auch von
Zahlwörtern und bisweilen von Pronomen abgeleitet: **мы́слить** nachdenken
(**мысль**); **пыли́ть** stauben, Staub aufwirbeln (**пыль**); **соли́ть** salzen (**соль**);
возгла́вить vo. leiten, an der Spitze stehen (**глава́**); **приземли́ться** vo. landen
(**земля́**); **бели́ть** weißen, bleichen, weiß schminken (**бе́лый**); **черни́ть** schwär-
zen (**чёрный**); **ускорить** vo. beschleunigen (**ско́рый**); **улу́чшить** vo. verbessern
(**лу́чше**); **удво́ить** vo. verdoppeln (**дво́е**); **умно́жить** vo. vermehren, multi-
plizieren (**мно́го**); **усво́ить** vo. und **освоить** vo. sich aneignen (**свой**) usw.

Die Betonung ist bei den Verben der Klasse IV entweder fest oder beweglich.

1. Die Betonung ist stets fest, wenn der Infinitiv nicht endbetont ist (vgl. **ве́рить,
   е́здить, стро́ить**). Die Betonung kann auch fest sein, wenn der Infinitiv end-
   betont ist (vgl. **возврати́ть** vo., **говори́ть, запрети́ть** vo., **защити́ть** vo.,
   обрати́ть vo., **победи́ть** vo., **посети́ть** vo., **прости́ть** vo.).

2. Die Betonung ist zumeist beweglich, d. h., sie wird von der 2. Person Singular an
   um eine Silbe zurückgezogen, wenn der Infinitiv endbetont ist (vgl. **кури́ть,
   хвали́ть, положи́ть** vo., **ходи́ть, носи́ть, плати́ть, проси́ть, люби́ть**).

   Doppelte Betonung ist von der 2. Person Singular an möglich bei: **городи́ть** ein-
   zäunen; **грузи́ть** beladen; **кружи́ть** drehen, kreisen; (**мани́ть** locken; **ряди́ть**
   maskieren;) **соли́ть** salzen; **шевели́ть** bewegen, rühren.

---

[1] Von Adjektiven werden auf -еть intransitive, auf -ить transitive Verben abgeleitet, z. B.: **бе́лый** —
беле́ть weiß werden, weiß schimmern; **бели́ть** weißen, bleichen, weiß schminken.

B. Die unproduktiven Verbalgruppen

In den unproduktiven Verbalgruppen sind nachstehend nur die einfachen (nicht-präfigierten) unproduktiven Verben verzeichnet. Diese Verben können außerdem in zahlreichen Komposita auftreten.

Erste oder e-Konjugation

409   1. GRUPPE

писа́ть schreiben	Si. пиш-у́	Pl. пи́ш-ем
	пи́ш-ешь	пи́ш-ете
	пи́ш-ет	пи́ш-ут
Infinitiv auf **-а-ть**	3. Pers. Pl. Präs. auf **-ут**	
	Präsens mit Konsonantenwechsel	
	с-ш, з-ж, т-ч/щ, д-ж, к-ч, г-ж, х-ш, ск/ст-щ.	

Zur Gruppe 1 gehören die Verben auf **-ать**, die im Präsensstamm auf Konsonant auslauten und dabei den Konsonantenwechsel **с-ш, з-ж, т-ч/щ, д-ж, к-ч, г-ж, х-ш, ск/ст-щ** haben, z. B.: **бормота́ть** murmeln, **бормочу́, бормо́чешь; вяза́ть** binden, **вяжу́, вя́жешь; дви́гать** bewegen, **дви́гаю, дви́гаешь** und **дви́жу, дви́жешь**[1]; **иска́ть** suchen, **ищу́, и́щешь; каза́ться** scheinen, (1. und 2. Pers. ungebräuchl.,) **ка́жется; (сказа́ть** vo. sagen, **скажу́, ска́жешь; показа́ть** vo. zeigen, **покажу́, пока́жешь;)** клевета́ть verleumden, **клевещу́, клеве́щешь;** лиза́ть lecken, **лижу́, ли́жешь;** ма́зать schmieren, **ма́жу, ма́жешь;** маха́ть winken, **машу́, ма́шешь;** мета́ть werfen, **мечу́, ме́чешь;** паха́ть pflügen, **пашу́, па́шешь;** пла́кать weinen, **пла́чу, пла́чешь;** плеска́ть plätschern, **плещу́, пле́щешь;** пляса́ть tanzen, **пляшу́, пля́шешь;** полоска́ть spülen, **полощу́, поло́щешь;** пря́тать verstecken, **пря́чу, пря́чешь;** ре́зать schneiden, **ре́жу, ре́жешь;** ропта́ть murren, **ропщу́, ро́пщешь;** свиста́ть pfeifen, **свищу́, сви́щешь;** скака́ть springen, galoppieren, **скачу́, ска́чешь;** хлопота́ть geschäftig sein, sich bemühen, **хлопочу́, хлопо́чешь;** хохота́ть laut lachen, **хохочу́, хохо́чешь;** чеса́ть kämmen, **чешу́, че́шешь;** шепта́ть flüstern, **шепчу́, ше́пчешь;** щебета́ть zwitschern, **щебечу́, щебе́чешь.**

---

[1] Die Formen дви́гаю, дви́гаешь werden in eigentlich räumlichem Sinne verwandt, während die Formen дви́жу, дви́жешь bei übertragenem Gebrauch bevorzugt werden.
Auch von einigen anderen Verben dieser Gruppe können neben den Formen mit Konsonantenwechsel nach dem Muster der 1. produktiven Klasse Formen auf -аю, -аешь gebildet werden, z. B.: маха́ть : машу́, ма́шешь und маха́ю, маха́ешь; плеска́ть : плещу́, пле́щешь und плеска́ю, плеска́ешь. Die Formen auf -аю, -аешь gehören dabei der Umgangs- und Volkssprache an.

Die Betonung ist bei den Verben der Gruppe 1 fest, wenn der Infinitiv nicht endbetont ist (vgl. **мáзать, плáкать, прятать, рéзать**). Ist der Infinitiv endbetont, so ist die Betonung beweglich, d. h. sie wird von der 2. Person Singular an um eine Silbe zurückgezogen (vgl. **писáть, сказáть** vo., **пахáть, плясáть** u. a.).

2. GRUPPE

410

дремá-ть schlummern	Si. дремл-ю́	Pl. дрéмл-ем
	дрéмл-ешь	дрéмл-ете
	дрéмл-ет	дрéмл-ют
Infinitiv auf **-а-ть**	3. Pers. Pl. Präs. auf **-ют**	
	Präsens mit Konsonantenwechsel	
	м-мл, п-пл, б-бл	

Zur Gruppe 2 gehören die Verben auf **-ать**, die im Präsensstamm auf **м, п, б** auslauten und dabei dem Konsonantenwechsel **м-мл, п-пл, б-бл** unterliegen: **кáпать** tropfen, **кáпаю, кáпаешь** und (selten) **кáплю, кáплешь ; колебáть** erschüttern, rütteln, **колéблю, колéблешь ; сыпать** schütten, **сыплю, сыплешь ; трепáть** zerren, **треплю́, трéплешь ; щипáть** kneifen, **щиплю́, щиплешь**.

Betonung: **Кáпать** und **сыпать** sind fest auf der 1. Silbe betont. **Трепáть** und **щипáть** haben bei endbetontem Infinitiv bewegliche Betonung, d. h. Zurückziehung der Betonung von der 2. Person Singular an. **Колебáть** ist bei endbetontem Infinitiv in sämtlichen (!) Präsensformen auf der vorletzten Silbe betont.

3. GRUPPE

411

ждá-ть warten	Si. жд-у	Pl. жд-ём
	— -ёшь	— -ёте
	— -ёт	— -ут
Infinitiv auf **-а-ть**	3. Pers. Pl. Präs. auf **-ут**	
	Präsens ohne Konsonantenwechsel	

Zur Gruppe 3 gehören die Verben auf **-ать**, die im konsonantisch auslautenden Präsensstamm keinen Konsonantenwechsel haben, z. B.: **врать** lügen, **вру, врёшь ; жáждать** dürsten, **жáжду, жáждешь ; жрать** fressen, **жру, жрёшь ; рвать** reißen, **рву, рвёшь ; ржать** wiehern, (1. und 2. Pers. ungebräuchl.,) **ржёт ; сосáть** saugen, **сосý, сосёшь ; стонáть** stöhnen, **стонý, стóнешь** und **стонáю, стонáешь ; ткать** weben, **тку, ткёшь**.

Besonders zu vermerken sind die Verben **брать, драть, звать**, die das Präsens mit Vokaleinschub bilden, sowie das Verb **лгать**, das in der 2. und 3. Person Singular und in der 1. und 2. Person Plural Konsonantenwechsel hat: **брать** nehmen, **берý,** берёшь; **драть** reißen, raufen, **деру́, дерёшь**; **звать** rufen, nennen, **зову́, зовёшь**; **лгать** lügen, **лгу, лжёшь, лжёт, лжём, лжёте, лгут.**

Die Bétonung ist bei den Verben der Gruppe 3 fest. Nur **стона́ть** zieht in den Formen **стону́, сто́нешь** die Betonung von der 2. Person Singular an um eine Silbe zurück.

412   4. GRUPPE

се́я -ть säen	Si. **се́-ю**	Pl. **се́-ем**
	— -ешь	— -ете
	— -ет	— -ют
Infinitiv auf **-я-ть**	3. Pers. Pl. Präs. auf **-ют**	

Zur Gruppe 4 gehören die Verben auf **-ять**, bei denen das **-я-** des Infinitivstammes im Präsens ausfällt: **ве́ять** wehen, **ве́ю, ве́ешь**; **зате́ять** vo. vorhaben, **зате́ю, зате́ешь**; **ла́ять** bellen, **ла́ю, ла́ешь**; **наде́яться** hoffen, **наде́юсь, наде́ешься**; **смея́ться** lachen, **смею́сь, смеёшься**; **та́ять** tauen, (1. und 2. Pers. ungebräuchl.,) **та́ет**; **чуя́ть** wittern, **чу́ю, чу́ешь.**

Die Betonung ist bei den Verben der Gruppe 4 fest.

413   5. GRUPPE

со́хну-ть trocknen	Si. **со́хн-у**	Pl. **со́хн-ем**
	— -ешь	— -ете
	— -ет	— -ут
Prät. **сох, -ла, -ло**		
Infinitiv auf **-ну-ть**	3. Pers. Pl. Präs. auf **-н-ут**	
(wie II. produktive Klasse,		
aber Suffix **-ну-** entfällt im		
Präteritum[1])		

Zur Gruppe 5 gehören die sogenannten Inchoativa auf **-нуть**, die allgemein ein Werden, den allmählichen Übergang von einem Zustand in einen anderen ausdrücken, vgl. auch (332,7). Die Inchoativa auf **-нуть** sind in ihren nichtpräfigierten Formen unvollendet und gegenüber den vollendeten Momentanverben auf **-нуть** (II. produktive Klasse) grundsätzlich durch den Ausfall des Suffixes **-ну-** im Präteritum[1] gekennzeichnet.

блёкнуть (ver-)welken, **блёкну, блёкнешь**; **ви́снуть** hängen, **ви́сну, ви́снешь**; **вя́знуть** einsinken, steckenbleiben, **вя́зну, вя́знешь**; **вя́нуть** welken,

---

[1] Einige — vorzugsweise nichtpräfigierte — Inchoativa auf **-нуть** können doppelte Präteritalformen bilden. Vgl. hierzu die Fußnote auf S. 296.

вя́ну, вя́нешь; га́снуть verlöschen, (1. und 2. Pers. ungebräuchl.,) га́снет; ги́бнуть umkommen, ги́бну, ги́бнешь; гло́хнуть taub werden, гло́хну, гло́хнешь; дро́гнуть frieren[1], дро́гну, дро́гнешь; зя́бнуть frieren, зя́бну, зя́бнешь; ки́снуть sauer werden, ки́сну, ки́снешь; кре́пнуть erstarken, кре́пну, кре́пнешь; ли́пнуть klebenbleiben, (1. und 2. Pers. ungebräuchl.,) ли́пнет; мёрзнуть frieren, мёрзну, мёрзнешь; мо́кнуть naß werden, мо́кну, мо́кнешь; пу́хнуть anschwellen, пу́хну, пу́хнешь; сле́пнуть blind werden, сле́пну, сле́пнешь.

Nur präfigiert kommen vor –

-бе́гнуть: избе́гнуть vo. entgehen, meiden; прибе́гнуть vo. sich wenden (an);

-ве́ргнуть: низве́ргнуть vo. hinabstürzen; подве́ргнуть vo. unterwerfen;

-вы́кнуть: отвы́кнуть vo. sich (etw.) abgewöhnen; привы́кнуть vo. sich gewöhnen (an);

-сти́гнуть: засти́гнуть vo. überraschen; дости́гнуть vo. (auch дости́чь vo.) erreichen, erlangen;

-ти́хнуть: прити́хнуть vo., ути́хнуть vo. still werden, verstummen.

In diese Gruppe gehören auch: исче́знуть vo. verschwinden; возни́кнуть vo. entstehen; воскре́снуть vo. auferstehen.

Die Betonung liegt bei den Verben der Gruppe 5 immer auf der Silbe, die dem Suffix -ну- vorangeht.

6. GRUPPE

414

мы-ть waschen	Si. мо́-ю	Pl. мо́-ем
	— -ешь	— -ете
	— -ет	— -ют
Infinitiv auf -ы-ть	3. Pers. Pl. Präs. auf -о-ют	

Die Gruppe 6 umfaßt fünf einsilbige Infinitivstämme auf -ыть, die im Präsens dem Vokalwechsel ы-о unterliegen. Außer мыть gehören dazu: выть heulen, во́ю, во́ешь; крыть decken, кро́ю, кро́ешь; ныть schmerzen, weh tun, (1. und 2. Pers. ungebräuchl.,) но́ет; рыть graben, ро́ю, ро́ешь.

Die Betonung liegt bei den Verben der Gruppe 6 auf der Wurzelsilbe.

---

[1] Дро́гнуть „frieren" darf nicht verwechselt werden mit dem vollendeten Momentanverb дро́гнуть „erbeben, schwanken" (zu unvo. дрожа́ть zittern, beben), z.B.:

Де́ти дро́гли на хо́лоде. Die Kinder froren in der Kälte.
Земля́ дро́гнула. Die Erde erbebte.

415 7. GRUPPE

пи-ть trinken	Si. пь-ю	Pl. пь-ём
	— -ёшь	— -ёте
	— -ёт	— -ют
Infinitiv auf **-и-ть**	3. Pers. Pl. Präs. auf **-ют**	

Die Gruppe 7 umfaßt fünf einsilbige Infinitivstämme auf **-ить**, die im Präsens den Wechsel **и-ь** zeigen. Außer **пить** gehören dazu: **бить** schlagen, **бью, бьёшь**; **вить** winden, **вью, вьёшь**; **лить** gießen, **лью, льёшь**; **шить** nähen, **шью, шьёшь**.

Die Betonung liegt auch bei den Komposita der Verben der Gruppe 7 durchweg auf der Endung (ausgenommen **вы-**). Zu beachten ist, daß bei den Komposita mit konsonantisch auslautenden Präfixen in den Formen des vollendeten Futurums ein **о** eingeschoben wird: **избить** vo. verprügeln, **изобью, изобьёшь**; **развить** vo. entwickeln, **разовью, разовьёшь**.

416 8. GRUPPE

дава́-ть geben	Si. да-ю́	Pl. да-ём
	— -ёшь	— -ёте
	— -ёт	— -ю́т
Infinitiv auf **-а-ва-ть**	3. Pers. Pl. Präs. auf **-а-ют**	
	(Suffix **-ва-** entfällt im Präsens)	

Zur Gruppe 8 gehören außer **дава́ть** die nur in Komposita gebräuchlichen Stämme **-ставать, -знавать**: **встава́ть** aufstehen, **встаю́, встаёшь**; **остава́ться** bleiben, **остаю́сь, остаёшься**; **признава́ть** anerkennen, **признаю́, признаёшь**; **узнава́ть** erkennen, **узнаю́, узнаёшь**.

Die Verben der Gruppe 8 sind stets endungsbetont. (Die Komposita von **-знавать** unterscheiden sich in der Präsensbildung nur durch die Betonung von den entsprechenden vollendeten Futurformen: **узнава́ть, узнаю́, узнаёшь — узна́ть** vo., **узна́ю, узна́ешь**.)

417 9. GRUPPE

коло́-ть stechen	Si. кол-ю́	Pl. ко́л-ем
	ко́л-ешь	ко́л-ете
	ко́л-ет	ко́л-ют
Infinitiv auf **-о-ть**	3. Pers. Pl. Präs. auf **-ют**	

Zur Gruppe 9 gehören außer **колоть** noch die Verben **бороться** kämpfen, **борю́сь, бо́решься**; **полоть** jäten, **полю́, по́лешь**; **пороть** auftrennen, **порю́, по́решь**. Besonders zu erwähnen ist **молоть**, das im Präsens Vokalwechsel hat: **молоть** mahlen, **мелю́, ме́лешь**.

Die Betonung ist bei den Verben der Gruppe 9 beweglich, d. h. sie wird von der 2. Person Singular an um eine Silbe zurückgezogen.

10. GRUPPE   418

умере́-ть vo. sterben	Si. **умр-у́**	Pl. **умр-ём**
	— **-ёшь**	— **-ёте**
	— **-ёт**	— **-у́т**
Infinitiv auf **-ере-ть** (Präteritum auf **-ер**)	3. Pers. Pl. Präs. auf **-р-ут**	

Zur Gruppe 10 gehören die nur in Komposita gebräuchlichen Stämme **-мереть, -переть** sowie **тереть** und **простереть** vo.: **запереть** vo. verschließen, **запру́, запрёшь**; **отпереть** vo. öffnen, **отопру́, отопрёшь**; **тереть** reiben, **тру, трёшь**; **простереть** vo. ausstrecken, **простру́, прострёшь**.

Die Betonung liegt – außer in den Komposita mit **вы-** – auf der Endung.

11. GRUPPE   Nasalstämme   419

нача́-ть vo. anfangen	Si. **начн-у́**	Pl. **начн-ём**
	— **-ёшь**	— **-ёте**
	— **-ёт**	— **-у́т**
Infinitiv auf **-а-ть, -я-ть**	3. Pers. Pl. Präs. auf **-ут** (mit vorangehendem Nasal **н** oder **м**)	

Zur Gruppe 11 gehören die sogenannten Nasalstämme, d. h. die Verben auf **-ать, -ять**, die unter Veränderung der Wurzel im Präsensstamm auf die Nasale **м, н** auslauten: **жать** drücken, **жму, жмёшь**; **жать** ernten, **жну, жнёшь**; **мять** zerknittern, quetschen, **мну, мнёшь**; **распять** vo. kreuzigen, **распну́, распнёшь**.

Hierzu rechnet vor allem der nur noch in Komposita gebräuchliche **м**-Stamm **-(н)ять** = „nehmen". Die Komposita mit **-(н)ять** zeigen folgende Präsensbildung:

a) **-ниму́, -ни́мешь** steht nach konsonantisch auslautendem Präfix[1]: **обня́ть** vo.

---

[1] Bei den Komposita mit konsonantisch auslautenden Präfixen treten neben den Formen mit **н** nach dem Muster von изъя́ть vo. zuweilen auch Formen ohne **н** auf, z. B.: объя́ть vo. umarmen, обыму́, обы́мешь; отъя́ть vo. abnehmen, отыму́, оты́мешь; подъя́ть vo. hochheben, подыму́, поды́мешь. Diese Formen entsprechen nicht den Normen der modernen Literatursprache: Infinitiv (und Präteritum) gelten als veraltet, das Futurum gehört der Umgangs- und Volkssprache an.

umarmen, **обниму́, обни́мешь; отня́ть** vo. abnehmen, **отниму́, отни́-
мешь; подня́ть** vo. hochheben, **подниму́, подни́мешь; снять** vo. weg-
nehmen, **сниму́, сни́мешь.**

b) **-йму́, -ймёшь** steht nach vokalisch auslautendem Präfix: **заня́ть** vo. einneh-
men, **займу́, займёшь; наня́ть** vo. mieten, **найму́, наймёшь; поня́ть**
vo. verstehen, **пойму́, поймёшь; уня́ть** vo. beruhigen, **уйму́, уймёшь.**

c) abweichende Bildung haben: **взять** vo. nehmen, **возьму́, возьмёшь;
приня́ть** vo. annehmen, **приму́, при́мешь; изъя́ть** vo. ausnehmen, aus-
schließen, **изыму́, изы́мешь.**

. Betonung: Die Nasalstämme sind zumeist endungsbetont. Bewegliche Betonung,
d. h. von der 2. Person Singular an zurückgezogene Betonung, haben die mit konsonantisch
auslautenden Präfixen gebildeten Komposita von **-(н)ять (обня́ть** vo., **отня́ть** vo.,
подня́ть vo., **снять** vo.**)** sowie **приня́ть** vo. und **изъя́ть** vo.

420 12. GRUPPE

Infinitiv auf Konsonant **(з, с)** + **-ти(-ть)**   3. Pers. Pl. Präs. auf **-ут**
a) **вез-ти́** fahren, transportieren   Si. **вез-у́**   Pl. **вез-ём**

a) **вез-ти́** fahren, transportieren   Si. **вез-у́**   Pl. **вез-ём**
         — **-ёшь**   — **-ёте**
         — **-ёт**   — **-у́т**

Prät. **вёз, везла́, везло́**
Präsensstamm auf **з, с**
Präteritum auf Wurzelkonsonant **(з, с)**

Die Gruppe 12a) umfaßt die Konsonantstämme auf **-з, -с**, die in der männlichen
Singularform des Präteritums durch den Ausfall des Suffixes **-л** gekennzeichnet sind:
грызть nagen, **грызу́, грызёшь; лезть** klettern, **ле́зу, ле́зешь; нести́** tragen,
несу́, несёшь; пасти́ weiden, **пасу́, пасёшь; ползти́** kriechen, **ползу́, пол-
зёшь; спасти́** vo. retten, **спасу́, спасёшь.**

Hierher rechnet man auch **расти́**, das im Präteritum den Vokalwechsel **a-o** hat:
расти́ wachsen, **расту́, растёшь,** — Prät. **рос, росла́, росло́.**

b) **грес-ти́** rudern, harken   Si. **греб-у́**   Pl. **греб-ём**

b) **грес-ти́** rudern, harken   Si. **греб-у́**   Pl. **греб-ём**
         — **-ёшь**   — **-ёте**
         — **-ёт**   — **-у́т**

Prät. **грёб, гребла́, гребло́**
Präsensstamm auf **б**
Präteritum auf Wurzelkonsonant **(б)**

Die Gruppe 12b) umfaßt zwei einfache Konsonantstämme auf **-б**. Das Präteritum wird wie bei der Gruppe 12a) in der männlichen Singularform unter Ausfall des Suffixes **-л** gebildet. Außer **грести́** gehört hierher: **скрести́** scheuern, kratzen, **скребу́**, **скребёшь**.

c) **вес-ти́** führen	Si. **вед-у́**	Pl. **вед-ём**
	— **-ёшь**	— **-ёте**
	— **-ёт**	— **-у́т**

Prät. **вёл, вела́, вело́**
Präsensstamm auf **д, т**
Präteritum auf **-л** bei Ausfall des wurzelauslautenden Konsonanten

Die Gruppe 12c) umfaßt die Konsonantstämme auf **-д, -т**, die im Präteritum durch den Ausfall des wurzelauslautenden Konsonanten gekennzeichnet sind: **брести́** schlendern, **бреду́, бредёшь; гнести́** drücken, pressen, **гнету́, гнетёшь; класть** legen, **кладу́, кладёшь; красть** stehlen, **краду́, крадёшь; мести́** fegen, **мету́, метёшь; обрести́** vo. finden, **обрету́, обретёшь; пасть** vo. fallen, **паду́, падёшь; плести́** flechten, **плету́, плетёшь; прясть** spinnen, **пряду́, прядёшь; рассвести́** vo. tagen, dämmern, (1. und 2. Pers. ungebräuchl.,) **рассветёт; цвести́** blühen, **цвету́, цветёшь**.

Besonders zu erwähnen sind – 1. **сесть** vo., das im vollendeten Futurum Vokalwechsel hat: **сесть** vo. sich (hin-)setzen, **ся́ду, ся́дешь; –** und 2. das nur in Komposita gebräuchliche **-честь**, das im vollendeten Futurum und im Präteritum Vokalschwund aufweist: **прочесть** vo. durchlesen, **прочту́, прочтёшь; Prät. прочёл, прочла́, прочло́**.

Die Betonung liegt bei den Verben der Gruppe 12 in der Regel fest auf der Endung. Stammbetonung haben nur **лезть** und **сесть** vo.

13. GRUPPE   421

бере́-чь hüten	Si. **берег-у́**	Pl. **береж-ём**
	береж-ёшь	**береж-ёте**
	береж-ёт	**берег-у́т**
Prät. **берёг, берегла́, -о́**		

```
те-чь      fließen          Si. тек-у́         Pl. теч-ём
                                теч-ёшь            теч-ёте
                                теч-ёт             тек-у́т
Prät. тёк, текла́, -о́

Infinitiv auf -чь                 3. Pers. Pl. Präs. auf -ут
Präsensstamm auf г, к
Präteritum auf Wurzelkonsonant (г, к)
```

Die Gruppe 13 umfaßt die Konsonantstämme auf **г, к**, die in der 2. und 3. Person Singular und in der 1. und 2. Person Plural des Präsens dem Konsonantenwechsel **г-ж, к-ч** unterliegen. Das Präteritum dieser Verben wird in der männlichen Singularform unter Ausfall des Suffixes **-л** gebildet. Außer **бере́чь** und **течь** gehören hierher: **влечь** ziehen, schleppen, **влеку́, влечёшь; воло́чь** (umgangsspr.) schleppen, ziehen, **волоку́, волочёшь; запря́чь** vo. einspannen, **запрягу́, запряжёшь; мочь** können, **могу́, мо́жешь; обре́чь** vo. verdammen, verurteilen, **обреку́, обречёшь; печь** backen, **пеку́, печёшь; пренебре́чь** vo. verschmähen, **пренебрегу́, пренебрежёшь; сечь** in Stücke hauen, **секу́, сечёшь; стере́чь** bewachen, **стерегу́, стережёшь; стричь** scheren, **стригу́, стрижёшь.**

Besonders zu erwähnen sind – 1. **лечь** vo., das im vollendeten Futurum Vokalwechsel hat: **лечь** vo. sich (hin-)legen, **ля́гу, ля́жешь;** – und 2. **жечь** und **толо́чь**, die im Präsens und im Präteritum Vokalschwund zeigen: **жечь** brennen, **жгу, жжёшь,** Prät. **жёг, жгла, жгло; толо́чь** zerstoßen, **толку́, толчёшь,** Prät. **толо́к, толкла́, толкло́.**

Die Betonung liegt bei den Verben der Gruppe 13 durchgängig auf der Endung. Stammbetont ist nur **лечь** vo. Bewegliche, d. h. von der 2. Person Singular an zurückgezogene Betonung hat **мочь.**

Zweite oder i-Konjugation

422 14. GRUPPE

```
лежа́-ть liegen     Si. леж-у́         Pl. леж-и́м
                     — -и́шь             — -и́те
                     — -и́т              — -а́т
стоя́-ть stehen     Si. сто-ю́         Pl. сто-и́м
                     — -и́шь             — -и́те
                     — -и́т              — -я́т

        Infinitiv auf -а-ть            3. Pers. Pl. Präs. auf -ат
                     -я-ть                                  -ят
```

Die Gruppe 14 umfaßt die Verben der i-Konjugation, die im Infinitiv auf Zischlaut + **-ать** und auf Vokal + **-ять** enden: **бренча́ть** klirren, klimpern, **бренчу́,** бренчи́шь; брюзжа́ть meckern, nörgeln, брюзжу́, брюзжи́шь; бурча́ть (umgangssprachl.) brummen, бурчу́, бурчи́шь; визжа́ть winseln, визжу́, визжи́шь; ворча́ть brummen, ворчу́, ворчи́шь; держа́ть halten, держу́, де́ржишь; дребезжа́ть klirren, (1. und 2. Pers. ungebräuchl.,) дребезжи́т; дрожа́ть zittern, дрожу́, дрожи́шь; дыша́ть atmen, дышу́, ды́шишь; жужжа́ть summen, жужжу́, жужжи́шь; журча́ть rauschen, (1. und 2. Pers. ungebräuchl.,) журчи́т; звуча́ть tönen, klingen, (1. und 2. Pers. ungebräuchl.,) звучи́т; крича́ть schreien, кричу́, кричи́шь; молча́ть schweigen, молчу́, молчи́шь; мча́ться dahineilen, мчусь, мчи́шься; мыча́ть brüllen, мычу́, мычи́шь; пища́ть piepsen, пищу́, пищи́шь; рыча́ть brüllen, рычу́, рычи́шь; слы́шать hören, слы́шу, слы́шишь; стуча́ть klopfen, стучу́, стучи́шь; торча́ть herausragen, торчу́, торчи́шь; треща́ть krachen, knistern, (1. und 2. Pers. ungebräuchl.,) трещи́т; боя́ться (sich) fürchten, бою́сь, бои́шься.

Die Betonung liegt bei den Verben der Gruppe 14 in der Regel fest auf der Endung. Слы́шать ist stammbetont. Держа́ть und дыша́ть haben bewegliche, d.h. von der 2. Person Singular an zurückgezogene Betonung.

15. GRUPPE

423

ви́де-ть sehen	Si. ви́ж-у	Pl. ви́д-им
	ви́д-ишь	ви́д-ите
	ви́д-ит	ви́д-ят
Infinitiv auf -е-ть	3. Pers. Pl. Präs. auf -ят	

Die Gruppe 15 umfaßt die Verben auf -еть der i-Konjugation. In der 1. Person Singular tritt der Konsonantenwechsel д-ж, т-ч, с-ш, ст-щ, б-бл, п-пл, м-мл ein.

блесте́ть glänzen, блещу́, блести́шь[1]; боле́ть schmerzen, weh tun, (1. und 2. Pers. ungebräuchl.,) боли́т; веле́ть (vo.) befehlen, велю́, вели́шь; верте́ть drehen, верчу́, ве́ртишь; висе́ть hängen, вишу́, виси́шь; галде́ть lärmen, randalieren, (1. Pers. ungebräuchl.,) галди́шь; гляде́ть blicken, гляжу́, гляди́шь; горе́ть brennen, горю́, гори́шь; зави́сеть abhängen, зави́шу, зави́сишь; звене́ть klingen, klirren, звеню́, звени́шь; кипе́ть kochen, sieden, киплю́, кипи́шь; лете́ть fliegen, лечу́, лети́шь; ненави́деть hassen, ненави́жу, ненави́дишь; оби́деть vo. beleidigen, оби́жу, оби́дишь; свисте́ть pfeifen, свищу́, свисти́шь; сиде́ть sitzen, сижу́, сиди́шь; смотре́ть blicken, смотрю́,

---

[1] Блесте́ть hat neben den Formen блещу́, блести́шь auch die Formen блещу́, бле́щешь, die vorzugsweise in übertragener Bedeutung und in feststehenden Wendungen gebraucht werden.

смо́тришь; **сопе́ть** schnaufen, **соплю́, сопи́шь**; **терпе́ть** leiden, ertragen, **терплю́, те́рпишь**; **шуме́ть** lärmen, **шумлю́, шуми́шь.**

Die Betonung liegt bei den Verben der Gruppe 15 in der Regel fest auf der Endung. Stammbetont sind nur **ви́деть, зави́сеть, ненави́деть** und **оби́деть** vo.; – **смотре́ть, терпе́ть** und **верте́ть** haben bewegliche Betonung, d.h. sie ziehen die Betonung von der 2.Person Singular an um eine Silbe zurück.

424   **C. Sonderfälle**

Die hier eingeordneten Verben stellen isoliert stehende Konjugationstypen dar, die – abgesehen von den Komposita – höchstens noch in einem weiteren Verb vertreten sind.

a) Erste oder e-Konjugation

1. **е́ха-ть** fahren

Si.	е́д-у	Pl.	е́д-ем
	— -ешь		— -ете
	— -ет		— -ут

2. **сла-ть** schicken

Si.	шл-ю	Pl.	шл-ём
	— -ёшь		— -ёте
	— -ёт		— -ют

3. **стла-ть** ausbreiten[1]

Si.	стел-ю́	Pl.	сте́л-ем
	сте́л-ешь		сте́л-ете
	сте́л-ет		сте́л-ют

4. **ста-ть** vo. werden, beginnen

Si.	ста́н-у	Pl.	ста́н-ем
	— -ешь		— -ете
	— -ет		— -ут

Den gleichen Konjugationstyp vertritt **деть** vo. hintun, **де́ну, де́нешь** mit seinen Komposita (**оде́ть** vo., **наде́ть** vo. anziehen; **разде́ть** vo. ausziehen).

5. **пе-ть** singen

Si.	по-ю́	Pl.	по-ём
	— -ёшь		— -ёте
	— -ёт		— -ю́т

6. **реве́-ть** brüllen

Si.	рев-у́	Pl.	рев-ём
	— -ёшь		— -ёте
	— -ёт		— -у́т

---

[1] In der Umgangssprache ist auch der Infinitiv стели́ть gebräuchlich.

7. **бри-ть** rasieren   Si. **бре́-ю**   Pl. **бре́-ем**
   — -ешь   — -ете
   — -ет   — -ют

8. **гни-ть** faulen   Si. **гни-ю́**   Pl. **гни-ём**
   — -ёшь   — -ёте
   — -ёт   — -ю́т

9. **жи-ть** leben   Si. **жив-у́**   Pl. **жив-ём**
   — -ёшь   — -ёте
   — -ёт   — -у́т

Den gleichen Konjugationstyp vertritt **плыть** schwimmen, **плыву́, плывёшь**.

10. **ушиби́-ть(ся)** vo. (sich)   Si. **ушиб-у́(сь)**   Pl. **ушиб-ём(ся)**
    stoßend verletzen   — -ёшь(ся)   — -ёте(сь)
           — -ёт(ся)   — -у́т(ся)
           Prät. **уши́б(ся), уши́бла(сь)** usw.

Dem gleichen Muster folgt **ошиби́ться** vo. sich irren.

11. **ду-ть** blasen, wehen   Si. **ду́-ю**   Pl. **ду́-ем**
           — -ешь   — -ете
           — -ет   — -ют

Den gleichen Konjugationstyp vertritt der nur in Komposita gebräuchliche Stamm **-уть: обу́ть** vo. Schuhe anziehen, **обу́ю, обу́ешь; разу́ть** vo. Schuhe ausziehen, **разу́ю, разу́ешь.**

12. **ид-ти́** gehen   Si. **ид-у́**   Pl. **ид-ём**
           — -ёшь   — -ёте
           — -ёт   — -у́т
           Prät. **шёл, шла, шло**

In den Komposita tritt **идти́** als **-йти (-йду, -йдешь)** auf: **пойти́** vo. gehen, **пойду́, пойдёшь; вы́йти** vo. hinausgehen, **вы́йду, вы́йдешь.** Eine besondere Schreibung in den vollendeten Futurformen zeigt **прийти́** vo. kommen: **приду́, придёшь.**

13. **кля́с-ть(ся)** verwünschen   Si. **клян-у́(сь)**   Pl. **клян-ём(ся)**
    (schwören)   — -ёшь(ся)   — -ёте(сь)
           — -ёт(ся)   — -у́т(ся)
           Prät. **кля́л(ся), кляла́(сь), кля́ло (клялóсь)**

363

b) Zweite oder i-Konjugation

14. **спа-ть** schlafen   Si. **спл-ю**   Pl. **сп-им**
                                 сп-ишь   **сп-ите**
                                 сп-ит   **сп-ят**

15. **гна-ть** jagen   Si. **гон-ю**   Pl. **гóн-им**
                                 гóн-ишь   **гóн-ите**
                                 гóн-ит   **гóн-ят**

c) Gemischte oder besondere Konjugation

16. **бежá-ть** laufen   Si. **бег-ý**   Pl. **беж-úм**
                                 беж-úшь   **беж-úте**
                                 беж-úт   **бег-ýт**

17. **хотé-ть** wollen   Si. **хоч-ý**   Pl. **хот-úм**
                                 хóч-ешь   **хот-úте**
                                 хóч-ет   **хот-ят**

18. **дa-ть** vo. geben   Si. **дам**   Pl. **дадúм**
                                 дашь   **дадúте**
                                 даст   **дадýт**

Den gleichen Konjugationstyp vertritt **создáть** vo. schaffen, gründen: **создáм, создáшь, создáст, создадúм, создадúте, создадýт.**

19. **ес-ть** essen   Si. **ем**   Pl. **едúм**
                                 ешь   **едúте**
                                 ест   **едя́т**
                    Prät. **ел, éла, éло**

20. **бы-ть** sein   (3. Pers. Si. **есть**   3. Pers. Pl. **суть**)

Dazu hat **быть** das Futurum: Si. **бýд-у**   Pl. **бýд-ем**
                                           бýд-ешь   **бýд-ете**
                                           бýд-ет   **бýд-ут**

DIE WICHTIGSTEN VERBALPRÄFIXE UND IHRE BEDEUTUNG

425   Neben der Suffigierung – vgl. die Ableitung von Verben aus anderen Wortarten (405, 407, 408) – spielt die P r ä f i g i e r u n g bei der Wortbildung des Verbs die entscheidendste Rolle. Durch Präfigierung werden von einfachen Verben zahlreiche Komposita gebildet, z. B.: **писáть** schreiben — **написáть** vo. schreiben — **за-**

писа́ть vo. aufschreiben, notieren — подписа́ть vo. unterschreiben, unterzeichnen — переписа́ть vo. abschreiben — вы́писать vo. ausschreiben, bestellen. Dabei sind die Verbalpräfixe durch eine doppelte Funktion gekennzeichnet: sie können aspektbildend und bedeutungsverändernd oder rein aspektbildend sein (vgl. hierzu 321). In den meisten Fällen vereinen die Verbalpräfixe die aspektbildende und die bedeutungsverändernde Funktion.

Durch ein und dasselbe Präfix kann die Bedeutung von Verben gewöhnlich in verschiedener Weise verändert werden, z. B.: петь singen — запе́ть vo. anfangen zu singen; ·крыть decken — закры́ть vo. schließen, zumachen; корми́ть füttern — закорми́ть vo. überfüttern.

Im einzelnen treten die wichtigsten Verbalpräfixe in folgenden Hauptbedeutungen auf:

1. в-, во-, въ-   426

a) „hinein-, herein-, ein-": вбежа́ть vo. hineinlaufen; вписа́ть vo. einschreiben; войти́ vo. hineingehen, eintreten; въе́хать vo. (hin-)einfahren –

b) „genau, aufmerksam, angespannt" – in Verbindung mit -ся: вслу́шаться vo. genau, gespannt auf etw. hören, aufhorchen; всмотре́ться vo. aufmerksam, gespannt auf etw. schauen.

2. вз-, взо-, взъ-, вс-   427

a) „hinauf-, herauf-, auf-, empor-": взлете́ть vo. (hin-)auffliegen; взобра́ться vo. hinaufsteigen, ersteigen; взъе́хать vo. hinauffahren; взойти́ vo., всходи́ть hinaufsteigen, aufgehen –

b) „auf-, plötzlich anfangen zu": вскри́кнуть vo. aufschreien; взвыть vo. aufheulen, jäh anfangen zu heulen.

3. воз-, вос-   428

a) „hinauf-, auf-" (in feierlichem, teils archaischem Stil): возвести́ (vo.) глаза́ die Augen emporrichten; возводи́ть на престо́л auf den Thron erheben –

b) „neu-, wieder-, aufs neue": возроди́ть vo. erneuern, wiederbeleben; восстанови́ть vo. wiederherstellen; возобнови́ть vo. erneuern –

c) „zurück-, wieder-": возврати́ться vo. zurückkehren; возда́ть vo. zurückgeben, -erstatten, vergelten.

4. вы- *(in vollendeten Komposita stets betont)*   429

a) „hinaus-, heraus-, aus-": вы́йти vo. hinausgehen; вы́брать vo. herausnehmen, auswählen; вы́копать vo. ausgraben –

b) „ganz, völlig, aus-": **вы́учить** vo. mit Erfolg lernen, auslernen, erlernen; **вы́полнить** vo. erfüllen; **вы́пить** vo. austrinken; **вы́варить** vo. auskochen; **вы́сушить** vo. (aus-)trocknen –

c) „zur Genüge, lange genug, sich aus-" – in Verbindung mit **-ся: вы́лежаться** vo. lange genug liegen, sich (liegend) ausruhen; **вы́спаться** vo. sich ausschlafen.

430 5. до-

a) „hin-... zu, bis": **дойти́** (vo.) **до** hinkommen, gelangen bis; **долете́ть** (vo.) **до** fliegen bis –

b) „zu Ende, fertig-": **дописа́ть** vo. zu Ende, fertigschreiben; **доигра́ть** vo. bis zu Ende spielen –

c) „dazu-, noch hinzu-": **докупи́ть** vo. noch dazukaufen; **дописа́ть** (vo.) **не́сколько слов** einige Wörter hinzuschreiben –

d) „bis zu einem bestimmten Ergebnis" – in Verbindung mit **-ся: докрича́ться** (vo.) **кого́-нибудь** jem. durch Schreien herbeirufen; **докрича́ться** (vo.) **до хрипоты́** sich heiser schreien.

431 6. за-

a) „hinter, über hinaus, (zu) weit weg": **заложи́ть** (vo.) **ру́ки за́ спину** die Hände auf den Rücken legen; **залете́ть** (vo.) **за поля́рный круг** über den Polarkreis hinausfliegen; **забро́сить** (vo.) **мяч** den Ball (zu) weit weg werfen –

b) „ver-, zu-": **закры́ть** vo. zu-, verdecken, schließen; **запере́ть** vo. zuschließen; **зары́ть** vo. vergraben; **заде́лать** vo. fest zumachen –

c) „über-, zu viel" – zum Teil in Verbindung mit **-ся: закорми́ть** vo. überfüttern; **зарабо́таться** vo. sich überarbeiten, sich müde arbeiten; **засиде́ться** vo. zu lange (sitzen) bleiben –

d) „anfangen zu": **запе́ть** vo. anfangen zu singen; **зацвести́** vo. anfangen zu blühen; **запла́кать** vo. anfangen zu weinen –

e) bedeutungsleer zur Bezeichnung des vollendeten Aspekts: **плати́ть — заплати́ть** vo. bezahlen.

432 7. из-, изо-, изъ-, ис-

a) „heraus-, aus-, weg-, ver-": **избра́ть** vo. auswählen; **изда́ть** vo. herausgeben; **изгна́ть** vo. herausjagen, weg-, verjagen –

b) „völlig, zur Gänze, durch-, zer-": **избе́гать** (vo.) **весь го́род** die ganze Stadt durchlaufen; **изре́зать** vo. zerschneiden; **исписа́ть** vo. vollschreiben, verschreiben; **измучить** vo. (völlig) zerquälen; **измо́кнуть** vo. durch und durch naß werden.

8. на- 433

a) „auf-, darauf-": **набро́сить** vo. daraufwerfen; **наде́ть** vo. aufsetzen, anziehen; **накле́ить** vo. aufkleben –

b) „zur Genüge, genug, sich satt, sich müde" – in Verbindung mit **-ся :** **нае́сться** vo. sich satt essen, **напи́ться** vo. den Durst löschen, sich betrinken; **нагляде́ться** vo. sich satt sehen; **набе́гаться** vo. sich müde laufen –

c) bedeutungsleer zur Bezeichnung des vollendeten Aspekts: **писа́ть—написа́ть** vo. schreiben; **рисова́ть – нарисова́ть** vo. zeichnen.

9. над-, надо- 434

a) „an-, dazu-, (zusätzlich) darauf-": **надвяза́ть** vo. anstricken; **надстро́ить** vo. zusätzlich daraufbauen; **надписа́ть** (vo.) **а́дрес на конве́рте** die Adresse auf das Kuvert schreiben –

b) „an-, ein wenig ein-": **надломи́ть** vo. anbrechen, ein wenig (ein-)brechen; **надпили́ть** vo. ansägen, ein wenig einsägen; **надкуси́ть** vo. anbeißen.

10. о-, об-, обо-, объ- 435

a) „um... herum-, umher-, um-": **охвати́ть** vo. umfassen; **обмота́ть** vo. umwickeln; **огляде́ться** vo. sich umschauen; **объе́хать** vo. umfahren, um etw. herumfahren –

b) „nicht, nicht richtig, sich ver-" – in Verbindung mit **-ся :** **ослу́шаться** vo. nicht gehorchen; **ослы́шаться** vo. sich verhören; **обсчита́ться** vo. sich verrechnen –

c) bedeutungsleer zur Bezeichnung des vollendeten Aspekts: **кре́пнуть – окре́пнуть** vo. erstarken; **ра́доваться – обра́доваться** vo. sich freuen; **зли́ться – обозли́ться** vo. sich ärgern.

11. от-, ото-, отъ- 436

a) „weg-, fort-, ab-, los-": **отбро́сить** vo. wegwerfen; **отъе́хать** vo. weg-, abfahren; **отда́ть** vo. weg-, abgeben; **отвинти́ть** vo. abschrauben –

b) „zu Ende, fertig-, aufhören zu …“: **отцвета́ть** verblühen; **отобе́дать** vo. das Mittagessen beenden.

437 12. пере-

a) „hinüber-, herüber-, über-“: **перебежа́ть** vo. hinüberlaufen; **перепры́гнуть** vo. (hin-)überspringen; **перевести́** vo. hinüberführen, übersetzen –

b) „nochmals, auf neue Art, um-“: **переписа́ть** vo. um-, abschreiben; **переде́лать** vo. nochmals, auf neue Art machen; **переключи́ть** vo. umschalten; **перемени́ть** vo. umändern, umwandeln –

c) „über-, zu viel“: **пересоли́ть** vo. versalzen, zu viel salzen; **перевы́полнить** vo. übererfüllen –

d) „durch-, zer-, in zwei Teile“: **перепили́ть** vo. durchsägen; **переломи́ть** vo. zerbrechen; **переруби́ть** vo. durchhauen, durchschlagen –

e) „untereinander, gegenseitig, hin- und her-“ – in Verbindung mit **-ся: переписываться** sich gegenseitig schreiben, im Briefwechsel stehen; **перекли́каться** einander zurufen; **перегля́дываться** Blicke wechseln.

438 13. по-

a) „anfangen zu, los-“ – in Verbindung mit den bestimmten Formen der Doppelzeitwörter: **побежа́ть** vo. anfangen zu laufen, loslaufen; **пойти́** vo. losgehen; **полете́ть** vo. losfliegen, abfliegen –

b) „eine Zeitlang, ein wenig, etwas“: **посиде́ть** vo. eine Zeitlang sitzen; **поспа́ть** vo. etwas schlafen; **почита́ть** vo. ein wenig lesen –

c) „von Zeit zu Zeit, ab und zu“ (in Verbindung mit dem Suffix **-ыва-/-ива**): **погля́дывать** von Zeit zu Zeit hinsehen; **поку́ривать** ab und zu einen Zug tun (beim Rauchen); **посма́тривать** von Zeit zu Zeit einen Blick werfen –

d) bedeutungsleer zur Bezeichnung des vollendeten Aspekts: **стро́ить — постро́ить** vo. bauen; **звать — позва́ть** vo. rufen; **обе́дать — пообе́дать** vo. Mittag essen.

439 14. под-, подо-, подъ-

a) „darunter-, unter-“: **подкле́ить** vo. darunterkleben, unterkleben; **подчеркну́ть** vo. unterstreichen; **подписа́ть** vo. unterschreiben –

b) „von unten her, empor-, hoch-“: **подбро́сить** vo. in die Höhe werfen, hochwerfen; **подня́ть** vo. hochheben, aufheben –

368

c) „heran-, herbei-“: **подойти́** vo. herankommen, herantreten; **подозва́ть** vo. heranrufen, herbeirufen –

d) „noch hinzu-, dazu-, nach-“: **подли́ть** vo. zugießen, nachgießen; **подсы́пать** vo. hinzuschütten –

e) „ein wenig, nur etwas, leicht“: **подкра́сить** vo. ein wenig anmalen, leicht färben –

f) „heimlich, unbemerkt“: **подсказа́ть** vo. heimlich (vor-)sagen; **подслу́шать** vo. belauschen.

15. пред-, предо-, предъ- 440

„im voraus, vorher-, voraus-“: **предви́деть** voraussehen, vorhersehen; **предостере́чь** vo. (im voraus hüten) warnen; **предсказа́ть** vo. voraussagen; **предреши́ть** vo. im voraus entscheiden.

16. при- ·441

a) „herbei-, an-“: **прийти́** vo. herbeikommen, ankommen; **прие́хать** vo. ankommen, angereist kommen; **прибы́ть** vo. ankommen –

b) „an-, an etwas fest-“: **привинти́ть** vo. an-, festschrauben; **приши́ть** vo. annähen; **примёрзнуть** vo. anfrieren, an etwas festfrieren –

c) „ein wenig, nur etwas, leicht“: **приоткры́ть** vo. ein wenig öffnen; **припу́дрить** vo. ein wenig pudern.

17. про- 442

a) „hindurch-, durch-“: **проре́зать** vo. durchschneiden; **прострели́ть** vo. durchschießen; **проте́чь** vo. hindurchfließen –

b) „vorbei-, vorüber-“: **прое́хать** vo. vorbeifahren, vorüberfahren; **пройти́** vo. vorbei-, vorübergehen –

c) „völlig, ganz, durch-“: **прочита́ть** vo. (ganz) durchlesen; **пронумерова́ть** vo. (ganz) durchnumerieren; **прогре́ть** vo. durchwärmen –

d) „eine bestimmte Zeit hindurch“: **прорабо́тать** (vo.) **весь день** den ganzen Tag über arbeiten; **проспа́ть** (vo.) **всю ночь** die ganze Nacht hindurch schlafen; **проговори́ть** (vo.) **це́лый час** eine ganze Stunde lang sprechen –

e) „ver-“: **проигра́ть** vo. verspielen; **прожи́ть** (vo.) **мно́го де́нег** viel Geld verbrauchen; **пропи́ть** vo. vertrinken.

443   18. раз-, разо-, разъ-, рас-

a) „auseinander-, in verschiedene Richtungen": **разбежа́ться** vo. auseinander-laufen; **разогна́ть** vo. auseinandertreiben, auseinanderjagen; **разойти́сь** vo. auseinandergehen –

b) „zer-, in zwei oder mehrere Teile": **разби́ть** vo. zerschlagen; **разорва́ть** vo. zerreißen; **разложи́ть** vo. ausbreiten, zerlegen –

c) „ent-, (wieder) auf-": **развяза́ть** vo. aufbinden; **распеча́тать** vo. ent-siegeln; **размини́ровать** vo. entminen –

d) „immer mehr, immer stärker (anfangen zu ...)" – in Verbindung mit **-ся**: **разговори́ться** vo. ins Gespräch kommen, gesprächig werden; **распляса́ться** vo. immer mehr zu tanzen anfangen; **раскрича́ться** vo. immer mehr zu schreien anfangen.

444   19. с-, со-, съ-

a) „zusammen-": **соста́вить** vo. zusammenstellen; **связа́ть** vo. zusammen-, verbinden; **созва́ть** vo. zusammenrufen; **сойти́сь** vo. zusammenkommen –

b) „herab-, herunter-": **спры́гнуть** vo. herabspringen; **сбро́сить** vo. herab-werfen; **слете́ть** vo. herabfliegen –

c) „weg-, ab-": **сре́зать** vo. weg-, abschneiden; **сорва́ть** vo. abreißen, ab-pflücken; **сбрить** vo. wegrasieren –

d) bedeutungsleer zur Bezeichnung des vollendeten Aspekts: **де́лать — сде́лать** vo. machen; **игра́ть — сыгра́ть** vo. spielen.

445   20. у-

a) „weg-, fort-": **улете́ть** vo. weg-, fortfliegen; **уе́·ать** vo. weg-, fortfahren; **унести́** vo. weg-, forttragen –

b) in resultativer Bedeutung „er-, be-, ver- usw.": **уби́ть** vo. erschlagen; **уви́деть** vo. erblicken; **узна́ть** vo. erkennen; **укрепи́ть** vo. befestigen; **уга́снуть** vo. verlöschen; **утону́ть** vo. versinken, untergehen; **уве́рить** vo. überzeugen; **умере́ть** vo. sterben –

c) bedeutungsleer zur Bezeichnung des vollendeten Aspekts: **жа́лить — ужа́лить** vo. stechen, beißen; **соверше́нствовать — усоверш́нствовать** vo. vervollkommnen.

Das Adverb

I. Zur Funktion der Adverbien   **446**

Die Adverbien bilden eine selbständige nichtflektierte Wortart[1]. Sie vertreten im Satz die Funktion von Adverbialbestimmungen und dienen zur näheren Erläuterung von Verben, Adjektiven und anderen Adverbien. In seltenen Fällen stehen Adverbien als Attribut bei Substantiven.

Nähere Bestimmung des Verbs:

Он рабо́тает хорошо́.	Er arbeitet gut.
Он пришёл ра́но.	Er kam früh.

Nähere Bestimmung des Adjektivs:

Э́то истори́чески ва́жный вопро́с.	Das ist eine historisch wichtige Frage.
Он был чрезвыча́йно спосо́бным ученико́м.	Er war ein äußerst begabter Schüler.

Nähere Bestimmung des Adverbs:

Мы о́чень ве́село провели́ ве́чер.	Wir haben den Abend sehr fröhlich verbracht.
Обе́д продолжа́лся дово́льно до́лго.	Das Mittagessen dauerte ziemlich lange.

Nähere Bestimmung des Substantivs:

Э́то зна́чит движе́ние вперёд.	Das bedeutet eine Vorwärtsbewegung.
К за́втраку нам по́дали я́йца всмя́тку и ко́фе по-туре́цки.	Zum Frühstück reichte man uns weichgekochte Eier und Kaffee türkisch.

Zu den sogenannten prädikativen Adverbien siehe (613).

II. Die Bedeutungsgruppen der Adverbien   **447**

Nach der Bedeutung unterscheidet man folgende Gruppen von Adverbien:

1. Adverbien des Ortes – Fragen: где?, куда́?, отку́да?

Он живёт здесь с де́тства.	Er lebt seit seiner Kindheit hier.

---

[1] Adverbien sind in ihrer Form unveränderlich. Nur die Qualitätsadverbien auf -o, -e können gesteigert werden, vgl. (466–467).

До сих пор он не возвра- **щался домóй.**	Bis jetzt ist er nicht nach Hause zurück- gekehrt.

Hierher gehören u.a.: **там** dort, da; **тут** hier, da; **туда́** dorthin, dahin; **сюда́** hierher; **всю́ду** überall; **везде́** überall; **до́ма** zu Hause; **вдали́** in der Ferne; **вдаль** in die Ferne, ins Weite; **вперёд** vorwärts; **впереди́** vorn; **наза́д** zurück; **сза́ди** hinten; **наверху́** oben; **внизу́** unten; **вверх** hinauf, nach oben; **вокру́г** ringsum; **нале́во** links, nach links; **напра́во** rechts, nach rechts; **бли́зко** nahe, unweit; **далеко́** fern, weit; **посереди́не** in der Mitte.

2. Adverbien der Zeit — Frage: **когда́?**

Он прие́хал к нам неда́вно.	Er kam vor kurzem zu uns gereist.
Зимо́й мы но́сим тёплые пла́тья.	Im Winter tragen wir warme Kleidung.

Hierher gehören u.a.: **тогда́** damals, dann; **всегда́** immer; **иногда́** manchmal; **пото́м** dann, darauf; **сего́дня**[1] heute; **тепе́рь** jetzt; **ны́не** jetzt; **за́втра**[1] morgen; **вчера́**[1] gestern; **у́тром** morgens; **днём** am Tage; **ве́чером** abends; **но́чью** nachts; **ле́том** im Sommer; **зимо́й** im Winter; **давно́** längst; **сейча́с** jetzt, sofort; **то́тчас** sogleich; **снача́ла** zuerst; **ра́но** früh; **по́здно** spät; **во́время** rechtzeitig; **одна́жды** einmal, eines Tages; **ско́ро** bald.

3. Adverbien des Grundes — Fragen: **почему́?, отчего́?**

Э́то он сказа́л сгоряча́.	Er hat das in der ersten Erregung gesagt.
Он согласи́лся понево́ле.	Er hat gezwungenermaßen zugestimmt.

Hierher gehören u.a.: **потому́** deshalb, darum; **поэ́тому** deshalb, darum; **неча́янно** unabsichtlich, aus Versehen; **сду́ру** aus Dummheit, törichterweise; **со́слепу** kurzsichtig wie (er, ...) war, in (seiner, ...) Blindheit.

Die Bedeutung des Grundes ist bei den Adverbien dieser Gruppe häufig mit der Bedeutung der Art und Weise verknüpft.

4. Adverbien des Zweckes — Fragen: **зачем́?, для чего́?, с какóй це́лью?**

Они́ э́то сде́лали наро́чно, **чтобы подшути́ть надо мной.**	Sie haben das absichtlich getan, um sich über mich lustig zu machen.
Они́ э́то сде́лали мне на́зло.	Sie haben mir das zum Trotz getan.

---

[1] За́втра, сего́дня und вчера́ können auch substantiviert auftreten und werden dann wie undeklinier- bare sächliche Substantive behandelt, z. B.: путь в све́тлое за́втра = der Weg in eine lichte Zukunft.

Hierher gehören u. a.: **затём** deshalb; **на смех** zum Spott; **невзначáй** unvermutet, zufällig; **нéзачем** unnütz, nutzlos.

Zumeist ist die Bedeutung des Zweckes bei den Adverbien dieser Gruppe mit der Bedeutung der Art und Weise oder mit der Bedeutung des Grundes verknüpft.

5. Adverbien der Art und Weise – Fragen: **как?, каким óбразом?**

Парохóд мéдленно приближáется к прúстани.	Der Dampfer nähert sich langsam dem Hafen.
Мы рабóтаем дрýжно.	Wir arbeiten einmütig.

Hierher gehören vorwiegend von Adjektiven abgeleitete Adverbien: **хорошó** gut; **вéсело** fröhlich; **бы́стро** schnell; **тúхо** still, ruhig; **мастерскú** meisterhaft; **герóйчески** heldenhaft; **по-дрýжески** freundschaftlich; **по-рýсски** russisch; **по-нóвому** auf neue Art; **по-весéннему** frühlingsmäßig.

6. Adverbien des Maßes – Fragen: **(во) скóлько раз?, на скóлько частéй?**

Я дважды был у негó.	Ich war zweimal bei ihm.
Продýкция увелúчилась втрóе.	Die Produktion hat sich um das Dreifache vergrößert.
Дéрево распилúли нáдвое.	Der Baum wurde in zwei Teile zersägt.

Hierher gehören Zahladverbien wie: **трúжды** dreimal; **четы́режды** viermal; **вдвóе** doppelt; **втрóе** dreifach; **нáдвое** in zwei Teile, entzwei.

7. Adverbien des Grades – Frage: **в какóй стéпени?**

В прóшлом годý он óчень мáло занимáлся математúкой.	Er hat sich im vorigen Jahr sehr wenig mit Mathematik beschäftigt.
Вы слúшком мнóго рабóтали.	Sie haben zu viel gearbeitet.
Он вполнé довóлен вáшим решéнием.	Er ist mit eurem Entschluß vollkommen zufrieden.

Hierher gehören u. a.: **óчень** sehr; **весьмá** sehr, überaus; **значúтельно** bei weitem, bedeutend; **горáздо** bei weitem, viel; **слúшком** zu, allzu; **крáйне** äußerst, sehr; **чрезвычáйно** außerordentlich, äußerst; **чересчýр** zuviel, übermäßig; **совсéм** ganz, völlig; **мнóго**[1] viel; **мáло** wenig; **немнóго** etwas, ein wenig; **нéсколько** etwas; **немáло** nicht wenig, recht viel.

---

[1] Мнóго, немнóго, мáло, немáло, скóлько, стóлько, нéсколько werden außerdem als unbestimmte Zahlwörter gebraucht. Als solche werden скóлько, стóлько, нéсколько dekliniert, vgl. (275).

III. Die Bildung der Adverbien

448 Die meisten Adverbien sind bzw. werden aus anderen Wortarten abgeleitet. Nur wenige sind ursprüngliche Adverbien oder jetzt nicht mehr als Ableitungen zu erkennen, z. B.: **где, везде, всегда, всюду, вчера, ещё, завтра, здесь, иногда, как, когда, куда, ныне, опять, очень, так, там, теперь, туда, тут, уже.**

Die abgeleiteten Adverbien können nach ihrer Bildung in folgende Gruppen zusammengefaßt werden:

1. Von Adjektiven abgeleitete Adverbien

449 *a) Adverbien auf* **-o/-e***[1]

Mit Hilfe des Suffixes **-o** bzw. **-e** werden zahlreiche Adverbien von Qualitätsadjektiven[2] gebildet. Die Form des Adverbs stimmt dabei mit der sächlichen Kurzform des Adjektivs überein[3].

близко	(zu **близкий**)	nah
быстро	(zu **быстрый**)	schnell
весело	(zu **весёлый**)	fröhlich
дёшево	(zu **дешёвый**)	billig
хорошо	(zu **хороший**)	schön
крайне	(zu **крайний**)	äußerst

450 *b) Adverbien auf* **-и*** *(zum Teil) mit Präfix* **по-**

Mit dem Suffix **-и** werden Adverbien von Qualitätsadjektiven auf **-ский/-цкий** (**-ской/-цкой**) – darunter auch von solchen, die aus Beziehungsadjektiven hervorgegangen sind, – gebildet:

дружески	(zu **дружеский**)	freundschaftlich
братски	(zu **братский**)	brüderlich
геройски	(zu **геройский**)	heldenmütig

---

[1] Durch ein Sternchen (*) sind die produktiven Typen der adverbialen Wortbildung kenntlich gemacht; schwach produktive Typen blieben dabei – wie bei der Wortbildung des Substantivs und Adjektivs – unberücksichtigt.

[2] Ableitungen von Beziehungsadjektiven, die ihrerseits mit по- präfigiert sind, sind selten: поминутно jede Minute, jeden Augenblick; пожизненно lebenslänglich, auf Lebenszeit; помесячно allmonatlich.

[3] In einigen wenigen Fällen unterscheidet sich das Adverb von der formgleichen sächlichen Kurzform des Adjektivs durch die Betonung:
светлый hell — Kurzform: светло — Adverb: светло́
грешный sündhaft — Kurzform: грешно — Adverb: грешно́
красный rot, schön — Kurzform: красно — Adverb: красно́ (i. d. Bed. „schön")

Diese Adverbien können gleichzeitig mit **по-** präfigiert sein, wobei sie zumeist die Bedeutungsnuance eines Vergleichs, eine gewisse normative Bedeutung annehmen: **по-бра́тски** = brüderlich, wie es sich für einen Bruder (für Brüder) gehört. Ableitungen von Beziehungsadjektiven – im besonderen von Gattungsadjektiven auf **-ий, -ья, -ье** – erfolgen stets mit dem Suffix **-и** und Präfigierung durch **по-**:

по-ру́сски	(zu ру́сский)	russisch
по-неме́цки	(zu неме́цкий)	deutsch
по-ли́сьи	(zu ли́сий)	wie ein Fuchs
по-во́лчьи	(zu во́лчий)	in der Art eines Wolfs,
по-ребя́чьи	(zu ребя́чий)	wie Kinder [wie Wölfe

c) *Adverbien auf* **-ому/-ему** *mit Präfix* **по-***   **451**

Adverbien in der Bedeutung „auf eine bestimmte Weise, entsprechend, gemäß…" werden durch die Verbindung von **по-** mit der sächlichen Dativform des Singulars von Qualitäts- und Beziehungsadjektiven sowie von adjektivischen Pronomen gebildet.

по-но́вому	(zu но́вый)	neu, auf neue Weise
по-обыкнове́нному	(zu обыкнове́нный)	wie gewöhnlich
по-осе́ннему	(zu осе́нний)	herbstmäßig
по-друго́му	(zu друго́й)	anders
по-мо́ему[1]	(zu мой)	meines Erachtens, nach meiner Meinung
по-на́шему	(zu наш)	unseres Erachtens, nach unserer Meinung

d) *Adverbien auf* **-ую** *mit Präfix* **в-, на-, за-**   **452**

Einige wenige Adverbien sind aus dem weiblichen Akkusativ Singular des Adjektivs in Verbindung mit den Präpositionen **в, на, за** hervorgegangen.

вплотну́ю	(плотный)	dicht, fest
впусту́ю	(пусто́й)	unnütz, vergebens
вручну́ю	(ручно́й)	mit der Hand (ange-
вслепу́ю	(слепо́й)	blindlings [fertigt)
науда́лую	(удало́й)	auf gut Glück, aufs Geratewohl
зачасту́ю	(ча́стый)	öfter, häufig

---

[1] По-мо́ему, по-тво́ему, по-сво́ему sind im Gegensatz zur Dativform des Pronomens auf der Stammsilbe betont.

453   *e) Adverbien aus alten Kurzformen mit den Präfixen* с-, до-, из-, по-, в-, за-, на-

Eine Reihe von Adverbien ist aus der Verbindung der Präpositionen с, до, из, по, в, за, на mit dem entsprechenden Singularkasus der sächlichen Kurzform des Adjektivs entstanden.

спрáва	(прáвый)	rechts, von rechts
смóлоду	(молодóй)	in jungen Jahren, von Jugend an
дóсыта	(сы́тый)	satt, zur Genüge
дóчиста	(чи́стый)	rein; vollständig
и́здавна	(дáвний)	von jeher, von alters her
издалекá	(далёкий)	von weitem
пóпросту	(простóй)	unmittelbar, ohne Umstände
пóровну	(рóвный)	zu gleichen Teilen
вправо	(прáвый)	rechts, nach rechts
вполнé	(пóлный)	völlig
вскóре	(скóрый)	bald
вдалекé	(далёкий)	in der Ferne
зáново	(нóвый)	von neuem
зáпросто	(простóй)	ohne Umstände, ungezwungen
надóлго	(дóлгий)	auf lange (Zeit)
налéво	(лéвый)	links, nach links
нáкрепко[1]	(крéпкий)	sehr fest
наединé	(еди́ный)	allein, unter vier Augen
наготове	(готóвый)	in Bereitschaft

2. Von Substantiven abgeleitete Adverbien

Viele Adverbien sind aus Deklinationsformen von Substantiven, zumeist in Verbindung mit Präpositionen entstanden. Es handelt sich dabei häufig um Substantive mit räumlicher und zeitlicher Bedeutung.

---

[1] Adverbialverbindungen mit dem alten sächlichen Akkusativ Singular der Kurzform und dem Präfix на- haben in einigen Fällen verstärkende Bedeutung und werden dann häufig mit Wiederholung des entsprechenden einfachen Adverbs gebraucht, z. B.:

крéпко-нáкрепко = sehr fest, niet- und nagelfest
стрóго-нáстрого = strengstens

a) Adverbien aus Substantivformen in Verbindung mit Präpositionen (из, с, до, от; **454**
к, по; на*[1], в*[1], за)

издали	(даль)	von weitem
сначала	(начало)	zuerst, von Anfang an
сбоку	(бок)	seitlich, von der Seite
доверху	(верх)	bis oben
донизу	(низ)	bis nach unten
отроду	(род)	von Geburt an
отчасти	(часть)	teilweise
кверху	(верх)	nach oben, hinauf
книзу	(низ)	nach unten, hinab
посередине	(середина)	in der Mitte
поутру	(утро)	frühmorgens
навеки	(век)	auf ewig, für immer
наконец	(конец)	schließlich, endlich
накануне	(канун)	am Vorabend
вверх	(верх)	hinauf, nach oben
вдаль	(даль)	in die Ferne
вглубь	(глубь)	in die Tiefe
вначале	(начало)	anfangs, zuerst
зараз	(раз)	auf einmal
замужем	(муж)	(mit einem Mann) verheiratet

b) Adverbien aus Instrumentalformen* **455**

α) Hierher gehören die Angaben von Tages- und Jahreszeiten:

утром	morgens, am Morgen
днём	am Tage
вечером	abends, am Abend
ночью	nachts, in der Nacht
весной	im Frühling
летом	im Sommer
осенью	im Herbst
зимой	im Winter

β) Instrumentalformen sind auch einige andere Adverbien – vorwiegend Adverbien der Art und Weise. In verschiedenen Fällen ist nur die adverbialisierte Instrumentalform erhalten; das ursprüngliche Substantiv fehlt im modernen Sprachgebrauch.

---

[1] Von den Bildungen mit den Präpositionen на und в sind nur die Verbindungen mit dem Akkusativ produktiv.

круго́м[1]	(круг)	ringsum
бего́м[1]	(бег)	im Laufschritt
ша́гом	(шаг)	im Schritt
ры́сью	(рысь)	im Trab
ды́бом	(дыбы́)	gesträubt, zu Berge
шёпотом	(шёпот)	im Flüsterton, leise
босико́м		barfuß
пешко́м		zu Fuß
кувырко́м		kopfüber
укра́дкой		verstohlen, heimlich
целико́м		ganz, vollkommen
сли́шком		zu, allzu

3. Von Zahlwörtern abgeleitete Adverbien – Zahladverbien

456 *a) Zahladverbien der Wiederholung (= Multiplikation) sind:*

два́жды	zweimal	се́мью	siebenmal
три́жды	dreimal	во́семью	achtmal
четы́режды	viermal	де́вятью	neunmal
пя́тью[2]	fünfmal	де́сятью	zehnmal
ше́стью	sechsmal		

457 *b) Zahladverbien der Vervielfältigung sind:*

вдво́е	zweifach, doppelt	все́меро	siebenfach
втро́е	dreifach	вво́сьмеро	achtfach
вче́тверо	vierfach	вде́вятеро	neunfach
впя́теро	fünffach	вде́сятеро	zehnfach
вше́стеро	sechsfach		

458 *c) Zahladverbien der Gemeinsamkeit sind:*

вдвоём	zu zweit	всемеро́м	zu siebent
втроём	zu dritt	ввосьмеро́м	zu acht
вчетверо́м	zu viert	вдевятеро́м	zu neunt
впятеро́м	zu fünft	вдесятеро́м	zu zehnt
вшестеро́м	zu sechst		

---

[1] Die Adverbien круго́м, бего́м sind durch die Betonung vom Instrumental der Substantive круг und бег getrennt (кру́гом, бе́гом).

[2] Die Zahladverbien der Wiederholung auf -ью unterscheiden sich durch die Betonung vom formgleichen Instrumental des Grundzahlwortes, vgl. (259).

4. Von Pronomen abgeleitete Adverbien – Pronominaladverbien **459**

a) Zu Ableitungen von adjektivischen Pronomen vgl. (451).

b) Auf eine Verbindung von Pronomen mit Präpositionen gehen folgende Adverbien zurück:

затéм	danach, dann	**почемý**	warum, weshalb
потóм	dann, darauf	**отчегó**	warum
потомý	deshalb, darum	**оттогó**	deshalb
поэ́тому	deshalb, darum	**вóвсе**	völlig, ganz
зачéм	warum, wozu	**совсéм**	ganz

5. Adverbialpartizipien als Adverbien **460**

a) Eine kleine Gruppe von Adverbien ist aus Adverbialpartizipien hervorgegangen, die ihre verbalen Merkmale aufgegeben haben:

мóлча[1]	schweigend	**нéхотя**	ungern
стóя[1]	stehend	**немéдля**	sofort, unverzüglich
сидя́	sitzend	**шутя́**	leicht, mühelos
лёжа	liegend	**не шутя́**	im Ernst
	auch:	**стоймя́**	stehend, aufrecht
		зря	umsonst

b) Einige wenige — vorzugsweise in der Umgangssprache gebrauchte — Adverbien gehen auf alte russische Adverbialpartizipialformen auf **-учи/-ючи** zurück, vgl. die Fußnote auf S. 338:

игрáючи	spielend leicht
припевáючи	herrlich und in Freuden
умéючи	sachverständig, mit Sachkenntnis

6. Von Adverbien abgeleitete Adverbien **461**

Von Adverbien können durch Präfigierung und in bestimmten Fällen auch durch Suffigierung neue Adverbien gebildet werden, z. B.:

отсю́да	**(сюдá)**	von hier
послезáвтра	**(зáвтра)**	übermorgen
позавчерá	**(вчерá)**	vorgestern
недáвно	**(давнó)**	neulich, kürzlich
навсегдá	**(всегдá)**	für immer

---

[1] Мóлча und стóя unterscheiden sich durch die Betonung von den entsprechenden als Adverbialpartizip gebrauchten Formen, vgl. (396).

Als besondere Gruppen sind dabei vertreten:

462   *a) Negierende Adverbien*

α) Negierende Adverbien werden durch Vorsetzen der Partikel **ни-** vor Frageadverbien gebildet:

нигде́	nirgends
никуда́	nirgendwohin
ниотку́да	nirgendwoher
никогда́	niemals
ника́к	auf keinerlei Weise

Mit **ни-** gebildete negierende Adverbien werden wie die mit **ни-** gebildeten Pronomen im Satz mit der sogenannten doppelten Verneinung gebraucht (vgl. 308):

Я его́ никогда́ не ви́дел.	Ich habe ihn niemals gesehen.
В э́том году́ я никуда́ не пое́ду.	In diesem Jahr werde ich nirgendwohin fahren.
Он ника́к не мог спра́виться с рабо́той.	Er konnte auf keinerlei Weise mit der Arbeit fertigwerden.

β) Mit der Partikel **не-** werden von Frageadverbien negierende Adverbien gebildet, die wie die negierenden Pronomen **не́кого, не́чего** (vgl. 309) nur in Infinitivkonstruktionen auftreten können:

Мне не́где отдохну́ть.	Ich habe nirgends Platz zum Ausruhen.
Ему́ не́где сесть.	Er weiß nicht, wo er sich hinsetzen soll.
Не́куда е́хать.	Es besteht keine Möglichkeit, irgendwohin zu fahren.
Рабо́тай, не́когда разгова́ривать!	Arbeite, es ist keine Zeit zum Unterhalten!
Не́когда гуля́ть.	Es ist keine Zeit zum Spazierengehen.
Мне сего́дня не́когда.	Ich habe heute keine Zeit.

463   *b) Indefinite Adverbien*

Indefinite Adverbien werden von Frageadverbien mit Hilfe der Partikeln **не-, кое-, -то, -либо, -нибудь** abgeleitet. Für den Gebrauch dieser Adverbien gilt dasselbe wie für die mit den gleichen Partikeln gebildeten indefiniten Pronomen (vgl. 312).

не́когда	einst, ehemals
кое-где́	hier und da
кое-ка́к	mit großer Mühe, schlecht
кое-куда́	hierhin und dorthin

когда́-то	einst, ehemals
ка́к-то	irgendwie; einmal, einst
когда́-нибудь	irgendwann, dereinst
куда́-нибудь	irgendwohin
где́-нибудь	irgendwo
ка́к-нибудь	irgendwie; nachlässig; irgendwann, bei Gelegenheit
когда́-либо	irgendwann, dereinst
куда́-либо	irgendwohin

7. Adverbien der subjektiven Einschätzung

1. Von Qualitätsadverbien auf -o/-e können wie von Qualitätsadjektiven mit Hilfe be- **464** stimmter Suffixe Formen gebildet werden, die eine – weitgehend subjektiv vorgestellte – Modifizierung eines Umstands ausdrücken (vgl. auch 248).

Hierher gehören folgende Suffixe:

a) das Suffix **-енько** (nach **г, к, х -онько**), das eine Verstärkung ausdrückt, z. B.: **ти́хо – тихо́нько; легко́ – лего́нько; давно́ – давне́нько; хорошо́ – хороше́нько; ча́сто – часте́нько.**

b) die Suffixe **-енечко** (nach **г, к, х -онечко**), **-ёхонько** (nach **г, к, х -охонько**), **-ёшенько** (nach **г, к, х -ошенько**), die eine rein subjektiv vorgestellte Verstärkung bezeichnen und in der Regel nur in der Volksdichtung auftreten: **ти́хо – тихо́нечко; ра́но – ранёхонько; бе́ло – белёшенько.**

c) die Suffixe **-ко, -ечко,** die subjektiv verstärkende Bedeutung haben: **немно́го – немно́жко – немно́жечко.**

Suffixe der subjektiven Einschätzung treten auch in Bildungen mit dem Präfix **по-** auf: **потихо́ньку, потихо́нечку; полего́ньку, полего́нечку; понемно́жечку.**

2. Verstärkende Bedeutung kann beim Adverb auch ausgedrückt werden: **465**

a) durch doppelte Aneinanderreihung, z. B.: **далеко́-далеко́** weit, weit entfernt; **высоко́-высоко́** hoch, hoch oben. Das zweite Adverb kann dabei durch **на**-präfigiert sein, vgl. die Fußnote auf S. 376: **кре́пко-на́крепко** niet- und nagelfest.

b) durch Verbindung mit einer Form auf **-ым** vom gleichen Wortstamm, z. B.: **полны́м-полно́** übervoll, über und über voll; **давны́м-давно́** schon längst, vor sehr langer Zeit.

IV. Die Steigerung der Adverbien

Die Qualitätsadverbien auf **-o/-e** können gesteigert werden.

466
1. Der Komparativ

Der Komparativ der Adverbien auf **-o/-e** stimmt in seiner Bildung mit dem einfachen Komparativ des entsprechenden Adjektivs überein[1] (vgl. 219—221):

ве́село	(весёлый)	lustig	— веселе́е	(веселе́й)
интере́сно	(интере́сный)	interessant	— интере́снее	(интере́сней)
темно́	(тёмный)	dunkel	— темне́е	(темне́й)
бли́зко	(бли́зкий)	nah	— бли́же	
высоко́	(высо́кий)	hoch	— вы́ше	
гро́мко	(гро́мкий)	laut	— гро́мче	
далеко́	(далёкий)	weit, fern	— да́льше	
пло́хо	(плохо́й)	schlecht	— ху́же	
хорошо́	(хоро́ший)	gut, schön	— лу́чше	

Wie bei den Adjektiven sind in einigen Fällen doppelte Komparativformen auf **-ee** und **-ше** vorhanden (vgl. auch 219, c):

ма́ло	wenig	— ме́нее,	ме́ньше
мно́го	viel	— бо́лее,	бо́льше
далеко́	weit, fern	— да́лее,	да́льше
до́лго	lange	— до́лее,	до́льше
по́здно	spät	— поздне́е,	по́зже
ра́но	früh	— ра́нее,	ра́ньше

Wie bei den adjektivischen Komparativformen kann **по-** die Abschwächung des Steigerungsgrades bezeichnen. Es kann jedoch bei Fehlen eines Vergleichsgliedes auch „so... wie möglich, möglichst" bedeuten.

Он знал ма́ло, она́ побо́льше.	Er wußte wenig, sie etwas mehr.
Я поскоре́е око́нчу рабо́ту.	Ich werde die Arbeit so schnell wie möglich beenden.
Напиши́те мне поскоре́й!	Schreiben Sie mir möglichst bald!

---

[1] Ein adverbialer Komparativ kann zuweilen auch durch бо́лее (und ме́нее) in Verbindung mit dem Positiv des Adverbs ausgedrückt werden: бо́лее внима́тельно, ме́нее тру́дно u. ä.

Wie nach dem adjektivischen Komparativ wird „als" nach dem adverbialen Komparativ ausgedrückt:

a) durch **чем**. Dabei ist zu beachten, daß ein nominales Vergleichswort nach **чем** im gleichen Kasus steht wie das Wort, auf das sich der Vergleich bezieht. (Beim adjektivischen Komparativ steht das nominale Vergleichswort nach **чем** stets im Nominativ, vgl. 226).

Ле́том со́лнце гре́ет сильне́е, чем весно́й.	Im Sommer wärmt die Sonne stärker als im Frühling.
Пётр пи́шет лу́чше, чем Ви́ктор.	Peter schreibt besser als Viktor.
Он интересу́ется геогра́фией бо́льше, чем исто́рией.	Er interessiert sich mehr für Geographie als für Geschichte.

b) durch den Genitiv des nominalen Vergleichsworts, z. B.:

Они́ вы́полнили план ра́ньше сро́ка.	Sie haben den Plan vorfristig erfüllt.
Я э́то зна́ю лу́чше тебя́ (oder: **твоего́**).	Ich weiß das besser als du.

2. Der Superlativ   **467**

a) Der Superlativ der Adverbien auf **-о/-е** wird allgemein durch den einfachen Komparativ in Verbindung mit den Genitiven **всего́ = (чем всё), всех (= чем все)** ausgedrückt (vgl. auch 232, b)[1].

Бо́льше всего́ он лю́бит свою́ ро́дину.	Am meisten liebt er seine Heimat.
Он рабо́тает лу́чше всех.	Er arbeitet am besten.
Он скоре́е всех ко́нчил свою́ рабо́ту.	Er hat seine Arbeit am schnellsten beendet.
Краси́вее всех пи́шет у нас в кла́ссе Семёнов.	Am schönsten schreibt bei uns in der Klasse Semjonow.

b) Selten werden adverbiale Superlativformen auf **-ейше (-айше)** gebraucht: **стро́го** (streng) — **стро́же** — **строжа́йше; поко́рно** (unterwürfig) — **поко́рнее** — **покорне́йше; подро́бно** (ausführlich) — **подро́бнее** — **подро́бнейше** u. ä.

---

[1] Ein zusammengesetzter adverbialer Superlativ kann auch durch Vorsetzen von наибо́лее (und наиме́нее) vor den Positiv des Adverbs gebildet werden: наибо́лее успе́шно, наиме́нее уда́чно u. ä.

Die Präpositionen

468 DIE EINTEILUNG DER PRÄPOSITIONEN

Nach ihrer Herkunft unterteilt man die Präpositionen im Russischen in 2 Gruppen:

I. ursprüngliche Präpositionen, z.B.:

в, до, из, на, над, под, у, с.

II. abgeleitete Präpositionen, d.h. Präpositionen, die aus anderen Wortarten entstanden sind. Dabei unterscheidet man:

1. Adverbialpräpositionen, z.B.:

вóзле, вокрýг, навстрéчу, óколо, пóсле, прóтив, средú;

2. Substantivpräpositionen, z.B.:

во врéмя, во úмя, во главé, в течéние, в результáте, в цéлях, с пóмощью, путём;

3. Verbalpräpositionen, z.B.:

благодаря́, спустя́;

4. präpositionale Ausdrücke, z. B.:

вмéсте с, вслед за, нарядý с, ря́дом с, в связú с, несмотря́ на.

469 ZU FUNKTION UND BEDEUTUNG DER PRÄPOSITIONEN

Präpositionen sind nichtflektierte Hilfswörter, deren Funktion es ist, Beziehungen zwischen Satzgliedern auszudrücken.

Mit Hilfe von Präpositionen werden Substantive, substantivische Pronomen, substantivierte Adjektive oder auch Zahlwörter in verschiedene Beziehungen zu anderen Satzgliedern gesetzt. Jede Präposition regiert dabei einen bestimmten Kasus. Manche Präpositionen können bei verschiedener Bedeutung mehrere (– bis zu drei –) Kasus regieren.

Die durch die Präpositionen ausgedrückten Beziehungen sind mannigfaltiger Art. Es sind vor allem Umstands- und Objektbeziehungen; seltener liegen Attributbeziehungen vor.

384

1. Umstandsbeziehungen

   a) lokal:

   Завтра отец поедет в Москву. — Вера сидит в классе. — От Ленинграда до Москвы 649 километров. — Эта дорога ведёт к широкой реке.

   b) temporal:

   Утром я встаю в семь часов. — В прошлом месяце мы не были в театре. — С утра до вечера отец работал в саду. — По субботам она работает в библиотеке.

   c) modal:

   С трудом мы дошли до берега реки. — Они работают по плану.

   d) kausal:

   Ребёнок запрыгал от радости. — Он дрожал от холода.

   e) final:

   Мы боремся за мир и демократию во всём мире. — Он всё делает для семьи.

2. Objektbeziehungen:

   Об этом мы ещё не говорили. — Он верит в победу. — Мы не сомневаемся в успехе. — Человек стремит к знанию.

3. Attributbeziehungen:

   окно из стекла, дом в пять этажей, отдых после обеда.

Die Mehrzahl der Präpositionen dient in erster Linie zur Wiedergabe lokaler und temporaler Umstandsbeziehungen.

Abgeleitete Präpositionen haben in der Regel nur eine Bedeutung und können nur einen Kasus regieren.

DIE URSPRÜNGLICHEN PRÄPOSITIONEN

Die ursprünglichen Präpositionen sind zumeist einsilbig. Zu ihnen zählen: **без, в, для, до, за, из, к, между, на, над, о, от, перед, по, под, при, про, ради, с, сквозь, у, через.**

I. Grundbedeutung und Kasusrektion der ursprünglichen Präpositionen

Ka-sus	mit einem Kasus	mit 2 Kasus	mit 3 Kasus
G.	без (безо) ohne — для до из (изо) für bis aus — от (ото) von — ради у wegen bei		с (со) von
D.	к (ко) zu		по auf, über, entlang
A.	про сквозь через über, durch, über, von durch	в (во) на о (об, обо) in auf о (об, обо) gegen — за под (подо) hin-unter ter	с (со) по etwa bis
I.	перед (передо) vor — над (надо) über — между (меж) zwischen, unter	за под (подо) hin-unter ter	с (со) mit
P.	при bei	в (во) на о (об, обо) in auf über	по nach

Zu Form und Betonung der ursprünglichen Präpositionen

A. Den ursprünglichen Präpositionen **без, в, из, к, над, от, перед, под, с** **471** wird vor Substantiven, Adjektiven und Pronomen, die mit zwei oder mehreren Konsonanten anlauten, vielfach ein **-о** angehängt[1]:

во всех странах мира; передо мной; со стола.

Die Präposition **о** wird vor vokalischem Anlaut zu **об: об успéхе.**

Merke: **обо мне, обо всём (обо всей, обо всех).**

B. 1. Präpositionen bilden mit dem Folgewort eine Betonungseinheit, wobei die Be- **472** tonung grundsätzlich auf dem Folgewort liegt. Mehrsilbige Präpositionen – angefügtes **о** nicht mitgezählt – haben dabei einen Nebenton, z.B.: **пèред обéдом.**

2. Bei den Präpositionen **за, из, на, по** und **под** kann in seltenen Fällen die Betonung vom Substantiv auf die Präposition verlegt werden, z.B.:

a) im Akkusativ Singular und Plural der weiblichen Substantive, die im Akkusativ Singular die Betonung auf die Stammsilbe zurückziehen:

рукá: – зá руку – зá руки; головá: – зá голову; горá: – нá гору – пóд гору.

b) im Akkusativ und teilweise im Instrumental Singular der auf der ersten Silbe betonten männlichen Substantive mit den Lautgruppen **-оро-, -ере:**

гóрод: – зá город – зá городом; бéрег: – нá берег.

c) im Genitiv, Dativ und Akkusativ Singular einiger einsilbiger, im Singular stammbetonter männlicher Substantive:

пол: – пó полу – нá пол.

d) im Dativ, Akkusativ und Instrumental Singular der auf der ersten Silbe betonten zweisilbigen sächlichen Substantive:

пóле: – пó полю – нá поле; мóре: – пó морю – зá морем.

Neuerdings wird die Betonung zumeist nur dann auf die Präposition verlegt, wenn die Verbindung von Präposition und Substantiv als adverbialer Ausdruck aufgefaßt wird.

---

[1] Als annähernde Regel kann gelten:
1. во steht vor в, ф + Konsonant (во вторник, во Франции);
2. со steht vor с, з + Konsonant sowie vor вн, вз, вс, вт, вк (со сливками, со внуком, со вкусом – und merke: со временем);
3. во, ко, надо, передо, со stehen vor мн (ко мне, надо мной);
4. alle konsonantisch auslautenden ursprünglichen Präpositionen erhalten vor den abgeleiteten Kasus männlicher einsilbiger Substantive mit flüchtigem о/е ein -о (во рту, со лба).

473 *Doppelpräpositionen*

Durch Verbindung zweier ursprünglicher Präpositionen entstehen sogenannte Doppelpräpositionen. Die gebräuchlichsten sind:

из-за (mit Gen.) = hinter … hervor; wegen

из-под (mit Gen.) = unter … hervor

Doppelpräpositionen werden sonst in verschiedensten Zusammensetzungen in der Volkssprache gebraucht, z. B.: **по-над мо́рем, по-под сне́гом, по-за сара́ем.**

II. Zum Gebrauch der ursprünglichen Präpositionen

Die ursprünglichen Präpositionen werden im einzelnen in der Hauptsache wie folgt gebraucht (zur präpositionalen Rektion der Verben siehe 552–567):

474 | **без (безо)** | *mit Genitiv* – „ohne", „in Abwesenheit"

Он написа́л дикто́вку без оши́бок. Er schrieb das Diktat ohne Fehler.
Без вас приходи́ли го́сти. In eurer Abwesenheit kamen Gäste.

Zur Angabe der Uhrzeit siehe (585, b).

475 | **в (во)** |

a) mit Akkusativ

1. räumlich: „in (hinein), nach" – (Frage: „wohin?")

В универма́г непреры́вно вхо́дят покупа́тели. In das Warenhaus kommen ununterbrochen Käufer.
За́втра мы пое́дем в Ки́ев. Morgen fahren wir nach Kiew.

2. zeitlich: „um, an" – auch: „bei" bei Witterungsangaben

У́тром я встаю́ в семь часо́в. Morgens stehe ich um 7 Uhr auf.
В сре́ду к нам прие́дет Пётр. Am Mittwoch kommt Peter zu uns.
В снег и дождь мы не придём. Bei Schnee und Regen werden wir nicht kommen.

3. bei Zahlenangaben von Maß, Gewicht usw.

У него́ лы́жи длино́й в два ме́тра. Er hat 2 Meter lange Skier.
У нас кварти́ра в пять ко́мнат. Wir haben eine Fünfzimmerwohnung.
На дворе́ сего́дня моро́з в три гра́дуса. Heute sind draußen drei Grad Frost.

4. zur Angabe des Zweckes oder Zieles

Он всё э́то сказа́л в шу́тку. Er hat das alles zum Scherz gesagt.

b) mit Präpositiv

1. räumlich: „in, an, auf" – (Frage: „wo?")

Я ещё никогда не был в Берлине.	Ich bin noch niemals in Berlin gewesen.
Мой брат учится в техникуме.	Mein Bruder studiert an einem Technikum.

bei Entfernungsangaben: „in einer Entfernung von"

Наш дом находится в двух километрах от города.	Unser Haus liegt 2 km von der Stadt entfernt.

2. zeitlich: „in"[1]

Он сдал свои экзамены уже в прошлом году.	Er hat seine Examina bereits im vorigen Jahr abgelegt.
Он жил здесь в детстве.	Er wohnte in seiner Kindheit hier.

| Для | *mit Genitiv* – „für" (zur Angabe des Bestimmungszweckes oder im Sinne von „zugunsten, im Interesse von") | **476** |

Она купила много игрушек для детей.	Sie kaufte viele Spielsachen für die Kinder.
Он всё делает для семьи.	Er tut alles für die Familie.

| До | *mit Genitiv* – „für" | **477** |

1. räumlich: „bis (zu)"

Расстояние от Мурманска до Владивостока приблизительно 6000 километров.	Die Entfernung von Murmansk bis Wladiwostok beträgt ungefähr 6000 km.

---

[1] In der Regel steht в mit dem Akkusativ zur Bezeichnung kürzerer Zeiteinheiten, в mit dem Präpositiv zur Bezeichnung längerer Zeiteinheiten.

В mit dem Akkusativ steht:

1. zur Angabe der Uhrzeit: в два часа, в три часа двадцать минут, – aber merke: в половине ...;
2. zur Angabe von Tageszeit (mit Attribut), Tag und Wochentag: в этот вечер, в ту ночь; в среду, в пятницу;
3. zur Angabe ungenau benannter Zeiträume und bei Witterungsangaben: в эти годы, в старое время, в годы юности, в эту эпоху, в ту пору, в хорошую погоду, в дождь, в бурю.

В mit dem Präpositiv steht:

1. zur Angabe des Monats: в январе, в прошлом месяце;
2. zur Angabe des Jahres und Jahrhunderts: в этом году, в 1956 году; в двадцатом веке;
3. zur Angabe von Lebensabschnitten: в детстве, в юности;
4. zur Angabe zahlenmäßig benannter Zeiträume: в пятидесятых годах, в шестидесятых годах прошлого века.

2. zeitlich: „bis, vor"

С утра́ до ве́чера он рабо́-тал в саду́.	Vom Morgen bis zum Abend arbeitete er im Garten.
До войны́ он жил в дере́вне.	Vor dem Kriege lebte er auf dem Lande.

478 за

a) mit Akkusativ

1. räumlich: „hinter, an[1]" – (Frage: „wohin?")

Со́лнце спря́талось за ту́чи.	Die Sonne verbarg sich hinter den Wolken.
Оте́ц, мать и де́ти се́ли за стол у́жинать.	Vater, Mutter und Kinder setzten sich zum Abendessen an den Tisch.

2. zeitlich: „in, während, im Laufe von"

За после́днее вре́мя я прочита́л мно́го книг.	In letzter Zeit habe ich viele Bücher gelesen.
За после́дние 10 лет в на́шем го́роде мно́гое измени́лось.	Während der letzten 10 Jahre hat sich in unserer Stadt vieles verändert.

auch: „mehr als, über"

Ему́ за со́рок лет.	Er ist über 40 Jahre alt.

3. zur Angabe des Zweckes oder Zieles: „für" (mit gegensätzlicher Bedeutung von **про́тив** im Sinne von „eintreten, sich einsetzen für")

Колониа́льные наро́ды бо́рются за свобо́ду и незави́симость свое́й ро́дины.	Die Kolonialvölker kämpfen für die Freiheit und Unabhängigkeit ihrer Heimat.

4. zur Angabe des Grundes: „für (,wegen)"

Он получи́л пре́мию за хоро́шую рабо́ту.	Er erhielt eine Prämie für gute Arbeit.
Его́ наказа́ли за просту́пок.	Man bestrafte ihn für sein Vergehen.

5. zur Angabe der Gegenleistung und des Ersatzes: „für", „anstelle (von)"

Он купи́л кни́гу за 5 рубле́й.	Er kaufte ein Buch für 5 Rubel.
Он отве́тил за меня́.	Er hat für mich geantwortet.

---

[1] In dieser Bedeutung steht за nur nach сесть vo., стать vo. und einigen ähnlichen Verben.

b) mit Instrumental

1. räumlich: „hinter, an[1], jenseits, außerhalb" – (Frage: „wo?")

Семья сидит за столом и обедает.	Die Familie sitzt am Tisch und ißt zu Mittag.
Спортивная площадка находится за городом.	Der Sportplatz befindet sich außerhalb der Stadt.

2. zeitlich: „bei" (während einer Tätigkeit)

Он поёт за работой.	Er singt bei der Arbeit.
Я застал его за обедом.	Ich traf ihn beim Mittagessen an.

3. zur Angabe des Zweckes: „nach"[2]

Мать послала за доктором.	Die Mutter schickte nach dem Arzt.

4. zur Angabe einer hindernden Ursache: „aus, wegen, infolge"[3]

Я не мог гулять за недостатком времени.	Aus Zeitmangel konnte ich nicht spazierengehen.

479

из (изо)	*mit Genitiv*

1. räumlich: „aus (heraus), von"

Борис идёт из библиотеки домой.	Boris geht aus (von) der Bibliothek nach Hause.

2. zur Angabe des Materials: „aus"

Мой новый костюм из сукна.	Mein neuer Anzug ist aus Tuch.

3. zur Angabe der Herkunft oder des Ursprungs: „aus"

Он происходил из рабочей семьи.	Er stammte aus einer Arbeiterfamilie.
Об этом я узнал из газет.	Ich erfuhr davon aus den Zeitungen.

4. zur Angabe des Grundes: „aus"

Он совершил подвиг из любви к родине.	Er vollbrachte die Heldentat aus Liebe zur Heimat.

---

[1] In dieser Bedeutung steht за hauptsächlich nach сидеть, стоять, находиться und einigen ähnlichen Verben.

[2] Den Zweck bezeichnet за nach Verben wie слать, идти, ехать, бежать, обратиться vo. Volkssprachlich braucht man in dieser Bedeutung öfters по mit dem Akkusativ: Дети пошли в лес по грибы и ягоды.

[3] In dieser Bedeutung tritt за eigentlich nur noch in den drei buchsprachlichen Wendungen за недостатком, за неимением, за отсутствием auf.

5. „von, aus" (einer Menge)

Нéкоторые из рабóчих вы́-   Einige der Arbeiter erfüllten den Plan
полнили план досрóчно.   vorfristig.

480   `из-за`   *mit Genitiv*

1. räumlich: „hinter ... hervor"

Зáяц вы́скочил из-за кустá.   Ein Hase sprang hinter dem Strauch hervor.

Он возвратѝлся из-за гра-   Er ist aus dem Ausland zurückgekehrt.
нѝцы.

2. zur Angabe einer (negativen) Ursache: „wegen, infolge"

Из-за дождя́ мы отложи́ли   Wegen des Regens haben wir die Exkur
экскýрсию.   sion verschoben.

481   `из-под`   *mit Genitiv*

1. räumlich: „unter ... hervor", „aus der Gegend von"

Голубы́е цветы́ показáлись   Unter dem Schnee hervor zeigten sich
из-под снéга.   blaue Blumen.
Он приéхал из-под Тýлы.   Er kam aus der Gegend von Tula.

2. zur Angabe des früheren Verwendungszwecks

Дáйте мне, пожáлуйста, вот   Geben Sie mir bitte hier dieses (leere)
эту бáнку из-под варéнья!   Marmeladenglas!

482   `к (ко)`   *mit Dativ*

1. räumlich: „an (heran), zu"

Он éдет к вокзáлу.   Er fährt zum Bahnhof.
К немý никтó не пришёл.   Zu ihm kam niemand.

2. zeitlich: „gegen"

Я придý к трём часáм.   Ich werde gegen 3 Uhr kommen.
К вéчеру он приéхал в Ле-   Gegen Abend kam er in Leningrad an.
нингрáд.

3. zur Angabe des Zweckes oder Zieles: „zu, für"

Это слýжит к моемý оправ-   Das dient zu meiner Rechtfertigung.
дáнию.

4. zur Bezeichnung eines Verhältnisses, Gefühls: „zu, gegenüber"

Он чýвствует к немý боль-   Er empfindet ihm gegenüber große
шýю симпáтию.   Sympathie.

ме́жду (меж)	*mit Instrumental*[1]	**483**

1. räumlich: „zwischen"

Ме́жду шко́лой и теа́тром нахо́дится Гла́вный почта́мт.	Zwischen Schule und Theater befindet sich das Hauptpostamt.

2. zeitlich: „zwischen, in der Zeit von"

Он обеща́л прие́хать ме́жду 10–15 сентября́.	Er versprach, zwischen dem 10. und 15. September zu kommen.

3. zur Bezeichnung der Menge, aus der ein Glied hervorgehoben wird: „unter"

Ме́жду людьми́ на перро́не я уви́дел тётю Ири́ну.	Unter den Menschen auf dem Bahnsteig erblickte ich Tante Irina.

4. zum Ausdruck gegenseitiger Beziehungen: „zwischen, unter"

За мир и дру́жбу ме́жду наро́дами!	Für Frieden und Völkerfreundschaft!

на		**484**

a) mit Akkusativ

1. räumlich: „auf, in[2], nach" – (Frage: „wohin?")

Ма́льчик вы́бежал на у́лицу.	Der Knabe lief hinaus auf die Straße.
За́втра на́ши самолёты улетя́т на се́вер.	Morgen werden unsere Flugzeuge nach dem Norden fliegen.
Во вре́мя кани́кул на́ши друзья́ пое́дут на Кавка́з.	In den Ferien werden unsere Freunde in den Kaukasus fahren.

2. zeitlich: „an[3]", „für[4]"

Мы узна́ли об э́том то́лько на сле́дующий день.	Wir haben erst am nächsten Tag davon erfahren.

---

[1] Ist von ме́жду ein Substantiv im Plural abhängig, so kann es auch im Genitiv stehen, z.B.: Доро́га шла ме́жду гор = Der Weg führte zwischen Bergen hindurch. Vgl. auch die feststehenden Wendungen: ме́жду двух огне́й — zwischen zwei Feuern, чита́ть ме́жду строк = zwischen den Zeilen lesen.

[2] Zum Gebrauch von в und на siehe die Fußnote 1 auf S. 394.

[3] Zeitlich „an" (vgl. 475,a2) wird bei Verbindung mit den Ordnungszahlen von 2 an aufwärts oder gleichbedeutenden Attributen in der Regel durch на wiedergegeben: на второ́й день, на шесто́й день, на друго́е у́тро, на сле́дующее у́тро.

[4] На = zeitlich „für" bezieht sich auf einen bevorstehenden Zeitraum. Ein zurückreichender Zeitraum wird durch за mit dem Akkusativ ausgedrückt, vgl. (478,a2).

На ле́то мы уе́дем в дере́вню.	Für die Zeit des Sommers werden wir aufs Land fahren.
Он на́нял кварти́ру на три го́да.	Er hat die Wohnung für 3 Jahre gemietet.

3. zur Angabe des Verwendungszwecks: „zu, für"

Покажи́те мне, пожа́луйста, хоро́шую мате́рию на пальто́!	Zeigen Sie mir bitte einen hübschen Mantelstoff!
Вот э́то промы́шленные това́ры на вы́воз.	Das hier sind Industriewaren für den Export.

4. zur Angabe von Größenunterschieden, häufig beim Komparativ: „um"

Они́ прие́хали на неде́лю ра́ньше.	Sie kamen (um) eine Woche früher.
Моя́ ко́мната бо́льше ва́шей на оди́н квадра́тный метр.	Mein Zimmer ist (um) einen qm größer als eures.
Он опозда́л на пять мину́т.	Er hat sich um fünf Minuten verspätet.

b) *mit Präpositiv*

1. räumlich: „auf, in[1]" – (Frage: „wo?")

На у́лице большо́е движе́ние.	Auf der Straße ist viel Verkehr.
Кни́га лежи́т на столе́.	Das Buch liegt auf dem Tisch.
Вчера́ я был на конце́рте.	Gestern war ich im Konzert.

---

[1] Bei Ortsangaben wird allgemein в gebraucht, wenn lediglich der Ort bezeichnet wird; dagegen steht на, wenn mit dem Ort eine Tätigkeit oder Funktion verknüpft ist. Mitunter sind jedoch в und на bei gleicher Bedeutung vom folgenden Substantiv abhängig.

рабо́таю в колхо́зе, в библиоте́ке, в больни́це, в магази́не, в комбина́те – aber: на заво́де, на фа́брике, на по́чте, на вокза́ле, на строи́тельстве, на произво́дстве;

учу́сь в шко́ле, в кла́ссе, в университе́те, в институ́те, в те́хникуме, в акаде́мии – aber: на пе́рвом ку́рсе, на медици́нском факульте́те;

был в теа́тре, в кино́, в о́пере, в клу́бе, в ци́рке – aber: на конце́рте, на ле́кции, на собра́нии, на конфере́нции, на съе́зде;

был в саду́, в па́рке, в лесу́, в на́шей стране́ – aber: на стадио́не, на ры́нке, на бульва́ре, на ро́дине;

живу́ в переу́лке …, в Сиби́ри, в Крыму́, в Белору́ссии, в Румы́нии, в Чехослова́кии – aber: на у́лице …, на Ура́ле, на Кавка́зе, на Украи́не.

На steht stets bei Himmelsrichtungen: на ю́ге, на се́вере – auch: на Да́льнем Восто́ке, на Кра́йнем Се́вере – sowie bei Angabe der Lage an Gewässern: Росто́в-на-Дону́.

Zum Gebrauch von в und на bei Angabe des Fortbewegungsmittels siehe (559).

2. zeitlich: „in" (in Verbindung mit **неде́ля**), „bei" (in Verbindung mit **рас-све́т, зака́т** u. ä.)

Спорти́вные соревнова́ния состоя́тся на бу́дущей неде́ле.
Die Sportwettkämpfe werden in der kommenden Woche stattfinden.

Они́ верну́лись на рассве́те.
Sie kehrten bei Tagesanbruch zurück.

над (надо) | *mit Instrumental*   485

1. räumlich: „über"

Ла́мпа виси́т над столо́м.
Die Lampe hängt über dem Tisch.

2. zur Angabe des Objekts einer Tätigkeit: „an"

Он рабо́тает над статьёй для стенгазе́ты.
Er arbeitet an einem Wandzeitungsartikel.

о (об, обо)   486

a) mit Akkusativ — „an, gegen"

Парохо́д разби́лся о ска́лы.
Der Dampfer zerschellte an den Felsen.

Ло́дка уда́рилась о ка́мень.
Das Boot stieß gegen einen Stein.

b) mit Präpositiv — „von, über"

Мы говори́ли о литерату́ре.
Wir sprachen über Literatur.

Она́ прочита́ла кни́гу об Аме́рике.
Sie las ein Buch über Amerika.

от (ото) | *mit Genitiv*   487

1. räumlich: „von (aus), von (weg)"

От Москвы́ до Ленингра́да 649 киломе́тров.
Von Moskau bis Leningrad sind es 649 km.

Он отошёл от стола́.
Er ging vom Tisch weg.

2. zeitlich: „von ... (an)" – auch zur Datumsangabe von Schriftstücken u. ä.: „vom"

Мы бы́ли в шко́ле от восьми́ часо́в до двена́дцати.
Wir waren von 8 bis 12 Uhr in der Schule.

Я получи́л твоё письмо́ от 10-го а́вгуста сего́ го́да.
Ich habe deinen Brief vom 10. August dieses Jahres erhalten.

3. zur Angabe der Herkunft: „von"

Мы получи́ли мно́го пи́сем от на́ших друзе́й.
Wir erhielten von unseren Freunden viele Briefe.

4. zur Angabe des Grundes: „vor, an"

Он дрожа́л от хо́лода. — Er zitterte vor Kälte.
Он страда́ет от ревмати́зма. — Er leidet an Rheuma.

488 **перед (передо)** *mit Instrumental* – „vor"

1. räumlich

Ни́на и Ве́ра встре́тились перед библиоте́кой. — Nina und Vera trafen sich vor der Bibliothek.

2. zeitlich[1]

Перед обе́дом де́ти игра́ли в саду́. — Vor dem Essen spielten die Kinder im Garten.

489 **по**

a) *mit Dativ*[2]

1. räumlich: „auf, über, entlang, durch"

Они́ гуля́ли по мо́сту. — Sie gingen auf der Brücke spazieren.
Пионе́рский отря́д прохо́дит по у́лице Го́рького. — Eine Pioniergruppe marschiert die Gorkistraße entlang.
Он броди́л по́ лесу. — Er streifte durch den Wald.

2. zeitlich: „an" (zum Ausdruck der zeitlichen Wiederholung)

По суббо́там он рабо́тает в саду́. — An Sonnabenden (= sonnabends) arbeitet er im Garten.
По утра́м я встаю́ в семь часо́в. — Morgens stehe ich um 7 Uhr auf.

3. zur näheren Bestimmung bzw. Abgrenzung eines Begriffes

Позавчера́ он сдал экза́мен по геогра́фии. — Vorgestern hat er seine Prüfung in Geographie (= Geographieprüfung) abgelegt.
Он хо́чет стать врачо́м по глазны́м боле́зням. — Er möchte Arzt für Augenkrankheiten (= Augenarzt) werden.
У неё хоро́шая отме́тка по матема́тике. — Sie hat eine gute Note in Mathematik.

4. „laut, entsprechend, gemäß, nach"

Он поступа́ет по зако́ну. — Er handelt nach dem Gesetz.
Она́ всегда́ оде́та по мо́де. — Sie ist stets nach der Mode gekleidet.

[1] Zum Unterschied von до (477) hat перед mehr die Bedeutung „(kurze, gewisse Zeit) vor": до обе́да = vormittags, перед обе́дом = vor dem Mittagessen.
[2] Zum Gebrauch von Personalpronomen und кто, что nach по siehe (283,3).

5. „vermittels, durch, mit"

Мы посла́ли кни́гу по по́чте.   Wir schickten das Buch durch die Post.

Они́ пое́дут по желе́зной доро́ге.   Sie werden mit der Eisenbahn fahren.

6. zur Angabe des Grundes: „aus"

Он сде́лал э́то по неосторо́жности.   Er hat das aus Unachtsamkeit getan.

Он забы́л очки́ по рассе́янности.   Er hat aus Zerstreutheit seine Brille vergessen.

b) mit Akkusativ – „bis an, bis zu"

1. räumlich

Он вошёл в во́ду по коле́ни.   Er ging bis zu den Knien ins Wasser.

2. zeitlich

По сию́ по́ру он не возвраща́лся домо́й.   Bis jetzt ist er nicht nach Hause zurückgekehrt.

Они́ побыва́ли в Москве́ с пе́рвого по деся́тое ма́я.   Sie weilten vom 1. bis zum 10. Mai (einschließlich)[1] in Moskau.

c) mit Präpositiv – „(zeitlich) nach"[2]

По оконча́нии университе́та она́ ста́ла учи́тельницей.   Nach Beendigung (= Absolvierung) der Universität wurde sie Lehrerin.

d) distributiv – „je"

1. mit Dativ des Substantivs

Мать дала́ де́тям по я́блоку.   Die Mutter gab den Kindern je einen Apfel.

2. mit Dativ, Akkusativ bzw. Genitiv des Zahlworts siehe (278).

под (подо)   **490**

a) mit Akkusativ

1. räumlich: „unter" – (Frage: „wohin"?)

Он кладёт кни́гу под па́рту.   Er legt das Buch unter die Bank.

---

[1] Man beachte: по 10 ма́я heißt: bis 10. Mai einschließlich
         до 10 ма́я heißt: bis 10. Mai (nicht einschließlich).

[2] Zeitliches „nach" wird nur noch in der Schriftsprache in einigen feststehenden Wendungen durch по mit dem Präpositiv wiedergegeben. In der Regel steht dafür по́сле mit dem Genitiv, vgl. (499).

2. zeitlich: „gegen, an"

Он вернулся под вечер.	Er kehrte gegen Abend zurück.
Ему под тридцать лет.	Er ist an die dreißig Jahre alt.

3. zur Angabe des Verwendungszwecks: „als, für"

Эту комнату отвели под би-блиотеку.	Dieses Zimmer stellte man als Bibliothek zur Verfügung.
Бочка предназначена под вино.	Das Faß ist für Wein bestimmt.

4. zur Angabe eines Begleitgeräusches: „unter, bei, zu"

Он закончил свою речь под аплодисменты.	Unter Beifall beendete er seine Rede.
Они танцевали под звуки оркестра.	Sie tanzten zu den Klängen des Orchesters.

b) mit Instrumental

1. (räumlich) „unter", „bei, in der Nähe von"[1] – (Frage: „wo?")

Шахтёры работают под зем-лёй.	Die Bergarbeiter arbeiten unter der Erde (= unter Tage).
Она живёт под Москвой.	Sie wohnt bei Moskau.

2. zur Angabe des Verwendungszwecks

Это склад под картофелем.	Das ist ein Kartoffelspeicher.

3. „unter (Einwirkung von)"

Это письмо написано под впечатлением поездки.	Dieser Brief ist unter dem Eindruck der Reise geschrieben.

491   **при**   *mit Präpositiv*

1. räumlich: „bei, an"

Он стоял при входе.	Er stand am Eingang.
При заводе есть детский сад.	Bei der Fabrik befindet sich ein Kindergarten.

2. zeitlich: „in der Zeit, unter"

Крепостное право было от-менено в 1861 году при Александре Втором.	Die Leibeigenschaft wurde im Jahre 1861 unter Alexander II. abgeschafft.

---

[1] In der Bedeutung „bei, unweit, in der Nähe von" wird под nur in Verbindung mit geographischen Namen gebraucht.

3. „in Anwesenheit"

Э́то случи́лось при мне. Das ist in meiner Anwesenheit passiert.

4. zur Angabe eines Begleitumstandes sowie einer Eigenschaft oder Bedingung

Он до́лго чита́л при све́те ла́мпы. Er hat lange bei Lampenlicht gelesen.

При тако́м здоро́вье нельзя́ кури́ть. Bei einem solchen Gesundheitszustand kann man unmöglich rauchen.

| про | *mit Akkusativ* – „von, über"[1] |

492

Мы говори́ли про кани́кулы и пого́ду. Wir sprachen von den Ferien und vom Wetter.

| ра́ди | *mit Genitiv* – „wegen, um ... willen" |

493

Он помо́г мне на́шей дру́жбы ра́ди[2]. Um unserer Freundschaft willen hat er mir geholfen.

| с (со) |

494

a) mit Genitiv

1. räumlich: „von ... herab, von ... her"

Он взял кни́гу со стола́. Er nahm das Buch vom Tisch weg.
Он спры́гнул с самолёта. Er sprang aus dem Flugzeug ab.

2. zeitlich: „von ... an, seit"

С деся́того ма́я он рабо́тает на автомоби́льном заво́де. Seit dem 10. Mai arbeitet er in einem Automobilwerk.
Врач принима́ет с девяти́ до оди́ннадцати. Der Arzt hat von 9 bis 11 Uhr Sprechstunde.

3. zur Angabe des Grundes: „vor, aus"

Ма́ленькая де́вочка запла́кала с го́ря. Das kleine Mädchen begann vor Kummer zu weinen.
Он побледне́л со стра́ху. Er wurde vor Schrecken bleich.

---

[1] Про wird hauptsächlich in der Umgangssprache gebraucht. In der Schriftsprache steht dafür о mit dem Präpositiv (486).

[2] Ра́ди kann bisweilen auch hinter seinem Beziehungswort stehen: ра́ди на́шей дру́жбы oder: на́шей дру́жбы ра́ди.

b) *mit Akkusativ* – „etwa, ungefähr"

С год он про́жил на ю́ге.   Ungefähr ein Jahr lebte er im Süden.
Он с меня́ ро́стом.   Er ist ungefähr so groß wie ich.

мужичо́к с ногото́к   Däumling (= ein Mann von der ungefähren
ма́льчик с па́льчик   Größe eines Fingernagels bzw. ein Junge
    von der ungefähren Größe eines Fingers)

c) *mit Instrumental* – „mit"

1. zum Ausdruck der Gemeinsamkeit

Я отправля́юсь с бра́том на   Ich begebe mich mit meinem Bruder auf
охо́ту.   die Jagd.
Про́шлую неде́лю мы встре́-   Vorige Woche trafen wir uns mit unserer
тились с сестро́й.   Schwester.

2. zur Angabe der Art und Weise

Я чита́ю газе́ту с больши́м   Ich lese die Zeitung mit großer Aufmerk-
внима́нием.   samkeit.

3. zeitlich

С наступле́нием но́чи ста́ло   Mit Einbruch der Nacht wurde es kalt.
хо́лодно.

4. zum Ausdruck der Eigenschaft oder Beschaffenheit

Мы жи́ли в ко́мнате с боль-   Wir wohnten in einem Zimmer mit
ши́ми о́кнами.   großen Fenstern.

495   сквозь   *mit Akkusativ* – „durch (hindurch)"

Сквозь кры́шу протека́ла   Durch das Dach kam Wasser.
вода́.
Он говори́т сквозь зу́бы.   Er spricht durch die Zähne.

496   у   *mit Genitiv* – „bei, an, neben"

1. räumlich

Стол стои́т у окна́.   Der Tisch steht am Fenster.
Пионе́ры сиде́ли у костра́.   Die Pioniere saßen am Lagerfeuer.

2. zum Ausdruck des Besitzes oder der Zugehörigkeit, vgl. (572).

У меня́ интере́сная кни́га.   Ich habe ein interessantes Buch.

| **через** | *mit Akkusativ* | **497** |

1. räumlich: „über, durch"

Мы идём через лес.   Wir gehen durch den Wald.

Он éдет через Дрéзден в   Er fährt über Dresden nach Prag.
Прáгу.

2. zeitlich: „nach, nach Ablauf von, in"

Он возвратился через мéсяц.   Er kehrte nach einem Monat zurück.

Придý через час.   Ich werde in einer Stunde kommen.

3. „vermittels, durch, mit Hilfe von"

Они объясняются через пере-   Sie verständigen sich mit Hilfe eines Dol-
вóдчика.   metschers.

ADVERBIALPRÄPOSITIONEN

Zu den Adverbialpräpositionen zählen alle Präpositionen, die aus Adverbien ent- **498**
standen sind. Viele von ihnen werden sowohl als Präpositionen wie auch als Adverbien
gebraucht, z. B.:

Вокрýг дóма стояло мнóго   Um das Haus herum standen viele Men-
людéй. — (Präposition!)   schen.

Всё вокрýг бы́ло тихо.   Rundherum war alles still.
— (Adverb!)

1. Adverbialpräpositionen mit dem Genitiv   **499**

вдоль – „längs, entlang"

Вдоль стены́ стоя́т книжные   An der Wand entlang stehen Bücherregale.
пóлки.

вмéсто – „statt, anstelle"

Вмéсто математики у нас бý-   Anstelle von Mathematik werden wir eine
дет урóк англи́йского языкá.   Stunde Englisch haben.

вне – „außer, außerhalb"

Жизнь больнóго вне опáс-   Das Leben des Kranken ist außer Gefahr.
ности.

внутри́ – „innerhalb, im Innern"

Все находи́лись внутри́ дóма.   Alle befanden sich im Hause.

вόзле – „neben"

Вόзле реки́, на опу́шке ле́са, стоя́л ма́ленький до́мик.
Neben dem Fluß, am Waldrand, stand ein kleines Häuschen.

вокру́г – „um ... herum"

Земля́ враща́ется вокру́г Со́лнца.
Die Erde dreht sich um die Sonne.

ми́мо – „vorbei, vorüber an"

Он прошёл ми́мо меня́ и не заме́тил меня́.
Er ging an mir vorbei und bemerkte mich nicht.

кро́ме – „außer"

Там, кро́ме него́, никого́ нет.
Außer ihm ist niemand dort.

о́коло – 1. „neben, bei"; 2. „ungefähr"

Почта́мт нахо́дится о́коло вокза́ла.
Das Postamt befindet sich neben dem Bahnhof.

Я ждал тебя́ о́коло двух часо́в.
Ich habe ungefähr 2 Stunden auf dich gewartet.

по́дле – „neben, bei"

Они́ живу́т по́дле нас.
Sie wohnen neben uns.

по́сле – (zeitlich) „nach"

По́сле обе́да де́ти отдыха́ют в саду́.
Nach dem Mittagessen erholen sich die Kinder im Garten.

пре́жде – „vor, eher als"

Он пришёл пре́жде всех.
Er kam eher als alle anderen.

про́тив – „gegenüber, gegen"

Про́тив теа́тра стои́т па́мятник.
Dem Theater gegenüber steht ein Denkmal.

Мы плы́ли про́тив тече́ния.
Wir schwammen gegen den Strom.

среди́ – „mitten, inmitten, unter"

Дом на́шего де́да стои́т среди́ высо́ких дере́вьев.
Das Haus unseres Großvaters steht inmitten hoher Bäume.

Среди́ делега́тов на конфере́нции мно́го же́нщин.
Unter den Delegierten auf der Konferenz befinden sich viele Frauen.

402

2. Adverbialpräpositionen mit dem Dativ

500

__вопреки__ – „trotz, gegen"

Он не пришёл вопреки да́н-
ному сло́ву.

Trotz seines Versprechens ist er nicht ge-
kommen.

__вслед__ – „nach, hinterher"

Он смотре́л вслед по́езду.

Er sah dem Zug nach.

__навстре́чу__ [1] – „entgegen"

Мы вы́шли навстре́чу гостя́м.

Wir gingen den Gästen entgegen.

__согла́сно__ [2] – „laut, entsprechend, gemäß, nach"

Я поступи́л согла́сно ва́шему
жела́нию.

Ich habe nach Ihrem Wunsch gehandelt.

SUBSTANTIVPRÄPOSITIONEN

501

Zu den Substantivpräpositionen zählt man Präpositionen, die aus Substantivformen –
zumeist in Verbindung mit ursprünglichen Präpositionen – entstanden sind. Substantiv-
präpositionen regieren in der Regel den Genitiv.

__во вре́мя__ – „während"

Во вре́мя кани́кул мы бы́ли в
дере́вне.

Während der Ferien waren wir auf dem
Lande.

__во и́мя__ – „im Namen"

Сде́лайте э́то во и́мя на́шей
дру́жбы!

Tut das im Namen unserer Freundschaft!

__в по́льзу__ – „zugunsten"

Матч зако́нчился в по́льзу
дина́мовцев.

Das Spiel ging zugunsten der Dynamo-
spieler aus.

__в тече́ ие__ – „im Verlauf von"

В тече́ние десяти́ лет он ни-
ка́к не измени́лся.

Im Laufe von 10 Jahren hat er sich in
keiner Weise verändert.

__в це́лях__ – „zum Zwecke, zu"

Всё бу́дет сде́лано в це́лях
улучше́ния усло́вий труда́.

Es wird alles zur Verbesserung der Ar-
beitsbedingungen getan werden.

---

[1] Навстре́чу wird bisweilen auch seinem Beziehungswort nachgestellt.

[2] Согла́сно kann auch in Verbindung mit der Präposition с und dem Instrumental auftreten: согла́сно
с зако́ном.

26*

за исключе́нием – „mit Ausnahme"

Мы согласи́лись с мне́нием докла́дчика за исключе́нием после́днего пу́нкта докла́да.	Wir stimmten mit der Meinung des Referenten überein mit Ausnahme des letzten Punktes des Referates.

по по́воду – „anläßlich"

По по́воду конфере́нции в Ле́йпциг прие́хали ты́сячи делега́тов.	Anläßlich der Konferenz kamen Tausende von Delegierten nach Leipzig.

по слу́чаю – „anläßlich, wegen"

По слу́чаю пра́здника не рабо́тали.	Wegen des Feiertags wurde nicht gearbeitet.

с по́мощью
при по́мощи
путём
посре́дством } – „mit Hilfe von, mittels, durch"

Они́ познако́мились посре́дством перепи́ски.	Sie lernten sich durch Briefwechsel kennen.
Он стара́ется реши́ть пробле́му путём перегово́ров.	Er versucht, das Problem durch Verhandlungen zu lösen.

со стороны́ – „seitens"

Со стороны́ дире́ктора препя́тствий нет.	Seitens des Direktors stehen keine Hindernisse im Wege.

502 VERBALPRÄPOSITIONEN

Zu den Verbalpräpositionen zählen die Präpositionen, die aus Adverbialpartizipien entstanden sind. Die gleichen Formen werden häufig auch noch als Adverbialpartizipien gebraucht.

благодаря́ *mit Dativ*[1] – „dank"

Благодаря́ хоро́шей пого́де экспеди́ция была́ о́чень уда́чной.	Dank des guten Wetters war die Expedition sehr erfolgreich.

---

[1] Als Adverbialpartizip wird благодаря́ genau wie das Verb благодари́ть mit dem Akkusativ verbunden.

Благодаря́ свои́х учителе́й, ученики́ и учени́цы поднесли́ им буке́ты цвето́в.	Die Schüler und Schülerinnen dankten ihren Lehrern und brachten ihnen Blumensträuße.

включа́я *mit Akkusativ* – „einschließlich"

Включа́я дете́й, там бы́ло сто челове́к.	Einschließlich der Kinder waren dort hundert Personen.

исключа́я *mit Genitiv*[1] – „ausschließlich, außer"

Собрала́сь вся семья́, исключа́я дете́й.	Die ganze Familie außer den Kindern hatte sich versammelt.

не счита́я *mit Genitiv* – „ausschließlich, abgesehen von"

В библиоте́ке де́сять ты́сяч книг, не счита́я брошю́р.	Abgesehen von den Broschüren befinden sich in der Bibliothek 10000 Bücher.

спустя́[2] *mit Akkusativ* – „nach, nach Ablauf von"

Спустя́ час мы пошли́ да́льше.	Nach einer Stunde gingen wir weiter.

PRÄPOSITIONALE AUSDRÜCKE 503

Präpositionale Ausdrücke bestehen aus Adverbien, Substantiven oder Adverbialpartizipien in Verbindung mit ursprünglichen Präpositionen. Die gebräuchlichsten sind folgende:

вме́сте с *mit Instrumental* – „gemeinsam, zusammen mit"

Мы провели́ кани́кулы вме́сте с ни́ми.	Wir haben die Ferien mit ihnen gemeinsam verbracht.

вслед за *mit Instrumental* – „(gleich, unmittelbar) nach"

Вслед за по́ездом из Ки́ева прибыва́ет по́езд из Льво́ва.	Gleich nach dem Zug aus Kiew kommt der Zug aus Lwow an.

наряду́ с *mit Instrumental* – „neben, gleichzeitig mit"

Наряду́ с трамва́ем мы по́льзуемся тролле́йбусом.	Neben der Straßenbahn benutzen wir den Obus.

незави́симо от *mit Genitiv* – „unabhängig von"

Соревнова́ния на лы́жах состоя́тся незави́симо от пого́ды.	Die Skiwettkämpfe werden unabhängig vom Wetter stattfinden.

примени́тельно к *mit Dativ* – „in bezug auf, betreffs"

Примени́тельно к да́нному слу́чаю ва́ше реше́ние пра́вильно.	In bezug auf diesen Fall ist Ihre Entscheidung richtig.

ря́дом с *mit Instrumental* – „neben"

Стол стои́т ря́дом с дива́ном.	Der Tisch steht neben dem Sofa.

---

[1] Исключа́я wird mitunter auch mit dem Akkusativ verbunden: исключа́я числи́тельное.
[2] Спустя́ kann sowohl vor als auch nach seinem Beziehungswort stehen.

в зависимости от *mit Genitiv* – „abhängig von, entsprechend, nach"

На́до реши́ть э́тот вопро́с в зави́симости от усло́вий труда́.	Man muß diese Frage je nach den Arbeitsbedingungen lösen.

в отли́чие от *mit Genitiv* – „zum Unterschied von, im Gegensatz zu"

В отли́чие от капитали́зма рабо́чие при социали́зме не эксплуати́руются.	Im Gegensatz zum Kapitalismus werden die Arbeiter unter dem Sozialismus nicht ausgebeutet.

в связи́ с *mit Instrumental* – „in Verbindung mit"

В связи́ с разви́тием те́хники облегча́ется труд челове́ка.	Mit der Entwicklung der Technik wird die Arbeit des Menschen erleichtert.

начина́я с *bzw.* **от** *mit Genitiv* – „von … an"

Она́ прочита́ла всю кни́гу, начина́я с пе́рвой страни́цы.	Sie hat das ganze Buch von der ersten Seite an durchgelesen.

несмотря́ на *mit Akkusativ* – „ungeachtet, trotz"

Несмотря́ на си́льный дождь бы́ло тепло́.	Trotz des starken Regens war es warm.

504 Präpositionen in Verbindung mit dem Personalpronomen der 3. Person

Den Formen des Personalpronomens der 3. Person wird nach allen ursprünglichen Präpositionen sowie nach den Adverbialpräpositionen, die den Genitiv regieren, ein **н-** vorgesetzt. Nach den übrigen abgeleiteten Präpositionen erhält das Personalpronomen der 3. Person kein **н-** (vgl. 283, 2), z. B.:

У него́ хоро́ший дом с са́дом.	Er hat ein schönes Haus mit einem Garten.
Я прошёл ми́мо него́ и не заме́тил его́.	Ich ging an ihm vorbei und bemerkte ihn nicht.
Мы вы́шли навстре́чу им.	Wir gingen ihnen entgegen.
Со стороны́ их[1] препя́тствий нет.	Von ihrer Seite stehen keine Hindernisse im Wege.

Zum Gebrauch von Personalpronomen und **кто, что** nach **по** siehe (283,3).

---

[1] Einige Substantivpräpositionen können anstelle des Personalpronomens auch mit dem Possessivpronomen konstruiert werden. In diesen Fällen liegt jedoch eher ein ursprünglich substantivischer als ein präpositionaler Gebrauch vor.

С их стороны́ препя́тствий нет.
Игра́ зако́нчилась в его́ по́льзу.

Die Konjunktionen

Konjunktionen sind nichtflektierte Hilfswörter, die zur Verbindung einzelner Satzglieder oder ganzer Sätze dienen.

Nach ihrer syntaktischen Funktion unterteilt man die Konjunktionen in 2 Hauptgruppen:

1. beiordnende oder koordinierende Konjunktionen, z.B.:

   и, но, да, и́ли;

2. unterordnende oder subordinierende Konjunktionen, z.B.:

   когда́, потому́ что, что́бы, как.

Zur Zeichensetzung bei Konjunktionen siehe (636, 639/40).

I. Koordinierende Konjunktionen

Die koordinierenden Konjunktionen verbinden:

a) gleichartige Satzglieder:

Он ел и пил.	Er aß und trank.
Он не чита́ет, а пи́шет.	Er liest nicht, sondern schreibt.

b) Hauptsätze zur Satzverbindung:

Я рабо́таю, а ты ничего́ не де́лаешь.	Ich arbeite, aber du tust nichts.

c) Nebensätze gleichen Grades:

Мы слы́шали, как откры́лась дверь и как кто́-то вошёл в сосе́днюю ко́мнату.	Wir hörten, wie eine Tür geöffnet wurde und wie jemand ins Nebenzimmer trat.

Nach der Bedeutung unterscheidet man 4 Gruppen von koordinierenden Konjunktionen. Dabei können manche dieser Konjunktionen in verschiedener Bedeutung gebraucht werden.

507   1. Kopulative oder anreihende Konjunktionen

и	
а	und[1]
да	
да и	und auch
та́кже	
то́же	auch, ebenfalls
а та́кже	und auch, sowie
да́же	sogar
да́же не	nicht einmal, auch nicht
и ... и	
как ... так (и)	sowohl ... als auch
ни ... ни	weder ... noch
не то́лько ... но и	nicht nur ... sondern auch

На горе́ дом, а под горо́й руче́й. — Auf dem Berg steht ein Haus, und unterhalb des Berges fließt ein Bach.

В конфере́нции уча́ствовали неме́цкие, сове́тские, а та́кже францу́зские студе́нты. — An der Konferenz nahmen deutsche, sowjetische sowie französische Studenten teil.

Он стра́шно уста́л, да́же есть не мог. — Er war furchtbar müde, nicht einmal essen konnte er.

И оте́ц и мать лю́бят игра́ть в ша́хматы. — Sowohl Vater als auch Mutter spielen gern Schach.

Сего́дня я не получи́л ни пи́сем, ни журна́лов. — Heute erhielt ich weder Briefe noch Zeitschriften.

Он хорошо́ владе́л не то́лько ру́сским, но и францу́зским языко́м. — Er beherrschte nicht nur das Russische, sondern auch das Französische gut.

---

[1] А = „und" drückt gegenüber и = „und" zugleich einen leichten Gegensatz aus:
Он чита́ет, а она́ пи́шет. Er liest, und (= während) sie schreibt.

2. Adversative oder entgegenstellende Konjunktionen   **508**

а но	} aber[1], *nach Verneinung:* sondern
да	aber, doch
однáко же[2] всё же всё-таки	} doch, jedoch
затó	dafür (aber)
а то	sonst, andernfalls

Мы просѝли у негó кнѝгу, но он её нé дал.	Wir baten ihn um ein Buch, aber er hat es nicht gegeben.
Он не читáет, а пѝшет.	Er liest nicht, sondern schreibt.
Мнóго слы́шится, да мáло вéрится. (Sprichwort)	Viel hört man, aber wenig glaubt man.
Я уезжáю, товáрищ же остаётся.	Ich fahre ab, doch mein Freund bleibt noch.
Что вы ни говорѝте, всё-таки я не повéрю.	Was Sie auch sagen, ich werde es doch nicht glauben.
Заплатѝл дóрого, затó харóшую вещь купѝл.	Ich habe teuer bezahlt, dafür habe ich aber ein gutes Stück gekauft.
Спешѝте, а то вы не поспéете на пóезд.	Beeilt euch, sonst erreicht ihr den Zug nicht.

3. Disjunktive oder unterscheidende Konjunktionen   **509**

ѝли (иль) лѝбо	} oder
ѝли ... ѝли лѝбо ... лѝбо	} entweder ... oder
то ... то	bald ... bald
не тó ... не тó то ли ... то ли	} teils ... teils; entweder ... oder
не стóлько ... скóлько	nicht so sehr ... als vielmehr

---

[1] Но drückt im Vergleich zu a einen stärkeren Gegensatz aus.
[2] Же wird seinem inhaltlichen Beziehungswort stets nachgestellt.

Да́йте мне, пожа́луйста, ча́ю и́ли **ко́фе!**	Geben Sie mir bitte Tee oder Kaffee!
Пое́ду на Кавка́з ли́бо в Крым.	Ich werde in den Kaukasus oder auf die Krim fahren.
Он весь день и́ли пи́шет, и́ли чита́ет.	Entweder liest er den ganzen Tag, oder er schreibt.
Со́лнце то пока́зывалось из-за туч, то сно́ва исчеза́ло.	Bald kam die Sonne hinter den Wolken hervor, bald verschwand sie erneut.
Он утомлён не сто́лько рабо́той, ско́лько боле́знями.	Er ist nicht so sehr von der Arbeit, als von Krankheiten erschöpft.

510   4. Erklärende oder erläuternde Konjunktionen

In die Reihe der koordinierenden Konjunktionen gehören auch die sogenannten erklärenden oder erläuternden Konjunktionen:

то́ есть	das heißt, das ist
и́ли	mit anderen Worten, das heißt
(а) и́менно	und zwar, nämlich

Я пойду́ к ба́бушке в пя́тницу, то́ есть в день её рожде́ния.	Ich werde am Freitag zur Großmutter gehen, das heißt an ihrem Geburtstag.
Назови́те инфинити́в, и́ли[1] не- определённую фо́рму э́того гла- го́ла!	Nennen Sie den Infinitiv, das heißt die Nennform dieses Verbs!
На уро́ке биоло́гии мы говори́ли о ли́ственных дере́вьях, а и́менно о ду́бе, о берёзе, о ли́пе.	In der Biologiestunde sprachen wir über Laubbäume, und zwar über die Eiche, die Birke und die Linde.

II. Subordinierende Konjunktionen

511   Die subordinierenden Konjunktionen verbinden:

a) Haupt- und Nebensatz zum Satzgefüge:

Он пошёл в библиоте́ку, что́- бы чита́ть журна́лы.	Er ging in die Bibliothek, um Zeitschriften zu lesen.

---

[1] Erklärendes и́ли wird stets durch Komma abgetrennt.

b) Nebensätze verschiedenen Grades:

Я узнáл от Вéрнера, что Нина Von Werner erfuhr ich, daß Nina heute
сегóдня не придёт, потомý что nicht kommen wird, da sie krank ist.
онá больнá.

Die subordinierenden Konjunktionen unterteilt man nach den Nebensätzen, die von
ihnen eingeleitet werden, in folgende Gruppen:

1. Konjunktionen, die Temporalsätze einleiten **512**

когдá	wenn, als
как	wenn, als[1]; seit, seitdem
как тóлько	
лишь тóлько	} sobald (als)
едвá	kaum, sobald
едвá ... как	kaum ... als
покá	während, solange
покá не	(so lange) bis
в то врéмя как	
тогдá как	} während
мéжду тем как	
пóсле тогó как	nachdem
с тех пор как	seit, seitdem
прéжде чем	
рáньше чем	
перед тем как	} bevor, ehe
до тогó как	

Он вошёл в кóмнату, когдá я на- Er betrat das Zimmer, als ich den Mantel
девáл пальтó. anzog.
Прошлó два гóда, как мы по- Es sind zwei Jahre vergangen, seit wir uns
знакóмились. kennenlernten.
Едвá я вошёл, (как) он нáчал Ich war kaum eingetreten, als er zu spre-
говорить. chen begann.
Куй желéзо, покá горячó. (Sprich- Schmiede das Eisen, solange es heiß ist.
wort)

---

[1] Как = „wenn, als" gilt gegenüber когдá = „wenn, als" als umgangssprachlich.

Я не могу́ уе́хать, пока́ не прие́дет брат.	Ich kann nicht abfahren, bis (= ehe) mein Bruder kommt.
Я гуля́л, в то вре́мя как други́е игра́ли в ша́хматы.	Ich ging spazieren, während die anderen Schach spielten.
С тех пор как я зна́ю его́, он рабо́тает учи́телем.	Seit ich ihn kenne, arbeitet er als Lehrer.

513   2. Konjunktionen, die Kausalsätze einleiten

потому́ что[1] так как поско́льку	da, weil
и́бо (buchsprachl.)	denn, da
оттого́ что	weil
всле́дствие того́ что	dadurch, daß; weil
в си́лу того́ что	auf Grund dessen, daß; weil
ввиду́ того́ что	in Anbetracht dessen, daß; da, weil

Так как я за́втра бу́ду в теа́тре, я не могу́ его́ встре́тить на вокза́ле.	Da ich morgen im Theater sein werde, kann ich ihn nicht vom Bahnhof abholen.
Не ем, оттого́ что не хочу́.	Ich esse nicht, weil ich nicht mag.
Ввиду́ того́ что бы́ло уже́ по́здно, мы реши́ли око́нчить рабо́ту.	In Anbetracht dessen, daß es schon spät war, beschlossen wir, die Arbeit zu beenden.

514   3. Konjunktionen, die Finalsätze einleiten

что́бы (чтоб)[2] для того́ что́бы зате́м что́бы с тем что́бы	damit; um ... zu

---

[1] Потому́ что kann nicht gebraucht werden, wenn der Kausalsatz vor dem Hauptsatz steht.
[2] Zum Gebrauch von что́бы siehe (367, B 3).

Он говори́л я́сно и про́сто, что́бы все по́няли его́.	Er sprach klar und einfach, damit ihn alle verstehen konnten.
Я пришёл, что́бы поговори́ть с ва́ми.	Ich bin gekommen, um mit Ihnen zu sprechen.
Он зашёл к това́рищам, для того́ что́бы вме́сте с ни́ми отпра́виться на экску́рсию.	Er kam zu seinen Kameraden, um sich mit ihnen gemeinsam auf eine Exkursion zu begeben.
Я прие́хал, с тем что́бы оконча́тельно объясни́ться с ва́ми.	Ich bin gekommen, um mich endgültig mit Ihnen auseinanderzusetzen.

4. Konjunktionen[1], die Komparativsätze einleiten

515

как	wie
как бы	
бу́дто	
бу́дто бы (б)	
как бу́дто	wie, gleichsam, als ob
как бу́дто бы (б)	
сло́вно	
то́чно	wie, als ob
чем	
не́жели[2]	als (nach dem Komparativ)

Не так живи́, как хо́чется. (Sprichwort)	Lebe nicht, wie dir's gefällt.
Он продолжа́л чита́ть, бу́дто ничего́ не слы́шал.	Er fuhr fort zu lesen, als ob er nichts gehört hätte.
Она́ расска́зывает, как бу́дто (бы) уча́ствовала в экспеди́ции.	Sie erzählt, als ob sie an der Expedition teilgenommen hätte.
Он плывёт, сло́вно ле́бедь.	Er schwimmt wie ein Schwan.
Он кричи́т, то́чно с ума́ сошёл.	Er schreit, als ob er den Verstand verloren hätte.

---

[1] Diese Konjunktionen sind nur bedingt den subordinierenden Konjunktionen zuzurechnen; denn Komparativsätze sind keine untergeordneten Nebensätze, sondern erweiternde Elemente eines Satzgliedes.

[2] Не́жели ist im Veralten begriffen und wird heute nur noch in der Buchsprache gebraucht.

516

5. Konjunktionen, die Konditionalsätze einleiten

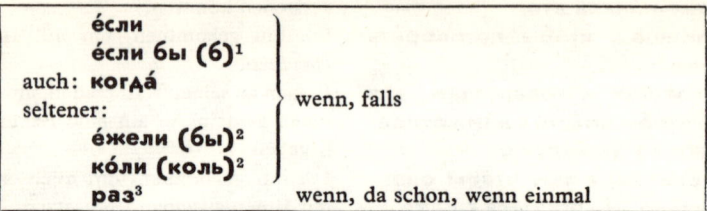

éсли	
éсли бы (б)[1]	
auch: **когдá**	wenn, falls
seltener:	
éжели (бы)[2]	
кóли (коль)[2]	
раз[3]	wenn, da schon, wenn einmal

Éсли хóчешь, то приходи́ зáвтра.	Wenn du willst, dann komme morgen.
Éсли бы я мог, я пришёл бы к тебé.	Wenn ich könnte, würde ich zu dir kommen.
Раз ты дал слóво, ты дóлжен егó сдержáть.	Wenn du dein Wort gegeben hast, mußt du es halten.

517

6. Konjunktionen, die Konsekutivsätze einleiten

так что	so daß
до тогó что	
настóлько ... что	so (sehr), daß

Мы в дорóге задержáлись, так что к пóезду опоздáли на цéлый час.	Wir wurden unterwegs aufgehalten, so daß wir uns zum Zug um eine ganze Stunde verspäteten.
Он измени́лся до тогó, что я не узнáл егó.	Er hat sich so sehr verändert, daß ich ihn nicht erkannt habe.

518

7. Konjunktionen, die Konzessivsätze einleiten

хотя́ (хоть)	
хотя́ бы (б)	
хоть бы	obwohl, obgleich, wenn auch, selbst wenn
несмотря́ на то, что	
тóлько бы (б)	
лишь тóлько бы (б)	wenn nur
рáзве тóлько	es sei denn
пусть, пускáй	wenn auch

---

[1] Éсли бы wird in irrealen Bedingungssätzen gebraucht, vgl. (367, B 1).
[2] Éжели und кóли gelten heute als veraltet, кóли tritt zudem noch in der Volkssprache auf.
[3] Раз wird in der Regel nur in der gesprochenen Sprache gebraucht.

Хотя́ бы́ло по́здно, мы не спеши́ли к по́езду.	Obwohl es spät war, eilten wir nicht zum Zuge.
В ко́мнате зажгли́ ого́нь, несмотря́ на то́, что бы́ло ещё светло́.	Im Zimmer zündete man Licht an, obwohl es noch hell war.
Непреме́нно приду́, ра́зве то́лько заболе́ю.	Ich komme bestimmt, es sei denn, daß ich krank werde.
Пусть он оши́бся, но оши́бку мо́жно испра́вить.	Wenn er auch einen Fehler gemacht hat, so kann der Fehler doch korrigiert werden.

8. Explikative Konjunktionen 519

Explikative Konjunktionen – bisweilen auch als Konjunktionen mit rein grammatischer Funktion bezeichnet – sind Konjunktionen, die in erster Linie Objektsätze, aber auch Subjektsätze und selten Attributsätze einleiten.

что	
что́бы (чтоб)[1]	} daß
бу́дто	
бу́дто бы (б)	} als ob, daß
как	wie

Я не зна́л, что он э́то сказа́л.	Ich wußte nicht, daß er das gesagt hat.
Я жела́ю, что́бы ты с ним позна-ко́мился.	Ich möchte, daß du ihn kennenlernst.
Ему́ показа́лось, бу́дто бы что́-то шевели́лось.	Es schien ihm, als ob sich etwas bewegte.
Говоря́т, бу́дто он уе́хал.	Man sagt, er sei fortgefahren.
Мы не слы́шали, как он вошёл в ко́мнату.	Wir hörten nicht, wie er ins Zimmer trat.
Он сде́лал вид, бу́дто он не по́нял смы́сла ва́ших изложе́ний.	Er erweckte den Anschein, als ob er den Sinn Ihrer Ausführungen nicht verstünde.

9. Konjunktionale Relativa 520

In der Funktion subordinierender Konjunktionen treten auch die Relativpronomen **кото́рый, како́й, чей, кто, что** und Frageadverbien wie **где, куда́, отку́да** usw. auf.

Zum Unterschied von den Konjunktionen stellen diese nicht nur die syntaktische Verbindung zwischen Haupt- und Nebensatz her, sondern haben innerhalb des Nebensatzes zugleich Satzgliedfunktion.

---

[1] Zum Gebrauch von что́бы siehe (367, B 4).

Die Partikeln

521 Partikeln sind nichtflektierte Hilfswörter ohne selbständige Bedeutung und ohne syntaktische Funktion. Sie dienen dazu, einzelnen Wörtern oder ganzen Sätzen bestimmte Bedeutungsschattierungen zu verleihen, z. B.:

Это ему известно: —

Это и ему известно.	Das ist auch ihm bekannt.
Ведь это ему известно.	Das ist ihm doch bekannt.
Это только ему известно.	Das ist nur ihm bekannt.
Разве это ему известно?	Ist ihm das denn bekannt?
Вряд ли это ему известно.	Das ist ihm wohl kaum bekannt.

Die Partikeln haben sich erst verhältnismäßig spät zu einer Wortart herausgebildet. Viele Partikeln sind daher herkunftsmäßig mit anderen Wortarten verknüpft. So entstanden z. B.:

aus Konjunktionen – die Partikeln и, же, даже
aus Adverbien   – die Partikeln ещё, уже, только
aus Pronomen   – die Partikeln всё, -то

Die meisten abgeleiteten Partikeln werden dabei gleichzeitig noch in ihrer ursprünglichen Wortart gebraucht, z. B.:

Благодарю вас за всё. (Pronomen!)   Ich danke Ihnen für alles.

Работа идёт всё лучше. (Verstär- Die Arbeit geht immer besser.
kende Partikel!)

Nach ihrer **Bedeutung** können die Partikeln in der Hauptsache folgende Gruppen bilden (zur **Stellung** der Partikeln siehe 626):

522   1. Hinweisende Partikeln

вот = hier; sieh da!	**это** = etwa: denn
вон = dort; sieh mal!	(umgangssprachl.)

Вот dient zum Hinweis auf Näherliegendes, **вон** zum Hinweis auf Fernerliegendes.

Вот он идёт.   Da kommt er.
Смотрите, вон пашет трактор!   Seht, dort pflügt ein Traktor!
Кто это пришёл?   Wer ist denn gekommen?

2. Verstärkende Partikeln

ведь	= doch, ja
да́же	= sogar, selbst
и	= auch, selbst
же (ж)	= doch, ja, denn
-таки	= doch, dennoch
ещё	= noch
уже́ (уж)	= schon
всё	= immer
гора́здо	= bei weitem, viel
про́сто / пря́мо	= einfach, geradezu
ни…(не)	= auch (nicht), vgl. (602)
(кто, что …) ни	= (wer, was …) auch immer

Ведь э́то не но́вость.	Das ist doch keine Neuigkeit.
Э́то да́же ему́ изве́стно.	Das ist sogar ihm bekannt.
Когда́ же мы пойдём?	Wann werden wir denn gehen?
Он успе́л-таки на по́езд.	Er hat den Zug doch noch erreicht.
Уж ско́лько раз я вам говори́л, что на́до слу́шать внима́тельнее.	Wie oft habe ich euch schon gesagt, daß man aufmerksamer zuhören muß.
Пого́да стано́вится всё ху́же и ху́же.	Das Wetter wird immer schlechter.
В Крыму́ гора́здо тепле́е, чем в Москве́.	Auf der Krim ist es bei weitem wärmer als in Moskau.
Я пря́мо не зна́ю, что де́лать.	Ich weiß einfach nicht, was ich tun soll.
Ни одна́ кни́га не поте́ряна.	Auch nicht ein Buch ist verlorengegangen.
Что он ни говори́л, всё бы́ло напра́сно.	Was er auch immer sagte, es war alles umsonst.

3. Einschränkende Partikeln

лишь	= nur, bloß
то́лько	= nur, bloß, allein
еди́нственно	= nur, allein, einzig und allein
исключи́тельно	= ausschließlich, nur
хоть	= nur, auch nur, wenigstens

Отвеча́йте мне лишь на оди́н вопро́с.	Beantworten Sie mir nur eine Frage.

Зачём то́лько я ему́ сказа́л э́то!	Warum habe ich ihm das nur gesagt!
В про́шлом году́ мы встре́тились то́лько три ра́за.	Im vergangenen Jahr haben wir uns nur dreimal getroffen.
Пре́мию получи́ли исключи́тельно отли́чники.	Eine Prämie erhielten nur die Schüler, die sehr gute Noten haben.
Для э́той рабо́ты мне ну́жно хоть два дня.	Zu dieser Arbeit brauche ich wenigstens zwei Tage.

525

4. Partikeln der näheren Bestimmung

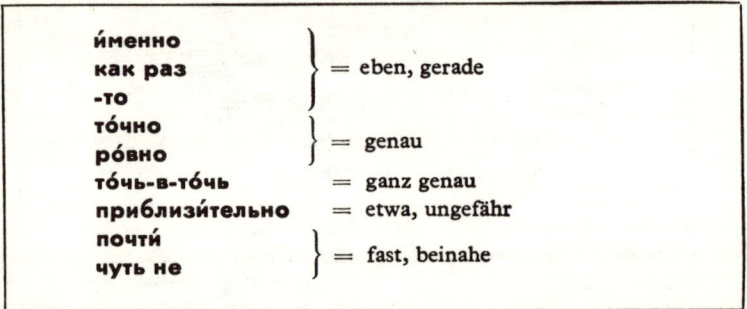

и́менно как раз -то	= eben, gerade
то́чно ро́вно	= genau
то́чь-в-то́чь	= ganz genau
приблизи́тельно	= etwa, ungefähr
почти́ чуть не	= fast, beinahe

Да́йте мне, пожа́луйста, и́менно э́ту кни́гу!	Geben Sie mir bitte eben dieses Buch!
Э́того-то я и хоте́л.	Gerade das habe ich gewollt.
Ро́вно в во́семь часо́в он вошёл в ко́мнату.	Genau um 8 Uhr (= Punkt 8 Uhr) trat er ins Zimmer.
Ма́льчик — то́чь-в-то́чь оте́ц.	Der Knabe ist genau der Vater.
Мы заплати́ли почти́ сто рубле́й.	Wir haben fast 100 Rubel bezahlt.
Ма́ленькая де́вочка чуть не пла́кала.	Das kleine Mädchen weinte fast.

526

5. Partikeln der Bejahung oder Bestätigung

да так	= ja

umgangssprachlich auch:

ещё бы	= ja, ja natürlich, und ob!
то́чно	= ja, ja natürlich

Там бы́ло хорошо́, да, о́чень хорошо́.	Dort war es schön, ja, sehr schön.

Это ли он? — Так, это он.	Ist er das? – Ja, er ist es.
Пойдёшь гулять? — Ещё бы.	Wirst du spazierengehen? - Ja, natürlich.

6. Verneinende Partikeln

527

не	=	nicht
ни	=	nicht, kein[1]
нет	=	nein, nicht
далеко не	=	bei weitem nicht
вовсе не отнюдь не	} =	durchaus nicht

Она не любит кататься на коньках.	Sie läuft nicht gern Schlittschuh.
Нет, я больше не буду играть с вами.	Nein, ich werde nicht mehr mit Ihnen spielen.
Ни шагу дальше!	Keinen Schritt weiter!
Это далеко не всё.	Das ist bei weitem nicht alles.
Он отнюдь не такого мнения.	Er ist durchaus nicht solcher Meinung.

7. Partikeln der Vermutung oder des Zweifels

528

авось	=	vielleicht
пожалуй	=	vielleicht, wahrscheinlich, wohl
вряд ли едва ли	} =	schwerlich; kaum; es ist zweifelhaft, ob
чуть ли не	=	anscheinend

Авось мы не опоздаем.	Vielleicht werden wir uns nicht verspäten.
Вряд ли он придёт.	Er wird wohl kaum kommen.
Едва ли удастся нам получить билеты.	Es wird uns schwerlich gelingen, Karten zu erhalten.
Это произошло чуть ли не в прошлом году.	Das hat sich anscheinend im vorigen Jahr ereignet.

---

[1] Ни tritt gewöhnlich in verneinten Sätzen auf und bedeutet dabei die Verstärkung der Verneinung, **vgl.** (523) und (602). Eigentlich verneinende Bedeutung hat ни nur in Verbindung mit einem Substantiv im Genitiv in unpersönlichen Konstruktionen.

529

8. Fragepartikeln

Zum Ausdruck einer Entscheidungsfrage dienen folgende Partikeln:

ли	*(bleibt in direkten Fragesätzen unübersetzt)*, ob *(in indirek-*
ра́зве	= denn?, wirklich? *[ten Fragesätzen)*
неуже́ли	
уже́ли *(veralt.)*	= ist es möglich?, wirklich?, etwa?

Пришёл ли он?   Ist er gekommen?

Ра́зве ему́ мо́жно ве́рить?   Kann man ihm denn glauben?

Неуже́ли он бо́лен?   Er ist doch nicht etwa krank?

530

9. Ausrufepartikeln

как!	=	wie!
что за!	=	was für ein!, welch!

Как хорошо́ э́то напи́сано!   Wie schön ist das geschrieben!

Что за шум!   Was für ein Lärm!

531

10. Wort- und formbildende Partikeln

A. Zur Bildung neuer Wörter dienen folgende Partikeln:

  a) die Partikeln **ни-** und **не́-** zur Bildung negierender Pronomen und Adverbien (vgl. 307 und 462): **никто́, ничто́; не́кого, не́чего; никогда́, не́когда** usw.

  b) die Partikeln **не́-, ко́е-, -то, -либо, -нибудь** zur Bildung indefiniter Pronomen und Adverbien (vgl. 310 und 463): **не́кто, ко́е-кто́, кто́-то, кто́-либо, кто́-нибудь; ко́е-ка́к, ка́к-то, ка́к-либо, ка́к-нибудь** usw.

  c) die Partikel **не-** zur Bildung von Wörtern mit entgegengesetzter Bedeutung: **сча́стье — несча́стье; терпе́ние — нетерпе́ние; высо́кий — невысо́кий.**

B. Zur Bildung von Verbalformen dienen folgende Partikeln:

  a) Die Partikel **-ся (-сь)** dient zur Bildung reflexiver Verbalformen (vgl. 337):
    Мы встре́тились на вокза́ле.   Wir trafen uns auf dem Bahnhof.

  b) Die Partikel **бы** dient in Verbindung mit dem Präteritum zur Bildung des Konjunktivs (vgl. 366):
    Я пришёл бы ра́ньше, е́сли бы я знал, что ты до́ма.   Ich wäre früher gekommen, wenn ich gewußt hätte, daß du zu Hause bist.

420

c) Die Partikeln **пусть** und umgangssprachlich **пуска́й** dienen zum Ausdruck des Imperativs der 3.Person (vgl. 364, 1):

Пусть он придёт ко мне!   Mag er zu mir kommen!
Пуска́й сам всё посмо́трит!   Mag er sich alles selbst ansehen!

d) Die Partikel **да** dient im feierlichen Stil zur Wiedergabe eines Imperativs der 3. Person (vgl. 364, 2):

Да здра́вствует мир ме́жду наро́дами!   Es lebe der Friede unter den Völkern!

e) **Дава́й, дава́йте** dienen in der Umgangssprache als Partikeln zum Ausdruck des Imperativs der gemeinsamen Handlung (vgl. 363, 2). Mit **дай, да́йте** wird bisweilen umgangssprachlich eine Art Aufforderung in der 1.Person Singular gekennzeichnet (vgl. die Fußnote 1 auf S. 309):

Дава́йте пойдём в теа́тр!   Laßt uns ins Theater gehen!
Дава́йте игра́ть!   Laßt uns spielen! Spielen wir!
Да́йте я прочита́ю письмо́!   Laßt mich den Brief lesen!

In diese Reihe gehören ferner:

f) die Partikel **-ка**, die zum Ausdruck einer gemilderten Aufforderung oder eines gemilderten Befehls dient (vgl. 360):

Да́йте-ка мне э́ту кни́гу!   Geben Sie mir doch mal dieses Buch!

g) die Partikel **бы́ло**[1], die ausdrückt, daß eine Handlung beabsichtigt oder auch begonnen wurde, aber nicht zur Ausführung bzw. zur vollen Ausführung gelangte:

Он хоте́л бы́ло пройти́ ми́мо, но она́ останови́ла его́.   Er wollte schon vorbeigehen, aber sie hielt ihn an.

h) die Partikel **быва́ло**, die ausdrückt, daß sich eine Handlung in der Vergangenheit zu wiederholen pflegte (vgl. auch 609,1):

Я быва́ло ча́сто е́здил в дере́вню.   Früher reiste ich öfters aufs Land.
Быва́ло он ко мне заходи́л.   Er pflegte zu mir zu kommen.

Zu erwähnen wäre auch die heute veraltete Partikel **-с**, die durch Kürzung aus altem **суда́рь** = „Herr, gnädiger Herr" entstanden ist. Die Partikel **-с** konnte einem beliebigen Wort zum Ausdruck der Höflichkeit oder Unterwürfigkeit angefügt werden, z.B.: **Да-с. Нет-с.** Heute braucht man **-с** bisweilen in ironischem Sinne.

---

[1] Die Partikel бы́ло ist unbetont.

Die Interjektionen

532 Interjektionen sind unveränderliche Wörter, die gewisse Gefühls- oder Willensäußerungen des Sprechenden wiedergeben, ohne deren Inhalt genau zu benennen, z. B.:

Ах, как прия́тно!	Ach, wie angenehm!
Увы́, наде́жды нет!	O weh, es besteht keine Hoffnung!
Эй, дружо́к, сади́сь ко мне!	Heda, Freund, setz dich zu mir!

Nach ihrer Herkunft und Form unterteilt man die Interjektionen in zwei Gruppen:

533 <h2 style="text-align:center">1. Ursprüngliche Interjektionen</h2>

а!	= ah! ach! ha!	**на!** (**на́те**[1]!)	=	da! nimm! da hast du!
о!	= o...! oh! o weh!			
ах!	= ach!	**вот тебе́**	=	da hast du's! da haben
ох!	= ach! o weh!	**и на́!**		wir's!
ух!	= ach! uff! o weh!	**ну!** (**ну́те**[1]!)	=	los! schnell! na! nun!
эх!	= ach!	**гм!**	=	hm!
ай!	= ach! o weh! sieh da!	**уф!**	=	uff!
ой!	= ach! o...!	**увы́!**	=	ach! o ...! o weh!
ой ли!	= wirklich?! ist es möglich?!	**ара́!** [ahá]	=	aha!
эй!	= he! heda!	**оро́!** [ohó]	=	oho! oha! nanu!

Die meisten ursprünglichen Interjektionen dienen ähnlich wie ihre deutschen Entsprechungen zur Wiedergabe verschiedenster Gefühlswerte. Ihre Bedeutung ist jeweils vom Kontext und von der Intonation abhängig.

Die Interjektion **ax** kann beispielsweise folgende Empfindungen ausdrücken:

Freude:

Ах,[2] я так рад на́шей встре́че!	Ach, wie freue ich mich, daß wir uns treffen!

---

[1] **-те** wird zumeist dann angefügt, wenn die Rede an mehrere Personen gerichtet ist.

[2] Die Interjektionen werden durch Kommas, mitunter auch durch Ausrufezeichen, vom übrigen Satzganzen abgetrennt.

Begeisterung:

Ах, как хорошо́ здесь в лесу́!   Ach, wie schön ist es hier im Wald!

Verwunderung:

Ах, како́й грома́дный доми́ще!   Ach, welch riesengroßes Haus!

Unzufriedenheit, Tadel:

Ах, как э́то неприя́тно!   Ach, wie ist das unangenehm!

Angst:

Ах, как жу́тко в лесу́!   Ach, wie unheimlich ist es im Wald!

Mitleid, Bedauern:

Ах, ты бе́дный!   Ach, du Bedauernswerter! Ach, du Ärmster!

Ursprüngliche Interjektionen werden bisweilen in doppelter oder dreifacher Aneinanderreihung gebraucht, um dem ausgedrückten Empfindungswert einen gewissen Nachdruck zu verleihen, z. B.:

Ай-ай-а́й, како́й неаккура́тный!   Ach, wie ist er doch unakkurat!

2. Abgeleitete Interjektionen   **534**

Zu den abgeleiteten Interjektionen zählen die folgenden:

a) Interjektionen, die aus Wortformen anderer Wortarten oder aus Wortverbindungen hervorgegangen sind, z. B.:

тшш! (aus: ти́ше!)	= pst! still!
вишь! ишь! (aus: ви́дишь!)	= nun sieh (seht) einmal an!
бай-ба́й!	
ба́ю-ба́й!	= eiapopeia!
(ба́ю-) ба́юшки-ба́ю!	
вон!	= fort! hinaus! scher dich (schert euch) zum [Teufel!
прочь!	= fort! weg! verschwinde(t)!
доло́й!	= nieder! hinweg!
сто́й!	= halt!
карау́л!	= Hilfe!
по́лно! (по́лноте!)	
дово́льно!	
хва́тит!	= genug! es genügt! genug davon! hör(t) auf!
бу́дет!	

бáтюшки!	= ach, du meine Güte!
ýжас! бедá!	= schrecklich! so ein Elend!
бóже мой!	= mein Gott! du meine Güte!
слáва бóгу!	= Gott sei Dank!
чёрт возьми! чёрт побери!	= hol's der Teufel!

b) Interjektionen fremden Ursprungs, z. B.:

айдá!	= heida! wohlan!		**стоп!**	= halt! stopp!
аллó!	= hallo!		**урá!**	= hurra!

c) lautmalende Interjektionen, z.B.:

брр!	= brr! pfui!	**[1]мáу-мáу!**	= miaumiau!
тпру!	= prr! halt!	**[1]кукарекý!**	= kikeriki!
тьфу!	= pfui!	**[1]гав-гáв!**	= wauwau!
ха-ха-хá!	= hahaha!	**[1]му-мý!**	= muh!
хи-хи-хй!	= hihihi!		

d) Interjektionen, die sich als Tierlockrufe aus Tiernamen herleiten, z.B.:

кис-кйс!	(aus: **кйска** Miez)	= miezmiez!
цып-цы́п!	(aus: **цыплёнок** Kücken)	= puttputt!
уть-ýть!	(aus: **ýтка** Ente)	= hulehule!

e) Interjektionen des Grußes, der Bitte und des Dankens

Unter die Interjektionen werden verschiedentlich auch die Ausdrücke des Grußes, der Bitte und des Dankens eingeordnet:

Здрáвствуй(те)! umgangsspr. auch: **Здорóво!** $\Big\}$	= GutenTag! Sei (seid, seien Sie) gegrüßt!
Добрó пожáловать!	= Willkommen!
Дóброе ýтро!	= Guten Morgen!
Дóброй (спокóйной) нóчи!	= Gute Nacht!
Счастлйвого путй!	= Gute (glückliche) Reise!
До свидáния! **Прощáй(-те)!** umgangsspr. auch: **Покá!** $\Big\}$	= Auf Wiedersehen! Leb (lebt, leben Sie) wohl!
Пожáлуйста!	= Bitte!
Спасйбо! **Благодарю́!** $\Big\}$	= Danke!

---

[1] Diese lautnachahmenden Wörter sind nur bedingt den Interjektionen zuzurechnen, da sie keine Gefühls- und Willensregungen des Sprechenden wiedergeben.

AUS DER SYNTAX

ZUR REKTION DER VERBEN

Unter der Rektion eines Verbs versteht man das durch einen bestimmten Kasus aus- **535**
gedrückte syntaktische Abhängigkeitsverhältnis einer nominalen Ergänzung von den
Konjugationsformen eines Verbs. Dabei kann der Kasus der nominalen Ergänzung von
der regierenden Verbform unmittelbar oder mittelbar über eine Präposition abhängig
sein. Man unterscheidet entsprechend eine unmittelbare und eine präpositionale Rektion.

I. Unmittelbare Rektion

Im folgenden sind die wichtigsten russischen Verbrektionen zusammengestellt, die
Abweichungen vom deutschen Kasusgebrauch aufweisen.

1. Der Genitiv

a) Der Genitiv steht als Objekt nach den Verben des Wünschens, Wollens, Forderns, **536**
des Suchens, Strebens und der Erwartung[1]:

жела́ть **пожела́ть** vo. }	(mit Gen.) etw. wünschen
хоте́ть **захоте́ть** vo. }	(mit Gen.) etw. wollen
проси́ть **попроси́ть** vo. }	(mit Gen.) bitten um

---

[1] Nach den Verben ждать, подожда́ть vo., иска́ть, проси́ть / попроси́ть vo., спра́шивать / спро-
си́ть vo. und тре́бовать / потре́бовать vo. steht das Objekt in der Regel im Genitiv, wenn es sich
um ein Abstraktum oder um die Bezeichnung von etwas nicht genau Bestimmtem handelt. Das Objekt
steht im Akkusativ, wenn es eine bestimmte Person oder einen bestimmten konkreten Gegenstand be-
zeichnet.

Он ждёт по́мощи от това́рища.   aber: Он ждёт жену́.
Er erwartet Hilfe von seinem Kameraden.   Er wartet auf seine Frau.
Я ищу́ слу́чая поговори́ть с ним.   Я ищу́ себе́ ко́мнату.
Ich suche eine Gelegenheit, mit ihm zu sprechen.   Ich suche mir ein Zimmer.
Я тре́бую у тебя́ де́нег.   Я тре́бую свои́ де́ньги.
Ich fordere von dir Geld.   Ich fordere mein Geld.
Больно́й попроси́л воды́.   Он попроси́л в библиоте́ке интере́сную
Der Kranke bat um Wasser.   кни́гу.
    Er bat in der Bibliothek um ein interessantes
    Buch.
Проси́ть / попроси́ть vo. können außerdem mit о und dem Präpositiv verbunden werden:
Она́ про́сит сестру́ об услу́ге.   Sie bittet die Schwester um eine Gefälligkeit.

спра́шивать спроси́ть vo. }	(mit Gen.) bitten um
домога́ться	(mit Gen.) sich (eifrig) bewerben um
выма́ливать вы́молить vo. }	(mit Gen. oder Akk.) etw. erflehen
тре́бовать потре́бовать vo. }	(mit Gen.) etw. fordern
иска́ть	(mit Gen.) etw. suchen
добива́ться доби́ться vo. }	(mit Gen.) streben nach, etw. (zu) erreichen (suchen)
достига́ть дости́гнуть vo. дости́чь vo. }	(mit Gen.) etw. erreichen
жа́ждать	(mit Gen.) dürsten nach, etw. ersehnen
ждать подожда́ть vo. дожда́ться vo. ожида́ть }	(mit Gen.) etw. erwarten, warten auf

Жела́ю вам всего́ хоро́шего.	Ich wünsche Ihnen alles Gute.
Чего́ вы хоти́те? — Я хочу́ хле́ба и ча́ю.	Was wollen Sie haben? – Ich will Brot und Tee haben.
Про́сим извине́ния.	Wir bitten um Verzeihung.
Он всегда́ спра́шивал его́ сове́та.	Er fragte ihn immer um Rat.
От писа́теля мы тре́буем худо́жественной пра́вды.	Vom Schriftsteller fordern wir künstlerische Wahrheit.
Он на́чал иска́ть како́й-нибудь рабо́ты.	Er begann, irgendeine Arbeit zu suchen.
Актёр добива́ется популя́рности.	Der Schauspieler erlangt Popularität.
Он доби́лся свое́й це́ли.	Er hat sein Ziel erreicht.
Всё в приро́де жда́ло весе́ннего до́ждика.	Alles in der Natur wartete auf einen Frühlingsregen.

537 b) Der Genitiv steht als Objekt nach Verben, die Furcht, Abneigung oder Scham ausdrücken, sowie nach Verben mit dem Begriff des Meidens und der Einbuße:

боя́ться	(mit Gen.) jem. bzw. etw. fürchten, sich fürchten vor
опаса́ться	(mit Gen.) etw. befürchten
пуга́ться испуга́ться vo. }	(mit Gen.) sich fürchten, erschrecken vor

страши́ться	(mit Gen.) sich fürchten vor
тру́сить стру́сить vo.	} (mit Gen.)[1] Angst haben, sich fürchten vor
гнуша́ться погнуша́ться vo.	} (mit Gen.) sich ekeln vor, etw. verabscheuen
стыди́ться постыди́ться vo.	} (mit Gen.) sich einer Sache schämen
стесня́ться постесня́ться vo.	} (mit Gen.) sich genieren, sich scheuen vor
со́веститься посо́веститься vo.	} (mit Gen.) sich ein Gewissen machen aus, sich einer Sache schämen
дичи́ться	(mit Gen.) sich scheuen vor
избега́ть избежа́ть vo.	} (mit Gen.) jem. bzw. etw. meiden, jem. bzw. einer Sache entrinnen
сторони́ться	(mit Gen.) jem. bzw. etw. meiden
чужда́ться	(mit Gen.) jem. bzw. etw. meiden, sich scheuen vor
бере́чься	(mit Gen.) sich hüten vor
остерега́ться остере́чься vo.	} (mit Gen.) sich hüten, vorsehen vor
лиша́ть лиши́ть vo.	} (mit Gen.) etw. entziehen, nehmen
лиша́ться лиши́ться vo.	} (mit Gen.) jem. bzw. etw. einbüßen

Де́ти боя́тся темноты́.	Kinder fürchten die Dunkelheit.
Ма́ленькая де́вочка пуга́ется соба́к.	Das kleine Mädchen fürchtet sich vor Hunden.
Гнуша́юсь лжи.	Ich verabscheue die Lüge.
Он стыди́тся своего́ незна́ния.	Er schämt sich seiner Unkenntnis.
Он стесня́ется чужи́х люде́й.	Er scheut sich vor fremden Menschen.
Мы избега́ли неприя́тных разгово́ров.	Wir vermieden unangenehme Gespräche.
Она́ чужда́лась за́висти.	Neid war ihr fremd.
Береги́тесь воро́в!	Hütet euch vor Dieben! Achtung Diebe!
Он лиши́л меня́ удо́бного слу́чая.	Er nahm mir eine günstige Gelegenheit.
Она́ вдруг лиши́лась чувств.	Sie wurde plötzlich ohnmächtig.

---

[1] Тру́сить/стру́сить vo. können außer mit dem Genitiv auch mit перед und dem Instrumental verbunden werden:

Он тру́сил перед ним.	Er hatte Angst vor ihm.

538 c) Der Genitiv steht als Objekt nach Verben mit dem Begriff der Berührung oder des Ausgerichtetseins:

кас́аться
косн́уться vo. } (mit Gen.) etw. berühren, betreffen

держ́аться
прид́ерживаться } (mit Gen.)[1] sich halten an, sich richten nach

сл́ушаться
посл́ушаться vo. } (mit Gen.) hören auf, jem. gehorchen

Он косн́улся стол́а руќой. Er berührte den Tisch mit der Hand.
Этот вопр́ос кас́ается вас. Diese Frage betrifft Sie.
Он держ́ался пр́авой сторон́ы. Er hielt sich rechts.
Н́адо прид́ерживаться твёр- Man muß sich nach festen Grundsätzen
дых пр́инципов. richten.
Д́ети не сл́ушаются м́атери. Die Kinder hören nicht auf die Mutter.

539 d) Der Genitiv steht nach Verben, die eine Wertschätzung oder Würdigung ausdrücken, –

засл́уживать (mit Gen.)[2] etw. verdienen, einer Sache wert sein
ст́оить (mit Gen.)[3] einer Sache wert sein, eine Sache lohnen

удост́аивать
удост́оить vo. } (mit Gen.)[4] würdigen durch, auszeichnen mit

удост́аиваться
удост́оиться vo. } (mit Gen.) gewürdigt werden durch, ausgezeichnet werden mit

sowie nach:

придав́ать
прид́ать vo. } (mit Gen.)[5] etw. zusätzlich, in verstärktem Maße verleihen

---

[1] Держ́аться und прид́ерживаться werden in konkreter Bedeutung (= sich festhalten, sich anhalten) mit за und dem Akkusativ verbunden:
    Он д́ержится руќами за пер́ила   Er hält sich mit den Händen am Treppengeländer
    л́естницы.   fest.
[2] Засл́уживать hat in der Bedeutung „verdienen, wert sein" in Verbindung mit dem Genitiv keine vollendete Entsprechung. Das vollendete Verb заслуж́ить hat die Bedeutung „sich verdienen, erwerben" und wird mit dem Akkusativ verbunden:
    Он заслуж́ил дов́ерие коллект́ива.   Er hat sich das Vertrauen des Kollektivs erworben.
[3] Ст́оить regiert in konkreter Bedeutung (= „kosten") den Akkusativ:
    Эта кн́ига ст́оит два рубл́я.   Dieses Buch kostet zwei Rubel.
[4] Удост́аивать / удост́оить vo. regieren in der Bedeutung „würdigen, auszeichnen" den Genitiv, in der Bedeutung „würdigen, Aufmerksamkeit schenken" den Instrumental.
    Он не удост́оил мен́я отв́етом.   Er hat mich keiner Antwort gewürdigt.
[5] Придав́ать / прид́ать vo. stehen in der Bedeutung „verleihen, geben" mit dem Akkusativ:
    Он прид́ал докум́енту заќонную ф́орму.   Er gab dem Dokument die gesetzliche Form.

Э́то предложе́ние заслу́живает внима́ния.	Dieser Vorschlag ist der Aufmerksamkeit wert.
Не сто́ит труда́.	Es ist nicht der Mühe wert. (Es lohnt die Mühe nicht.)
Изве́стный учёный был удосто́ен вы́сшей награ́ды.	Der bekannte Gelehrte wurde durch die höchste Auszeichnung gewürdigt.
Прису́тствие това́рища придало́ ему́ хра́брости.	Die Gegenwart des Kameraden steigerte seine Tapferkeit.

e) Der partitive Genitiv (vgl. 119, 1 und auch 142) steht nach Verben, **540**

α) wenn sich die Verbhandlung nicht auf die Gesamtheit eines Objekts, sondern nur auf einen Teil desselben erstreckt. Das Objekt ist dabei zumeist ein Stoffname; das Verb der Handlung steht in der Regel im Imperativ oder Präteritum des vollendeten Aspekts.

Наре́жь хле́ба, нале́й молока́!	Schneide Brot auf und gieße Milch ein!
Он покури́л табаку́.	Er rauchte etwas (Tabak).
Она́ попро́бовала мёду.	Sie probierte von dem Honig.
Они́ напи́лись ча́ю.	Sie haben reichlich Tee getrunken.
Она́ навари́ла щей на не́сколько дней.	Sie kochte Kohlsuppe für mehrere Tage.

β) wenn sich die Verbhandlung auf einen Teil einer möglichen Vielzahl von Objekten erstreckt.

Она́ нае́лась я́год до́сыта.	Sie hat sich an Beeren satt gegessen.
В саду́ налете́ло птиц.	Im Garten kam eine Menge Vögel herbeigeflogen.
У них я наслу́шался новосте́й.	Bei ihnen habe ich viele Neuigkeiten gehört.
Он накупи́л книг.	Er kaufte eine Menge Bücher.

Der partitive Genitiv steht häufig nach Verben mit den Präfixen **на-** und **по-** sowie nach den mit **на-** präfigierten reflexiven Verben, die eine bis zur Genüge ausgeführte Handlung bezeichnen (vgl. dazu 339, 2. a – z. B.: **нае́сться** vo. sich satt essen, **напи́ться** vo. reichlich trinken, **насмотре́ться** vo. sich satt sehen).

2. Der Dativ

a) Der Dativ steht nach Verben der Freude oder Verwunderung zur Angabe der Ursache: **541**

ра́доваться
обра́доваться vo. $\Big\}$ (mit Dat.) sich freuen über

удивля́ться
удиви́ться vo. } (mit Dat.) sich wundern, staunen über

диви́ться
подиви́ться vo. } (mit Dat.) sich wundern, erstaunt sein über

изумля́ться
изуми́ться vo. } (mit Dat.) staunen über

поража́ться
порази́ться vo. } (mit Dat.)[1] erstaunt sein über, überrascht sein von

Оте́ц ра́дуется успе́хам сы́на.   Der Vater freut sich über die Erfolge seines Sohnes.

Я удивля́юсь ва́шему поведе́нию.   Ich wundere mich über Ihr Benehmen.

Он порази́лся изве́стию.   Er war erstaunt über die Nachricht.

542   b) Der Dativ des Gegenstandes oder der Sache steht nach den Verben des Lehrens und Lernens:

учи́ть
научи́ть vo. } (mit Dat.)[2]   etw. lehren, beibringen,
вы́учить vo. }   unterrichten in

обуча́ть
обучи́ть vo. } (mit Dat.) etw. lehren, unterrichten in

учи́ться
научи́ться vo. } (mit Dat.) etw. lernen
вы́учиться vo. }

обуча́ться
обучи́ться vo. } (mit Dat.) Unterricht haben in, etw. lernen

Я учу́ дете́й ру́сскому языку́.   Ich lehre die Kinder die russische Sprache. (Ich unterrichte die Kinder in Russisch.)

Он научи́л сы́на иностра́нным языка́м.   Er hat seinen Sohn Fremdsprachen gelehrt.

---

[1] Поража́ться / порази́ться vo. können auch mit dem Instrumental stehen:
   Мы порази́лись красото́й приро́ды.   Wir waren von der Schönheit der Natur überrascht.

[2] In der Bedeutung „lernen, erlernen" werden учи́ть, вы́учить vo. mit dem Akkusativ gebraucht:
   Актёр хорошо́ у́чит роль.   Der Schauspieler lernt die Rolle gut.
   Мы вы́учили ба́сню наизу́сть.   Wir haben die Fabel auswendig gelernt.
Desgleichen regieren зау́чивать / заучи́ть vo. „einlernen, auswendig lernen" und изуча́ть / изучи́ть vo. „lernen, studieren" den Akkusativ:
   Он изуча́ет ру́сскую литерату́ру и исто́рию.   Er studiert russische Literatur und Geschichte.

Я обучи́лся у него́ ру́сскому языку́.	Ich habe bei ihm Russisch gelernt.
Он вы́учился францу́зскому языку́.	Er hat Französisch gelernt.
Чему́ мо́жно поучи́ться на э́том приме́ре?	Was kann man an diesem Beispiel lernen?

Aber merke:

Преподава́ть = „Unterricht erteilen, dozieren" wird mit dem Akkusativ des Gegenstands und dem Dativ der Person verbunden:

Он преподаёт ру́сский язы́к студе́нтам литерату́рного отделе́ния.	Er erteilt den Studenten des literaturwissenschaftlichen Zweigs Unterricht in der russischen Sprache.

c) Der Dativ steht nach Verben der freundlichen Einstellung, des Förderns, Nach- **543** ahmens und Nacheiferns:

кла́няться поклони́ться vo.	} (mit Dat.) sich verneigen vor, jem. grüßen (lassen)
симпати́зи́ровать	(mit Dat.) sympathisieren mit
сочу́вствовать	(mit Dat.) mitfühlen mit
соболе́зновать	(mit Dat.) Mitgefühl haben mit
благоприя́тствовать	(mit Dat.) jem. bzw. etw. begünstigen, fördern
покрови́тельствовать	(mit Dat.) jem. bzw. etw. beschützen, begünstigen
протежи́ровать	(mit Dat.) jem. bzw. etw. protegieren
соде́йствовать (vo.) посоде́йствовать vo.	} (mit Dat.) beitragen zu
спосо́бствовать (поспосо́бствовать vo.)	} (mit Dat.) beitragen zu
попусти́тельствовать	(mit Dat.) Nachsicht üben mit
потво́рствовать	(mit Dat.) nachsichtig sein mit, jem. bzw. einer Sache Vorschub leisten
подража́ть	(mit Dat.) jem. bzw. etw. nachahmen
сле́довать после́довать vo.	} (mit Dat.)[1] sich richten nach, jem. bzw. etw. folgen

Кла́няйтесь ему́ от меня́.	Grüßen Sie ihn von mir.
Я ему́ не симпати́зи́рую.	Ich sympathisiere nicht mit ihm.

---

[1] In der Bedeutung „(räumlich oder zeitlich) nachfolgen, der folgende sein" werden сле́довать / после́довать vo. mit за und dem Instrumental verbunden:
За ле́том сле́дует о́сень.   Auf den Sommer folgt der Herbst.

Мы сочу́вствуем ва́шему го́рю.	Wir fühlen Ihren Kummer mit.
Слу́чай благоприя́тствовал ему́.	Die Gelegenheit war ihm günstig.
Нечистота́ спосо́бствует рас- простране́нию боле́зней.	Unsauberkeit trägt zur Verbreitung von Krankheiten bei.
Мно́гие поэ́ты подража́ли Ба́йрону.	Viele Dichter haben Byron nachgeahmt.
Она́ во всём сле́дует мо́де.	Sie folgt in allem der Mode.

544 d) Der Dativ steht nach Verben des Störens, Hinderns und der feindlichen Einstellung:

меша́ть помеша́ть vo.	(mit Dat.) jem. bzw. etw. stören
препя́тствовать воспрепя́тствовать vo.	(mit Dat.) jem. bzw. etw. hindern, stören
надоеда́ть надое́сть vo. наску́чить vo.	(mit Dat.) jem. lästig fallen, jem. langweilen
грози́ть пригрози́ть vo. угрожа́ть	(mit Dat.) jem. bzw. etw. (be-)drohen
груби́ть нагруби́ть vo.	(mit Dat.) grob sein gegen
досажда́ть досади́ть vo.	(mit Dat.) jem. ärgern
зави́довать позави́довать vo.	(mit Dat.) jem. beneiden
изменя́ть измени́ть vo.	(mit Dat.) jem. bzw. etw. verraten
мстить отомсти́ть vo.	(mit Dat.) sich rächen an

Они́ меша́ют заня́тиям разго- во́рами.	Sie stören den Unterricht durch Ge- spräche.
Не меша́йте нам!	Stören Sie uns nicht!
Это де́ло мне ужа́сно надое́ло.	Diese Sache ist mir gründlich über.
Он мне досади́л неуме́стными вопро́сами.	Er hat mich durch unangebrachte Fragen geärgert.
Я не зави́дую ему́.	Ich beneide ihn nicht.
Он измени́л свои́м убеж- де́ниям.	Er ist seinen Überzeugungen untreu ge- worden.

e) Der Dativ steht weiter nach folgenden Verben: **545**

аккомпани́ровать (mit Dat.) jem. (musikalisch) begleiten

внима́ть
внять vo. } (mit Dat.) jem. bzw. etw. vernehmen, hören auf

звони́ть
позвони́ть vo. } **по телефо́ну** (mit Dat.) jem. anrufen

насле́довать (vo.) (mit Dat.) jem. beerben

напомина́ть
напо́мнить vo. } (mit Dat.) [(mit Akk.)] jem. erinnern, in jem. eine Er-
innerung wecken (an)

подпева́ть (mit Dat.) mitsingen mit, jem. (singend) begleiten

поруча́ть
поручи́ть vo. } (mit Dat.) jem. beauftragen

сопу́тствовать (mit Dat.) jem. bzw. etw. begleiten

Он не внял на́шей про́сьбе.	Er hat unsere Bitte nicht vernommen.
Я звони́л ему́ три ра́за и не **застава́л до́ма.**	Ich habe ihn dreimal angerufen und nicht zu Hause erreicht.
Сын насле́довал отцу́.	Der Sohn beerbte den Vater.
Де́вочка напо́мнила мне мать.	Das Mädchen erinnerte mich an die Mutter.
Поруча́ю вам отве́тить на э́то **письмо́.**	Ich beauftrage Sie, diesen Brief zu beant- worten.
Мно́гим боле́зням сопу́тствует **си́льный жар.**	Viele Krankheiten begleitet starkes Fieber.

3. Der Akkusativ **546**

Der Akkusativ steht als direktes Objekt abweichend vom Deutschen nach den Verben:

благодари́ть
поблагодари́ть vo. } (mit Akk.) jem. danken

вспомина́ть
вспо́мнить vo.
по́мнить } (mit Akk.)[1] sich erinnern an, denken an

напомина́ть
напо́мнить vo. } (mit Akk.)[1] erinnern, gemahnen an

---

[1] Вспомина́ть / вспо́мнить vo., напомина́ть / напо́мнить vo., по́мнить können außer mit dem
Akkusativ auch mit о und dem Präpositiv verbunden werden. Dabei gelten die Konstruktionen mit о
als die moderneren.

Де́ти с ра́достью вспомина́ют о ле́тних кани́кулах.	Die Kinder erinnern sich mit Freuden an die Som- merferien.

встреча́ть встре́тить vo.	(mit Akk.) jem. begegnen, jem. willkommen heißen
выруча́ть вы́ручить vo.	(mit Akk.) jem. helfen
отгова́ривать отговори́ть vo.	(mit Akk.) [(от mit Gen.)] jem. abraten (von), jem. (etw.) ausreden
подкара́уливать подкара́улить vo.	(mit Akk.) jem. auflauern
подстерега́ть подстере́чь vo.	(mit Akk.) jem. auflauern
поздравля́ть поздра́вить vo.	(mit Akk.) [(с mit Instr.)] jem. gratulieren, jem. beglückwünschen (zu)
проща́ть прости́ть vo.	(mit Akk.)[1] jem. bzw. etw. vergeben, verzeihen
ревнова́ть (приревнова́ть vo.)	(mit Akk.) [(к mit Dat.)] eifersüchtig sein auf jem. (wegen)
упрека́ть упрекну́ть vo.	(mit Akk.) [(в mit Präp.)] jem. (etw.) vorwerfen, zum Vorwurf machen

Он меня́ поблагодари́л за гостеприи́мство.	Er hat mir für die Gastfreundschaft gedankt.
Де́ти вспомина́ли интере́сную экску́рсию в музе́й.	Die Kinder erinnerten sich an die interessante Exkursion ins Museum.
Он меня́ отгова́ривал от пое́здки.	Er riet mir von der Reise ab.
Мы поздра́вили его́ с днём рожде́ния.	Wir gratulierten ihm zum Geburtstag.
Прости́те меня́!	Verzeihen Sie mir! (Entschuldigen Sie!)
Она́ ревнова́ла ве́чно за́нятого му́жа к его́ рабо́те.	Sie war auf den ewig beschäftigten Mann wegen seiner Arbeit eifersüchtig.
Учи́тель упрека́ет ученика́ в невнима́тельности.	Der Lehrer wirft dem Schüler Unaufmerksamkeit vor.

---

[1] Bei Vorhandensein doppelter Objekte stehen проща́ть / прости́ть vo. mit dem Dativ der Person und dem Akkusativ der Sache:

Прости́те мне нево́льную оши́бку! Verzeihen Sie mir das unfreiwillige Versehen!

4. Der Instrumental

A. DER INSTRUMENTAL ALS OBJEKT

a) Innerhalb der Verben, die den Instrumental regieren, heben sich die Verben des **547** Lenkens, Leitens und Besitzens als besondere Bedeutungsgruppe ab:

ве́дать	(mit Instr.) etw. verwalten
заве́довать	(mit Instr.) etw. leiten, verwalten
владе́ть	(mit Instr.) etw. besitzen, etw. beherrschen
завладева́ть завладе́ть vo.	} (mit Instr.) Besitz ergreifen von
овладева́ть овладе́ть vo.	} (mit Instr.) sich einer Sache bemächtigen
дирижи́ровать	(mit Instr.) etw. dirigieren
кома́ндовать	{ (mit Instr.) jem. bzw. etw. kommandieren, be- fehligen
пра́вить	(mit Instr.) jem. bzw. etw. regieren, lenken
управля́ть	(mit Instr.) jem. bzw. etw. verwalten, lenken, leiten
предводи́тельствовать	(mit Instr.) jem. bzw. etw. anführen, befehligen
руководи́ть	(mit Instr.) jem. bzw. etw. führen, leiten
руководи́ться руково́дствоваться	} (mit Instr.) sich richten nach
облада́ть	(mit Instr.) etw. besitzen, verfügen über
располага́ть	(mit Instr.) verfügen über
распоряжа́ться распоряди́ться vo.	} (mit Instr.) verfügen über

Сове́тский Сою́з владе́ет больши́ми приро́дными бога́тствами.	Die Sowjetunion besitzt große Naturschätze.
Кто дирижи́рует орке́стром?	Wer dirigiert das Orchester?
Шофёр управля́ет маши́ной.	Der Chauffeur fährt (lenkt) den Wagen.
На́шим кружко́м ру́сской пе́сни руководи́т преподава́тель му́зыки.	Unseren russischen Liederzirkel leitet der Musiklehrer.
Он облада́ет хоро́шим слу́хом.	Er hat ein gutes Gehör.
Я не располага́ю свобо́дным вре́менем.	Ich verfüge über keine freie Zeit.

b) Instrumentalrektion haben weiterhin eine Reihe Verben, die wegen ihrer mannig- **548** faltigen Bedeutungen nicht zu systematisieren sind:

болéть (болéю)	(mit Instr.) erkrankt sein an, (eine Krankheit) haben
брéзгать побрéзгать vo.	} (mit Instr.) sich ekeln vor, etw. verschmähen
вонять	(mit Instr.) stinken nach
восторгáться	(mit Instr.) sich begeistern für
восхищáться восхитйться vo.	} (mit Instr.) entzückt sein von
гордйться	(mit Instr.) stolz sein auf
делйться поделйться vo.	} (mit Instr.) [(с mit Instr.)] 1. etw. teilen (mit), 2. (jem.) etw. mitteilen
дорожйть	(mit Instr.) jem. bzw. etw. schätzen
дышáть	(mit Instr.) etw. atmen
жéртвовать пожéртвовать vo.	} (mit Instr.) jem. bzw. etw. opfern
заболевáть заболéть vo.	} (mit Instr.) erkranken an
заинтересóвывать заинтересовáть vo.	} [(mit Akk.)] (mit Instr.) (jem.) interessieren an
закýсывать закусйть vo.	} (mit Instr.) etw. zuessen, etw. nachessen
занимáться заняться vo.	} (mit Instr.) sich beschäftigen mit, etw. studieren
захвáрывать захворáть vo.	} (mit Instr.) erkranken an
злоупотреблять злоупотребйть vo.	} (mit Instr.) etw. mißbrauchen
изобйловать	(mit Instr.) Überfluß haben an, reich sein an
интересовáться заинтересóвываться заинтересовáться vo.	} (mit Instr.) sich interessieren für
лáкомиться полáкомиться vo.	} (mit Instr.) naschen von, sich gütlich tun an
любовáться полюбовáться vo.	} (mit Instr.) sich weiden, sich ergötzen an
меняться поменяться vo.	} (mit Instr.) etw. tauschen, wechseln
наслаждáться насладйться vo.	} (mit Instr.) sich ergötzen an, etw. genießen
обмéниваться обменяться vo.	} (mit Instr.) etw. austauschen, wechseln
ограничиваться ограничиться vo.	} (mit Instr.) sich beschränken auf, sich begnügen mit

438

па́хнуть	(mit Instr.) duften, riechen nach
по́льзоваться (воспо́льзоваться vo.)	(mit Instr.) etw. benutzen, Gebrauch machen von
поража́ться поразиться vo.	(mit Instr.)[1] erstaunt sein über, überrascht sein von
пренебрега́ть пренебре́чь vo.	(mit Instr.) jem. bzw. etw. verschmähen, mißachten
рискова́ть	(mit Instr.) etw. riskieren, aufs Spiel setzen
сла́виться	(mit Instr.) berühmt sein durch
страда́ть	(mit Instr.)[2] ein Leiden haben, leiden an
торгова́ть	(mit Instr.) Handel treiben, handeln mit
увлека́ться увле́чься vo.	(mit Instr.) begeistert sein von
хвали́ться похвали́ться vo.	(mit Instr.) sich einer Sache rühmen, sich brüsten mit

Он боле́ет гри́ппом.	Er hat Grippe.
Тури́сты восхища́ются ви́дами кры́мской приро́ды.	Die Touristen sind entzückt vom Anblick der Krimlandschaft.
Мы горди́мся успе́хами социалисти́ческого строи́тельства.	Wir sind stolz auf die Erfolge des sozialistischen Aufbaus.
Он де́лится с това́рищами впечатле́ниями об экску́рсии.	Er teilt den Kameraden seine Eindrücke von der Exkursion mit.
Он злоупотребля́ет его́ терпе́нием.	Er mißbraucht seine Geduld.
О́зеро изоби́лует ры́бой.	Der See ist fischreich.
Они́ ча́сто обме́ниваются о́пытом.	Sie tauschen oft Erfahrungen aus.
Нельзя́ ограни́читься дости́гнутыми успе́хами.	Man darf sich nicht mit den erzielten Erfolgen begnügen.
По́льзуйтесь трамва́ем!	Benutzen Sie die Straßenbahn!
Украи́на сла́вится сада́ми.	Die Ukraine ist durch ihre Gärten berühmt.
Она́ ча́сто страда́ет головно́й бо́лью.	Sie leidet oft an Kopfschmerzen.

---

[1] Поража́ться / поразиться vo. werden zuweilen auch mit dem Dativ verbunden, vgl. (541).

[2] Страда́ть kann auch mit от und dem Genitiv gebraucht werden, besonders in der Bedeutung „leiden, Verlust erleiden", dazu vo. пострада́ть.

Урожа́й пострада́л от за́сухи.   Die Ernte litt unter der Dürre.

Он увлека́ется спо́ртом, осо́- бенно лёгкой атле́тикой.	Er ist für Sport begeistert, besonders für Leichtathletik.

549 c) Eine besondere Instrumentalrektion liegt im Gebrauch des Instrumentals als sogenanntem innerem Objekt[1] vor. Den Instrumental des inneren Objekts bildet ein Substantiv, das sich vom gleichen Wortstamm herleitet wie das Verb, von dem es regiert wird, oder das dem regierenden Verb zumindest bedeutungsverwandt ist.

Он у́мер есте́ственной сме́ртью.	Er starb eines natürlichen Todes.
Он живёт как бы двойно́й жи́знью.	Er führt gleichsam ein Doppelleben.
Дела́ иду́т по́лным хо́дом.	Die Dinge sind in vollem Gang.
Он идёт свое́й доро́гой.	Er verfolgt seinen Weg.
Он спит ве́чным сном.	Er schläft den ewigen Schlaf.
Он спит сном пра́ведного.	Er schläft den Schlaf des Gerechten.
Она́ ве́рует кре́пкою ве́рою.	Sie hat einen festen Glauben.

B. DER PRÄDIKATIVE INSTRUMENTAL

550 a) Der Instrumental steht als Prädikatsnomen nach den Verben[2]:

быва́ть	zu sein pflegen
быть	sein
де́лать	
сде́лать vo.	} machen (zu)
де́латься	
сде́латься vo.	} werden
звать	heißen[3]
(зва́ться	heißen)
(именова́ться	heißen)

---

[1] Neben dem Instrumental des inneren Objekts tritt auch — allerdings äußerst selten — der Akkusativ des inneren Objekts auf, z. B.: шути́ть опа́сную шу́тку = „ein gefährliches Spiel treiben", ду́му ду́мать = „einen Gedanken wälzen, denken". Der Akkusativ des inneren Objekts ist in erster Linie ein Stilmittel der Volksdichtung.

[2] Das Prädikatsnomen muß nach den hier verzeichneten Verben im Instrumental stehen, wenn es ein Substantiv ist. Es kann – allerdings seltener – auch im Nominativ stehen, wenn es sich um ein Adjektiv oder Partizip handelt. Lediglich явля́ться, яви́ться vo. werden in jedem Falle mit dem Instrumental verbunden. Vgl. auch (217, c). In Verbindung mit быть kann auch ein Substantiv als Prädikatsnomen sowohl im Instrumental als auch im Nominativ auftreten, vgl. (570).

[3] Nach звать kann die Namensangabe zuweilen auch im Nominativ stehen:
Как вас зову́т по и́мени и о́тчеству? —   Wie heißen Sie mit Vor- und Vaternamen? —
Меня́ зову́т Ива́н Ива́нович.   Ich heiße Iwan Iwanowitsch.

каза́ться	
показа́ться vo.	} (er-)scheinen
называ́ть	
назва́ть vo.	} nennen
называ́ться[1]	
назва́ться vo.	} sich nennen, heißen
ока́зываться	
оказа́ться vo.	} sich erweisen
остава́ться	
оста́ться vo.	} bleiben
(представля́ться)	
предста́виться vo.	} sich (ver-)stellen, scheinen
притворя́ться	
притвори́ться vo.	} sich (ver-)stellen
слыть	
просльíть vo.	} gelten
станови́ться	
стать vo.	} werden
счита́ть	
счесть vo.	} halten (für)
счита́ться	gelten
явля́ться	1. sein, 2. sich erweisen
яви́ться vo.	werden, sich erweisen

Он сде́лал его́ секретаре́м.	Er machte ihn zum Sekretär.
Его́ зову́т Па́влом.	Er heißt Paul.
Э́тот челове́к ка́жется мне зна-ко́мым.	Dieser Mensch erscheint mir bekannt.
Он оказа́лся прекра́сным ра-бо́тником.	Er erwies sich als ausgezeichneter Arbeiter.
Он притвори́лся больны́м.	Er stellte sich krank.
Она́ слывёт люби́тельницей му́зыки.	Sie gilt als Musikliebhaberin.
Пётр хо́чет стать врачо́м.	Peter möchte Arzt werden.
Я счита́ю его́ свои́м дру́гом.	Ich halte ihn für meinen Freund.
Побе́да счита́ется несомне́нной.	Der Sieg gilt als gewiß.
Москва́ явля́ется столи́цей СССР.	Moskau ist die Hauptstadt der UdSSR.

---

[1] Называ́ться kann bisweilen auch mit dem Nominativ verbunden werden: Как называ́ется э́тот прибо́р? – Э́тот прибо́р называ́ется вольтме́тр.

551 b) Der Instrumental steht als prädikative Ergänzung zur Bezeichnung des Berufes, eines Tätigkeitsmerkmales oder eines Zustandes nach Verben wie:

выбира́ть	} wählen
вы́брать vo.	
избира́ть	} wählen
избра́ть vo.	
назнача́ть	} ernennen
назна́чить vo.	
объявля́ть	} erklären
объяви́ть vo.	
рабо́тать	arbeiten
служи́ть	} dienen
послужи́ть vo.	
возвраща́ться	} zurückkehren
возврати́ться vo.	

застава́ть	} antreffen
заста́ть vo.	
жить	leben
приезжа́ть	} ankommen,
прие́хать vo.	eintreffen
приходи́ть	} (an-)kommen
прийти́ vo.	
расстава́ться	sich trennen,
расста́ться vo.	scheiden von
роди́ться (vo.)	geboren werden
чу́вствовать	} fühlen
почу́вствовать vo.	

Собра́ние вы́брало това́рища Ивано́ва председа́телем.	Die Versammlung wählte den Genossen Iwanow zum Vorsitzenden.
Назна́чили его́ чле́ном коми́ссии.	Man ernannte ihn zum Mitglied der Kommission.
Он объяви́л докуме́нт недействи́тельным.	Er erklärte das Dokument für ungültig.
Он рабо́тал учи́телем до 1950 го́да.	Er arbeitete bis 1950 als Lehrer.
Дива́н служи́л ему́ посте́лью.	Das Sofa diente ihm als Bett.
Све́жими и отдохну́вшими мы возвраща́емся домо́й.	Frisch und ausgeruht kehren wir nach Hause zurück.
Я заста́л его́ гото́вым к отъе́зду.	Ich traf ihn bereit zur Abfahrt an.
Он прие́хал после́дним.	Er kam als letzter an.
Щено́к роди́лся слепы́м.	Das Hündchen wurde blind geboren.
Почу́вствовав себя́ ли́шним, он ушёл.	Da er sich überflüssig fühlte, ging er weg.

II. Präpositionale Rektion

552 ### 1. Verbpräfix und Präposition

Präfigierte Verben, die den Begriff einer Bewegung einschließen, werden in der Regel durch einen präpositionalen Ausdruck ergänzt. Dabei ist die Präposition der Ergänzung zum Teil mit dem Verbpräfix identisch (войти́ в ко́мнату), zum Teil entspricht sie dem Verbpräfix nur in der Bedeutung (вы́йти из ко́мнаты). In anderen Fällen können mit einem bestimmten Präfix gebildete Verben durch inhaltlich verschiedene Präpositionen ergänzt werden (вы́йти из ко́мнаты und вы́йти на у́лицу).

Die wichtigsten Entsprechungen bzw. Kombinationen von Verbpräfix und Präposition sind:

Präfix	Präpos.	Kasus	Beispiele	
в-, во-, въ-	в	Akk.	войти́ в дом	in das Haus hineingehen
			въе́хать в го́род	in die Stadt einfahren
вз-, взо-, взъ-, вс-	на	Akk.	взойти́ на́ гору	auf den Berg steigen
			взлете́ть на забо́р	auf den Zaun hinauffliegen
вы-	1. из	Gen.	вы́йти из до́ма	aus dem Haus herausgehen
			вы́ехать из воро́т	aus dem Tor herausfahren
	2. на	Akk.	вы́бежать на у́лицу	auf die Straße hinauslaufen
	3. в	Akk.	вы́йти в сад	in den Garten hinausgehen
до-	до	Gen.	дое́хать до го́рода	die Stadt erreichen
			добежа́ть до двере́й	zur Tür eilen
			доду́мать до конца́	zu Ende denken
за-	1. за	Akk.	зайти́ за дом	hinter das Haus gehen
			зайти́ за у́гол	um die Ecke biegen
			зайти́ за ту́чи	hinter den Wolken verschwinden
	2. за	Instr.	зайти́ за кни́гой	nach einem Buch gehen, ein Buch holen
			зайти́ за поку́пками	einkaufen gehen
	3. в	Akk.	зайти́ в магази́н	im Laden (mit) vorbeigehen
			зайти́ в реда́кцию	die Redaktion kurz aufsuchen
	4. к	Dat.	зайти́ к прия́телю	den Freund kurz aufsuchen
из-, изо-, изъ-, ис-	1. из	Gen.	исходи́ть из предположе́ния	von einer Annahme ausgehen
			исключи́ть из шко́лы	aus der Schule ausschließen
			извле́чь ко́рень из числа́	die Wurzel aus einer Zahl ziehen
	2. от	Gen.	Постановле́ние исхо́дит от дире́кции.	Der Beschluß geht von der Direktion aus.

Präfix	Präpos.	Kasus	Beispiele	
на-	на	Akk.	напа́сть на врага́	den Feind überfallen
			набро́сить на пле́чи	über die Schultern werfen
			наде́ть на го́лову	aufsetzen, auf den Kopf setzen
от-, ото-, отъ-	от	Gen.	отойти́ от две́ри	von der Tür weggehen
			отча́лить от бе́рега	vom Ufer abstoßen
			оторва́ться от рабо́ты	sich von der Arbeit losreißen
пере-	че́рез	Akk.[1]	перейти́ че́рез у́лицу	die Straße überqueren
			переступи́ть че́рез поро́г	über die Schwelle treten
под-, подо-, подъ-	1. под	Akk.	подползти́ под стол	unter den Tisch kriechen
			подплы́ть под мост	unter die Brücke schwimmen
	2. к	Dat.	подойти́ к окну́	an das Fenster treten
			подплы́ть к бе́регу	ans Ufer heranschwimmen
			подозва́ть к себе́	zu sich heranrufen
при-	1. к	Dat.	прибежа́ть к окну́	zum Fenster eilen
			прича́лить к бе́регу	am Ufer anlegen
			приступи́ть к рабо́те	mit der Arbeit beginnen
	2. в	Akk.	прие́хать в Берли́н	in Berlin ankommen
			привести́ в поря́док	in Ordnung bringen
про-	1. сквозь	Akk.	пробра́ться сквозь ту́чи	durch die Wolken dringen
			проби́ться сквозь тайгу́	durch die Taiga durchdringen
	2. ми́мо	Gen.	пройти́ ми́мо до́ма	am Haus vorbeigehen
с-, со-, съ-	с	Gen.	сойти́ с горы́	vom Berg herabsteigen
			сдви́нуть с ме́ста	vom Platz bewegen, verrücken
у-	1. от	Gen.	уйти́ от до́ктора	vom Arzt weggehen
	2. из	Gen.	уйти́ из до́ма	aus dem Haus weggehen
	3. в	Akk.	уйти́ в лес	weg in den Wald gehen
			улете́ть в Ки́ев	nach Kiew abfliegen [ren
	4. на	Akk.	уе́хать на куро́рт	in einen Kurort (weg-)fahren
			улете́ть на юг	nach Süden (weg-)fliegen

[1] Komposita mit пере- von intransitiven Verben können auch direkt mit dem Akkusativ verbunden werden: перейти́ у́лицу, переплы́ть реку́, переплы́ть океа́н.

444

2. Konstante präpositionale Ergänzungen

Eine Reihe von Verben verfügt über eine bestimmte, an das Einzelverb oder auch nur an eine Bedeutung desselben gebundene, präpositionale Rektion, z. B.: **вέрить в победу** = „an den Sieg glauben" – **играть в шахматы** = „Schach spielen" und **играть на скрипке** = „Geige spielen".

Im folgenden sind die wichtigsten Verben dieser Gruppe zusammengestellt, deren präpositionale Rektion nicht ohne weiteres aus dem deutschen Gegenwert zu erschließen ist.

в, во

a) Durch **в, во** mit dem AKKUSATIV werden ergänzt: **553**

вέрить **поверить** vo.	в (mit Akk.)[1] glauben an
играть **сыграть** vo.	в (mit Akk.) etw. (ein Spiel) spielen
метить **(наметить** vo.**)**	в (mit Akk.) (ab-)zielen auf, etw. erstreben
одевать **одеть** vo.	в (mit Akk.) sich bekleiden mit, sich kleiden in
стучать **постучать** vo. **стукнуть** vo.	в (mit Akk.) klopfen an
толкаться **толкнуться** vo.	в (mit Akk.) (an-)klopfen an
ударять **ударить** vo.	в (mit Akk.) schlagen, stoßen gegen
упирать **упереть** vo.	в (mit Akk.) stemmen, stützen gegen
упираться **упереться** vo.	в (mit Akk.) sich stützen gegen, sich lehnen an
целить **нацелить** vo.	в (mit Akk.) zielen auf
целовать **поцеловать** vo.	в (mit Akk.) küssen auf

---

[1] In bestimmten Fällen regieren вέрить/поверить vo. auch den Dativ: не вέрить своим глазам = „seinen Augen nicht trauen", вέрить всему „alles glauben".

Он ве́рит в побе́ду.   Er glaubt an den Sieg.
Мы охо́тно игра́ем в футбо́л.   Wir spielen gern Fußball.
Вдруг кто́-то постуча́л в дверь. Plötzlich klopfte jemand an die Tür.
Она́ упёрла бревно́ в сте́ну.   Sie lehnte den Balken gegen (an) die Wand.
Мать поцелова́ла сы́на в лоб.   Die Mutter küßte den Sohn auf die Stirn.

554   b) Durch **в, во** mit dem PRÄPOSITIV werden ergänzt:

заподáзривать заподóзрить vo.	в (mit Präp.) einer Sache verdächtigen
кля́сться покля́сться vo.	в (mit Präp.) etw. schwören
нужда́ться	в (mit Präp.) etw. benötigen, Not leiden an
обвиня́ть обвини́ть vo.	в (mit Präp.) einer Sache beschuldigen, anklagen
отка́зывать отказа́ть vo.	в (mit Präp.) etw. versagen, abschlagen
отча́иваться отча́яться vo.	в (mit Präp.) verzweifeln an, etw. aufgeben
подозрева́ть	в (mit Präp.) einer Sache verdächtigen
признава́ться призна́ться vo.	в (mit Präp.) etw. bekennen, gestehen
присяга́ть присягну́ть vo.	в (mit Präp.) etw. beschwören, einen Eid leisten auf
провини́ться vo.	в (mit Präp.)[1] sich etw. zuschulden kommen lassen
разочарóвываться разочарова́ться vo.	в (mit Präp.) enttäuscht sein von
раска́иваться раска́яться vo.	в (mit Präp.) etw. bereuen
распи́сываться расписа́ться vo.	в (mit Präp.) etw. (unterschriftlich) bestätigen, quittieren
сознава́ться созна́ться vo.	в (mit Präp.) etw. gestehen, bekennen
сомнева́ться усомни́ться vo.	в (mit Präp.) zweifeln an, etw. bezweifeln
сотру́дничать	в (mit Präp.) mitarbeiten an
убежда́ть(ся) убеди́ть(ся) vo.	в (mit Präp.) (sich) überzeugen von
уверя́ть уве́рить vo.	в (mit Präp.) etw. beteuern, glauben machen an

---

[1] Seltener wird провини́ться vo. mit dem Instrumental ohne Präposition gebraucht.

уве́риться vo.   в (mit Präp.) sich überzeugen von, sich einer Sache vergewissern

удостоверя́ться } в (mit Präp.) sich überzeugen von,
удостове́риться vo. }   sich einer Sache vergewissern

улича́ть } в (mit Präp.) einer Sache überführen
уличи́ть vo. }

упрека́ть } в (mit Präp.) etw. vorwerfen
упрекну́ть vo. }

уча́ствовать   в (mit Präp.) teilnehmen an

О́н кля́лся това́рищу в дру́жбе.   Er schwor dem Kameraden Freundschaft.
Больно́й нужда́ется в о́тдыхе.   Der Kranke braucht Erholung.
Мы не могли́ отказа́ть ему́ в про́сьбе.   Wir konnten ihm die Bitte nicht abschlagen.
Его́ подозрева́ют в кра́же.   Man verdächtigt ihn des Diebstahls.
О́н и́скренне раска́ивается в свои́х просту́пках.   Er bereut seine Vergehen aufrichtig.
О́н расписа́лся в получе́нии зарпла́ты.   Er quittierte den Empfang des Lohnes.
Мы не сомнева́емся в успе́хе де́ла.   Wir zweifeln nicht am Erfolg der Sache.
О́н был уличён в кра́же.   Er wurde des Diebstahls überführt.
Она́ упрекну́ла её в упря́мстве.   Sie warf ihr Halsstarrigkeit vor.

за

a) Durch **за** mit dem AKKUSATIV werden ergänzt: **555**

агити́ровать   за (mit Akk.) agitieren für
би́ться   за (mit Akk.) sich schlagen, kämpfen für

благодари́ть } за (mit Akk.) danken für
поблагодари́ть vo. }

боро́ться   за (mit Akk.) kämpfen für

бра́ться } за (mit Akk.) 1. fassen an;
взя́ться vo. }   2. etw. beginnen, an eine Arbeit gehen

выдава́ть } за́муж за (mit Akk.) (ein Mädchen) verheiraten mit
вы́дать vo. }

выходи́ть } за́муж за (mit Akk.) jem. (einen Mann) heiraten
вы́йти vo. }

голосова́ть } за (mit Akk.) stimmen für
проголосова́ть vo. }

дёргать } за (mit Akk.) ziehen, zupfen an
дёрнуть vo. }

447

держа́ться приде́рживаться	} за (mit Akk.) sich anhalten, festhalten an
дра́ться	за (mit Akk.) sich schlagen, kämpfen für
дрожа́ть	за (mit Akk.) ängstlich besorgt sein um
извиня́ть извини́ть vo.	} за (mit Akk.) etw. entschuldigen, verzeihen
извиня́ться извини́ться vo.	} за (mit Akk.) sich entschuldigen wegen
мстить отомсти́ть vo.	} за (mit Akk.) jem. bzw. etw. rächen
награжда́ть награди́ть vo.	} за (mit Akk.) auszeichnen, belohnen für
премирова́ть (vo.)	за (mit Akk.) prämiieren für
принима́ться приня́ться vo.	} за (mit Akk.) etw. beginnen, an eine Arbeit gehen
руча́ться поручи́ться vo.	} за (mit Akk.) bürgen, garantieren für
сва́таться посва́таться vo.	} за (mit Akk.)[1] werben, freien um
сража́ться	за (mit Akk.) kämpfen für
трево́житься встрево́житься vo.	} за (mit Akk.) sich beunruhigen, sich sorgen, sich Sorgen machen um
(уцепля́ться) уцепи́ться vo.	} за (mit Akk.) sich anklammern, festhalten an
хвата́ться схвати́ться vo.	} за (mit Akk.) greifen nach, fassen an

Не бери́сь за пери́ла, они́ то́лько что покра́шены.	Fasse das Geländer nicht an, es ist frisch gestrichen.
Возврати́вшись домо́й, он сейча́с же взя́лся за рабо́ту.	Nach Hause zurückgekehrt, begann er sofort zu arbeiten.
Извини́те за беспоко́йство!	Entschuldigen Sie die Störung!
Он извини́лся перед дру́гом за до́лгое молча́ние.	Er entschuldigte sich bei seinem Freund wegen seines langen Schweigens.
Мой това́рищ принялся́ за изуче́ние францу́зского языка́.	Mein Kamerad hat mit dem Erlernen der französischen Sprache begonnen.

---

[1] Сва́таться/посва́таться vo. können auch durch к mit dem Dativ ergänzt werden:
Он сва́тается к до́чери сосе́да.   Er freit um die Tochter des Nachbarn.

Утопа́ющий и за соло́минку хвата́ется.	Ein Ertrinkender greift auch nach einem Strohhalm.
Мать трево́жится за больно́го ребёнка.	Die Mutter macht sich um ihr krankes Kind Sorgen.

b) Durch **за** mit dem INSTRUMENTAL werden ergänzt: **556**

гна́ться, гоня́ться ⎱	**за** (mit Instr.) hinter jem. bzw. etw. herjagen,
(погна́ться vo.**)** ⎰	trachten nach
наблюда́ть	**за** (mit Instr.) jem. bzw. etw. beaufsichtigen, überwachen
охо́титься	**за** (mit Instr.)[1] etw. jagen, auf Jagd gehen nach
следи́ть	**за** (mit Instr.) jem. bzw. etw. (ver-)folgen, beobachten
сле́довать ⎱	
после́довать vo. ⎰	**за** (mit Instr.) jem. bzw. etw. folgen, nachfolgen
смотре́ть ⎫	
посмотре́ть vo. ⎬	**за** (mit Instr.) aufpassen auf, jem. bzw. etw. be-
присма́тривать ⎪	aufsichtigen
присмотре́ть vo. ⎭	
уха́живать	**за** (mit Instr.) 1. jem. bzw. etw. pflegen;
	2. jem. den Hof machen

За двумя́ за́йцами пого́нишься, ни одного́ не пойма́ешь.	Wer zwei Hasen jagt, fängt keinen.
Милиционе́р наблюда́ет за у́личным движе́нием.	Der Milizionär überwacht den Straßenverkehr.
Он внима́тельно следи́т за успе́хами медици́нской нау́ки.	Er verfolgt aufmerksam die Erfolge der medizinischen Wissenschaft.
Она́ уха́живает за больны́м.	Sie pflegt den Kranken.
Он уха́живает за ней.	Er macht ihr den Hof.

к, ко 557

Durch **к, ко** mit dem DATIV werden ergänzt:

благоволи́ть	**к** (mit Dat.) jem. wohlwollen, gewogen sein
гото́вить(ся) ⎫	
приготовля́ть(ся) ⎪	
приготя́вливать(ся) ⎬	**к** (mit Dat.) (sich) vorbereiten auf, für
пригото́вить(ся) vo. ⎭	
обраща́ться ⎱	
обрати́ться vo. ⎰	**к** (mit Dat.) sich wenden an

---

[1] Охо́титься kann ebenso mit на und dem Akkusativ verbunden werden: охо́титься на у́ток Enten jagen.

относи́ться
отнести́сь vo.
} к (mit Dat.) sich verhalten gegenüber

относи́ться
{ к (mit Dat.) sich beziehen auf, etw. betreffen, gehören zu

подла́живаться
подла́диться vo.
} к (mit Dat.) sich anpassen an, einschmeicheln bei

подслу́живаться
подслужи́ться vo.
} к (mit Dat.) sich einschmeicheln bei

приближа́ться
прибли́зиться vo.
} к (mit Dat.) sich jem. bzw. etw. nähern

привыка́ть
привы́кнуть vo.
} к (mit Dat.) sich gewöhnen an, sich etw. angewöhnen

привя́зываться
привяза́ться vo.
} к (mit Dat.) 1. Zuneigung gewinnen zu, jem. lieb-
2. jem. belästigen   [gewinnen;

придира́ться
придра́ться vo.
} к (mit Dat.) jem. schikanieren, herumnörgeln an

прикаса́ться
прикосну́ться vo.
} к (mit Dat.) jem. bzw. etw. berühren, streifen

применя́ть
примени́ть vo.
} к (mit Dat.) anwenden auf

применя́ться
примени́ться vo.
} к (mit Dat.) sich anpassen an, richten nach

примыка́ть
примкну́ть vo.
} к (mit Dat.) sich anschließen an, grenzen an

приобща́ться
приобщи́ться vo.
} к (mit Dat.) sich anschließen an, einer Sache teil-
haftig werden, teilnehmen an

прира́внивать
приравня́ть vo.
} к (mit Dat.) gleichmachen, gleichstellen mit

прислу́шиваться
прислу́шаться vo.
} к (mit Dat.) lauschen, hören auf

приспоса́бливаться
приспособля́ться
приспосо́биться vo.
} к (mit Dat.) sich anpassen an

приуча́ть
приучи́ть vo.
} к (mit Dat.) etw. angewöhnen, beibringen

ревнова́ть
(приревнова́ть vo.)
} к (mit Dat.) eifersüchtig sein wegen

снисходи́ть
снизойти́ vo.
} к (mit Dat.) herablassen zu, jem. bzw. etw. Gehör
schenken

стреми́ться
к (mit Dat.) streben nach

тяготе́ть
к (mit Dat.) einen Hang, eine Neigung haben zu

Он гото́вится к отъе́зду.	Er bereitet sich auf die Abfahrt vor.
Он отно́сится с уваже́нием к ста́ршим.	Er verhält sich alten Menschen gegenüber ehrerbietig.
Э́тот вопро́с не отно́сится непосре́дственно к те́ме.	Diese Frage bezieht sich nicht unmittelbar auf das Thema.
Он стара́ется подла́живаться к нему́.	Er ist bemüht, sich bei ihm einzuschmeicheln.
Он с вопро́сами привяза́лся к прохо́жему.	Er belästigte den Vorübergehenden mit Fragen.
Они́ придра́лись к нему́ из-за пустяко́в.	Sie nörgelten wegen Nichtigkeiten an ihm herum.
Вся́кое де́ло к себе́ применя́й! (Sprichwort)	Wende alles auf dich an!
Мы прислу́шивались к разгово́ру.	Wir lauschten auf das Gespräch.
Учи́тель приуча́ет дете́й к труду́, к поря́дку, к дисципли́не.	Der Lehrer gewöhnt die Kinder an Arbeit, Ordnung und Disziplin.
Челове́к стреми́тся к зна́нию.	Der Mensch strebt nach Wissen.

на

a) Durch **на** mit dem AKKUSATIV werden ergänzt: **558**

влия́ть повлия́ть vo.	**на** (mit Akk.) jem. bzw. etw. beeinflussen
выме́нивать вы́менять vo.	**на** (mit Akk.) austauschen gegen
дели́ть раздели́ть vo.	**на** (mit Akk.) (ein-)teilen in
доса́довать	**на** (mit Akk.) sich ärgern über
ду́ться	**на** (mit Akk.) schmollen mit
жа́ловаться пожа́ловаться vo.	**на** (mit Akk.) sich beklagen über
зли́ться разозли́ться vo. обозли́ться vo.	**на** (mit Akk.) sich ärgern, erzürnt sein über
клевета́ть наклевета́ть vo.	**на** (mit Akk.) jem. bzw. etw. verleumden
меня́ть обме́нивать по-, обменя́ть vo.	**на** (mit Akk.) ein-, umtauschen in
мобилизова́ть (vo.)	**на** (mit Akk.) mobilisieren zu, für
наде́яться (понаде́яться vo.)	**на** (mit Akk.) hoffen auf

29*

негодова́ть	на (mit Akk.)[1] empört sein über
обижа́ться оби́деться vo.	на (mit Akk.) etw. übelnehmen, Anstoß nehmen an
отклика́ться откли́кнуться vo.	на (mit Akk.) sich äußern zu, reagieren auf
пеня́ть попеня́ть vo.	на (mit Akk.)[2] jem. vorwerfen, Vorwürfe machen
пла́каться	на (mit Akk.) klagen über
покуша́ться покуси́ться vo.	на (mit Akk.) trachten nach, einen Anschlag machen auf
полага́ться положи́ться vo.	на (mit Akk.) sich verlassen auf
посяга́ть посягну́ть vo.	на (mit Akk.) einen Anschlag machen auf, eingreifen in
походи́ть	на (mit Akk.) jem. bzw. etw. ähneln
разбива́ть разби́ть vo.	на (mit Akk.) zerbrechen, zerschlagen in
разме́нивать разменя́ть vo.	на (mit Akk.) (ein-)wechseln in
распада́ться распа́сться vo.	на (mit Akk.) zerfallen in
рассчи́тывать	на (mit Akk.) rechnen auf, etw. voraussetzen
серди́ться рассерди́ться vo.	на (mit Akk.) sich ärgern über
се́товать посе́товать vo.	на (mit Akk.) klagen über
сма́хивать	на (mit Akk.) jem. bzw. etw. ähneln
соглаша́ться согласи́ться vo.	на (mit Akk.) einwilligen in, einverstanden sein mit

Кли́мат влия́ет на здоро́вье челове́ка.	Das Klima beeinflußt die Gesundheit des Menschen.
Учи́тель де́лит ученико́в на гру́ппы.	Der Lehrer teilt die Schüler in Gruppen ein.
Больно́й жа́ловался на боль в ноге́.	Der Kranke klagte über Schmerzen im Bein.
Он оби́делся на что́-нибудь и ушёл.	Er hat irgend etwas übelgenommen und ist fortgegangen.

---

[1] Негодова́ть kann auch durch про́тив mit dem Genitiv ergänzt werden.

[2] Пеня́ть/попеня́ть vo. werden zuweilen auch mit dem Dativ verbunden.

Пеня́й на себя́!	Du bist selbst daran schuld. Geschieht dir recht.
Сын похо́дит на мать.	Der Sohn ähnelt der Mutter.
Моле́кулы распа́лись на а́томы.	Die Moleküle zerfielen in Atome.
Учи́тельница се́рдится на Серге́я за невыполне́ние зада́ния.	Die Lehrerin ärgert sich über Sergei, weil er seine Aufgabe nicht gemacht hat.
Оте́ц согласи́лся на перее́зд сы́на в друго́й го́род.	Der Vater stimmte der Übersiedelung des Sohnes in eine andere Stadt zu.

b) Durch **на** mit dem PRÄPOSITIV werden ergänzt: **559**

жени́ться (vo.)	**на** (mit Präp.) jem. (eine Frau) heiraten
игра́ть **сыгра́ть** vo.	} **на** (mit Präp.) etw. (ein Instrument) spielen
осно́вывать **основа́ть** vo.	} **на** (mit Präp.) gründen auf
отража́ться **отрази́ться** vo.	} **на** (mit Präp.) sich auswirken **auf**
сосредото́чивать **сосредото́чить** vo.	} **на** (mit Präp.) konzentrieren **auf**

sowie einige Verben der Fortbewegung[1]:

е́хать на автомоби́ле	Auto fahren
лете́ть на самолёте	(im Flugzeug) fliegen
ката́ться на ло́дке	Boot fahren
ката́ться на конька́х	Schlittschuh laufen
бе́гать на лы́жах	Schi fahren
На ком он жени́лся?	Wen hat er geheiratet?
Он о́чень хорошо́ игра́ет на скри́пке.	Er spielt sehr gut Geige.
Э́то ни на чём не осно́ванное предложе́ние.	Das ist ein auf nichts gegründeter Vorschlag.
Уси́ленная рабо́та отрази́лась на его́ здоро́вье.	Die angestrengte Arbeit wirkte sich auf seine Gesundheit aus.

над, надо   **560**

Durch **над, надо** mit dem INSTRUMENTAL werden ergänzt:

a) **издева́ться**	**над** (mit Instr.) jem. verspotten, spotten über
сжа́литься vo.	**над** (mit Instr.) sich erbarmen über, Erbarmen haben mit

---

[1] Eine Ergänzung durch **в** mit dem Präpositiv ist möglich, wenn das Fortbewegungsmittel die Vorstellung eines Darin-Seins zuläßt:

лете́ть в самолёте, е́хать в трамва́е, е́хать в автомоби́ле.

смея́ться	над (mit Instr.)[1] jem. auslachen, lachen über
улыба́ться	
улыбну́ться vo.	
усмеха́ться	над (mit Instr.) lächeln über, jem. bzw. etw. belächeln
усмехну́ться vo.	
шути́ть	над (mit Instr.) jem. verspotten, spotten über
пошути́ть vo.	

Прекрати́те издева́ться над безоби́дным челове́ком!	Hört auf, einen harmlosen Menschen zu verspotten!
Над кем вы смеётесь?	Über wen macht ihr euch lustig?
Он шу́тит над мои́м чу́вством.	Er spottet über meine Gefühle.

b) einige Verben zur Angabe des Gegenstandes einer – zumeist geistigen – Beschäftigung, z. B.:

би́ться	над (mit Instr.) sich abmühen mit
заду́мываться	над (mit Instr.)[2] nachsinnen über
заду́маться vo.	
рабо́тать	над (mit Instr.) arbeiten an
труди́ться	над (mit Instr.) sich mühen um

Он заду́мался над реше́нием зада́чи.	Er dachte über die Lösung der Aufgabe nach.
Он весь день труди́лся над сочине́нием.	Er hat sich den ganzen Tag mit dem Aufsatz abgemüht.

о, об, о́бо

561 a) Durch о, об, о́бо mit dem AKKUSATIV werden einige Verben mit dem Begriff der Berührung ergänzt:

би́ться	о (mit Akk.) schlagen gegen
разбива́ться	о (mit Akk.) zerbrechen, zerschellen an
разби́ться vo.	
споткыка́ться	о (mit Akk.) stolpern über
споткну́ться vo.	
тере́ться	о (mit Akk.) sich reiben an
потере́ться vo.	
ударя́ться	о (mit Akk.) sich stoßen an
уда́риться vo.	

---

[1] Смея́ться wurde früher mit dem Dativ ohne Präposition verbunden, z.B.:
Чему́ вы смеётесь?   Worüber lachen Sie?

[2] Заду́мываться/заду́маться vo. können auch durch о mit dem Präpositiv ergänzt werden, z.B.:
Он лю́бит заду́мываться о бу́дущем.   Er liebt es, über die Zukunft nachzusinnen.

ушибáть ушибúть vo.	} o (mit Akk.) stoßen, schlagen gegen, verletzen an
ушибáться ушибúться vo.	} o (mit Akk.) sich stoßen, sich verletzen an

Парохóд разбúлся о скáлы.   Der Dampfer zerschellte an den Felsen.

Он споткнýлся о порóг.   Er stolperte über die Schwelle.

Лóдка удáрилась о кáмень.   Das Boot stieß gegen einen Stein.

b) Durch **o, об, обо** mit dem PRÄPOSITIV werden ergänzt: **562**

α) беспокóиться	o (mit Präp.) besorgt sein, sich Sorgen machen um
вздыхáть	o (mit Präp.)[1] sich sehnen nach
говорúть	o (mit Präp.) sprechen von, sprechen über
горевáть	o (mit Präp.) sich grämen, trauern um
договáриваться договорúться vo.	} o (mit Präp.) verhandeln, übereinkommen über
дýмать подýмать vo.	} o (mit Präp.) denken an
жалéть пожалéть vo.	} o (mit Präp.)[2] Mitleid haben mit, trauern um
забóтиться позабóтиться vo.	} o (mit Präp.) sich kümmern um, sorgen für
извещáть известúть vo.	} o (mit Präp.) etw. mitteilen, benachrichtigen von
мечтáть	o (mit Präp.) träumen, schwärmen von
плáкать	o (mit Präp.) weinen, trauern um
предупреждáть предупредúть vo.	} o (mit Präp.) rechtzeitig informieren über, warnen vor
раздýмываться раздýматься vo.	} o (mit Präp.) nachdenken, nachsinnen über
расспрáшивать расспросúть vo.	} o (mit Präp.) ausfragen nach
рассуждáть	o (mit Präp.) sprechen über, etw. besprechen
скорбéть	o (mit Präp.) sich grämen um
сокрушáться	o (mit Präp.) sich grämen um
справлáться спрáвиться vo.	} o (mit Präp.) sich erkundigen nach
толковáть	o (mit Präp.) sprechen über, etw. besprechen

[1] Вздыхáть kann auch durch по mit dem Präpositiv bzw. Dativ ergänzt werden, vgl. (564).
[2] Seltener werden жалéть/пожалéть vo. mit dem Genitiv ohne Präposition gebraucht.

тужи́ть	о (mit Präp.)[1] trauern um
усло́вливаться усло́виться vo.	} о (mit Präp.) übereinkommen über, etw. vereinbaren

Мать беспоко́ится о здоро́вье дете́й.	Die Mutter ist um die Gesundheit ihrer Kinder besorgt.
Он жале́ет о поте́рянном вре́мени.	Er trauert der verlorenen Zeit nach.
Она́ уже́ давно́ мечта́ет о путеше́ствии по Кавка́зу.	Sie träumt schon lange von einer Kaukasusreise.
Он предупреди́л дру́га об опа́сности.	Er warnte den Freund vor der Gefahr.
Мы расспроси́ли прохо́жего о доро́ге.	Wir fragten einen Passanten nach dem Weg.
Они́ усло́вились о сро́ке отъе́зда.	Sie vereinbarten den Abfahrtstermin.

β) Eine Reihe von Verben kann außer durch den Akkusativ – bei teils geringer Bedeutungsdifferenzierung – auch durch о mit dem Präpositiv ergänzt werden, vgl. Fußnote 1 auf S. 435.

Bei Bedeutungsgleichheit der Konstruktion mit dem Akkusativ und der Konstruktion mit о und dem Präpositiv setzt sich im modernen Sprachgebrauch die letztere immer mehr durch.

вспомина́ть вспо́мнить vo.	} о (mit Präp.) sich erinnern an
докла́дывать доложи́ть vo.	} о (mit Präp.) Bericht erstatten von, etw. berichten
забыва́ть забы́ть vo.	} о (mit Präp.) etw. vergessen
напомина́ть напо́мнить vo.	} о (mit Präp.) erinnern an
проси́ть попроси́ть vo.	} о (mit Präp.)[2] bitten um, etw. erbitten
расска́зывать рассказа́ть vo.	} о (mit Präp.) erzählen, berichten von
спра́шивать спроси́ть vo.	} о (mit Präp.) fragen nach, etw. erfragen
узнава́ть узна́ть vo.	} о (mit Präp.) erfahren von, etw. erfahren

---

[1] Тужи́ть kann auch durch по mit dem Präpositiv bzw. Dativ ergänzt werden, vgl. (564).
[2] Проси́ть/попроси́ть vo. können außerdem den Genitiv regieren, vgl. (536).

456

упоминáть упомянýть vo. }	o (mit Präp.) etw. erwähnen

Мы охóтно вспоминáем о лéт- | Wir erinnern uns gern an die Sommer-
них канúкулах. | ferien.
Конструктор Белóв доклáды- | Der Konstrukteur Below erstattet dem
вает дирéктору о выполнéнии | Direktor Bericht über die Planerfüllung.
плáна. |
Учúтель спросúл ученикá о | Der Lehrer fragte den Schüler nach der
биогрáфии Лéрмонтова. | Biographie Lermontows.
Мы тóлько что узнáли о при- | Wir haben eben erst von der Ankunft der
éзде гостéй. | Gäste erfahren.
Он обещáл при слýчае упо- | Er versprach, bei (passender) Gelegenheit
мянýть о моéй прóсьбе. | meine Bitte zu erwähnen.

от, ото
563

Durch **от, ото** mit dem GENITIV werden ergänzt:

воздéрживаться воздержáться vo. }	от (mit Gen.) sich einer Sache enthalten
дрожáть дрóгнуть vo. }	от (mit Gen.) zittern, beben vor
завúсеть	от (mit Gen.) abhängen von
заслоняться заслонúться vo. }	от (mit Gen.) sich schützen vor
защищáть защитúть vo. }	от (mit Gen.) verteidigen gegen, schützen vor
избавлять избáвить vo. }	от (mit Gen.) retten vor, bewahren vor
избавляться избáвиться vo. }	от (mit Gen.) sich retten vor, einer Sache entrinnen
освобождáть освободúть vo. }	от (mit Gen.) befreien von
отвыкáть отвыкнуть vo. }	от (mit Gen.) sich etw. abgewöhnen, sich einer Sache entwöhnen
откáзываться отказáться vo. }	от (mit Gen.) sich lossagen von, verzichten auf, einer Sache entsagen
отставáть отстáть vo. }	от (mit Gen.) 1. zurückbleiben hinter; 2. ablassen von
отучáть отýчивать отучúть vo. }	от (mit Gen.) etw. abgewöhnen

457

предостерега́ть предостере́чь vo.	от (mit Gen.) warnen vor
предохраня́ть предохрани́ть vo.	от (mit Gen.) schützen, bewahren vor
скрыва́ть(ся) скры́ть(ся) vo.	от (mit Gen.) (sich) verbergen vor
спаса́ться спасти́сь vo.	от (mit Gen.) sich retten, in Sicherheit bringen vor
страда́ть пострада́ть vo.	от (mit Gen.)[1] leiden an
страхова́ть застрахова́ть vo.	от (mit Gen.) versichern, sichern gegen
уде́рживаться удержа́ться vo.	от (mit Gen.) sich einer Sache enthalten
уклоня́ться уклони́ться vo.	от (mit Gen.) einer Sache ausweichen, abweichen von
укрыва́ть(ся) укры́ть(ся) vo.	от (mit Gen.) (sich) verbergen, schützen vor
умира́ть умере́ть vo.	от (mit Gen.)[2] sterben an
ута́ивать утаи́ть vo.	от (mit Gen.) verheimlichen, verhehlen vor

Он воздержа́лся от голосова́ния.	Er enthielt sich der Stimme.
Изба́вьте меня́ от его́ прису́тствия!	Befreien Sie mich von seiner Anwesenheit!
Тру́дно отвы́кнуть от куре́ния.	Es ist schwer, sich das Rauchen abzugewöhnen.
Мы не хоти́м отказа́ться от пое́здки.	Wir möchten nicht auf die Reise verzichten.
Я хочу́ предостере́чь вас от опа́сности.	Ich möchte Sie vor der Gefahr warnen.
Он спа́сся бе́гством от пресле́дования.	Er rettete sich durch die Flucht vor der Verfolgung.
Он страда́ет от ревмати́зма.	Er leidet an Rheuma.

---

[1] Vgl. auch Fußnote 2 auf S. 439.
[2] Ganz selten werden умира́ть/умере́ть vo. bei Angabe des Grundes mit dem Instrumental ohne Präposition verbunden.

Он у́мер гри́ппом.	Er starb an Grippe.

Письмо́м в реда́кцию он страхова́л себя́ от возмо́жных напа́док.	Durch den Brief an die Redaktion sicherte er sich gegen mögliche Angriffe.
С трудо́м он удержа́лся от сме́ха.	Mit Mühe konnte er sich des Lachens enthalten.

по 564

Durch **по** ergänzt wird eine Reihe von Verben mit dem Begriff des Sehnens und Betrübt-Seins. Dabei steht das Nomen der Ergänzung in jedem Falle im PRÄPOSITIV, wenn es sich um ein Personalpronomen handelt (vgl. 283,3); bei Substantiven im Singular kann neben dem Präpositiv auch der DATIV stehen (**скуча́ть, тоскова́ть — грусти́ть** aber nur mit Dativ), im Plural wird vorzugsweise der Dativ gebraucht.

вздыха́ть	по (mit Präp. bzw. Dat.)	sich sehnen nach, trauern um
грусти́ть	по (mit Dat.)	betrübt, traurig sein wegen, sich grämen um
скуча́ть	по (mit Präp. bzw. Dat.)	sich sehnen nach
соску́читься vo.	по (mit Präp. bzw. Dat.)	Sehnsucht bekommen nach
тоскова́ть	по (mit Präp. bzw. Dat.)	betrübt sein wegen, sich sehnen nach, trauern um
тужи́ть	по (mit Präp. bzw. Dat.)	trauern um

Мать вздыха́ет по пропа́вшем без вести сы́не.	Die Mutter trauert um den verschollenen Sohn.
Оте́ц скуча́ет по де́тям.	Der Vater sehnt sich nach den Kindern.
Он соску́чился по вас.	Er hat Sehnsucht nach Ihnen bekommen.
Мы тоску́ем по ро́дине.	Wir haben Sehnsucht nach der Heimat.

In der modernen Schriftsprache tritt bei den Verben dieser Gruppe anstelle der Ergänzung mit **по**, die eine umgangssprachliche Färbung aufweist, zuweilen auch eine Ergänzung durch **о** mit dem Präpositiv auf.

с, со

a) Durch **с, со** mit dem GENITIV werden ergänzt: 565

начина́ть начáть vo.	} с (mit Gen.)[1] anfangen mit *(trans.)*
начина́ться нача́ться vo.	} с (mit Gen.)[1] anfangen mit *(intrans.)*

---

[1] Nach начина́ть(ся)/нача́ть(ся) vo. kann in gleicher Bedeutung auch der Instrumental stehen, z.B.: Он на́чал речь приве́тствием.

459

С чего́ мне нача́ть?	Womit soll ich anfangen?
Он на́чал речь с приве́тствия.	Er begann seine Rede mit einer Begrüßung.
Ссо́ра начала́сь с пустяко́в.	Der Streit begann mit Nichtigkeiten.

566 b) Durch **с, со** mit dem INSTRUMENTAL werden ergänzt:

встреча́ться встре́титься vo.	с (mit Instr.) sich treffen mit
грани́чить	с (mit Instr.) angrenzen an
дели́ться подели́ться vo.	с (mit Instr.) [(mit Instr.)] jem. (etw.) mitteilen
здоро́ваться поздоро́ваться vo.	с (mit Instr.) jem. begrüßen
знако́мить познако́мить vo.	с (mit Instr.) bekanntmachen mit, jem. vorstellen
знако́миться познако́миться vo.	с (mit Instr.) jem. kennenlernen, sich bekanntmachen mit
поздравля́ть поздра́вить vo.	с (mit Instr.) gratulieren, beglückwünschen zu
проща́ться прости́ться vo.	с (mit Instr.) sich verabschieden von
разводи́ться развести́сь vo.	с (mit Instr.) sich scheiden lassen von
расстава́ться расста́ться vo.	с (mit Instr.) sich trennen von, scheiden von
сове́товаться посове́товаться vo.	с (mit Instr.) jem. um Rat fragen, sich beraten mit
сообразова́ться (vo.)	с (mit Instr.) sich richten nach, einer Sache Rechnung tragen
справля́ться спра́виться vo.	с (mit Instr.) fertig werden mit, (eine Arbeit) schaffen
сра́внивать сравня́ть vo.	с (mit Instr.) vergleichen mit
счита́ться посчита́ться vo.	с (mit Instr.) etw. berücksichtigen, einer Sache Rechnung tragen

Кита́й грани́чит с СССР.	China grenzt an die UdSSR.
Он подели́лся впечатле́ниями с друзья́ми.	Er teilte seinen Freunden seine Eindrücke mit.
Ребя́та здоро́ваются с учи́телем.	Die Kinder begrüßen den Lehrer.

Товáрищи поздравля́ют егó с награ́дой.	Die Kameraden gratulieren ihm zu seiner Auszeichnung.
С Но́вым го́дом, с но́вым сча́стьем (поздравля́ю)!	Prosit Neujahr!
Он развёлся с женóй.	Er ließ sich von seiner Frau scheiden.
На́до сообразова́ться с обстоя́тельствами.	Man muß den Umständen Rechnung tragen.

y   567

У mit dem GENITIV steht bei Verben mit dem Begriff des Nehmens, Leihens, Bittens u. ä. zur Angabe der Person, auf die die Handlung gerichtet ist. Hierher gehören:

брать **взять** vo.	nehmen
занима́ть **заня́ть** vo.	borgen, entleihen
красть **укра́сть** vo.	stehlen
покупа́ть **купи́ть** vo.	kaufen
отбира́ть **отобра́ть** vo.	wegnehmen
отнима́ть **отня́ть** vo.	(weg-)nehmen, entreißen
проси́ть **попроси́ть** vo.	bitten
спра́шивать **спроси́ть** vo.	fragen, bitten
тре́бовать **потре́бовать** vo.	fordern, verlangen
учи́ться **научи́ться** vo.	lernen

Возьми́те у негó словáрь!	Lassen Sie sich das Wörterbuch von ihm geben!
Он зáнял у негó две́сти рубле́й.	Er borgte 200 Rubel von ihm.
Он попроси́л у негó де́нег.	Er bat ihn um Geld.
Больно́й Бори́с спроси́л кни́гу у товáрища.	Der kranke Boris bat den Kameraden um ein Buch.
У негó я мнóгому научи́лся.	Bei ihm habe ich viel gelernt.

568 ## I. Быть zur Bildung zusammengesetzter Verbalformen

Mit Hilfe von **быть** werden folgende Verbalformen gebildet:

1. das unvollendete oder zusammengesetzte Futurum, ausgedrückt durch das Futurum von **быть** in Verbindung mit dem unvollendeten Infinitiv, siehe (350):

   я бу́ду чита́ть, ты бу́дешь чита́ть, он бу́дет чита́ть usw.

2. das vollendete Präteritum des Passivs, ausgedrückt durch das Präteritum von **быть** in Verbindung mit den Kurzformen des Partizips des Präteritums Passiv, siehe (390, b 1. α):

   Рабо́та была́ вы́полнена. Кни́га была́ напи́сана.

3. das vollendete Futurum des Passivs, ausgedrückt durch das Futurum von **быть** in Verbindung mit den Kurzformen des Partizips des Präteritums Passiv, siehe (390, b 1. β):

   Рабо́та бу́дет вы́полнена. Кни́га бу́дет напи́сана.

Ferner wird mit dem Präteritum von **быть** und den Kurzformen des Partizips des Präsens Passiv ein nur noch äußerst selten auftretendes unvollendetes Präteritum des Passivs gebildet, siehe (390, a):

Его́ докла́д не раз был прерыва́ем аплодисме́нтами.

569 ## II. Быть als Kopula „sein"

1. Präsens

Im Präsens wird **быть** als Kopula im allgemeinen nicht gebraucht. Die im Deutschen durch „sein" verbundenen Satzglieder werden im Russischen einfach nebeneinandergestellt. Ein nominales Prädikat erscheint dabei im Nominativ[1].

---

[1] Nur selten und in ganz bestimmten Fällen tritt beim Präsens ein prädikativer Instrumental auf:
1. Der prädikative Instrumental steht zuweilen zur Berufsbezeichnung oder zur Bezeichnung einer Tätigkeit, und zwar meist in Verbindung mit der Angabe des Tätigkeitsbereichs:

У меня́ мать здесь учи́тельницей.	Meine Mutter ist hier Lehrerin.
Он у них шофёром.	Er ist bei ihnen Chauffeur.
Он в шта́бе диви́зии связи́стом.	Er ist beim Divisionsstab Nachrichtenmann.

2. Im prädikativen Instrumental treten вина́ (= Schuld), пору́ка (= Bürgschaft), причи́на (= Grund, Ursache) auf:

Всему́ вино́й — моя́ необду́манность.	An allem schuld ist meine Unüberlegtheit.
Э́та боле́знь причи́ною её сме́рти.	Diese Krankheit ist die Ursache ihres Todes.

3. Die Wiederholung des gleichen Wortes im Instrumental verleiht verstärkende Bedeutung:

Дру́жба дру́жбой, а слу́жба слу́жбой. (Sprichwort)	Freundschaft ist Freundschaft, und Dienst ist Dienst. Freundschaft ist eine Sache, Dienst eine andere.

Мой дя́дя — [1] инжене́р.	Mein Onkel ist Ingenieur.
Она́ больна́.	Sie ist krank.
Её блу́зка полотня́ная.	Ihre Bluse ist aus Leinen.
Москва́ и Ленингра́д — важне́йшие города́ РСФСР.	Moskau und Leningrad sind die wichtigsten Städte der RSFSR.
Три плюс пять — во́семь.	Drei plus fünf ist acht.

Есть steht als Kopula in Definitionen, wissenschaftlichen Darlegungen sowie zum Zwecke der Hervorhebung. **Есть** kann dabei mit allen Personen verbunden werden.

Сою́з Сове́тских Социалисти́ческих Респу́блик есть социалисти́ческое общенаро́дное госуда́рство, выража́ющее во́лю и интере́сы рабо́чих, крестья́н и интеллиге́нции, трудя́щихся всех на́ций и наро́дностей страны́.	Die UdSSR ist ein sozialistischer Staat des ganzen Volkes, der den Willen und die Interessen der Arbeiter, der Bauern und der Intelligenz, der Werktätigen aller Nationen und Völkerschaften des Landes zum Ausdruck bringt. (Artikel I der Verfassung der UdSSR)
Я оста́нусь тем, что я есть.	Ich werde das bleiben, was ich bin.

Суть ist heute veraltet; es tritt nur noch bisweilen in wissenschaftlichen Texten und bei Aufzählungen auf:

Предме́ты вы́воза Кана́ды суть: хлеб, лес ...	Ausfuhrartikel Kanadas sind: Getreide, Holz...
Во́инская учёба и дисципли́на суть осно́ва боеспосо́бности а́рмии.	Militärische Ausbildung und Disziplin sind die Grundlage der Kampftüchtigkeit einer Armee.

2. In allen anderen Formen muß **быть** als Kopula unbedingt gebraucht werden. Für **570** das Prädikatsnomen in Verbindung mit den Konjugationsformen von **быть** gilt dabei allgemein folgendes:

Präteritum

a) Ein Substantiv als Prädikatsnomen kann nach dem Präteritum von **быть** sowohl im Nominativ als auch im Instrumental stehen: Im allgemeinen braucht man den

---

[1] Man setzt in der Regel einen Gedankenstrich, wenn Subjekt und Prädikat durch Substantive, durch Zahlwörter und Zahlausdrücke oder durch Infinitive vertreten sind, vgl. (643).

Instrumental, wenn ein zeitweiliges Verhältnis ausgedrückt wird. Der Nominativ steht vorzugsweise zur Bezeichnung eines dauernden Zustandes; aber auch hier beginnt sich der Instrumental durchzusetzen.

Два гóда он был машинúстом, тепéрь он ýчится в университéте.	Zwei Jahre war er Maschinist, jetzt studiert er an der Universität.
Мой дéдушка был врачóм.	Mein Großvater war Arzt.
Егó отéц был грузúн.	Sein Vater war Georgier.
М. В. Ломонóсов был велúкий рýсский учёный и поэт.	M. W. Lomonossow war ein großer russischer Gelehrter und Dichter.

b) Ein Adjektiv als Prädikatsnomen kann nach dem Präteritum von быть im Nominativ oder Instrumental der Langform oder in der Kurzform stehen:

Вчерá нéбо бы́ло сéрое.	
Вчерá нéбо бы́ло сéрым.	Gestern war der Himmel grau.
Вчерá нéбо бы́ло сéро.	

Zum Teil liegt eine bedeutungsmäßige oder auch stilistische Differenzierung im Gebrauch der Kurzform oder des Nominativs bzw. Instrumentals der Langform vor. Hierzu siehe (217–218). Bei Bedeutungsgleichheit wird heute allgemein der Gebrauch der Langformen bevorzugt.

Futurum, Imperativ und Konjunktiv

a) Ein Substantiv als Prädikatsnomen steht nach dem Futurum, Imperativ und Konjunktiv von быть zumeist im Instrumental. Es kann auch im Nominativ stehen; dieser Gebrauch ist aber im Veralten begriffen.

Егó сын бýдет врачóм.	Sein Sohn wird Arzt werden.
Бýдьте друзья́ми!	Seid Freunde!
Это бы́ло бы для меня́ наслаждéнием.	Das wäre für mich ein Genuß.

b) Ein Adjektiv als Prädikatsnomen steht nach dem Futurum, Imperativ und Konjunktiv von быть häufig im Instrumental der Langform. Daneben ist der Gebrauch der Kurzform und nach dem Futurum von быть auch der Gebrauch des Nominativs der Langform möglich. Nach dem Imperativ und Konjunktiv von быть ist der Nominativ der Langform selten und weist eine umgangssprachliche Färbung auf.

Скóро сад бýдет зелёным.	Bald wird der Garten grün sein.
Лéто бýдет тёплое и сóлнечное.	Der Sommer wird warm und sonnig werden.

Будь гото́в! — Всегда́ гото́в. Бы́ло бы оши́бочным (оши́- бочно) не счита́ть его́ вели́ким учёным.	Sei bereit! – Immer bereit. Es wäre falsch, ihn nicht für einen großen Gelehrten zu halten.

Infinitiv

Nach dem Infinitiv von **быть** stehen Substantiv und Adjektiv in der Regel im Instrumental.

Быть ве́рным ро́дине — долг ка́ждого граждани́на.	Dem Vaterland treu zu sein ist die Pflicht eines jeden Bürgers.

Nach dem Infinitiv von **быть** in Verbindung mit einer Form von **мочь** oder **до́лжен** kann das Adjektiv ebensogut in der Kurzform stehen. Seltener ist der Gebrauch des Nominativs der Langform.

Она́ не мо́жет не быть счаст- ли́вой.	Sie muß einfach glücklich sein.
Он до́лжен быть приле́жен.	Er muß fleißig sein.
До за́втра всё должно́ быть гото́во.	Bis morgen muß alles fertig sein.

Бу́дучи

Nach dem Adverbialpartizip **бу́дучи** steht das Substantiv stets im Instrumental, das Adjektiv steht vielfach in der Kurzform.

Бу́дучи двою́родным бра́том, я до́лжен помога́ть ему́.	Da ich sein Vetter bin, muß ich ihm hel- fen.

III. Быть zum Ausdruck der Existenz „es gibt"   571

Die Existenz „es gibt, es ist (sind) vorhanden, es besteht (bestehen)" wird durch **есть**[1] wiedergegeben. **Есть** steht dabei für den Singular wie für den Plural.

[1] In der Buchsprache wird zum Ausdruck der Existenz auch име́ется/име́ются sowie in Verbindung mit Zahlenangaben насчи́тывается gebraucht:

Име́ются все возмо́жности для успе́шного оконча́ния рабо́ты.	Es bestehen alle Möglichkeiten für eine erfolgreiche Beendigung der Arbeit.
В но́вом зда́нии Моско́вского университе́- та насчи́тывается 168 уче́бных за́лов, 1700 лаборато́рий, 5755 ко́мнат для уча́щихся и 184 кварти́ры для преподава́телей.	Im neuen Gebäude der Moskauer Universität gibt es 168 Hörsäle, 1700 Laboratorien, 5755 Zimmer für Studenten und 184 Dozentenwohnungen.

В э́том до́ме есть не́сколько вы́ходов.	In diesem Haus gibt es einige Ausgänge.
В го́роде есть теа́тр и не́сколько кинотеа́тров.	In der Stadt gibt es ein Theater und mehrere Lichtspielhäuser.
Есть авторучки в де́сять ма́рок, есть и деше́вле.	Es gibt Füllfederhalter zu 10 Mark, und es gibt auch billigere.
Из вся́кого положе́ния есть вы́ход.	Aus jeder Lage gibt es einen Ausweg.

Im Präteritum tritt als Prädikat **был, -á, -о/бы́ли,** im Futurum **бу́дет/бу́дут** ein:

В го́роде был теа́тр.	In der Stadt gab es ein Theater.
В го́роде бу́дет теа́тр.	In der Stadt wird es ein Theater geben.

Die Verneinung der Existenz geschieht im Präsens durch **нет** (Kontraktion aus **не есть**), im Präteritum durch **не́ было,** im Futurum durch **не бу́дет.** Der nichtexistierende Gegenstand tritt dabei in den Genitiv; der Satz wird unpersönlich.

В го́роде нет теа́тра.	In der Stadt gibt es kein Theater.
В го́роде не́ было теа́тра.	In der Stadt gab es kein Theater.
В го́роде не бу́дет теа́тра.	In der Stadt wird es kein Theater geben.

572   IV. Быть zur Wiedergabe von deutsch „haben, besitzen"

„Haben, besitzen"[1] wird im Russischen durch „es gibt" in Verbindung mit **у** und dem Genitiv zur Angabe des Besitzers ausgedrückt.

---

[1] Име́ть = „haben" wird bei abstrakten Begriffen und vornehmlich phraseologisch gebraucht, z. B.:

име́ть возмо́жность	= die Möglichkeit haben
име́ть значе́ние	= Bedeutung haben
име́ть пра́во	= das Recht haben
име́ть сло́во	= das Wort haben
име́ть слу́чай	= die Gelegenheit haben
име́ть сча́стье	= das Glück haben
име́ть честь	= die Ehre haben
име́ть отноше́ние к (mit Dat.)	= Beziehung haben zu
име́ть поня́тие о (mit Präp.)	= einen Begriff haben von
име́ть представле́ние о (mit Präp.)	= eine Vorstellung haben von
име́ть ме́сто	= stattfinden

Umgangssprachlich kann име́ть vereinzelt auch in Verbindung mit Konkreta auftreten. Dieser Gebrauch entspricht jedoch nicht der literatursprachlichen Norm.

у меня (есть)		ich habe...
у меня был, -á, -о; -и	+ Nom.	ich hatte...
у меня бу́дет, бу́дут		ich werde haben...
у тебя (есть)		du hast...
у тебя был, -á, -о; -и	+ Nom.	du hattest...
у тебя бу́дет, бу́дут		du wirst haben...

Есть wird verwendet, wenn lediglich das Vorhandensein der genannten Gegenstände bzw. Personen ausgedrückt werden soll. Sollen hingegen die genannten Gegenstände bzw. Personen näher charakterisiert werden, so stehen in der Regel Sätze ohne **есть**.

У меня́ но́вое пальто́.	Ich habe einen neuen Mantel.
У него́ есть брат и сестра́.	Er hat einen Bruder und eine Schwester.
У них есть свой дом.	Sie haben ein eigenes Haus.
У де́вочки дли́нные ко́сы.	Das Mädchen hat lange Zöpfe.
У него́ бы́ло мно́го друзе́й.	Er hatte viele Freunde.
Ско́ро у нас бу́дут кани́кулы.	Bald werden wir Ferien haben.

Verneintes „haben" wird – wie die verneinte Existenz – unpersönlich wiedergegeben: Im Präsens steht **нет**, im Präteritum **не́ бы́ло**, im Futurum **не бу́дет**; der nichtvorhandene Gegenstand erscheint im Genitiv.

у меня́ нет		ich habe nicht (kein-en, -e)
у меня́ не́ было	+ Gen.	ich hatte nicht (kein-en, -e)
у меня́ не бу́дет		ich werde nicht (kein-en, -e) haben

У меня́ нет кни́ги.	Ich habe das Buch nicht. Ich habe kein Buch.
У отца́ нет вре́мени.	Vater hat keine Zeit.
У него́ не́ было де́нег.	Er hatte kein Geld.
У неё не́ было ни знако́мых, ни родны́х.	Sie hatte weder Bekannte noch Verwandte.
У вас не бу́дет забо́т.	Ihr werdet keine Sorgen haben.
В воскресе́нье у нас не бу́дет госте́й.	Am Sonntag werden wir keine Gäste haben.

30*

KÖNNEN – MÜSSEN – DÜRFEN – SOLLEN – WOLLEN –
MÖGEN – LASSEN

573 Modale Bedeutungen, wie sie im Deutschen durch die modalen Hilfsverben „können, müssen, dürfen, sollen, wollen, mögen, lassen[1]" zum Ausdruck kommen, werden im Russischen auf verschiedene Art wiedergegeben, und zwar:

1. Wortwörtliche Entsprechungen liegen vor in **мочь** = „können" und **хотéть** = „wollen":

Я могу́ тебé помóчь.	Ich kann dir helfen.
Я хочу́ пойти́ в теáтр.	Ich will ins Theater gehen.

2. **Дóлжен, должнá, должнó** ist prädikatives Adjektiv zum Ausdruck des Müssens und Sollens:

Мы должны́ учи́ться.	Wir müssen lernen.

3. Modale Bedeutungen werden häufig unpersönlich ausgedrückt:

    a) durch sogenannte prädikative Adverbien (**нáдо, ну́жно, мóжно, нельзя́**), die ihr Präteritum mit **бы́ло**, ihr Futurum mit **бу́дет** bilden, –

    b) durch unpersönliche Verben (**хóчется, слéдует, прихóдится**).

Das deutsche Subjekt erscheint in diesen unpersönlichen Konstruktionen im Dativ.

Вам нáдо обрати́ться к врачу́.	Sie müssen einen Arzt zu Rate ziehen.
Мне ну́жно бы́ло купи́ть нóвое пальтó.	Ich mußte einen neuen Mantel kaufen.
Мне хóчется немнóго отдохну́ть.	Ich möchte ein wenig ausruhen.

4. Mit modaler Bedeutung treten ferner Infinitivsätze auf, die als unpersönliche Konstruktionen das deutsche Subjekt ebenfalls im Dativ haben:

Мне зáвтра рáно вставáть.	Ich muß morgen früh aufstehen.
Что же нам дéлать!	Was sollen wir denn tun!

5. Modale Bedeutungen werden zuweilen auch durch bestimmte Konjugationsformen ausgedrückt. So gibt man „wollen, lassen" als Aufforderung zu einer Handlung durch den Imperativ der gemeinsamen Handlung wieder, vgl. (363):

---

[1] „Lassen" ist den modalen Hilfsverben nur bedingt zuzuordnen; es hat eher kausative als modale Bedeutung.

Пойдёмте! **Давáйте пойдём!** }	Wollen wir gehen! Laßt uns gehen!

6. In einigen Fällen können modale Verhältnisse durch Schaltwörter gekennzeichnet werden:

Он, возмóжно, прав.   Er kann recht haben.

Im einzelnen sind die wichtigsten Entsprechungen der deutschen modalen Hilfsverben im Russischen folgende:

„können"

574

1. „Können" im Sinne einer objektiven Möglichkeit wird ausgedrückt:

a) durch **мочь, смочь** vo.:

Я никáк не могý найти ключá.   Ich kann den Schlüssel einfach nicht finden.
Я не могý егó понять.   Ich kann ihn nicht verstehen.
Мы мóжем окóнчить эту рабóту за три часá.   Wir können diese Arbeit in drei Stunden beenden.

b) durch **мóжно** – Verneinung: **нельзя:**

Тут мóжно купáться.   Hier kann man baden.
Мóжно дýмать, что он не придёт.   Man kann annehmen, daß er nicht kommt.
Это мóжно сдéлать в два дня.   Das kann man in zwei Tagen machen.
Этому нельзя вéрить.   Das kann man nicht glauben.
Без пищи нельзя жить.   Ohne Nahrung kann man nicht leben.

c) durch die 2. Person Singular des vollendeten Futurums im allgemein-persönlichen Satz, vgl. (609):

Тут ничегó не подéлаешь.   Da kann man nichts machen.
Егó никáк не поймёшь.   Ihn kann man einfach nicht verstehen.

d) zuweilen auch durch einen Infinitiv:

Как емý помóчь?   Wie kann man ihm helfen?

„Nicht umhin können" wird ausgedrückt durch: **не мочь не, нельзя не:**

Я не мог не возражáть.   Ich konnte nicht umhin zu widersprechen.
Он не мог не отвéтить.
 Емý нельзя было не отвéтить. }   Er konnte nicht umhin zu antworten.

2. „Können" als Fähigkeit wird ausgedrückt:

a) durch **уме́ть**, seltener **знать**:

Он не уме́ет ни чита́ть, ни писа́ть.	Er kann weder lesen noch schreiben.
Они́ уме́ют пла́вать.	Sie können schwimmen.
Мы зна́ем ру́сский язы́к.	Wir können Russisch.

b) durch das Präsens, – insbesondere das Präsens der unbestimmten Form eines Doppelzeitwortes (vgl. 334):

Он игра́ет на скри́пке.	Er kann Geige spielen.
Пти́цы лета́ют.	Vögel können fliegen.
Ра́ки пла́вают.	Krebse können schwimmen.

3. „Können" im Sinne einer Vermutung wird durch Schaltwörter wie **возмо́жно, пожа́луй, вероя́тно** usw. wiedergegeben:

Он, возмо́жно, чита́л э́ту кни́гу.	Er kann dieses Buch gelesen haben.
Пожа́луй, ты прав.	Du kannst recht haben.
Она́, вероя́тно, уже́ до́ма.	Sie kann schon zu Hause sein.

575

„müssen"

1. „Müssen" im Sinne von „nötig, notwendig sein" wird ausgedrückt:

a) durch **на́до**[1], **ну́жно**[1] – verneint deutsch: „nicht brauchen":

На́до говори́ть пра́вду.	Man muß die Wahrheit sagen.

---

[1] На́до, ну́жно treten – vor allem in der Umgangssprache – bisweilen auch in der Bedeutung „etwas brauchen" auf:

Мне на́до воды́.	Ich brauche Wasser.
Вам кни́гу ещё на́до?	Brauchen Sie das Buch noch?
Нам не на́до э́тих книг.	Wir brauchen diese Bücher nicht.
Мне ну́жно де́нег.	Ich brauche Geld.
Ему́ ну́жно пять рубле́й.	Er braucht 5 Rubel.

Allgemein wird „etwas brauchen" durch das prädikative Adjektiv ну́жен, нужна́, ну́жно, нужны́ wiedergegeben. Die Sache, die gebraucht wird, steht dabei im Nominativ, — die Person, die sie braucht, im Dativ.

Ему́ ну́жен но́вый велосипе́д.	Er braucht ein neues Fahrrad.
Ей ну́жно бы́ло но́вое пальто́.	Sie brauchte einen neuen Mantel.
Мне нужна́ бу́дет твоя́ по́мощь.	Ich werde deine Hilfe brauchen.
Твои́ сове́ты мне не нужны́.	Deine Ratschläge brauche ich nicht.

Туда́ далеко́, вам на́до бу́дет взять автомоби́ль.	Dahin ist es weit, Sie werden ein Auto nehmen müssen.
На́до бы́ло бы поча́ще ходи́ть в теа́тр.	Man müßte öfters ins Theater gehen.
Вам ну́жно эконо́мить материа́л.	Sie müssen Material sparen.
Мне ну́жно бы́ло торопи́ться.	Ich mußte mich beeilen.
Сего́дня нам не на́до обе́дать.	Heute brauchen wir nicht zu Mittag zu essen.
Э́ти слова́ вам не ну́жно учи́ть.	Diese Vokabeln braucht ihr nicht zu lernen.

b) durch **необходи́мо,** das gegenüber **на́до, ну́жно** ein stärkeres „Müssen" bezeichnet:

| Необходи́мо напеча́тать сочине́ние. | Man muß den Aufsatz unbedingt drucken. |
| Необходи́мо бы́ло ему́ помо́чь. | Man mußte ihm unbedingt helfen. |

c) durch **до́лжен, должна́, должно́, должны́,** das die Bedeutungsschattierung einer moralischen Verpflichtung haben kann, – verneint deutsch: „nicht dürfen":

Мы должны́ преодоле́ть все тру́дности.	Wir müssen alle Schwierigkeiten überwinden.
Подожди́те, он до́лжен верну́ться к обе́ду.	Warten Sie, er muß zum Mittagessen zurückkommen.
Кто хо́чет жать, тот до́лжен се́ять.	Wer ernten will, muß säen.
Она́ должна́ была́ уе́хать.	Sie mußte wegfahren.
Мы должны́ бу́дем отказа́ться от э́того.	Wir werden darauf verzichten müssen.
Они́ не должны́ бы́ли отказа́ть ему́ в про́сьбе.	Sie durften ihm die Bitte nicht abschlagen.

2. „Müssen" im Sinne von „sich gehören, sich ziemen, folgerichtig sein" wird durch **сле́дует/сле́довало** wiedergegeben – verneint deutsch: „nicht dürfen":

| Ему́ сле́довало бы писа́ть. | Er hätte (eigentlich) schreiben müssen. |
| Ей сле́довало бы встава́ть ра́ньше. | Sie hätte früher aufstehen müssen. |

Так не следует говорить (поступать).	So darf man nicht sprechen (handeln).
Следует шире распространять опыт передовиков производства.	Man muß die Erfahrungen der Bestarbeiter der Produktion weiter verbreiten.

3. „Müssen" ohne Willen der Person wird durch **приходится/приходилось, vo.:
придётся/пришлось** ausgedrückt:

Ему придётся держать диету.	Er wird Diät halten müssen.
Нам пришлось ночь провести на вокзале.	Wir mußten die Nacht auf dem Bahnhof verbringen.
Мне приходится часто ездить в город.	Ich muß oft in die Stadt fahren.
Ответа всё ещё нет, мне придётся написать ему ещё раз.	Es ist immer noch keine Antwort da, ich werde ihm noch einmal schreiben müssen.

4. „Müssen" kann auch durch einen Infinitiv wiedergegeben werden:

Тут мне слезать.	Hier muß ich aussteigen.
Мне завтра рано вставать.	Ich muß morgen früh aufstehen.

5. „Müssen" als sichere Annahme wird durch Schaltwörter wie **должно быть,
наверно(е), очевидно** u. ä. ausgedrückt:

Том, должно быть, уже вышел.	Der Band muß schon erschienen sein.
Делегаты, наверное, вчера прибыли.	Die Delegierten müssen gestern angekommen sein.
Он, очевидно, согласился.	Er muß zugestimmt haben.

576   „dürfen"

1. „Dürfen" als erlaubte Möglichkeit wird durch **мочь (смочь** vo.), **можно** ausgedrückt:

Больной может есть только суп и молоко.	Der Kranke darf nur Suppe und Milch zu sich nehmen.
Здесь можно курить.	Hier darf man rauchen.
Ей можно всё делать, что она хочет.	Sie darf alles tun, was sie will.

2. In der (höflichen) Frage gibt man „dürfen" zumeist durch **мо́жно, разреши́ть** (vo.), seltener durch **мочь** wieder:

Мо́жно мне войти́?	Darf ich eintreten?
Могу́ ли я ве́рить ва́шим слова́м?	Darf ich Ihren Worten Glauben schenken?
Разреши́те спроси́ть?	Darf ich fragen?

3. „Nicht dürfen" wird ausgedrückt:

a) durch **нельзя́** (vgl. 574, 1 b):

По траве́ нельзя́ ходи́ть.	Auf dem Rasen darf man nicht gehen.
Вам нельзя́ кури́ть.	Sie dürfen nicht rauchen.
Его́ сейча́с нельзя́ беспоко́ить.	Man darf ihn jetzt nicht stören.
Вам нельзя́ отказа́ться от э́того.	Sie dürfen nicht darauf verzichten.

b) durch **не до́лжен, должна́, -о́, -ы́** (vgl. 575, 1 c):

Ты не до́лжен э́того де́лать.	Du darfst das nicht tun.

c) durch **не сле́дует/не сле́довало** (vgl. 575, 2):

Так не сле́дует поступа́ть.	So darf man nicht handeln.

4. „Dürfen" im Sinne einer Vermutung wird durch Schaltwörter wie **пожа́луй, возмо́жно, должно́ быть** gekennzeichnet:

Он, пожа́луй, ра́дуется прие́зду дру́га.	Er dürfte sich über die Ankunft seines Freundes freuen.
Возмо́жно, они́ уже́ в э́том убеди́лись.	Sie dürften sich bereits davon überzeugt haben.
Прошло́, должно́ быть, уже́ 30 лет.	Es dürften bereits 30 Jahre vergangen sein.

„sollen"   577

1. „Sollen" kann durch **до́лжен, должна́, должно́** wiedergegeben werden, seltener durch **сле́дует/сле́довало,** vereinzelt auch durch **на́до, ну́жно:**

Я до́лжен переда́ть вам э́то письмо́.	Ich soll Ihnen diesen Brief übergeben.
Она́ должна́ сего́дня пое́хать в Ленингра́д.	Sie soll heute nach Leningrad fahren.

473

Со́лнечное затме́ние должно́ бы́ло наступи́ть в 12 часо́в 13 мину́т.	Die Sonnenfinsternis sollte um 12¹³ Uhr eintreten.
Ей сле́довало бы писа́ть.	Sie hätte schreiben sollen.
Ему́ на́до бы́ло бы сказа́ть всю пра́вду.	Er hätte die volle Wahrheit sagen sollen.

2. Fragendes „sollen" wird zumeist durch einen Infinitiv ausgedrückt:

Что же нам де́лать?	Was sollen wir denn tun?
Не сходи́ть ли за до́ктором?	Soll man nicht einen Arzt holen?
Мне переводи́ть?	Soll ich übersetzen?
Откры́ть окно́?	Soll man das Fenster öffnen?
Они́ не зна́ли, кого́ спроси́ть.	Sie wußten nicht, wen sie fragen sollten.

3. „Sollen" als mittelbare Aufforderung oder Einräumung wird durch Ausrufesätze mit пусть (пуска́й) ausgedrückt (vgl. 364), z. B.:

Пусть он сам придёт!	Soll er selbst kommen!

4. „Sollen" bei indirekter Wiedergabe eines Wunsches, einer Bitte oder Aufforderung bzw. Anordnung bleibt innerhalb des Objektsatzes mit что́бы unübersetzt:

Мы телеграфи́ровали бра́ту, что́бы он встреча́л нас на вокза́ле.	Wir telegrafierten unserem Bruder, daß er uns am Bahnhof abholen soll.
Я сказа́л това́рищу, что́бы он посмотре́л но́вый фильм о Москве́.	Ich sagte meinem Kameraden, daß er sich den neuen Film über Moskau ansehen soll.

5. „Sollen" zur Wiedergabe einer fremden Meinung wird durch говоря́т gekennzeichnet:

Говоря́т, что он уже́ прие́хал.	Er soll bereits angekommen sein.
Говоря́т, что её дед жил в Таганро́ге.	Ihr Großvater soll in Taganrog gelebt haben.
Говоря́т, что он о́чень толко́вый.	Er soll sehr gescheit sein.

578

„wollen"

1. „Wollen" wird allgemein durch хоте́ть ausgedrückt:

Сего́дня я хочу́ пойти́ в теа́тр.	Ich will heute ins Theater gehen.
Она́ хо́чет купи́ть но́вое пла́тье.	Sie will ein neues Kleid kaufen.

Он хотéл стать инженéром.　　Er wollte Ingenieur werden.

2. Ein verstärktes „Wollen" im Sinne von „mögen" wird durch **хóчется/хотéлось** ausgedrückt:

Мне хóчется немнóго от-　　Ich will (möchte) mich ein wenig aus-
дохнýть.　　ruhen.
Емý хотéлось спать.　　Er wollte schlafen.

3. „Wollen" im Sinne von „beabsichtigen" wird auch durch **намеревáться,** durch **намéрен, -а, -о, -ы** oder durch **собирáться/собрáться** vo. wiedergegeben:

Он намеревáлся к вéчеру　　Er wollte gegen abend nach Hause zurück-
вернýться домóй.　　kommen.
Я намéрен уéхать.　　Ich will wegfahren (verreisen).
Зáвтра я собирáюсь тебя　　Morgen will ich dich besuchen.
навестить.
Мы собирáемся уходить.　　Wir wollen (weg-)gehen.

4. „Wollen" als Aufforderung zu einer Handlung wird durch den Imperativ der gemeinsamen Handlung (vgl. 363) wiedergegeben:

Приступим к рабóте!　　Wollen wir an die Arbeit gehen!
Поéдемте вмéсте в музéй!　　Wollen wir gemeinsam ins Museum fah-
　　ren!
Не бýдем спóрить!　　Wollen wir nicht streiten!
Давáйте зажжём свет!　　Wollen wir Licht machen!

5. „Wollen" zum Ausdruck des Zweifels des Sprechenden an der Aussage eines anderen umschreibt man gewöhnlich mit **утверждáть** (= behaupten):

Он утверждáет, что он когó-то　　Er will jemand(-en) gesehen haben.
видел.
Онá утверждáет, что сдéлала　　Sie will alles selbst gemacht haben.
всё самá.
Свидéтель утверждáет, что он　　Der Zeuge will den Angeklagten am Vor-
видел обвиняемого наканýне　　abend gesehen haben.
вéчером.

579 „mögen"[1]

1. „Mögen" im Sinne von „gern wollen" wird ausgedrückt:

a) durch **хо́чется/хоте́лось,** – häufig im Konjunktiv:

Мне хо́чется кури́ть.	Ich möchte rauchen.
Мне хоте́лось бы его́ ви́деть.	Ich möchte ihn sehen.
Ему́ хоте́лось бы купи́ть по́лное собра́ние сочине́ний Гёте.	Er möchte eine Gesamtausgabe von Goethes Werken kaufen.
Нам о́чень хоте́лось бы пое́хать на Кавка́з.	Wir möchten sehr gern in den Kaukasus fahren.

b) seltener durch **хоте́ть** und dessen Konjunktiv:

Он хо́чет знать, отку́да пошло́ э́то сло́во.	Er möchte wissen, woher dieses Wort kommt.
Спаси́бо, бо́льше не хочу́.	Danke, ich mag nicht mehr.
Я хоте́л бы вас спроси́ть (попроси́ть) . . .	Ich möchte Sie fragen (bitten)...

2. „Mögen" als Wunsch, als mittelbare Aufforderung oder Einräumung (vgl. 364) kann durch Ausrufesätze mit **пусть** bzw. **пуска́й** ausgedrückt werden:

Пусть твоя́ рабо́та увенча́ется успе́хом!	Möge deine Arbeit von Erfolg gekrönt sein!
Пуска́й сам всё посмо́трит!	Mag er sich selbst alles ansehen!
Пусть на́ша шко́ла дости́гнет ещё лу́чших результа́тов!	Möge unsere Schule noch bessere Resultate erzielen!

3. „Mögen" im Sinne einer Vermutung wird durch **возмо́жно, пожа́луй, мо́жет быть** gekennzeichnet:

Удиви́тельно, что он не отве́тил, но, мо́жет быть, он бо́лен.	Es ist verwunderlich, daß er nicht geantwortet hat, aber er mag krank sein.
Э́та исто́рия звучи́т неправдоподо́бно, но возмо́жно, что она́ не вы́мышлена.	Diese Geschichte klingt unglaublich, aber sie mag nicht erdacht sein.

---

[1] „Mögen" im Sinne von „gern haben, leiden mögen" wird durch **нра́виться, люби́ть** wiedergegeben:

Ты его́ лю́бишь?	Magst du ihn (leiden)?
Он мне нра́вится.	Ich mag ihn.
Мне э́тот челове́к никогда́ не нра́вился.	Ich habe diesen Menschen nie gemocht.

| ,,lassen" | **580** |

1. ,,Lassen" im Sinne von ,,zulassen, erlauben" kann durch **пуска́ть/пусти́ть** vo.[1], durch **дава́ть/дать** vo., **позволя́ть/позво́лить** vo. oder **разреша́ть/разреши́ть** vo. ausgedrückt werden:

Колхо́зник пусти́л пионе́ров ночева́ть.	Der Kolchosbauer ließ die Pioniere übernachten.
Пусти́ меня́ гуля́ть!	Laß mich spazierengehen!
Дай мне договори́ть!	Laß mich ausreden!
Да́йте мне вы́сказать мою́ мысль до конца́!	Lassen Sie mich meinen Gedanken zu Ende aussprechen!
Его́ гро́мкий храп не дава́л никому́ засну́ть.	Sein lautes Schnarchen hatte niemand(-en) einschlafen lassen.
Я позво́лил ему́ уе́хать.	Ich ließ ihn wegfahren.
Я никому́ не позволя́ю над собо́й насмеха́ться.	Ich lasse niemand(-en) über mich spotten.
До́ктор разреши́л мне встать с посте́ли.	Der Arzt ließ mich aufstehen.
Он не разреши́л мне идти́ домо́й.	Er ließ mich nicht nach Hause gehen.

2. ,,Lassen" im Sinne von ,,veranlassen, anordnen, befehlen" wird meist durch **заставля́ть/заста́вить** vo., **распоряжа́ться/распоряди́ться** vo., **веле́ть** (vo.) oder **прика́зывать/приказа́ть** vo. wiedergegeben:

Во вре́мя уро́ка учи́тель веле́л ученика́м ста́вить вопро́сы к те́ксту.	Während der Stunde ließ der Lehrer die Schüler Fragen zum Text stellen.

---

[1] Пусти́ть vo. /пуска́ть tritt mit dem Begriff des ,,Lassens" außerdem wie folgt auf:

1. ,,gehen lassen"

Роди́тели пусти́ли дете́й в теа́тр.	Die Eltern ließen die Kinder ins Theater gehen.
Он пусти́л его́ в о́тпуск.	Er ließ ihn in Urlaub gehen. Er gab ihm Urlaub.

2. ,,(her-, hin-)einlassen, durchlassen"

Проводни́к пусти́л пассажи́ров в вагон-рестора́н.	Der Schaffner ließ die Fahrgäste in den Speisewagen hinein.

3. ,,fortlassen, freilassen, loslassen"

Ма́льчик пусти́л пти́цу на во́лю.	Der Knabe ließ den Vogel frei.

4. ,,anlassen, in Bewegung setzen"

пусти́ть автомоби́ль	ein Auto anlassen
пусти́ть фейерве́рк	ein Feuerwerk abbrennen
пусти́ть змея́	einen Drachen steigen lassen

Auch: пусти́ть слух ⎫
пусти́ть спле́тню ⎭ ein Gerücht in Umlauf setzen

Он заста́вил его́ сесть.	Er ließ ihn sich setzen.
Врач распоряди́лся просве-ти́ть больно́го.	Der Arzt ließ den Kranken durchleuchten.
Вели́те разбуди́ть себя́ пора́ньше.	Lassen Sie sich recht früh wecken.
До́лг мне вели́т молча́ть об э́том.	Die Pflicht läßt mich darüber schweigen.
Я прикажу́ уве́домить тебя́ об э́том.	Ich werde dich darüber informieren lassen.

3. „Lassen“ als Aufforderung zu einer Handlung wird durch den Imperativ der gemeinsamen Handlung (vgl. 363) ausgedrückt:

Не бу́дем теря́ть вре́мени!	Laßt uns keine Zeit verlieren!

4. „Lassen“ im Sinne von „sich etwas machen lassen“ bleibt vielfach unübersetzt:

Я сши́л себе́ костю́м.	Ich habe mir einen Anzug machen lassen.
На́до почини́ть ребёнку боти́нки.	Man muß dem Kind die Schuhe reparieren lassen.
Мне ну́жно постри́чься.	Ich muß mir die Haare schneiden lassen.
Ей хоте́лось бы покра́сить себе́ во́лосы.	Sie möchte sich die Haare färben lassen.

5. „Läßt sich“ kann wiedergegeben werden:

a) durch мо́жно, das bei einem Adverb ausfallen kann, – verneint: нельзя́:

Здесь (мо́жно) прия́тно посиде́ть.	Hier läßt es sich angenehm sitzen.
Э́тот слу́чай тру́дно объясни́ть.	Dieser Fall läßt sich schwer erklären.
Э́то мо́жно себе́ предста́вить.	Das läßt sich denken.
Э́того нельзя́ вы́разить.	Das läßt sich nicht ausdrücken.

b) durch eine Kurzform partizipialen Ursprungs:

Э́то легко́ выполни́мо.	Das läßt sich leicht machen.

c) durch eine unvollendete reflexive Verbform bei Angabe einer Eigenschaft:

Материа́л хорошо́ стира́ется.	Der Stoff läßt sich gut waschen.
Про́волока легко́ гнётся.	Der Draht läßt sich leicht biegen.
Э́тот по́черк тру́дно чита́ется.	Diese Handschrift läßt sich schwer lesen.

d) durch einen Infinitiv:

Э́то легко́ сде́лать.	Das läßt sich leicht machen.

I. Schaltwörter [1]

Unter Schaltwörtern versteht man Wörter und Wortverbindungen, die, ohne selbst Satzglieder zu sein, in einen Satz eingeschaltet werden, um die Einstellung des Sprechenden zum Inhalt der von ihm gemachten Aussage zu kennzeichnen. Schaltwörter werden stets durch Kommas vom übrigen Satzganzen abgetrennt.

Во время каникул Борис, конечно, поедет в Москву.	In den Ferien wird Boris selbstverständlich nach Moskau fahren.
Во время каникул Борис, кажется, поедет в Москву.	In den Ferien wird Boris wahrscheinlich nach Moskau fahren.
Во время каникул Борис, по словам его сестры, поедет в Москву.	In den Ferien wird Boris nach Aussage seiner Schwester nach Moskau fahren.

Die meisten Schaltwörter gehen auf Wörter und Wortformen verschiedener Wortarten zurück. Diese selben Formen können dabei gleichzeitig in ihrer ursprünglichen Funktion als Satzglieder in einem Satz auftreten und werden dann nicht durch Kommas abgetrennt, z.B.:

Солнце, казалось, увеличилось вдвое и стало пунцовым.	Солнце у горизонта казалось огромным и пунцовым.
(казалось – Schaltwort)	(казалось – Teil des Prädikats)
Die Sonne hatte sich anscheinend um das Doppelte vergrößert und hochrot gefärbt.	Die Sonne am Horizont erschien riesengroß und hochrot.

Nach ihrer Bedeutung lassen sich die Schaltwörter in folgende Gruppen einteilen:

1. Schaltwörter, durch die der Sprechende eine Bestätigung der von ihm gemachten Aussage gibt, z.B.:

без сомнения	zweifellos, gewiß
безусловно	unbedingt, natürlich
бесспорно	unbestreitbar, bestimmt, zweifelsohne
в самом деле	wirklich, tatsächlich

---

[1] Die Schaltwörter mit modaler Bedeutung werden in einigen sowjetischen Grammatiken der russischen Sprache innerhalb der Morphologie als besondere Wortart – als Modalwörter – klassifiziert.

действи́тельно	wirklich, wahrhaftig
коне́чно	gewiß, selbstverständlich
несомне́нно	zweifellos, gewiß
пои́стине	wahrlich, wahrhaftig
пра́вда	wirklich, wahrhaftig
разуме́ется	selbstverständlich

2. Schaltwörter, durch die der Sprechende die **Ungewißheit** des Inhalts seiner Aussage kennzeichnet, z. B.:

вероя́тно	wahrscheinlich, vermutlich
по всей вероя́тности	aller Wahrscheinlichkeit nach
ви́димо	anscheinend, augenscheinlich
по-ви́димому	anscheinend, augenscheinlich
возмо́жно	möglicherweise, vielleicht
должно́ быть	wahrscheinlich
знать	*(volkssprachl.)* wohl
ка́жется каза́лось	} anscheinend, wahrscheinlich
(как) ви́дно	augenscheinlich, offenbar
мо́жет быть	vielleicht
наве́рно(е) ве́рно	} wahrscheinlich
очеви́дно	augenscheinlich, offensichtlich, offenbar
пожа́луй	vielleicht, wohl

3. Schaltwörter, die auf den **Urheber** des Aussageinhaltes hinweisen, z. B.:

говоря́т	wie man sagt
как говори́тся	wie es heißt, wie man sagt
де́скать мол	} ... sagt er (sie)... (Einfügung bei Wiedergabe der Worte eines Dritten)
по-мо́ему	meiner Meinung nach, meines Erachtens
по-тво́ему	deiner Meinung nach, deines Erachtens
по мне́нию	nach der Meinung, nach Ansicht
по све́дениям	nach Angaben, nach Mitteilung
по слова́м	nach den Worten, nach Aussage

4. Schaltwörter, die die Art und Weise der Wiedergabe des Aussageinhalts durch den Sprechenden charakterisieren, z.B.:

так сказа́ть	sozusagen
вообще́ говоря́	allgemein gesprochen
и́наче говоря́	anders gesagt
ко́ротко говоря́	kurz gesagt
со́бственно говоря́	eigentlich, im Grunde genommen
открове́нно говоря́	offen gesagt
одни́м сло́вом	mit einem Wort
други́ми слова́ми ины́ми слова́ми	} mit anderen Worten
с позволе́ния сказа́ть	mit Verlaub zu sagen
гру́бо выража́ясь	grob gesprochen, kurzgefaßt
мя́гко выража́ясь	gelinde gesagt

5. Schaltwörter, die eine durch den Inhalt der Aussage bedingte Gefühlsregung wiedergeben, z.B.:

к сча́стью	zum Glück, glücklicherweise
к несча́стью	zum Unglück, unglücklicherweise
к сожале́нию	leider, bedauerlicherweise
к удивле́нию к изумле́нию	} zum Erstaunen, erstaunlicherweise
к моему́ удо- во́льствию	zu meiner Freude, Zufriedenheit
к моему́ стыду́	zu meiner Schande
ко всео́бщему восхище́нию	zum allgemeinen Entzücken

6. Schaltwörter, durch die der Sprechende einen inhaltlichen Bezug zwischen Teilen einer Aussage oder zwischen mehreren Aussagen herstellt, z.B.:

впро́чем	übrigens, im übrigen
зна́чит	also, folglich
ита́к	also, somit, folglich
наоборо́т напро́тив	} hingegen, im Gegenteil
наприме́р	zum Beispiel, beispielsweise
одна́ко	doch, aber, jedoch

следовательно	folglich, also
стало быть	also, daher, deshalb

7. Schaltwörter, durch die der Sprechende die Reihenfolge innerhalb seiner Aussage bzw. Aussagen bezeichnet, z. B.:

во-первых	erstens
во-вторых	zweitens
в-третьих...	drittens... usw.
далее	weiter, ferner
наконец	endlich, schließlich
в конце концов	letzten Endes, schließlich und endlich, letztlich

582　　　　　　　　II. Schaltsätze[1]

Die Einstellung des Sprechenden zum Inhalt seiner Aussage kann nicht nur durch einzelne eingeschaltete Wörter oder Wendungen, sondern auch durch eingeschaltete Sätze ausgedrückt werden, die man entsprechend Schaltsätze nennt. Schaltsätze werden ebenso wie Schaltwörter durch Kommas – seltener durch Gedankenstriche – vom übrigen Satzganzen abgetrennt.

С вами, я думаю, мы уже встречались.	Ich glaube, Ihnen bereits begegnet zu sein.
Вы, я вижу, уже купили эту книгу.	Wie ich sehe, haben Sie dieses Buch schon gekauft.
Его отец – сколько я помню – провёл некоторое время за границей.	Soviel ich mich entsinne, hat sein Vater einige Zeit im Ausland verbracht.

---

[1] Den Schaltsätzen funktionsmäßig nahe stehen eingeschobene Sätze, durch die eine zusätzliche nähere sachliche Erläuterung zur Aussage gegeben wird. Diese erläuternden Sätze werden in der Regel durch Gedankenstriche oder Klammern abgetrennt.

Однажды вечером (это было в конце августа прошлого года) к нам пришёл старый знакомый.	Eines Abends — es war Ende August des vorigen Jahres — kam ein alter Bekannter zu uns.

I. Alter

1. Altersangaben werden im Russischen durch den Dativ der Person und die Zahl der Jahre im Nominativ ausgedrückt. Dabei fällt **быть** als Kopula im Präsens aus. Im Futurum steht **бýдет**, im Präteritum **бы́ло**. Nur in Verbindung mit **оди́н** wird **был**[1] gebraucht.

„Jahr(e)" wird bezeichnet:

    a) durch **год** nach 1 und den mit 1 als letztem Glied zusammengesetzten Zahlen, –

    b) durch **гóда** nach 2, 3, 4 und den mit 2, 3 oder 4 als letztem Glied zusammengesetzten Zahlen, –

    c) durch **лет** nach allen übrigen Zahlen.

PRÄSENS	
Емý два́дцать лет.	Er ist 20 Jahre alt.
Моемý брáту три́дцать три гóда.	Mein Bruder ist 33 Jahre alt.
Бáбушке шестьдеся́т пять лет.	Großmutter ist 65 Jahre alt.

PRÄTERITUM	FUTURUM
Емý бы́ло два́дцать лет.	Емý бýдет два́дцать лет.
Моемý брáту бы́ло три́дцать три гóда.	Моемý брáту бýдет три́дцать три гóда.
Бáбушке бы́ло шестьдеся́т пять лет.	Бáбушке бýдет шестьдеся́т пять лет.

---

[1] Bei Zusammensetzungen mit оди́н als letztem Glied wählt man im Präteritum gewöhnlich eine umschreibende Ausdrucksweise:

    Емý шёл два́дцать вторóй год.   Er war 21 Jahre alt.
    Ей шёл сóрок вторóй год.   Sie war 41 Jahre alt.

Diese Art der Altersangabe im Präteritum ist freilich auch mit anderen Zahlen möglich:

    Емý шёл два́дцать трéтий год, когдá он   Er war 22 Jahre alt, als er sein Universitätsstudium
    окóнчил университéт.   abschloß.

2. Als Attribut kann die Altersangabe außer durch ein zusammengesetztes Adjektiv auch durch den Genitiv ausgedrückt werden:

Он молодóй человéк двадцати лет.   Er ist ein junger Mensch von 20 Jahren.

В кóмнату вошла дéвочка семи лет.
В кóмнату вошла семилéтняя дéвочка. } Ins Zimmer kam ein siebenjähriges Mädchen.

Soll eine ungefähre Altersangabe bezeichnet werden, so wird das Zahlwort der Jahresbezeichnung nachgestellt, – vgl. (265 d) und S. 521 – :

Он молодóй человéк лет двадцати.   Er ist ein junger Mensch von ungefähr 20 Jahren.

В кóмнату вошла дéвочка лет семи.   Ins Zimmer kam ein etwa siebenjähriges Mädchen.

II. Uhrzeit

584   1. Die offizielle Wiedergabe der Uhrzeit erfolgt durch einfache Aneinanderreihung von Stunden- und Minutenangabe[1]. „Um" wird durch **в** mit dem Akkusativ ausgedrückt.

который час?	
1^{00}	час
1^{30}	час тридцать минýт
2^{00}	два часá
3^{15}	три часá пятнáдцать минýт
8^{24}	вóсемь часóв двáдцать четы́ре минýты
10^{45}	дéсять часóв сóрок пять минýт
13^{11}	тринáдцать часóв одиннадцать минýт
19^{17}	девятнáдцать часóв семнáдцать минýт
20^{56}	двáдцать часóв пятьдесят шесть минýт
22^{02}	двáдцать два часá две минýты
0^{10}	ноль часóв дéсять минýт

[1] Im flüchtigen Sprechstil kann die Bezeichnung „Minuten", seltener die Bezeichnung „Stunden" vor allem bei gängigen Minutenangaben (15, 30, 45) ausgelassen werden:
1^{30} час тридцать
3^{15} три (часá) пятнáдцать
10^{45} дéсять (часóв) сóрок пять

в котóром часý?	
um 1⁰⁰	в час
um 1³⁰	в час трúдцать минýт
um 2⁰⁰	в два часá
um 3¹⁵	в три часá пятнáдцать минýт
um 10⁴⁵	в дéсять часóв сóрок пять минýт
um 13¹¹	в тринáдцать часóв одúннадцать минýт
um 20⁵⁶	в двáдцать часóв пятьдесят шесть минýт
um 22⁰²	в двáдцать два часá две минýты
um 0¹⁰	в ноль часóв дéсять минýт

2. In der **Umgangssprache** ist – soweit es sich nicht um volle Stunden handelt – **585** eine andere Angabe der Uhrzeit üblich:

a) Besonders die runden Minutenzahlen der ersten Stundenhälfte (5, 10, 15, 20, 25, 30) pflegt man auszudrücken durch „soundsoviel Minuten der soundsovielten (Stunde)" – also: Minutenangabe in Verbindung mit dem Genitiv der Ordnungszahl der angebrochenen Stunde. 15 Minuten werden dabei durch **чéтверть** (= Viertel), 30 Minuten durch **половúна** (= halb) bezeichnet.

„Um" wird wie bei der offiziellen Uhrzeitangabe durch **в** mit dem Akkusativ, im Falle von **половúна** jedoch durch **в** mit dem Präpositiv wiedergegeben.

пять минýт пéрвого	5 (Minuten) nach zwölf
дéсять минýт четвёртого	10 (Minuten) nach drei
чéтверть пятого	Viertel fünf, ein Viertel nach vier
двáдцать минýт седьмóго	20 (Minuten) nach sechs
двáдцать пять минýт девятого	25 Minuten nach acht
половúна десятого	halb zehn
в дéсять минýт восьмóго	(um) 10 (Minuten) nach sieben
в двáдцать минýт трéтьего	(um) 20 (Minuten) nach zwei
в чéтверть вторóго	(um) Viertel zwei
в половúне трéтьего	(um) halb drei

b) Die Minutenangaben der zweiten Stundenhälfte, vor allem der letzten 15 Minuten, drückt man zumeist durch „weniger soundsoviel Minuten soundsoviel (Uhr)" aus, und zwar: – Man zieht die entsprechenden Minutenzahlen mit **без** von der nächsthöheren Stundenzahl ab. 15 Minuten werden dabei durch **че́тверть** (= Viertel) ausgedrückt.

без два́дцати́ (мину́т) семь	20 (Minuten) vor sieben
без десяти́ (мину́т) во́семь	10 (Minuten) vor acht
без пяти́ (мину́т) пять	5 (Minuten) vor fünf
без че́тверти шесть	Viertel vor sechs
без че́тверти два	Viertel vor zwei

„Um" wird bei Angaben mit **без** nicht bezeichnet, z.B.:

Без два́дцати́ семь я выхожу́ из до́ма и отправля́юсь на рабо́ту.	(Um) 20 vor sieben verlasse ich das Haus und begebe mich zur Arbeit.
Я лёг спать без че́тверти час.	Ich legte mich (um) Viertel vor eins schlafen.

III. Datum und Jahr

586

1. Datum

Das Datum wird durch den sächlichen Nominativ Singular der Ordnungszahl in Verbindung mit dem Genitiv des Monatsnamens ausgedrückt. Die sächliche Form der Ordnungszahl und der Genitiv des Monatsnamens sind durch den Ausfall des Wortes **число́** = „Zahl, Datum" zu erklären.

пе́рвое (число́) января́	der 1. Januar (das 1. Datum des Januar)
пя́тое (число́) а́вгуста	der 5. August (das 5. Datum des August)
деся́тое (число́) октября́	der 10. Oktober (das 10. Datum des Oktober)

шестóе (6, 6-óе, 6-е¹) апрéля	der 6. April
двенáдцатое (12, 12-ое, 12-е) мáя	der 12. Mai
три́дцать пéрвое (31, 31-ое, 31-е) ию́ля	der 31. Juli
девятнáдцатое (19, 19-ое, 19-е) сентября́	der 19. September
вторóе (2, 2-óе, 2-е) декабря́	der 2. Dezember

Auf die Frage „wann" – deutsch „am", nach Angabe des Tages „dem" – wird das Datum durch den sächlichen Genitiv Singular der Ordnungszahl und den Genitiv des Monatsnamens bezeichnet:

пéрвого (1, 1-ого, 1-го) января́	am 1. Januar
шестóго (6, 6-óго, 6-го) апрéля	am 6. April
двенáдцатого (12, 12-ого, 12-го) мáя	am 12. Mai
три́дцать пéрвого (31, 31-ого, 31-го) ию́ля	am 31. Juli
в срéду, девятнáдцатого áвгуста	am Mittwoch, dem 19. August
в понедéльник, вторóго декабря́	am Montag, dem 2. Dezember

2. Jahr

587

Das Jahr wird im Russischen durch die Ordnungszahl in Verbindung mit **год** bezeichnet:

ты́сяча семьсóт три́дцать вторóй год (1732, 1732-й год)	das Jahr 1732
ты́сяча восемьсóт сóрок восьмóй год (1848, 1848-й год)	das Jahr 1848
ты́сяча девятьсóт семнáдцатый год (1917, 1917-й год)	das Jahr 1917
ты́сяча девятьсóт пятьдесят пя́тый год (1955, 1955-й год)	das Jahr 1955

„Im Jahre…" lautet russisch — **в … году́:**

в ты́сяча семьсóт три́дцать вторóм году́ (в 1732, 1732-óм году́)	im Jahre 1732
в ты́сяча восемьсóт сóрок восьмóм году́ (в 1848, 1848-óм году́)	im Jahre 1848

---

¹ Zur Schreibung in Ziffern wiedergegebener Ordnungszahlen siehe Fußnote 1 auf S. 209.

в тысяча девятьсо́т семна́дцатом году́   im Jahre 1917
(в 1917, 1917-ом году́)

в тысяча девятьсо́т пятьдеся́т пя́том году́   im Jahre 1955
(в 1955, 1955-ом году́)

588   3. Datum und Jahr

In Verbindung mit dem Datum steht die Jahresangabe stets im Genitiv:

пе́рвое ма́я тысяча девятьсо́т пя́того го́да   der 1. Mai 1905
пе́рвого ма́я тысяча девятьсо́т пя́того го́да   am 1. Mai 1905
двадца́тое сентября́ тысяча девятьсо́т   der 20. September 1957
   пятьдеся́т седьмо́го го́да
двадца́того сентября́ тысяча девятьсо́т   am 20. September 1957
   пятьдеся́т седьмо́го го́да

In Ziffern wird das Datum wie folgt angegeben:

$$17.\ 10.\ 1905 = 17 - X - 1905\ \text{г.} \quad \text{bzw.} \quad 17/X - 1905\ \text{г.}$$
$$23.\ 5.\ 1956\ \ = 23 - V - 1956\ \text{г.} \quad \text{bzw.} \quad 23/V - 1956\ \text{г.}$$
$$31.\ 12.\ 1957 = 31 - XII - 1957\ \text{г.}\ \ \text{bzw.} \quad 31/XII - 1957\ \text{г.}$$
$$1.\ 4.\ 1958\ \ = 1 - IV - 1958\ \text{г.} \quad \text{bzw.} \quad 1/IV - 1958\ \text{г.}$$

DIE KONGRUENZ ZWISCHEN SUBJEKT UND PRÄDIKAT

I. Allgemeine Regeln

Unter der Kongruenz zwischen Subjekt und Prädikat versteht man die Übereinstimmung von Subjekt und Prädikat in Person, Numerus, Genus und Kasus. Nach der Form des Prädikats ist diese Übereinstimmung allgemein folgende:

589   1. Das Verb als Prädikat

a) Im Präsens bzw. vollendeten Futurum stimmt das verbale Prädikat mit dem Subjekt in Person und Numerus überein.

Übereinstimmung in der Person liegt unmittelbar vor, wenn das Subjekt durch Personalpronomen ausgedrückt wird. Substantive entsprechen der 3. Person.

488

Я идý в кинó.	Ich gehe ins Kino.
Когдá ты вернёшься?	Wann wirst du zurückkehren?
Учени́к (он) рабóтает.	Der Schüler (er) arbeitet.
Мы изучáем рýсский язы́к.	Wir lernen Russisch.
В прудý плáвают ýтки.	Auf dem Teich schwimmen Enten.

b) Im Präteritum und Konjunktiv stimmen verbales Prädikat und Subjekt im Numerus und im Singular auch im Genus überein.

Ist ein Personalpronomen der 1. oder 2. Person Singular Subjekt des Satzes, so richtet sich das Prädikat nach dem natürlichen Geschlecht der Person, die das Personalpronomen vertritt.

Zum Genus undeklinierbarer Substantive und Abkürzungswörter sowie von Berufsbezeichnungen siehe (107—111, 114).

Отéц приéхал в Берли́н.	Der Vater kam nach Berlin.
Мать готóвила обéд.	Mutter bereitete das Mittagessen.
Сóлнце взошлó над горизóнтом.	Die Sonne ging über dem Horizont auf.
Ребя́та игрáли в садý.	Die Kinder spielten im Garten.
«Я соглáсна», — сказáла онá наконéц.	„Ich bin einverstanden", sagte sie endlich.
Мы э́того не сдéлали бы.	Wir hätten das nicht getan.
Бакý бы́стро рос.	Baku wuchs schnell an.
Дирéктор шкóлы (Áнна Ивáновна Петрóва) ужé пришлá.	Die Direktorin der Schule (Anna Iwanowna Petrowa) ist schon da.

c) Im Imperativ besteht Übereinstimmung nur im Numerus; allerdings wird beim Imperativ in der Regel das Subjekt formal nicht ausgedrückt.

(Ты) Молчи́!	Schweige!
Послýшайте (вы) меня́!	Hört auf mich!

Die Übereinstimmung im Numerus fehlt, wenn der Imperativ Singular nicht in Befehlssätzen, sondern in Aussagesätzen auftritt, vgl. (362).

Все говоря́т, а мы молчи́.	Alle sprechen, aber wir müssen schweigen.
Опоздáй мы на пять минýт, он бы ушёл.	Hätten wir uns um 5 Minuten verspätet, wäre er weggegangen.

489

2. Kopula und Prädikatsnomen als Prädikat

590 *a) Kopula*

Für die Übereinstimmung von Subjekt und Kopula gilt allgemein das gleiche wie für die Übereinstimmung von Subjekt und verbalem Prädikat.

Wird das Subjekt durch **это** (vgl. 291 b) vertreten, so stimmt die Kopula in Numerus und Genus mit dem Prädikatsnomen überein, z. B.:

Это был день неудáч.	Das war ein Tag von Mißerfolgen.
Это былá Натáша.	Das war Natascha.
Это бы́ли мáльчики и дéвочки из сосéдней дерéвни.	Das waren Jungen und Mädchen aus dem Nachbardorf.

591 *b) Prädikatsnomen*

Für die Kongruenz zwischen Subjekt und Prädikatsnomen gibt es zwei grundsätzliche Möglichkeiten:

1. volle Übereinstimmung. Volle Übereinstimmung ist vorhanden, wenn das Prädikatsnomen im Nominativ steht. Dabei stimmt das adjektivische Prädikatsnomen mit dem Subjekt in Kasus[1], Numerus und Genus überein; das substantivische Prädikatsnomen entspricht dem Subjekt in Kasus und Numerus, im Falle von Personen vielfach auch im Genus[2].

День был я́ркий, сóлнечный, весёлый.	Es war ein klarer, sonniger und vergnügter Tag.
Водá былá такáя прозрáчная, как стеклó.	Das Wasser war so durchsichtig wie Glas.
Лéто в э́том годý бы́ло рáннее.	Der Sommer war in diesem Jahr zeitig.
Когдá он пришёл, мы ужé бы́ли готóвы к отъéзду.	Als er kam, waren wir bereits zur Abfahrt bereit.
Ломонóсов был сын рыбакá.	Lomonossow war der Sohn eines Fischers.
Повторéние — мать учéния.	etwa: Übung macht den Meister.
(Sprichwort)	

---

[1] Hierher gehören auch die Kurzformen, die — historisch gesehen — erstarrte Nominativformen sind.

[2] Bei Personen ist im Genus beispielsweise keine Kongruenz vorhanden, wenn sich eine männliche Berufsbezeichnung auf weibliche Personen bezieht (vgl. 114), z. B.:

Егó мать — преподавáтель фи́зики.	Seine Mutter ist Physiklehrerin.
Áнна Ивáновна Петрóва — старéйший учи́тель нáшей шкóлы.	Anna Iwanowna Petrowa ist die älteste Lehrkraft unserer Schule.

2. **teilweise Übereinstimmung.** Teilweise Übereinstimmung liegt vor, wenn das Prädikatsnomen im Instrumental steht. Dabei stimmt das adjektivische Prädikatsnomen mit dem Subjekt in Numerus und Genus überein; das substantivische Prädikatsnomen entspricht dem Subjekt im Numerus, im Falle von Personen vielfach auch im Genus.

Ско́ро сад бу́дет зелёным.	Bald wird der Garten grün sein.
Побе́да счита́ется несомне́нной.	Der Sieg gilt als gewiß.
Де́ло обеща́ет быть чрезвы́чайно интере́сным.	Die Sache verspricht außerordentlich interessant zu werden.
В э́то вре́мя я был студе́нтом.	Zu dieser Zeit war ich Student.
Пье́са «Гроза́» явля́ется важне́йшим произведе́нием А. Н. Остро́вского.	Das Theaterstück „Das Gewitter" ist das wichtigste Werk A. N. Ostrowskis.

II. Besondere Fälle

1. Mehrere Subjekte

Bei Vorhandensein zweier oder mehrerer Subjekte sind folgende Fälle zu beachten:

A. SUBSTANTIVE IM SINGULAR ALS SUBJEKT
592

Besteht das Subjekt eines Satzes aus zwei oder mehreren Substantiven im Singular, so gilt für den Numerus des Prädikats in Abhängigkeit von der Verbindung der Subjekte:

a) Verbindung durch kopulative Konjunktionen oder bloße Intonation

Das Prädikat steht gewöhnlich im Plural, wenn es den Subjekten nachgestellt ist. Es steht immer im Plural, wenn die Subjekte Personen benennen.

Треск и гро́хот всю ночь не стиха́ли.	Das Krachen und Poltern war die ganze Nacht über nicht verstummt.
Брат и сестра́ пошли́ в лес за я́годами.	Bruder und Schwester gingen in den Wald, um Beeren zu holen.
В состяза́ниях уча́ствовали Ве́рнер и Анто́н.	An den Wettkämpfen nahmen Werner und Anton teil.

Das Prädikat kann im Singular stehen, wenn die Subjekte Abstrakta sind, wenn das Prädikat den Subjekten voransteht sowie wenn die Subjekte durch **ни ... ни** verbunden sind. Im Genus richtet sich das Prädikat dabei nach dem nächststehenden Subjekt.

Э́та простота́ и я́сность мышле́ния заключа́ет в себе́ зада́тки но́вой жи́зни.	Diese Einfachheit und Klarheit des Denkens enthält die Keime des neuen Lebens.
Прошло́ ле́то, о́сень, зима́.	Es vergingen Sommer, Herbst und Winter.

b) Verbindung durch disjunktive Konjunktionen

Das Prädikat steht häufiger im Singular; allerdings ist auch der Plural möglich.

На лице́ у него́ попереме́нно выступа́л не то́ страх, не то́ тоска́ и доса́да.	Sein Gesicht zeigte abwechselnd bald Furcht, bald Trauer und Ärger.
По́сле обе́да ба́бушка и́ли де́душка води́ли дете́й гуля́ть.	Nach dem Essen führte Großmutter oder Großvater die Kinder spazieren.

c) Verbindung durch adversative Konjunktionen

Das Prädikat steht im Singular.

Не его́ брат, а Бори́с помо́г ему́.	Nicht sein Bruder, sondern Boris hat ihm geholfen.

593   B. SUBSTANTIVE IM SINGULAR UND IM PLURAL ALS SUBJEKT

Besteht das Subjekt eines Satzes aus einem oder mehreren Substantiven im Singular und einem bzw. mehreren Substantiven im Plural, so steht das Prädikat in der Regel im Plural.

Ein Prädikat im Singular ist zuweilen möglich, wenn das Prädikat vorausgeht, das nächstfolgende Subjekt Singularform hat und keine Personen benannt werden.

Bei adversativen Konjunktionen richtet sich das Prädikat in jedem Fall in Numerus (und Genus) nach dem nächststehenden Subjekt.

На конфере́нции вчера́ вы́ступили писа́тели, замести́тель мини́стра культу́ры, журнали́сты и други́е.	Auf der Konferenz sprachen gestern Schriftsteller, der stellvertretende Minister für Kultur, Journalisten und andere.
С у́лицы донёсся весёлый шум и ра́достные во́згласы.	Von der Straße her drangen fröhlicher Lärm und Ausrufe der Freude herein.
Не роди́тели, а ба́бушка пусти́ла дете́й в теа́тр.	Nicht die Eltern, sondern die Großmutter hatte die Kinder ins Theater gehen lassen.

C. PERSONALPRONOMEN ODER PERSONALPRONOMEN UND SUBSTANTIV
ALS SUBJEKT **594**

Treten zwei Personalpronomen oder ein Personalpronomen und ein Substantiv als
Subjekt auf, so steht das Prädikat in der 1.Person Plural, wenn ein Personalpronomen der
1.Person vorhanden ist; es steht in der 2.Person Plural, wenn ein Personalpronomen der
2.Person vorhanden ist. In den übrigen Fällen steht die 3.Person Plural.

Я и ты читáем.	Ich und du, wir lesen.
Он и ты читáете.	Er und du, ihr lest.
Брат и я зáвтра уéдем.	Mein Bruder und ich werden morgen wegfahren.
Мы и онú соглашáемся пойтú.	Wir und sie sind einverstanden zu gehen.
Ты и твоя́ сестрá в э́том дéле ничегó не понимáете.	Du und deine Schwester verstehen von dieser Sache nichts.
Онú и приéзжие рáно у́тром отпрáвились в гóры.	Sie und die Fremden sind früh am Morgen in die Berge aufgebrochen.

Zuweilen kann die 3.Person Singular stehen, wenn das Prädikat unmittelbar einem
Personalpronomen der 3.Person Singular oder einem Substantiv im Singular folgt.

Ни я, ни он не смóжет ему́ помóчь.	Weder ich noch er werden ihm helfen können.

D. VERBINDUNGEN MIT С UND DEM INSTRUMENTAL ALS SUBJEKT **595**

Anstelle von я и (mit Nominativ), ты и (mit Nominativ) braucht man häufig мы с (mit
Instrumental), вы с (mit Instrumental). Ebenso kann einem Substantiv als Subjekt ein
zweites Subjekt durch с mit dem Instrumental angeschlossen werden. Nach diesen Verbindungen mit с und dem Instrumental steht das Prädikat stets im Plural: – nach мы с
steht die 1.Person Plural, nach вы с die 2.Person Plural, in allen übrigen Fällen die
3.Person Plural.

Зáвтра мы с брáтом поéдем в Берлúн.	Morgen werden mein Bruder und ich nach Berlin fahren.
Вéрнер мне сказáл, что вы с товáрищем вчерá смотрéли нóвый совéтский цветнóй фильм.	Werner sagte mir, daß du und dein Freund sich gestern einen neuen sowjetischen Farbfilm angesehen haben.
В ку́хню вошлú дед с мáтерью.	In die Küche kamen Großvater und Mutter.

2. Zahlwörter und Zahlwortverbindungen als Subjekt

596

A. ZAHLWÖRTER

Tritt ein Grundzahlwort als Subjekt auf, so steht das Prädikat im Singular, im Präteritum in der sächlichen Form, z. B.:

Пятьдеся́т де́лится на пять.	50 ist durch 5 teilbar.
В ито́ге у меня́ получи́лось два́дцать пять.	Als Endergebnis erhielt ich 25.

Nach Sammelzahlwörtern steht das Prädikat häufiger im Plural. Außerdem gebraucht man gewöhnlich das Prädikat im Plural, wenn das Zahlwort mit einem Attribut verbunden ist.

Тро́е вы́шли из магази́на.	Drei kamen aus dem Laden.
Остальны́е пять прие́дут за́втра.	Die übrigen fünf werden morgen ankommen.

597

B. ZAHLWORTVERBINDUNGEN

a) mit Grundzahlwörtern

α) Ist eine Verbindung von Grundzahlwort und Substantiv Subjekt eines Satzes, so steht das Prädikat in der Regel im Plural, wenn Personen benannt werden[1].

Прие́хали пять но́вых учите́лей.	Es sind fünf neue Lehrer angekommen.

---

[1] Bei Benennung von Personen kann das Prädikat im Singular (– im Präteritum in der sächlichen Form –) stehen, wenn der Nachdruck der Aussage auf der Zahl liegt. Es muß im Singular stehen, wenn es sich um ungefähre Zahlenangaben handelt sowie wenn vor dem Zahlwort die Adverbien всего́, то́лько stehen.

На сле́дующий день музе́й посети́ло во́семьдесят пять челове́к.	Am nächsten Tag besuchten 85 Menschen das Museum.
Госте́й приходи́ло то́лько тро́е.	Es kamen nur drei Gäste.

Der Singular steht bei Benennung von Personen gewöhnlich auch nach Verben des Seins oder Sich-Befindens.

На углу́ стоя́ло пять челове́к.	An der Ecke standen 5 Menschen.
В столо́вой в одну́ сме́ну сиде́ло сто челове́к.	Im Speisesaal saßen in einem Durchgang 100 Menschen.

Bei Zahlwörtern, die als letztes Glied оди́н enthalten, steht das Prädikat neuerdings in der Regel im Singular. Im Präteritum stimmt das Prädikat dabei im Genus mit оди́н überein.

Был и́збран сто три́дцать оди́н представи́тель.	Es wurden 131 Vertreter gewählt.

Die zuweilen bei оди́н stehende sächliche Singularform des Präteritums gilt als umgangssprachlich (z.B.: На собра́нии прису́тствовало два́дцать оди́н челове́к).

На сце́ну выхо́дят два акте́ра.	Die Bühne betreten zwei Schauspieler.
Де́сять ты́сяч молоды́х специали́стов в э́том году́ око́нчили ву́зы.	10000 junge Spezialisten haben in diesem Jahr ihre Hochschulausbildung beendet.

β) In den übrigen Fällen steht nach Verbindungen von Grundzahlwort und Substantiv als Subjekt das Prädikat meist im Singular, – im Präteritum in der sächlichen Form.

В корзи́нке лежа́ло восемна́дцать яиц.	Im Korb lagen 18 Eier.
За́втра прибу́дет сто ваго́нов ры́бы.	Morgen werden 100 Waggons Fisch eintreffen.
На заседа́нии бы́ло прослу́шано пять докла́дов.	Auf der Sitzung wurden fünf Referate gehört.

Bei Verbindungen mit два (две), три, четы́ре wird aber im modernen Sprachgebrauch das Pluralprädikat immer mehr bevorzugt. Der Plural steht außerdem, wenn bei der Zahlwortverbindung ein Attribut steht sowie wenn Subjekt und Prädikat in der Wortfolge getrennt sind.

Уже́ две телегра́ммы пришли́.	Es sind bereits zwei Telegramme angekommen.
О́ба э́ти рома́на появи́лись почти́ в одно́ вре́мя.	Diese beiden Romane erschienen fast gleichzeitig.
По́здно ве́чером, почти́ но́чью, подкати́ли к колхо́зному амба́ру шесть грузовико́в, гру́женных муко́й.	Spät abends, schon fast in der Nacht, fuhren sechs mit Mehl beladene Lastwagen vor dem Kolchosgetreidespeicher vor.

Bei Zeitbezeichnungen ist der Plural möglich, wenn das prädikative Verb Handlungsbedeutung hat.

Незаме́тно прохо́дит четы́рнадцать дней.	Unmerklich vergehen 14 Tage.

aber:

Двена́дцать лет боле́зни сде́лали своё де́ло.	12 Jahre Krankheit taten das ihre.

b) mit unbestimmten Zahlwörtern

Nach Verbindungen von unbestimmtem Zahlwort und Substantiv als Subjekt steht das Prädikat zumeist im Singular. Bei **несколько** ist jedoch vor allem bei Personen ebensogut der Plural möglich. In Verbindung mit **много** und **мало** ist das Pluralprädikat selten und trägt bisweilen volkssprachlichen Charakter.

Мно́го книг стои́т у меня́ на по́лке.	Viele Bücher stehen bei mir im Regal.
Не́сколько челове́к огляну́лось (огляну́лись).	Einige Menschen sahen sich um.

c) mit Zahlsubstantiven

Nach Verbindungen von Zahlsubstantiv (**четвёрка, пятёрка, дю́жина, па́ра, со́тня, ты́сяча, миллио́н** usw.) und Substantiv als Subjekt steht das Prädikat in der Regel im Singular; im Präteritum stimmt das Prädikat im Genus mit dem Zahlsubstantiv überein[1].

У меня́ возника́ет миллио́н вопро́сов по э́тому по́воду.	Anläßlich dieser Sache tauchen mir eine Million (eine Unmenge) Fragen auf.
Дю́жина я́блок лежа́ла на столе́.	Ein Dutzend Äpfel lag auf dem Tisch.

Nach Zusammensetzungen mit **пол-** (vgl. 277) steht das Prädikat im Singular, im Präteritum in der sächlichen Form; nur in Verbindung mit einem Attribut im Plural wird das Prädikat auch im Plural gebraucht:

Полдо́ма сгоре́ло.	Das halbe Haus ist abgebrannt.
Полго́да, проведённые в дере́вне, прошли́ незаме́тно.	Das halbe Jahr, das man auf dem Lande verbracht hatte, war unmerklich vergangen.

d) mit unbestimmten Mengenbegriffen

Ist ein Substantiv, das eine ungenaue Menge ausdrückt, in Verbindung mit einem Substantiv Subjekt des Satzes, so steht das Prädikat meist im Singular; im Präteritum stimmt es dabei mit dem Mengensubstantiv im Genus überein.

Ми́мо проезжа́ет дли́нная коло́нна грузовико́в.	Eine lange Lastwagenkolonne fährt vorbei.

---

[1] Umgangssprachlich kann in Verbindung mit einem Zahlsubstantiv das Prädikat auch in der sächlichen Singularform oder im Plural gebraucht werden:

Сего́дня на заня́тия пришло́ ты́сяча но́вых студе́нтов.	Heute kamen 1000 neue Studenten zum Unterricht.
Яви́лись ты́сяча челове́к.	Es kamen 1000 Menschen.

Мно́жество бы́ло здесь кусто́в с я́годами.	Hier gab es eine Menge von Beerensträuchern.
Большинство́ рабо́чих проголосова́ло за резолю́цию.	Die Mehrheit der Arbeiter stimmte für die Resolution.
Из куста́ взлете́ла ста́я птиц.	Aus dem Strauch hervor flog ein Vogelschwarm auf.

Vor allem in Verbindung mit Personenbezeichnungen kann das Prädikat bei unbestimmten Mengenbegriffen aber auch im Plural stehen.

Большинство́ ученико́в пришли́ в шко́лу во́время.	Die Mehrzahl der Schüler kam pünktlich zur Schule.
На э́том конце́рте вы́ступили ряд изве́стных певцо́в, танцо́ров, чтецо́в.	In diesem Konzert traten eine Reihe bekannter Sänger, Tänzer und Rezitatoren auf.

3. Кто als Subjekt   598

Nach **кто** steht das Prädikat in der Regel im Singular und im Präteritum in der männlichen Form, auch wenn ein Bezug auf mehrere Personen oder eine weibliche Person vorliegt.

Кто э́то сде́лал — студе́нты?	Wer hat das gemacht – die Studenten etwa?
Кто там пришёл — Ма́ша?	Wer ist da gekommen – Mascha vielleicht?

Nur wenn **кто** Relativpronomen ist (vgl. 298), kann das Prädikat bei Bezug auf mehrere Personen bisweilen auch im Plural stehen.

Все мои́ друзья́, кто его́ хорошо́ зна́ли, бы́ли о нём хоро́шего мне́ния.	Alle meine Freunde, die ihm gut kannten, hatten eine gute Meinung von ihm.

4. Die Höflichkeitsform вы   599

Ist die auf eine Person bezogene Höflichkeitsform **вы** Subjekt, so werden die Verbform und die Kurzform als Prädikat im Plural gebraucht; die Langform steht im Singular.

Когда́ вы придёте?	Wann werden Sie kommen?
Как вы любе́зны и ве́жливы!	Wie sind Sie liebenswürdig und zuvorkommend!
Вы, ка́жется, возвраща́лись из пое́здки бо́дрым и здоро́вым.	Wie es scheint, sind Sie gesund und munter von der Reise zurückgekehrt.

VERNEINTE SÄTZE

I. Die Partikeln не, нет, ни

600 1. | **не** |

a) **Не** wird als allgemeine Verneinungspartikel[1] vor das speziell verneinte Wort im Satz gesetzt. Bei Verneinung des ganzen Satzes steht **не** unmittelbar vor dem Verb oder dem Prädikatsnomen, bei Vorhandensein eines Hilfsverbs vor diesem.

Я не живу́ в Москве́.	Ich wohne nicht in Moskau.
Не говори́т ли он по-ру́сски?	Spricht er nicht Russisch?

---

[1] Als Verneinungspartikel wird не stets von seinem Beziehungswort getrennt geschrieben.

Mit der Verneinungspartikel не darf das Präfix не- nicht verwechselt werden, das mit dem Wort, mit dem es eine Zusammensetzung eingeht, stets zusammengeschrieben wird.

Für die richtige Schreibung von не in Beziehung zum Folgewort gilt allgemein:

1. Не wird mit dem folgenden Wort zusammengeschrieben, wenn dieses ohne не- nicht gebräuchlich ist, z.B.: непреме́нный „unbedingt", необъя́тный „unermeßlich", необходи́мый „notwendig", несча́стный „unglücklich", ненави́деть „hassen".

2. Не wird mit dem folgenden Substantiv, Adjektiv oder Adverb zusammengeschrieben, wenn es mit diesem einen neuen Begriff bildet, der in den meisten Fällen durch ein synonymes Wort ohne не-ersetzt werden kann. (Z. B.: непра́вда = ложь, нездоро́вый челове́к = больно́й челове́к, недалеко́ = бли́зко).

Es wird vom folgenden Substantiv, Adjektiv oder Adverb getrennt geschrieben, wenn im Satz eine Gegenüberstellung erfolgt oder eine solche aus dem Inhalt zu ergänzen ist.

На берегу́ о́зера стои́т невысо́кий дом.	Э́то не высо́кий, а ни́зкий дом.
Am Ufer des Sees steht ein kleines (= niedriges) Haus.	Das ist kein hohes, sondern ein niedriges Haus.
Недалеко́ от шко́лы нахо́дится спорти́вная площа́дка.	От шко́лы до до́ма не далеко́, а бли́зко.
Unweit der Schule befindet sich der Sportplatz.	Von der Schule bis nach Hause ist es nicht weit, sondern nah.

3. Не wird mit den Langformen des Partizips zusammengeschrieben, wenn diese kein Objekt oder keine anderen bestimmenden Zusätze bei sich haben.

Es wird von den Langformen des Partizips getrennt geschrieben, wenn diese ein Objekt oder eine andere nähere Bestimmung bei sich haben sowie wenn eine Gegenüberstellung erfolgt.

Я приня́лся за незако́нченную рабо́ту.	Я не люблю́ пока́зывать не зако́нченные мно́ю рабо́ты.
Ich machte mich an die noch nicht beendete Arbeit.	Ich zeige nicht gern Arbeiten, die ich noch nicht beendet habe.
Он рос в семье́ нелюби́мым ребёнком.	Он рос в семье́ без отца́ и ма́тери, не люби́мый ни дя́дей, ни тётей.
Er wuchs in der Familie als ungeliebtes Kind auf.	Er wuchs in der Familie ohne Vater und Mutter auf, weder vom Onkel noch von der Tante geliebt.

4. Не wird von finiten Verbalformen, von den Kurzformen der Partizipien und von Adverbialpartizipien stets getrennt geschrieben.

Zur Schreibung von не- in indefiniten und negierenden Pronomen und Adverbien siehe (307, 310/11, 462/63).

Пого́да не тёплая.	Das Wetter ist nicht warm.
Он не учи́тель, он инжене́р.	Er ist nicht Lehrer, er ist Ingenieur.
Я не могу́ зайти́ к вам.	Ich kann nicht zu Ihnen kommen.
Я получи́л письмо́ не по моему́ дома́шнему а́дресу.	Ich erhielt den Brief nicht an meine Privatadresse.
Впечатле́ние прошло́ не ско́ро.	Der Eindruck verging nicht so schnell.

b) In Verbindung mit hinweisenden Pronomen oder Adverbien tritt **не** in der Bedeutung „nicht richtig, falsch" auf.

Э́то не та кни́га.	Das ist nicht das richtige Buch.
Вы идёте не туда́ (не в том направле́нии).	Sie gehen nicht richtig (in der falschen Richtung).
Вы не с того́ конца́ взяли́сь за де́ло.	Sie haben die Sache vom falschen Ende angefaßt.

c) **Не** verleiht nicht in jedem Falle verneinenden Sinn; man beachte:

не мочь не нельзя́ не	} nicht umhin können
не раз[1]	häufig, des öfteren
пока́ не	(so lange) bis
чуть не едва́ не	} fast, beinahe

Я не мог не возража́ть.	Ich konnte nicht umhin zu widersprechen.
Не раз я слы́шал э́ти ре́чи.	Mehr als einmal habe ich diese Reden gehört.
Я оста́нусь, пока́ он не придёт.	Ich werde bleiben, bis er kommt.
Она́ чуть не пла́кала.	Sie weinte fast.

2. нет   601

a) **Нет** entspricht deutschem „nein" in der Antwort. Es wird dabei in der Regel mit der Verneinung des in Frage stehenden Wortes verbunden.

— Вы бы́ли там? — Нет, не́ был.	Waren Sie dort? – Nein, ich war nicht dort.

---

[1] „Kein einziges Mal, überhaupt niemals" heißt ни ра́зу... не:

Я ни ра́зу об э́том не говори́л.	Ich habe kein einziges Mal davon gesprochen.

— Вы э́то там нашли́? — Нет, не там.   Sie haben das dort gefunden? – Nein, dort habe ich es nicht gefunden.

b) **Нет** entspricht deutschem „nicht", das anstelle von wiederholtem verneintem Prädikat steht.

Вы согла́сны и́ли нет?   Sind Sie einverstanden oder nicht?
Все бы́ли утомлены́, а он нет.   Alle waren erschöpft, er aber nicht.

c) **Нет** tritt in der Bedeutung „es ist nicht, es gibt nicht" im Präsens verneint-unpersönlicher Sätze auf, vgl. (605).

Сего́дня у меня́ нет вре́мени.   Heute habe ich keine Zeit.

602   **3.** ⏐ни⏐

a) **Ни** tritt in verneinten Sätzen zur Verstärkung der Verneinung im Sinne von „kein einziger, nicht ein einziger" vor Substantiven auf, häufig in Verbindung mit **оди́н**.

Ни одна́ кни́га не поте́ряна.   Kein einziges Buch ist verlorengegangen.
Он не сказа́л ни (одного́) сло́ва.   Er sagte nicht ein einziges Wort.
Я ни (одно́й) копе́йки не истра́тил.   Ich habe auch nicht eine Kopeke ausgegeben.

b) **Ни** bedeutet auch Verstärkung der Verneinung bei Pronomen und Adverbien, mit denen sich **ни** zu sogenannten negierenden Pronomen und Adverbien verbindet (vgl. 307 und 462).

В ко́мнате я никого́ не ви́дел.   Im Zimmer habe ich niemanden gesehen.

c) In Konzessivsätzen steht **ни** nach Pronomen und Adverbien in verallgemeinernder Bedeutung in Wendungen wie

кто бы ни ...   wer auch immer
что бы ни ...   was auch immer
как бы то ни́ бы́ло   wie dem auch sein mag
во что́ бы то ни ста́ло   was es auch kosten möge, um jeden Preis
Что бы он ни де́лал, он всегда́ име́ет успе́х.   Was er auch anfängt, er hat immer Erfolg.
Как ни труди́сь, из э́того ничего́ не вы́йдет.   Wie man sich auch anstrengen mag, es wird nichts daraus werden.
Где бы мы ни́ бы́ли, мы всегда́ бу́дем вам писа́ть.   Wo immer wir auch sein mögen, wir werden euch immer schreiben.

d) **Ни** hat selbständig verneinende Bedeutung in Verbindung mit dem Genitiv eines Substantivs in unpersönlichen Sätzen, vgl. die Fußnote auf S. 419 und (605,4).

На не́бе ни о́блачка.   Am Himmel ist kein Wölkchen.

II. Das direkte Objekt nach verneintem transitivem Verb   **603**

Das von einem transitiven Verb regierte direkte Objekt wird durch den Akkusativ ohne Präposition ausgedrückt. Ist das transitive Verb verneint, so steht das direkte Objekt statt des Akkusativs häufig im Genitiv. Allerdings kann auch der Akkusativ als direktes Objekt nach verneintem transitivem Verb auftreten.

Genitiv und Akkusativ werden als direktes Objekt nach verneintem transitivem Verb teilweise ohne besonderen bedeutungsmäßigen oder syntaktischen Unterschied nebeneinander gebraucht. Der Akkusativ gehört dabei mehr der Umgangssprache an.

Я не люблю́ э́той маши́ны.	Ich mag dieses Auto nicht.
Я не люблю́ э́то ку́шанье.	Ich mag dieses Essen nicht.

In anderen Fällen ist der Gebrauch von Genitiv oder Akkusativ nach verneintem transitivem Verb durch bestimmte – teilweise allerdings einander überschneidende – Faktoren bedingt oder zumindest beeinflußt:

1. Der Genitiv steht in Sätzen mit der sogenannten doppelten Verneinung (vgl. 604):

Я ни копе́йки не истра́тил.	Ich habe nicht eine Kopeke ausgegeben.
Она́ никаки́х шу́ток не понима́ет.	Sie versteht keinerlei Spaß.
Никто́ не ду́мал плохо́го.	Niemand dachte Schlechtes.
Он никогда́ не произноси́л э́того сло́ва.	Er hat dieses Wort nie ausgesprochen.

2. Der Genitiv wird gebraucht, wenn das Objekt partitiven Charakter hat (vgl. auch 540):

Папиро́с она́ ещё не купи́ла.	Zigaretten hat sie noch nicht gekauft.
Почему́ к ко́фе не даю́т са́хару?	Warum reicht man zum Kaffee keinen Zucker?

3. Der Genitiv steht in der Regel nach Verben der sinnlichen Wahrnehmung und der Denk-, Gefühls- und Willensäußerung wie **ви́деть, слы́шать, ду́мать, знать, чу́вствовать, хоте́ть, жда́ть** sowie nach **име́ть:**

Вы не зна́ете э́тих слов?	Kennen Sie diese Worte nicht?
Я не ви́дел э́того письма́.	Ich habe diesen Brief nicht gesehen.
Он не чу́вствовал жа́лости ни к ней, ни к себе́.	Er fühlte weder für sie, noch für sich selbst Mitleid.
Я не ждал по́езда.	Ich habe nicht auf den Zug gewartet.

4. Der Genitiv wird vorzugsweise bei Substantiven mit abstrakter Bedeutung gebraucht; bei Substantiven mit konkreter Bedeutung steht häufiger der Akkusativ – vor allem bei Personenbezeichnungen und Eigennamen:

Он всё-таки не теря́л наде́жды.	Er hat dennoch die Hoffnung nicht verloren.
Он не скрыва́ет свои́х подозре́ний.	Er verhehlt seinen Verdacht nicht.
Он не нашёл свой нож.	Er hat sein Messer nicht gefunden.
Мы не закры́ли о́кна.	Wir haben die Fenster nicht geschlossen.
Я бо́льше не встреча́л э́ту де́вушку.	Ich bin diesem Mädchen nicht mehr begegnet.
То́нкий слух не обману́л Ве́ру.	Ihr feines Gehör täuschte Vera nicht.

5. Substantive der II. Deklination (auf -а, -я) stehen als direktes Objekt im Singular nach verneintem transitivem Verb vorzugsweise im Akkusativ, um eine Verwechslung des Genitivs Singular mit dem formgleichen Akkusativ Plural zu vermeiden.

Ты не зна́ешь ска́зку?	Kennst du das Märchen nicht?
Мы ещё не ко́нчили рабо́ту.	Wir haben die Arbeit noch nicht beendet.

6. Der Eindeutigkeit halber wird der Akkusativ auch bevorzugt, wenn im Satz weitere Genitive enthalten sind und wenn das direkte Objekt mit mehreren Attributen verbunden ist.

Никто́ не сообщи́л ему́ пове́стку дня совеща́ния.	Niemand hatte ihm die Tagesordnung der Konferenz mitgeteilt.

7. Der Gebrauch des Genitivs oder Akkusativs kann durch die Wortfolge im Satz gestützt sein: – In der Stellung vor dem verneinten Verb wird das direkte Objekt im Akkusativ bevorzugt.

Мать свою́ он не по́мнил.	Er konnte sich nicht an seine Mutter erinnern.
Обе́д она́ нам не сва́рит.	Sie wird uns kein Mittagessen kochen.

8. Ist das direkte Objekt im verneinten Satz von einem transitiven Infinitiv in Verbindung mit einem Hilfsverb abhängig, so steht das direkte Objekt ebensooft im

Akkusativ wie im Genitiv. Die Verneinung bezieht sich in diesen Fällen häufig nicht so sehr auf das transitive Verb als vielmehr auf das Hilfsverb.

Ему́ не хоте́лось покида́ть го́род.	Er wollte die Stadt nicht verlassen.
Я не могу́ писа́ть сочине́ние (oder: сочине́ния).	Ich kann den Aufsatz nicht schreiben.

III. Die sogenannte doppelte Verneinung **604**

1. Die mit **ни-** gebildeten negierenden Pronomen und Adverbien (vgl. 308 u. 462) werden in Sätzen mit verneintem Prädikat gebraucht. Man spricht allgemein von einer doppelten Verneinung. Es handelt sich jedoch nur scheinbar um eine doppelte Verneinung[1]; denn **ни-** drückt – vgl. (602) – in Wirklichkeit nur die Verstärkung der Verneinung aus.

В ко́мнате я никого́ не ви́дел.	Im Zimmer habe ich niemand(-en) gesehen.
Я никаки́х книг не купи́л.	Ich habe keine Bücher gekauft.
В э́том году́ я никуда́ не пое́ду.	In diesem Jahr werde ich nirgendwohin fahren.
Он ника́к не мог спра́виться с рабо́той.	Er konnte auf keinerlei Weise mit der Arbeit fertig werden.

2. Sogenannte doppelte – eigentlich verstärkte – Verneinung liegt auch in allen anderen Sätzen mit der Partikel **ни** sowie in Sätzen mit der Konjunktion **ни ... ни** vor:

Не скажу́ ни сло́ва.	Ich werde nicht ein einziges Wort sagen.
Я ни одно́й ве́щи не потеря́л.	Ich habe nicht ein einziges Stück verloren.
Он ни вчера́, ни сего́дня не встре́тил его́.	Er hat ihn weder gestern noch heute getroffen.

IV. Verneint-unpersönliche Sätze **605**

Zuweilen ist mit der Verneinung der Übergang zur unpersönlichen Konstruktion verbunden.

1. Eine verneint-unpersönliche Konstruktion liegt beim Ausdruck der verneinten Existenz und bei der Wiedergabe von „nicht haben" vor (vgl. 571 und 572).

2. Die verneint-unpersönliche Satzkonstruktion mit dem deutschen Subjekt im

---

[1] Eine echte doppelte Verneinung ist auch im Russischen eine Bejahung: не мочь не, нельзя́ не = „nicht umhin können".

Genitiv kann auch bei verneintem „sein" und ähnlichen Bedeutungen auftreten[1].

Его́ не́ было в кла́ссе.	Er war nicht in der Klasse.
У нас не́ было госте́й.	Wir hatten keine Gäste.
За́втра не бу́дет дождя́.	Morgen wird es nicht regnen.
Птиц бо́льше не появи́лось.	Es tauchten keine Vögel mehr auf.
Подо́бных мне́ний не существу́ет.	Dergleichen Meinungen gibt es nicht.
Никаки́х возраже́ний не после́довало.	Es erhoben sich keine Einwände.
Не слы́шалось никако́го зву́ка.	Es war kein Laut zu hören.
Препя́тствий не встреча́ется.	Es stehen keine Hindernisse im Wege.
Э́той кни́ги в магази́не не оказа́лось.	Dieses Buch war im Laden nicht aufzutreiben.
У него́ не ста́ло сил.	Seine Kräfte schwanden dahin.

3. Verneint-unpersönliche Konstruktionen sind bisweilen auch mit der sächlichen Kurzform des Partizips des Präteritums Passiv einiger transitiver Verben möglich.

Ещё не полу́чено изве́стий.	Es sind noch keine Nachrichten da.
Не́ было истра́чено ни копе́йки.	Es war keine Kopeke ausgegeben worden.

4. Eine verkürzte verneint-unpersönliche Konstruktion liegt in der Verbindung von **ни** mit einem Genitiv vor. Hier ist **нет** ausgefallen.

На у́лице (нет) ни (одно́й) души́.	Auf der Straße ist auch nicht ein Mensch.
На не́бе ни о́блачка.	Am Himmel ist kein Wölkchen.
О нём ни слу́ху ни ду́ху.	Von ihm ist nichts zu hören.
Ни зву́ка круго́м.	Ringsum ist kein Laut vernehmbar.

---

[1] Hierher gehören u. a. находи́ться, оказа́ться vo., встре́титься vo., появля́ться, пока́зываться, стать vo., существова́ть. Neben den verneint-unpersönlichen Konstruktionen sind – vor allem bei belebten Substantiven – auch verneint-persönliche Konstruktionen möglich, z. B.:

Он не́ был в кла́ссе. – У нас не́ были го́сти. – Пти́цы бо́льше не появи́лись.

Die verneint-persönlichen Konstruktionen treten mehr in der Umgangssprache auf. Dann können sie im Gegensatz zu den verneint-unpersönlichen einen konkreten Bezug ausdrücken.

Пи́сем не пришло́.	Es sind keinerlei Briefe gekommen.
Пи́сьма не пришли́.	Die (erwarteten) Briefe sind nicht gekommen.

FRAGESÄTZE

Fragesätze können je nach der zu erwartenden Antwort Bestimmungsfragen oder Entscheidungsfragen zum Inhalt haben.

I. Bestimmungsfragen   **606**

Eine Bestimmungsfrage – auch Ergänzungsfrage genannt – fragt nach einer inhaltlichen Ergänzung oder Präzisierung.

Bestimmungsfragen werden durch Fragepronomen (**кто, что, чей, который, какой, сколько**) oder durch Frageadverbien (**когда, где, куда, откуда, как, почему, зачем, отчего**) eingeleitet. Ist das Subjekt ein Substantiv, so tritt allgemein ungerade Wortfolge ein.

Кто э́тот челове́к?	Wer ist dieser Mann?
Что он де́лает?	Was tut er?
Кото́рый тепе́рь час?	Wie spät ist es jetzt?
Когда́ вы идёте домо́й?	Wann gehen Sie nach Hause?
Куда́ ведёт э́та доро́га?	Wohin führt dieser Weg?

II. Entscheidungsfragen   **607**

Eine Entscheidungsfrage bezieht sich auf einen ganzen Satzinhalt und verlangt als Antwort „ja" oder „nein".

Entscheidungsfragen können wie folgt ausgedrückt werden:

1. Eine Entscheidungsfrage kann ein durch Frageintonation gekennzeichneter Aussagesatz sein, z. B.:

Ты идёшь сего́дня в теа́тр?	{ Gehst du heute ins Theater? / Du gehst heute ins Theater?
Мать уже́ пришла́?	Ist die Mutter schon gekommen?
Я поня́тно говорю́?	Drücke ich mich verständlich aus?

2. Häufig wird eine Entscheidungsfrage gebildet, indem man das in Frage stehende Wort oder Satzglied an den Satzanfang stellt. Bei Vorziehen des Prädikats tritt dabei ungerade Wortfolge (vgl. 620) ein.

Бы́ли вы у него́?	Waren Sie bei ihm?
Э́то он сде́лал?	Hat er das getan?
Твоя́ э́то кни́га?	Ist das dein Buch?
Ско́ро ты бу́дешь гото́в?	Wirst du bald fertig sein?

3. Eine Entscheidungsfrage, die durch Voranstellen des in Frage stehenden Wortes oder Satzgliedes gebildet ist, kann zusätzlich durch die Fragepartikel **ли** gekennzeichnet werden. **Ли** tritt dabei an die zweite Stelle im Fragesatz, also hinter das Wort oder Satzglied, auf das sich die Frage bezieht.

Интере́сна ли э́та игра́?	Ist dieses Spiel interessant?
Далеко́ ли до го́рода?	Ist es weit bis zur Stadt?
Ку́рите ли вы?	Rauchen Sie?
Мно́го ли люде́й бы́ло вчера́ на ры́нке?	Waren gestern viele Menschen auf dem Markt?
Есть ли у вас ключ?	Haben Sie den Schlüssel?
Игра́ете ли вы в те́ннис?	Spielen Sie Tennis?

4. Bei Annahme einer positiven Antwort kann der mit **ли** gebildeten Entscheidungsfrage **не** vorangestellt werden. **Нет ли** fragt nach vermuteter Existenz oder vermutetem Besitz.

Не пошёл ли оте́ц в теа́тр?	Ist der Vater nicht ins Theater gegangen?
Не ты ли э́то сде́лал?	Hast nicht du das gemacht?
Нет ли у вас ключа́?	Haben Sie vielleicht den Schlüssel?

5. Eine Entscheidungsfrage, die Verwunderung oder Zweifel zum Ausdruck bringt, wird durch die Partikeln **ра́зве, неуже́ли** gekennzeichnet. Die Wortfolge entspricht dabei der des Aussagesatzes.

Ра́зве ему́ мо́жно ве́рить?	Kann man ihm denn glauben?
Неуже́ли он бо́лен?	Er ist doch nicht etwa krank?
Неуже́ли э́то так?	Sollte sich das wirklich so verhalten?

Zu indirekten Fragesätzen siehe (618, 3 u. 4).

UNBESTIMMT-PERSÖNLICHE
UND ALLGEMEIN-PERSÖNLICHE SÄTZE

Unbestimmt-persönliche Sätze und allgemein-persönliche Sätze sind Sätze ohne Subjekt, deren Prädikat durch eine persönliche Verbform ausgedrückt wird. Sie entsprechen vielfach deutschen Sätzen mit dem unbestimmten Pronomen „man" als Subjekt.

I. Unbestimmt-persönliche Sätze 608

Unbestimmt-persönliche Sätze sind Sätze, deren Aussage sich auf einen unbestimmten, ungenannten, jedoch dem Sprechenden nicht völlig unbekannten handelnden Personenkreis als Subjekt bezieht. Das Prädikat eines unbestimmt-persönlichen Satzes wird durch die 3. Person Plural ausgedrückt.

Здесь говоря́т на всех языка́х.	Hier spricht man alle Sprachen.
О рабо́те конфере́нции мно́го пи́шут в газе́тах.	Über die Arbeit der Konferenz schreibt man viel in den Zeitungen.
Опя́ть бу́дут руга́ть.	Wieder wird man schimpfen.
Мне сообщи́ли прия́тную но́вость.	Man hat mir eine angenehme Neuigkeit mitgeteilt.
Вчера́ на база́ре продава́ли дешёвые фру́кты.	Gestern verkaufte man auf dem Markt billiges Obst.
Его́ зову́т Ива́ном.	Man nennt ihn Iwan. Er heißt Iwan.

Offizielle Anweisungen oder Bekanntmachungen haben häufig die Form unbestimmt-persönlicher Sätze. Im Deutschen wählt man in diesen Fällen zumeist die Wiedergabe durch das unpersönliche Passiv.

Про́сят не кури́ть.	Es wird gebeten, nicht zu rauchen.
Про́сят соблюда́ть тишину́.	Es wird gebeten, nicht zu lärmen.
Здесь продаю́т биле́ты на конце́рты.	Hier werden Konzertkarten verkauft.

Umgangssprachlich kann sich bisweilen der Sprechende einer unbestimmt-persönlichen Konstruktion bedienen, wenn er seiner Bitte oder Aufforderung Nachdruck verleihen will.

— Иди́ же, про́сят тебя́.	„Geh doch, ich bitte dich!"
— Переста́нь, говоря́т тебе́.	„Hör auf, (das) sag' ich dir!"
— Не хочу́ я, говоря́т тебе́.	„Ich will nun mal nicht, das laß dir gesagt sein!"

609   II. Allgemein-persönliche Sätze

Allgemein-persönliche Sätze sind Sätze, deren Aussage allgemein für ein beliebiges ungenanntes handelndes Subjekt gelten kann. Allgemein-persönliche Konstruktionen treten häufig in Sprichwörtern und Redensarten auf.

Das Prädikat eines allgemein-persönlichen Satzes kann ausgedrückt werden:

1. durch die 2. Person Singular, z. B.:

Эту кни́гу прочи́тываешь за два часа́.	Dieses Buch liest man in zwei Stunden.
Éсли ве́село, так и не замеча́ешь, как вре́мя прохо́дит.	Wenn es lustig zugeht, merkt man nicht, wie die Zeit vergeht.
Из пе́сни сло́ва не вы́кинешь. (Sprichwort)	etwa: Im Lied kommt es auf jedes Wort an.
Что посе́ешь, то и пожнёшь. (Sprichwort)	Was man sät, wird man auch ernten.
Слеза́ми го́рю не помо́жешь. (Sprichwort)	etwa: Mit Tränen allein wird man dem Kummer nicht abhelfen.
Вчера́шнего дня не воро́тишь. (Sprichwort)	etwa: Das Rad läßt sich nicht zurückdrehen.

Die 2. Person Singular des vollendeten Futurums enthält bisweilen die modale Bedeutung „können" (vgl. 574, 1 c), z. B.:

Всем не угоди́шь.	Allen kann man es nicht recht machen.
Тут ничего́ не поде́лаешь.	Da kann man nichts machen.
Его́ ника́к не поймёшь.	Ihn kann man einfach nicht verstehen.

In der Umgangssprache können allgemein-persönliche Konstruktionen mit der 2. Person Singular zum Ausdruck der wiederholten Handlung einer bestimmten Person, zumeist des Sprechenden, gebraucht werden. Eine solche wiederholte Handlung in der Vergangenheit wird durch die 2. Person Singular des vollendeten Futurums in Verbindung mit der Partikel **быва́ло** ausgedrückt (vgl. auch 531, B. h).

Ве́чно тебя́ ждёшь.	Immer muß ich auf dich warten.
Ся́дешь быва́ло и начнёшь расска́зывать.	Mitunter setzte ich mich hin und begann zu erzählen.
Жил я тогда́ ра́достно, по-де́тски — проснёшься быва́ло у́тром и запоёшь.	Damals lebte ich froh wie in Kindertagen – ich pflegte morgens zu erwachen und ein Lied anzustimmen.

2. durch den Imperativ Singular, z.B.:

Век живи́, век учи́сь. (Sprichwort)	etwa: Man lernt nie aus.
Сего́дняшней рабо́ты на за́втра не откла́дывай. (Sprichwort)	etwa: Was du heute kannst besorgen, das verschiebe nicht auf morgen.

3. seltener durch die 1. und die 3. Person Plural, z.B.:

Что име́ем, не храни́м, потеря́вши пла́чем. (Sprichwort)	Was wir besitzen, hüten wir nicht; wir weinen aber, wenn wir es verloren haben.
Враго́в не счита́ют, их бьют. (Sprichwort)	Die Feinde zählt man nicht; man schlägt sie.
В лес дров не во́зят. (Sprichwort)	Man fährt kein Holz in den Wald.

Allgemein-persönliche Sätze haben in der Regel kein Subjekt. Zuweilen kann allerdings ein Pronomen als Subjekt zur Verbform treten, ohne daß der verallgemeinernde Sinn verlorengeht.

Опя́ть он не пришёл, ну что ты бу́дешь де́лать?	Schon wieder ist er nicht gekommen. Was soll man da tun?
Охо́тно мы дари́м, что нам не на́добно сами́м. (Sprichwort)	Gern verschenkt man, was man selbst nicht braucht.

UNPERSÖNLICHE SÄTZE

Unpersönliche Sätze sind Sätze ohne (grammatisches) Subjekt, deren Prädikat durch unpersönliche Formen ausgedrückt wird. Im Deutschen haben solche Sätze häufig das unpersönliche Pronomen „es" oder das unbestimmte Pronomen „man" zum Subjekt. **610**

Света́ет.	Es tagt. Es dämmert.
На́до говори́ть пра́вду.	Man muß die Wahrheit sagen.
Тут мо́жно купа́ться.	Hier kann man baden.

Sind unpersönliche Konstruktionen mit dem Dativ der Person verbunden, so entspricht ihnen im Deutschen in der Regel ein persönlicher Satz.

Тебе́ на́до говори́ть пра́вду.	Du mußt die Wahrheit sagen.

Нам сего́дня ве́село. Wir sind heute froh gelaunt.
Мне́ нездоро́вится. Ich fühle mich nicht wohl.

Nach der Art des Prädikats lassen sich die unpersönlichen Sätze in folgende Gruppen einteilen:

611 1. Unpersönliche Sätze mit unpersönlichen Verben

Unter unpersönlichen Verben versteht man Verben, die nicht mit einem Subjekt verbunden werden können und nur in unpersönlicher Form – in der 3.Person Singular des Präsens bzw. vollendeten Futurums oder in der sächlichen Form des Präteritums[1] – auftreten.

Unpersönliche Verben sind u. a.:

a) Verben, die Naturzustände bezeichnen, z. B.:

света́ет	es tagt, es dämmert	
рассвета́ет	es tagt, es dämmert	– vo.: **рассветёт**
вечере́ет	es wird Abend	
смерка́ется	es dämmert, es wird dunkel	– vo.: **сме́ркнется**
моро́зит	es friert	

b) Verben, die einen physischen oder psychischen Zustand eines Menschen bezeichnen:

α) **ему́ везёт** er hat Glück – vo.: **повезёт**
его́ взорвёт vo. es wird ihn empören, aus der Fassung bringen
его́ знобит es fröstelt ihn
его́ подмыва́ет er hat große Lust (zu)
его́ тошни́т ihm ist übel

Взорвёт, знобит, подмыва́ет, тошни́т werden statt des sonst in unpersönlichen Konstruktionen üblichen Dativs der Person mit dem (Genitiv-) Akkusativ der Person verbunden.

---

[1] Unpersönliche Formen sind zumeist nur im Indikativ vertreten. Im Konjunktiv ist die unpersönliche Form selten; im Imperativ kann sie in der Form mit пусть, пуска́й gebraucht werden.
Пусть рассветёт, тогда́ пое́дем. Mag es erst Tag werden, dann fahren wir los.
Der Infinitiv eines unpersönlichen Verbs tritt in Verbindung mit начина́ть, стать vo. auf:
Начина́ет рассвета́ть. Es beginnt zu tagen.
Ста́ло вечере́ть. Es begann, Abend zu werden.

β) Der innere Zustand eines Menschen bzw. seine Bereitschaft oder Neigung zu
einer Handlung werden weiter durch unpersönliche reflexive Verben ausgedrückt,
denen meist persönliche nichtreflexive Verben gegenüberstehen (vgl. 339, 2 b).

Ему́ нездоро́вится.	Er fühlt sich nicht wohl.
Мне не ве́рится.	Ich kann nicht glauben, es ist für mich kaum zu glauben.
Уже́ не́сколько неде́ль мне не спало́сь по ноча́м.	Schon einige Wochen konnte ich nachts nicht schlafen.
Нам сего́дня не рабо́тается.	Wir können heute nicht richtig arbeiten.
Ему́ живётся пло́хо.	Es geht ihm schlecht.

c) Verben, die ein Vorhandensein oder einen Mangel ausdrücken, z. B.:

хвата́ет   es reicht aus   – vo.: **хва́тит**
недостаёт es fehlt, reicht nicht aus – vo.: **недоста́нет**

Diese Verben werden mit dem Genitiv des Gegenstandes verbunden.

Де́нег хва́тит на всё.	Das Geld wird für alles ausreichen.
На тако́е пла́тье недостаёт материа́ла.	Für ein solches Kleid reicht der Stoff nicht aus.

d) Verben, die ein Müssen oder Wollen ausdrücken (vgl. 575 und 578):

сле́дует   man muß, es ziemt sich
прихо́дится man muß   – vo.: **придётся**
ему́ хо́чется er möchte, er will, er hat Lust

2. **Unpersönliche Sätze mit persönlichen Verben in unpersönlicher Funktion** **612**

Eine Reihe von persönlichen Verben kann ohne Bezug zu einem Subjekt in unpersön-
licher Funktion gebraucht werden.

Зимо́й ра́но темне́ет.	aber :	**Серебро́ темне́ет.**
Im Winter wird es zeitig dunkel.		Silber wird dunkel.
На у́лице светле́ет.		**Взгляд его́ светле́ет.**
Draußen wird es hell.		Sein Blick hellt sich auf.
В уша́х шуми́т.		**Класс шуми́т.**
Es klingt in den Ohren.		Die Klasse lärmt.
В голове́ звени́т.		**Колоко́льчик звени́т.**
Im Kopf dröhnt es. Der Kopf dröhnt.		Das Glöckchen tönt.

Transitive Verben dienen in unpersönlichen Konstruktionen häufig zur Wiedergabe
von Ereignissen, die aus elementarer Kraft auftreten. Dabei wird das direkte Objekt im
Akkusativ, der Urheber im Instrumental bezeichnet.

Доро́гу занесло́ сне́гом.	Der Weg wurde vom Schnee verweht.
Водо́й зали́ло луга́.	Die Wiesen wurden vom Wasser über- schwemmt.
Кры́шу снесло́ бу́рей.	Das Dach wurde vom Sturm weggerissen.
Волно́й разби́ло ло́дку.	Das Boot wurde von der Welle zerschla- gen.

Die Verben **ве́ять** / vo. **пове́ять** (= wehen), **па́хнуть** (= duften) sowie **нести́** und **тяну́ть** in der Bedeutung „wehen, duften" stehen in unpersönlicher Konstruktion mit dem Instrumental als Objekt.

Па́хнет се́ном над луга́ми.	Es duften die Wiesen nach Heu.
От лип души́стым мё́дом тя́нет.	Es duftet von den Linden nach wohl- riechendem Honig.
С мо́ря несло́ сыры́м и со- лё́ным во́здухом.	Vom Meer her wehte eine feuchte und salzige Luft.

613

3. Unpersönliche Sätze mit prädikativen Adverbien[1]

Unter prädikativen Adverbien versteht man unveränderliche – zumeist mit Ad- verbien formgleiche – Wörter, die in Verbindung mit den Zeitformen von **быть**[2] als Prädikat in unpersönlichen Sätzen gebraucht werden. (Das Präsens wird durch ein ein- faches prädikatives Adverb bezeichnet, das Präteritum durch ein prädikatives Adverb in Verbindung mit **бы́ло**, das Futurum durch ein prädikatives Adverb in Verbindung mit **бу́дет**.)

Prädikative Adverbien treten wie folgt auf:

a) Prädikative Adverbien fallen mit Adverbien auf **-o** zusammen und dienen allgemein zur Bezeichnung eines Zustands:

В ко́мнате жа́рко.	Im Zimmer ist es heiß.
На дворе́ хо́лодно.	Draußen ist es kalt.
Бы́ло уже́ светло́.	Es war schon hell.
Круго́м бы́ло ти́хо.	Ringsum war es still.
Нам сего́дня ве́село.	Wir sind heute froh gelaunt.

---

[1] Nach Ansicht einiger Grammatiken bilden die prädikativen Adverbien eine besondere Wortart; man bezeichnet die prädikativen Adverbien dabei auch als Zustandswörter oder als Kategorie des Zustands, da sie ganz allgemein einen Zustand benennen.

[2] Anstelle von быть können prädikative Adverbien zuweilen auch mit быва́ть, станови́ться/стать vo., де́латься/сде́латься vo., каза́ться/показа́ться vo., ока́зываться/оказа́ться vo. verbunden werden: В лесу́ оказа́лось темно́. Нельзя́ ста́ло ходи́ть без пальто́.

Ein prädikatives Adverb kann auch im Komparativ stehen.

Бу́дет тепле́е.	Es wird wärmer werden.
Ста́ло ти́ше.	Es wurde leiser.

b) Prädikative Adverbien zum Ausdruck einer sinnlichen Wahrnehmung oder Gefühlsregung sind: **ви́дно** = „es ist zu sehen, man kann sehen"; **слы́шно** = „es ist zu hören, man kann hören"; **жаль** = „es ist bedauerlich, es tut leid"; **бо́льно** = „es tut weh, es tut leid"; **сты́дно** = „es ist eine Schande, beschämend". **Ви́дно, слы́шно, жаль**[1] werden mit dem direkten Objekt im Akkusativ, bei Verneinung mit dem direkten Objekt im Genitiv verbunden; **сты́дно** steht gewöhnlich mit **за** und dem Akkusativ.

Отсю́да хорошо́ слы́шно.	Von hier aus kann man gut hören.
Отсю́да всю дере́вню ви́дно.	Von hier aus ist das ganze Dorf zu sehen.
Со́лнца не ви́дно.	Von der Sonne ist nichts zu sehen.
Мне жаль отца́.	Der Vater tut mir leid.
Мне сты́дно за тебя́.	Ich schäme mich für dich (deiner).

c) Besondere prädikative Adverbien zum Ausdruck der Möglichkeit und der Notwendigkeit sind:

на́до ну́жно	} es ist notwendig, man muß
мо́жно	es ist möglich, man kann, man darf
невозмо́жно	es ist unmöglich
необходи́мо	es ist notwendig, es ist unumgänglich
нельзя́	man kann nicht, man darf nicht, es ist unmöglich

Мне на́до торопи́ться.	Ich muß mich beeilen.
Нам ну́жно эконо́мить материа́л.	Wir müssen Material sparen.
Мо́жно кури́ть?	Darf man rauchen?
Здесь нельзя́ кури́ть.	Hier darf man nicht rauchen.
Необходи́мо бы́ло ему́ помо́чь.	Man mußte ihm unbedingt helfen.

d) Wie prädikative Adverbien werden die mit **не-** gebildeten negierenden Adverbien gebraucht (vgl. 462).

Ему́ не́где сесть.	Er weiß nicht, wo er sich hinsetzen soll.
Мне сего́дня не́когда.	Ich habe heute keine Zeit.
Ей не́где бы́ло отдохну́ть.	Sie hatte nirgends Platz zum Ausruhen.

---

[1] Auch nichtverneintes жаль steht bisweilen mit dem direkten Objekt im Genitiv.

e) Auch Substantive können zu prädikativen Adverbien werden. Sie geben dabei ihr Genus auf und werden im Präteritum mit **бы́ло** verbunden.

Пора́ (бы́ло) нача́ть рабо́ту.	Es ist (war) Zeit, die Arbeit zu beginnen.
О́чень мне охо́та погуля́ть.	Ich habe große Lust, ein wenig spazierenzugehen.
Мне недосу́г э́тим занима́ться.	Ich habe keine Zeit, mich damit zu beschäftigen.

614 4. Unpersönliche Sätze mit der sächlichen Kurzform des Partizips des Präteritums Passiv

siehe (390, b. 3).

Входи́те, не закры́то!	Treten Sie ein, es ist nicht geschlossen!
В ко́мнате наку́рено.	Das Zimmer ist vollgeraucht.
Уже́ по́слано за врачо́м.	Man hat bereits nach dem Arzt geschickt.
Ему́ прика́зано бы́ло остава́ться до́ма.	Man hatte ihm befohlen, zu Hause zu bleiben.

615 5. Verneint-unpersönliche Sätze

siehe (605).

Его́ не́ было до́ма.	Er war nicht zu Hause.
У меня́ нет кни́жного шка́фа.	Ich habe keinen Bücherschrank.
Ме́жду на́ми нет никако́й ра́зницы.	Zwischen uns ist kein Unterschied.
Для вас в жи́зни нет и не бу́дет препя́тствий.	Für Sie gibt es im Leben keine Hindernisse und wird es auch keine geben.

616 6. Infinitivsätze

Der unabhängige Infinitiv kann in unpersönlichen Konstruktionen in folgenden Bedeutungen auftreten:

a) Der Infinitiv kann ein Sollen, Müssen oder Können ausdrücken, z.B.:

Что же нам де́лать?	Was sollen wir denn tun?
Не сходи́ть ли мне за до́ктором?	Soll ich nicht einen Arzt holen?

Они́ не зна́ли, кого́ спроси́ть.	Sie wußten nicht, wen sie fragen sollten.
Тут мне слеза́ть.	Hier muß ich aussteigen.
Мне за́втра ра́но встава́ть.	Ich muß morgen zeitig aufstehen.
Не жить мне без тебя́.	Ich kann ohne dich nicht leben.
Как ему́ помо́чь?	Wie kann man ihm helfen?

b) Der Infinitiv kann eine kategorische Behauptung oder eine unabänderliche Tat-
sache ausdrücken, z. B.:

Быть дождю́; быть бу́ре.	Es wird Regen geben; es wird ein Sturm losbrechen.
Не расти́ траве́ по́сле о́сени.	Nach dem Herbst wächst kein Gras mehr.
Не цвести́ цвета́м под сне́гом.	Unter dem Schnee blühen keine Blumen.
«Я зна́ю —	„Ich weiß (genau),
го́род бу́дет,	es wird eine Stadt entstehen,
Я зна́ю —	ich weiß (genau),
са́ду цвесть,	es wird ein Garten erblühen,
Когда́	wenn es
таки́е лю́ди	solche Menschen
В стране́	im Sowjetland gibt!"
в сове́тской	
есть!» (Маяко́вский)	
Не быть войне́!	Es wird keinen Krieg geben.

c) Der Infinitiv kann einen nachdrücklichen Befehl ausdrücken, z. B.:

Встать! Молча́ть!	Aufstehen! Schweigen!
Не шуме́ть!	Nicht lärmen!
Не говори́ть ни сло́ва!	Kein Wort sprechen!

d) In Verbindung mit der Partikel бы kann der Infinitiv einen Wunsch, eine Befürch-
tung oder eine Möglichkeit ausdrücken, z. B.:

Поговори́ть бы с ним!	Man müßte mit ihm sprechen können!
То́лько бы усну́ть!	Wenn man nur einschlafen könnte!
Всё бы нам знать!	Wenn wir doch alles wissen könnten!
Не опозда́ть бы нам!	Wenn wir nur nicht zu spät kommen!
Не простуди́ться бы вам!	Wenn Sie sich nur nicht erkälten!
Быть бы дождю́, ка́бы не ве́тер.	Es könnte regnen, wenn kein Wind wehte.

DIREKTE UND INDIREKTE REDE

617   I. Die Form der direkten und der indirekten Rede

Direkte und indirekte Rede sind verschiedene Formen der Wiedergabe gesprochener Rede.

Die direkte Rede gibt die gesprochene Rede in ihrer ursprünglichen Form wieder. Der Urheber der gesprochenen Rede wird dabei in vorangestellten, eingefügten oder nachgestellten Sätzen gekennzeichnet[1].

Я спросил: «Как мне пройти к вокзалу?»	Ich fragte: „Wie muß ich zum Bahnhof gehen?"
«Вот мы и дома!» — закричал Петя.	„Da sind wir zu Hause!" rief Petja aus.
«Нет, — сказала Нина, — я не хочу с тобой поехать».	„Nein", sagte Nina, „ich will nicht mit dir fahren."

Die indirekte Rede gibt die gesprochene Rede nur dem Inhalt nach wieder. Die gesprochene Rede nimmt dabei die Form eines Nebensatzes an; den zugehörigen Hauptsatz bildet der den Urheber der Rede kennzeichnende Vorder-, Zwischen- oder Nachsatz der direkten Rede.

Anrede und Interjektionen der direkten Rede fallen bei der Wiedergabe durch die indirekte Rede aus. Dazu tritt bei der Wiedergabe durch die indirekte Rede gegenüber der direkten Rede vielfach ein entsprechender Personenwechsel ein.

Direkte Rede	*Indirekte Rede*
Моя сестра сказала: «Вечером к нам придут гости».	Моя сестра сказала, что вечером к нам придут гости.
Meine Schwester sagte: „Am Abend werden Gäste zu uns kommen."	Meine Schwester sagte, daß am Abend Gäste zu uns kämen.
Мой товарищ попросил: «Дай мне эту книгу!»	Мой товарищ попросил меня, чтобы я дал ему эту книгу.
Mein Kamerad bat: „Gib mir dieses Buch!"	Mein Kamerad bat mich, ihm dieses Buch zu geben.
«Куда ты так спешишь?» — спросила меня Таня.	Таня спросила меня, куда я так спешу.
„Wohin eilst du so?" fragte mich Tanja.	Tanja fragte mich, wohin ich so eile.

---

[1] Zur Zeichensetzung in der direkten Rede siehe (644—645).
Zur Wortfolge im Zwischen- oder Nachsatz bei der direkten Rede siehe (622, f).

516

II. Die Umwandlung direkter Rede in indirekte Rede

Nicht in allen, aber in den meisten Fällen ist eine Umwandlung direkter Rede in die indirekte Rede möglich.

A. Für die Wahl des Nebensatzes bei der Wiedergabe direkter Rede durch die indirekte **618** Rede gilt allgemein folgendes:

1. Ist die direkte Rede ein Aussagesatz, so erfolgt die Wiedergabe in der indirekten Rede durch einen Objektsatz mit der Konjunktion **что** oder mit **бýдто (бы),** wenn der Sprecher die Richtigkeit der wiedergegebenen Rede bezweifelt (vgl. 519). In den Objektsätzen mit **что** und **бýдто** steht dabei der gleiche Modus wie in der entsprechenden direkten Rede (vgl. auch 367).

Direkte Rede	*Indirekte Rede*
Товáрищ сказáл: «Я подождý». Der Kamerad sagte: „Ich werde warten."	Товáрищ сказáл, что он подождёт. Der Kamerad sagte, daß er warten werde.
Ты же говорúл мне: «Я э́то сдéлаю для тебя́». Du hast doch zu mir gesagt: „Ich werde das für dich tun."	Ты же говорúл мне, что ты э́то сдéлаешь для меня́. Du hast mir doch gesagt, daß du das für mich tun würdest.
Лётчик заявúл: «По моемý мнéнию, погóда сáмая лётная». Der Pilot erklärte: „Meiner Meinung nach ist das beste Flugwetter."	Лётчик заявúл, что, по егó мнéнию, погóда сáмая лётная. Der Pilot erklärte, daß seiner Meinung nach das beste Flugwetter sei.
Онá сказáла: «Я моглá бы предпринять э́ту поéздку». Sie sagte: „Ich könnte diese Reise machen."	Онá сказáла, что онá моглá бы предпринять э́ту поéздку. Sie sagte, sie könnte diese Reise machen.
Он сказáл: «Éсли бы я нé был бóлен, я пришёл бы к вам». Er sagte: „Wenn ich nicht krank wäre, würde ich zu euch kommen."	Он сказáл, что он пришёл бы к нам, éсли бы он нé был бóлен. Er sagte, daß er zu uns kommen würde, wenn er nicht krank wäre.

2. Ist die direkte Rede ein Befehl, eine Aufforderung oder eine Bitte im Imperativ, so erfolgt die Wiedergabe in der indirekten Rede durch einen Objektsatz mit **чтóбы** und dem Konjunktiv.

Direkte Rede	*Indirekte Rede*
«Приходи́ ко мне!» — сказа́л я това́рищу.	Я сказа́л това́рищу, что́бы он приходи́л ко мне.
„Komm her zu mir!" sagte ich zu meinem Kameraden.	Ich sagte zu meinem Kameraden, daß er zu mir herkommen solle.
«Расскажи́ нам ска́зку!» — попроси́ли мы ба́бушку.	Мы попроси́ли ба́бушку, что́бы она́ рассказа́ла нам ска́зку.
„Erzähl' uns ein Märchen!" baten wir die Großmutter.	Wir baten die Großmutter, daß sie uns ein Märchen erzählen solle.
Мой това́рищ предложи́л мне: «Пойдёмте в воскресе́нье вме́сте со мной в музе́й!»	Мой това́рищ предложи́л мне, что́бы я пошёл в воскресе́нье вме́сте с ним в музе́й.
Mein Kamerad schlug mir vor: „Gehen wir am Sonntag gemeinsam ins Museum!"	Mein Kamerad schlug mir vor, daß ich am Sonntag mit ihm gemeinsam ins Museum gehen solle.

Daneben kann der Imperativ der direkten Rede in der indirekten Rede auch durch den Infinitiv ohne Konjunktion wiedergegeben werden, z.B.:

Мы попроси́ли ба́бушку рассказа́ть нам ска́зку.	Wir baten die Großmutter, uns ein Märchen zu erzählen.
Мой това́рищ предложи́л мне пойти́ в воскресе́нье вме́сте с ним в музе́й.	Mein Kamerad schlug mir vor, am Sonntag gemeinsam mit ihm ins Museum zu gehen.

3. Ist die direkte Rede eine Bestimmungsfrage, so erfolgt die Wiedergabe in der indirekten Rede durch einen indirekten Fragesatz mit dem gleichen Fragepronomen oder -adverb wie in der direkten Rede.

Direkte Rede	*Indirekte Rede*
«Кото́рый час?» — спроси́л я.	Я спроси́л, кото́рый час.
„Wie spät ist es?" fragte ich.	Ich fragte, wie spät es sei.
А́нна Ива́новна спроси́ла меня́: «Где вы проводи́ли ле́то?»	А́нна Ива́новна спроси́ла меня́, где я проводи́л ле́то.
Anna Iwanowna fragte mich: „Wo haben Sie den Sommer verbracht?"	Anna Iwanowna fragte mich, wo ich den Sommer verbracht habe.
Он спроси́л: «Как мне пройти́ к вокза́лу?»	Он спроси́л, как ему́ пройти́ к вокза́лу.
Er fragte: „Wie muß ich zum Bahnhof gehen?"	Er fragte, wie er zum Bahnhof gehen müsse.

4. Ist die direkte Rede eine Entscheidungsfrage, so erfolgt die Wiedergabe in der indirekten Rede durch einen indirekten Fragesatz mit der Fragepartikel **ли** = „ob". **Ли** steht dabei nach dem Wort, auf das sich die Frage bezieht und das gewöhnlich den indirekten Fragesatz einleitet.

Direkte Rede	*Indirekte Rede*
Я спроси́л моего́ дру́га: «Ты уже́ зна́ешь мно́го ру́сских слов?»	**Я спроси́л моего́ дру́га, мно́го ли он уже́ зна́ет ру́сских слов.**
Ich fragte meinen Freund: „Kennst du schon viele russische Wörter?"	Ich fragte meinen Freund, ob er schon viele russische Wörter kenne.
Я спроси́л его́: «Ско́ро (ли) ты бу́дешь гото́в?»	**Я спроси́л его́, ско́ро ли он бу́дет гото́в.**
Ich fragte ihn: „Wirst du bald fertig sein?"	Ich fragte ihn, ob er bald fertig sein werde.

5. Zuweilen kann die indirekte Rede durch Einschalten von **мол, де́скать** (verkürzt **-де**) – deutsch etwa: „sagt(-e)..." – hervorgehoben werden. **Мол** und **де́скать** werden dabei stets durch Kommas abgetrennt. (Vgl. 581,3.)

Лю́ди говоря́т, что ты, де́скать, сам винова́т.	Man sagt, daß du selbst Schuld habest.
Он постоя́нно спра́шивал самого́ себя́, что, мол, э́то зна́чит.	Er fragte sich beständig, was das wohl bedeuten könne.

B. Für die Zeitenfolge bei der Umwandlung direkter Rede in die indirekte Rede gilt: **619**

Bei Wiedergabe durch die indirekte Rede wird gewöhnlich die Zeit der direkten Rede beibehalten, z. B.:

Direkte Rede	*Indirekte Rede*
Он сказа́л: «Я чита́ю интере́сную кни́гу».	**Он сказа́л, что он чита́ет интере́сную кни́гу.**
Он сказа́л: «Я чита́л интере́сную кни́гу».	**Он сказа́л, что он чита́л интере́сную кни́гу.**
Он сказа́л: «Я бу́ду чита́ть интере́сную кни́гу».	**Он сказа́л, что он бу́дет чита́ть интере́сную кни́гу.**

Ganz selten kann die indirekte Rede abweichend von der zugrunde liegenden direkten Rede im Präteritum stehen, wenn der den Urheber der Rede kennzeichnende Hauptsatz im Präteritum steht. Dieser Gebrauch entspricht aber nicht der literatursprachlichen Norm.

ZUR FOLGE DER SATZGLIEDER

620

1. Allgemeines zur Wortfolge

Wörter und Wortgruppen werden durch das Wirken bestimmter Gesetzmäßigkeiten zu einem Satz verbunden. Diese Gesetzmäßigkeiten kommen in den drei Arten der syntaktischen Verbindung zum Ausdruck: in der Kongruenz, der Rektion und der Anlehnung (der Unterordnung ohne formale Kennzeichen).

Die Gesetzmäßigkeiten der Satzstruktur zeigen sich aber auch in der Aufeinanderfolge der den Satz bildenden Satzglieder.

Wenn von einer Folge der Satzglieder gesprochen wird, so kann darunter eine Folge nur relativer Art verstanden werden (also nicht „an erster, zweiter, dritter Stelle", sondern „vor dem Subjekt", „nach dem Subjekt", „vor dem Prädikat" usw.). Die Folge der Satzglieder bedeutet also ihre Stellung in ihrer Beziehung zueinander.

Für den richtigen Satzbau ist aber nicht nur die Aufeinanderfolge der Satzglieder wichtig, sondern auch die Wortfolge innerhalb zusammengesetzter Satzglieder sowie die Stellung der Hilfswörter, vor allem die der Partikeln, im Satz.

Wie im Deutschen gibt es im Russischen einen „Satzplan", das Schema einer normalen Wortfolge, das sich aus der Folge Subjekt–Prädikat und der Gruppierung der anderen, der nebenrangigen Satzglieder, um diese wesentlichen Satzglieder ergibt. Man nennt diese „normale" Wortfolge die *direkte*. Beispiele dafür:

Класс посетил музей.	Die Klasse besuchte ein Museum.
Мы читали интересный рассказ.	Wir lasen eine interessante Erzählung.

Aber unter bestimmten Bedingungen (s. u.) weicht die Wortstellung von dieser Norm ab, z. B.:

Отвечать будет Петров.	Antworten wird Petrow.

Man nennt diese Wortstellung die indirekte, „ungerade", auch *Inversion*, vgl. noch:

Er fehlte (Subjekt – Prädikat).
Er war krank; deshalb fehlte *er* (Prädikat – Subjekt).

Es gibt im Russischen keine „freie Wortstellung". Sowohl die Norm als auch die – freilich recht zahlreichen – Abweichungen von der Norm unterliegen bestimmten Gesetzmäßigkeiten und üben grammatische, stilistische und semantische Funktionen aus. In bestimmten Fällen ist nur die Norm möglich. Es sind dies folgende Fälle:

a) Nominativ und Akkusativ des Substantivs weisen die gleiche Form auf. Die Eindeutigkeit verlangt dann die Wortfolge Subjekt – Prädikat – Objekt:

Мать любит дочь.	Die Mutter liebt die Tochter.
Бытие определяет сознание.	Das Sein bestimmt das Bewußtsein.

b) Das Prädikat ist ein Adjektiv in der Langform. Unmißverständlich ist nur die Wortfolge Subjekt–Prädikat:

День я́сный.	Das Wetter ist klar.
(Я́сный день.	Es ist klares Wetter.)

c) Subjekt und Prädikat sind durch Substantive ausgedrückt. An erster Stelle steht dann immer das Subjekt:

Учи́тель — мой брат.	Der Lehrer ist mein Bruder.
Мой брат — учи́тель.	Mein Bruder ist Lehrer.

d) Subjekt oder Prädikat sind Infinitive. Der Infinitiv an erster Stelle ist dann Subjekt, der an zweiter Stelle Prädikat.

Пое́хать на Се́вер бы́ло мое́й давни́шней мечто́й.	In den Norden zu fahren war immer mein Traum.
Его́ мечта́ — пое́хать на Се́вер.	Sein Traum ist es, in den Norden zu fahren.

In den erwähnten Fällen ist aus grammatischen Gründen eine Abweichung von der Norm nicht möglich. In allen übrigen Fällen ist eine Änderung der Wortfolge sehr wohl möglich. Doch ist sie dann stets irgendwie bedingt, z. B. durch die logische Betonung, die die Stellung des Subjekts am Satzende bewirkt:

Экзаменова́л меня́ профе́ссор Ивано́в.	Es examinierte mich Professor Iwanow.
Приходи́л к вам я.	Ich war es, der zu Ihnen kam.
Чита́ет кни́гу Ко́ля. ·	Das Buch liest Kolja.

Auch die Inversion innerhalb der Wortgruppe Zahlwort-Substantiv ist durch Bedeutungsänderung zu erklären:

Ему́ со́рок лет.	Er ist 40 Jahre alt.
Ему́ лет со́рок.	Er ist ungefähr 40 Jahre alt.
Я был у него́ часо́в в де́сять.	Ich war bei ihm etwa um 10 Uhr.

2. Die Stellung des Subjekts im Satz **621**

Die normale, direkte Wortstellung verlangt Voranstellung des Subjekts, Nachstellung des Prädikats:

Се́меро одного́ не ждут.	Sieben warten nicht auf einen.

Das Subjekt wird aber nachgestellt, wenn der Satz mit einem Satzglied beginnt, das das Prädikat näher bestimmt:

В лесу́ бы́ло мно́го гуля́ющих.	Im Walde waren viele Spaziergänger.
В ко́мнате стоя́т стол и два сту́ла.	Im Zimmer stehen ein Tisch und zwei Stühle.

Nachstellung des Subjekts tritt auch ein, wenn das Prädikat die allgemeine Bedeutung des Seins, Beginns, Verlaufs hat:

Наступа́ет дли́нный зи́мний день.	Es beginnt ein langer Wintertag.
Прохо́дит час, друго́й ...	Es vergeht eine Stunde, eine zweite...

Die logische Betonung des Prädikats bewirkt Inversion desselben; das Subjekt tritt dann an die zweite Stelle:

Не рабо́тал же ты!	Du hast doch gar nicht gearbeitet!
Ску́чный ты стал!	Ach, langweilig bist du geworden!

Wenn das Subjekt logisch betont ist, tritt Inversion ein, d.h. es steht hinter dem Prädikat:

Отвеча́ть бу́дете вы.	Antworten werden Sie.
Како́е огро́мное сча́стье – люби́ть и быть люби́мым!	Was für ein (großes) Glück ist es, zu lieben und geliebt zu werden.

Die logische Betonung wird mitunter nicht nur durch die Inversion und die damit verbundene Intonation gekennzeichnet, sondern es tritt zum Subjekt noch **то́лько, всего́** hinzu:

Опозда́л то́лько оди́н.	Zu spät kam nur einer.
От пожа́ра уцеле́ло всего́ три до́ма.	Vom Brande verschont blieben nur drei Häuser.

622   3. Die Stellung des Prädikats im Satz

Die Norm ist Stellung hinter dem Subjekt:

Я живу́ за го́родом.	Ich wohne außerhalb der Stadt.

In folgenden Fällen tritt jedoch Inversion ein:

a) Der Satz beginnt mit einem nebenrangigen Satzglied, das zum Prädikat gehört:

Вдали́ ви́ден кора́бль.	In der Ferne ist ein Schiff zu sehen.

b) Das Prädikat ist ein Verb mit der allgemeinen Bedeutung des Seins, Beginns, Verlaufs:

Прошло́ два часа́.   Es vergingen zwei Stunden.

c) Das Verb kann auch mit konkreterer Bedeutung vorangehen, wenn es sich um eine Schilderung handelt:

Пролете́ли кани́кулы.   Im Nu waren die Ferien vorbei.

d) In den ersten Sätzen eines Berichts, einer Erzählung steht das Prädikat, das in die Situation einführt, ebenfalls vor dem Subjekt:

Прихожу́ я к това́рищу, а у   Ich besuche einen Freund und finde bei
него́ сиди́т Петро́в.   ihm Petrow.

e) Das logisch betonte, stark emotional gefärbte Prädikat wird vorangestellt:

Ко́нчена моя́ жизнь!   Aus ist mein Leben!
Прекра́сный ю́ноша был мой   Ein Prachtkerl war mein Bruder.
брат.

f) Vorangestellt wird mitunter das Prädikat des der direkten Rede nachgestellten oder des in die direkte Rede eingeschobenen Satzes:

— Вот, — сказа́ла она́, — мои́   „Das sind", sagte sie, „meine Kinder."
де́ти.

4. Die Stellung des Attributs im Satz   **623**

Das kongruierende Attribut steht in der Regel vor seinem Substantiv:

Бы́ло жа́ркое ле́то.   Es war ein heißer Sommer.
Я получи́л тре́тью телегра́мму.   Ich erhielt das dritte Telegramm.

Kongruiert aber das Attribut mit einem der indefiniten Pronomen, so wird es nachgestellt; die Wortgruppe erhält den Charakter der Substantivierung (vgl. die deutsche Entsprechung):

Начина́ется что́-то но́вое.   Es beginnt etwas Neues.
Случи́лось что́-то стра́шное.   Etwas Schreckliches ist geschehen.

Stehen mehrere Attribute (Pronomen, Adjektiv) vor einem Substantiv, so steht das Pronomen vor dem Adjektiv:

Я ча́сто гуля́ю по э́тому тени́-   Ich gehe oft in diesem schattigen Garten
стому са́ду.   spazieren.
Твоя́ но́вая кни́га всем по-   Dein neues Buch hat allen gefallen.
нра́вилась.

Ganz am Anfang der Attributreihe stehen **весь, всякий** (vgl. dagegen die deutsche Wortstellung):

Вся э́та глу́пая исто́рия по-вторя́ется изо дня в день.	Diese ganze dumme Geschichte wiederholt sich Tag für Tag.

Die *Inversion* des Attributs besteht darin, daß es nachgestellt oder — von seinem Beziehungswort gelöst — an die Spitze des Satzes gerückt wird. Die Inversion bedeutet Hervorhebung:

Бал — вещь хоро́шая.	Der Ball ist eine famose Sache.
Безво́льный он челове́к!	Ein willenloser Mensch ist er!

Die Inversion kommt auch bei Aufzählungen vor:

Мой оте́ц, челове́к ещё молодо́й и о́чень краси́вый, жени́лся на ней.	Mein Vater, damals ein junger Mann von sehr gutem Aussehen, heiratete sie.

Das nachgestellte Possessivpronomen hat stark emotionalen Charakter:

Ма́ма, ма́ма! Я по́мню ру́ки твои́ с того́ мгнове́нья, как я стал сознава́ть себя́ на све́те.	Ach, Mutter, Mutter! Ich kenne deine Hände, seit ich meines Lebens bewußt bin.

Ein nachgestelltes Demonstrativ- oder Possessivpronomen braucht nicht immer emotionalen Charakter zu haben. Dann steht es enklitisch (ohne Betonung):

Весь день э́тот я провёл до́ма.	Den ganzen Tag verbrachte ich zu Hause.
Конь мой утоми́лся.	Mein Pferd war ermüdet.

In der Literatur des 19. Jahrhunderts findet man recht häufig ein nachgestelltes adjektivisches Attribut:

Колоко́льчик однозву́чный утоми́тельно греми́т.	Ermüdend klingt das eintönige Glöckchen.
Беле́ет па́рус одино́кий в тума́не мо́ря голубо́м. (Ле́рмонтов)	Weiß glänzt ein einsam Segel in des Meeres blauem Dunst.

Das nichtkongruierende Attribut wird gewöhnlich nachgestellt:

Напро́тив был ви́ден дом с кра́сной кры́шей.	Gegenüber war ein Haus mit rotem Dach zu sehen.
К за́втраку по́дали я́йца всмя́тку.	Zum Frühstück gab es weichgekochte Eier.

Hierher gehört auch das im Nebensatz verwendete Relativpronomen, das als Attribut nachgestellt wird:

Это инженёр Кузнецо́в, с сы́ном кото́рого я знако́м.	Das ist Ingenieur Kusnezow, dessen Sohn ich kenne.

Inversion des nichtkongruierenden Attributs tritt bei Gegenüberstellungen ein:

В чёрном переплёте кни́га мне не нра́вится, я возьму́ кни́гу в кра́сном переплёте.	Das Buch im schwarzen Einband gefällt mir nicht; ich nehme das Buch im roten Einband.

Gehören zu einem Substantiv ein kongruierendes und ein nichtkongruierendes Attribut, so sind zwei Wortstellungen möglich:

Вошла́ худенькая же́нщина невысо́кого ро́ста. oder: Вошла́ худенькая, невысо́кого ро́ста же́нщина.	Es trat eine schmächtige, kleine Frau ein.

5. Die Stellung des Objekts im Satz   **624**

Das direkte Objekt (Substantiv oder Pronomen) steht in der Regel hinter dem regierenden Verb:

Его́ равноду́шие взбеси́ло меня́.	Sein Gleichmut machte mich wild.

Das pronominale Akkusativobjekt kann auch vor dem Verb stehen:

Я ко́е-что́ заме́тил.	Ich habe etwas gemerkt.

Auch das indirekte Objekt sowie das Objekt, das durch einen Infinitiv ausgedrückt wird, wird nachgestellt:

За́суха вреди́т посе́вам.	Die Dürre schadet der Aussaat.
Команди́р приказа́л стреля́ть.	Der Kommandeur befahl zu schießen.

Bei mehreren Objekten steht das direkte vor dem bzw. den anderen[1]:

Он по́дал ру́ку всем прису́тствовавшим.	Er gab allen Anwesenden die Hand.

Die Inversion des Objekts bedeutet logische Betonung:

С тобо́й я бу́ду открове́нен.	Dir gegenüber werde ich offen sein.
Я кни́гу взял, а не тетра́дь.	Ich nahm das Buch, nicht das Heft.

Das von einem Nomen regierte Objekt wird immer nachgestellt:

---

[1] Eine Ausnahme bildet der Dativ des Personalpronomens:

Дай мне ру́ку!	Gib mir deine Hand!

Ближа́йшая к на́шему го́роду дере́вня находи́лась в трёх киломе́трах.

Das unserer Stadt nächstgelegene Dorf war drei Kilometer entfernt.

625

6. Die Stellung der Adverbialbestimmungen im Satz

Die Stellung der Adverbialbestimmungen im Satz ist mannigfaltig. Aber auch hier lassen sich Gesetzmäßigkeiten erkennen.

So steht die *Adverbialbestimmung der Art und Weise* vor dem Prädikat:

Они́ ве́село разгова́ривали ме́жду собо́й.

Sie unterhielten sich in lustiger Stimmung.

Я его́ хорошо́ зна́ю.

Ich kenne ihn gut.

Die Stellung dieser Adverbialbestimmung *nach* dem Prädikat hebt hervor:

А́ня шла бы́стро, Григо́рий едва́ поспева́л за не́ю.

Anja ging schnell; Grigori konnte kaum Schritt halten.

Die logisch betonte Adverbialbestimmung der Art und Weise kann auch am Anfang des Satzes stehen; dann folgt das (invertierte) Prädikat unmittelbar:

Пло́хо провёл я ночь.

Eine schlimme Nacht war es für mich.

Die Adverbialbestimmung der Art und Weise, die durch ein Substantiv oder durch ein von einem Substantiv abgeleitetes Adverb ausgedrückt wird, folgt auf das Prädikat:

Меня́ вы́слушали с больши́м терпе́нием.

Man hörte mich mit großer Geduld an.

Я рабо́тал но́чью.

Ich arbeitete in der Nacht.

Ло́шади шли ша́гом.

Die Pferde gingen im Schritt.

Die *Adverbialbestimmungen des Ortes und der Zeit* stehen sowohl *vor* als auch *hinter* dem Prädikat. Dabei ist aber zu beachten, daß auf die vorangehende Bestimmung des Ortes unmittelbar das Prädikat, auf die vorangehende Bestimmung der Zeit das Subjekt folgt:

С за́пада шла ту́ча.

Vom Westen her nahte eine Wolke.

По́сле обе́да я отдыха́л.

Nach dem Mittagessen erholte ich mich.

Üblich ist jedoch Nachstellung:

Я вошёл в класс.

Ich betrat den Klassenraum.

Я прие́хал по́здно но́чью.

Ich traf spät in der Nacht ein.

Sind im Satz beide Bestimmungen enthalten, so ist folgende Wortstellung üblich:

Adv. der Zeit – Subjekt – Prädikat – Adv. des Ortes.

Час спустя́ я верну́лся домо́й.	Nach einer Stunde kehrte ich heim.

Die *Adverbialbestimmungen des Grundes und des Zweckes* stehen normalerweise *vor* dem Prädikat:

Две де́вушки от стра́ха пла́кали.	Zwei Mädchen weinten vor Angst.

Nachgestellt bedeuten sie Hervorhebungen:

Ру́ки у меня́ трясу́тся от сла́бости.	Meine Hände zittern vor Schwäche.
Стара́ться на́до от любви́ к де́лу.	Man muß sich Mühe geben aus Liebe zur Sache.

Der Infinitiv des Zweckes wird, wenn er nicht logisch betont ist, nachgestellt:

Они́ пое́хали осма́тривать «бого-угó́дные заведе́ния».	Sie fuhren, ,,die gottgefälligen Einrichtungen'' zu besichtigen.
Мы пошли́ гуля́ть.	Wir gingen spazieren.

Vorangestellter Infinitiv bedeutet Hervorhebung; in der Dichtung wird ihm dadurch emotionale Färbung verliehen:

Мы гуля́ть пошли́.	Spazieren gingen wir.
Мы за сча́стье боро́ться идём.	Für das Glück zu kämpfen, sind wir bereit.

Adverbialbestimmungen, die zu einem Satzglied gehören, das durch ein Substantiv ausgedrückt wird, stehen hinter diesem Substantiv:

Возвраще́ние его́ в Москву́ . . .	Seine Rückkehr nach Moskau…
По́сле возвраще́ния его́ в Москву́ . . .	Nach seiner Rückkehr nach Moskau…

Nähere Bestimmungen eines Adjektivs oder Adverbs werden gewöhnlich vorangestellt:

Она́ научи́лась ру́сскому языку́ удиви́тельно бы́стро.	Sie hat die russische Sprache erstaunlich schnell erlernt.
В ко́мнате ужа́сно жа́рко.	Im Zimmer ist es furchtbar heiß.
Стоя́ли томи́тельно жа́ркие дни.	Es waren drückend heiße Tage.

Nachgestellt werden sie, wenn sie durch ein Substantiv mit Präposition oder durch einen Vergleich ausgedrückt werden:

Он был слепо́й от приро́ды.	Er war blind von Geburt.
Ночь была́ така́я же ти́хая, как и накану́не.	Die Nacht war ebenso still wie tags zuvor.

626

7. Die Stellung der Partikeln

Von den Hilfswörtern, die nicht die Funktion eines Satzgliedes ausüben, erfordern nur die Partikeln eine besondere Betrachtung. Für die anderen Arten der Hilfswörter gilt folgendes:

Die Präpositionen werden vorangestellt: (nur **ра́ди** „wegen", **спустя́** „nach" und **навстре́чу** „entgegen" können vor- oder nachgestellt werden, z. B.: **ра́ди сы́на, сы́на ра́ди**).

Von den Konjunktionen können einige auch nachgestellt werden (**ита́к, оттого́, поэ́тому** u. a.), d. h. sie stehen dann nicht am Anfang des Satzes.

Die Partikeln lassen sich ihrer Stellung nach in drei Gruppen gliedern:

1. *Vor* ihrem Beziehungswort stehen die Partikeln: **да, ну, что за, дава́й, дай, всё, пусть, пуска́й, не, ни, вот, хоть, ещё, хоть бы, хотя́ бы** u. a.

Что за исто́рия?	Was ist das für eine Geschichte!
Хоть бы не опозда́ть!	Wenn man doch wenigstens nicht zu spät käme!
Вот идёт по́езд.	Da kommt der Zug.

2. *Nach*gestellt werden: **же, ли, бы** (im Nebensatz meist vor dem Verb), **-то, -ка, э́то, бы́ло**:

Мы прие́дем сего́дня же.	Wir kommen noch heute an.
Иди́те, вас же вызыва́ют.	Gehen Sie, man ruft Sie auf.
Кто э́то кричи́т?	Wer schreit da?
Где э́то ты пропада́л?	Wo stecktest du denn?
Когда́-то он придёт?	Wann er wohl kommen mag?
Спой-ка что́-нибудь!	Sing mal etwas!
Он пошёл бы́ло, да останови́лся.	Er machte einige Schritte, blieb aber dann stehen.

3. Die dritte Gruppe bilden die Partikeln, deren Wortstellung freier ist: **ведь, уж, уже́, себе́, быва́ло** u. a.

Ведь пра́вда? (Пра́вда ведь?)	Es ist doch wahr?
Уж извини́те!	Entschuldigen Sie schon!
Ра́зве так уж ну́жно?	Ist das denn so notwendig?
А он сиди́т себе́ и ду́мает.	
А он себе́ сиди́т и ду́мает.	Er aber sitzt da, in Gedanken vertieft.
Ся́дет быва́ло и начнёт расска́зывать.	
Быва́ло ся́дет и начнёт расска́зывать.	Mitunter setzte er sich und begann zu erzählen.

ZUR ORTHOGRAPHIE
UND INTERPUNKTION

Im Russischen ist die Großschreibung grundsätzlich auf Satzanfänge und Namen **627** beschränkt (zum Unterschied vom Deutschen werden also auch Substantive in der Regel klein geschrieben).

Im folgenden sind die wichtigsten Regeln zur Schreibung von Namen zusammengestellt.

1. Zur Schreibung der Personennamen und der Rufnamen für Tiere   **628**

a) Männliche und weibliche Personennamen, Beinamen, Pseudonyme sowie Rufnamen für Tiere werden groß geschrieben, z.B.:

Алекса́ндр Серге́евич Пу́шкин	Alexander Sergejewitsch Puschkin
Ива́н Гро́зный	Iwan der Schreckliche
Пётр Пе́рвый (Пётр I)	Peter I.
Кашта́нка	Kaschtanka (Rufname eines Hundes)
Му́рка	Murka (Rufname einer Katze)

b) Von Personennamen abgeleitete Adjektive werden groß geschrieben:

1. wenn sie in possessiver Bedeutung gebraucht werden und ihr Stamm auf die Suffixe **-ов (-ев)** oder **-ин** auslautet, z.B.:

Ма́рксов «Капита́л»	Marx' „Kapital"
Да́лев слова́рь	das Wörterbuch von Dal

2. wenn sie als Teil einer Bezeichnung durch den entsprechenden Personennamen in Verbindung mit **и́мени** „namens" oder **па́мяти** „zum Andenken an" ersetzt werden könnten, z.B.:

Ломоно́совские чте́ния	Vorlesungen zum Andenken an Lomonossow .

In allen übrigen Fällen werden von Personennamen abgeleitete Adjektive klein geschrieben, z.B.:

пу́шкинский стиль	der Stil Puschkins
турге́невские «Запи́ски охо́тника»	Turgenews „Aufzeichnungen eines Jägers"
рентге́новский кабине́т	das Röntgenzimmer

c) Dienstbezeichnungen und Titel werden in der Regel klein geschrieben, z.B.:

мини́стр	der Minister
президе́нт	der Präsident
коро́ль	der König
заслу́женный де́ятель нау́ки	der verdiente Wissenschaftler

Die höchsten Dienstbezeichnungen und Ehrentitel in der UdSSR werden jedoch in allen Teilen groß geschrieben:

Председа́тель Прези́диума Верхо́вного Сове́та СССР	der Vorsitzende des Präsidiums des Obersten Sowjets der UdSSR
Председа́тель Сове́та Мини́стров СССР	der Vorsitzende des Ministerrates der UdSSR
Геро́й Сове́тского Сою́за	Held der Sowjetunion
Геро́й Социалисти́ческого Труда́	Held der Sozialistischen Arbeit
Ма́ршал Сове́тского Сою́за	Marschall der Sowjetunion

629 2. Zur Schreibung der astronomischen und geographischen Namen

a) Astronomische und geographische Namen (einschließlich der Eigennamen für Straßen, Plätze, Gebäude usw.) werden groß geschrieben. Bestehen diese Eigennamen aus mehreren Wörtern, so werden alle Wörter mit Ausnahme der Hilfswörter und der Gattungsnamen (wie звезда́, гора́, о́стров, мо́ре, река́, пло́щадь, у́лица usw.) groß geschrieben, z.B.:

Марс	der Mars
Дардан́е́ллы	die Dardanellen
Сою́з Сове́тских Социалисти́ческих Респу́блик[1]	die Union der Sozialistischen Sowjetrepubliken
Кита́йская Наро́дная Респу́блика[1]	die Chinesische Volksrepublik
Экваториа́льная А́фрика	Äquatorial-Afrika
Се́верный по́люс	der Nordpol
Балка́нский полуо́стров	die Balkanhalbinsel
Балти́йское мо́ре	die Ostsee
о́зеро Байка́л	der Baikalsee
у́лица Го́рького	die Gorkistraße
Кра́сная пло́щадь	der Rote Platz

---

[1] In den offiziellen Bezeichnungen der Sowjetrepubliken und der Länder der Volksdemokratie wird — abweichend von der obigen Regel — das Wort респу́блика groß geschrieben.

b) Die Bezeichnungen für die Himmelsrichtungen werden in der Regel klein ge-schrieben, z. B.:

восто́к   der Osten
се́веро-за́пад   der Nordwesten

Werden die Himmelsrichtungen als territoriale Bezeichnungen verwendet, so werden sie jedoch groß geschrieben, z. B.:

языки́ наро́дов Се́вера   die Sprachen der Völker des Nordens

3. Zur Schreibung der Bezeichnungen gesellschaftlicher Institutionen   **630**

a) Die Bezeichnungen der höchsten gesellschaftlichen Einrichtungen und Organi-sationen in der UdSSR und die Bezeichnungen einiger internationaler Organi-sationen werden in allen Teilen groß geschrieben (mit Ausnahme der Hilfswörter und des Wortes **па́ртия**), z. B.:

Центра́льный Комите́т Комму-нисти́ческой па́ртии Сове́т-ского Сою́за   das Zentralkomitee der Kommunistischen Partei der Sowjetunion

Сове́т Мини́стров СССР   der Ministerrat der UdSSR
Верхо́вный Суд СССР   das Oberste Gericht der UdSSR
Сове́тская А́рмия   die Sowjetarmee

Организа́ция Объединённых На́ций   die Organisation der Vereinten Nationen

О́бщество Кра́сного Креста́ и Кра́сного Полуме́сяца   die Gesellschaft des Roten Kreuzes und des Roten Halbmondes

b) Für die Schreibung der anderen zentralen und örtlichen gesellschaftlichen Ein-richtungen und Organisationen in der UdSSR gilt folgende Regel: Das erste Wort und die Eigennamen werden groß, alle anderen Wörter klein ge-schrieben, z. B.:

Министе́рство иностра́нных дел   das Ministerium für Auswärtige Angele-genheiten

Акаде́мия нау́к СССР   die Akademie der Wissenschaften der UdSSR

Моско́вский госуда́рственный педагоги́ческий институ́т и́мени В. И. Ле́нина   das Moskauer Staatliche Pädagogische In-stitut „W. I. Lenin"

| Кýйбышевский госудáрствен-
ный теáтр óперы и балéта | das Kuibyschewer Staatliche Opern- und
Balletttheater |
| Мúнский трáкторный завóд | das Minsker Traktorenwerk |

631

4. Zur Schreibung der in Anführungszeichen eingeschlossenen Namen und Titel

Für die Schreibung der in Anführungszeichen eingeschlossenen Namen von Betrieben sowie Titel literarischer Erzeugnisse gilt die gleiche Regel wie für (630, b), z. B.:

«Серп и мóлот»	„Hammer und Sichel" (Name eines Betriebes)
«Комсомóльская прáвда»	die „Komsomol-Prawda" (Name einer Zeitung)
«Тúхий Дон»	„Der stille Don" (Titel eines Buches)
«Гóре от умá»	„Verstand schafft Leiden" (Titel einer Komödie)

632

5. Zur Schreibung der Bezeichnungen historischer Ereignisse

Für die Schreibung der Bezeichnungen historischer und bedeutender Ereignisse gilt die gleiche Regel wie für (630, b), z. B.:

Октя́брь	die Oktoberrevolution
Велúкая Октя́брьская социа- листúческая революция	die Große Sozialistische Oktoberrevolution
Полтáвская бúтва	die Schlacht bei Poltawa
Пéрвое мáя[1]	der Erste Mai
Междунарóдный жéнский день	der Internationale Frauentag
Нóвый год	Neujahr

---

[1] Wird die Ordnungszahl durch eine Ziffer wiedergegeben, so wird das folgende Wort groß geschrieben, z. B.: 1 Мáя der Erste Mai.

DIE WICHTIGSTEN ABKÜRZUNGEN

Zu den allgemein gebräuchlichen Abkürzungen.[1], die ohne nähere Erläuterung in Druckerzeugnissen aller Art verwendet werden, gehören:

russische Abkürzung	Auflösung der russischen Abkürzung	deutsche Bedeutung	entspr. deutsche Abkürzg.
акад.	акаде́мик	Akademiemitglied	
в.	век (Sing.)	}Jahrhundert	Jh.
вв.	века́ (Plur.)		
г.	го́род	Stadt	
г.	год (Sing.)	Jahr	
гг.	го́ды (Plur.)	Jahre	
гр.	граждани́н	Bürger	
доц.	доце́нт	Dozent	Doz.
ж. д.	желе́зная доро́га	Eisenbahn	
ж-д.	железнодоро́жный	Eisenbahn-	
и др.	и други́е	und andere	u. a.
и пр.	и про́чие	und andere	u. a.
и т. д.	и так да́лее	und so weiter	usw.
и т. п.	и тому́ подо́бное	und dergleichen (mehr)	u. dgl. (m.)
им.	и́мени	„namens" *(wird gewöhnlich nicht übersetzt)*	
н. ст.	но́вый стиль	neuer Stil *(der Zeitrechnung)*	n. St.
н. э.	на́шей э́ры	unserer Zeitrechnung	u. Z.
напр.	наприме́р	zum Beispiel	z. B.
о.	о́стров	Insel	
обл.	о́бласть	Gebiet	
оз.	о́зеро	(der) See	
проф.	профе́ссор	Professor	Prof.
см.	смотри́	siehe	s.
ср.	сравни́	vergleiche	vgl.
ст. ст.	ста́рый стиль	alter Stil *(der Zeitrechnung)*	a. St.
стр.	страни́ца	Seite	S.
т.	том (Sing.)	der (Buch-)Band	Bd.
тт.	тома́ (Plur.)	die (Buch-)Bände	Bde.
т. е.	то́ есть	das heißt	d. h.

---

[1] Diese Abkürzungen, die nur für das Schriftbild Gültigkeit haben, sind nicht mit den Abkürzungswörtern zu verwechseln; vgl. hierzu (203).

ZUR SILBENTRENNUNG

634 Für die Silbentrennung im Russischen gelten vornehmlich folgende Regeln:

1. Ein einzelner Vokalbuchstabe wird **nicht** abgetrennt, z.B.:

    авáрия die Havarie; die Panne: авá-рия[1]
    акáция die Akazie: акá-ция

2. Ein Konsonantbuchstabe wird in der Regel vom folgenden Vokalbuchstaben **nicht** getrennt (siehe jedoch 634, 5), z.B.:

    любóвь die Liebe: лю-бóвь
    ребя́та die Kinder: ре-бя́-та
    дя́денька der (liebe) Onkel: дя́-день-ка

3. Zwei gleiche Konsonantbuchstaben werden, wenn sie zwischen Vokalbuchstaben stehen, in der Regel getrennt, z.B.:

    жужжáть summen: жуж-жáть
    мáсса die Masse; die Menge: мáс-са
    плéнный der Gefangene: плéн-ный

    Anmerkung:
    Stehen die beiden gleichen Konsonantbuchstaben jedoch im Wurzel- bzw. im Stammanlaut, so werden sie **nicht** getrennt, z.B.:

    поссóрить vo. entzweien: по-ссó-рить
    нововведéние die Neuerung: но-во-вве-дé-ние

4. Die Buchstaben й, ь, ъ werden vom davorstehenden Buchstaben **nicht** getrennt, z.B.:

    войнá der Krieg: вой-нá
    майóр der Major: май-óр
    большóй groß: боль-шóй
    подъéзд die Auffahrt: подъ-éзд

5. Ein einsilbiges, auf Konsonantbuchstaben ausgehendes Präfix wird gewöhnlich in sich **nicht** getrennt, z.B.:

    безу́мный unsinnig, unbesonnen: без-у́м-ный
    подписáть vo. unterzeichnen, unterschreiben: под-пи-сáть
    размáх der Schwung; das Ausmaß: раз-мáх

---

[1] Die mögliche Trennung eines Wortes wird im folgenden durch das Silbentrennungszeichen — angegeben.

Anmerkung:
Steht jedoch nach dem Präfix der Buchstabe **ы,** so wird dieser Vokalbuchstabe von dem davorstehenden Konsonantbuchstaben ni cht getrennt, z. B.:
разыскáть vo. ausfindig machen: **ра-зыс-кáть**

6. Der einsilbige Teil eines Abkürzungswortes des Silbentyps wird in sich nicht getrennt, z. B.:
   госаппарáт der Staatsapparat: **гос-ап-па-рáт**
   спецодéжда die Arbeitskleidung: **спец-одé-жда, спец-одéж-да**

   Groß geschriebene Abkürzungswörter des Initialtyps werden ni cht getrennt, z. B.:
   СССР die UdSSR: Silbentrennung nicht möglich
   ТУ-104 TU 104 (Bezeichnung eines so-
   wjetischen Düsenflugzeuges):   Silbentrennung nicht möglich

Aus den oben angegebenen Regeln ergibt sich, daß zahlreiche Wörter verschieden. **635** getrennt werden können; in solchen Fällen ist die Silbentrennung zu bevorzugen, bei der die sprachlichen Bestandteile eines Wortes in sich ni cht getrennt werden.

Beispiele für verschiedene Möglichkeiten der Silbentrennung:

бúтва die Schlacht:	**бúт-ва**	**бú-тва**	
шýмный lärmend:	**шýм-ный**	**шý-мный**	
дéтский Kinder-:	**дéт-ский**	**дéтс-кий**	
клáссный Schulklassen-:	**клáсс-ный**	**клáс-сный**	
сестрá die Schwester:	**сест-рá**	**се-стрá**	**сес-трá**
родствó die Verwandtschaft:	**род-ствó**	**родст-вó**	**родс-твó**

ZUM GEBRAUCH DES KOMMAS

Der Gebrauch des Kommas im Russischen entspricht häufig dem Gebrauch im Deutschen.
Im folgenden sind die wichtigsten Fälle zusammengestellt, bei denen die Interpunktion im Russischen ni cht mit der im Deutschen üblichen übereinstimmt oder bei denen die Interpunktion gewisse Schwierigkeiten bereitet.

1. Zum Gebrauch des Kommas zwischen nebengeordnctcn Satzgliedern   **636**

Das Komma setzt man in der Regel zwischen nebengeordnete Satzglieder, die durch Konjunktionen wie z. B.

и ..., и	sowohl ... als auch	**ни ..., ни**	weder ... noch
йли ..., йли	entweder .... oder	**то ..., то**	bald ..., bald

537

verbunden sind:

И отéц, и мать лю́бят игрáть в шáхматы.	Sowohl Vater als auch Mutter spielen gern Schach.
Сегóдня я не получи́л ни пи́сем, ни журнáлов.	Heute erhielt ich weder Briefe noch Zeitschriften.

637   2. Zum Gebrauch des Kommas bei attributiven Konstruktionen

Isolierte Attribute, d. h. Adjektive und Partizipialkonstruktionen, die nach ihrem Beziehungswort stehen, werden in Kommas eingeschlossen (vgl. auch 376), z. B.:

Мáша, блéдная и трепéщущая, подошлá к отцý.	Mascha kam bleich und zitternd zum Vater.
В музéе нéсколько посети́телей, лю́бящих искýсство, дóлго стоя́ли перед нóвой карти́ной.	Im Museum standen einige kunstliebende Besucher lange Zeit vor dem neuen Bild.
Ленингрáд горди́тся маши́нами, выпускáемыми егó завóдами.	Leningrad ist stolz auf die Maschinen, die in seinen Fabriken hergestellt werden.
Карти́на, нарисóванная неизвéстным худóжником, мне óчень нрáвится. ♦	Das Bild, das von einem unbekannten Künstler gemalt worden ist, gefällt mir sehr gut.

638   3. Zum Gebrauch des Kommas bei adverbialen Konstruktionen

Ein einfaches, dem prädikativen Verb nachgestelltes Adverbialpartizip wird in der Regel nicht durch Komma abgetrennt, z. B.:

Он лю́бит читáть лёжа.	Er liest gern im Liegen.
Мы шли по ýлице разговáривая.	Wir gingen die Straße entlang und unterhielten uns.

Eine Adverbialpartizipialkonstruktion wird in Kommas eingeschlossen (vgl. auch 400), z. B.:

Си́дя за столóм, я читáл кни́гу.	Ich saß am Tisch und las ein Buch.
Он вы́шел из магази́на, ничегó не купи́в.	Er verließ den Laden, ohne etwas gekauft zu haben.
Недáвно, си́дя в автóбусе, я ви́дел нáшу учи́тельницу.	Neulich, als ich im Omnibus saß, sah ich unsere Lehrerin.

4. Zum Gebrauch des Kommas bei Vergleichen **639**

Mit Konjunktionen wie z. B. **как** „wie", **словно** „gleichsam", **чем** „als"
eingeleitete Vergleiche werden durch Kommas abgetrennt (vgl. auch 515), z. B.:

Будьте, как дома!	Fühlen Sie sich wie zu Hause!
К концу охоты утки, словно на прощанье, стали подниматься целыми стаями.	Gegen Ende der Jagd begannen die Enten, gleichsam zum Abschied, in ganzen Schwärmen aufzusteigen.
Сегодня был более тёплый день, чем вчера.	Heute war ein wärmerer Tag als gestern.
Москва больше, чем Ленинград.	Moskau ist größer als Leningrad.

5. Zum Gebrauch des Kommas bei zusammengesetzten subordinierenden Konjunktionen **640**

Folgt einem Hauptsatz ein durch eine zusammengesetzte subordinierende Konjunktion eingeleiteter Nebensatz, so steht das Komma in der Regel[1] vor der zusammengesetzten Konjunktion, z. B.:

Нина сегодня не придёт, потому что она больна.	Nina wird heute nicht kommen, da sie krank ist.
Я гулял, в то время как другие играли в шахматы.	Ich ging spazieren, während die anderen Schach spielten.

6. Zum Gebrauch des Kommas bei Schaltwörtern und Schaltsätzen **641**

Schaltwörter und Schaltsätze werden in Kommas eingeschlossen (vgl. auch 581 und 582), z. B.:

Во время каникул Борис, кажется, поедет в Москву.	In den Ferien wird Boris wahrscheinlich nach Moskau fahren.
С вами, я думаю, мы уже встречались.	Ich glaube, Ihnen bereits begegnet zu sein.

---

[1] Mitunter wird der erste Teil einer zusammengesetzten subordinierenden Konjunktion zum Bestandteil des Hauptsatzes; in solchen Fällen setzt man das Komma vor den zweiten Bestandteil der Konjunktion, z. B.:

Он зашёл к товарищам для того, чтобы вместе с ними отправиться на экскурсию.	Er kam zu seinen Freunden, um sich mit ihnen gemeinsam auf eine Exkursion zu begeben.

Anmerkung:

Mitunter werden Schaltsätze in Gedankenstrichen eingeschlossen, z.B.:

Его оте́ц — ско́лько я по́мню — Soviel ich mich entsinne, hat sein Vater
провёл не́которое вре́мя за einige Zeit im Ausland verbracht.
грани́цей.

642 7. Zum Gebrauch des Kommas bei Interjektionen

Interjektionen werden in der Regel in Kommas eingeschlossen, z.B.:

Ах, как хорошо́ зде́сь в лесу́! Ach, wie schön ist es hier im Wald!
Ну-ну, не серди́сь! Nun sei doch nicht böse!

643 ZUM GEBRAUCH DES GEDANKENSTRICHES

Im folgenden sind die wichtigsten Anwendungsmöglichkeiten des Gedankenstriches im Russischen zusammengestellt.

1. Der Gedankenstrich steht in einem Satz ohne Kopula zwischen dem Subjekt und dem Prädikat, wenn diese beiden Satzglieder jeweils durch ein Substantiv im Nominativ ausgedrückt werden[1], z.B.:

Ду́б — де́рево. Die Eiche ist ein Baum.
Повторе́ние — ма́ть уче́ния. Übung macht den Meister.
Длина́ Днепра́ — 2285 ки- Die Länge des Dnepr beträgt 2285 Kilo-
ломе́тров. meter.

Stehen vor dem Prädikat э́то (auch: э́то есть, э́то зна́чит) oder во́т, so setzt man den Gedankenstrich vor diese Wörter, z.B.:

«Тиму́р и его́ кома́нда», «Чук „Timur und sein Trupp", „Tschuk und
и Ге́к» — э́то кни́ги о сове́тских Gek" sind Bücher über sowjetische Kin-
де́тях. der.
Коммуни́зм — э́то есть Со- Kommunismus ist Sowjetmacht plus Elek-
ве́тская власть плюс электри- trifizierung des ganzen Landes. (Lenin)
фика́ция всей страны́ (Ле́нин).

2. Der Gedankenstrich steht in einem Satz ohne Kopula zwischen dem Subjekt und dem Prädikat, wenn diese beiden Satzglieder jeweils durch einen Infinitiv ausgedrückt werden oder wenn das Subjekt durch ein Substantiv im Nominativ und das Prädikat durch einen Infinitiv ausgedrückt wird, z.B.:

---

[1] Steht jedoch vor dem durch ein Substantiv im Nominativ ausgedrückten Prädikat die Partikel не, so wird kein Gedankenstrich gesetzt, z.B.:
Бедность не порок. Armut ist kein Laster.

Мно́го знать — ма́ло спать.	Vieles Wissen verleidet das Kissen.
На́ша зада́ча — вы́полнить уче́бную програ́мму.	Es ist unsere Aufgabe, den Lehrplan zu erfüllen.

3. Eine Apposition kann (vornehmlich, wenn sie ausgedehnt ist) in Gedankenstriche eingeschlossen werden, z. B.:

Э́ту желе́зную доро́гу проло-жи́ли сове́тские лю́ди — ра-бо́чие, инжене́ры, те́хники.	Diese Eisenbahnlinie bauten Sowjetmen-schen – Arbeiter, Ingenieure und Tech-niker.
Пе́ред дверя́ми клу́ба — широ́-кого до́ма — госте́й ожида́ли рабо́чие.	Vor dem Eingang des Klubs – eines brei-ten Hauses – erwarteten die Arbeiter ihre Gäste.

4. Der Gedankenstrich steht zwischen zwei Wörtern im Sinne ,,von... bis", z. B.:

перелёты СССР — Аме́рика ру́кописи XI — XIV вв.	die Flüge von der UdSSR nach Amerika die Handschriften des 11. bis 14. Jahr-hunderts

5. Zur Anwendung des Gedankenstriches bei der Wiedergabe der direkten Rede siehe (644).

ZUR ZEICHENSETZUNG BEI DER DIREKTEN REDE

Zur Kennzeichnung der direkten Rede in der Schrift werden entweder Gedanken-striche oder Anführungszeichen verwendet: **644**

1. Beginnt die direkte Rede mit einem Absatz, so wird vor die direkte Rede ein Gedankenstrich gesetzt, z. B.:

Во́ва спра́шивает:
— Кака́я река́ са́мая больша́я в Евро́пе?
Ма́ша отвеча́ет:
— Са́мая больша́я река́ в Евро́пе — Во́лга.

2. Beginnt die direkte Rede nicht mit einem Absatz, so wird die direkte Rede in Anführungszeichen eingeschlossen[1], z. B.:

---

[1] Beachte, daß im Russischen die Anführungszeichen am Ende der direkten Rede stets vor Punkt Komma, Semikolon, Doppelpunkt oder Gedankenstrich stehen. Demgegenüber stehen Frage- und Aus-rufezeichen, wenn sie sich nur auf die direkte Rede beziehen, vor den Anführungszeichen am Ende der direkten Rede.

Вóва спрáшивает: «Какáя рекá сáмая бóльшáя в Еврóпе?» Мáша отвечáет: «Сáмая бóльшáя рекá в Еврóпе — Вóлга».[1]

645   Häufig steht bei einer direkten Rede ein Hauptsatz, der auf den Sprecher hinweist. Dieser Satz kann:

1. der direkten Rede vorangehen (hinter diesen, der direkten Rede vorangehenden Satz wird ein Doppelpunkt gesetzt), z. B.:

Учи́тель расскáзывал:
— На стрóйке рабóтали сáмые óпытные тéхники и машини́сты.

oder:

Учи́тель расскáзывал: «На стрóйке рабóтали сáмые óпытные тéхники и машини́сты».

2. der direkten Rede folgen (hinter die direkte Rede wird das entsprechende Interpunktionszeichen und dahinter ein Gedankenstrich gesetzt), z. B.:

— На стрóйке рабóтали сáмые óпытные тéхники и машини́сты, — расскáзывал учи́тель.

oder:

«На стрóйке рабóтали сáмые óпытные тéхники и машини́сты», — расскáзывал учи́тель.

3. in die direkte Rede eingeschoben werden (hinter den ersten Teil der direkten Rede wird das entsprechende Satzzeichen und dahinter ein Gedankenstrich gesetzt; hinter den eingeschobenen Satz wird wiederum das entsprechende Satzzeichen und ein Gedankenstrich gesetzt), z. B.:

— Сáмые óпытные тéхники и машини́сты, — расскáзывал учи́тель, — рабóтали на э́той стрóйке.

oder:

«Сáмые óпытные тéхники и машини́сты, — расскáзывал учи́тель, — рабóтали на э́той стрóйке».

---

[1] Folgt eine direkte Rede unmittelbar auf die direkte Rede eines anderen Sprechers, so muß — wenn nicht Absätze gemacht werden (644, 1) — zwischen die in Anführungszeichen eingeschlossenen direkten Reden ein Gedankenstrich gesetzt werden, z. B.:
«Какáя рекá сáмая бóльшáя в Еврóпе?» — «Сáмая бóльшáя рекá в Еврóпе — Вóлга».

REGISTER
UND LITERATURVERZEICHNIS

REGISTER

Die unbezeichneten Ziffern verweisen auf die Leitzahlen am Seitenrand. Fußnoten sind mit F. bezeichnet, Seitenangaben mit S.
Kursiv gesetzte Wörter im Text eines Stichwortes verweisen auf nähere Angaben zu dem betr. Wort unter einem gesonderten Stichwort.

A

abgeleitete Adverbien 448–465; aus Adjektiven ~ 449–453; aus Substantiven ~ 454–455; *Zahladverbien* 456–458; Pronominaladverbien 459; Adverbialpartizipien als Adverbien 460; F. 1, S. 338; negierende Adverbien 462; indefinite Adverbien 463; Adverbien der subjektiven Einschätzung 464–465

abgeleitete Präpositionen 468; 498–503; s. a. Präpositionen

abgeleitete Wörter 82

Abkürzungen 633

Abkürzungswörter 203–205; Silbentyp 204; Initialtyp 135 + F. 3, S. 75; 205; Geschlecht der undeklinierbaren ~ 111

Abstrakta 94–96; nur im Singular gebräuchliche ~ 116; nur im Plural gebräuchliche ~ 117; Genitiv Singular auf -у/-ю 142 b); ~ nach unbestimmten Mengenbezeichnungen F. 1, S. 213

Adjektiv 206–254; Einteilung (s. a. Qualitäts- und Beziehungsadjektive) · 206; grammatische Kennzeichen 207; *Lang-* und *Kurzformen* 208–218; Deklination s. Langformen; Steigerung (s. a. Komparativ, Superlativ) 219–235; *Wortbildung* 242-253; *Gattungsadjektive* 206,2a;) 236–237; *Possessivadjektive* 206,2 b;) 238–240; *substantivierte Adjektive* 241; Adjektive der subjektiven Einschätzung 207,2 e); 248–249; Adjektive nach Grundzahlwörtern 267; ~ als Attribut

vor Grundzahlwort + Substantiv F. 1, S. 205

adjektivierte Partizipien 391–392; Part. Präs. Akt. 391 a); Part. Präs. Pass.391b); Part. Prät. Akt. 391 c); Part. Prät. Pass. 391d); 392

Adjektivpräfixe 250–252; ~ zur Bildung von Adjektiven mit neuer Bedeutung 250; 252; ~ zum Ausdruck der Verstärkung 235; 251

Adjektivsuffixe 243–249; 252; Suffixe zur Bildung von Qualitätsadjektiven 244; Suffixe zur Bildung von Beziehungsadjektiven 245; Suffixe zur Bildung von Qualitäts- und Beziehungsadjektiven 246–247; Suffixe der subjektiven Einschätzung 248

Adverb 446–467; Funktion 227; 446; Bedeutungsgruppen 447; ursprüngliche Adverbien 448; *abgeleitete Adverbien* 448–465; Steigerung: Komparativ 466; Superlativ 467

Adverbialbestimmungen: Adverbien als ~ 446–447; Präpositionen zum Ausdruck von ~ 469; Adverbialpartizipien als ~ 400; Adverbialpartizipialkonstruktionen als isoliert ~ 400; Stellung im Satz 625

Adverbialpartizipialformen auf -учи/-ючи F. 1, S. 338

Adverbialpartizipialkonstruktionen 400 bis 402

Adverbialpartizipien 394–402; Form und Formenbestand 394; Adverbialpartizip

VERZEICHNIS DER BENUTZTEN LITERATUR

Benutzte Literatur in russischer Sprache:

Р. И. Аванесов: Русское литературное произношение. Москва 1954.

Р. И. Аванесов: Фонетика современного русского литературного языка. Москва 1956.

[Р. И. Аванесов, С. И. Ожегов (ред.)]: Русское литературное ударение и произношение. Москва 1955.

Р. И. Аванесов, В. Н. Сидоров: Очерк грамматики русского литературного языка. Москва 1945.

Ф. Агеенко, М. Зарва, [К. И. Былинский (ред.)]: Словарь ударений для работников радио и телевидения. Москва 1960.

Академия наук СССР – Институт русского языка: Словарь русского языка в четырёх томах. Москва 1957–1961.

Академия наук СССР – Институт языкознания: Грамматика русского языка. Тт. I, II₁, II₂, Москва 1953–1954.

С. Г. Бархударов, С. Е. Крючков: Учебник русского языка для 5, 6 и 7 классов средней школы. Чч. 1, 2. Москва 1954.

А. С. Бедняков, А. С. Матийченко: Русский язык – Учебное пособие для нерусских педагогических училищ. Чч. 1, 2. Москва 1954.

Н. А. Бергман, М. Д. Натанзон: Грамматика немецкого языка. Москва 1956.

В. В. Виноградов: Русский язык. Москва-Ленинград 1947.

[В. В. Виноградов (ред.)]: Вопросы синтаксиса современного русского языка. Москва 1950.

[В. В. Виноградов (ред.)]: Современный русский язык – Морфология. Москва 1952.

Е. М. Галкина-Федорук, К. В. Горшкова, Н. М. Шанский: Современный русский язык. Москва 1957.

А. Н. Гвоздев: Очерки по стилистике русского языка. Москва 1955.

А. Н. Гвоздев: Современный русский литературный язык. Чч. I–II. Москва ²1961.

В. А. Добромыслов, Д. Э. Розенталь: Трудные вопросы грамматики и правописания. Москва 1955.

В. А. Добромыслов, Д. Э. Розенталь: Трудные вопросы грамматики и правописания. Выпуск II. Москва 1960.

А. М. Земский, С. Е. Крючков, М. В. Светлаев: Русский язык – Учебник для педагогических училищ. Чч. 1, 2. Москва 1953–1954.

А. В. Исаченко: Грамматический строй русского языка в сопоставлении с словацким. Морфология чч. I–II. Братислава 1954, 1960.

В. Б. Линднер: Практическая фонетика немецкого языка. Москва 1955.

В. А. Мамонов, Д. Э. Розенталь: Практическая стилистика современного русского языка. Москва 1957.

С. П. Обнорский: Очерки по морфологии русского глагола. Москва 1953.

С. И. Ожегов: Словарь русского языка. Москва ⁴1960.

[С. И. Ожегов, А. Б. Шапиро (ред.)]: Орфографический словарь русского языка. Москва 1956.

А. М. Пешковский: Русский синтаксис в научном освещении. Москва 1956.

Правила русской орфографии и пунктуации. Москва 1956.

И. М. Пулькина: Краткий справочник по русской грамматике. Москва 1954.

И. М. Пулькина, Е. Б. Захава-Некрасова, [П. С. Кузнецов (ред.)]: Учебник русского языка для студентов-иностранцев. Москва ²1960.

Н. С. Рождественский, Н. И. Поспелов: Пособие для практических занятий по русскому языку в национальных педагогических вузах. Москва 1954.

«Русский язык в школе». Jahrgänge 1952–1966.

[Д. Н. Ушаков (ред.)]: Толковый словарь русского языка. Тт. I–IV. Москва 1935–1940.

М. Я. Фёдоров, И. П. Крюкова: Справочник по глагольному управлению в русском языке. Москва 1955.

А. М. Финкель, Н. М. Баженов: Курс современного русского литературного языка. Киев 1960.

Из трудов А. А. Шахматова по современному русскому языку – Учение о частях речи. Москва 1952.

Н. Ю. Шведова: Очерки по синтаксису русской разговорной речи. Москва 1960.

Е. И. Шендельс: Грамматика немецкого языка. Москва 1954.

[Л. Щерба (ред.)]: Грамматика русского языка – Учебник для 5, 6 и 7 классов семилетней и средней школы. Чч. 1, 2. Москва 1946–1947.

Benutzte Literatur in deutscher Sprache:

E. Berneker, M. Vasmer: Russische Grammatik. Göschen, Band 66. Berlin 1947.

[H. H. Bielfeldt (Leitg. u. Red.)]: Russisch-Deutsches Wörterbuch. Berlin 1958.

[H. H. Bielfeldt (Red.)]: Russisch-Deutsches Wörterbuch. Leipzig 1955.

M. Braun: Grundzüge der slawischen Sprachen. Göttingen o. J.

E. Daum, W. Schenk: Die russischen Verben. Leipzig 1954. S. 1–54.

Der Große Duden – Rechtschreibung. Leipzig 1957.

J. Erben: Abriß der deutschen Grammatik. Berlin 1958.

„Fremdsprachenunterricht". Jahrgänge 1957–1966.

O. Hermenau: Methodik des Russischunterrichts in der deutschen demokratischen Schule. 1. Teil. Berlin 1955.

E. Hollmann: Untersuchungen über Aspekt und Aktionsart unter besonderer Berücksichtigung des Altenglischen. Diss. Jena 1937.

W. Jung: Kleine Grammatik der deutschen Sprache. Leipzig 1953.

G. Krotkoff: Taschenbuch der russischen Grammatik. 2. Auflage. Wien o. J.

A. Lamprecht: Grammatik der englischen Sprache. Berlin 1956.

Leitfaden der russischen Grammatik – Ausgearbeitet von einem Lektorenkollektiv der Karl-Marx-Universität Leipzig. Berlin 1955.

L. Marnitz, E. Häusler: Russische Grammatik. Halle 1950.

H. Mulisch: Die russische Sprache der Gegenwart – Morphologie ohne Verb (1. u. 2. Lieferung 1961); Morphologie des Verbs (1959). Manuskriptdruck der Pädagogischen Hochschule Potsdam – Fernstudium der Oberstufenlehrer.

N. Nikolajew: Die russische Sprache der Gegenwart – Syntax (1959). Manuskriptdruck der Pädagogischen Hochschule Potsdam – Fernstudium der Oberstufenlehrer.

K. A. Paffen: Die Hauptregeln der russischen Grammatik. Teil 1 und 2. Halle 1953 bis 1954.

„Russischunterricht". Jahrgänge 1952–1956.

Th. Siebs: Deutsche Hochsprache (Bühnenaussprache). Berlin 1957.

W. Steinitz: Die russische Konjugation. Neu bearbeitete Ausgabe. Berlin 1955.

W. Steinitz: Russische Lautlehre. Berlin ³1961.

R. Trautmann: Kurzgefaßte russische Grammatik. Leipzig 1948.

D. Tschiżewskij: Über die Eigenart der russischen Sprache. Halle 1948.